SERIE
PIPER

Zu diesem Buch

Ein Leben fast wie ein Roman: Georgiana, die Herzogin von Devonshire (1757–1806) war der unbestrittene Mittelpunkt der tonangebenden Londoner Gesellschaft im späten 18. Jahrhundert. Alle Welt bewunderte und begehrte die schöne und leidenschaftliche Aristokratin, deren Charme sich niemand entziehen konnte. Nicht nur ihre ungewöhnlichen Mode-Ideen weckten die Aufmerksamkeit, sondern auch ihr Engagement in der Politik: Sie machte Wahlkampf für die reformorientierten Whigs. Doch es gab auch Schattenseiten: Ihr Ehemann pflegte Beziehungen zu anderen Frauen und lebte jahrelang in einer komplizierten Dreierbeziehung unter einem Dach mit Georgiana und seiner Geliebten Lady Elizabeth Forster, die zugleich Georgianas Freundin war. Georgiana ihrerseits flüchtete sich in Affären, und ihre Spielsucht trieb sie in unvorstellbare Schulden, die sie ihr ganzes Leben verfolgten. Mit ihrem sensiblen Porträt dieser bedeutenden Frau zeichnet Amanda Foreman zugleich ein lebendiges Panorama einer bewegten Zeit.

Amanda Foreman, geboren 1968 in London, ist Historikerin und lebt in Oxford und New York. Sie schreibt unter anderem für die Zeitungen »Independent«, »The Times«, »Sunday Telegraph« und »Express«. »Georgiana« ist ihre erste, hochgelobte und mit dem renommierten englischen Whitbread-Preis für Biographie ausgezeichnete Buchveröffentlichung.

Amanda Foreman
Die Herzogin von Devonshire

Das Leben einer leidenschaftlichen Frau

Aus dem Englischen von
Susanne Friederike Levin und Martina M. Oepping

Mit 57 Abbildungen

Piper München Zürich

Das Bild auf Seite 1 zeigt Georgiana, Herzogin von Devonshire,
im Alter von fünfundzwanzig Jahren als Göttin Diana,
Gemälde von Maria Cosway, 1782.

Ungekürzte Taschenbuchausgabe
Piper Verlag GmbH, München
September 2003
© 1998 Amanda Foreman
Titel der amerikanischen Originalausgabe:
»Georgiana, Duchess of Devonshire«, Random House, Inc.,
New York 1998
© der deutschsprachigen Ausgabe:
2001 Deutsche Verlags-Anstalt, München, Stuttgart
unter dem Titel: »Georgiana. Das lustvolle Leben der Herzogin von Devonshire«
Umschlag/Bildredaktion: Büro Hamburg
Isabel Bünermann, Julia Martinez/
Charlotte Wippermann, Kathrin Hilse
Umschlagabbildung: Thomas Gainsborough (Porträt Georgiana,
Devonshire Collection, Chatsworth/U.K;
by permission of the Duke of Devonshire and the Chatsworth
Settlement Trustees)
Foto Umschlagrückseite: Brian Smith
Satz: Verlagsservice G. Pfeifer/EDV-Fotosatz Huber, Germering
Druck und Bindung: Clausen & Bosse, Leck
Printed in Germany   ISBN 3-492-23687-1

www.piper.de

INHALT

Teil III – Exil

Teil IV – Georgiana Redux

Einführung

Biographen verlieben sich leicht in die Personen, über die sie schreiben. Es handelt sich hier um das literarische Pendant zum Stockholm-Syndrom, einem Phänomen, nach dem Geiseln sich zu ihren Geiselnehmern hingezogen fühlen. Der Biograph ist in gewisser Hinsicht eine bereitwillige Geisel, die so lange gefangengehalten wird, daß sie hoffnungslos gefesselt ist.

Es gibt offensichtliche, intellektuelle Motive, die einen Schriftsteller veranlassen, Jahre, manchmal Jahrzehnte damit zu verbringen, das Leben eines Menschen zu recherchieren, der schon lange verschwunden ist, aber häufig kaschieren sie einen weniger offensichtlichen, aber nicht minder starken Zwang. Die meisten Biographen identifizieren sich mit ihrem Subjekt. Manchmal geschieht dies unbewußt und macht sich nur in einem Schatten bemerkbar, der über die Seiten huscht. In anderen Fällen spielt die Identifikation eine so zentrale Rolle, daß die Arbeit autobiographische Züge bekommt, wie in dem bekannten Beispiel von Richard Holmes' *Footsteps: Adventures of a Romantic Biographer* (1995).

In jedem Fall tritt der Autor, wenn er sich der Aufgabe einmal gestellt hat, eine Reise an, die keine festgelegte Route hat und ein Ziel, das er nur teilweise kennt. Er vertieft sich in das Leben seines Objekts. Wieder und wieder liest er die aufgezeichneten Eindrücke von Zeitgenossen. Briefe, Tagebücher, hastig gekritzelte Notizen, sogar vergessene Fragmente werden auf Hinweise untersucht; und dennoch bleibt die Wahrheit schwer faßbar, was ihn zur Raserei treibt. Die Selbsttäuschung des Objekts, falsche Erinnerungen und die verborgenen Motive von Zeugen verhindern, daß sich ein vollständiges Bild zusammenstellen läßt. Letztlich steuern Intuition und Zuneigung die letzten fehlenden Teile bei. Es ist kein Wunder, daß viele Biographen gestehen, sie würden von ihren Objekten träumen. Ich erinnere mich an das erste Mal, an dem mir Georgiana erschienen ist: Ich träumte, ich schaltete das Radio ein und hörte, wie sie eines ihrer Gedichte rezitierte. So nahe kam sie mir nie wieder; wenn ich später von ihr träumte, dann erschien sie mir als verschwindende Gestalt, sichtbar, aber nicht faßbar.

Starke Fesseln wie diese bergen Gefahren, schlimmstenfalls können sie das Leben des Biographen zerrütten. Manchmal leidet das Werk darunter; seine Integrität steht auf dem Spiel, wenn der Biograph unwissentlich seine Gefühle mit dem des Objekts verwechselt, ihm Charakterzüge zuschreibt, die es nicht hat und Motive, die es nie gegeben hat. In seiner Lebensgeschichte über Charles James Fox behauptete der viktorianische Historiker George Trevelyan, daß sich Fox an einen strengen Moralkodex hielt, wenn es um die sexuelle Eroberung aristokratischer Frauen ging; er habe nur Mätressen verführt. Vielleicht hatte Trevelyan einen solchen Kodex, Fox jedenfalls nicht. Es gibt genügend Belege, aus denen sich schließen läßt, daß der Whig-Politiker diverse Affären mit verheirateten Frauen von Rang hatte, darunter mit Mrs. Crewe und vielleicht auch mit Georgiana, der Herzogin von Devonshire. Ihre erste Biographin, Iris Palmer, gab sich ebenfalls dem Wunschdenken hin, als sie Georgiana als »einfache Frau« beschrieb, von keinerlei Ehrgeiz beseelt außer dem Wunsch, anderen zu helfen. Palmer behauptete außerdem, trotz gegenteiliger Belege, daß Georgiana ihren Ehemann nur mit einem Mann betrogen habe, mit Charles Grey. Beide Biographen zeigen, wie leicht man der Versuchung zum Opfer fällt, unwillkommene Fakten zu unterschlagen oder zu ignorieren.

Die emotionelle Distanz, die erforderlich ist, um aus zusammenhanglosen Fakten und Mutmaßungen eine Erzählung zu gestalten, stellte glücklicherweise ein starkes Gegengewicht dar. Indem der Biograph entscheidet, welche Puzzleteile die wichtigsten sind – was oft keine leichte Aufgabe ist – und dabei ihre Interpretation geltend macht, lernt er, maßvoll zu klassifizieren. Die Anforderungen beim Schreiben, Stil, Tempo und Klarheit, zwingen den Autor außerdem zu größerer Objektivität. Vielfältige Entscheidungen über widersprüchliche Belege oder darüber, welchen Ereignissen wieviel Gewicht beizumessen ist, müssen getroffen werden. Zunächst dominiert das Objekt Tag und Nacht über den Biographen, um dann allmählich zu verschwinden, bis es auf dem Papier gebändigt ist.

Ich entdeckte Georgiana im Jahre 1993 während der Recherche für eine Doktorarbeit über die Einstellung der Engländer zu Rassen und

Hautfarben im ausgehenden achtzehnten Jahrhundert. Ich las eine Biographie über Charles Grey, den späteren Grafen Grey, von E. A. Smith und stieß auf einen ihrer Briefe. Georgianas Karriere als politische Gastgeberin und Herzogin, die einen Wahlkampf für Charles James Fox geführt hatte, war mir bereits bekannt, aber ich hatte nie etwas von ihr gelesen und wußte wenig über ihre Persönlichkeit. Ihre Stimme berührte mich; sie war so stark, so klar, ehrlich und offen, daß mir alles, was ich anschließend las, im Vergleich dazu blaß vorkam. Ich verlor das Interesse an meiner Doktorarbeit, und nach sechs Monaten hatte ich erst ein einziges Buch über das Rassendenken im achtzehnten Jahrhundert, aber zweiunddreißig Romane gelesen. Wenn ich Bibliotheken aufsuchte, dann nur, um nach Biographien über Georgiana Ausschau zu halten.

Ich fand kein einziges Porträt, in dem ich die Stimme wiederfand, die ich vernommen hatte. Irgendwann wurde mir bewußt, daß ich erst dann zufrieden sein würde, wenn ich der Spur bis an die Quelle gefolgt wäre. Oxford akzeptierte meine Erklärung und gestattete mir großzügig, noch einmal von vorn zu beginnen und über Georgiana und ihre Zeit zu arbeiten. Kurze Zeit später beschloß ich, zusätzlich zur Doktorarbeit eine Biographie über sie zu schreiben.

Da Georgianas Briefe über ganz England verstreut sind, nahm ich mir achtzehn Monate Zeit zum Reisen und machte mich im Sommer 1994 auf den Weg, nachdem es mir beim siebten Anlauf endlich gelungen war, die Führerscheinprüfung zu bestehen. Meine Ängste vor einem neuen Projekt waren nichts gegen die Angst, zum ersten Mal über die Autobahn zu fahren. Ich startete meine Suche auf Chatsworth in Derbyshire, wo Georgiana gelebt hatte, als sie verheiratet war. In seinen Archiven, die in einem unterirdischen Labyrinth von Gängen verborgen liegen, befinden sich über tausend Briefe von ihr. Sie enthüllten so viel über ihren Lebensalltag, daß ich mir vorkam, als würde ich aus einer Ecke auf der Bühne einem Schauspiel zusehen. Während meiner ganzen Recherche fühlte ich mich wie ein unsichtbarer, vielleicht ungebetener Zuschauer.

Das Stockholm-Syndrom erwischte mich plötzlich und nahm mich gefangen, noch bevor ich wußte, wie mir geschah. Eines Tages las ich im Public Record Office in Kew einen boshaften Brief von einer Rivalin Georgianas und merkte, wie ich statt ihrer wütend wurde. Das war der Anfang meiner Besessenheit von Georgiana, zu der die Frustration über die Lücken in den Archiven von Chatsworth kam, wo jemand ihre Briefe entweder zerstört oder mit schwarzer Tinte zensiert hatte. Sie ließ erst nach, als es mir gelang, die fehlenden Tage und Monate in Georgianas Leben aus anderen Quellen zu erschließen: den Archiven auf Castle Howard, privaten Sammlungen, der British Library und Bibliotheken und Stadtarchiven in ganz England.

Als ich Georgiana dann auf Papier gebannt hatte, war ein anderes Bild von ihr entstanden. Bisherige Berichte hatten sie als charismatische, aber flatterhafte Frau gezeichnet; in meinen Augen war sie mutig, aber verletzlich. Georgiana litt in der Tat unter einer Instabilität, wie man sie häufig bei intelligenten und sensiblen Menschen findet. Mit siebzehn Jahren nahm sie eine offizielle Position in der Gesellschaft ein, auf den damit einhergehenden Druck war sie nicht vorbereitet, und in ihrer kalten und lieblosen Ehe fand sie keine Unterstützung. Viele ihrer Zeitgenossen bewunderten sie, weil sie so lebhaft und natürlich auftrat, aber nur wenige wußten, wie sehr sie unter Selbstzweifeln und Einsamkeit litt. Georgiana war nicht damit zufrieden, die Modewelt anzuführen oder Soirees für die Whig-Partei zu veranstalten, sie erarbeitete sich Kompetenz als politische Kämpferin und Unterhändlerin, von den Whigs geachtet und von ihren Gegnern gefürchtet. Sie war die erste Frau, die eine moderne Wahlkampagne organisierte und auf die Straße ging, um das gewöhnliche Volk davon zu überzeugen, daß es die Whigs wählen sollte. Sie bediente sich der schnell wachsenden Zahl an Regionalzeitungen, um die Whig-Partei bekannter zu machen, und wurde zu einer nationalen Berühmtheit. Georgiana förderte die Künste, sie war Schriftstellerin, Musikerin und beschäftigte sich mit den Naturwissenschaften. Es war eine Tragödie, daß diese Erfolge von privaten und öffentlichen Schicksalsschlägen überschattet wurden. Da sie sich ehrgeizig für die Whig-Partei einsetzte, frustrierten sie die ständigen Restriktionen, die man den Frauen im achtzehnten Jahrhundert auferlegte. Sie war außerdem eine Frau, die geliebt werden wollte, aber die beiden Menschen, die sie am meisten liebte – Charles Grey und die Mätresse des Herzogs von Devonshire, Lady Elizabeth Foster – waren nicht in der Lage, ihre Gefühle mit gleicher Intensität zu erwidern. Daß sie unglücklich war, drückte sich in ihrer selbstzerstörerischen Spielleidenschaft aus, ihren frühen Eßstörungen und ihrem waghalsigen Spiel mit dem Risiko. Die Hartnäckigkeit, mit der sie ihre Probleme zu bewältigen suchte, ist ebenso hoch einzuschätzen wie die Triumphe, die sie im öffentlichen Leben feierte.

Georgianas Beziehungen zu Männern und Frauen lassen sich nicht nach heutigen Maßstäben in hetero- oder homosexuell unterteilen. Sie dachte auch nicht über die Rechte der Frauen nach oder strebte nach geschlechtlicher Gleichstellung wie der heutige Feminismus. Es wäre unsinnig, Georgiana aus ihrer Zeit herauszulösen und zu behaupten, sie sei ihren Zeitgenossinnen voraus gewesen; sie gehörte eindeutig in ihre Ära. Und doch ist ihr Leben wegen des erfolgreichen Eintritts in die von Männern dominierte Politik, wegen ihrer Beziehungen zur Presse, ihres Kampfes gegen ihre Sucht und der Entschlossenheit, mit der sie ihre eigene Identität durchsetzte, für Frauen von heute relevant. Ich habe dieses Buch in der Hoffnung geschrieben, daß ihre Stimme noch einmal gehört wird, von einer neuen Generation.

Zur britischen Politik
im achtzehnten Jahrhundert

Georgiana, Herzogin von Devonshire, lebte in einer Zeit schnellen Wandels. Die Bevölkerungszahlen stiegen an, das Volkseinkommen vergrößerte sich, Verkehrswege wurden besser und der Analphabetismus nahm ab. Befördert durch die aufstrebenden Fabriken im Lande und die fruchtbaren überseeischen Kolonien entwickelte sich Großbritannien zur Großmacht. Aber mit weniger als zehn Millionen Einwohnern war das Land immer noch klein genug, um sich von einer aristokratischen Oligarchie regieren zu lassen.

Es gab etwa zweihundert Peers (Mitglieder des englischen Hochadels), als Georgiana den Herzog von Devonshire heiratete. Es gab nur achtundzwanzig Herzöge, die aber wegen ihres Reichtums und ihrer Stellung unverhältnismäßig großen Einfluß auf die Politik ausübten. Als Herzogin stand Georgiana direkt unter der königlichen Familie; in der weiteren Rangfolge folgten Marquis und Marquise, Graf und Gräfin, Baron und Baronin, Lord und Lady. Die Peers erhielten ihren Sitz im House of Lords, dem Oberhaus der Houses of Parliament, durch Geburtsrecht. Ein Peer schied nur durch Tod aus dem Parlament aus. 1778 verabschiedete sich Graf Chatham mit einem dramatischen Abgang aus dem Abgeordnetenhaus, als er mitten in einer Rede an einer Herzattacke starb.

Während die zweihundert Peers in prunkvoller Isolation im Oberhaus saßen, tummelten sich ihre Söhne, Cousins, Schwäger, Freunde und Anhänger im House of Commons, dem Unterhaus. England war insofern eine Demokratie, als alle fünf Jahre Parlamentswahlen stattfanden, bei denen die Wahlberechtigten 558 Parlamentsmitglieder, die sogenannten MPs, in das Unterhaus wählten. Güterstandsregelungen hielten die Zahl der Wahlberechtigten jedoch gering – etwa 300.000 oder drei Prozent der Bevölkerung. Es gab jede Menge legaler Ausnahmen und Bräuche, die Peers und wohlhabende Herren in jedem Fall mit einem Sitz versorgten oder ihnen so viel Einfluß im Wahlkreis verschafften, daß von

Demokratie im Grunde keine Rede sein konnte. Die Peers investierten eine Menge Geld und Mühe, um möglichst viele Sitze im Unterhaus zu kontrollieren. Da die Aristokraten aber nie Einfluß über mehr als zweihundert Sitze hatten, wurde die Mehrzahl in einem mehr oder weniger offenen Wettstreit vergeben.

Das Volk nahm an der Politik ebensoviel Anteil wie am Sport, wenn nicht gar mehr. Die sich ausbreitende Presse machte aus den Politikern Berühmtheiten. In den Kaffeehäusern wurde die Qualität der Reden vom Vortag diskutiert, wer seine Sache am elegantesten vorgetragen und ob die Regierung – das heißt die Monarchie – die Auseinandersetzung gewonnen hatte. Für die Aristokraten war Politik nicht nur ein Sport, sondern Geschäft. Sie beherrschte ihr Leben, konnte den einen zerstören und dem anderen zu noch größerem Wohlstand und Ruhm verhelfen.

Obwohl Frauen kein Wahlrecht hatten, vom Unterhaus ausgeschlossen waren und keine offiziellen Ämter bekleiden durften, war Georgiana eine leidenschaftliche Streiterin in der politischen Arena. Sie hatte sich der nach damaligen Maßstäben liberalen, fortschrittlichen Whig-Partei verschrieben: Sie zog in den Wahlkampf, plante, trieb Geld auf und warb Mitglieder an. Die Geschichte ihres außergewöhnlichen Lebens ist ein Spiegel der Vergangenheit: Wenn man hineinsieht, offenbart sich die turbulente Geschichte der Politik des späten achtzehnten Jahrhunderts.

Teil I

Debütantin

Kapitel 1

Debütantin

1757–1774

Ich weiß, ich war ansehnlich ... und kleidete mich immer nach der Mode, aber ich versichere Dir«, schrieb Georgiana, Herzogin von Devonshire, am Ende ihres Lebens an ihre Tochter, »unsere Unachtsamkeit und Versäumnisse hat man uns vergeben, und man hat uns geliebt, vor allem, weil wir frei von Allüren waren.«[1] Daß sie ohne Allüren war, machte nur einen Teil ihres Charmes aus. Sie hatte die Menschen immer fasziniert. Der pensionierte französische Diplomat Louis Dutens schrieb in seinen Erinnerungen an die englische Gesellschaft der achtziger und neunziger Jahre des achtzehnten Jahrhunderts: »Wenn sie eintrat, wandten sich ihr alle Augen zu; fehlte sie, war sie Gegenstand der allgemeinen Konversation.«[2] Georgiana war keine klassische Schönheit, aber sie war groß, hatte markante Züge, war sexuell anziehend und äußerst elegant. Die Zeitungen kürten sie sogar zur Kaiserin der Mode.

Gainsborough ist es in seinem berühmten Porträt von Georgiana gelungen, etwas von ihrem rätselhaften Charme einzufangen, den ihre Zeitgenossen so fesselnd fanden. Dennoch sind ihre Züge nicht genau wiedergegeben: Ihre Augen waren schwerer, ihr Mund größer. Georgianas Sohn Hart (eine Abkürzung für Marquis von Hartington) erklärte nachdrücklich, daß es keinem Künstler je gelungen sei, ein wahres Abbild seiner Mutter zu schaffen. Ihr Charakter sei voller Widersprüche gewesen, der Geist, der ihre Gedanken lenkte, zu lebhaft, um sich in einem einzigen Ausdruck einfangen zu lassen.

Georgiana Spencer war das älteste Kind des Grafen und der Gräfin Spencer.* Sie wurde am 7. Juni 1757 geboren, auf dem Landsitz der Fa-

---

* Georgiana wurde im Alter von acht Jahren zur Lady Georgiana Spencer, als man ihren Vater, John Spencer, 1765 zum ersten Grafen (Earl) Spencer ernannte. Aus Gründen der Kontinuität werden die Spencers durchgängig mit Lord und Lady betitelt.

milie, Althorp Park, etwa hundert Meilen nördlich von London in der Schafzüchtergrafschaft Northamptonshire. Sie war ein aufgewecktes und liebevolles Kind, und die Geburt ihres Bruders George im darauffolgenden Jahr änderte nichts an Lady Spencers Vernarrtheit in ihre Tochter. Georgiana werde immer den ersten Platz in ihrem Herzen einnehmen, gestand sie: »Ich gebe zu, ich werde immer eine so große Schwäche für meine kleine Gee haben, weshalb ich kein anderes so sehr lieben werde.«[3] Die Ankunft einer zweiten Tochter im Jahre 1761 änderte nichts an Lady Spencers Gefühlen. In einem Brief kurz nach der Geburt tat sie Georgianas Schwester als »häßliches kleines Mädchen« ab, das »sich außer mit einem reichen Schopf feinen braunen Haares mit keinerlei Schönheit hervortun kann.« Das besondere Band zwischen Georgiana und ihrer Mutter überdauerte ihre Kindheit und auch die Zeit danach. Sie liebten sich mit seltener Intensität. »Sie sind meine beste und liebste Freundin«, erklärte Georgiana ihrer Mutter, als sie siebzehn war. »Mein Herz gehört Ihnen, und Sie mögen damit verfahren, wie es Ihnen beliebt.«[4]

Im Gegensatz dazu hatte Georgiana – ebenso ihre Schwester und ihr Bruder – immer ein wenig Furcht vor ihrem Vater. Er war nicht gewalttätig, aber sein explosives Temperament flößte Ehrfurcht ein und manchmal panische Angst. »Ich glaube, er war ein Mann mit einer großzügigen und liebenswerten Veranlagung«, schrieb sein Enkel. Aber er war verwöhnt, teilweise wegen seiner im Grunde ständig schlechten Gesundheit, und teilweise, weil er »zu früh in seinem Leben in den Besitz eines Vermögens kam, das ihm damals wie unerschöpflicher Wohlstand vorkommen mußte.« Georgianas Vater war erst elf Jahre alt, als sein eigener Vater am Alkoholismus starb und einen Besitz im Werte von 750.000 Pfund hinterließ – was heute etwa 45 Millionen Pfund (150 Millionen Mark) entspricht.* Der Besitz zählte zu den größten Vermögen in England und bestand aus 100.000 Morgen Land in siebenundzwanzig verschiedenen Grafschaften, fünf bedeutenden Residenzen und einer kostbaren Sammlung an Geschirr, Juwelen und Gemälden Alter Meister. Lord Spencer verfügte über ein Einkommen von 700 Pfund in der Woche, zu einer Zeit, in der ein Gentleman von 300 Pfund im Jahr leben konnte.

Zu Georgianas ältesten Erinnerungen zählten die Reisen zwischen den fünf Wohnsitzen. Sie lernte, den Wechsel der Jahreszeiten mit den Umzü-

---

* Um ein ungefähres Äquivalent für die heutige Zeit zu errechnen, multipliziert man üblicherweise mit sechzig.

gen der Familie von einer Residenz zur anderen in Beziehung zu setzen. Während der »Saison«, wenn sich die Gesellschaft während der Sitzungsperiode des Parlamentes »in der Stadt« ansiedelte, lebten sie in einem zugigen, altmodischen Haus in der Grosvenor Street, wenige Fußminuten östlich des Hyde Park. Im Sommer, wenn der Gestank der Senkgrube neben dem Haus und die Staubwolken, die der Durchgangsverkehr verursachte, unerträglich wurden, zogen sie sich nach Wimbledon Park zurück, in eine Villa im palladianischen Stil am Londoner Stadtrand. Im Herbst gingen sie nach Norden in ihr Jagdschloß in Pytchley bei Kettering, und die Wintermonate von November bis März verbrachten sie auf Althorp, dem Landsitz der Spencers seit über dreihundert Jahren.

Als der Chronist John Evelyn im siebzehnten Jahrhundert Althorp besuchte, beschrieb er das H-förmige Gebäude als nahezu palastartig, »ein ehrwürdiges Gebäude, wie es einem großen Fürsten geziemen würde.«[5] Er bewunderte besonders den großen Salon, der Innenhof des Hauses gewesen war, bis ihn einer von Georgianas Vorfahren mit einem Glasdach versah. Lord und Lady Spencer nutzten ihn als Ballsaal, die Kinder als überdachten Spielplatz. An regnerischen Tagen rutschten sie abwechselnd das Geländer der berühmten, drei Meter breiten Treppe hinunter oder spielten auf der Galerie im ersten Stock Fangen. Robert, der 1603 zum ersten Baron Spencer ernannt worden war, beherrschte mit einem Bildnis am oberen Ende der Treppe den Saal und blickte auf seine Nachkommen hinab, deren unbedeutendere Porträts im Erdgeschoß aufgereiht hingen.*

Georgiana war sieben, als die Familie ihre neu erbaute Londoner Residenz mit Blick auf den Green Park bezog, Spencer House im Stadtteil St. James's. Dauer der Bauarbeiten und Kosten des Gebäudes – gebaut

---

* Die Spencers kamen ursprünglich aus Warwickshire, wo sie Schafe züchteten. Sie waren erfolgreiche Geschäftsleute, und mit jeder Generation wurde die Familie ein bißchen wohlhabender. Bis 1508 hatte John Spencer genügend Kapital angehäuft, um den 300-Morgen-Besitz Althorp zu kaufen. Er hatte außerdem von Heinrich VIII. ein Wappen erworben und war in den Ritterstand erhoben worden. Seine Nachkommen waren ebenso fleißig, und als Robert Spencer hundert Jahre später sein Porträt für den Salon malen ließ, war er das Oberhaupt einer der reichsten Familien Englands. König James I., der keinem attraktiven jungen Mann widerstehen konnte, erhob ihn in den Adelsstand und verschaffte ihm einen Diplomatenposten am Hofe des Herzogs Friedrich von Württemberg. Von diesem Zeitpunkt an überließen die Spencers die Schafzucht ihren Verwaltern und konzentrierten sich auf die Politik bei Hofe.

wurde über sieben Jahre für fast 50.000 Pfund – geben Aufschluß über Lord Spencers Entschlossenheit, ein Haus für seine ständig wachsende Sammlung klassischer Antiquitäten zu schaffen. Der Reiseschriftsteller und Wirtschaftswissenschaftler Arthur Young gehörte zu den ersten Menschen, die das Haus besichtigten, nachdem es Lord Spencer für die Öffentlichkeit freigegeben hatte. »Ich kenne in ganz England kein schöneres Bauwerk«, schrieb er, »es übertrifft alles, was ich an Häusern je gesehen habe ... Die Wandbehänge, Teppiche, Fenster, Sofas, Sessel, Tische, Tafeln, alles ist nicht nur unglaublich schön, sondern auch von großer Vielfalt.«[6] Alles, von der kunstvollen klassizistischen Fassade bis zum üppig verzierten Interieur, das Arthur Young so sehr bewunderte, zeugte von Lord Spencers Geschmack. Er war ein anerkannter Kenner und passionierter Sammler seltener Bücher und italienischer Kunst. Von jeder seiner Reisen kehrte er mit einer Schiffsladung voller Gemälde und Statuen für das Haus zurück. Sein liebster Raum, das Bemalte Zimmer, wie man es nannte, war als der erste in Europa komplett mit neoklassizistischem Interieur ausgestattet.

Die Spencers gaben regelmäßig Gesellschaften und waren großzügige Gastgeber. In Spencer House wurden häufig Konzerte gegeben oder Theaterstücke aufgeführt, und Georgiana wuchs in einer äußerst kultivierten Umgebung von Schriftstellern, Politikern und Künstlern auf. Nach dem Dinner unterhielt man die Gäste gelegentlich mit einer Darbietung des Schauspielers David Garrick oder einer Lesung des Schriftstellers Lawrence Sterne, der den Spencers ein Kapitel in *Tristram Shandy* widmete. Dennoch war das Haus nicht so sehr erbaut worden, um Künstler anzuziehen, sondern um das politische Prestige und den Einfluß der Familie zu festigen. Die städtischen Paläste des Adels umringten den Stadtteil Westminster mit den Houses of Parliament wie Satellitenhöfe. Sie wurden bewußt zu dem Zweck konstruiert, die inoffizielle Politik mit dem offiziellen sozialen Leben zu verbinden. Wenn des Nachts ein Ball die Gesellschaftsräume füllte, mochte im Nebenzimmer eine geheime politische Versammlung stattfinden. So manche Karriere begann mit einer geistreichen Bemerkung in einem der Salons; so manche Regierungspolitik entstand aus Diskussionen am Rande eines Dinners. Äußerst diskret wurden Posten gesucht, Positionen verschafft und im Gegenzug Unterstützung versprochen. Dies war das Zeitalter der Oligarchien, in dem die Familien der Großgrundbesitzer in der Regierung unangefochtenen Vorrang genossen. Während die Lords in der Kammer zusammensaßen, die sich Oberhaus oder House of Lords nannte, füllten ihre jüngeren Brüder, Söhne und Neffen fast das ganze Unterhaus, bekannt als House of Commons. In England gab es sehr wenige Wahlbezirke, die der Adel nicht in der Hand hatte oder zumindest kontrollierte. Da ein Mann nur dann das Wahlrecht ausüben durfte, wenn er einen Besitz im Wert von mindestens vierzig Schilling sein eigen nennen konnte, strebten die wohlhabenden Familien an, alle Häuser in ihrem Wahlbezirk aufzukaufen. Ließ sich dies nicht verwirklichen, folgten die üblichen Anreize oder Drohungen, denn der größte Arbeitgeber der Umgebung konnte sich durch die Vergabe von Arbeit die Willfährigkeit der ortsansässigen Wähler sichern. Grundbesitz verlieh Wohlstand, Wohlstand verlieh Macht, und Macht bedeutete im achtzehnten Jahrhundert Zugang zu Patronaten, von lukrativen Regierungspfründen bis zum örtlichen Pfarramt im Werte von 20 Pfund (heute rund 3.600 DM) im Jahr.

Ironischerweise war an das Erbe Lord Spencers eine Bedingung geknüpft: Im Testament war festgeschrieben, daß er Politiker sein durfte, so lange er seine unabhängige Stimme im Parlament behielt. Er durfte niemals eine Regierungsposition oder einen Sitz im Kabinett bekleiden.*
Er hatte trotzdem großen Einfluß, weil er die Regierung mit seinem Vermögen unterstützen konnte, aber seine politischen Pläne waren damit zunichte gemacht. Insofern gab es für ihn keine Gründe, sich politisch hervorzutun. Er widmete sein Leben dem Vergnügen, und zu gegebener Zeit forderte das Übermaß an Müßiggang seinen Tribut. Lord

---

* Sein Vater, der Ehrenwerte John Spencer, war eigentlich ein jüngerer Sohn gewesen und wegen des Erstgeborenenrechtes immer davon ausgegangen, daß er reich heiraten oder in Schulden leben müsse. Seine Mutter war jedoch die Tochter des ersten Herzogs von Marlborough, und die Marlboroughs hatten keinen Erben. Um die Linie vor dem Aussterben zu bewahren, erhielten sie eine besondere Erlaubnis, den Titel über die weibliche Linie zu vererben. Johns älterer Bruder Charles wurde der nächste Herzog. John wurde damit zum Oberhaupt der Familie Spencer und erbte infolgedessen Althorp. Charles hatte den Titel geerbt, besaß aber bezeichnenderweise keinen Zugang zum Vermögen der Marlboroughs, bis seine Großmutter, Herzogin Sarah, die verwitwete Herzogin von Marlborough, gestorben war. Von Blenheim Palace abgesehen konnte sie den gesamten Besitz vererben, wem sie wollte. Sarah besaß feste politische Ansichten, und sie war empört, als sich Charles ihren Instruktionen widersetzte, sich gegen die damalige Regierung zu stellen. Aus Rache hinterließ sie John den Besitz der Marlboroughs in Höhe von 1 Million Pfund, mit der einzigen Auflage, daß weder er noch sein Sohn jemals einen Regierungsposten annehmen dürften.

Spencer zog sich verzagt zurück. Die unermüdliche Chronistin Lady Mary Coke, eine entfernte Verwandte, hörte ihn einmal im Parlament sprechen und meinte, »was man hören konnte, war sehr hübsch, aber er war außerordentlich furchtsam und sprach sehr leise«.[7] Der Herzog von Newcastle belohnte seine beständige Loyalität im Jahre 1765 mit einem Grafentitel. Aber die Erhebung in den Adelsstand konnte nicht verhindern, daß sich Lord Spencer von Jahr zu Jahr immer mehr in sich zurückzog. Sein Freund, der Viscount Palmerston, reflektierte traurig: »Er scheint zu jenen Männern zu gehören, deren Wert wenige Menschen erkennen. Die helle Seite seines Charakters tritt im Privatleben in Erscheinung, und die dunkle in der Öffentlichkeit ... Nur jene, die in enger Beziehung zu ihm stehen, wissen, daß er großes Verständnis und eine Gutmütigkeit besitzt, die jedem Mann gut zu Gesicht stünden.«[8]

Lady Spencer wußte, daß ihr Ehemann großzügig und einfühlsam sein konnte. Margaret Georgiana Poyntz, bekannt unter dem Namen Georgiana, lernte Lord Spencer 1754 im Alter von siebzehn Jahren kennen und verliebte sich auf der Stelle in ihn. »Ich will es gestehen«, vertraute sie einer Freundin an, »und niemals leugnen, daß ich Spencer wirklich liebe, mehr als alle Männer der Welt.«[9] Er war damals ein attraktiver Mann, mit tiefliegenden Augen und geschwungenen schmalen Lippen. Seine Tochter erbte von ihm ihre ungewöhnliche Größe und das rotbraune Haar. Als Lady Spencer ihn kennenlernte, liebte er es, in der extravaganten Mode der französischen Aristokratie aufzutreten. Bei einem Maskenball gab er in einem blau-goldenen Anzug und weißen, mit blauen und goldenen Rosen verzierten Lederschuhen eine beeindruckende Figur ab.[10]

Georgianas Mutter hatte zarte Wangenknochen, kastanienbraunes Haar und tiefbraune Augen, die bei ihrem blassen Teint fast schwarz wirkten. Die Mode, das Haar weit aus der Stirn zu tragen, stand ihr ausgezeichnet. Die Frisur half, von ihren leicht hervortretenden Augen, die sie Georgiana vererbte, abzulenken. Sie war intelligent, außerordentlich belesen und, was für eine Frau ihrer Zeit ungewöhnlich war, konnte sowohl Griechisch als auch Französisch und Italienisch lesen und schreiben. Ein Porträt von Pompeo Batoni aus dem Jahre 1764 zeigt sie inmitten ihrer Interessen: In der einen Hand hält sie ein Notenblatt – sie war eine begeisterte Amateurkomponistin –, in der Nähe der anderen liegt eine Gitarre; auf dem Tisch sieht man Bücher und im Hintergrund die

Ruinen des antiken Rom, ein Hinweis auf ihre Liebe zu allen Dingen der klassischen Welt. »Ihr Charakter ist von solcher Entschlossenheit«, bemerkte Lord Bristol, »daß nichts ihn entstellen kann.«[11]

Ihr Vater, Stephen Poyntz, war gestorben, als sie dreizehn war, und hatte seine Familie gut versorgt, aber nicht reich zurückgelassen. Er hatte sich aus bescheidenen Verhältnissen – sein Vater war Polsterer gewesen – hochgearbeitet, indem er sein einnehmendes Wesen und seinen brillanten Geist nach bestem Vermögen zu seinem Vorteil verwertete. Seine Karriere begann er als Hauslehrer der Kinder des Viscount Townsend, und er beendete sie als Geheimer Rat von König Georg II. Entsprechend erzog er seine Kinder zu kleinen Höflingen wie er selbst einer war: charmant, diskret und gesellschaftlich erfahren in allen Situationen. Untugenden wurden toleriert, solange sie im Verborgenen blieben. »Ich habe die Poyntzes in der Kinderstube kennengelernt«, bemerkte Lord Lansdowne verächtlich, »die Bibel auf dem Tisch, die Karten in der Schublade.«

»Verliebt wie nie zuvor«, schrieb die produktive Chronistin ihrer Tage, Mrs. Delany, die den jungen Lord Spencer beobachtete, wie dieser Miss Poyntz im Frühjahr und Sommer 1754 glühend umwarb. Im darauffolgenden Jahr unternahmen die beiden Familien, die Poyntz und die Spencers, eine Wochenexkursion nach Wimbledon Park. Niemand hegte den geringsten Zweifel, was dabei herauskommen würde, und dennoch befand sich Spencer die ganze Zeit des Besuchs hindurch in qualvoller Erwartung. Im letzten Moment, die Kutschen standen schon zur Abfahrt bereit, zog er sie beiseite und präsentierte errötend einen Ring mit Diamanten und Rubinen. Im Inneren des goldenen Bandes standen in winzigen Buchstaben die Worte: »MON COEUR EST TOUT À TOI. GARDE LE BIEN POUR MOI« – »Mein Herz ist Dein. Bewahr' es wohl«.

Ihre ersten Ehejahre waren glücklich. Der Herzog von Queensberry, genannt »Old Q.«, erklärte, daß die Spencers »wirklich die glücklichsten Leute« seien, »die mir im Ehegefüge je begegnet sind.« Sie genossen die Gesellschaft des anderen und gingen in der Öffentlichkeit wie auch im Privatleben zärtlich miteinander um. In mittleren Jahren erzählte Lady Spencer stolz David Garrick: »Ich glaube wahrlich, daß wir beide unser Los in der Zeit von damals bis heute zu keinem Zeitpunkt bereut haben.«[12] Beide besaßen eine »moderne« Einstellung, sowohl in ihrem Geschmack als auch in bezug auf den Sittenkodex. Ihre Tochter Harriet hat eine Begebenheit festgehalten, als Lord Spencer sie mitnahm, um

sich einige mumifizierte Leichen in einer Krypta anzusehen, weil »es
närrisch und abergläubisch ist, wenn man sich davor fürchtet, Leichen
anzusehen.«[13] Zu einem anderen Zeitpunkt »bot er uns Anschauung,
wie sehr Verfolgung [den] Eifer [der Glaubensgemeinschaft] für die so
unterdrückte Religion steigert, was, wie er sagte, eine Lektion gegen
Unterdrückung und für Toleranz sei.«[14]

Die Spencers waren offenherzige und liebevolle Eltern. »Ich glaube,
ich habe viele Male erfahren«, sinnierte Lady Spencer, »daß Belobigung
viel mehr Gutes tut als Tadel.«[15] Sie zog es vor, Gehorsam mit den indi-
rekten Methoden der Überzeugung zu erzielen, wie jener Brief an die
elfjährige Georgiana zeigt: »Ich möchte, daß keine von Euch den Ball
am Dienstag besucht, obwohl ich glaube, daß ich dies nicht hätte erwähnen müssen, denn ich schmeichle mir, daß Ihr beide vorziehen würdet,
mit mir zu gehen statt in meiner Abwesenheit ...«[16] Solche Ansichten
waren bezeichnend für ein Zeitalter, das von Ideen John Lockes und Jean
Jacques Rousseaus beeinflußt wurde, deren Bücher dem Kult der »Empfindsamkeit« zu Popularität verhalfen. In manchen Fällen führten die
neuen, sanfteren Einstellungen zu lächerlichen Exzessen. Der Biograph
und sexuelle Karrierist James Boswell, dessen Ansichten Kindern gegenüber ebenso tolerant waren wie seine Einstellung zum Ehebruch, beklagte sich, daß seine Tischgesellschaft ruiniert gewesen sei, als die Gräfin von Rothes darauf bestand, ihre beiden kleinen Kinder mitzubringen,
die »spielten und plapperten, so daß alle leiden mußten, weil man außer
ihnen niemanden mehr hören konnte.«[17]

Georgianas Ausbildung spiegelte die Ansichten ihrer Eltern von einer
vernünftigen Erziehung wider. Unter der Woche schritt eine Abordnung
von Experten die breite Treppe in das karge Schulzimmer mit Blick auf
den Innenhof hinauf und wieder hinunter. Dort beschäftigte sich Georgiana den größten Teil des Tages mit den unterschiedlichsten Fächern,
weiblichen (Benimmregeln und Harfenspiel) und auch praktischen (Geo-
graphie und Sprachen). Ziel war es, ihr Schliff zu geben, ohne aber ihre
Bildung zu übertreiben. Der Königliche Zeichenlehrer und Miniaturen-
maler John Gresse unterrichtete sie im Zeichnen. Der Komponist Thomas Linley, später Schwiegervater des Theaterschriftstellers Richard
Sheridan, gab ihr Gesangsstunden. Der anerkannte Orientalist Sir William Jones, der ihren Bruder George auf Harrow vorbereitete, unterrichtete sie im Schreiben. Sie lernte außerdem Französisch, Latein, Italienisch,

Tanzen und Reiten.[18] Alles flog ihr mit Leichtigkeit zu, aber am meisten entzückte Georgianas Mutter die flinke Auffassungsgabe der Tochter für Etikette. Da Lady Spencer selbst als Tochter eines Höflings aufgewachsen war, beobachtete sie Georgianas Auftreten in der Öffentlichkeit äußerst kritisch; von Religion abgesehen war dies beinahe die einzige Basis, auf der sie Georgiana beurteilte, lobte und ihren Unterricht lenkte.

Die Bedeutung, die Lady Spencer dem Erwerb gesellschaftlicher Fertigkeiten beimaß, spornte die Darstellerin in Georgiana an. In ruhigen Momenten saß sie gern zusammengekauert auf einem Fenstersitz im Kinderzimmer und verfaßte kleine Gedichte und Geschichten, um sie nach dem Dinner zu rezitieren. Sie liebte es, einen »Abend« zu inszenieren, an dem sie die Familie mit Stücken von Heldinnen in Not unterhielt. Während Georgiana die Aufmerksamkeit genoß, konzentrierte sich George auf seine Rolle als zuverlässiges, sensibles Kind, auf das man sich stets verlassen konnte, wenn es darum ging, Anweisungen zu beachten. Harriet, obwohl die jüngste, erhielt die geringste Aufmerksamkeit. Vielleicht wäre sie in einer anderen Familie aufgrund ihrer offensichtlichen Sensibilität und Intelligenz als besonderes Kind hervorgetreten. Aber neben einer frühreifen, amüsanten älteren Schwester und einem mustergültigen Bruder verfügte sie über kein besonderes Talent, mit dem sie ihre Eltern hätte auf sich aufmerksam machen können. Statt dessen hielt sie sich an Georgiana, begnügte sich damit, sie zu verehren und ihr wie ein zuverlässiger Leutnant beizustehen. Sogar hier mußte sich die arme Harriet häufig gegen George behaupten. Er war stolz auf Georgianas Talent, und in Harrow pflegte er ihre in Versform verfaßten Briefe an ihn herumzuzeigen. »Inzwischen besitzt jede alte Witwe in oder um Richmond eine Kopie von ihnen, man verehrt Dich!« setzte er sie in Kenntnis. Bei einer Gelegenheit stellte er sich vor, wie sie beide berühmt würden, indem sie ihre Briefe unter dem Titel: »Eine Epistel einer jungen Lady von Stand aus der Ferne an ihren Bruder in der Schule in England« veröffentlichten.[19]

Georgiana konnte sich nichts Wunderbareres vorstellen als eine Veröffentlichung ihrer Schriften. Obwohl eindeutig Liebling der Familie, war sie furchtsam und suchte nach Aufmerksamkeit, ständig in Sorge, ihre Eltern zu enttäuschen. »Auch wenn ich nicht so gut schreiben kann wie mein Bruder«, erklärte sie ihnen mit elf schwermütig, »ich liebe Euch sehr, und ihn genauso.«[20] Erwachsene waren grundsätzlich ent-

zückt von Georgianas lebendiger und verständiger Konversation, und
dennoch maß sie einem Lob nur dann Wert bei, wenn es auch auf ihre
Mutter und ihren Vater Eindruck machte. Ihre Fähigkeit, auf sich aufmerksam zu machen, gefiel Lady Spencer, zugleich rätselte sie über deren Ursprünge: »Sie ist weder hübsch, noch hat sie einen einzigen gelun-
genen Zug in ihrem Gesicht«, bemerkte sie einer Freundin gegenüber,
»dennoch habe ich kaum je ein auffallenderes Mädchen gesehen.«[21] Lady Spencer verstand nie, warum ihre Tochter immer im Mittelpunkt stehen wollte, oder welchen Einfluß dies auf ihre Entwicklung hatte. In
späteren Jahren, als sie gezwungen war, sich ihren Teil der Schuld an Georgianas Mißgeschicken vor Augen zu führen, machte sie sich Vorwürfe,
als Mutter zu nachsichtig gewesen zu sein.

1763, als Georgiana sechs Jahre alt war, nahm die Stabilität, in der sie
bisher gelebt hatte, ein jähes Ende, als die Spencers zu einer großen Reise aufbrachen. Lord Spencer hatte Probleme mit der Lunge, und sein
kränklicher Zustand machte ihn launisch. Lady Spencer, von seinen
Launen zermürbt, drängte ihn, sich im wärmeren Klima auf dem Kontinent auszuruhen und zu kurieren. Die meisten ihrer Freunde fuhren ins
Ausland. England hatte in den vergangenen sieben Jahren Krieg gegen
Frankreich geführt, und obwohl die Gefechte größtenteils in entfernten
Gegenden wie Kanada, Indien und in der Karibik stattgefunden hatten,
waren Reisen über den Kanal äußerst selten geworden. Mit dem Eintritt
des Friedens wurde das Reisen wieder möglich, und die englische Aristokratie konnte ihrem liebsten Zeitvertreib frönen: Besichtigungstouren.

Georgiana begleitete ihre Eltern; George und Harriet, die man beide
noch für zu jung hielt, um eine so lange Reise zu unternehmen, blieben
zurück. Das erste Ziel der Spencers war Spa im Ardennerwald. Seine natürlichen warmen Quellen und die ländliche Umgebung machten es zu
einem beliebten Kurort für den europäischen Adel, wo man das Heilwasser trank und in den künstlich angelegten Becken badete. Aber Lady
Spencers Hoffnungen, die freundliche Atmosphäre könnte die Nerven
ihres Ehemannes beruhigen, wurden enttäuscht. Ein Freund, der sich
für kurze Zeit bei ihnen aufhielt, zählte den Besuch zu den schlimmsten
seines Lebens: »Wenn Sie mich ehrlich fragen, ob er mir viel Freude bereitet hat, sehe ich mich gezwungen, die Frage abschlägig zu beantworten. Lord Spencers unglückliche Veranlagung, die Dinge immer von ihrer schlimmsten Seite zu betrachten und sich etwas zu suchen, woran er

sich aufreiben kann, wenn er gerade nichts findet, machten sowohl ihn als auch seine Gesellschaft größtenteils unempfänglich für die Zufriedenheit, zu der die Reise eigentlich hätte Anlaß geben können.«[22]

Unbeirrt beschloß Lady Spencer, daß sie es mit Italien versuchen sollten. Sie schrieb im Juli an ihre Mutter und bat sie, nach Spa zu kommen, um sich während ihrer Abwesenheit um Georgiana zu kümmern. Sie gab zu, daß es ihr »nicht ganz leicht fiel«, Georgiana zurückzulassen, aber sie hatte ihre Rolle als Ehefrau immer über die der Mutter gestellt. Georgiana, die ihre Geschwister bereits vermißte, erlitt einen heftigen Schock, als sie von ihrer Mutter so plötzlich und ohne Erklärung verlassen wurde. »Miss Spencer erklärte mir heute, daß sie mich sehr gern mag, aber ohne ihre Mama nicht bei mir bleiben möchte«, hielt ihre Großmutter in ihrem Tagebuch fest.[23] Die folgenden zwölf Monate lebte Georgiana bei ihrer Großmutter, die in Antwerpen ihre Ausbildung überwachte. Vielleicht hat sie geglaubt, ihre Eltern hätten sie verlassen, um sie für irgendeine nicht benannte Missetat zu bestrafen, denn Georgiana wurde auffallend gehemmt und noch mehr bemüht zu gefallen. Sie imitierte die Vorlieben und Abneigungen ihrer Großmutter und übte, die Erwartungen der Erwachsenen vorherzusehen. »Wir sind jetzt 38 Personen bei Tisch«, schrieb Mrs. Poyntz im Juni 1764, zehn Monate, nachdem Georgianas Eltern aus Spa abgereist waren. »Miss Spencer wird von der ganzen Gesellschaft angebetet. Sie wundern sich, daß ein Kind ihres Alters niemals etwas anderes zu Essen oder zum Nachtisch verlangt als das, was ich ihr vorsetze.«[24]

Als ihre Tochter und der Schwiegersohn zurückkehrten, war Mrs. Poyntz über die Intensität von Georgianas Reaktion überrascht: »Noch nie sah ich ein so überglückliches Kind, sie konnte kaum sprechen oder ihr Dinner essen.«[25] Lady Spencer bemerkte sofort, daß sich ihre Tochter verändert hatte, aber die Veränderung gefiel ihr. »Zu meiner Freude fand ich meine liebe Mutter und mein süßes Mädchen recht wohl vor«, schrieb sie an eine ihrer Freundinnen. »Letztere hat große Fortschritte gemacht.«[26] Lady Spencer realisierte nicht, daß diese Fortschritte zu Lasten von Georgianas Selbstbewußtsein gingen. Während andere Kinder ihre eigene Ressourcen entdecken, wuchs Georgiana in einer viel zu großen Abhängigkeit von anderen Menschen auf. Als Kind machte sie dies fügsam; als Erwachsene wurde sie dadurch empfänglich für Manipulation.

Drei Jahre später, 1766, ereignete sich eine Tragödie, die die ganze Familie erschütterte. Lady Spencer erwartete ihr viertes Kind und gebar

im Herbst 1765 eine Tochter mit dem Namen Charlotte. Das Kind ermöglichte einen dringend benötigten Neuanfang nach der achtzehnmonatigen Abwesenheit der Spencers aus England, was möglicherweise
der Grund dafür war, daß es Lady Spencer ebenso in ihren Bann zog wie
Georgiana neun Jahre zuvor. »Sie ist ein süßer kleiner Schatz«, schrieb
sie.[27] Diesmal stillte sie das Baby selbst, statt eine Amme zu engagieren,
und gab nicht auf, obwohl es sie schmerzte und »schwächte«. Georgianas Zeilen an ihre Mutter, als sich Lady Spencer in London aufhielt, lassen vermuten, daß sie mehr als ein wenig eifersüchtig auf den Neuan-
kömmling war.[28] Aber die Kindersterblichkeitsrate war noch immer
hoch, obwohl sie sich seit dem siebzehnten Jahrhundert verringert hatte.
Charlotte starb kurz nach ihrem ersten Geburtstag.

Lord und Lady Spencer waren durch den Verlust erschüttert. »Du
weißt um die vielleicht außergewöhnliche Zärtlichkeit, die ich für meine
Kinder empfinde«, erklärte Lady Spencer ihrer Freundin Thea Cowper.
Drei Jahre später, 1769, beherrschte Charlotte noch immer ihre Gefühle, als sie eine weitere Tochter bekam, die sie Louise tauften. Aber auch
sie starb bereits nach wenigen Wochen. Von nun an reisten die Spencers
exzessiv, manchmal mit den Kindern und manchmal ohne sie, und verbrachten immer nur wenige Monate in England. Auf der Suche nach einer Erklärung für ihre »schweren Leiden« fanden sie Trost in der Religion, und Lady Spencer zeigte erste Anzeichen des religiösen Fanatismus,
der ihr späteres Leben überschattete.

An den Abenden trat die Religion jedoch in den Hintergrund: Man
zerstreute sich mit weltlichen Beschäftigungen. In Spencer House und
Althorp wurden Spieltische aufgestellt, wo die Spencers mit ihren
Freunden bis in die frühen Morgenstunden spielten. Lady Spencer versuchte sich zu beherrschen: »Spielte Billard und Bowls und Karten den
ganzen Abend bis in die Nacht«, schrieb sie in ihr Tagebuch. »Gib mir
die Kraft, oh Herr, daß ich unermüdlich mit meinen Anstrengungen
fortfahre, diese Gewohnheit zu überwinden, soweit sie ein Laster ist«,
betete sie bei einer anderen Gelegenheit.[29] Je mehr Stunden sie am
Spieltisch verbrachte, um so mehr bestrafte sie sich durch Selbstzüchti-
gung. Zu jener Zeit, als Georgiana alt genug war, um die Gewohnheiten
ihrer Mutter zu durchschauen, hatte sich Lady Spencer eine harte
Lebensweise auferlegt: jeden Morgen um 5.30 Uhr aufstehen, eine Stunde beten, Bibelstudium für eine weitere Stunde, ein karges Frühstück um

9.00 Uhr, dann Haushaltspflichten und gute Taten bis zum Dinner. Aber in ihrem Herzen wußte sie, daß ihre Aktionen Äußerlichkeiten waren, an denen ihr Gefühl nicht beteiligt war. »Ich weiß«, schrieb sie, »um meine Eitelkeit, durchsetzt mit falscher Demut, was verabscheuungswürdig ist.«[30] Dennoch führte sie die Erkenntnis ihrer Schwächen nicht auf andere Wege. Zwanzig Jahre später klagte eine Freundin: »Sie ist und bleibt Lady Spencer, von Eitelkeit und Großtuerei wird sie nicht lassen können, sie mußte unbedingt fallen lassen, daß sie in Windsor war.«[31]

Die Kinder wurden stille Zeugen des betrüblichen Lebens ihrer Eltern. Manchmal schlichen sich Georgiana und Harriet nach unten, um die lautstarken Szenen zu beobachten, die sich am Spieltisch ereigneten. »Ich blieb bis ein Uhr, aber Mama bis sechs Uhr morgens«, schrieb Harriet in ihr Tagebuch.[32] Als die Kinder älter wurden, erlaubte man ihnen teilzunehmen. Harriet notierte in ihrem Tagebuch anläßlich einer Reise nach Paris: »Heute kam ein Mann zu Papa, um ihm beizubringen, wie er beim Pharao immer gewinnen könnte, und redete davon, als ob das sicher sei, erklärte alle seine Regeln, und als ihm Papa erzählte, er selbst habe immer verloren, versicherte ihm der Mann, das sei so, weil Geld und Geduld fehlten, denn sein Geheimnis sei unfehlbar. Alle haben ihm etwas gegeben, damit er für sie spielt, und Papa gab ihm einen Louis d'Or für meine Schwester und mich.«[33]

Georgianas Reaktion auf den Verlust von Charlotte und Louise zeigte sich in ihrer übergroßen Sorge um die beiden jüngeren Geschwister. Sie reagierte außerdem äußerst sensibel auf Kritik, und schon der leiseste Vorwurf verursachte hysterische Weinkrämpfe. Lady Spencer unternahm verschiedene Versuche, Georgiana zu beruhigen, zwang sie dazu, stundenlang zu beten, und sperrte sie in ihr Zimmer – mit geringem Effekt.[34] Es lag in ihrem Wesen, eine Sache in jeder Hinsicht im Auge zu behalten, und von diesem Zeitpunkt an überließ Lady Spencer bei Georgianas Ausbildung nichts dem Zufall. Sogar ihre Gedanken wurden kontrolliert. »Bete aufrichtig zu Gott«, befahl ihr Lady Spencer, »damit er Dir um Himmels Willen seinen Beistand zuteil werden läßt, ohne den Du Dir nichts erhoffen kannst.«[35]

Mit dem Erwachsenwerden verlor sich Georgianas Hang zu Überreaktionen allmählich, aber nicht genug, um ihrer Mutter die Sorgen um ihre Zukunft zu nehmen. Im November 1769 wurden sowohl George als auch Harriet ernsthaft krank, und Lady Spencer vertraute einer Freundin an, daß die zwölfjährige Georgiana »hier wie bei allen anderen Gelegenheiten eine derart reizende Empfindsamkeit« gezeigt habe, »die es unmöglich macht, damit nicht zufrieden zu sein, doch wenn ich darüber nachsinne, versichere ich Dir, es bereitet mir Sorge, denn ich weiß aus schmerzhafter Erfahrung, wie sehr sie unter einer solchen Veranlagung künftig leiden wird.«[36]

*

Georgiana war erst vierzehn, als die Leute über die Wahl eines Ehemanns zu spekulieren begannen. Lady Spencer hielt es für einen verhängnisvollen Fehler, wenn sie zu früh heiratete. »Ich hoffe, mich nicht von ihr trennen zu müssen, bis sie mindestens achtzehn ist«, erklärte sie 1771 einer Freundin.[37] Die kultivierte äußere Erscheinung ihrer Tochter veranlaßte viele, sie für wesentlich reifer als Gleichaltrige zu halten. Im Jahre 1772 begab sich die Familie auf eine neue große Reise, diesmal mit allen drei Kindern. Der begeisterte Empfang, den man Georgiana in Paris bereitete, bestätigte Lady Spencers Befürchtungen. Einer englischen Mitreisenden zufolge »bewunderte man Lady Georgiana Spencer außerordentlich. Sie besitzt, dessen bin ich sicher, außerordentlich vielversprechende Anlagen, und erfreut sich einer Erziehung, von der man hoffen kann, daß sie jeden Schaden durch jene Einflüsse abwenden wird, die ihr allzu natürlicher Weise den Kopf verdrehen könnten.«[38]

Georgiana vereinigte meisterhafte Beherrschung der Etikette mit schalkhafter Grazie und Nonchalance, was in der künstlichen und manierierten Atmosphäre am französischen Hof Bewunderung fand. Wo immer Georgiana in der Begleitung von Lady Spencer erschien, staunten die Leute über ihre Art, so natürlich aufzutreten, sich aber gleichzeitig dessen bewußt zu sein, daß sie beobachtet wurde. Viele verzagten angesichts der komplexen und streng choreographierten Pflichtstücke, die in den französischen Salons als gesellschaftliche Unterhaltung galten. »Es war keine gewöhnliche Wissenschaft«, erinnert sich eine Hofdame im Ruhestand, »zu wissen, wie man mit Grazie und Sicherheit einen Salon betritt, in dem dreißig Männer und Frauen in einem Kreis um ein Feuer sitzen, mit einer leichten Verneigung vor jedem einzelnen in den Kreis einzudringen, sich direkt auf die Hausherrin zuzubewegen und mit Würde zurückzuziehen, ohne die eleganten Kleider, Spitzenrüschen

[und] Kopfputz aus sechsunddreißig wie Rauhreif gepuderten Löckchen ungeschickt durcheinanderzubringen ...«³⁹

Die Familie reiste ein paar Monate lang durch Frankreich und dann weiter nach Spa, wo Georgiana im Sommer 1773 ihren sechzehnten Geburtstag feierte. Viele Freunde warteten dort bereits auf sie, unter ihnen der vierundzwanzigjährige Herzog von Devonshire. Die herzogliche Familie hatte Spa schon immer gern besucht: Der vierte Herzog war 1764 im Alter von vierundvierzig Jahren dort gestorben, erschöpft von seiner kurzen aber qualvollen Aufgabe als Premierminister im Jahr 1756.* Die Devonshires zählten zu den ersten Familien Englands und nahmen einen besonderen Platz in der britischen Geschichte ein. Seit der Regentschaft Heinrichs VIII., als Sir William Cavendish die Auflösung der Klöster überwachte, waren sie an der Politik beteiligt. Sir William war der zweite von vier Ehemännern der respekteinflößenden Bess of Hardwick, der reichsten Frau Englands nach Elisabeth I. und der produktivsten Bauherrin ihrer Zeit. Er war der einzige, den sie aus Liebe heiratete, und als sie starb, vererbte sie ihr gesamtes Vermögen ihren Söhnen aus der Cavendish-Linie. Der älteste, William, erwarb mit dem Geld seiner Mutter für 10.000 Pfund von James I. den Grafenstand von Devonshire. Seine Nachkommen folgten seinem Beispiel und widmeten ihr Leben der Steigerung von Reichtum und Macht der Familie.

Siebzig Jahre später, am 30. Juni 1688, traf sich der vierte Graf von Devonshire mit sechs anderen bedeutenden Parlamentariern (den Unsterblichen Sieben), um eine geheime Einladung an William von Orange auszusprechen, daß er nach England komme, um den katholischen James II. vom Thron zu stoßen. Als William eintraf, reiste der Graf persönlich

---

* Das politische Leben hatte zu dem reservierten und ehrenwerten Herzog nicht gepaßt. Wären die Rivalitäten zwischen Henry Fox und William Pitt nicht gewesen, hätte Georg II. diesen »liebenswerten, aufrechten Mann« nicht auserwählt, der »eher wegen seines gesunden Menschenverstandes als wegen seiner Fähigkeiten als Staatsmann« Beachtung erlangte. Dem Herzog fehlte wie Lord Spencer, mit dem ihn eine enge Freundschaft verband, jedes Talent für das Draufgängertum der parlamentarischen Politik. Dr. Johnson sagte über ihn: »Wenn er Ihnen eine Eichel versprochen hätte, und in diesem Jahr in seinen Wäldern keine einzige gewachsen wäre, hätte er eine aus Dänemark kommen lassen.« Wenn man ihm aber auftrug, eine Strategie für den Umgang mit den Franzosen zu formulieren, saß er hilflos da und wartete darauf, daß jemand einen Vorschlag machte. Er nahm nur aus Pflichtgefühl an der Regierung teil, und die Belastung ruinierte seine Gesundheit und seinen Seelenfrieden.

mit seinen eigenen Truppen durch die Midlands und unterwarf die Gegend um Derbyshire und Cheshire. Für seine Tapferkeit wurde ihm der Herzogtitel verliehen, wie vielen seiner Kollegen von den Whigs. Der erste Herzog hatte nicht aus Bigotterie gehandelt, sondern aus politischem Idealismus; er hatte, gemeinsam mit vielen anderen Whigs, König James verdächtigt, ein Komplott zu schmieden, um die Macht des Parlamentes zu schmälern und eine absolutistische Monarchie zu etablieren, ähnlich wie sein Cousin Ludwig XIV. in Frankreich. William nahm die angebotene Krone an, und mit ihr die Bedingungen, die ihm das Parlament auferlegte: Die »Bill of Rights« und das Thronfolgegesetz garantierten die Souveränität des Parlaments über eine konstitutionelle Monarchie und beschränkten die Nachfolge auf königliche Mitglieder protestantischen Glaubens. Spätere Generationen der Whigs verehrten die Revolutionäre von 1688 als Hüter der englischen Freiheit. Sie erwarteten von den Nachkommen der Unsterblichen Sieben, die Whig-Partei am Leben zu erhalten und ihre Ideale zu bewahren.

Zunächst schwankten die Geschicke der Partei mit dem Ansehen ihrer Anführer bei Hof, und Fraktionen kämpften um die Führung. Bis 1714 hatten die Whigs die rivalisierenden Torys verdrängt, und von da an stellte sich ihnen, von wenigen verstimmten Mitgliedern aus den eigenen Reihen abgesehen, wenig Opposition entgegen. Als der zweiundzwanzigjährige Georg III. 1760 den Thron bestieg, hatten über fünfzig Jahre lang die gleichen Whig-Familien die Macht in ihren Händen gehalten. Die Familie des Herzogs, gemeinschaftlich unter dem Namen die Cavendishs bekannt (auf den Herzog wird immer mit seinem Titel verwiesen, auf die Familie mit dem Nachnamen), war so viele Jahre an der Macht gewesen, daß ihnen ein Regierungsposten zuzustehen schien, geradezu von Rechts wegen; sie und ihre Anhänger waren daher gänzlich unvorbereitet, als sie plötzlich in Ungnade fielen. Die erste Amtshandlung des neuen Königs bestand darin, das Whig-Kabinett zu entlassen. Schon lange hielt er die Führer der Whigs für einen zynischen und korrupten lärmenden Haufen und beauftragte an ihrer Stelle seinen Hauslehrer, Lord Bute, eine neue Regierung zu bilden.

Der vierte Herzog von Devonshire stand mit auf der Verlustliste. Ohne Vorwarnung enthob man ihn seines Postens als Haushofmeister und ließ seinen Namen von der Liste der ehrenwerten königlichen Ratgeber, Privatkabinett genannt, streichen. Diese gnadenlose Degradierung war ein

Affront, den weder der Herzog noch die Partei jemals vergessen würden. Als er ein paar Jahre später starb, erbte sein sechzehnjähriger Sohn William (auf den man nie anders als mit »der Herzog« verwies) den Streit und wurde automatisch mutmaßlicher Erbe für den Vorsitz der Whig-Partei. Aber Nathaniel Wraxall, ein zeitgenössischer Politiker, der ihn gut kannte, beklagte den Umstand, daß sich die Whigs auf einen Mann verlassen müßten, der dem öffentlichen Leben so wenig gewachsen war: »Angeborene Apathie gehörte zu seinen unverkennbaren Wesenszügen. Von Gestalt war er groß und männlich, wenn auch nicht lebhaft oder charmant, in seinem Benehmen immer ruhig und gelassen. Er schien keiner heftigen Emotionen fähig und bar jeder Energie oder Geistesgegenwart. Da Spielen unbedingt erforderlich war, um ihn aus seiner Lethargie herauszureißen und seine trägen Talente zu erwecken, verbrachte er die Abende für gewöhnlich bei Brooks's, wo er sich mit Whist oder Pharao beschäftigte.«[40]

Der Herzog hatte eine einsame Kindheit hinter sich, was sich in seiner beinahe pathologischen Reserviertheit niederschlug. Eine seiner Töchter witzelte später, ihr einziges Mittel, an ihn heranzukommen, sei ihr Hund gewesen: »Während des ganzen Tees und beim Abendessen wieder unterhielten wir uns über nichts anderes als die Welpen … Ich schätze mich glücklich, einen mein eigen zu nennen, denn er ist ein unfehlbares Mittel, seine Aufmerksamkeit zu erringen und von ihm zur Kenntnis genommen zu werden.«[41] Dennoch saß hinter der hölzernen Fassade des Herzogs ein intelligenter und gebildeter Verstand. Wraxall berichtet, daß ihn seine Freunde für einen Experten für Shakespeare und die Klassiker hielten: »Bei allen Disputen, die gelegentlich unter den Clubmitgliedern [bei Brooks's] aufkamen, wandte man sich gewöhnlich, wenn es um Texte römischer Poeten oder Historiker ging, an den Herzog, und sein Urteil oder seine Ansicht betrachtete man als endgültig.«[42]

Der Herzog hatte seine Mutter, Lady Charlotte Boyle, kaum gekannt. Sie starb, als er sechs Jahre alt war. Der vierte Herzog hatte sie gegen den Willen seiner eigenen Mutter geheiratet. Es gab keinen klar erkennbaren Grund für die Abneigung der Herzogin – sie meinte, die Verbindung stünde »unter einem schlechten Stern« –, zumal Lady Charlotte ein großes Vermögen in die Familie brachte, da ihr Vater, der Graf von Burlington, keinen Erben besaß. Aber die Herzogin wollte mit ihrem Sohn nichts mehr zu tun haben; als er zehn Jahre später starb, unternahm sie keinen Versuch, ihre Enkel zu besuchen. Der fünfte Herzog, seine beiden

Brüder, die Lords Richard und George, und die Schwester Lady Dorothy
wuchsen in kalter Pracht unter der Obhut ihrer Cavendish-Onkel auf.

Georgianas zukünftiger Ehemann war erst sechzehn, als ihm ein Einkommen zufiel, das doppelt so hoch war wie das von Lord Spencer; in einer Aufzeichnung wurde es mit mehr als 60.000 Pfund im Jahr beziffert.
Zu seinem Eigentum zählte nicht nur das prachtvolle Chatsworth in Derbyshire und Devonshire House in London, sondern noch fünf weitere Be-
sitztümer vergleichbarer Pracht: Lismore Castle in Irland, Hardwick
House und Bolton Abbey in Yorkshire, dazu Chiswick House und Burlington House in London. Er zählte zu den begehrtesten Junggesellen
Londons – obwohl Mrs. Delany die Gründe dafür schleierhaft waren.
»Die engen Freunde des Herzogs behaupten, er habe Verstand und wolle
nicht bevorzugt werden«, schrieb sie. Aber ihrer Meinung nach war er
langweilig und linkisch: »Sicher ist, *das Juwel ist nicht gut geschliffen worden*:
Hätte ihn der verstorbene Lord Chesterfield unterrichtet, wäre er möglicherweise in den Besitz von *les graces* gelangt, aber gegenwärtig nennt er
nur die Gnade seines Herzogtums sein eigen.«[43] Wie eine Zeitung sich
vorsichtig ausdrückte, besaß »Seine Gnaden einen liebenswürdigen und
ehrenhaften Charakter, aber *Tanzen* gehört nicht zu seinen Stärken.«[44]

Oberflächlich betrachtet war der Herzog Lord Spencer nicht unähn-
lich: Hinter einer schüchternen Fassade verbarg Georgianas Vater starke
Gefühle. Einer der wenigen erhalten gebliebenen Briefe an Georgiana,
den er nach ihrer Hochzeit schrieb, gibt ausdrucksvoll Zeugnis seines
warmen Herzens: »Aber, meine liebste Georgiana, bis vor kurzem wußte
ich wirklich nicht, wie sehr ich Dich liebte. Du fehlst mir jeden Tag und
jede Stunde.«[45] Der vierundzwanzigjährige Herzog besaß keine solche
verborgene Liebenswürdigkeit, obwohl Georgiana dies glaubte. Da sie
wußte, wie seltsam sich ihr Vater in der Öffentlichkeit verhalten konnte,
nahm sie an, auch der Herzog würde seinen wahren Charakter vor allen
außer seinen engsten Vertrauten verbergen. Der Umstand, daß ihre Eltern ihn so respektvoll behandelten, wertete den Herzog in ihren Augen
ebenfalls auf. Die Spencers waren äußerst erfreut über das Interesse, das
er an ihrer ältesten Tochter zeigte. Und Georgiana entging nicht, daß sie
beobachtet wurde; sie wußte, ihre Eltern wünschten, daß sie Erfolg hatte.

Am Ende des Sommers, in dem Georgiana bei diversen Gelegenheiten
mit dem Herzog getanzt und bei zahllosen Dinners in seiner Nähe gesessen hatte, hatte sie sich in den Gedanken verliebt, ihn zu heiraten. Seine

Rückkehr nach Hause erregte sie heftig; sie fürchtete, er werde seine Wahl treffen, bevor sie erwachsen geworden war. »Ich habe nirgendwo über eine Verbindung des Herzogs mit irgend jemandem reden hören«, versicherte ihre Cousine auf ihre Nachfrage wegen eines Gerüchts, das ihn mit Lady Betty Hamilton in Verbindung brachte. »In der Tat habe ich in diesem Winter sehr wenig von ihm gehört.«[46] Lady Spencer ihrerseits war erleichtert, daß der Herzog noch keinen formellen Antrag gemacht hatte. Obwohl es kein illustreres Paar geben konnte, wollte sie doch nicht, daß ihre Tochter als Kind zur Braut wurde. Georgiana »ist in der Tat eine hübsche junge Frau«, vertraute sie einer Freundin an, »sehr gefällig von Gestalt, aber mit ihrem trefflichen Charakter und ihren Anlagen fürchte ich, daß sie mir entrissen wird, noch bevor Alter und Erfahrungen sie in irgendeiner Weise auf die verantwortungsvollen Aufgaben einer Ehefrau, Mutter oder Herrin über eine Familie vorbereitet haben.«[47]

Der Herzog hatte bereits beschlossen, Georgiana zu heiraten. Die Entscheidung lag auf der Hand: Gesellschaftlich standen die Spencers und die Cavendishs beinahe auf der gleichen Stufe, sie erwartete eine große Mitgift, anscheinend war sie populär, und, äußerst wichtig, sie war jung und formbar. Trotz Lady Spencers Zurückhaltung begannen die beiden Familien bereits ernsthaft zu verhandeln, während sich die Spencers noch im Ausland aufhielten. Bei ihrer Rückkehr im Frühling 1774 hatte man sich geeinigt. Georgiana war zu diesem Zeitpunkt fast siebzehn Jahre alt und bereitete sich auf ihre Einführung in die Gesellschaft vor. Eine arrangierte Heirat, wie sie noch in der vorherigen Generation üblich war, stand ihr nicht bevor.[48] Sie wurde weder im Gegenzug für Spielschulden eingetauscht, noch war sie Bestandteil einer politischen Verbindung.* Dennoch stand es Georgiana nicht frei, sich wirklich selbst zu entscheiden. Im Unterschied zu ihrer Mutter war sie vor ihrer Hochzeit nicht über mehrere Jahre auf Gesellschaften gewesen, und sie hatte den Herzog nicht gewählt, weil sie ihn »mehr liebte als alle Männer der Welt.« Sie würde alles tun, um ihren Eltern zu gefallen, und dazu ge-

---

* Im Jahre 1719 hatte der Herzog von Richmond, außerstande, seinen Verpflichtungen nachzukommen, seine Schulden bezahlt, indem er einer Heirat seines achtzehnjährigen Erben mit der dreizehnjährigen Tochter des Grafen von Cadogan zustimmte. Die Zeremonie wurde sofort vollzogen, anschließend brachte man das Mädchen in die Kinderstube zurück. Sie bekam ihren Ehemann nicht mehr zu Gesicht, bis sie sechzehn Jahre alt war.

hörte auch, daß sie sich einbildete, einen Mann zu lieben, den sie kaum
kannte. Aber Georgianas Freude über seinen Antrag überzeugte die
Spencers davon, daß es sich um eine Liebesheirat handelte.

Als die Hochzeit näherrückte, wurden Georgianas Schwächen für ihre
Mutter zu einer Manie, weil sie fürchtete, ihrer Tochter könnte nicht bewußt sein, welche Verantwortung sie mit ihrer neuen Rolle als Gattin
und politische Gastgeberin zu übernehmen hatte. »Ich hatte mir eingeredet, daß ich mehr Zeit hätte aufbringen müssen, um ihren Horizont zu
erweitern und, mit Gottes Hilfe, ihre Grundsätze hätte festigen müssen,
sie hätte befähigen müssen, die vielen Fallstricke zu meiden, die Lasterhaftigkeit und Torheit ihr in den Weg legen werden. Sie ist liebenswürdig, unschuldig und gütig, aber sie ist auch leichtsinnig, müßig und liebt
die Zerstreuung.«[49] Wann immer sie unterwegs waren, kritisierte Lady
Spencer Georgianas Benehmen in langen Briefen voller »Hinweise,
Dein eigenes Betragen zu gestalten ... da Dir so nahe bevorsteht, in eine
Welt einzutreten, in der es von Zerstreuung, Laster und Narretei wim-
melt.«[50] Einmal legte sie eine Liste mit Regeln für das Benehmen einer
verheirateten Frau an Sonntagen bei. Georgiana habe früh aufzustehen,
zu beten, den Kindern oder der Dienerschaft Instruktionen zu erteilen,
dann ein erbauliches Buch zu lesen, und obendrein »es sich zur Aufgabe
zu machen, regelmäßig zu den ersten [in der Kirche] zu zählen, und
durch gute Laune und Aufmerksamkeit jedem zu zeigen, daß ich in der
Religion oder dem Sonntag nichts finden kann, was die Leute stumm,
ungezogen oder unbehaglich machen könnte ...« Flirten und Gesell-
schaftsklatsch hatten an jenem Tag absolut zu unterbleiben.[51]

Die meisten Beobachter teilten Lady Spencers Besorgnis, wenn auch
nicht aus den gleichen Gründen. Mary Hamilton berichtete in ihrem
Tagebuch:

> Wir tranken Tee in Spring Gardens: Lady Spencer und ihre Tochter
> Lady Georgiana und der Herzog von Devonshire gesellten sich zu uns.
> Er ging zwischen Lady Georgiana und mir, wir waren sehr schwatz-
> haft, aber der Herzog richtete kein einziges Wort an seine Verlobte,
> kein einziges Lächeln erhellte sein finsteres Gesicht. – Ungeachtet
> seines Titels und Vermögens würde ich ihn nicht heiraten – man sagt,
> er sei gefühlvoll und habe gute Eigenschaften – wie schade, daß er
> nach außen hin nicht liebenswürdiger auftritt, er wird der lieben,
> charmanten Lady Georgiana keine gute Ergänzung sein.[52]

Mrs. Delany war zu einem ähnlichen Schluß gekommen. Zufällig nahm sie im Mai an einem Ball teil, auf dem Georgiana so lange getanzt hatte, daß sie vor Hitze und wegen des enggeschnürten Kleides in Ohnmacht fiel – »was natürlich einigen Aufruhr erzeugte«, informierte sie ihre Freundin. »Seine (gleichmütigen) Gnaden befanden sich am anderen Ende des Saales und fragten ›Was ist da los?‹ Man erklärte es ihm, und er antwortete mit seiner üblichen Zurückhaltung (alias Stumpfheit), ›Ich dachte der Lärm – wäre – unter – den – Frauen.‹« Er machte keinerlei Anstalten, zu Georgiana hinüberzugehen, um zu sehen, wie es ihr ging.[53]

Inzwischen hatten die Spencers eine üppige Aussteuer zusammengestellt, mit der Georgiana so manche Prinzessin auf dem Kontinent hätte ausstechen können. In drei Monaten gaben sie insgesamt 1.486 Pfund für zahllose Teile aus: Fünfundsechzig Paar Schuhe füllten eine Truhe, achtundvierzig Paar Strümpfe und sechsundzwanzig »ein halb« Paar Handschuhe eine weitere.[54] Sie kauften Hüte, Federn und Putz; Hausmäntel, Straßenkleider, Reitbekleidung und Ballroben. Ihr Hochzeitskleid mußte angefertigt werden, ihr Hofkleid, ihr erstes Besuchskleid, dazu Mäntel, Schals und Umhänge. Die bevorstehende Verbindung zwischen diesen beiden wohlhabenden und mächtigen Familien erregte natürlich die Aufmerksamkeit der Presse – über zwei Jahrzehnte lang hatte es keine Herzogin von Devonshire gegeben. Manche Leute redeten von der Hochzeit des Jahres und gingen davon aus, daß die neue Herzogin von Devonshire den ehemaligen Glanz von Devonshire House wiederaufleben lassen werde. Auch die Granden der Whigs betrachteten die Verbindung mit Wohlwollen und hofften, daß der Ehestand dem Herzog guttun werde.

Die Hochzeit fand am 7. Juni 1774 statt, zwei Tage vor dem offiziellen Datum. Wegen des großen Aufsehens, das die Hochzeit in der Öffentlichkeit erregt hatte, fürchteten die Spencers, daß die Kirche von neugierigen Zuschauern gestürmt werden könnte. Sie überredeten den Herzog, vorübergehend auf den Komfort seines eigenen Hauses zu verzichten und bei ihnen in Wimbledon Park zu wohnen, damit die Hochzeit in Ruhe und Frieden in der dortigen Gemeindekirche stattfinden konnte. Mrs. Delany berichtet, daß Georgiana bis zum Tage der Zeremonie nichts von diesen Plänen wußte. Aber sie war einverstanden: Eine Hochzeit in aller Stille kam ihr entgegen. »Sie ist so absonderlich glücklich, weil sie Seine Gnaden für *äußerst angenehm* hält« und, wunderte sich Mrs. Delany, »war nicht im geringsten betrübt«. Sie trug ein Kleid in

Weiß und Gold, dazu silberne Pantoffeln an den Füßen und Perlen im Haar. Im achtzehnten Jahrhundert waren Hochzeiten kleine, private Angelegenheiten. Georgiana begleiteten nur fünf Personen in die Kirche: der Bruder des Herzogs, Lord Richard Cavendish, seine Schwester Dorothy, die den Herzog von Portland geheiratet hatte, und auf Georgianas Seite nur ihre Eltern und die Großmutter väterlicherseits, Lady Cowper.[55] George und Harriet blieben auf Wimbledon, wo sie auf die Rückkehr der Hochzeitsgesellschaft warteten. Georgiana sah man ihre Gefühle deutlich an, während des Herzogs Miene unergründlich blieb. Vielleicht erfüllte seine neue Frau seine Gedanken, vielleicht weilten sie aber auch bei einer anderen Spencer. Nicht weit entfernt in einer gemieteten Villa, in einer abgelegenen Straße, wo eine Kutsche ungesehen kommen und fahren konnte, stillte Charlotte Spencer, eine ehemalige Putzmacherin, die nicht mit den Spencers verwandt war, ein neugeborenes Baby: seine – ihre – Tochter Charlotte.[56]

Kapitel 2

Favoritin der Mode

1774–1776

Tonangebend in der Gesellschaft sind derzeit die
Herzogin von Devonshire, die Herzogin von
Marlborough, die Herzogin von Bedford,
Lady Harrington und Co. etc.

MORNING POST, SAMSTAG, 29. JULI 1775

Vergnügen und Zerstreuung werden inzwischen unter dem
ton, insbesondere den Frauen von Stand, in einem Ausmaß
betrieben, das alle Grenzen übersteigt. Die Herzogin von
D–e hat sich mit ihrer rastlosen Lebensweise beinahe die
Konstitution ruiniert; ihre Mutter, Lady S–r, erwähnte
dies besorgt vor dem Herzog, der beiläufig antwortete,
»Laßt sie in Ruhe, sie ist bloß ein junges Mädchen.«

MORNING POST, MONTAG, 11. MÄRZ 1776

Drei Tage nach der Hochzeit wurde der Herzog gesehen, wie er mit
seinen Zechkumpanen durch die Lustgärten von Ranelagh in
Chelsea zog. Größeres Aufsehen erregte er, als er zu seiner Vorstellung
bei Hofe mit Georgiana vier Stunden zu spät erschien. Von allen Neu-
vermählten erwartete man, daß sie sich bei einer der zweimal pro Woche
stattfindenden öffentlichen Audienzen im St. James's Palace, bekannt als
Salons, der Königin vorstellten. »So voll habe ich den Salon noch nie gesehen«, berichtete eine Zeugin, »außer an einem Geburtstag [von König
oder Königin], was, wie ich annehme, an der Neugier auf die Herzogin
von Devonshire lag.« Georgiana trug ihr Hochzeitskleid und »sah bezaubernd aus … Nie hat man das Glück deutlicher auf einem Antlitz gesehen. Sie war für die Jahreszeit passend leicht gekleidet, und ihre Juwe-

len sind überwältigend.«[1] Lady Mary Coke wunderte sich, weshalb der Herzog Stunden nach Georgiana ganz allein auftauchte. Er »wäre beinahe zu spät gekommen; denn es war fast vier Uhr, als er den Salon betrat.« Sie beobachtete ihn eine Weile, und ihr fiel auf, daß er keinerlei Gefühl zeigte. »Seine Gnaden sind so glücklich wie seine Herzogin«, beschloß sie großmütig, »aber man sieht es seinem Antlitz nicht so sehr an.«[2] Lady Marys Meinung wäre vielleicht anders ausgefallen, hätte sie von Lady Spencers verzweifelten Nachrichten an den Herzog gewußt, in denen sie ihn eindringlich bat, nicht zu spät zu kommen.

Das Protokoll verlangte von Georgiana, jeder bedeutenden Person der Gesellschaft einen Besuch abzustatten. In den folgenden drei Monaten ging sie von Haus zu Haus, pflegte fünfzehn Minuten lang höfliche Konversation, während die Gastgeber die neue Herzogin von Devonshire unter die Lupe nahmen. In einer Zeit, in der gesellschaftliches Ansehen eine eigene Währung war, wurden Georgianas Besuche hoch gehandelt. Lady Mary Coke gehörte nicht zu den fünfhundert Persönlichkeiten, denen Georgiana ihren Besuch abstattete, was deren Gefühle für ihre Cousine für immer trübte.

Anfang Juli begab sich Georgiana mit dem Herzog auf die dreitägige Reise von London nach Derbyshire, um den Sommer auf Chatsworth zu verbringen. Die langen Stunden auf der Straße, ohne Abwechslung außer dem Blick aus dem Fenster, waren die ersten, die sie mit ihrem Ehemann allein verbrachte. Seit ihrer Hochzeit hatte er kaum ein Wort an sie gerichtet. Seine Wortkargheit machte sie nervös, und sie kompensierte dies, indem sie sich übertrieben lebhaft gab. Für sie gab es vieles, worauf hinzuweisen sich lohnte: eine malerische Kirche hier, ein Klatschmohnfeld dort – in England waren die Dörfer auf dem Lande wohlhabender und gepflegter als auf dem Kontinent. Ein Franzose, der 1765 durch England reiste, war überrascht, daß die Arbeiter Schuhe an den Füßen trugen und statt der grauen Fetzen »gutes Tuch« über den Schultern. Im Unterschied zu den Lehmhütten der französischen Landbevölkerung sah er hier nur Behausungen, die »aus Ziegeln gebaut und mit Schindeln gedeckt [sind und] Glasfenster haben.«[3]

Als die Karawane aus Kutschen und Lastkarren Derbyshire erreichte, hatte sich die Straße zu wenig mehr als einem holprigen Weg verschlechtert. Hier ersetzten felsiges Moorland und rauschende Wasserfälle die grünen Hecken und üppigen Wiesen des Südens. Daniel Defoe hatte zu Beginn des Jahrhunderts England bereist und beschrieb die Landschaft um Chatsworth als eine »öde und heulende Wildnis ohne Hecken oder Bäume.« Aber Horace Walpole, der die Gegend ein halbes Jahrhundert später bereiste, als das Romantisieren in Mode kam, spürte den Zauber der zerklüfteten Landschaft: »Weite Wälder reichen die Hügel hinab«, schrieb er, »und die riesigen Felsen verleihen dem Anblick Würde.« Er bewunderte die Gegend; aber Chatsworth selbst, das Schloß auf dem Gipfel, verfinsterte seine Sinne.

Nachgeborene Generationen der Cavendishs hatten das ursprünglich elisabethanische Äußere bis zur Unkenntlichkeit verändert. Im Jahre 1686 hatte der erste Herzog von Devonshire, »ein in allem außer der Zahlungsmoral gegenüber seinen Handwerkern sehr ehrenvoller Mann«, einen Architekten angewiesen, die spitzen Türmchen von Chatsworth abzureißen und durch etwas Moderneres zu ersetzen. Er fuhr fort, an das Haus anzubauen, bis am Ende eine ungewöhnliche Reminiszenz an das englische Barock entstanden war. Georgianas erster Blick fiel auf einen rechteckigen Steinkasten, etwa 172 Fuß lang und drei Stockwerke hoch, bekrönt von einem Gesims und einer Balustrade, die in regelmäßigen Abständen kunstvoll verzierte Urnen trug. Die massige Fassade gestalteten Fenster in doppelter Höhe im Wechsel mit kannelierten Pilastern. Das Symbol der Cavendishs, ineinander verschlungene Schlangen, zierte das ganze Gesims. Insgesamt waren Haus und Parklandschaft wesentlich imposanter als Althorp, von einer einzigen, etwas heiteren Note im Garten abgesehen – einem Baum aus Blei. Ahnungslose Besucher, die darunter stehenblieben, wurden mit Wasser, das aus seinen Blättern spritzte, durchnäßt. Manchen mißfiel dieser Witz: Der Reisende und Chronist Joseph Torrington fand ihn »höchstens einem Teegarten in London angemessen.«

Torrington kritisierte außerdem, das Gelände entbehre in seiner Gestaltung an Geschmack, obwohl es sich um das Werk des bedeutenden Landschaftsarchitekten Capability Brown handelte, und das Haus fand er abstoßend und ungemütlich.[4] Ihm gefiel der verschwenderische Umgang mit Gold auf jeder verfügbaren Fläche nicht, die Kombination aus Holztäfelung und Holzböden mit Intarsien lasse die Räume selbst am hellichten Tage finster erscheinen. 1770 vermittelte Chatsworth einen unmodernen Eindruck; die Zimmer folgten in ihrer Anordnung dem Muster des siebzehnten Jahrhunderts, als man offizielle und private Räume auf einer Achse miteinander verbunden hatte. In neueren Gebäuden trennte

man die Zimmer der Familie vollständig von den Gesellschaftsräumen.[5]
Chatsworth sollte jedoch mehr als ein Zuhause für eine Familie darstellen. Seine prunkvollen Räume mit den klassischen Wandgemälden und
den triumphierenden Göttern, die von den Decken hinabstarrten, erfüll-
ten einen offiziellen Zweck. Sie waren dazu gedacht, den niederen Rän-
gen, die das Haus an den für die Öffentlichkeit zugänglichen Tagen bevölkerten, Ehrfurcht und Respekt einzuflößen – und unter den Aristokraten Neid zu wecken. Komfort spielte eine untergeordnete Rolle. Der
Speisesaal konnte problemlos mehr als hundert Menschen aufnehmen,
Georgiana entdeckte jedoch nur drei Toiletten im ganzen Haus.

Sie blieb nicht lange mit dem Herzog allein. Die Spencers statteten ihnen einen ausgedehnten Besuch ab, in ihrem Gefolge brachten sie ihre
Schwester Harriet und eine größere Anzahl von Haustieren, Lieblings-
pferden und Bediensteten mit. Mit ihrem Besuch wollten sie Georgiana
die Unterstützung und Führung bieten, die sie jetzt dringend benötigte.
Die Brüder und Onkel des Herzogs hatten sich nämlich bereits eingefunden, um ihr Benehmen als neue Herzogin von Devonshire und Schloß-
herrin zu überprüfen. Ab dem Augenblick, in dem sie ihren Fuß aus der
Kutsche setzte, stand Georgiana unter Beobachtung. Im Leben der Aristokraten des achtzehnten Jahrhunderts gab es wenig Privatsphäre: Fast
alle Aktivitäten spielten sich unter den Augen der Dienerschaft ab. Stand
bedeutete Benehmen, und Georgiana lebte unter einem immensen gesellschaftlichen Druck, sich »standesgemäß« zu benehmen. Sie war nun
die Gemahlin eines der mächtigsten Männer des Landes. Jeder – angefangen bei dem Personal, das sich vor Chatsworth versammelt hatte, um
sie willkommen zu heißen, über die Nachbarn, die ihr ihre Aufwartung
machten, bis zu den Menschen, die ihr bei offiziellen Anlässen begegneten, sie von weitem sahen oder über sie in der Zeitung lasen – alle erwarteten, daß sie genau wußte, was sie sagen und wie sie sich verhalten sollte.

Welche Hilfe die Cavendishs ihr zu gewähren bereit waren, erfuhr sie
in ihrem Schlafzimmer. Der Verwalter des Herzogs, Heaton, hatte eine
Liste der Haushaltsausgaben zusammengestellt, auf der sich auch die
Namen der Gemeindemitglieder und Pächter befanden, die vom Gut
unterstützt wurden und deren Wohlergehen von nun an ihr anvertraut
war. Einige erhielten Lebensmittel, andere Almosen; wenn der Herzog
sich auf dem Landsitz befand, teilte man montags und donnerstags unter
den ärmeren Pächtern Brot aus. Zu seiner Ankunft und seiner Abreise

erhielten die Ortsansässigen jeweils einen Ochsen geschenkt. Georgianas oberste Pflicht bestand darin, ihren gesellschaftlichen Verpflichtungen nachzukommen und, mit dem Wissen um die Bedeutung des Namens Cavendish im Hinterkopf, den vielen Angehörigen des Herzogs ihren guten Willen zu zeigen.

Diese Pflichten gestalteten Georgianas Tagesablauf in den ersten Tagen und Wochen auf Chatsworth. Am Morgen ritten die Männer aus oder gingen zur Jagd, während Georgiana in der Nachbarschaft Erkundungsbesuche abstattete, in Begleitung von Lady Spencer, die erneut schwanger war. Sie schloß schnell Freundschaft mit den Pächtern des Herzogs, indem sie ihnen mit jenem Charme und Verständnis entgegentrat, wofür sie später berühmt werden sollte. Auf einem ihrer Spaziergänge stießen sie auf ein unbenutztes Gebäude, und Georgiana beschloß, daß daraus ihre erste Wohlfahrtsschule werden sollte. Solche Dinge machten ihr Spaß. Als kleines Mädchen hatte sie ihr Taschengeld unter den Straßenkindern verteilt und, ihrer Großmutter zufolge, »die Münzen mit der gleichen Freude gegeben, mit der die Kinder sie empfingen.«[6]

Für gewöhnlich kehrten sie um die Mittagszeit zurück, ruhten und bereiteten sich für das Dinner um drei Uhr vor. Diese Mahlzeit war die wichtigste des Tages und konnte bis zu vier Stunden dauern. Es gab zwei »Gedecke« aus etwa fünfzehn süßen und würzigen Gerichten, kunstvoll in geometrischen Formen angerichtet und mit Blumen dekoriert. Georgiana spielte die Rolle der Gastgeberin vor ihren Eltern und dem Herzog selbstbewußt, erteilte den Dienern in einer gebieterischen Haltung Anweisungen, die sie selbst nicht unbedingt für nötig empfand. Im achtzehnten Jahrhundert spielte sich ein Dinner nicht so förmlich ab wie im darauf folgenden Jahrhundert, aber alle Regeln wurden streng befolgt, auch wenn sie subtil waren.* Jeder durfte sitzen, wo er wollte, bis auf den Gast-

---

* Wenn französische Gäste an einem aristokratischen Dinner teilnahmen, gerieten sie in Schwierigkeiten mit den Gabeln, und die Vorliebe der Engländer für Trinksprüche langweilte sie grenzenlos. In bezug auf erstere klagte man üblicherweise, wie hier Faujas de Saint-Fond, »sie pieken mich mit ihren scharfen Spitzen im Mund und auf der Zunge.« Letztere quälten in ihrer übertriebenen Anzahl. Während des ganzen Dinners setzten sich Rede und Gegenrede unablässig fort, und wenn die Damen gegangen waren, mit verstärktem Eifer. Man trank auf die Damen, das Essen, auf einander und alles, was in den Sinn kam. Das Ganze setzte sich so lange fort, daß in jeder Ecke ein Nachtgeschirr stand, und »wer es benutzen muß, unterbricht nicht einmal seine Rede während der Verrichtung.« André Parreaux, Daily Life, S. 36.

geber und die Gastgeberin, die mit den wichtigsten Gästen zu beiden Seiten am Kopf- und Fußende Platz nahmen. Wer nach einer Schüssel zu
weit über den Tisch langte oder darum bat, galt als schlecht erzogen – die
Diener standen an den Wänden aufgereiht und hatten dafür Sorge zu tragen, daß die Teller der Gäste niemals leer wurden. Georgiana mußte nicht
nur dafür sorgen, daß die Unterhaltung lebhaft weiterfloß, sondern auch
die Diener beobachten, damit sie niemanden übersahen, die Gäste, daß sie
sich nicht langweilten, und die Cavendishs, ob sie ihr Mißfallen erregte.

Am Abend spielte sie mit einigen Gästen Karten oder lauschte einer
musikalischen Vorstellung des Violinisten Felix Giardini, der außerdem
Dirigent der London Opera war und ein Freund der Spencers. Auf ihr
Bitten komponierte er Stücke für kleine Orchester, die Georgiana mit einigen ihrer musikalischen Gäste unter seiner Leitung vortrug. Das Haus
füllte sich, da immer mehr Freunde und Verwandte des Herzogs erschienen, um seine Braut zu inspizieren. Georgiana gab sich größte Mühe,
den anspruchsvollen Fremden gefaßt und freundlich entgegenzutreten,
die ihren Besuch nur kurzfristig ankündigten und von ihr erwarteten, be-
wirtet und unterhalten zu werden. Daß sie ihre Rolle erfolgreich ausfüll-
te, verdankte sie der Anwesenheit von Lady Spencer an ihrer Seite ebenso wie ihrer sorgsamen Erziehung. Georgiana kannte wenig von ihrem
Ehemann und dessen Welt. Ihre Ausbildung war alles, worauf sie sich
stützen konnte, um die ersten paar Monate zu überstehen.

Ende September hielten die Farben des Herbstes erneut Einzug im
Park, und die Sonne warf längere Schatten. Man konnte sich leicht erkäl-
ten, wenn man sich nach dem Dinner zu lange im Freien aufhielt, was Lady Spencer eines Nachmittags widerfuhr. Zunächst erweckte sie den Eindruck, daß sie nur unter einem leichten Fieber litt, aber nach wenigen Tagen hatte sie eine Fehlgeburt. Als sie sich erholt hatte, wollte sie einzig
nach Althorp zurückkehren. In zehn Jahren hatte sie drei Kinder verloren,
und möglicherweise weckten Georgianas Schritte in die Unabhängigkeit
in ihr das Gefühl, ein weiteres zu verlieren. Als Georgiana eines Morgens
die Treppe hinunterkam, entdeckte sie, daß ihre Eltern abgereist waren,
ohne sich zu verabschieden. Auf einer hastig hingekritzelten Notiz entschuldigte sich Lady Spencer dafür, daß sie fortrannte, und schob die
Schuld auf »meine Stimmung, die meine jüngste Erkrankung getrübt
hat... Glaube nicht, daß ich Dich jemals wieder auf so unsinnige Weise
verlassen werde«, versprach sie, »aber hier sind so schrecklich viele Men-

schen, und ich fürchte so sehr, mir selbst Schande zu machen und Dir
Kummer zu bereiten, daß ich es für besser halte, wenn ich aus dem Weg
bin.«[7] Georgiana war aufgewühlt und fühlte sich schuldig: »O meine liebste Mama«, schrieb sie unverzüglich, »wie kann ich in Worte fassen, wie
sehr ich Sie liebe und wie sehr mich Ihre Abreise mitgenommen hat.«[8]

Lady Spencer las Georgianas Brief mit Erleichterung, schließlich versicherte ihr der Ton des Schreibens, daß sich Georgiana doch noch nicht von
ihr gelöst hatte. Sie antwortete ihr mit einer Darlegung von Vertrauen und
Gehorsam, die sie in ihrer künftigen Beziehung von Georgiana erwartete:

> Hier beginnt unsere Korrespondenz, meine liebe Georgiana, von der
> ich mir mehr Vergnügen erwarte, als ich in Worte fassen kann. Aber
> kaum etwas wird mir davon zuteil werden, wenn Du mir nicht jenes
> vollste Vertrauen entgegenbringst, welches mein Herz von Dir erwar-
> tet. Siebzehn Jahre schmerzlicher Sorge und unermüdlicher Aufmerk-
> samkeit meinerseits und die liebevollste und dankbarste Erwiderung
> Deinerseits sind sicherlich ausreichend, um mich an allererste Stelle
> zu setzen. Nicht in Deinem Herzen, denn dort wird es der Herzog
> von Devonshire sein, aber als Deine Freundin.[9]

Georgiana antwortete mit Freuden, denn sie fühlte sich inzwischen sehr
einsam. »Sobald ich aufgestanden bin, reite ich«, schrieb sie. »Dann gehe ich hinein und schreibe und oder tue alles, was zu tun ist. Danach gehe ich spazieren, kleide mich zum Dinner um, und nach dem Dinner mache ich einen kleinen Spaziergang, wenn es schön ist und ich Zeit dazu
habe, bis die Herren hinauskommen, und dann verbringe ich den Rest
des Abends mit Whist Spielen, oder schreibe, wenn sich die Gelegenheit
ergibt, und lese.«[10] Die allabendlichen Konzerte seiner Frau interessierten den Herzog nicht, deshalb führte er meist seine Freunde zum Trinken und Billard Spielen aus. Georgiana bekam ihn erst viel später zu Gesicht, wenn sie, bereits in tiefem Schlaf im Bett, vom Lärm an der Tür
geweckt wurde – er erwartete ungeduldig, daß sie schwanger wurde.

*

Häufig erwachte sie voller Angst vor dem, was der Tag ihr bringen würde. Manchmal blieb sie so lange wie möglich im Bett, aber dieses Aus-
weichmanöver brachte seine eigenen Probleme mit sich. So schrieb sie
betrübt an ihre Mutter:

Lord Charles und Lady D. Thompson und Miss Hatham sind eingetroffen, und ich sah mich gezwungen (denn man hat sie eingelassen,
noch bevor ich etwas davon wußte), so zu tun, als ob ich auf einem
Spaziergang gewesen sei, und schließlich ging ich dann nach unten, so
großartig angezogen, wie Sie sich das nur vorstellen können. Um meinen Kummer zu vervollständigen, kam noch eine Wagenladung an –
mit lauter Leuten, die ich noch nie gesehen hatte. Da ich selbst nicht
viel zu sagen hatte, und aus der Gesellschaft einige über Dinge sprachen, von denen ich nichts verstand, gab ich die dümmste Gestalt ab,
die Sie sich denken können, und J [Lord John Cavendish] sagt, daß ich
sämtliche Regeln der Gastfreundschaft gebrochen habe, indem ich
vergaß, ihnen ein Frühstück anzubieten.[11]

Nach Lady Spencers Abreise hatte man wieder begonnen, im Haus einmal
wöchentlich einen Public Day zu veranstalten, und Georgiana mußte auch
hier den Vorsitz führen. Bei diesen Gelegenheiten stand das Haus für alle
Pächter des Herzogs offen, und auch für jeden respektablen Fremden, der
es sich ansehen und sich mit seinen Eigentümern zum Dinner an den
Tisch setzen wollte. Georgiana und der Herzog standen in ihren besten
Kleidern in der Halle, wie bei einem Staatsempfang, und begrüßten jeden
Besucher persönlich. Sie mußten huldvoll und nüchtern bleiben, während
sich die Gäste am kostenlosen Essen und Trinken bedienten. »Einige
Männer waren reichlich betrunken«, berichtete Georgiana nach einem
Dinner, und ihre Freunde »wären Opfer eines betrunkenen Geistlichen
geworden, der um ein Haar auf sie gefallen wäre, wenn sie nicht plötzlich
den Rückzug angetreten hätten.«[12] Anfangs erregte ihr Erscheinen natürlich großes Aufsehen in Derbyshire, aber nach ein paar Wochen ließ der
Andrang an den Public Days nach. Sie lernte, sich in einem Raum voller
fremder Menschen zu orientieren, jene herauszusuchen, denen sie besondere Aufmerksamkeit widmen sollte, und sich von jenen fernzuhalten, die
sich sonst für den Rest des Tages an sie klammern würden. *

---

* Bei einer dieser Anlässe begegnete ihr der gefeierte Dr. Johnson. Georgiana schüch-
terte seine Konversation ein, aber »er hat hier diniert, und beim Essen tut er sich
nicht ganz so hervor wie beim Reden, denn er aß reichlich und unansehnlich.«
(Chatsworth Manuscripts 644: Georgiana Devonshire an Lady Spencer, 4. bis
10. September 1784.) Trotz allem saß sie den ganzen Tag lang neben ihm und, Nathaniel Wraxall zufolge, »hing an den Sätzen, die von Johnsons Lippen fielen ... Alle
zynische Verdrießlichkeit des Philosophen und Moralisten schien sich unter ihrer so
schmeichelhaften Annäherung in Luft aufzulösen.« Nathaniel Wraxall, Posthumous
and Historical Memoirs of My Own Time, London 1904, I, S. 113–114.

Public Days waren ein Relikt aus der Zeit der Vasallen und Privatarmeen. Wegen der Kosten führten nur noch die hochgestellten Familien die Tradition weiter. Derart üppige Bewirtung diente nunmehr der Kultivierung guter Beziehungen zu den Pächtern und sicherte den lokalen politischen Einfluß. Im achtzehnten Jahrhundert war die Pflege eines Wahlkreises eine Familienangelegenheit. Er gehörte zum Besitz, so greifbar und wertvoll wie Grundbesitz. Der Einfluß der Cavendishs im Parlament war von der Anzahl der Parlamentsmitglieder abhängig, die die »Interessen« der Familie vertraten. Auf der Höhe ihrer Macht verdankten dreizehn Mitglieder ihren Sitz dem finanziellen und politischen Einfluß des Herzogs und waren damit die zweitgrößte Gruppe innerhalb der Whigs nach dem Marquis von Rockingham, der achtzehn Anhänger besaß.[13] Da hinter dem Schwager des Herzogs, dem Herzog von Portland, zehn Mitglieder standen, stellten die Cavendishs eine gewichtige Fraktion dar, wenn sie sich zusammentaten.

In jenem Jahr dienten die Public Days einem besonderen Zweck; im Oktober stand eine Wahl an, und die Cavendishs verteidigten ihre Wählerinteressen in Derbyshire. Da die Peers bei Parlamentswahlen persönlich keine Wahlkampagnen führen durften, fiel diese Aufgabe ihren Ehefrauen und Verwandten zu. Am 8. Oktober besuchte Georgiana ihren ersten Ball anläßlich der Wahlen in Derby, zur Freude der Ortsansässigen nach der neuesten Londoner Mode gekleidet. Die Brüder des Herzogs waren bereits betrunken, als sie ankam, und Lord Frederick Cavendish, der Onkel des Herzogs, wäre fast auf sie gefallen, als sie die Treppe zum Ballsaal hinaufstieg. Der Ball war für jedermann zugänglich, und im Schweiß und der Hitze so vieler zusammengepferchter Leiber konnte man kaum atmen. Die Musiker – wie üblich eine Kapelle vom Land – verbreiteten entsetzlichen Lärm, ein jeder spielte nach seinem eigenen Takt.[14] Trotzdem bewahrte Georgiana Haltung und tanzte nach einer imaginären Melodie, ihren Partnern und jedem Bewohner der Stadt, dessen Blick sie auffing, huldvoll zulächelnd. Der nächste Ball, dem sie beiwohnte, offenbarte, was die Wähler in Derbyshire von ihrer neuen Herzogin hielten: »Wir wurden mit Hochrufen empfangen«, schrieb sie. »Der Saal war vollkommen überfüllt, aber sie waren so freundlich, für uns eine Gasse zu bilden.«[15] Obwohl die Whigs bei jener Wahl keinen großen Erfolg verbuchen konnten, wurden die Kandidaten des Herzogs ohne Schwierigkeiten gewählt. Seine Rechnung betrug nur 554

Pfund, bei einer umkämpften Wahl wurden im Durchschnitt 5.000
Pfund ausgegeben.[16]

Die Spencers mußten erheblich mehr bezahlen. Lady Spencer begab
sich in den Wahlbezirk Northampton Town, weil der von Lord Spencer
nominierte Mr. Tollemache gegen einen Neuling kandidieren mußte, Sir
James Langham. »Ich habe für die Dauer des Wahlkampfes jeden Abend
mit all den Herren im George diniert und bin sehr beliebt bei ihnen«,
schrieb sie zufrieden an Georgiana.[17] Sie hofierte nicht nur die wahlberechtigten Herren, sie ging auch tapfer auf die Straße, um die gesamte
Stadt aufzurütteln:

> Ich habe mich am Donnerstagmorgen mit Mrs. Tollemache in meinem
> offenen Vierspänner aufgemacht, um unsere Leute ein bißchen in
> Schwung zu bringen, die betrüblicherweise etwas irritiert waren, weil
> man ihnen weder Geld noch etwas zu trinken angeboten hat [informier-
> te sie ihre Tochter am 9. Oktober 1774]. Meine Erwartungen wurden
> weit übertroffen, denn ich erreichte das George erst, nachdem eine klei-
> ne Meute unsere Pferde ausgespannt und uns durch die Stadt gezogen
> hatte ... Nach wenigen Minuten fanden wir uns umringt von mehreren
> hundert Menschen, die Spencer für immer riefen – Tollemache und Ro-
> binson – Langham nicht. Auf diese Weise zogen sie uns durch alle Stra-
> ßen der Stadt und waren so entzückt darüber, daß ich mit ihnen sprach
> und ohne die geringste Furcht mit ihnen ging, wohin sie nur wollten,
> daß es mir am Abend nur unter allergrößten Schwierigkeiten gelang ...
> sie davon abzuhalten, daß sie mich bis heim nach Althorp zogen. Das
> gleiche machte ich am Freitag noch einmal durch, bis glücklicherweise
> meine Chaise defekt war ... Wir haben Mr. Tollemache eine große
> Mehrheit gesichert, indem wir so viele Leute aufgerüttelt und in gute
> Laune versetzt haben, die vorher verärgert und mürrisch waren und
> nicht wählen wollten, weil es nichts gab, was sie in Bewegung setzte.[18]

Obwohl die Menschen ihrer Jugend und ihrem Enthusiasmus wohlwollend begegneten, lebte Georgiana ständig in der Furcht, sie könnte sich
vergessen und irgendeinen Fauxpas begehen. Diese Sorge wurde von den
Cavendishs geschürt, die unnachgiebig von ihr verlangten, daß sie sich an
ihre Regeln hielt. Ein Jahrhundert in der politischen Führungsspitze und
als stolze Diener des Staates hatte dazu geführt, daß sie ihrer Außenwelt
selbstbewußt und nach innen gekehrt gegenüber traten. Die Art und
Weise, wie ein Cavendish Dinge tat, drückte allen Familienmitgliedern
ihren Stempel auf, angefangen bei nicht nachlassender Selbstbeherr-
schung, bis hin zu einer eigenartig gedehnten Sprechweise. Ihren Namen

sprachen sie »Georgeina« statt »Georgiana« aus. In ihrem Eifer, akzeptiert zu werden, gewöhnte sie sich all ihre Manierismen an, übte fleißig den gedehnten Cavendish-Tonfall und bestand darauf, daß man sie »Georgeina« nannte. Für den Rest ihres Lebens wurde sie so genannt.

*

Drei Monate waren sie nun verheiratet und Georgiana konnte sich der Wahrheit über die Gefühle des Herzogs ihr gegenüber nicht mehr verschließen. Er war auf distanzierte Weise zuvorkommend, aber von Natur aus zurückhaltend, und sie erkannte bald, daß sie wenig gemeinsam hatten. Ihre Naivität langweilte ihn, und Georgiana war zu scharfsinnig, um seinen Mangel an Interesse zu übersehen. Sie erzählte ihrer Mutter, daß sie sich insgeheim bemühte, für ihn attraktiver zu werden. Da er so viel mehr Welterfahrung besaß als sie, las sie Lord Chesterfields *Letters to His Son*. Da sie außerdem von seinem Interesse für Geschichte und die Klassiker wußte, nahm sie sich einige Bücher über das alte Griechenland und die Regentschaft Ludwigs XIV. vor, »denn diese beiden Perioden sind so lange her, daß keine Gefahr besteht, sie könnten mich verwirren.«[19]

Zunächst versuchte Lady Spencer ihr zu versichern, daß der Herzog »nicht weniger glücklich ist als sie.«[20] Sie versorgte Georgiana außerdem mit Ratschlägen, wie sie ihm zu Gefallen sein könnte, und schlug vor, jeden Gedanken an Unabhängigkeit zu verwerfen und ihre Untergebenheit zu zeigen, indem sie ihm seine Wünsche von den Augen ablas:

> Wo aber Takt und Nachsicht eines Ehemanns so groß sind, daß er seine Wünsche nicht äußert, wird die Aufgabe schwieriger, und eine Ehefrau muß all ihr Feingefühl und ihre Geschicklichkeit einsetzen, um seine Vorlieben zu entdecken, und bis zum Äußersten bereit sein, ihnen nachzukommen. Du hast diese schwierige Aufgabe zu erfüllen, meine liebste Georgiana, denn der Herzog von D. besteht aus falsch verstandenem Zartgefühl darauf, Dir nicht vorzuschreiben, was er von Dir erwartet, und Dir nicht zu widersprechen, wie unbequem dies auch immer für ihn sein mag. Dies sollte Dich tausendfach ermuntern, aus Pflichtgefühl und Dankbarkeit seine Gefühle selbst über die geringfügigsten Dinge zu ergründen und keinesfalls Verpflichtungen einzugehen oder Pläne zu machen, ohne ihn vorher zu konsultieren ...[21]

Da sie ihre Mutter nicht enttäuschen wollte, bemühte sich Georgiana ernsthaft, fröhlich zu wirken und schickte ihr sorgsam zusammengestellte Berichte über ihr Leben. Lady Spencer war besonders begeistert, wenn Georgiana ihr Briefe auf französisch schrieb und ihre Neuigkeiten mit kleinen Gedichten und religiösen Gedanken durchsetzte. Sie hatte gelernt, daß man zufrieden sein mußte, und so behauptete sie, es zu sein: »Ich bin so außerordentlich glücklich, daß ich einen Mann geheiratet habe, den ich wirklich liebe, daß ich das gegenseitige Glück, von dem Sie sprechen, unmöglich übersehen kann.« Trotzdem kam sie nicht umhin, furchtsam zu ergänzen, »ich wünsche mir sehnlich, es auch zu verdienen, und der Gedanke, auf irgendeine Weise zu seinem Glück beizutragen, bereitet mir die größte Freude.«[22] Sie wußte sehr genau, daß sie überhaupt nichts zu seinem Glück beitrug.

Georgiana hatte mit der Vorstellung geheiratet, sie würde, wie ihre Mutter, Ehefrau und Gefährtin sein. Sie fand bald heraus, daß ihre Hauptaufgabe darin bestand, Kinder zu produzieren und ihren gesellschaftlichen Verpflichtungen nachzukommen. Der Herzog war an sein Junggesellenleben gewöhnt: Liebe holte er sich bei seiner Geliebten, Gefährten waren seine Freunde. Von seiner Frau erwartete er Loyalität, Unterstützung und die Bindung an die Interessen der Familie. Damit vertrat er altmodische Ansichten, die völlig aus dem Rahmen fielen in einer Zeit, in der man romantische Gefühle zelebrierte und in aller Öffentlichkeit über Samuel Richardsons Roman *Clarissa* Tränen vergoß. Der Herzog, wußte nicht, wie man sich *romantisch* benahm. Da er selbst nie Zärtlichkeit empfangen hatte, war er nicht fähig, sie Georgiana gegenüber zu zeigen. Er hatte nicht vor, sie zu verletzen, aber zwischen ihnen lag eine Kluft aus Mißverständnissen und falschen Erwartungen.

Sie verließen Chatsworth im Januar, was Georgiana sehr erleichterte. In London hatte sie ihre eigene Familie und ihre Freunde um sich und war nicht länger von dem einsilbigen Herzog und seinen kritischen Verwandten abhängig. Die Karawane aus Kutschen und Karren, auf denen sich Kisten mit Geschirr und Wäsche türmten, setzte sich erneut in Bewegung. Die Bediensteten reihten sich fast vollständig am Ende des Zuges ein, um ihre Pflichten in Devonshire House aufzunehmen; zurück blieb eine Notbelegschaft, die auf die Rückkehr der Familie im Sommer wartete.

*

Devonshire House lag im Londoner West End, das »feine« Ende genannt, das Piccadilly, den St. James's und den Hyde Park umschloß. Vor dem achtzehnten Jahrhundert hatte der Hochadel seine Stadtpaläste am Strand mit Blick auf die Themse gebaut, aber nach der Ruhmreichen Revolution von 1688, als die protestantischen Regenten William und Mary auf Betreiben der Whigs aus Holland ansegelten und halfen, den katholischen König James II. abzusetzen, änderte sich das politische Leben. Das Parlament trat nicht mehr auf Anforderung des Königs, sondern nach einem festgelegten Kalender zusammen, und der Hof residierte während der Sitzungsperiode in St. James's Palace. Die Aristokratie mußte sich über wesentlich längere Phasen in London aufhalten, und zwar an einem Ort, von dem aus sowohl die Houses of Parliament in Westminster als auch St. James's Palace bequem zu erreichen waren. Die Konzentration von so viel Wohlstand und Macht verwandelte die Stadt. In der Mitte des achtzehnten Jahrhunderts hatte einer von zehn Engländern im Laufe seines Lebens eine Zeitlang in London gelebt. Es wurde wild gebaut, und die Hauptstadt breitete sich nach Westen hin aus. Spekulanten verbreiterten Feldwege zu Straßen, verwandelten Felder in kunstvolle Plätze und ließen auf vorher freien Stellen Läden, Arkaden und Kirchen erstehen. In den siebziger Jahren beneidete ganz Europa London um seine Geschäfte mit den Glasfronten und die breiten Straßen, die den Verkehr problemlos zweispurig bewältigten.

Die »Saison« des Adels wurde ins Leben gerufen, um einerseits den Heiratsmarkt zu befördern und andererseits den Adel zu unterhalten, während er seinen politischen Verpflichtungen nachkam. Die Saison orientierte sich am Rhythmus des Parlaments: Sie begann Ende Oktober mit der Eröffnung der neuen Sitzungsperiode und endete im Juni mit der Sommerpause. Die beliebtesten Abende waren mittwochs und samstags, wenn keine Sitzungen stattfanden und die Anwesenheit der Männer gewährleistet war. Eine völlig neue Architekturform für die Öffentlichkeit entstand, deren einziger Zweck darin bestand, gesellschaftliche Begegnungen zu erleichtern. Kaffeehäuser – wo tagsüber Männer aller Schichten zusammentrafen, um Zeitung zu lesen und über Politik zu diskutieren – schossen aus dem Boden. White's, der erste Club in London, eröffnete 1697 in St. James's; Almack's, Boodles und Brooks's folgten ein halbes Jahrhundert später. Abends ging man zum Covent Garden oder in das Italian Opera House am Haymarket, um Händel zu hören, oder zum Drury-Lane-Theater, um David Garrick zu sehen. Anschließend konnte man sich im Vergnügungspark Ranelagh oder bei der Konkurrenz am

Flußufer, Vauxhall, amüsieren, auf einem Maskenball tanzen, ein Konzert hören oder sich ein Feuerwerk ansehen.

Baron Archenholtz besuchte London zu dieser Zeit und wunderte sich über den Unterschied zwischen dem Osten und dem Westen, dem Alten und dem Neuen. Im Osten war die Innenstadt, die Heimat der Banken, Versicherungen und kommerziellen Institutionen. Sie hatte ihren mittelalterlichen Charakter bewahrt, mit ihren winzigen Seitengassen und verborgenen Hinterhöfen. Weiter östlich waren die Handwerksbetriebe angesiedelt, wo Kunsthandwerker und Mechaniker in heruntergekommenen Werkstätten ohne Heizung oder Belüftung Luxusgüter herstellten, die dann im West End verkauft wurden – Schmuck, Uhren, Sättel, Möbel und Besteck. Noch weiter östlich waren die Seidenweber von Spitalfields beheimatet, die Seifenfabriken, Färbereien und die Elendsviertel der ganz Armen. »Das East End«, schrieb Archenholtz, »besonders an den Ufern der Themse, besteht aus alten Häusern, dort sind die Straßen eng, dunkel und schlecht gepflastert; dort wohnen Matrosen und andere Schiffsarbeiter und zum großen Teil Juden.«

»Der Unterschied zwischen dort und dem West End«, fuhr Archenholtz fort, »ist erstaunlich: Hier sind die meisten Häuser neu und elegant, die Plätze großartig, die Straßen gerade und offen ... Wenn ganz London so gut gebaut wäre, gäbe es nichts Vergleichbares.«[23] Ein anderer Besucher bemerkte, wie »rein die Luft in den neuen Straßen zirkuliert [im Vergleich zum Gestank in den Gassen hinter Westminster], und die Plätze sind sorgsam geplant und erfreuen das Auge. Die Gesellschaft der Upper Class findet die Plätze wohltuend, denn ein jeder birgt einen großartigen Park. Die umliegenden Häuser sind hoch und haben viele große Fenster ... Bewundernswerte, sehr breite Gehsteige schützen die Passanten vor Kutschen und Karren.«[24] Neue Beleuchtungssysteme wurden eingeführt und die Hausfassaden mit Stuck verziert. Sie »hoben« die Stadt aus der dichten Kohlenstaubwolke heraus, »die London wie ein Mantel umhüllt. Eine Wolke, die die Sonne nur selten durchdringt.«

Devonshire House befand sich gegenüber dem heutigen Ritz Hotel und bot einen wunderbaren Blick über den Green Park. Das ursprüngliche Haus war 1733 abgebrannt, und der dritte Herzog von Devonshire beauftragte William Kent, es wieder aufzubauen. Ästhetisch gesehen war es eine Verfehlung. Das Haus war sachlich und entbehrte jeglicher architektonischen Details. Die Fenster im Erdgeschoß waren zu groß, im

Obergeschoß zu klein. Das ganze Gebäude umgab eine Ziegelmauer, die im Erdgeschoss den Blick versperrte und auf die Passanten abstoßend wirkte. Der Londoner Topograph James Ralph schrieb: »Es ist geräumig, und das sind die Lagerhäuser der East India Company auch; beiden steht gleiches Lob zu.«[25] Die Ziegelmauer zog nicht nur jeden Graffitischreiber im Umkreis von zwei Meilen an, sie verdarb außerdem die architektonische Linie von Piccadilly. Ein Zeitgenosse klagte: »Das Haus des Herzogs von Devonshire präsentiert einem eine scheußlich kahle Mauer, freudlos und ungesellig am Tag und entsetzlich in der Nacht. Ist es zu glauben, daß ein Mann mit Geschmack, Eleganz und Ansehen sich lieber mit der einsamen Größe eines selbsterbauten Gefängnisses umgibt, wenn er sich statt dessen den schönsten Ausblick von England verschaffen kann, indem er diese abscheuliche Ziegelwand niederreißt?«[26]

Hauptattraktion von Devonshire House waren die öffentlichen Räume, größer und kunstvoller gab es sie in ganz London selten zu sehen. Eine Menschenmenge von 1.200 Personen konnte sich problemlos während eines Balls durch das Haus schieben, im Unterschied zu manch anderem großen Haus, wo mehr als einmal ein Mensch im Gedränge von den Füßen gehoben und von Zimmer zu Zimmer getragen wurde. Gäste betraten das Haus über eine äußere Treppe, die sie direkt in den ersten Stock führte. Die Halle erstreckte sich über zwei Stockwerke und sie wurde zu beiden Seiten von zwei gleich großen Salons flankiert. Am Ende der Halle befanden sich ein weiterer, noch größerer Salon, diverse Vorzimmer und der Speisesaal. Die Wände zierten einige Bilder, die zu den schönsten Gemälden Englands zählten, unter anderem *Mann in orientalischer Kleidung* von Rembrandt und *Et in Arcadia Ego* von Poussin.

Georgiana und dem Herzog stand damit die Position an der Spitze der exklusiven Gesellschaft zu – bekannt als *ton* oder einfach *die Welt* –, jener ultraeleganten Menschen, die darüber entschieden, ob ein Spiel ein Erfolg wurde, ein Künstler ein Genie, oder welche Farbe in der kommenden Saison »in« wurde. Henry Fielding scherzte nicht unbedingt, als er sagte, daß »in England jeder Niemand [war], von etwa 1.200 abgesehen«.[27] Der *ton* glaubte mit Sicherheit daran. Die Schriftstellerin und Hofdame wider Willen, Fanny Burney, machte sich in *Cecilia* über deren Selbstverliebtheit lustig: »Nun, er ist das absolute Oberhaupt des *ton*«, behauptet Miss Larolles von Mr. Matthews. »Es gibt nichts Modischeres als nichts zur Kenntnis zu nehmen und nie jemanden zu sehen und überhaupt nichts zu sagen und nie ein Wort zu hören und seine eigenen Bekannten nicht zu kennen und in allem einen Fehler zu finden. Alle, die zum *ton* zählen, benehmen sich so.«

Die sozialen Tyrannen, die sich im *ton* vereinigten, hielten Ehepaare, die man zu häufig zusammen sah, für schrecklich unmodern. Ein einziges Mal begleitete der Herzog Georgiana in die Oper, dann kehrte er zu seiner alten Gewohnheit zurück, zu Brook's zu gehen, wo er immer das gleiche Dinner bestellte – eine gebratene Hammelschulter – und bis fünf oder sechs Uhr früh Karten spielte.[28] Gelegentlich besuchten sie eine Gesellschaft gemeinsam, aber man erwartete von Georgiana, daß sie ihre eigenen gesellschaftlichen Verabredungen traf. Die Einladungen nahmen kein Ende, und sie sagte bei allen zu – ob es Spaziergänge im Park waren, Kartennachmittage, Abendgesellschaften, wo sie sich mit ihren Freundinnen über die neueste Mode austauschte, Versammlungen oder Bälle –, alles war ihr recht, um nur nicht allein in Devonshire House zu sitzen.

Mit ihrer instinktiven Begabung, einen bleibenden Eindruck zu hinterlassen, fiel sie überall auf. Sie wirkte immer natürlich, selbst wenn sie gebeten wurde, vor 800 Menschen einen Ball zu eröffnen. Sie konnte mehrere Personen zugleich in eine ungezwungene Plauderei verwickeln, und jeder hatte den Eindruck, daß er an einer großartigen Konversation teilgenommen hatte. Sie war »so nobel, so angenehm, so verbindlich in ihrem Auftreten, daß ich sie recht ins Herz geschlossen habe«, plapperte Mrs. Delany gegenüber einer Freundin. »Ich kann Dir die vielen Aufmerksamkeiten gar nicht aufzählen, die sie gesagt hat, wobei sie ein besseres Wort verdienen, nämlich Liebenswürdigkeiten, mit Höflichkeiten geschmückt. Ich hoffe, sie wird ihre Zeitgenossen erleuchten und reformieren!«[29] Selbst Zyniker wie Horace Walpole mußten sich Georgianas ungezwungem Charme und ihrer Direktheit geschlagen geben. Walpole, der ihre Verwandlung in eine Dame der Gesellschaft verfolgt hatte, schwärmte, daß jenes »reizende Mädchen, natürlich und voller Grazie«, diese Qualitäten beibehielt, obwohl sie so oft im Rampenlicht stand. »Die Herzogin von Devonshire stellt alle in den Schatten«, schrieb er wenige Wochen nach ihrer Ankunft in London. Dies gelinge ihr, »obwohl sie keine Schönheit ist. Aber ihre Jugend, Auftreten, überströmende Gefälligkeit, Verstand und ehrliche Bescheidenheit, und bescheidene Vertraulichkeit, machen sie zu einem Phänomen.«[30]

Die wenigen kritischen Stimmen, die sich gegen Georgiana erhoben, beachtete niemand außer Lady Spencer. »Mir wird zuviel Aufhebens gemacht um sie«, meinte eine Dame. »Sie kommt mir so vor, als wäre sie überlebensgroß.«[31] Lady Mary Coke meinte, Georgiana mache sich lächerlich, und ihr Benehmen grenze manchmal an Hysterie. Die Herzogin habe Lady Harriet Foley besucht, schrieb sie, als deren Haus und Inventar gerade vom Gerichtsvollzieher konfisziert wurde, und »da Ihrer Gnaden Unglück ein sehr unnatürliches ist, nämlich zu glücklich zu sein und alles, was sie sieht und hört, bezaubernd und hinreißend zu finden, so war die Situation, in der sich Lady Harriet befand, in den Augen Ihrer Gnaden entzückend. Lady Harriet erklärte, sie habe keine Kleider mehr, was über alle Maßen entzückend war.«[32]

Gelegentlich trank Georgiana zu viel, besonders wenn sie nervös war, weshalb sie dann aus der Rolle fiel: »Über nichts anderes wird geredet als über die Herzogin von Devonshire: und, es tut mir leid, nicht viel Positives«, schrieb eine Gesellschaftsdame, nachdem Georgiana eine würdevolle Matrone aufgebracht hatte, indem sie ihr den Federschmuck aus den Haaren riß.[33] Lady Mary Coke besuchte Ranelagh und war entrüstet, als sie sah, wie sich Georgiana mit ihren neuen Freunden amüsierte: Sie pusteten die Backen auf und brachten sie mit den Fingern zum Knallen.[34] Man konnte sie zu allem überreden: Einmal bestieg sie sogar die Bühne von Hampton Court und tanzte in einer Oper, die der beliebte Komiker und Stückeschreiber Anthony Storer aufgeführt hatte. Lady Spencer sorgte sich, als sie erkannte, wie leicht ihre Tochter sich beeinflussen ließ: »Wenn andere Dich verführen, Deine eigene Rolle zu vergessen und dafür ein Verhalten anzunehmen, das Dir im Grunde fremd ist, kann man Dich unter der Maske nur schwer erkennen«, warnte sie.[35] Mrs. Delany fürchtete, daß Georgiana eher dazu neigte, sich von ihren Zeitgenossen korrumpieren zu lassen, statt sie zu reformieren: »Diese bittere Erkenntnis schöpfe ich aus Berichten, die mir von *allen* Seiten über eine *großartige* und *liebenswürdige* Verwandte zugetragen werden, die erst am Anfang steht, aber ich hoffe sehr, daß sie darin nur den jungen Schauspielern und Schauspielerinnen ähnelt, die übertreiben, wenn sie zum ersten Mal auf der Bühne stehen …, dennoch bange ich um sie.«[36]

Lady Spencer erkannte, daß ihre Tochter das Verhalten der Lebewelt übernahm. Gerüchte, daß Georgiana ermutigt wurde, mit hohen Einsätzen zu spielen, beunruhigten sie: »Ich flehe Dich an, nimm Dich in acht,

und wenn Dir noch einmal angetragen wird [zu spielen], weigere Dich
daran teilzunehmen«, bat sie eindringlich.[37] Die Spielleidensschaft war
für die Aristokratie, was der Gin für die Arbeiterklasse war. Sie ruinierte
Familien und stürzte Menschen ins Verderben. »Bei jedem Wurf stehen
Tausende Weiden und Kornfelder auf dem Spiel, und so viele Dörfer
werden verloren wie bei dem Erdbeben, das Herculaneum und Pompeji
vernichtete«, schrieb Horace Walpole, der zugesehen hatte, wie Männer
in einer einzigen Nacht ihr gesamtes Vermögen verspielten. »Spiele
Whist, Kommerz, Backgammon, Tricktrack oder Schach«, bedrängte sie
Lady Spencer, »aber niemals Quinze, Lou, Brag, Pharao, Hazard oder
irgend ein anderes Glücksspiel, und wenn man Dich überreden will, ziehe Dich elegant aus der Affäre, sag einfach, daß Du dieses oder jenes
Spiel nicht beherrschst. Kurz, ich muß Dich, mein liebstes Mädchen,
darum bitten, schreibe mir eine ernst gemeinte Antwort, wenn Dir mein
Glück am Herzen liegt.«[38]

Lady Clermont, die die Spencers seit Jahren kannte, riet Lady Spencer,
nicht allzu kritisch zu sein: »Ich hoffe, Du redest mit ihr nicht zu oft über
Bagatellen, wenn sie nur einen kleinen Fehler macht ... Wenn es uns nur
gelingt, sie für ein oder zwei Jahre aus dem Feuer herauszuhalten, oder
besser, davor zu bewahren, daß sie verbrennt, denn sie ist im Feuer, dann
wird alles gut.«[39] Aber Lady Spencer sorgte sich zu sehr, um den Rat zu
befolgen. Sie versuchte statt dessen, Georgiana einzuschüchtern, damit
sie reifer auftrat. »Du mußt lernen, Dich selbst zu respektieren«, schrieb
sie im April 1775, »und dann wird die Welt bald Deinem Beispiel folgen.
Wenn Du Dich aber nur mit den Lasterhaften und Verworfenen umgibst,
wirst Du wie sie werden, schnippisch, gewöhnlich, laut und taktlos, um
nicht zu sagen anstößig in ihrer Verachtung für die Kritik der Ernsthaften
und ihrer völligen Gleichgültigkeit gegenüber den Ansichten der übrigen
Welt. Dann wirst Du für alle Zeit verloren sein.«[40]

Georgiana, die nach wie vor von der Anerkennung ihrer Eltern abhängig war, fühlte sich schuldig und wurde immer leichtsinniger, um sich
abzulenken. Ihre Unbekümmertheit entzückte die Gesellschaft, obwohl
sie auf Mißbilligung stieß. Was sie auch trug, kam unverzüglich in Mode.
Die Frauen trugen ihr Haar bereits hoch auf dem Kopf aufgebaut, aber
Georgiana führte die Mode weiter, indem sie einen neunzig Zentimeter
hohen Haarturm kreierte. Sie klebte sich mit duftender Pomade Pferde-
haarbüschel ins Haar und dekorierte die Spitze des Turms mit kleinen

Schmuckstücken. Manchmal trug sie ein Schiff unter vollen Segeln oder ein exotisches Arrangement aus ausgestopften Vögeln und gewachstem Obst oder eine ländliche Szene mit kleinen hölzernen Bäumen und Schafen. Obwohl die Arrangements nur mit der Hilfe von mindestens zwei Friseuren in stundenlanger Arbeit aufgebaut werden konnten, inspirierte Georgiana andere, ihre Designs zu imitieren. »Die Herzogin von Devonshire wird heutzutage von den Frauen des *ton* überall beneidet«, schrieben die Zeitungen.[41] Sie hatten Recht. Die Frauen wetteiferten untereinander um den höchsten Kopfputz, ungeachtet der Tatsache, daß man sich damit unmöglich schnell bewegen und in einer Kutsche nur fahren konnte, wenn man auf dem Fußboden saß. Zu ihren Innovationen zählte die wippende Straußenfeder, die sie im weiten Bogen an der Vorderseite ihrer Frisur arrangierte. Im April überreichte ihr Lord Stormont, der britische Botschafter in Paris, eine Feder von 1,20 Meter Länge.[42] Über Nacht wurde die Straußenfeder zum wichtigsten Accessoire für die Garderobe einer Dame, obwohl die nickenden Federn schwer zu finden und außerordentlich teuer waren.[43] Der *ton* trug die Federn mit selbstgefälliger Überheblichkeit, womit er die weniger Begüterten in Wut versetzte. Die Mode erzeugte Unmut: Sie war zu übertrieben und zu exklusiv. Die Königin verbannte Straußenfedern vom Hof, und, wie Lady Louisa Stuart berichtete, »die unglücklichen Federn wurden beschimpft, attackiert, ausgepfiffen, beinahe beworfen, wo sie auch auftauchten, in den Zeitungen wurden sie heruntergemacht, ja man predigte sogar von den Kanzeln herab über sie und stellte sie heraus als Zeichen der Verkommenheit.«[44]

In weniger als einem Jahr war Georgiana berühmt geworden. Zeitungsherausgeber stellten fest, daß jeder Bericht über die Herzogin von Devonshire ihre Verkaufszahlen erhöhte. Sie brachte Glanz und Stil in eine Zeitung. Bald bildete sich ein richtiger Affenzirkus um jene Zeitungen, die den kommerziellen Wert ihres Ruhmes erkannten, die gewöhnlichen Leser, die von ihr angezogen wurden, und Georgiana selbst, die die Aufmerksamkeit genoß. Je mehr die Herausgeber über sie schrieben, desto mehr fühlte sie sich genötigt, ihnen zu gefallen. Ihr Auftauchen traf mit dem Aufschwung der britischen Presse zusammen. Wachsende Bevölkerungszahlen, zunehmender Wohlstand, bessere Verkehrswege und das Ende der offiziellen Zensur hatten zu einem größeren Leserkreis und mehr Neuigkeiten geführt, über die berichtet werden konnte.

Ende der siebziger Jahre gab es neun Tageszeitungen, alle mit Firmen-
sitz in London, und Hunderte von zwei- oder dreimal pro Woche er-
scheinenden Provinzblättern, die Nachrichten aus London nachdruck-
ten. Zum ersten Mal entstanden nationale Größen, zu denen auch Georgiana gehörte, über die das ganze Land las und redete und mit denen
man sich irgendwie verbunden fühlen konnte.

Die *Morning Post* berichtete einer Nation, deren Appetit auf Neuigkeiten ständig wuchs, über Georgianas Fortkommen:

> Die Herzogin von D–e trägt ein modernes Panzerhemd, für die Spit-
> zen von Witz und Lächerlichkeit undurchdringlich. Viele Damen von
> Stand haben Federn lassen müssen und vorgezogen, auf Feder-
> schmuck zu verzichten, um nicht weiter belacht zu werden, während
> Ihre Gnaden mit der ganzen Würde einer jungen Herzogin dazu aus-
> ersehen ist, sich zu behaupten, denn ihre Federn nehmen an Größe im
> gleichen Verhältnis zu wie die öffentlichen Andeutungen auf deren
> Absurdität. Am Samstag in der Oper war ihr Kopf ein wundervolles
> Ausstellungsstück. Den Herzog hat man sagen hören, daß sie tun und
> lassen kann, was sie will, solange sie nicht von ihm »erwartet, daß ich
> irgendwelchen Schmuck auf meinem Kopf tragen soll, ihrem Sinn für
> Geschmack und Kleidung zu Ehren.«

Der *London Chronicle* berichtete entrüstet, daß die Menge Georgiana beinahe angegriffen hätte, als sie den Lustgarten von Ranelagh besuchte
und dabei

> so einmalig schrullig gekleidet war, daß sich die Besucher sofort um sie
> versammelten und sich dabei so ungehobelt benahmen, daß sie in ei-
> nem der Pavillons Schutz suchen mußte, bis sich die närrische Schar
> zurückgezogen hatte und nur jene zurückließ, die eine feine Dame nie
> beleidigen würden, nur weil sie auf absolut unschuldige und harmlose
> Weise ihre Launen auslebte, und außerdem in der Lage waren, unter
> ihrer Frivolität eine Intelligenz zu entdecken, die sie an jedem Hofe
> Europas auszeichnen würde.[45]

Im großen und ganzen nahm die Gesellschaft Georgiana ihre modischen
Exzesse nicht übel, und selbst wenn sie gehänselt wurde, dann geschah
das auf sanft-humorvolle Weise. Eines Abends in der Oper erschien sie
in ihrer Loge, als gerade der gefeierte Signor Lovattini die Bühne betrat.
Er trug einen riesigen Kopfputz aus roten und weißen Blumen, womit er
einen Kopfschmuck imitierte, den Georgiana bei ihrem letzten Besuch
getragen hatte. Das Publikum brach in schallendes Gelächter aus, und

Georgiana fühlte sich keineswegs angegriffen, sondern verneigte sich
tief vor ihm, was ihr anerkennenden Beifall einbrachte.[46] Die Leute waren hingerissen von einer Herzogin, die gern mit der Menge scherzte.
Bei einer anderen Gelegenheit berichtete die *Morning Post*, wie das Publikum am Haymarket-Theater zu kichern begann, als ein Pärchen im
Parkett erschien, das in einer Parodie auf die Devonshires gekleidet war.
Die Frau trug Straußenfedern im Haar und riesige Reithosen, die ihr bis
unter die Achseln reichten, während ihr männlicher Begleiter mit einem
übergroßen Unterrock bekleidet war, auf seinem Kopf eine Herzogs-
krone und Juwelen im Haar.[47] Das Ganze war nicht als Angriff auf Georgiana gemeint, sondern bezog sich eher auf die Unzulänglichkeiten des
Herzogs. In weniger als einem Jahr hatte sie ihren Ehemann in den
Schatten gestellt und war um ihrer selbst Willen eine beliebte Persönlichkeit geworden.

*

Im Laufe jenes Jahres hatte Georgiana sich jedoch auch in einen Zustand
physischer und psychischer Erschöpfung gebracht. Sie hatte mindestens
eine Fehlgeburt erlitten, weshalb Lady Spencer davon überzeugt war, daß
ihre Tochter England verlassen sollte, wenn auch nur, um eine Weile zur
Ruhe zu kommen. Im Juli machten sich die Spencers und die Devonshires
auf den Weg nach Spa, um dort die Ferien zu verbringen. Nach ein paar
Wochen an der frischen Luft kehrte Georgianas Gesundheit zurück, und
ihre unnatürliche Blässe verschwand. Auf dem Rückweg unterbrachen sie
ihre Reise in Versailles, um Ludwig XVI. ihre Aufwartung zu machen. Georgiana verband bereits mehr als eine oberflächliche Bekanntschaft mit
Marie Antoinette, die sie auf ihren früheren Reisen nach Frankreich kennengelernt hatte. Bei diesem Besuch entwickelte sich eine enge Freundschaft, die bis zur Exekution der Königin im Jahre 1793 bestand. Sie entdeckten viele Gemeinsamkeiten, nicht nur in bezug auf ihre Ehemänner,
da beide eher eine Position als einen Geliebten geheiratet hatten, sondern
auch in ihrer Beziehung zu ihren Müttern. Kaiserin Maria Theresia vereinte ihre hingebungsvolle, beinahe erstickende Liebe zu ihren Kindern
mit einem dominierenden Auftreten. Während Georgiana sich in Paris
aufhielt, erreichte Marie Antoinette ein zänkischer Brief ihrer Mutter, der
auf unheimliche Weise an viele Briefe von Lady Spencer erinnert:

Welche Leichtfertigkeit! Wo ist das liebenswerte und großmütige Herz der Erzherzogin Antoinette? Ich sehe nur Intrigen, niederen Haß, einen peinigenden Geist und billigen Spott... Dein Erfolg, der Dich zu früh erreichte, und Dein schmeichlerisches Gefolge haben mich immer um Dich bangen lassen, seit jenem Winter, als Du in Vergnügungen und lächerlichen Moden schwelgtest. Jene Exkursionen von einer Lustbarkeit zur anderen ohne den König und in dem Wissen, daß sie ihm nicht zusagen und er Dich aus reiner Gutmütigkeit entweder begleitet oder Dir Deine Freiheit läßt... Wo bleiben der Respekt und die Dankbarkeit, die Du ihm für all seine Freundlichkeit schuldest?[48]

Drei Wochen später erhielt Georgiana eine ähnliche Ermahnung von Lady Spencer, die unter anderem über ihre Unachtsamkeit gegenüber dem Herzog klagte. »Du erzählst überhaupt nichts von [ihm] – wie beschäftigt und unterhält er sich?« fragte sie.[49]

Oft wurden die gleichen Worte verwendet, um Georgiana oder Marie Antoinette zu beschreiben. Horace Walpole hielt Marie Antoinette für den Inbegriff der Grazie und bezeichnete sie als »Verkörperung der Schönheit«. Sie besaß enorm viel Charme, womit sie zunächst die Zuneigung bei Hofe und im Volk gewann, aber wie Georgiana neigte sie dazu, die Dinge bis zum Exzeß zu treiben. Es war nichts Außergewöhnliches, wenn sie am Abend zunächst in die Oper ging, diese vorzeitig verließ, um an einem intimen Abendessen teilzunehmen, zu diversen Bällen eilte und den Rest der Nacht am Spieltisch mit Mme. De Guémène verbrachte, die jedermann des Betrugs verdächtigte. Ihre Vorliebe für triviale Vergnügungen schrieb man der Enttäuschung über ihre Ehe zu. Von Natur aus romantisch veranlagt, hatte sie mit ihrem reservierten und eigenbrötlerischen Ehemann wenig gemein. »Das große Hindernis dieser perfekten Verbindung ist die Unvereinbarkeit von Geschmack und Charakter der beiden Ehegatten«, schrieb ein Beobachter. »Der König ist ruhig, eher passiv, liebt die Einsamkeit seiner Bibliothek ... Seine Frau ist äußerst lebhaft, liebt Vergnügungen in schneller Abfolge und Abwechslung.«[50] Marie liebte extravagante Frisuren und Kleider und, wie Georgiana, sah sich gern in der Mode allen voran. Aber sie bewies wenig Klugheit bei der Wahl ihrer Freunde, die sie unter den Zügellosesten der französischen Gesellschaft suchte. Sie brachten die beeinflußbare Königin von einer Klemme in die nächste.

Ebenfalls bei jenem Besuch schloß Georgiana Freundschaft mit Mitgliedern der Clique von Marie Antoinette, insbesondere mit den ehrgeizigen Polignacs. Der österreichische Botschafter in Frankreich beklagte sich bei Maria Theresia, Marie Antoinette lasse sich von der Herzogin de Polignac blenden. »Little Po«, die »kleine Po«, war eine sanfte, elegante Brünette, die sehr unter der Fuchtel ihres Ehemannes stand und dennoch eine große Anziehungskraft auf Georgiana und Marie Antoinette ausübte. Während Georgianas Aufenthalt traten die drei Frauen überall gemeinsam auf, trugen die Geschenke der anderen an ihrem Busen und tauschten Haarlocken als Andenken. Sie begegneten sich in einer sehr weiblichen, von Gefühlen beherrschten Atmosphäre, wo Küsse und Umarmungen zum alltäglichen Umgang gehörten. Georgianas gefühlvolles Wesen, durch ihre Ehe mit dem Herzog unterdrückt, fand in dieser Atmosphäre Erfüllung.

Bei ihrer Rückkehr nach England startete Georgiana einen neuen Versuch, ihrem Ehemann zu gefallen. Anfänglich reagierte er ungewöhnlich einfühlsam. »Der Herzog ist sehr guter Laune«, schrieb sie im September 1775. »Ich hoffe zutiefst, daß er mit mir zufrieden ist, obwohl, falls er es nicht ist, so verbirgt er es sorgsam, denn ich kann nicht beschreiben, wie gut und aufmerksam er mir gegenüber ist und wie sehr er es zu seiner Aufgabe zu machen scheint, mich glücklich und erfreut zu sehen – bei all den guten Gründen, weshalb er mit so vielen Dingen nicht zufrieden sein könnte, habe ich kaum das Recht, so viel zu erwarten.«[51] Lady Spencers Freundin, Miss Lloyd, glaubte, daß Georgiana die Wahrheit sagte, und die beiden sehr gut miteinander auskamen: »Ich glaube, die beiden haben sich sehr lieb gewonnen«, schrieb sie.[52]

Sie hatten aber so wenig gemeinsam, daß ihre Versuche, eine intimere Beziehung aufzubauen, bis Weihnachten schon wieder versandet waren. Es hatte nichts mit Abneigung zu tun, keiner verstand den anderen. Der Herzog war daran gewöhnt, von seiner Geliebten, Charlotte Spencer, umschmeichelt und verhätschelt zu werden, und ärgerte sich über die emotionalen Ansprüche, die Georgiana an ihn stellte. Georgiana ihrerseits behandelte den Herzog, als ob er zu ihrem Publikum zählte, und fragte sich, warum ihr zurückhaltender und scheuer Ehemann nicht auf sie reagierte. Ein Ereignis offenbart das Mißverständnis zwischen beiden. Der Herzog saß mit Lady Spencer und Harriet beim Tee, als Georgiana eintrat, sich auf seinen Schoß setzte und die Arme um seinen Hals schlang. Ohne ein Wort zu sagen, stieß er sie von sich und verließ die Gesellschaft.[53]

Vom Herzog abgelehnt, suchte Georgiana erneut Trost in der eleganten Welt, sobald die Saison begonnen hatte. Die Zeitungen spekulierten, wie lange sie ihr hektisches Leben durchhalten würde, ohne ihrer Gesundheit zu schaden.[54] Sie mußten nur ein paar Monate warten. Im April 1776 bekam Georgiana vorzeitig Wehen. Ihre Fehlgeburt überraschte niemanden. »Die Herzogin von Devonshire ist ernsthaft erkrankt«, berichtete die *Morning Post*, »und wir hören, daß die Ärzte ihre Indisposition den derzeit beliebten Unregelmäßigkeiten unserer Zeit zuschreiben.«[55] Am nächsten Tag behaupteten sie mit finsterer Häme, die Ärzte hätten aufgegeben und ihr Tod stünde unmittelbar bevor.

Georgiana versagte den düsteren Propheten die Genugtuung, aber sie erholte sich wesentlich langsamer als üblich. Sie hütete ein Geheimnis: sie war erheblich verschuldet. Sie hatte ihre ganze Hoffnung, die Schulden bezahlen zu können, auf die Geburt des verlorenen Kindes gesetzt, weil sie darauf baute, daß ihr der Herzog in der allgemein überschäumenden Freude verzeihen würde. Jetzt, nachdem ihre Pläne schiefgelaufen waren, wußte sie nicht mehr, was sie tun sollte, und die Sorge griff ihre Gesundheit an. Sie war nicht die erste Frau, die sich in einer solchen Lage befand; das Thema tauchte regelmäßig in der Presse auf. Der *Guardian* nahm kein Blatt vor den Mund: »Wenn ein Mann mehr als sein Einkommen verspielt, verpfändet er seinen Besitz. Eine Frau muß ein anderes Pfand finden, wenn ihr Taschengeld aufgebraucht ist. Der Ehemann kann über sein Land verfügen, die Gattin über sich selbst.«[56] Georgiana mochte gar nicht daran denken, wie sie dem Herzog oder ihrer Mutter erklären sollte, daß ihre Spielschulden mindestens 3.000 Pfund (rund 594.000 DM in heutigem Geld) betrugen, während ihr Taschengeld, das ihr der Herzog jährlich bewilligte, 4.000 Pfund betrug. Wie alle anderen schob der Herzog ihre Fehlgeburt auf ihren leichtsinnigen Lebenswandel.

Im Juli drohten Georgianas Gläubiger, sich direkt an den Herzog zu wenden, weshalb sie in ihrer Not ihren Eltern die Wahrheit beichtete. Sie waren so wütend, daß Lady Clermont sich verpflichtet fühlte, für Georgiana Partei zu ergreifen:

> Dein Gespräch mit der Herzogin hat sie so nachhaltig beeindruckt, daß es ihr gar nicht gut geht. Sie hat außer mir niemanden besucht, seit sie in der Stadt ist, niemanden aus der Gesellschaft. Ich bin überzeugt, daß sie mit allem jetzt ganz anders umgehen wird. Sie kommt

heute abend zu Dir und bleibt, bis der Herzog aus Newmarket zurück ist. Ich bitte Dich inständig, sag nichts mehr zu ihr. Mach ein frohes Gesicht, ob Dir danach ist oder nicht, versuch es einmal. Sorge um Himmels Willen dafür, daß Lord Spencer nichts zu ihr sagt. Ich würde alles darum geben, nach Wimbledon zu fahren, statt nach Newmarket, aber das ist unmöglich. Ich habe ihr heute gesagt, ob ich mich nun in Frankreich oder irgendeinem anderen Teil der Welt aufhalte, wenn ich ihr nur irgendwie nützlich sein könnte, ich würde zu ihr kommen. Es tut mir leid. Ich habe sie so lieb.[57]

Die Spencers hörten auf Lady Clermonts Bitte um Frieden. Sie zahlten Georgianas Schulden, bestanden aber darauf, daß sie dem Herzog alles gestand. Als sie mit ihm sprach, zögernd und unter vielen Tränen, sagte er kaum ein Wort. Er zahlte ihre Eltern sofort aus und erwähnte die Angelegenheit nie wieder, was Georgiana mehr zermürbte als ein Zornesausbruch. Nach einer angemessenen Schweigepause schrieb Lady Spencer wieder an ihre Tochter. Sie hatte einen ernsthaften Schock erlitten, als sie entdeckte, daß Georgiana Dinge vor ihr verbarg, und war sich ihrer Beziehung nicht mehr so sicher. »Ich bitte Dich dringend, wenn Du spielst, nur so viel Geld einzustecken, wie Du verlieren kannst, und niemals mehr«, wiederholte sie. »Wenn Du bei Kommerz bleibst und vorsichtig spielst, wirst Du sicher nicht mehr verlieren, als Du Dir leisten kannst, aber ich bitte Dich, spiele niemals Quinze oder Lou, und ich wäre sehr froh, wenn Du mir *aufrichtig* erzähltest, was Du an welchem Tag gewonnen oder verloren hast, und bei welchem Spiel.«[58]

Zum ersten Mal, seit Georgiana geheiratet hatte, spürte Lady Spencer, daß sie den Einfluß auf ihre Tochter verlor, und sie fürchtete sich vor der Zukunft.

Kapitel 3

Im Strudel der Zerstreuungen

1776–1778

*Die Spielleidenschaft unter den Frauen auf Chatsworth
hat sich in derartige Höhen emporgeschwungen, daß sich
der phlegmatische Herzog gezwungen sah, sich dazu zu
äußern, und er hat der Herzogin gegenüber unmißverständlich ein Verhalten verurteilt, das viele veranlaßte
fernzubleiben, die sich die Teilnahme an Vergnügungen
nicht leisten können, die mit Ausgaben zwischen 500
und 1000 Pfund pro Abend verbunden sind.*

MORNING POST AND DAILY ADVERTISER, *MITTWOCH, 4. SEPTEMBER 1776*

*Da Ihr im Reiche Ihrer Majestät die netteste Frau mit
dem besten Charakter seid, lernt, äußerst besonnen und
klug zu handeln. Wenn Euch dies gelingt, werdet Ihr
nur noch eins zu beklagen haben: daß es keine neuen
Welten mehr für Euch zu erobern gibt.*

AUS EINEM AN GEORGIANA GERICHTETEN LEITARTIKEL,
MORNING POST AND DAILY ADVERTISER, *4. JULI 1777.*

Mein Aufenthalt hier hat mich zutiefst beeindruckt«, schrieb Georgiana während eines Besuchs auf dem Besitz der Devonshires in
Londesborough im Oktober 1776. »Aber ach«, fuhr sie fort, »ich kann
mich eines unglücklichen Vergleiches zwischen meinen Gefühlen, wie
ich sie von meinem ersten Besuch vor zwei Jahren erinnere, und den
heutigen nicht erwehren.«[1] Sie litt unter der ihr immer bewußter wer-
denden Desillusionierung, nicht nur in bezug auf ihre Ehe, sondern auch
über das »elegante« Leben.

Für all jene, die bei ihren Vergnügungen maßhalten konnten, war die Gesellschaft der Whigs kultiviert, tolerant und kosmopolitisch. Whigs rühmten sich ihrer Schirmherrschaft über die Künste und hielten ihren Beitrag zur Staatskunst hoch. Sie waren maßgebend in Geschmacksfragen und bekannten sich zu ihrer hervorragenden Bildung. Aber der Inbegriff des Extremen war per definitionem dem *ton* vorbehalten. Mäßigkeit kam in dieser Welt nicht vor: Eleganz unterwarf sich der Künstlichkeit, Vergnügung führte zu Exzessen. »Du mußt damit rechnen, daß man Dich an der Gesellschaft mißt, mit der Du Dich umgibst«, lautete die ständige Warnung von Lady Spencer an Georgiana.[2] Wegen ihrer eigenen früheren Verbindungen mit dem *ton* hegte Lady Spencer eine innere Abneigung gegen seine Mitglieder. In ihren Augen zog er jene Elemente ihrer Klasse magisch an, die am wenigsten Respekt verdienten, und Georgianas Freunde zählten zu den übelsten unter den schlechten.

Die Menschen, die sich um Georgiana und den Herzog scharten, fühlten sich zur Partei der Whigs hingezogen, teilten eine weltoffene Einstellung, gingen gern in Theatervorstellungen und liebten Skandale. Mode war die einzige »Karriere«, die einer Aristokratin offenstand; Politik das einzige »Gewerbe«, dem ein Mann von Stand nachgehen durfte. Georgianas Freunde engagierten sich in beidem, unabhängig von ihrem Geschlecht. Die Frauen strebten nach einem Ruf als politische Gastgeberin, Männer nach der Herrschaft über den Geschmack. In ihrem gemeinschaftlichen Ehrgeiz und Wetteifer stachen sie sogar aus dem exklusiven Kreis des *ton* hervor, und es dauerte nicht lange, bis man die Habitués von Devonshire House den »Devonshire House Circle« nannte. Alle Whigs waren natürlich willkommen, aber die älteren, gesetzteren Mitglieder fühlten sich unter den ausschweifenderen Elementen unwohl. Zur Gruppe der Älteren zählte der Philosoph und Staatsmann Edmund Burke, dessen Vermächtnis an die konservative politische Ideologie in Amerika und England nach wie vor sehr lebendig ist. Er war der erste konservative Denker, der erkannte, daß der Staat verpflichtet ist, die politischen und religiösen Freiheiten seiner Bürger zu wahren, und das war einer der Gründe, weshalb er die amerikanischen Kolonisten gegen die britische Regierung unterstützte. Burke besuchte Georgianas Parties selten, es sei denn, um seinen Gönner zu begleiten, den Marquis von Rockingham. Devonshire House war ihm zu frivol und zu halbseiden, und die allgemeine zwanglose Einstellung gegenüber sexuellen

Fehltritten war dem Iren aus der Mittelschicht unbehaglich. Einigen der Herren machte es Spaß, sich offenkundig rüde aufzuführen, wie die folgende Wette illustriert: »Lord Cholmondeley hat Lord Derby zwei Guineen gegeben, um 500 Guineen zu erhalten, wann immer Seine Lordschaft in einem Ballon tausend Yard über der Erde eine Frau fickt.«[3]

All jene, die dem Zirkel angehörten, hielten die übrige Welt für unter ihrer Würde.[4] Die wirklichen Anhänger von Devonshire House erkannte man daran, daß sie die gedehnte Sprechweise, den »drawl« der Cavendishs imitierten. Inzwischen redete Georgiana niemals anders, und je stärker sie diesen Manierismus kultivierte, um so mehr faszinierte er ihre Bewunderer. Was wie eine spielerische Imitation begonnen hatte, entwickelte sich durch die verbreitete Verwendung zu einem eigenen Dialekt, den man den »Devonshire House Drawl« nannte. Er wurde als eine Mischung aus Babysprache und raffinierter Affektiertheit beschrieben: »Hope« wurde wie »whop« geschrieben gesprochen, aus »you« wurde »oo«. Vokale wurden verkürzt und gedehnt, so daß sich »cucumber« zu »cowcumber« verwandelte, »yellow« in »yaller«, »gold« in »goold«, und »spoil« reimte sich auf »mile«. Betonungen fielen auf abstruse Silben, so hieß es beispielsweise »bal*cony*« statt »*bal*cony« oder »con*tem*plate«.[5] In der Mitte des folgenden Jahrhunderts redeten alle Whigs in diesem Drawl und machten aus einer Familientradition ein Zeichen für Parteizugehörigkeit, aber zu Georgianas Zeiten blieb der Dialekt innerhalb des Zirkels. Lord Pelham fühlte sich bemüßigt, eine Freundin zu warnen: »Ich hoffe, Du wirst die Herzogin mögen und ihr die eine oder andere Eigenart verzeihen – aber nimm bloß keine ihrer Manieren an... Mir ist noch niemand begegnet, der lange mit ihnen zusammen war, ohne daß ihr Benehmen irgendwie auf ihn abgefärbt wäre.«[6]

In seiner Hochphase zählte der Zirkel mehr als hundert Mitglieder, und nie weniger als dreißig. Modern ausgedrückt waren sie Londons Kaffeehausgesellschaft: Die lebenslustigeren Mitglieder der Aristokratie mischten sich unter professionelle Künstler und Schauspieler, Schnorrer, Raufbolde und geistreiche Köpfe. Der Theaterschriftsteller und Erzschnorrer Richard Brinsley Sheridan war einer der Stars. Als unverbesserlicher Trinker, Frauenheld und Intrigant vereinte er die besten und die schlechtesten Eigenschaften des Zirkels auf sich. Er war brillant, aber faul, gutmütig, aber bis zur Unehrenhaftigkeit säumig im Begleichen seiner Schulden. Sheridan bezahlte seine Gläubiger ungern, mit der Begründung, daß man sie »nur begünstigt, wenn man bezahlt.« Einmal schüttelte er beim Anblick eines Freundes, der seine Schulden beglich, den Kopf und sagte: »Was für eine Verschwendung ...«[7] Er wurde Georgiana von seiner Ehefrau vorgestellt, der schönen und talentierten Sängerin Elizabeth Linley. Auf dem Höhepunkt ihrer Karriere erklärte sich Elizabeth einverstanden, im Devonshire House zu singen, solange ihr Ehemann sie begleiten durfte. Sheridans einziger Erfolg zu diesem Zeitpunkt, *Die Nebenbuhler*, reichte für eine Einladung nicht aus. Ungeachtet seiner ungünstigen Einführung als Elizabeths Begleiter arbeitete Sheridan fieberhaft daran, in den Kreis aufgenommen zu werden. Er bemühte sich zu unterhalten, sich nützlich zu machen, jedes Geheimnis zu kennen und sich an jeder Intrige zu beteiligen. Als er seine Position gefestigt hatte, überredete er seine Frau, ihre Karriere aufzugeben, und nur Auserwählte hörten sie je wieder singen.[8]

Auch David Garrick war ein gefeiertes Mitglied aus Theaterkreisen. Nachdem Georgiana ihn in einer Vorstellung vor dem Abendessen gesehen hatte, schrieb sie: »Mir fehlen die Worte, mit denen ich beschreiben könnte, welchen Schrecken Mr. Garricks Vortrag aus *Macbeth* in mir ausgelöst hat. Ich habe mich immer noch nicht ganz erholt, nie habe ich etwas Feineres und zugleich Entsetzlicheres gesehen oder gehört, denn seine Darstellung, sein Mienenspiel und seine Stimme sind gleichermaßen schrecklich. Das Blut gefror in meinen Adern, als ich ihm zuhörte ...«[9] Die nächste in der Berühmtheitsskala nach Garrick war die Bildhauerin Mrs. Damer, deren Köpfe von Vater Themse und der Göttin Isis noch immer die Henley Bridge zieren. Gerüchten zufolge sollte sie lesbische Neigungen haben, obwohl es eine viel offensichtlichere Erklärung für das Scheitern ihrer Ehe gab: Der Ehrenwerte John Damer war ein notorischer Trinker und Spieler. Im August 1775 schoß er sich in einem Zimmer über dem Bedford Arms in Covent Garden in den Kopf, nachdem er sie beide in einer einzigen Nacht ruiniert hatte.

Die Craufurd Brüder – der frankophile James, dessen Spitzname »Fish« sich von dem Wort »selfish« ableitete, weil er außerordentlich selbstsüchtig war, und Quentin, genannt »Flesh« – waren als Kenner jener Kunst anerkannt, die den Soupers im Devonshire House intellektuellen Glanz verlieh. In ihrer Kunst zu parlieren standen sie dem berühmten Humoristen James Hare, einem besonderen Liebling Georgianas, nicht nach. »Er hat so eine Art, jede Sache in ein ganz neues Licht zu stellen«, erklärte sie ihrer Mutter, »daß sein Humor mich immer im gleichen Maße überrascht und erfreut.«*[10] Hare war außerdem diskret und vertrauenswürdig – seltene Attribute, wie Georgiana entdeckte, in der Welt von Devonshire House. Sogar diejenigen Mitglieder des Zirkels, die sich »bloß« in der Politik engagierten, wurden wegen ihrer übrigen Errungenschaften gefeiert, wie der Theaterschriftsteller und Satiriker General Richard Fitzpatrick, der das außerordentlich erfolgreiche Stück *Rolliad* geschrieben hatte. Georgiana fühlte sich außerdem sehr zu dem Whig-Politiker und Bibliophilen Thomas Grenville hingezogen, dem man nachsagte, er habe nie geheiratet, weil er hoffnungslos in sie verliebt war. Zu diesen Saloneroberern gesellten sich Sportler wie der Herzog von Dorset, der, wenn er sich nicht gerade als Verführer der Frauen anderer Männer einen Namen machte, dafür sorgte, daß Kricket zum Nationalsport wurde. Der Graf von Derby, dessen Frau zu Dorsets Eroberungen zählte, und Lord Clermont förderten den Rennsport, indem sie zwei Pferderennen, das Oaks und das Derby, ins Leben riefen.

Die Frauen, die nicht weniger außergewöhnlich waren, unterteilten sich in jene, die von der feinen Gesellschaft empfangen wurden, und jene, die man nicht zuließ. Zu den gesellschaftlich geächteten gehörte Georgianas Cousine Lady Diana Spencer, die mit Topham Beauclerk Ehebruch begangen hatte, um ihren gewalttätigen Ehemann Lord Bolingbroke zur Scheidung zu provozieren. Obwohl sie zu den Verstoßenen zählte, genoß sie in Devonshire House den gleichen Status wie die »Schönheiten« und gefeierten Gastgeberinnen, darunter Lady Clermont, eine Favoritin in Versailles, Lady Derby, die sich einst Hoffnungen auf den Herzog von Devonshire gemacht hatte, und Lady Jersey, die ihre »unwiderstehlichen Verführungskünste und ihre Faszination« dazu verwendete, die Ehen ihrer Freundinnen auseinanderzubringen. Einem Zeitgenossen zufolge war sie »klug, skrupellos, aber schön und faszinierend.«[11] Mrs. Bouverie, deren Porträt von Reynolds großen Beifall gefunden hatte, und die Gesellschafterin Mrs. Crewe vervollständigten den engsten Kreis der respektablen Damen. Sie konkurrierten heftig miteinander und verwendeten viel

---

* Hares Sitz im Parlament – eine Gefälligkeit des Herzogs – war seine einzige Rettung vor dem Schuldturm. Zu seinem Glück war er der Enkel eines Bischofs, zu seinem Unglück der Sohn eines Apothekers. Er hatte sein kleines Erbe verspielt und überlebte anschließend als ständiger Hausgast in der Gesellschaft der Whigs. Er war dürr wie ein Stecken und hatte ein so weißes Gesicht, daß er mehr tot als lebendig aussah.

Zeit darauf, sich gegenseitig in Verruf zu bringen. Obwohl Mrs. Crewe großes Ansehen bei ihren politischen Freunden genoß und zu den Vertrauten von Edmund Burke zählte, wurde sie von Lady Douglas abgetan als »sehr fett mit einer beträchtlichen Ansammlung feiner Härchen um den Mund ... Ihre Ideen sprudelten so schnell, daß [Lady Douglas] ihr nicht folgen konnte, Mrs. Crewe selbst aber wohl auch nicht.«

Lady Spencer hegte gemischte Gefühle gegenüber den weiblichen Mitgliedern des Zirkels, aber eine Frau verabscheute sie besonders: Lady Melbourne. Mit ihrer Schönheit, Klugheit und Skrupellosigkeit war sie die Verkörperung der Dekadenz von Georgianas Freunden. Die unermüdliche Plaudertasche Lord Glenbervie protokollierte in seinem Tagebuch: »Man berichtet und glaubt allgemein, daß Lord Coleraine Lady Melbourne für 13.000 Pfund an Lord Egremont verkauft hat, daß außerdem Lord und Lady Melbourne beide an dem Vertrag beteiligt sind und einen Anteil des Geldes erhalten haben.«[12] Die Geschichte kann sich ohne weiteres so zugetragen haben. Lord Melbourne war ein Rätsel, eine stumme Gestalt, die von den Besuchern des Salons von Melbourne House kaum bemerkt wurde. Nachdem Lady Melbourne ihm zu einem Erben verholfen hatte, ließ er ihr die Freiheit, zu tun, was sie wollte, und sich zu treffen, mit wem sie wollte. Davon profitierte er auch noch. Sie gehörte nicht zu den Frauen, die ihre Gunst wahllos verteilten. Durch ihre Bemühungen wurde er 1781 zum Viscount erhoben und später zum Kammerherren des Prinzen von Wales. Von seinen Kindern waren nur der älteste und möglicherweise der jüngste Sohn sein eigener.

Bevor Georgiana in den *ton* einzog, hatte ihn Lady Melbourne regiert. Die Leute hatten selbstverständlich angenommen, daß sie Rivalinnen würden, aber Lady Melbourne hegte keine Absichten, sich gegen Georgiana zu behaupten. Sie schloß vielmehr mit ihr Freundschaft und nahm statt dessen die Rolle der wohlwollenden, älteren Ratgeberin an. »Meine liebste Thémire« (französisch für Themis, die Göttin der Gerechtigkeit) nannte sie Georgiana meist. Lady Melbourne konnte Menschen gut lenken. Sie hatte die abstrusen Gesetze, die das Leben des *ton* regierten, fest im Griff und sah die Menschheit mit unsentimentalen, beinahe zynischen Augen. »Vertraue niemals einem Mann das Geheimnis eines anderen an«, soll sie einmal gesagt haben, »und niemals einer Frau ihr eigenes.« Bei all ihrem ausgeprägten Sinn für Sachlichkeit und Diskretion konnte sie aber auch sarkastisch und bissig werden, wenn man sie störte. Georgiana fürchtete ihr Temperament. »Ich schätze, ich habe mich ein bißchen vor Dir gefürchtet«, gab sie einmal zu.[13] »Um Himmels Willen schreibe mir, schreibe mir, daß Du mich liebst und mir nicht böse bist«, flehte sie bei einer anderen Gelegenheit.[14]

In Lady Melbourne fand Georgiana die Kameradin, die ihre Mutter ihr nicht war. Lady Spencer kommentierte ständig und bot Ratschläge, die aber selten praktisch genug waren, um ihrer Tochter aus der Klemme zu helfen. Sie war dem Zirkel nicht nahe genug, um zu verstehen, welcher Druck von ihm ausging. Aus Eifersucht auf den Einfluß von Lady Melbourne wollte sie Georgiana dazu bewegen, sie fallen zu lassen. Untypischerweise verweigerte ihr Georgiana den Gehorsam:

> Ich bitte Sie inständig, meine liebste Mama, mir meine Gefühle für Lady Melbourne heute zu vergeben. Aber ich versichere Ihnen, daß alles, was ich von ihr erfahren habe, so zutreffend war und ihr Betragen mir gegenüber wahrhaft freundlich und nur zu meinem Besten, daß mich bekümmert, daß sie in Ihren Augen so wenig Ansehen genießt – ich hoffe, Sie haben nichts dagegen, daß ich eine Freundschaft fortführe, deren Bruch für mich schrecklich wäre, und ich bin sicher, daß Sie sich im nächsten Jahr in tausend Dingen nicht mehr über mein Treiben beklagen müssen.[15]

Die Presse war wie besessen von Georgianas »Treiben«. Was sie trug, wo sie hinging, wer ihre Freunde waren, kurz, alles Neue oder Ungewöhnliche an ihr fand in den Zeitungen Platz. Selten verging eine Woche, in der nicht irgendwo ein Fetzen Tratsch auftauchte. Am 30. Dezember 1776 berichtete die *Morning Post*, daß Georgiana und Lady Jersey mit all ihren Freunden »neu erfundene Rätsel« spielten, die sie, wie man bei der *Post* erfuhr, »Scharaden« nannten.[16] Im Laufe des Jahres 1777 tauchte eine Serie anonymer, an Georgiana gerichteter Publikationen über ihre sklavische Hingabe an die Mode auf. Die einen verurteilten sie, die anderen ergriffen für sie Partei.[17] Häufiger verwickelten die Skandalblätter Georgiana jedoch in fiktive Eskapaden mit wechselnden Liebhabern. Etlichen Mitgliedern des Zirkels wurde lasterhaftes Verhalten angehängt, um jeder neuen Behauptung einen plausiblen Anstrich zu verleihen.

Zuschauer strömten im Mai 1777 in die Drury Lane, um sich Sheridans neues Stück *Die Lästerschule* anzusehen, auch weil das Gerücht umging, das Stück sei eine Satire auf den Devonshire House Circle. »Ich versichere Dir, die Posse ist hinreißend«, schwärmte Mrs. Crewe vor Lady Cler-

mont: »Die Herzogin von Devonshire, Lady Worseley und ich haben
wirklich sehr gut darin abgeschnitten.«[18] Sheridan kam den Erwartungen
des Publikums entgegen, indem er Georgianas Freunde als Haufen zwie-
lichtiger Aristokraten darstellte, deren moralisches Empfinden durch ein
Leben in Reichtum und ohne Verpflichtungen abgestumpft war. Georgiana ist Lady Teazle: Sie ist jung, leicht zu beeinflussen, besitzt ein gutes
Herz, braucht aber einen entschlossenen Ehemann, der mit ihr umgehen
kann. In der Eröffnungsszene des Stückes streitet Lord Peter Teazle mit
Lady Teazle wegen ihrer Verschwendungssucht und ihrer Modebesessen-
heit. »Ich bin gewiß nicht extravaganter als eine modische Frau sein
muß«, entgegnet sie. Die boshafte Lady Sneerwell (eine Mischung aus
Lady Jersey und Lady Melbourne) befördert zusammen mit dem Journali-
sten Snake (Sheridan) und Joseph Surface Lady Teazles Ruin. Aber das
Stück endet damit, daß Lady Teazle Surfaces Verführungsversuchen wi-
dersteht und sich von ihren skandalsüchtigen Freunden lossagt, die sie alle
als wertlos und dumm entlarvt. Mitglieder des Zirkels fanden es ungeheuer komisch, auf der Bühne karikiert zu werden, und verhalfen dem Stück
zum Erfolg, indem sie in Scharen zur Uraufführung erschienen.

Wie Georgiana über ihr Porträt als Lady Teazle dachte, ist nicht überliefert, aber das Stück bereitete ihr mit ziemlicher Sicherheit Unbehagen. Hinter dem vordergründigen Humor verbarg sich eine ernsthafte
Aussage, die ihr nicht entging. »Meine Veranlagungen erschrecken
mich, denn ich glaube sie nunmehr zu kennen«, berichtete sie Lady
Spencer im August. »Ich fürchte, wenn ich einmal ernsthaft über mein
Betragen nachdenken würde, wäre ich entsetzt, besonders im Hinblick
auf alles, was in diesem Jahr passiert ist …«[19] Da ihr die Standhaftigkeit
und die Sicherheit fehlten, sich von ihren Freunden loszusagen, fing Georgiana heftig an zu trinken und zu spielen. Oft wußte sie, daß sie wider
besseres Wissen handelte, fühlte sich aber nicht stark genug, dem Druck,
sich anzupassen, standzuhalten.

Im November 1777 beobachtete Lady Sarah Lennox, daß Georgiana
offenbar keinen Halt fand. »Die hübsche Herzogin von Devonshire, die
allem Anschein nach keine Fehler hat, aber in meinen Augen eine zarte
Gesundheit, diniert um sieben, Sommer wie Winter, geht um drei zu Bett
und bleibt bis vier Uhr darin liegen. Sie hat am Morgen hysterische Anfälle und tanzt am Abend. Sie schwimmt, reitet, tanzt zehn Tage lang und
verbringt die nächsten zehn im Bett.« In regelmäßigen Abständen ver-

suchte Georgiana, sich zu bessern. So oft sie konnte, präsentierte sie Lady Spencer ein positives Bild ihres Lebens, betonte, wieviel Zeit sie mit dem Herzog verbrachte, erwähnte ihr Engagement als Wohltäterin und daß sie regelmäßig Gebete sprach und Predigten hörte. »Sie sehen, meine liebste Mama, wie gerne ich Ihnen von all den Dingen berichte, von denen ich annehme, daß Sie sie billigen«, hatte sie im September 1776 geschrieben. »Ich bin richtig glücklich, wenn ich spüre, daß ich alles tue, um der besten aller Mütter besser zu gefallen.«[20] Von solchen Gefühlen angeregt, nahm Georgiana dann zum Beispiel eine Fastenkur in Angriff, schloß sich in ihr Zimmer ein und hielt sich eine Woche lang von allen Menschen fern, aber sobald sie wieder auftauchte, fing sie wieder an, die Nächte durch zu trinken und sich an Freßorgien zu beteiligen, bis sie zu erschöpft war, um das Bett zu verlassen. Ihr Gewicht schwankte infolgedessen erheblich. »Du neigst wirklich sehr zur Übertreibung und fällst dabei in Extreme, die Deine Konstitution nicht aushält«, klagte Lady Spencer.[21] Die Folgen für Georgianas Gesundheit waren katastrophal: Sie hatte eine Fehlgeburt nach der anderen, weshalb der Herzog und die Cavendishs ihr vorwarfen, sie würde ihre Hoffnungen auf einen Erben vorsätzlich zerstören. Nur Lady Sarah Lennox fragte sich, ob nicht vielleicht der Herzog verantwortlich sei, der Georgiana vernachlässigte, die doch so jung und vielen Versuchungen ausgesetzt war. »Ich kann ihr, oder vielmehr ihrem Ehemann, nicht verzeihen, daß sie ihre Gesundheit zerstört.«[22]

*

Zu genau jenem Zeitpunkt, gegen Ende 1777, als Lady Sarah Lennox ihre scharfsinnige Beobachtung notierte, lernte Georgiana zwei ganz andere Menschen kennen, deren Einfluß weitreichende Konsequenzen haben sollte. Sie wurde Mary im Oktober in Brighton vorgestellt, wo sie sich wegen des wohltuenden Seeklimas aufhielt. Mary war dort mit ihrem Ehemann Thomas und erholte sich von einer Lungenentzündung. Georgiana hoffte, an der See etwas für ihre Fruchtbarkeit zu tun. Die Mediziner machten eine schwache Plazenta für Fehlgeburten wie die ihren verantwortlich. Sie ließen sich allein mit Wasserkuren behandeln: Man badete entweder in Meerwasser oder trank von warmen Heilquellen. (Von männlicher Unfruchtbarkeit hatte man keinen Begriff im achtzehnten Jahrhundert, es sei denn in Fällen von Impotenz.)

Georgiana fühlte sich von Anfang an zu ihnen hingezogen. »Mr. und Mrs. Graham trafen am gleichen Tag ein wie der Herzog und die Herzogin«, berichtete Lady Clermont an Lady Spencer, »sie ist eine sehr hübsche Frau, die Herzogin liebt sie über alles, beide sind untrennbar, was nicht das Schlechteste ist. Ich wünschte, sie hätte ein halbes Dutzend solcher Lieblinge.«[23] Marys Vater, Lord Cathcart, war früher britischer Gesandter in Rußland gewesen, und sie hatte den größten Teil ihres Lebens im Ausland verbracht. Lady Cathcart starb, als Mary vierzehn Jahre alt war, weshalb jene ihrer kleineren Schwester, Charlotte, die Mutter ersetzen mußte. Georgiana und Mary waren gleichaltrig und hatten im gleichen Jahr geheiratet, aber Mary lebte ein sehr behütetes Leben. Sie war ruhig, ernsthaft und sanft – möglicherweise wäre sie Georgiana ohne ihre atemberaubende Schönheit gar nicht aufgefallen: Man nannte sie »die schöne Mrs. Graham«. Gainsborough hat sich in mindestens vier Versuchen bemüht, die Klarheit ihrer Züge in einem Porträt festzuhalten.

In Brighton redete man über die offensichtliche gegenseitige Zuneigung der beiden Frauen, obwohl Georgiana die Beziehung Lady Spencer gegenüber herunterspielte. »Ich bin sehr viel mit Mrs. Graham zusammen«, schrieb sie beiläufig. »Ich finde sie außerordentlich liebenswert, und ihn mögen wir auch sehr – aber Lady Sefton billigt es nicht. Ich nehme an, sie erwartet, daß ich ausschließlich mit ihr zusammen bin.«[24] Wie dem auch sei, die Briefe, die Georgiana nach ihrer Rückkehr nach London an Mary schrieb, zeigen, daß sie mittlerweile ineinander vernarrt waren. Der erste Brief, der erhalten geblieben ist, enthält eine Antwort auf Vorwürfe Marys, daß sie nicht oft genug schreibe. Georgiana hielt sich mit Lady Spencer in Althorp auf, die in jenem Zwischenspiel eine Chance sah, einige Erziehungsmaßnahmen zu ergreifen. Sie hielt ihre Tochter an sehr kurzen Zügeln und bestand darauf, daß sie ihr eigenes strenges Ritual aus morgendlichen Spaziergängen, Stunden mit weiterbildender Literatur und endlosen Klagen über die Dienerschaft übernahm. Die ungewohnte Härte jener gesunden Lebensweise erschöpfte Georgiana so sehr, daß sie zu müde war, um Mary das versprochene Tagebuch in Briefen zu schreiben.

> Ich kann den Gedanken nicht ertragen, daß Du glaubst, ich würde Dich vernachlässigen [schrieb sie verärgert, nachdem sie einen wütenden Brief von Mary erhalten hatte]. Ich hatte in letzter Zeit kaum Gelegenheit – und nebenbei war ich auch ziemlich beschäftigt, vor al-

lem mit den Versen, die ich meinem Vater zum Geburtstag schreibe, und mit dem Bild (sobald ich die Zeit gefunden habe, sie abzuschreiben, werde ich sie Dir schicken), und dann habe ich sehr hart für Mama gearbeitet und ihr einige Betrachtungen zusammengestellt, die sie der Dienerschaft vorlesen kann, wenn sie das Abendmahl empfangen. Kannst Du Dir vorstellen, daß ich so etwas Ernsthaftes mache? Meine liebe Freundin, trotz meiner Flatterhaftigkeit kann ich gelegentlich einen Gedanken fassen. Es sieht zwar nicht so aus, als wäre ich dazu in der Lage, eine tiefe Freundschaft zu pflegen, aber Du sollst wissen, wie zärtlich ich Dich liebe. Mit anderen Sachen ist es das gleiche. Ich bin völlig verrückt, aber ich besitze auch ein wenig Verstand. Mir fällt auf, daß ich mich selbst rühme, aber das ist typisch für ein schlechtes Herz, und ich habe Dir oft gesagt, daß meines schlecht ist ... Der Schlaf überkommt mich, und ich muß Dich jetzt verlassen, aber ich will Dir vor allem sagen, daß ich Dich liebe, meine gute Freundin, und küsse Dich inniglich.[25]

Im Frühjahr 1778 war es an Lady Spencer sich zu beklagen, daß Georgianas Briefe nur noch tröpfelten.[26] Georgiana verbrachte nicht nur ihre gesamte Freizeit mit Briefen an Mary, sie interessierte sich auch für kein anderes Thema mehr: »Gestern Abend setzte ich Mr. James beim Dinner an meine Seite, damit mir das Vergnügen zuteil wurde, über Dich zu plaudern – ich empfinde so eine liebliche Freude daran, meine angebetete Freundin, unablässig von Dir zu sprechen, und da ich fortwährend an Dich denke, bin ich auf dieses Thema sehr gut vorbereitet ... Ich habe Lady Anne und Lady Margaret einen Besuch abgestattet, sie sprechen beide sehr viel von Dir, und mein Herz applaudiert ihrem guten Geschmack – außerdem habe ich bei Gainsborough Dein Bild gesehen.«[27]

Beide fürchteten, daß über die Intensität ihrer Freundschaft geredet würde. Georgianas leidenschaftliche Zeilen gingen weit über die Koseworte hinaus, die man sich unter Freundinnen schrieb. »*Je t'aime mon coeur bien tendrement*, wirklich, wirklich, wirklich, ich liebe Dich von ganzem Herzen«, ist eine der typischen Botschaften an Lady Melbourne.[28] Selbst wenn man die Übertreibung berücksichtigt, waren Georgianas Briefe an Mary persönlicher, intensiver und unterschieden sich deutlich von ihrer üblichen Korrespondenz. Derartiges ließ sich unmöglich geheim halten. Hausmädchen und Diener lasen unweigerlich die Korrespondenz ihrer Herrschaft, und immer bestand die Gefahr, daß Briefe verloren gingen oder in falsche Hände gerieten. In einem Fragment schrieb Georgiana: »Ich habe mir diesen seltsamen Brief noch einmal durchgelesen, und es tut mir beinahe leid, daß ich mich am Anfang so lange mit dem aufgehalten habe, was mich aufwühlt, ich muß Dir sagen, es geht mir damit jetzt ziemlich gut, und wenn ich genau wüßte, daß Dich dieser Brief sicher erreicht, würde ich Dir alles darüber erzählen – aber ich wage es nicht.«[29] Trotz des Risikos, entdeckt zu werden, bedrängte sie Mary, eine kleine Zeichnung von ihr anzunehmen: »Du ersuchst mich, Dir meine Meinung über das Bild zu sagen. Mir leuchtet nicht ein, warum Du es nicht haben solltest, ich verstehe, was Du meinst, aber ich glaube nicht, daß es seltsam erscheint – bedenke, daß wir sehr bald *alte Freundinnen* sein werden – ich glaube jedenfalls, daß ich Dir eine Zeichnung schicken kann, wenn ich in die Stadt komme, womit keine von den Unannehmlichkeiten verbunden sind, die Du fürchtest, denn Du mußt es nicht zeigen – und ich möchte gern, daß Du etwas von mir besitzt.«[30]

Ob Mary das Bild wirklich erhalten hat, ist nicht bekannt. Von ein paar späteren Fragmenten abgesehen, ist von ihrer ausführlichen Korrespondenz fast nichts erhalten geblieben. Entmutigt von der kühlen Höflichkeit des Herzogs sehnte sich Georgiana nach der Zärtlichkeit, Kameradschaft und Zuneigung, die sie mit Mary erlebte – und nach etwas anderem, das für sie ebenso, wenn nicht noch wichtiger war: Entlastung von der ständigen Pflicht, vor ihren Verwandten und dem *ton* Theater zu spielen. Lady Spencer, ihre Freunde, der Herzog und seine Familie, alle erwarteten etwas von ihr, zwangen sie häufig in Rollen, die ihr unangenehm waren oder nicht zu ihr paßten. Nur bei Mary konnte Georgiana sich ihre Verwirrung und Furcht von der Seele reden.

> Die Hast, in der ich hier lebe, quält mich [schrieb sie 1778], als ich in diese Welt eintrat, gefiel mir alles, weil es neu war, aber jetzt fühlt mein Herz nichts als eine Leere in der schönen Welt, die sich nicht füllen läßt. Es steht mir nicht frei, zu denken, was ich will, oder mich so sehr mit den Dingen zu beschäftigen, die ich mag, wie ich es mir wünschen würde, und all meine Sehnsüchte sind auf den Kopf gestellt worden. Du bist der einzige Mensch, dem ich dies erzählen kann, alle anderen würden mich auslachen und das Ganze als Gehabe abtun. Im Moment scheint mir alles so viel Spaß zu machen, daß sich niemand vorstellen kann, wie müde mich manchmal die Zerstreuung macht, in der ich lebe.[31]

Ihre Vertraulichkeit mit Mary verschaffte ihr einen klaren Blick auf ihre Situation, insbesondere auf die Mängel ihrer Ehe. Dennoch war es undenkbar, daß sich eine Frau einen Geliebten nahm, bevor sie ihrem Ehemann einen Sohn geboren hatte. Die Konvention gestattete Aristokratinnen einen Cicisbeo – ein Ausdruck aus dem Italienischen für einen Verehrer, der sie begleitete und andere praktische Dienste an der Stelle des Ehemanns übernahm. In der *Lästerschule* sagt Lady Teazle, daß sie den gottlosen Joseph Surface »so weit als Liebhaber annehmen will, wie es die Sitten zulassen.« »Sicher«, antwortet er, »ein rein platonischer Cicisbeo, der jeder Ehefrau zusteht.«[32] Trotz der vielen Freier, die ihr nur zu gern zu Gefallen gewesen wären, bildete Georgiana die Ausnahme, da sie nicht einmal diesen Verehrer besaß.[33] 1779 äußerte ihre Cousine Lady Pembroke gegenüber Lord Herbert: »Vor einer Weile schriebst Du schreckliche Dinge, die Du über die arme Herzogin von Devonshire gehört hattest, sie brachten mich zum Lachen, weil sie so vollständig jeder Grundlage entbehrten, und ich vergaß, darauf zu antworten. Bisher gab es nicht einmal Gerüchte darüber, mit wem sie flirten könnte ...«[34]

Wie weit Georgianas Beziehung zu Mary wirklich ging, läßt sich nicht klären. Ein bißchen Flirten gehörte in vielen ihrer Freundschaften dazu. Diese französische Angewohnheit hatte sie von Madame de Polignac und Marie Antoinette übernommen. Seit der Veröffentlichung von Jean Jacques Rousseaus außerordentlich erfolgreichem Stück *Julie oder Die neue Héloise* hatten französische Frauen ohne Scheu die liebevolle Freundschaft zwischen Julie und Claire imitiert. Dennoch gab es Gerüchte, daß mehr als eine bloße Freundschaft Marie Antoinette und Madame de Polignac verband, für die ihre öffentlich zur Schau gestellte körperliche Zuneigung Anlaß gab.*[35]

Rousseau hatte Georgiana tief beeindruckt, und ihr Exemplar von *Julie oder Die neue Héloise* ist mit ihren Anmerkungen übersät.[36] Sie lebte auf einer übersteigerten Gefühlsebene, die ihre englischen Freundinnen anziehend und zugleich beunruhigend fanden. »Ein Teil Deines Briefes hat mir Angst gemacht«, schrieb Lady Jersey, die sich nicht ganz sicher war, wie sie Georgianas Liebeserklärungen zu verstehen hatte.[37] In Mary suchte Georgiana ihre Claire, die jeden ihrer Gedanken kannte, sie tagsüber begleitete, in der Nacht ihr Bett teilte, und die sie in ihren Ar-

---

* Anscheinend überraschte der Schwager der Königin die beiden eines Tages, als sie sich nach einer Auseinandersetzung wieder vertrugen. Sie hielten sich eng umschlungen und küßten einander die tränenüberströmten Wangen. Er fing schallend an zu lachen und ging mit den Worten: »Laßt euch von mir bloß nicht stören!« und erzählte überall, wie er die beiden Freundinnen unterbrochen hatte.

men halten würde, wenn sie starb. Aber so sollte es nicht sein. 1781 ordneten die Ärzte an, daß Mary in ein milderes Klima zog: die einzige Hoffnung, ihre schwachen Lungen zu kurieren. Sie hatten Schwindsucht diagnostiziert. Georgiana fühlte sich verlassen und suchte erfolglos nach Ersatz.

Charles James Fox, ihre zweite neue Bekanntschaft, beeindruckte Georgiana sehr, nicht auf romantische Weise – das folgte später –, sondern intellektuell. Fox war es, der sie, mehr als irgendein anderer, zu ihrer Berufung führte: in die Politik. Fox war ein brillanter, wenn auch mit Schwächen behafteter Politiker. Klein und korpulent, mit struppigen Augenbrauen und Augenringen wegen ständiger Übernächtigung, wurde er bereits mit achtundzwanzig als Nachfolger des Marquis von Rockingham und künftiger Anführer der Whig-Partei gehandelt. Georgiana freundete sich 1777 mit ihm an, als er sich zu Besuch auf Chatsworth aufhielt. Bis zu diesem Zeitpunkt hatte seine Karriere zwischen Erfolg und Versagen geschwankt, zwischen unvorstellbarem Wohlstand und Bankrott. Er verblüffte seine Kritiker mit unerschütterlicher Selbstsicherheit und verärgerte seine Freunde mit seinem unbeständigen Lebenswandel. Im England des achtzehnten Jahrhunderts wimmelte es von witzigen Geistern, Connaisseuren, Rhetorikern, Historikern, Trinkern, Spielern, Lebemännern und Schelmen, aber nur Fox vereinte alle in einer Person.

Er kam 1749 zur Welt, als Zweitgeborener von drei überlebenden Söhnen des Whig-Politikers Henry Fox, dem ersten Lord Holland, und Lady Caroline Lennox, der Tochter des zweiten Herzogs von Richmond. Lord Holland war zwar ein skrupelloser und – sogar für dieses Zeitalter – übermäßig korrupter Politiker, aber ein zärtlicher Ehemann und liebevoller Vater, der seine Kinder schamlos verwöhnte. Keine Erziehungsweise im achtzehnten Jahrhundert hat so viel Aufmerksamkeit und Kritik auf sich gezogen wie die der Familie Fox. Nach zeitgenössischen Maßstäben war der Haushalt der Hollands eine Art Monstrositätenschau. Es gab Geschichten über Fox, wie er die sorgsam vorbereiteten Reden seines Vaters verbrannte, dessen goldene Uhr zertrümmerte, um zu sehen, wie sie in Einzelteilen aussah, die Abendessen sprengte – und nie bestraft wurde.

Da er ein materiell und emotionell völlig schrankenloses Dasein genossen hatte, ging Fox gleichermaßen offen und großzügig mit seinen Freunden um. Kleingeistige und belanglose Ziele gehörten nicht zu seinem Repertoire. Diese Eigenschaft, gepaart mit einer angeborenen Begabung zur Führungskraft, machte ihn nach seinem Eintritt in Eton sofort beliebt und verschaffte ihm lebenslange Freunde. Bevor Fox der Whig-Partei beitrat, schien er alle Kraft in Vergnügungen zu investieren und kannte keine politischen Loyalitäten außer zur Reputation seines Vaters, die er gegen sämtliche Vorwürfe im Parlament vehement verteidigte. Als Oberzahlmeister hatte Lord Holland das Land während des siebenjährigen Krieges um Millionen erleichtert. Niemand konnte bestreiten, daß die Familie in genau jener Zeit unermeßlich reich geworden war. Nach dem Tode seines Vaters im Jahre 1774 gab Fox jedoch sein Bestes, das Vermögen wieder an die Nation zurückzuführen, indem er es bei Pferderennen in Newmarket und bei Brook's verspielte.

Bevor Lord Holland starb, zahlte er ein letztes Mal Schulden seines Sohnes in Höhe von 140.000 Pfund,[38] aber seine großzügige Geste hatte keinen Einfluß auf Fox' Lebensweise. Nacht für Nacht blieb er auf, unterdrückte sein Schlafbedürfnis mit Kaffee und aß riesige Mengen. Einer Anekdote zufolge spielte er von Dienstag auf Mittwoch ohne Unterbrechung Hazard, gewann, verlor, holte wieder auf und verlor schließlich sein ganzes Geld. Donnerstag unterbrach er, um an einer Debatte im Unterhaus über die neununddreißig Artikel der Kirche von England teilzunehmen, und kehrte anschließend sofort zu White's zurück. Dort trank er bis Freitagmorgen, ging dann zu Fuß zu Almack's, wo er bis vier Uhr nachmittags spielte. Nachdem er 6.000 Pfund gewonnen hatte, ritt er nach Newmarket, wo er 10.000 Pfund verlor.[39] Selbst wenn Fox alles in kürzester Zeit vergeudete, konnte er immer noch auf seine Freunde zählen, den Herzog eingeschlossen, die ihn finanziell und politisch unterstützten.[40] Gelegentlich gewann er Geld, aber wegen des Nervenkitzels zog er die Glücksspiele den Geschicklichkeitsspielen, die er sehr gut beherrschte, vor. Er verbrachte so viel Zeit bei Brooks's, daß er kaum etwas anderes als seine Spielerkleidung[41] trug.

Fox und Georgiana waren sich in ihrem Sinn für Unterhaltung und Theater ähnlich. Die modischen jungen Gecken der siebziger Jahre, die in aufgetakelter Kleidung in der Stadt umherzogen, nannte man »Macaroni«. Vermutlich stammt der Begriff aus den sechziger Jahren, als die Mitglieder des kurzlebigen Macaroni Clubs mit ihrer Vorliebe für alles Ausländische, insbesondere Speisen, auffielen. Die Macaroni wurden in der Presse heftig kritisiert. Das *Oxford Magazine* klagte: »Da ist tatsächlich eine Tiergattung kürzlich unter uns entstanden, weder männlich noch weiblich, ein Neutrum. Man nennt es Macaroni. Es redet ohne Bedeutung, es lächelt ohne Wärme, es ißt ohne Appetit, es reitet ohne Übung, es hurt ohne Leidenschaft.«[42] Bis Fox an seinen Spielschulden verarmte, gehörte er zu den schillerndsten Exemplaren. Wie Georgiana besaß er ein Auge für Farben und einen Faible für Schrullen. Die Macaroniuniform strebte nach superschlanker Eleganz mit engen Hosen und kurzen, knappen Westen. Auffällig waren die Accessoirs: Große Knöpfe und extravagante Sträußchen waren unerläßlich; Schuhe mit hohen Absätzen und ein kleiner, schief sitzender Hut verliehen dem Ganzen das gewisse Etwas. Fox leistete einen besonderen Beitrag, indem er mit der Haarfarbe experimentierte. Er puderte seine Haare an einem Tag blau, am nächsten rot. Er trug mehrfarbige Schuhe und Samtkragen, eine gewagte Kombination und Aufforderung an die Furchtsamen, es ihm gleich zu tun.

Er besuchte Chatsworth im August 1777 mit einer großen Gesellschaft, zu der die Jerseys zählten, die Clermonts, der Herzog von Dorset, alle Cavendishs und ihre Cousinen und Cousins, die Ponsobys, dazu der Violinist Giardini. Eine Woche vor seiner Ankunft hatte Georgiana geschrieben, wie bestürzt und besorgt sie über »meine Gemütsstimmungen« war. Aber sie verbarg ihre Gefühle vor ihren Gästen, so daß niemand bemerkte, daß ihre Lebhaftigkeit ebenso gespielt war wie die Vergnügungen am Abend.

Fox' Anwesenheit führte bei Georgiana zu einer sofortigen Veränderung. Er faszinierte und stimulierte sie. Zum ersten Mal, seit sie vor zwei Jahren versucht hatte, sich selbst zu erziehen, hatte sie jemanden gefunden, dem sie nacheifern konnte.

> C. Fox' großer Vorzug liegt in der Schnelligkeit, mit der er jedes Thema erfaßt [schrieb sie ihrer Mutter im August]. Er scheint die besondere Fähigkeit zu besitzen, daß er mehr über die Dinge weiß, von denen er redet, und mit weniger Mühe als jeder andere. Er plaudert wie ein brillanter Billardspieler, ein Stoß folgt dem anderen, piff, puff – und noch unterhaltsamer macht ihn, daß er hier mit Mr. Townsend und dem Herzog von Devonshire zusammen ist, denn wenn sie so viel zusammen sind, versuchen sie sich gegenseitig zu überbieten. Am liebsten unterhalten sie sich über Politik und Shakespeare. Was letzteren angeht, so scheinen sie alle drei ein äußerst bemerkenswertes Gedächtnis für ihn zu haben, und ich schätze, irgendwann werde ich dazu in der Lage sein, so wie sie ein Stück durchzugehen ...[43]

In ihrem nächsten Brief informierte Georgiana ihre Mutter, daß sie *Revolutions of Sweden* von Vertot las. »Ich glaube, es gibt kein interessanteres Buch auf der Welt, ich war richtig aufgewühlt in meiner Sorge um Gustav Vasa«, schrieb sie. »Besonders über den großzügigen und großherzigen Helden, der für die Freiheit seines Landes kämpft und für das Andenken eines verletzten Freundes Rache nimmt gegen gesetzlose Grausamkeit und unerbittliche Tyrannei.«[44] Das war das politische Kredo der Whigs in einem Satz: Der Held kämpft für Freiheit gegen gesetzlose Grausamkeit und unerbittliche Tyrannei. In den politischen Begriffen der Whigs der siebziger Jahre hieß das Opposition gegen Georg III., Argwohn gegen die Macht der Krone und Bewahren der bürgerlichen Freiheiten. Vermutlich war es Fox gewesen, der Georgiana empfohlen hatte, Vertot zu lesen. Er hatte sich erst vor kurzem auf die Seite der Whigs geschlagen, nachdem er einen untergeordneten Ministerposten in der gegenwärtigen Regierung von Lord North innegehabt hatte. Wie sein Vater hatte Fox eine politische Karriere im Dienste des Königs geplant. Aber seine Genußsucht und seine sprunghafte Loyalität gegenüber der Regierung hatten Georg III. und Lord North veranlaßt, ihn seines Amtes zu entheben. »Wirklich«, schrieb der König voller Abscheu, »dieser junge Mann hat sich aller Prinzipien von Ehrbarkeit und Rechtschaffenheit so gründlich entledigt, daß er nur ebenso nichtswürdig werden kann, wie er hassenswert ist.«[45] Nach dieser Entlassung wurde Fox von Edmund Burke protegiert, und unter dessen Schutz begann er sich der Ziele der Whigs anzunehmen, die sich mit den verfassungsmäßigen Rechten und politischer Autonomie beschäftigten. Eben der Politiker, der seine Verachtung für das Volk formuliert hatte: »[Ich] will nicht gegen meinen König, mein Land oder mein eigenes Herz aufstehen, um lautester Hochrufe der rücksichtslosen Masse willen«, behauptete nun, daß der König »nur treuhänderisch verwaltet, was dem Volke zusteht, zu seinem Gebrauch und seinem Nutzen.«[46]

Fox' Eifer stachelte Georgiana an. Niemand sprach so mit ihr wie er, behandelte sie ebenbürtig, diskutierte seine Ideen mit ihr und ermutigte sie, daran teilzuhaben. Sie hatte einmal aus Neugier zusammen mit Lady Jersey das Unterhaus besucht (Frauen wurden im Jahre 1778 von der Zuschauertribüne verbannt), das Experiment aber nie wiederholt. Fox weckte in ihr den Sinn für Loyalität und gewann sie für die Whigs. Als er

Chatsworth verließ, gehörte sie zu seinen ergebenen Anhängern. Zwanzig Jahre später unterstützte sie ihn noch immer mit größter Loyalität. »Charles hatte immer seine Fehler«, war alles, was sie zugab, »die vielleicht seinem Ruf als Staatsmann schaden – aber als Mann bleibt er immer der Größte.«[47] Wie seine Zeitgenossen in Eton und später bei Brook's hatte Fox sie in seinen Bann gezogen. Seinen Einfluß im Parlament verdankte er zu gleichen Teilen seiner Persönlichkeit und seinen Ansichten. Foxisten hatten sich nur einer Sache verschrieben: der kritiklosen Bewunderung von Fox.

Da Fox und Mary an Georgiana glaubten, wuchs ihr eigenes Selbstvertrauen. Im April 1778 schrieb sie von ihrem Wunsch nach einem Neuanfang. »Nie ist mir so bewußt geworden, daß ich vieles zu bereuen habe, und mein Herz ist fest entschlossen, sich zu bessern«, erklärte sie Lady Spencer. Sie hatte vor, nach dem Besuch des Pferderennens in Derby zur Heiligen Kommunion zu gehen (im achtzehnten Jahrhundert war dieser Ritus nicht so weit verbreitet). Im gleichen Brief finden sich aber auch Hinweise auf Verstrickungen – Spielschulden –, die sie bedauerte und fürchtete. »Indem ich dorthin fahre, lasse ich viele unschöne Verlegenheiten, in denen ich mich in bezug auf andere befinde, hinter mir, und das ruhige Leben, das ich dort führen werde, wird mir Zeit zum Nachdenken geben …«[48]

Ergebnis war ein wenig chiffrierter autobiographischer Roman mit dem Titel *The Sylph*. Ungeachtet aller Übertreibungen läßt er sich als Schlüsselroman lesen. In Briefform geschrieben, verfolgt er die Mißgeschicke von Julia Stanley, einem Mädchen vom Lande, das den zügellosen Sir William Stanley heiratet, einen Lebemann, der sich ausschließlich für Mode und seine Spielleidenschaft interessiert. Als Julia zum ersten Mal nach London kommt, versteht sie die Regeln des *ton* nicht, wird aber allmählich in ihren Bann gezogen und verfällt ihnen. Sie lernt, wie man *à la mode* lebt, wie man Stunden damit zubringt, sich für einen Ball anzukleiden, wie man spricht, singt, tanzt und wie eine moderne Person denkt. Sie erkennt, daß sie sich vom Zynismus und der Unbarmherzigkeit des *ton* hat korrumpieren lassen, sieht aber keine Hoffnung auf Entrinnen. Sir William behandelt sie grausam, sogar brutal. Ihm liegt allein daran, wie sie ihm in der Öffentlichkeit nützen kann. Er prahlt mit seiner Geliebten vor ihren Augen, straft sie, wenn sie eine Fehlgeburt erleidet, und schreckt nicht davor zurück, sie zu mißhandeln, wenn er wütend wird. Als seine Gläubiger sich nicht mehr abweisen lassen, zwingt Sir William Julia, ihm ihr gesamtes Vermögen zu überschreiben. (Sie ist nicht die einzige Frau in dem Buch, die unter männlichen Übergriffen leidet. Eine aristokratische Dame, die am Spieltisch ein Vermögen verliert, wird von ihrem Freund gezwungen, mit ihm zu schlafen, um sich sein Schweigen zu erkaufen.)[49] Julias Freundin, Lady Besford, deren Vorbild offensichtlich Lady Melbourne ist, bedrängt sie, sich mit ihrem Leben abzufinden und so glücklich zu sein, wie es geht. Julia steht vor dem moralischen Untergang, als ein anonymer Beschützer, der sich »the Sylph«, der Luftgeist, nennt, ihr Briefe mit Ratschlägen zu schicken beginnt. Schließlich entwickelt sich die finanzielle Situation von Sir William so ausweglos, daß er Julias Körper an seinen Hauptgläubiger verkauft. Sie läuft fort, und er erschießt sich in einem schäbigen Zimmer über einer Wirtschaft.[50] Der Luftgeist enttarnt sich als Julias Liebster aus Kindertagen. Sie heiraten und werden für immer glücklich.

Georgiana schrieb *The Sylph* im geheimen und veröffentlichte den Roman anonym, auf dem Titel steht »von einer jungen Dame«.[51] Der Roman hatte beachtlichen Erfolg, in kurzer Zeit erlebte er vier Auflagen. Es dauerte nicht lange, bis man die Identität der Autorin erriet. Wenn Georgiana in der Öffentlichkeit darauf angesprochen wurde, verweigerte sie die Auskunft, aber es sprach sich schnell herum, daß sie die Wahrheit im privaten Kreis zugegeben hatte. Etliche Hinweise führten in ihre Richtung, nicht nur die Wahl der Namen, die sie ausnahmslos aus denen ihrer Freunde variiert hatte, sondern auch die verstohlenen Hinweise auf sich selbst: Julias Friseur beteuert, daß er »Gefahr läuft, die Herzogin von D– zu kränken, wenn er mir die besten Radieschen gibt, die bisher aus Frankreich eingetroffen sind.« Wie Georgiana hat auch Julia eine jüngere Schwester, die sie anbetet, und eine weltgewandte ältere Gefährtin, bei der sie Rat sucht. Die Ähnlichkeiten zwischen Stil und Ausdrucksweise des Romans und Georgianas Briefen löschen alle verbleibenden Zweifel. Georgiana schrieb häufig von ihrer Sehnsucht nach einem moralischen Vorbild: »Wenige können sich wie ich einer solchen Freundin rühmen, die ich noch dazu in der eigenen Mutter gefunden habe«, schrieb sie an Lady Spencer und fügte hinzu, wie sehr sie auf ihren seelischen und moralischen Beistand angewiesen sei. »Ich wäre sehr glücklich, wenn ich einen solchen freundlichen Luftgeist borgen könnte (falls mir einige den Gefallen tun, hier über Hardwick zu schweben), und ein paar Flügel, damit ich Dir ab und zu einen Besuch abstatten kann.«[52]

The Sylph wurde nicht nur berühmt, sondern auch berüchtigt. Leser waren schockiert über die sexuelle Freizügigkeit und die dargestellte Gewalt. Das *Gentleman's Magazine* war entsetzt: Die anonyme Autorin, meinte man, verfüge über »zu große Kenntnisse über den *ton*, und über den schlimmsten Teil der Welt, auch wenn er vielleicht ganz oben liegt.« Mrs. Thrale, die Wortführerin des »Blaustrumpf-Zirkels«*, denunzierte das Buch als »obszönen Roman«.[53] Sie bezog sich auf Passagen wie die folgende, in der Lady Besford ihre Ansichten über die Ehe in einer atemberaubend zynischen Weise kundtut:

> Du nimmst doch nicht an, daß ich von meiner Ehe mehr habe als einen Titel, Stand und Freiheit, indem ich Lord Besfords Namen trage. Wir haben keine Auseinandersetzungen, weil wir uns selten sehen. Er geht seinen Vergnügungen auf seine Weise nach, ich auf die meine, und da wir gegensätzlich veranlagt sind, besteht keine Gefahr, daß sie sich gegenseitig beeinträchtigen ... Mein Lord hält sich seit dem Tag seiner Hochzeit eine Geliebte. Welches Gesetz verbietet einer Frau, das Gleiche zu tun? Heiraten ist eine notwendige Form des Tauschhandels und ein Bund zwischen Familien – das Herz wird nicht gefragt ...

The Sylph berührt viele Themen, nicht zuletzt die Einsamkeit in einer schlechten Ehe und die Verletzlichkeit der Frauen in einer Gesellschaft, die ihnen das Recht auf Gleichstellung verwehrt. Georgiana schrieb den Roman offensichtlich in Eile, und er läßt sich zum Beispiel mit Werken wie *Evelina* von Fanny Burney nur schwer vergleichen. Es ist der seltene Einblick in den *ton*, der *The Sylph* hauptsächlich auszeichnet. Georgiana beschreibt eine streitbare, unfreundliche Welt, die vorwiegend von Opportunisten, Lügnern und Tyrannen bevölkert ist, eine Welt, die zur Heuchelei ermutigt und Arglist gutheißt. Ihr entging nicht, daß auch sie ein Geschöpf dieser Welt war, selbst wenn sie sie haßte. Indem sie *The Sylph* veröffentlichte, erhob sie aber auch Anspruch auf ihre Unabhängigkeit.

---

* So nannte man einen Kreis von Frauen, die sich von damals üblichen Zerstreuungen wie dem Kartenspiel abwandten und sich seit 1750 regelmäßig informell (blaue Strümpfe galten als informelle Kleidung) trafen, um über Literatur und gelehrte Gegenstände zu sprechen.

Kapitel 4

Eine populäre Patriotin
1778–1781

*Samstag morgen zog die Bürgerwehr von Derbyshire
auf dem Weg nach Cox Heath durch die Stadt.
Der Herzog von Devonshire marschierte an der Spitze.
Das ganze Regiment wirkte sehr nobel, jeder regulären
Truppe ebenbürtig. Wenn die Bürgerwehren der anderen Grafschaften sich als ebenso gut erweisen, besteht
kein Zweifel, daß sie jeder Gewalt gewachsen sind, die
sich ihnen entgegenstellt. Die Herzogin von Devonshire
folgte dem Regiment, en militaire gekleidet und von
mehreren Teilnehmern eskortiert.*

LONDON CHRONICLE, *20.–23. JUNI 1778*

*An einem Tag in der vergangenen Woche erschien Ihre
Gnaden die Herzogin von Devonshire auf der Rednerbühne in Covent Garden. Als ersten begrüßte sie ihren
bevorzugten Kandidaten, den Ehrenwerten Charles Fox.*

MORNING POST, *25. SEPTEMBER 1780*

Georgianas politisches Erwachen fand in einem Katastrophenjahr für die Whigs statt. Die Unabhängigkeitserklärung vom 4. Juli 1776 proklamierte die amerikanischen Kolonien zu »freien und unabhängigen Staaten ... von jedem Treueeid gegenüber der britischen Krone entbun-den.« Die Whigs unterstützten die Kolonisten gegen die Regierung, aber ihre aufrüttelnden Reden über die Wahrung der Freiheit des Volkes hat-ten im Land keinen bleibenden Eindruck hinterlassen. Die Öffentlichkeit bestritt ihre Behauptung, daß die Regierung schuld sei, weil sie versucht habe, den Kolonisten ein ungerechtes Besteuerungssystem aufzuzwingen, und die Presse warf der Partei vor, sich auf die Seite der Feinde Großbritanniens zu schlagen und das Empire zu zerstören. Der Vorwurf war unfair, obwohl er ein Dilemma der Whigs berührte: Sie sahen den amerikanischen Konflikt durch die Brille der Westminster-Politik und betrachteten ihn als Teil der Auseinandersetzung zwischen Volk und Krone. Aus diesem Grunde hofften sie insgeheim, daß die Amerikaner siegten.

Im Februar 1778 trat Frankreich auf der Seite der Amerikaner in den Krieg ein und verwandelte, was bis dahin militärische Geplänkel in New England gewesen waren, in einen Krieg, der mehrere Kontinente überspannte. Großbritannien hatte nun an mehreren Fronten zu kämpfen. Durch diese neue Bedrohung erschüttert, hoffte der Premierminister Lord North das Kabinett zu stärken, wenn er Charles Fox und ein paar andere für sich gewänne, aber seine Annäherungsversuche wurden abgewiesen. Whigs und Abgeordnete der Regierung lieferten sich erbitterte Debatten im Parlament: Sie beschuldigten sich gegenseitig, die Interessen des Landes zu verraten. Der Eindruck einer Krise verschärfte sich im April durch den dramatischen Tod von William Pitt dem Älteren während einer Debatte im Oberhaus. Der ehemalige Premierminister, inzwischen Graf von Chatham, hatte sich vom Krankenbett erhoben, um seine Abschiedsrede zu halten. Er erschien, in schwarzen Samt gehüllt, und schleppte sich auf Krücken zu seinem alten Platz. Als Redner der Regierung argumentierte er, die Kapitulation vor den Amerikanern würde das Ende des Imperiums einläuten – des Imperiums, das er vor beinahe dreißig Jahren für England erobert hatte. Nur der Herzog von Richmond, ein Onkel von Fox und engagierter Whig-Politiker, wagte, dem von allen respektierten Staatsmann zu antworten. Man könne unmöglich an zwei Fronten kämpfen, gegen die Amerikaner und die Franzosen. Chatham erhob sich langsam und wollte antworten, brachte aber kein Wort heraus. Ein Schauer überlief seinen Körper, er faßte sich ans Herz und sank zu Boden. Für viele Parlamentsabgeordnete schien der Tod Chathams gerade in einem Augenblick, als er zu einer patriotischen Rede ansetzte, Britanniens nahenden Untergang zu symbolisieren.

Zwei Jahre lang hatte man im Land den Krieg aus der Ferne verfolgt, jetzt begann man die Truppen für eine bevorstehende Invasion Frankreichs zu mobilisieren. Als Vertreter der Krone in Derbyshire kehrte der

Herzog von Devonshire in sein Land zurück, um eine freiwillige Bürgerwehr zu organisieren. Die meisten Männer in geeigneter körperlicher
Verfassung waren bereits in der Armee oder in festen Arbeitsverhältnis-
sen. Was an Material für eine heimische Verteidigungsmacht zur Verfügung stand, machte keinen vielversprechenden Eindruck. Die Aristokratie ließ sich davon nicht beeindrucken, sie warfen sich mit geradezu
kindlichem Eifer auf die Aufgabe, ihre Truppen auszubilden. Viele erschienen mit stolzgeschwellter Brust zu den Geburtstagsfeierlichkeiten
des Königs am St. James's Palace.[1]

Aller Wahrscheinlichkeit nach würden die Franzosen London zu ih-
rem ersten Angriffsziel machen, und so errichtete die Regierung zwei
Heerlager zum Schutz der Stadt: Coxheath in Kent und Warley in Es-
sex. Die Schaulustigen strömten in Scharen zu den Lagern, weshalb ein
Fuhrunternehmen zwischen London und Coxheath eröffnet wurde.
Der *London Chronicle* berichtete, Coxheath erstrecke sich über drei
Meilen, halte 15.000 Männer und repräsentiere »die Blüte des Adels«.
Arbeiter errichteten einen Steinpavillon in Erwartung königlicher Besucher. Inzwischen »verlassen die Handelsleute der benachbarten Ort-
schaften ihre Stadthäuser und schlagen ihrerseits Lager an diversen im-
provisierten Straßen auf. Das Ganze wird sich zu einem beeindrucken-
den militärischen Spektakel auswachsen, wie es das Land noch nie
gesehen hat.«[2]

Georgiana begleitete den Herzog nach Coxheath, wo sich viele ihrer
Freunde zu ihnen gesellten. Sie war gefesselt von dem Spektakel Tausen-
der Männer bei Militärübungen. Sie ging hinter dem Herzog, als er sein
Regiment inspizierte, während sie sich vorzustellen versuchte, wie sie ein
Bataillon in blutiger Auseinandersetzung gegen die Eindringlinge tapfer
anführte. Obwohl Frauen im Feld gewöhnlich nicht toleriert wurden,
gaben die Offiziere ihrem Wunsch nach, sich an den Vorbereitungen zu
beteiligen. »Es gibt eine herrenlose Kompanie, von der die Soldaten sagen, sie sei meine«, vertraute sie ihrem Bruder an. »Ich habe vor, sie sehr
gut auszubilden.«[3] Der Herzog mietete in der Nähe ein großes Haus für
sie, aber sie überredete ihn, sie bei ihm im Lager wohnen zu lassen. Ihr
»Zelt« setzte sich aus mehreren Einzelzelten zusammen, die einen Ver-
bund aus Schlafquartieren, Räumen für Gäste und Bewirtung, Küchen
und einem Saal für die Bediensteten bildeten. Für Georgiana hatte Be-
reitsein nichts mit Enthaltsamkeit zu tun, und so schmückte sie ihre Be-

hausung mit Reisetischen, orientalischen Teppichen und silbernen Kandelabern aus Chatsworth. Trotz allem waren die Bedingungen im Lager aber primitiv und sanitäre Einrichtungen nicht vorhanden.

Ihre Briefe aus jenen Wochen sind gespickt mit Berichten über Manöver und Paraden. Im Mai schrieb sie an Lady Spencer:

> Ich stand sehr früh auf und begab mich ins Feld. Die Soldaten feuerten sehr gut, und ich hielt mich in der Nähe des Herzogs und Colonel Gladwins, die dicht genug standen, um das Schießpulver ins Gesicht zu bekommen. Mir wurde dieses Glück nicht zuteil. Nachdem die Schießübungen vorüber waren, salutierten sie vor Major Revel, der wegen seiner Gicht nicht laufen kann und auf einem Pferd saß, wie vor einem General. Der H. macht seine Sache recht gut ...[4]

Gegen Mitte Juni fühlte sich Georgiana dann nicht mehr so willkommen im Feld: Dem Herzog ging sie auf die Nerven, und für die Soldaten war der Reiz des Neuen vorüber. Sie hörte auf, in der Nähe der Waffen herumzuschlendern und gesellte sich zögernd zu ihren Freunden, die Kartennachmittage veranstalteten, Ausfahrten und ausgelassene Picknicks auf den Hügeln, von denen man das Lager überblicken konnte. Bei Tee und Kalbspastete mit Lady Melbourne und Mrs. Crewe entdeckte sie, daß die beiden sich ebenfalls langweilten und mehr tun wollten, als die Truppen einfach nur zu beobachten. Ihr kam der Gedanke, daß die Frauen zwar von den militärischen Aktivitäten ausgeschlossen waren, aber niemand sie davon abhalten konnte, ein zusätzliches weibliches Korps zu organisieren. Mühelos hatte sie bald eine schicke Uniform entworfen, die Männlichkeit und Eleganz vereinte, indem sie einen figurbetonten Reitermantel über ein enganliegendes Kleid zog. Im Juli informierte die *Morning Post* ihre Leser: »Ihre Gnaden die Herzogin von Devonshire erscheint Tag für Tag an der Spitze der reizvollen Amazonen von Coxheath, die alle *en militaire* gekleidet sind, in den Uniformen der verschiedenen Regimenter, denen ihre Lords etc. dienen. Sie entzückt jeden Betrachter mit ihrer Schönheit und Leutseligkeit.«[5] Sie setzte ihre Paraden den Sommer über fort und inspirierte die Frauen anderer Lager, ihrem Beispiel zu folgen. Die Markgräfin von Granby kaufte sich zur Hälfte in ein Schiff mit sechzehn Geschützen ein und ließ es nach sich umbenennen.[6]

Obwohl Georgiana und ihre Freundinnen wenig mehr taten, als sich Uniformen anzuziehen und unter den Truppen gute Laune zu verbreiten, brachen sie so doch mit der Tradition. Zum ersten Mal organisier-

ten sich Aristokratinnen als Freiwillige, übernahmen Pflichten, um ihre
Männer in Kriegszeiten zu unterstützen. Neben der Publizität, die sie
hervorriefen, befriedigten Georgiana insbesondere die Glückwünsche
der Whig-Granden. Ihre Idee, eine patriotische Uniform anzuziehen,
war ein Werbefeldzug für die Whigs, deren Popularität unter ihrer Opposition gegen den Krieg gelitten hatte. Die Presse hatte sie zu »Patrioten« im Sinne von Dr. Johnsons These gestempelt, daß Patriotismus die
letzte Zuflucht des Halunken sei. Georgianas zur Schau gestellter militä-
rischer Eifer half, die pro-amerikanische Stellung der Whigs zu mildern,
indem sie zeigte, daß sie wie jeder andere bereit waren, das Land zu verteidigen, wenn es in Gefahr geriet.

Georgiana sollte sich nur für kurze Zeit an ihrem Erfolg erfreuen können: Eines Tages entdeckte sie, daß der Herzog und Lady Jersey ihre Paraden dazu genutzt hatten, um sich gegenseitig in ihren Zelten zu besuchen. Vielleicht fühlte der Herzog sich vernachlässigt, oder er war eifersüchtig auf die Aufmerksamkeit, die Georgiana zuteil wurde, jedenfalls
unternahm er keinerlei Anstrengungen, seine Affäre geheimzuhalten.
Lady Jersey ging sogar noch weiter und prahlte mit ihrer Eroberung vor
Georgiana, die zu ängstlich und unerfahren war, um sich zu behaupten.[7]
Für Lady Jersey bedeuteten alle verheirateten Männer – abgesehen von
ihrem Ehemann, der doppelt so alt war wie sie – eine Herausforderung,
der sie nicht widerstehen konnte. (Als in der *Morning Post* ein gemeiner
Artikel über sie erschien, schockierte dies niemanden außer Lord Jersey.
Sie hielten sich zu dem Zeitpunkt zufällig auf Chatsworth auf, und alle
waren peinlich berührt, als er kundtat, er liebe seine Frau und würde
»der Welt zeigen, daß Du ihnen nicht glaubte.«)[8] Lady Jersey quälte die
Ehefrauen ihrer Eroberungen, und obwohl sie Georgiana mochte,
konnte sie dem Drang nicht widerstehen, ihre Freundin zu demütigen.
Laut Lady Clermont »fragte [sie] die Herzogin, ob sie ihr eine Schlaf-
statt [in Coxheath] zur Verfügung stellen könne, was jene mit Bedauern
ablehnte. ›Dann schlafe ich in Deinem Zimmer‹, meinte die andere. Sie
wird also im Haus sein. Schreibe um Himmels Willen an die Herzogin«,
bat sie Lady Spencer, »daß Du hoffst, ich weiß auch nicht was ...«[9]

Georgianas Schüchternheit bereitete ihrer Mutter Kopfzerbrechen –
obwohl sie verletzt und gekränkt war, hatte sie, so scheint es, zu keinem
von beiden etwas gesagt. Diesmal zeigte Lady Spencer ein gewisses Maß
an Einfühlsamkeit. Statt ihrer Tochter wie üblich Vorhaltungen zu ma-

chen, lobte sie sie und bemühte sich, ihr Selbstvertrauen zu stärken. »Dein Verhalten entspricht in jeder Hinsicht ganz den Erwartungen«, schrieb sie im Juli im Zusammenhang mit Georgianas Besuch im nahegelegenen Tunbridge Wells. Ein Lokalblatt hatte berichtet, daß sich die Stadtbewohner von den hochgestellten Herrschaften in Coxheath brüskiert fühlten, weshalb Georgiana zusammen mit Lady Clermont und Mrs. Crewe an einer Gesellschaft teilnahm, bei der sie vom Zeremonienmeister willkommen geheißen wurden und großen Beifall ernteten. »Ich habe allen Grund zu glauben«, fuhr Lady Spencer fort, »daß Du, wenn Du so fortfährst, wie Du begonnen hast, von allen, die Dir begegnen, nur Liebe und Bewunderung ernten wirst.«[*][10]

Es dauerte trotzdem nicht lange, bis die Schelte wieder einsetzte: »Ich vermute«, klagte sie im August, »du legst ... gegenüber den Männern um Dich herum wesentlich mehr Vertrautheit und Unbefangenheit an den Tag, als nötig und schicklich wäre.«[11] Wie gewöhnlich gab es für Lady Spencers Kritik einen Anlaß. »Ich glaube, die Herzogin von D. ist eines der liebenswertesten Geschöpfe der Welt«, schrieb Mrs. Montagu, nachdem sie ihr in Tunbridge Wells begegnet war. »Manieren und Angesicht sind geradezu engelsgleich, ihr Wesen ist absolut sanft, sie hat feine Gliedmaßen, ihre Reinheit des Herzens und ihre Unschuld könnten nicht größer sein.« Aber, fügte Mrs. Montagu hinzu, »da die Guten nichts Böses vermuten, wo nichts Böses in Erscheinung tritt, hält sie sich vom leichtsinnigen und unklugen Teil der Welt nicht in dem Maße fern, wie man wünschen würde.«[12]

Die Liaison zwischen Lady Jersey und dem Herzog war von kurzer Dauer. Georgiana hatte Glück, denn Lady Spencer befahl ein Ende der Affäre. Georgianas Zögern, sich einzuschalten, hatte sie verärgert, und so wandte sie sich an Lady Jersey, der sie vor Augen führte, mit welchen Konsequenzen sie zu rechnen hätte, wenn sie so weitermachen würde.[13] Außerdem gaben die Spencers dem Herzog zu verstehen, daß sein Verhalten sie entsetzte.

---

* Georgiana hatte von Anfang an gelernt, wie wichtig es war, sich »unters Volk zu mischen«, als der Herzog sie nach Derby schickte, und gute Beziehungen zu den Wählern zu knüpfen. Sie wußte außerdem, und das brauchten ihr die Cavendishs nicht zu sagen, daß ihr Verhalten politische Folgen hatte. Im Jahr davor schrieb sie aus Brighton: »Wir sind hier sehr beliebt, weil wir uns oft unter das Volk mischen, denn Lady Sefton und Mrs. Meynel begaben sich nie unter das Volk, bis wir kamen.«

Als der König und die Königin Coxheath am 4. November 1778 den
lang ersehnten offiziellen Besuch abstatteten, hatte sich Lady Jersey
schon einen neuen Liebhaber zugelegt. Es regnete an jenem Tag – »ohne Unterlaß«, klagte Georgiana –, und während der Herzog seine Soldaten vor dem König aufmarschieren ließ, führte Georgiana die Abordnung der Damen an, die bis zu den Knöcheln im Schlamm standen und
auf die Königin warteten. Georgianas Unwohlsein verschlimmerte ein
Zustand, den sie mit dem Begriff »der Prinz« umschrieb, eine allgemein
übliche Umschreibung der Menstruation. Obwohl wegen des Regens
ein erheblicher Teil der geplanten Manöver nicht stattfinden konnte,
wurde der Besuch in den Zeitungen als Erfolg verbucht. Georgiana zufolge sagte man dem Herzog von Devonshire nach, daß er »von allen am
besten salutierte.«[14] Dennoch konnte ihr Patriotismus die Devonshires
nicht dazu bewegen, den Winter in einem Schlammloch zu verbringen;
nach Beendigung des königlichen Besuches kehrten sie sofort nach Devonshire House zurück.

Georgianas Einsamkeit hatte sich nach dem Ehebruch ihres Mannes
noch verschlimmert. Sie trug ihre Überschwenglichkeit wie ein Schutz-
schild vor sich her, mit dem sie sich Menschen auf Distanz hielt. Öffentliche Veranstaltungen machten ihr nichts aus, aber traute *tête-à-têtes* bereiteten ihr Unbehagen, weshalb sie ihnen möglichst aus dem *Weg* ging.
Weil sie keinen Anstoß erregen wollte, konnte sie kaum eine Einladung
ablehnen. »Ich muß mit Lady Jersey dinieren«, schrieb Georgiana einige
Monate später an Lady Spencer. »Ich will Dir die Wahrheit sagen: Obwohl ich sie zärtlich liebe, fühle ich mich inzwischen in ihrer Nähe etwas
unbehaglich, und dadurch wird unser Beisammensein sehr oberflächlich.
Ich fühle mich mit ihr nicht wohl, und das kann ich ihr nicht sagen, et ma
bonhomie en souffre [und meine Gutmütigkeit leidet darunter].«[15] Obwohl sie litt, verhielt sie sich Lady Jersey gegenüber weiterhin, als ob
nichts geschehen wäre.

Andere Bewohner des Lagers hatten weniger Glück als Lady Jersey –
nicht alle kamen mit ihren Eskapaden so unbeschadet davon. Lady Melbourne wurde von Lord Egremont schwanger, während die Affäre von
Lady Clermont mit dem örtlichen Apotheker in einer heimlichen Abtreibung endete. Aber den höchsten Preis in gesellschaftlicher Hinsicht
zahlten Lady Derby und der Herzog von Dorset.[16] Lady Mary Coke sah
sie im Juni zusammen und verwünschte Lady Derbys Unbekümmert-

heit. Sie schrieb in ihr Tagebuch: »Lady Derby pflegt wie die Herzogin von Devonshire schlechte Beziehungen, und tut deshalb Dinge, die sie besser lassen sollte. Mir tut sie leid ...«[17] Ihre Intuition erwies sich als richtig. Im Dezember 1778 flüchtete Lady Derby aus dem Haus ihres Ehemannes, ihre Kinder und all ihr Hab und Gut zurücklassend. Es war ein öffentliches Geheimnis, daß sie beim Herzog von Dorset Zuflucht gefunden hatte. Mit ihrer Flucht brach sie eines der größten Tabus der Gesellschaft des achtzehnten Jahrhunderts, das der Heiligkeit der Familie und des Gehorsams einer Frau gegenüber ihrem Ehemann. Lady Mary Coke zufolge hatte sie »gegen weltliche und göttliche Gesetze aufbegehrt.«[18] Sie hörte, daß der Bruder von Lady Derby, der Herzog von Hamilton, versuchte, den Herzog von Dorset dazu zu zwingen, ein rechtsgültiges Papier zu unterschreiben, in dem er einer sofortigen Heirat zustimmte, sobald die Scheidung durchgesetzt war. Es gab noch mehr Gerüchte: Lady Derby war schwanger; der Herzog von Dorset hatte noch eine Geliebte geschwängert; jetzt war er wieder neu in jemanden verliebt. Im Februar, zwei Monate nachdem die Aufregung begonnen hatte, schrieb Lady Sarah Lennox an ihre Schwester:

> Man vermutet, daß der Herzog von Dorset Lady Derby heiraten wird, die sich aufs Land zurückgezogen hat und sich ruhig verhält. Es gibt eine Art Parteienbildung in der Stadt, wer sie besuchen soll und wer nicht, was einige Kabeleien hervorruft, als ob Wohl oder Wehe der armen Frau von ein paar Visitenkarten mehr oder weniger abhängen würde ... Ich habe gehört, daß sie sich nach wie vor sehr zu dem Herzog von Dorset hingezogen fühlt, und wenn dem so ist, kann sie sich meines Erachtens sehr glücklich schätzen, wenn eine kürzer werdende Besucherliste ihr einziges Mißgeschick bleibt. Bei dem Verlust ihrer Kinder, dem Leid wegen eines einzigen Fehlers, und der Angst, seiner Gefühle nicht mehr sicher sein zu können, finde ich, daß sie sehr zu bedauern ist.[19]

Die »Partei«, die sie besuchen ging, bestand mehr oder weniger aus der jüngeren Generation der Whigs – Lady Carlisle und Lady Jersey im besonderen. Georgiana befand sich im Zwiespalt zwischen ihren Freundinnen, die ihre Berühmtheit ausnutzen wollten, um sich selbst mehr Gewicht zu verschaffen, und ihren Eltern, die ihr jeden weiteren Umgang mit der unglücklichen Frau verboten. Alles wartete darauf, wie sich Georgiana entscheiden würde, so Lady Mary Coke, »aus Furcht, daß sie unter den Einfluß solcher schlechter Gesellschaft gerate.«[20]

Georgiana argumentierte, es wäre Heuchelei, sich von Lady Derby ab-
zuwenden. Den Zorn ihres Vaters fürchtend, bat sie Lady Spencer, ihm
nicht zu erzählen, daß man sie gebeten hatte, ihre Freundinnen zu begleiten:

> Ich bin zutiefst entsetzt über ihr Verbrechen, ich kann und will sie nicht
> entschuldigen. Aber ihr Verhalten war lange schon unklug, und trotz-
> dem habe ich in ihrem Hause gespeist und habe ich mich mit ihr auf je-
> de Art von Vergnügung eingelassen usw., und mir kommt es schockie-
> rend vor, daß ich das arme Wesen jetzt, wo sie Qualen leidet, jetzt, wo
> aller Prunk um sie herum zusammenbricht, vollständig im Stich lassen
> soll, als ob ich zu ihr sagen wollte, ich weiß, daß du schon früher unklug
> gehandelt hast, aber damals hattest du ein gastfreundliches Haus und
> großartige Dinners, und deshalb bin ich gekommen, aber jetzt, wo du
> das alles nicht mehr hast, wende ich mich von dir ab.[21]

Die Spencers teilten ihre Meinung nicht. Sie stellten Georgiana vor die
Wahl: Entweder ließ sie Lady Derby fallen, oder sie würden ihrer
Schwester Harriet nie wieder erlauben, sie in Devonshire House oder
Chatsworth zu besuchen. »Wenn Du für eine Person, mit der Du nie auf
gutem Fuß gestanden hast oder freundschaftlich verbunden warst, so viel
opfern willst«, schrieb Lady Spencer, »was wirst Du dann tun, wenn
Lady J. oder Lady M. genausoweit gehen werden (und sie sind nicht mehr
weit davon entfernt)?«[22] Georgiana kapitulierte, durchaus erleichtert,
weil sie sich nun mit gutem Grund von dem unangenehmen Gezänk im
Dunstkreis der Affäre fernhalten konnte. Lady Carlisle hatte eine Einladung zu einer Party verteilt, an der auch Lady Derby teilnehmen würde,
um die Loyalität ihrer Freunde zu testen. Vier Monate lang dachte die
Gesellschaft an nichts anderes. Dann, im April, verkündete Lord Derby,
daß er sich nicht von seiner Frau scheiden lassen werde. Mit seiner Weigerung rächte er sich auf eine fürchterliche Art und Weise – eine Ehefrau hatte so gut wie keine Möglichkeiten, sich von ihrem Mann scheiden zu lassen, es sei denn, die Ehe war nicht vollzogen worden. Er übergab seine Frau damit in eine gesellschaftliche Vorhölle, entehrt,
ausgeschlossen und ungeschützt. Nur die Heirat mit dem Herzog von
Dorset hätte sie rehabilitieren können. Ihre Beziehung überlebte den
Druck der Verbannung nicht, und so erfüllte sich Lady Sarah Lennox'
Vorhersage. Zwei Jahre später berichtete Lady Mary Coke von einem
Gerücht, Lady Derby sei nach Italien abgereist, zusammen mit einem

gewissen Lord Jocelyn, womit sich völlig bestätige, schrieb sie boshaft, was sie immer von ihr gehalten habe.[23]

Der Ruf des Herzogs von Dorset erlitt keinen Schaden. Er hatte die Frau eines anderen Mannes verführt, weswegen viele Leute von nun an sein Verhalten mißtrauisch beobachteten, eine Veranlassung, ihn aus der Gesellschaft auszustoßen, bestand jedoch nicht. Er blieb sogar weiterhin mit Lord Derby befreundet und wurde in sein Haus eingeladen. Die Derby-Affäre illustriert einen Kodex, den Georgiana in *The Sylph* anspricht: Im achtzehnten Jahrhundert wurde alles toleriert, solange kein Skandal entstand. Unmoralisches Verhalten in der Öffentlichkeit wurde öffentlich getadelt; über private Vergehen wurde heimlich getuschelt. Mit den Worten von Lady Spencer: Lady Derby hatte »die Welt mit ihrer Unsittlichkeit beleidigt.«[24]

Im Juli 1779, nachdem die Saison beendet war, fuhr Georgiana mit ihren Eltern nach Spa. Der Herzog machte militärische Pflichten geltend und verbrachte den Sommer im Lager, wo er mit seinen Soldaten Marschieren übte. Die englischen und französischen Adeligen in Spa benahmen sich, als ob zwischen beiden Ländern nach wie vor Frieden herrschte. Gute Erziehung und feine Manieren waren stärker als kriegerische Absichten. Madame de Polignac hatte auf Georgianas Ankunft gewartet, und sie verbrachten die Ferien gemeinsam, wanderten Arm in Arm durch die Wälder, die das Dorf umringten. Ihre Freundschaft war so unübersehbar, daß sie die Aufmerksamkeit der englischen Presse auf sich zog. Der *Morning Herald and Daily Advertiser* berichtete: »Die derzeitige Favoritin der französischen Königin ist Madame Polignac, eine große Liebhaberin der Engländer und insbesondere Bewunderin Ihrer Gnaden der Herzogin von Devonshire ...«[25]

Bei ihrer Rückkehr nach England im September erlebte Georgiana ihre erste Schlacht. Sie fuhren im Konvoi aus zwei Postschiffen, zum Schutz eskortiert von einer Schaluppe, *The Fly*. In der Morgendämmerung des 14. September griffen französische Freibeuter ihr Schiff an. *The Fly* drängte sich dazwischen, um die französischen Schiffe in Schach zu halten, und verhalf so den Postschiffen zur Flucht. Obwohl Captain Garner nur über vierzehn Geschütze verfügte, kämpfte er über zwei Stunden, bis beide Seiten zu erschöpft waren, um weiterzumachen. Dem angeschlagenen Schiff gelang es, seine verängstigten Begleiter einzuholen und die Segel wieder Richtung England zu setzen. Captain Garner

wurde zum Helden, und die Presse nutzte das Abenteuer für willkommene Propaganda.[26] Spanien erklärte England ebenfalls den Krieg. Das
Land kämpfte jetzt gegen ein Dreierbündnis.

Als sich Georgiana im Oktober 1779 im Lager wieder dem Herzog
anschloß, entsetzte sie die mangelhafte Moral der Soldaten und die Lethargie ihre Führer. Die vereinten französischen und spanischen Flotten
waren im Kanal gesichtet worden, die Regierung rechnete jeden Tag mit
dem Einfall der Truppen.

> Lord Cholmondeley und Kolonel Dalrymple sind am 7. hier aus Ply-
> mouth eingetroffen – mit einem schrecklichen Bericht über den wehrlo-
> sen Zustand des Lagers und die Gefahr, die daher rührt, daß die Trup-
> pen ihr Lager auf der Mount-Edgcumb-Seite der Bucht aufgeschlagen
> haben. Falls der Feind landete, würden sie alle von den Eindringlingen
> vernichtet oder bei dem Versuch zu fliehen ertrinken. Sie sagen, den
> Truppen fehle jeder Elan und sie setzten kaum Hoffnung in sich selbst,
> und der Herzog von Rutland meint, er könne sich glücklich schätzen,
> wenn er mit dem Verlust eines Armes oder Beines davonkomme.[27]

Entschlossen, zu bleiben und den Kampf mit anzusehen, schrieb sie ihrer
Mutter: »Ich glaube schon, daß es eine Invasion geben wird und ich mir
etwas davon ansehen sollte, um die außergewöhnlichen Erfahrungen zu
vervollständigen, die mir dieses Jahr zuteil wurden.«[28] Aber das Lager
hatte sich für eine Invasion gerüstet, die nie stattfinden sollte. Die Spannung entlud sich in Trinkgelagen und Orgien, die nach Einbruch der
Dunkelheit stattfanden. In einer der durchzechten Nächte brannten die
Stallungen ab, und sechs Pferde kamen in den Flammen um.

Georgiana hatte bald genug vom Lagerleben. Inzwischen entging ihr
nicht mehr, wie kriecherisch sich einige ihrer Freundinnen ihr gegenüber
verhielten. Mrs. Crewe, so klagte sie, tätschelte sie unablässig. Lady
Frances Masham, bemerkte sie, »redet immer mit mir, als ob ich meine
fünf Sinne nicht ganz so beieinander hätte wie andere Leute.«[29] Sie kehrte ohne den Herzog nach Devonshire House zurück. Ihre Abreise verärgerte die Cavendishs, die meinten, sie hätte kein Recht, allein irgendwo
hinzugehen, bevor sie nicht einen Erben geboren hätte. »Ich traf die
Herzogin in der Stadt an«, schrieb Lord Frederick Cavendish am 11. November 1779 an Lady Spencer. »Ihre Gnaden haben nie besser ausgese-
hen, [aber] sie jammert, sie sei fett geworden. Offen gestanden hat sie
wohl etwas zugenommen, aber leider ohne erfreulichen Anlaß.«[30]

Aus Furcht, sie würde nie ein Kind bekommen, notierte Georgiana jede Veränderung ihres Menstruationszyklus mit pedantischer Genauigkeit. »Der Prinz ist noch nicht da«, schrieb sie ihrer Mutter im Oktober, »aber meine Schmerzen sind regelmäßig, und ich trinke weiter Wasser aus Spa.«[31] Nach fünfeinhalb Jahren Ehe wünschte sie sich so sehnlichst, schwanger zu werden, daß sie den berüchtigten Quacksalber Dr. James Graham aufsuchte. Lady Spencer war bestürzt. »Ich bitte Dich inständig, nimm keins von den Medikamenten, die Dir Dr. Graham verordnet«, schrieb sie eindringlich, »konsultiere statt dessen Warren.«[32] Graham wendete Elektrizität, Milchbäder und Massagen an, um die Fruchtbarkeit bei Frauen anzuregen und Impotenz bei Männer zu heilen. Lady Spencer konnte er nicht beeindrucken, aber die Gesellschaft hatte ihn akzeptiert, und Graham verdiente genügend Geld, um im Adelphi-Theater zu praktizieren, wo verzweifelte Frauen vor seinem »Tempel der Gesundheit und der Ehe« Schlange standen. »Lady Carlisle hat sich die elektrische Maschine im Adelphi angesehen«, schrieb Miss Lloyd an Lady Stafford. »[Sie bietet] einen äußerst seltsamen Anblick, und er ist ein absolut wunderbarer Mann. Sie und ich sind uns einig, daß er Dir vielleicht helfen kann.«[*][33] Georgiana suchte ihn ein paar Monate lang auf, hörte dann aber plötzlich damit auf. Ihr Wunsch nach einem Kind war erfüllt worden, nur war das Kind nicht von ihr: Der Herzog hatte sie gebeten, seine Tochter Charlotte von seiner verstorbenen Geliebten zu adoptieren.[34]

Charlotte Spencer war bis mindestens 1778 seine Geliebte gewesen, was aber dann aus ihr wurde, bleibt ein Rätsel. Bekannt ist nur, daß sie kurz darauf starb. Wie Georgiana über die Situation dachte, ist nicht überliefert – mit ziemlicher Sicherheit wußte sie von der Beziehung: Das *Bon Ton Magazine* und das *Town and Country Magazine* hatten davon be-

---

* Unter gebildeten Menschen galt der Doktor als Scharlatan und seine Patienten als mitleiderregende Leichtgläubige, aber das konnte sie nicht davon abhalten, bei ihm Hilfe zu suchen. Unfruchtbare Paare zahlten den unverschämten Preis von 50 Pfund, um sich auf dem »elektromagnetischen Bett« in seiner »himmlischen Kammer« zu den Weisen eines Orchesters, das draußen spielte, zu lieben, während ein Druckzylinder »magnetisches Feuer« ins Zimmer pumpte. Empfohlen wurde außerdem, von Dr. Grahams patentiertem Elixier zu trinken, das eine Guinee pro Flasche kostete. Der Morning Herald and Daily Advertiser startete eine erfolgreiche Kampagne gegen Graham, in der sowohl er als auch seine Klienten angeprangert wurden, so daß er im Jahre 1782 schließlich bankrott ging.

richtet. Letztere hielten es für »das größte Paradox«, daß der Herzog der einzige Mann im Land sein mußte, der nicht in die Herzogin von Devonshire verliebt war. Nach dem Tod von Charlotte ließ der Herzog seine Tochter und ihre Amme, Mrs. Gardner, zu sich holen. Unter den Familien des Adels war es nicht ungewöhnlich, daß die Ehefrau die unehelichen Kinder ihres Mannes aufzog. Georgiana entzückte die Aussicht, das Mädchen zu adoptieren. Sie begegnete ihr am 8. Mai 1780 zum ersten Mal und berichtete ihrer Mutter:

> Sie ist ein sehr gesundes und fröhliches Kind, nicht sehr groß. Sie hat erstaunlich viel Ähnlichkeit mit dem Herzog, ich bin sicher, ich hätte sie überall erkannt. So ein gutmütiges Ding haben Sie noch nie gesehen, sehr aktiv und sehr lebhaft, sie kommt mir sehr liebevoll vor und scheint Mrs. Gardner äußerst zugetan. Sie hat keine guten Zähne und häufig Zahnschmerzen, aber ich schätze, das hat nicht viel zu sagen, weil ihr der Zahnwechsel noch bevorsteht, und sie ist das nervöseste kleine Ding auf der Welt, vor Aufregung, hierher zu kommen, haben ihre Hände so gezittert, daß sie sich bis heute noch nicht wieder erholt haben.[35]

Der Herzog, schrieb Georgiana, war ebenfalls »sehr zufrieden« mit dem kleinen Mädchen. Lady Spencer verblüffte die Erregung ihrer Tochter. »Ich hoffe, Du hast nicht mit den Leuten über sie geredet«, warnte sie, »denn dann seid Ihr, der Herzog und Du, nicht mehr frei in euren Entscheidungen, wie es mit ihr weitergehen soll.« Georgiana, glaubte sie, habe sich dem Herzog gegenüber falsch verhalten. Besser wäre gewesen, sie hätte sich dem Kind gegenüber neutral gezeigt.[36] Georgiana ignorierte ihren Rat. Die kleine Charlotte war das einzige, was sie hatte, dem sie ganz allein ihre Liebe schenken konnte, und ihre Herkunft kümmerte sie nicht. Ihre Spielleidenschaft hatte jedoch vor Charlottes Ankunft wieder erheblich größeren Umfang angenommen und blieb auch danach auf demselben Niveau. »Du sagst, daß Du Sonntag bis zwei gespielt hast«, schrieb Lady Spencer besorgt. »Was hast Du getan? Ich hoffe, mit der schönen Herzogin, die am Spieltisch 2.000 Pfund verloren hat, bist nicht Du gemeint. Ich bitte Dich eindringlich, meine liebste G., nimm Dich beim Spielen in acht … und verdiene Dir, woran ich inzwischen zweifle, ob Du es verdienst oder nicht, das Idol meines Herzens zu sein.«[37]

Charlotte hatte keinen Nachnamen, aber Georgiana widersetzte sich jeder Maßnahme, die das Kind auf seine illegitime Herkunft aufmerksam machen könnte. »Es ist uns noch nicht gelungen, uns auf einen Namen zu einigen«, schrieb sie an Lady Spencer, »aber ich denke, es wird auf William ohne das S hinauslaufen, falls das nicht zu seltsam aussieht.«[38] Üblicherweise nahm man den Vornamen des Vaters oder, falls er mehrere Titel hatte, einen der untergeordneten anstelle eines Nachnamens. Nach ausführlichen Diskussionen einigten sie sich dann doch auf Williams und beschlossen, Charlotte als entfernte, verwaiste Verwandte der Spencers vorzustellen.

In der Zwischenzeit verlobten sich George und auch Harriet. Der zweiundzwanzigjährige George gestand, daß er »von Sinnen« sei wegen einer gewissen Lady Lavinia Bingham.[39] Obwohl Lavinia weder über eigenes Geld verfügte, noch aus einer besonders angesehenen Familie stammte – ihr Vater, Lord Lucan, war nur ein einfacher irischer Peer – hatten die Spencers nichts gegen die Verbindung einzuwenden. Auf den ersten Blick schien sie eine gute Wahl. Sie war im herkömmlichen Sinne hübsch, mit blauen Augen und blondem Haar, wortgewandt, intelligent und legte großen Wert auf Schicklichkeit, womit sie Lady Spencers Beifall fand. Ihre weniger attraktiven Züge wurden erst spät enthüllt: Sie war launisch, rachsüchtig und eine unbekümmerte Lügnerin, die sich zum Schein ihren Schwiegereltern gegenüber unterwürfig gab, während sie sie im Gespräch mit anderen in aller Offenheit beleidigte. Sie war außerdem notorisch eifersüchtig auf alles, was Georges Aufmerksamkeit von ihr ablenkte, und konnte Georgiana und Harriet nicht leiden. Georgiana versuchte, ihren Argwohn zu verbergen, obwohl sie Lavinias Abneigung spürte. »Mein liebster, liebster, liebster Bruder«, schrieb sie am 9. Mai 1780, nachdem die Verlobung bekanntgegeben worden war. »Das Glück, wenn auch nicht leicht zu haben, steht für Dich bereit. Möge jede Stunde, jede Minute Deines Lebens von Glück erfüllt sein, dies ist der aufrechte und glühende Wunsch meines Herzens, denn es liebt Dich inniglich, auf zweierlei Weise, als Freund und als Bruder.«[40]

Harriet verlobte sich zwei Monate später, im Juli. Mit ihren neunzehn Jahren war sie attraktiv, groß wie Georgiana, schlank, ein Abbild Lord Spencers mit dunklen Augenbrauen und heller Haut. Sie war ruhiger als ihre Schwester, analytischer, und neigte weniger dazu, sich in Phantasien zu flüchten. Und sie verehrte Georgiana noch immer mit einer Hingabe, die an Besessenheit grenzte. Bei den meisten Menschen schnitt sie im Vergleich mit Georgiana schlechter ab – seit ihrer Kindheit hatte Harriet wenig getan, um dieses Urteil zu korrigieren. Für sich genommen, bewies Harriet mit jeder Faser die Einzigartigkeit ihrer Persönlichkeit: Sie war leidenschaftlich, verletzlich, witzig und intuitiv. »Unauffällig« war Harriet keineswegs, sie besaß ein großes Talent für Sprache und schrieb hervorragende Briefe. Georgiana hatte die Ablehnung der Eltern gegen ihre Schwester nie geteilt, und jetzt half sie der vernachlässigten Schwester durch ihre Zuneigung, daß man sie in einem neuen, bezaubernden Licht sah. Der *Morning Herald and Daily Advertiser* schrieb treffend über Harriet, daß sie »niemals vorteilhafter in Erscheinung getreten ist als am Donnerstag in der Oper. Ohne von den guten Gaben Ihrer Ladyschaft ablenken zu wollen, mag man diesen Effekt teilweise dem Vergleich anlasten – ihre Schwester, die Herzogin, war *nicht* dabei.«[41]

Ihre Wahl fiel auf den Vetter des Herzogs von Devonshire, Frederick, Lord Duncannon, den ältesten Sohn des Grafen von Bessborough. Sie erklärte ihren Freundinnen, er sei »sehr sensibel und gutmütig, und wenn sie ihn heiratete, würde sie keine neuen Verbindungen knüpfen, denn von nun an hätten ihre Schwester und sie die gleichen.«[42] Georgiana überraschte die Wahl ihrer Schwester ein wenig. Obwohl die Cavendishs die Verbindung sehr gefördert hatten, hatte sie nicht geglaubt, daß Harriet sich zu einem Mann wie ihm hingezogen fühlen könnte. Er war ruhig, sah nicht besonders gut aus und war nicht einmal finanziell abgesichert – man sagte seinem Vater nach, er habe sein gesamtes Vermögen verpfändet. Harriet gestand ihrer Cousine, daß der Antrag sie überrascht habe; sie habe »von [seinen Absichten] nicht die leisteste Ahnung gehabt, bis Papa es mir sagte, denn aus Deinen Briefen hatte ich geschlossen, er wäre lediglich wegen Miss Thynn im St. James's Palace erschienen.«[43] Sie fügte traurig hinzu:

> Ich wünschte, ich hätte ihn erst etwas besser kennenlernen können, aber mein lieber Papa und Mama sagen, es würde sie zu den glücklichsten Menschen machen, und was würde ich nicht tun, um sie glücklich zu machen, sicher zu sein, daß es keine angenehmere Verbindung geben kann ... Wenn man einen Kameraden für's Leben (wie entsetzlich das klingt) suchen muß, sollte man den Blick auf das Innere, und nicht auf das Äußere richten, und ich glaube, nach allem, was ich über ihn gehört habe, und wegen der großen Zuneigung, die er für mich zu hegen bekennt, ist meine Chance, mit ihm einigermaßen glücklich zu werden, größer als bei den meisten Personen, die ich kenne. Aber es

gibt ein paar Dinge, die mich furchtbar ängstigen, er ist so ernst, und ich bin so ungeheuer flatterhaft ... Ich will Dich mit meinen Klageliedern nicht weiter plagen, denn ich bin sehr bedrückt, bitte schreibe mir doch.[44]

Lord und Lady Spencer befürworteten die Heirat wegen der Cavendish-Verbindung und beeinflußten Harriet möglicherweise mehr, als ihnen bewußt war, aber sie sorgten sich auch um die finanzielle Situation des Paares. Harriets Mitgift von 20.000 Pfund fiel der Bezahlung der 30.000 Pfund Schulden von Lord Bessborough zum Opfer. Ihr würden nicht mehr als 400 Pfund Taschengeld und ein gemeinsames Einkommen mit ihrem Mann in Höhe von 2.000 Pfund im Jahr verbleiben.[45] Lady Spencer bedrängte Georgiana, ihrer beeinflußbaren Schwester keine schlechten Gewohnheiten beizubringen und sie vor allem von der Devonshire Clique fernzuhalten. »Ich muß Ihnen sicher nicht verdeutlichen, daß ich alles tun würde (falls dies passieren sollte), um zu verhindern, daß sie sich Extravaganzen oder Ausschweifungen hingibt«, versprach diese.[46]

Georgiana vertraute darauf, daß sie Harriet mühelos schützen könne, wenn es ihr erst gelänge, ihr eigenes Leben zu ändern. Seit ihrer Rückkehr aus Coxheath hatte sie sich bemüht, Fox und die anderen führenden Köpfe der Whigs mit ihrem politischen Verstand zu beeindrucken. Sie verfolgte die Debatten im Parlament und ließ keine Gelegenheit aus, bei Dinner-Partys über deren Folgen zu diskutieren. Vor gar nicht langer Zeit hatten die Leute sie als Novizin beschrieben. »Ich hege außerdem einige Hoffnungen, daß sie sich auch der Politik zuwenden wird«, bemerkte eine Freundin der Familie im Jahre 1775, »denn sie schilderte mir einige Reden im Oberhaus. Lord Grove habe eine merkwürdige Rede gehalten, und der Bischof von Peterborough eine erstaunlich gute, nur, sagte sie, habe er ein bißchen zu sehr gepredigt.« Nachdenklich fügte die Freundin hinzu: »Sie muß das alles vom Herzog gehört haben.«[47] Zu diesem Zeitpunkt stimmte das zweifellos, aber bald war sie gut genug informiert, um sich ihre eigenen Ansichten über politische Debatten bilden zu können. Sie hatte außerdem ihre Fähigkeiten als politische Gastgeberin vervollkommnet. Ihre Abendveranstaltungen dienten einem guten Zweck: Unentschlossene wurden bei der Stange gehalten und Anhänger belohnt. Auch hatte sie gelernt, wie man sich Informationen verschaffte, ohne im Gegenzug Geheimnisse auszuplaudern. Sie wußte, wann sie informiert und wann unwissend auftreten mußte.

Georgiana erfaßte schnell die kleinen Dinge des parteipolitischen Geschäfts. Für Außenstehende war das Unterhaus ein unvollkommen ausgebildetes System zeitweiliger Splittergruppen und Allianzen. In Wahrheit konnte man die 558 Abgeordneten grob in drei Gruppen unterteilen: Die größte, mit ungefähr 185 Mitgliedern, bestand aus jenen Abgeordneten, die den Premierminister Lord North unterstützten, dann kamen jene, die hinter Charles James Fox und den übrigen Whigs standen, und schließlich jene, die sich gern als Freidenker verstanden, über jede Form von Parteipolitik erhaben. Das Oberhaus, in dem Aristokraten mit Titel, die Peers, saßen, war viel kleiner und einfacher. Es gab nur 150 Peers, die sich aus Lords, Viscounts, Markgrafen und Herzögen zusammensetzten. In der Mehrzahl standen sie absolut loyal hinter dem König, weshalb man sie »Freunde des Königs« nannte. Die Whigs waren sowohl im Oberhaus als auch im Unterhaus zahlenmäßig unterlegen, aber im Unterschied zum Unterhaus, wo man durch Wahlen das Gleichgewicht verschieben konnte, saßen die Peers ein Leben lang im Oberhaus, weshalb die Whig-Partei kaum auf den Durchbruch hoffen konnte.

Obwohl sie sich in der Minderheit befanden und häufig ausmanövriert wurden, gaben die Whigs niemals auf, im Parlament ein Bild tapferen Widerstandes zu bieten. In der Hauptsache richteten sich ihre Angriffe gegen Georg III. und seinen Premierminister Lord North, die den Einfluß der Krone auf Kosten der bürgerlichen Freiheiten zu stärken versuchten. Sie bedienten sich des amerikanischen Unabhängigkeitskrieges, um den Despotismus des Königs zu beweisen. Während sie selbst, so die Whigs, an ein Zweikammersystem glaubten, in dem sich die Kammern gegenseitig die Balance hielten – wie das heutige amerikanische Repräsentantenhaus und der Senat – und außerdem die Macht des Königs kontrollierten, sei Georg III., so argumentierten sie, nur daran interessiert, mit Hilfe seiner Kumpanen zu regieren, und respektiere das Unterhaus als Institution nicht. Die Whigs stellten sich gern als politische Märtyrer dar, im Lande beliebt (was sie nicht waren), aber wegen der Abneigung des Königs aus der Regierung ausgeschlossen.

Georgiana glaubte inbrünstig daran, selbst wenn einige Mitglieder der Opposition das eher zynisch sahen. Die Farben der Whigs, Blau und Gelbbraun (von den Farben der amerikanischen Armee übernommen), trug sie aus Überzeugung und erwartete von ihren Freundinnen das gleiche. Ihr ehrlicher Glaube machte es ihr möglich, weiterhin die Uniformen zu tragen und das Frauenhilfskorps in Coxheath zu führen, ohne belächelt zu werden. Sie gehörte zu den bekanntesten Repräsentanten der Partei. Fox hatte als erster ihr Talent für Öffentlichkeitsarbeit erkannt – beide verfügten über ein Gespür für die öffentlichkeitswirksamen Aspekte der Politik. Sie erkannten beispielsweise, welchen Wert Symbole hatten, wie man die Moral heben oder senken konnte, wenn man Unterstützung annahm oder ablehnte.

Fox ermutigte Georgiana, eine größere politische Aufgabe anzunehmen und zu helfen, die Präsenz der Partei in der Öffentlichkeit zu stärken. Das führte dazu, daß sie im Januar 1780 nicht zur jährlichen Geburtstagsfeier der Königin erschien. Gesellschaft und Presse machten Bemerkungen über ihre Abwesenheit. Zum ersten Mal hatte sie sich dem Hofe ferngehalten, was die Leute als Zeichen der Hoffnung der Whigs interpretierten, sie könnten Lord North stürzen. Als das Parlament sich am 8. Februar wieder versammelte, beutelten diverse Krisen die Regierung. Der Krieg lief schlecht, es gab Unruhen in Irland, und die Angst breitete sich aus, die Iren könnten dem Beispiel Amerikas folgen und ihre Unabhängigkeit erklären. Auch zu Hause wuchs die Unzufriedenheit, von den Whigs geschürt, und zu Hunderten trafen aus dem ganzen Land Petitionen ein, die eine demokratische Reform des parlamentarischen Systems forderten.

Die Sitzungsperiode begann einigermaßen vielversprechend. Von den Whigs angespornt, hielt der Herzog von Devonshire am 17. März endlich seine Jungfernrede im Oberhaus. Edmund Burke beglückwünschte Georgiana und sagte, eher hoffend als überzeugt: »Aus Gewohnheit weiter zu einem interessanten Thema zu schweigen, wird ihm künftig unangenehmer werden, als das Wort zu ergreifen.«[48] Am 6. April 1780 überfielen die Whigs Lord North mit einer überraschenden Resolution. John Dunning, ein Rechtsanwalt und Abgeordneter, der seine rhetorischen Fähigkeiten bei den Inns of Court, den Advokatenvereinigungen, ausgefeilt hatte, erhob sich zu einer Rede. Mit klarer und präziser Logik stellte er dar, daß über 100.000 Leute Petitionen eingereicht hätten, um einen Wechsel im Parlament herbeizuführen, und die Regierung diese Petitionen lediglich zerknüllt habe. Er legte eine dramatische Pause ein, hielt das Haus in gespannter Erwartung, bis er, die Stimme zu einem Crescendo erhebend, folgende Forderung vorbrachte: »Der Einfluß der Krone ist größer geworden, wird immer größer, und sollte verringert werden.« Das Haus war elektrisiert. Abgeord-

nete sprangen von ihren Sitzen und wedelten mit ihren Papieren. Die
Stimmen standen 233 zu 215 für die Resolution. Westminster befand
sich im Chaos, und die Regierung in Verwirrung.

North wollte spontan sein Amt niederlegen, aber Georg III. bestand
darauf, daß er blieb. Der Vorsitzende wurde krank und hielt so das Unterhaus eine Woche lang davon ab zusammenzukommen, und Georgiana fürchtete, die Verzögerung könnte Stimmen kosten. »Lord Westmor-
land hat mir jedenfalls gesagt, daß er am Dienstag für North stimmen
würde«, notierte sie.[49] Als das Unterhaus wieder zusammentraf, bestätigte sich ihre Vorahnung. Die unabhängigen Abgeordneten stimmten
mit der Regierung gegen die Resolution. »Leider wurden wir gestern im
Unterhaus geschlagen«, informierte Georgiana Lady Spencer, »die Re-
gierungsanhänger sind alle bester Laune.«[50]

Wenige Wochen später berichtete sie: »Im Unterhaus sind wir wirklich miserabel vorangekommen.«[51] Ihr Freund Lord Camden pflichtete
ihr bei: »Unsere allgemeinen Anstrengungen schwinden dahin, und das
Land kehrt in seinen alten Zustand lauwarmer Gleichgültigkeit zurück,
die Minorität im Unterhaus wird von Tag zu Tag weniger, und die Opposition befindet sich im Widerspruch zu sich selbst.«[52] Eine gute Nachricht gab es dennoch. Der achtzehnjährige Prinz von Wales, der künftige
Georg IV., hatte sich mit den Whigs verbündet. Die Unterstützung des
Thronfolgers enthob sie des Vorwurfs der Unloyalität gegenüber der
Krone, somit hatten sie es leichter, den König zu attackieren.

Indem er die Whigs gegen seinen Vater unterstützte, folgte der Prinz
einer alten Tradition der Hannoveraner. Seit Georg I. hatten sich Vater
und Sohn gehaßt. Jeder nachfolgende Prinz von Wales hatte sich mit der
Opposition verbündet, und der künftige Georg IV. unterschied sich
nicht von seinen Vorfahren. Er fürchtete und verabscheute seine Eltern,
die ihn ihrerseits wegen Schwäche, Falschheit und Faulheit verachteten.
Georgiana notierte ihren ersten Eindruck von ihm in einem Notizbuch,
dem sie den Titel »Anekdoten in betreff Seiner Königlichen Hoheit des
Prinzen von Wales« gab. Da sie wußte, daß ihre Aufzeichnungen nur
von künftigen Generationen gelesen würden, tat sie ihre Meinung über
ihn freizügig kund:

> Der Prinz von Wales ist recht groß, und seine Figur ist zwar beein-
> druckend, aber nicht perfekt. Er neigt zu Fettleibigkeit und sieht zu
> sehr nach einer Frau in Männerkleidern aus, aber seine hoheitsvollen

Manieren und seine Größe machen ihn dennoch zu einer angeneh-
men Erscheinung. Sein Gesicht ist sehr hübsch, und er liebt schöne
Kleider bis an die Grenzen zum Tand, was sich bei seiner Jugend sicher bald verlieren wird. Seine Erscheinung, seine Kleidung und die
Bewunderung, die ihm zuteil wird, … sind alles, womit er sich in Gedanken beschäftigt. Er ist gutmütig und ziemlich extravagant, … aber
es fehlt ihm sicher nicht an Intelligenz, und seine Witze zeigen
manchmal einen Anflug von Geist. Anscheinend hat er eine Neigung,
in der Politik mitzumischen – er liebt es, seinen Einfluß geltend zu
machen, und ob es sich um Staatsintrigen oder Ritterlichkeit handelt,
häufig vermutet er mehr hinter den Dingen, als in Wirklichkeit da
ist.[53]

Er war klug, belesen und verfügte über einen ausgezeichneten Kunstge-
schmack, aber ihm fehlte jede Selbsteinschätzung. Auf Anordnung des
Königs war der Prinz isoliert von Gleichaltrigen unter der Obhut ver-
trockneter alter Männer aufgewachsen, die dafür sorgten, daß er unablässig lobenswerten Beschäftigungen nachging. Aber statt eines Musters
an Tugendhaftigkeit hatte die strenge und freudlose Erziehung aus dem
Prinzen einen eitlen, reizbaren Menschen gemacht, der ständig um Aufmerksamkeit kämpfte. So früh er konnte, rebellierte er gegen alles, was
man ihn gelehrt hatte. Der König lockerte den *cordon sanitaire* um den
Prinzen ein wenig, als jener achtzehn Jahre alt wurde, und veranstaltete
ein paar private Bälle für ihn, »von denen ich und viele andere verbannt
waren«, schrieb Georgiana, »denn Personen der Gegenpartei wurden
nicht geladen« – wodurch er den Drang seines Sohnes, sich unter Menschen zu mischen, die seinen Eltern nicht genehm waren, nur verstärkte.

»Da er nur heimlich oder aber in Begleitung des Königs und der Königin ausging«, berichtete sie außerdem, »knüpfte er selten Verbindungen
zu Frauen, die nicht in der Stadt lebten.« Bei seinem ersten Theaterbesuch im Jahre 1779 sah er *Ein Wintermärchen* in der Drury Lane und verliebte sich augenblicklich in die einundzwanzigjährige Schauspielerin
Mary Robinson, die Georgiana protegierte. Die Schauspielerin ließ sich
entzückt auf eine sehr öffentliche Affäre mit ihm ein und schreckte nicht
davor zurück, mit einem Plagiat seines Wappens – drei Federn – auf ihrer
Kutsche zu protzen. Der Prinz schrieb ihr törichterweise sehr deutliche
Briefe, in denen er sie mit »Perdita« ansprach – ihrer Rolle im Stück –
und die er mit »Florizel« unterzeichnete. Wie jede kluge Frau, die auf ihren Vorteil bedacht ist, bewahrte sie seine jugendlich-schwärmerischen

Beteuerungen auf – er versprach ihr ein Vermögen, sobald er volljährig geworden sei – und erpreßte ihn damit, als er ihrer überdrüssig wurde.

Bei seinen Besuchen in der Drury Lane lernte der Prinz auch die Mitglieder des Devonshire House Circle kennen, insbesondere Georgiana und Fox. Georg III. beschuldigte Fox, seinen Sohn vorsätzlich und aus Berechnung zu verführen, aber zu Unrecht. Der Prinz hatte bereits zu trinken und zu spielen begonnen, bevor er Fox begegnete, der ihm lediglich raffiniertere Methoden beibrachte. Der Prinz verehrte Fox, welcher seinerseits den Jungen wirklich mochte, trotz des Altersunterschiedes von dreizehn Jahren. Möglicherweise erkannte er in ihm Züge seines eigenen früheren, unbekümmerten Selbst. Die beiden bildeten ein ungleiches Paar: der eine in kostbaren, erlesenen Kleidern, der andere ungewaschen, unrasiert, in schlecht sitzenden Kleidern und fleckigen Hemden. Nachts begegnete man ihnen meist bei Brook's oder im Devonshire House, wo sie Pharao spielten, bis sie am Tisch einschliefen.

Des Prinzen unübersehbare Affinität zu Georgiana, die Tatsache, daß er in jeder Angelegenheit ihren Rat suchte – von seiner Kleidung bis zu seiner Beziehung zu seinem Vater –, entfachte Gerüchte, sie hätten eine Affäre. Nathaniel Wraxall schreckte davor zurück, die Vermutung zu bestätigen: »Welcher Natur diese Zuneigung war, und welche Grenzen die Herzogin ihr setzte, bleibt Mutmaßungen überlassen.«[54] Der Prinz war mit ziemlicher Sicherheit in Georgiana verliebt, aber sie erwiderte seine Gefühle nicht. Ihr Leben lang redeten sie sich immer mit »mein liebster Bruder« und »Schwester« an, obwohl der Prinz zeitweise rasend eifersüchtig auf Rivalen war.[55] Daß er mit seinen Bemühungen nie Erfolg hatte, während jede andere Frau aus der Whig-Gesellschaft ihn gern erhörte (man munkelte, daß auch Harriet dazugehörte), machte sie für ihn so unwiderstehlich.

Der Prinz wetteiferte zusammen mit Fox, Lord Cholmondeley und Lord George Cavendish um die drei berühmtesten Kurtisanen der Zeit: Perdita, Grace Dalrymple und Mrs. Armistead. Georgiana kam zu Ohren, daß Lord George eines Nachts angetrunken bei Mrs. Armistead erschien, wo er feststellen mußte, daß sich der Prinz hinter einer Tür versteckt hielt. Glücklicherweise nahm er daran keinen Anstoß. Er brach in schallendes Gelächter aus, verneigte sich tief und ging. Der Prinz stellte auch Lady Melbourne und Lady Jersey nach, oder vielleicht war es anders herum. Weniger gut informierte Leute spekulierten, daß Georgiana im Wettstreit lag mit ihren Freundinnen um die Gunst des Prinzen, aber ein Brief von Lady Melbourne läßt eher auf Konspiration als auf Rivalität schließen:

> Der Herzog von Richmond ist hier gewesen und hat mir erzählt, Du und ich, wir seien rivalisierende Königinnen, und ich glaube, wenn nicht noch andere Leute im Zimmer gewesen wären, die daran Anstoß hätten nehmen können, ich hätte ihm ins Gesicht geschlagen, weil er auf so einen Gedanken kommen konnte; und dann wünschte er, mir möge das Vergnügen zuteil werden, den Prinzen für mich allein zu haben. Wie abscheulich Menschen sind, bei meinem Leben, ich habe kein Verständnis für sie. Ich glaube, Du und ich, wir sind sehr verschieden vom Rest der Welt – denn in ihren Vorstellungen tun sie in bestimmten Situationen solch seltsame Dinge, sonst könnten sie uns nicht auf jene Weise verdächtigen.[56]

Die Whigs führten ihre Attacke auf die Regierung fort. Am 3. Juni 1780 trieb der Herzog von Richmond, der damals zu den radikalen Linken der Partei gehörte, eine Resolution voran, um durch eine Verfassungsänderung eine jährliche Erneuerung des Parlaments möglich zu machen und das allgemeine Wahlrecht einzuführen. Sein Plan basierte auf Vorschlägen, die die Westminster-Vereinigung, ein Nebenzweig der Vereinigungsbewegung von Christopher Wyvill, formuliert hatte, die die Petitionen für die Parlamentsreform anführte. Durch einen unglücklichen Zufall stürmte Lord George Gordon, ein geistesgestörter, protestantischer Fanatiker, an der Spitze einer großen Meute das Parlament, als gerade die Lords die Vorschläge des Herzogs von Richmond diskutierten. Er brachte eine Petition der Protestantischen Vereinigung mit, einer Sektierergruppe, die gegen die rechtliche Gleichstellung der Katholiken opponierte.

Die Gesellschaft des achtzehnten Jahrhunderts kümmerte sich wenig um die gelegentlichen Ausbrüche der niederen Stände; das Establishment ignorierte sie, und der Tumult legte sich in der Regel von allein. Aber dieser Mob, angetrunken und von einem verrückten Demagogen aufgehetzt, war gefährlicher als der übliche aufgebrachte Pöbel. Die Menge blockierte alle Eingänge zum Parlament, und Lord George stürmte ins Unterhaus. Die Abgeordneten verstummten bei seinem Eintritt und saßen wie versteinert, als er eine flammende Rede über die Übel des Papsttums hielt. Dann rannte er hinaus und tat das gleiche im Oberhaus. Zwischen den Reden stürzte er an ein Fenster und brüllte zu der Meute auf der Straße hinunter. In Todesangst versuchten die Abgeord-

neten einen Ausfall ins Treppenhaus und verließen das Haus unter Püf-
fen und Tritten der Blockierer. Die Lords folgten ihnen auf dem Fuße,
schändlicherweise ältere Peers wie den achtzigjährigen Lord Mansfield
sich selbst überlassend. Die Kutsche des Herzogs von Devonshire wurde
von der Meute aufgehalten, bis er sich darauf einließ, »Keine Papisterei«
zu rufen. Bei Einbruch der Nacht hatte sich der Protest in einen Aufstand verwandelt. Diebe und Plünderer schlossen sich an, als Knüppel
schwingende Aufrührer Kirchen anderer Glaubensrichtungen nieder-
brannten und Geschäfte und Häuser bekannter Katholiken attackierten.

Zunächst realisierte Georgiana nicht, welcher Gefahr die Hauptstadt
ausgesetzt war. Ihre Freundin, Miss Lloyd, witzelte sie, träume von wü-
tenden Protestanten, die an ihre Tür hämmerten.

> Die Leute von Lord George Gordon machten weiter großen Tu-
> mult. Es gibt eine gewalttätige Meute in Moorfields, und ich habe
> gehört, daß ein Garderegiment von fünfhundert Mann dort ein-
> getroffen ist. Ich konnte nicht zu dem Geburtstag gehen – meine
> Robe war wundervoll, blaßblau, dazu der Überwurf usw. aus einer
> bestickten Gaze mit Silberblättchen. Ein bißchen getröstet haben
> mich zwei Nachrichten, die eine bekam ich von Lady Melbourne,
> die andere der Herzog vom Prinzen von Wales, der darin seine
> Enttäuschung zum Ausdruck bringt, daß er bereits zum dritten
> Male versäumt habe, mit mir zu tanzen.[57]

Aber am folgenden Tag, dem 6. Juni, stand die Meute kurz davor, die
Stadt zu übernehmen. Minister und Opposition gleichermaßen schick-
ten eilig ihre Frauen und Kinder aus der Stadt und bereiteten die Aufstellung einer Wehr vor. Aber die Polizeirichter waren nirgendwo zu finden, und so gab es infolge der Uneinigkeit darüber, welche Autorität zu
bestimmen hatte, wann Feuerwaffen gegen Zivilisten eingesetzt werden
durften, keine Truppen vor Ort. Der Aufruhr fuhr ungehindert fort. Der
Mob plünderte das Newgate-Gefängnis und setzte den Obergerichtshof
in Brand. Sie sprengten die Destillerien in Holborn, so daß der Schnaps
die Straßen überflutete und die Wasserversorgung in Lincoln's Inn
Fields alkoholisiert wurde. Lord John Cavendish bezichtigte den Ober-
bürgermeister der Feigheit, weil er zusah, wie London niederbrannte. Er
hatte gute Gründe: Der Mob hatte die Häuser prominenter Whigs aufs
Korn genommen, weil sich die Partei für religiöse Toleranz einsetzte.
Das Haus von Edmund Burke wurde umzingelt, aber es gelang ihm, den

Angriff abzuwehren. Sir George Savile hatte weniger Glück und konnte nur mit knapper Not dem Feuertod entkommen. Der arme Lord Mansfield sah zu, wie Aufständische sein Haus plünderten und seine berühmte Bibliothek zerstörten. Die Whig-Granden stellten eine Streitmacht auf, die ihre Häuser rund um die Uhr bewachte. Georgiana schrieb am 7. Juni, ihren Geburtstag hatte sie in dem Chaos ganz vergessen:

> Ich werde morgen nach Chiswick fahren, denn das kann in keiner Weise gefährlich für mich werden, obwohl eine Frau immer in Schwierigkeiten ist. Ich hoffe und glaube, daß heute abend alles vorüber sein wird, denn der Rat hat Befehl erlassen, daß die Soldaten feuern dürfen ... Der Mob ist ein seltsamer Haufen, und einige sind fast noch Kinder. Gestern hatte ich große Angst, aber ich verhalte mich ruhig und rede auf andere beruhigend ein. Vorgestern nacht hielt der Herzog bis fünf Wache bei Lord Rockingham, was mich nicht wenig in Unruhe versetzt hat, aber schließlich ist dort der sicherste Ort, denn Lord R. hat eine Menge Wachen, einen Friedensrichter, einhundert bewaffnete Handelsleute, daneben Diener und Freunde.[58]

Burke überzeugte jene Abgeordneten, die sich auf die Straße gewagt hatten, um sich im Parlament einzufinden, die gesetzliche Religionsfreiheit nicht rückgängig zu machen, obwohl einige nur noch den Pöbel beschwichtigen wollten. Endlich traf am 8. Juni die Armee ein und organisierte, unterstützt von Freiwilligen, darunter Abgeordnete, Rechtsanwälte, Kohlenträger und irische Abgeordnete, eine gut bewaffnete Verteidigung. Die Meute versuchte, die Bank von England einzunehmen, aber unter der kompetenten Führung von Captain Holroyd gelang es, sie abzuwehren. Devonshire House war gut bewacht, und der befürchtete Angriff blieb aus. Am 9. Juni gab es nur noch wenige Widerstandsnester. Lord George Gordon stellte sich und wurde im Tower inhaftiert. Georgiana war schwer erschüttert. »Ich bin innerlich ganz aufgewühlt, jetzt wo alles vorbei ist«, schrieb sie. »Jetzt kommt es mir vor wie ein Traum.«[59] Sie hatte vier Nächte lang auf dem Balkon gesessen, in den orangefarbenen Himmel gestarrt, während Piccadilly unter den Feuersalven und Explosionen erzitterte. Die Anzahl der getöteten oder schwer verletzten Personen wurde mit 458 beziffert; ganze Häuserblocks lagen in Trümmern.

Die unmittelbare Folge war die totale Diskreditierung der Reformer und aller Vereinigungsbestrebungen. Den Whigs warf man vor, auf un-

verantwortliche Weise Unzufriedenheit »Jenseits der Türen« – so nannte man die Welt außerhalb des Parlamentes – geschürt zu haben. Lord
North machte von seinem politischen Vorteil Gebrauch und setzte eine
Blitzabstimmung für den 1. September fest. Georgianas Hilfe wurde an
vielen Stellen benötigt: Zusätzlich zu dem Wahlfeldzug, den sie für die
Cavendishs in Derby veranstalten mußte, setzte die Familie des Herzogs
sie unter Druck, Lord Spencer zu überreden, seine Interessen mit den
ihren auf eine Linie zu bringen. »Lord Richard ist sehr darum bemüht,
daß sich mein Vater in Cambridgeshire für Lord Robert Manners, den
Bruder des Herzogs von Rutland, verwendet«, erklärte sie Lady Spencer.
»Ich sagte ihm, ich dächte wohl, daß mein Vater dies tun würde, und sie
halten es für sehr wichtig, daß man direkt an Mr. Parker schreibt, damit
er mit den Pächtern spricht, denn sonst würden andere sie vielleicht für
sich gewinnen.«[60] Sir William Jones, der ehemalige Lehrer ihres Bruders, der sich um einen Sitz an der Oxford University bewarb, hatte sie
ebenfalls gebeten, sich in Briefen für ihn einzusetzen.

Sheridan wollte Politiker werden, aber es fehlte ihm an Vermögen und
familiären Beziehungen, um aus eigener Kraft einen Sitz zu erringen.
Seine Eitelkeit hinderte ihn daran, sich direkt bei den Granden zu be-
werben. Sich seinem Ziel auf größeren Umwegen zu nähern, paßte besser zu ihm, und so bedrängte er Georgiana, ihm zu helfen. Obwohl sie
meinte, es sei schade, wenn er seine literarische Karriere aufgebe, arrangierte sie, daß er sich in der von den Spencers beherrschten Gemeinde
Stafford zur Wahl stellen konnte. Er wurde ordnungsgemäß gewählt und
schrieb ihr einen kriecherischen Dankesbrief: »Ich zog Nutzen aus der
Erlaubnis, von dem Briefe Ihrer Gnaden als erster und bester Einführung in der Stadt in die Kreise Lord Spencers Gebrauch zu machen …
Ich schmeichle nicht, wenn ich sage, daß der Name der Herzogin von
Devonshire vorbehaltlose Bewunderung gebietet, wo immer er erwähnt
wird.«[61] Eine Woche später, am 25. September, lud Charles Fox Geor-
giana ein, ihn bei seinem Wahlkampf im Bezirk Westminster auf die
Rednerbühne zu begleiten. Die Presse war von ihrer Kühnheit
schockiert, obwohl sie nur für ein paar Minuten auf der Tribüne stand.
Fox brillierte im Wahlkampf, stachelte seine Anhänger mit Reden über
die palamentarische Reform, die Rechte des englischen Volkes und die
Folgen königlicher Tyrannei auf. Es war jene Kampagne, die ihm den
Titel »Mann des Volkes« einbrachte.

Fox siegte mit einer komfortablen Mehrheit, und sein Erfolg wiederholte sich unerwarteterweise überall im Land. Trotz der gerade einge-
steckten Rückschläge hatte die Partei einen gut organisierten Wahlkampf zustande gebracht und gewann den während der Gordon-Unru-
hen verlorenen Boden zurück. North' Mehrheit erlitt große Verluste,
auf dem Papier blieben ihm lediglich achtundzwanzig Sitze, und er mußte sich auf die unabhängigen Abgeordneten verlassen. Der Erfolg der
Whigs war um so bemerkenswerter, weil sie ihre Kampagne aus der eigenen Tasche bezahlt hatten, während North über nahezu unbegrenzte
Mittel aus der Schatzkammer verfügte. Die Beinahe-Parität bestärkte sie
in dem Glauben, daß es nur eine Frage der Zeit sei, bis die Regierung zu-
sammenbreche.

Kapitel 5

Einführung in die Politik
1781–1782

*Am Donnerstag abend veranstaltete die Herzogin von
Devonshire für den Adel ein großartiges Fest, und erst
gestern morgen acht Uhr brach die ganze Gesellschaft auf.
Mehr als 500 Personen nahmen an der Tafel Platz, der
Einladung waren gefälligerweise nahezu 1.000 Personen
gefolgt. So zahlreich war die Dienerschaft, daß nicht weniger
als 3.500 Karten ausgegeben wurden, für die ein jeder einen
Krug Bier erhielt. Die Gesellschaft setzte sich aus äußerst
eleganten »Charakteren« zusammen. Was die Damen
anging, so trugen sie vornehmlich weiß ...
Zu den besonders gut gekleideten Damen zählten Ihre
Königliche Hoheit die Herzogin von Cumberland, Ihre
Gnaden die Herzogin von Devonshire, Lady Duncannon,
Lady Althorpe, Lady Waldegrave und Lady Harrington ...
Unter den Herren waren Seine Königliche Hoheit der Prinz
von Wales, der Marquis von Graham und der Ehrenwerte
Charles Fox am besten gekleidet.*

London Chronicle, *21.–23. März 1782*

*Wie wir erfahren haben, plant die liebenswürdige Herzogin
von Devonshire, eine Subskriptionsliste unter ihren
Freundinnen vorzuschlagen und zu unterstützen, um ein
Schiff mit fünfzig Geschützen bauen zu lassen, womit sie
dem lobenswerten Beispiel der Damen in Frankreich folgt,
die ähnliches zu Beginn des Krieges durchführten.*

Morning Post, *21. September 1782*

Lord North hielt trotz des schlechten Wahlausgangs an seinem Amt fest. Verzweifelt trösteten sich die Whigs, indem sie den Prinzen von Wales feierten, der sie mit seinem unverschämten Verhalten gegenüber seinem Vater unterhielt. Der Prinz empfand großes Vergnügen dabei, seine Eltern zu verärgern. Auf dem Ball am 18. Januar 1781 anläßlich seiner offiziellen Einführung in die Gesellschaft tanzte er ausschließlich mit Georgiana und brüskierte damit sämtliche Hofdamen. Der *Morning Herald* konnte sich die folgende Bemerkung nicht verkneifen: »Die Schönheiten des Hofes bedachten die Herzogin von Devonshire mit neidischen Blicken, der auf dem Ball im St. James's Palace als einziger die Ehre zuteil wurde, daß ihr der Thronfolger die Hand zum Tanze reichte.«[1]

Obwohl es ihr gar nicht recht war, verließ Georgiana London, als das neue Parlament gerade die Arbeit aufnahm. Im Februar begleitete sie den Herzog nach Hardwick, »pour faire un enfant«, wie ein Freund sich ausdrückte, um ein Kind zu zeugen.[2] Lady Clermont hatte die Devonshires besucht, als die kleine Charlotte gerade in die Familie gekommen war, und äußerte sich angenehm überrascht. »Entzückender als Georgiana könnte man kaum sein«, schrieb sie an Lady Spencer, »wie sehr sie dem Herzog zugetan ist, und er scheut sich gar nicht, seine Gefühle ihr gegenüber zum Ausdruck zu bringen.«[3] Dabei hatte sich ihre Beziehung rapide verschlechtert, seit Harriet im November 1780 Lord Duncannon geheiratet hatte. Peinlicherweise entzückte Georgianas Schwester die Familie Cavendish, indem sie sofort schwanger wurde. Trotz Harriets ursprünglicher Bedenken schien ihre Beziehung von den Spannungen, die Georgiana quälten, unbelastet. Im Februar 1781 schrieb Lady Spencer, um Georgiana mitzuteilen, daß Harriets »Kammer sich zu einem *vrai bijou* [einem wahren Kleinod] entwickelt, und sie mit ihrem Ehemann viele glückliche Stunden darin verbringt. Ich glaube wirklich, daß in diesem Quartier alles äußerst zufriedenstellend gedeihen wird.«[4]

Das Glück ihrer Schwester verstärkte Georgianas Befürchtung, ihre eigene Unfähigkeit, ein Baby auszutragen, sei eine Strafe Gottes.[5] »Ich will nichts davon hören, daß Du Dich der Enttäuschung so sehr hingibst«, schalt Lady Spencer. »Wenn Du in meinem Alter wärst, hättest Du einen Grund zu glauben, daß Du nie Kinder bekommen würdest, aber so wie es ist, hast Du keine Veranlassung, die Hoffnung aufzugeben.«[6] Tag für Tag in dem freudlosen Haus allein gelassen, während der Herzog zur Jagd ging, gab es für Georgiana tausend Gründe aufzugeben.

Die unausgefüllten, stillen Nachmittage waren mehr, als sie ertragen konnte, und so blendete sie ihre Tage mit großen Mengen an Opiaten aus. »Heute habe ich etwas genommen«, schrieb sie, »aber morgen werde ich ausreiten.«[7]

Der Herzog stellte nach einem Monat in Hardwick mit Entsetzen fest, daß Georgiana immer noch keinerlei Anzeichen einer Schwangerschaft zeigte. Er entschied, ihr Aufenthalt in Hardwick sei reine Zeitverschwendung, und ordnete an, Devonshire House unverzüglich für ihre Ankunft herzurichten. Nach ihrer Rückkehr zeigte sich Georgiana selten in der Öffentlichkeit. Die Zeitungen schrieben, daß sie »in völligem Trübsinn versunken sei«, und beklagten ihr Fehlen in der Gesellschaft.[8] Am 24. März zeigte sie sich kurz im King's Theatre, um den Tänzer Vestris, einen italienischen Emigranten und berühmtesten Tänzer jener Zeit, zu unterstützen. Er stellte einen neuen Tanz vor, den er während eines Privatunterrichtes in Devonshire House zusammen mit Georgiana entwickelt hatte. Neunhundert Menschen füllten das Theater. »Wir warteten mit größter Ungeduld auf die Ankunft der Herzogin von Devonshire«, berichtete der *Morning Herald and Daily Advertiser*, »und unsere Augen wanderten umher, auf der Suche nach ihr. Endlich erspähten wir Ihre Gnaden in ihrer Loge ... Alas! Wir fanden bald heraus, daß Ihre Gnaden nur gekommen waren, um dem Vestris eine Art öffentlichen Besuch abzustatten, wegen des Devonshire Menuetts, das mit sehr warmem Applaus belohnt wurde, der nicht eher verebbte, als daß die Herzogin verschwand.«[9]

Die Ursache für Georgianas plötzlichen Rückzug lag nicht allein in der Enttäuschung über Hardwick, sondern auch in einer Krise wegen Harriet. Keine zwei Monate nachdem Lady Spencer über die »gemütlichen Stunden« der Duncannons geschrieben hatte, schockierte Lord Duncannon sie alle, als er Harriet in aller Öffentlichkeit anschrie. Bei einer anschließenden Befragung gab Harriet zu, daß sie sich davor fürchte, mit ihm allein zu sein, weil er bei der leisesten Provokation die Kontrolle über sich verliere. In den Augen der Cavendishs entehrte Duncannon mit seinen Ausfällen gegenüber seiner Frau die gesamte Familie. Ein weiterer Zwischenfall auf einem Ball im April veranlaßte seine Cousine, die Herzogin von Portland und Schwester des Herzogs, ihm eine Warnung zu schicken:

> Du sagst, ich hätte Dir großes Unrecht zugefügt, als ich Dich öffentlich vor dem ganzen Saal bloßstellte. Aber Du hast Dich selbst bloßgestellt, und mit Bekümmerung muß ich sagen, daß ich das gleiche

Verhalten zu oft an Dir beobachtet habe ... Als Du den Raum verlassen hattest, hat ausnahmslos jeder in der Runde (Dein Vater ganz besonders) mir für mein Verhalten Beifall gespendet und das Deine mit äußerst drastischen Worten verurteilt. In der Tat habe ich mich noch nie so sehr für jemanden geschämt oder mich so gekränkt gefühlt, wie an jenem ersten Abend nach dem Gespräch, als Du bei mir warst, in der *Nacht der Redoute*, und ich muß Dir sagen, daß Dein Benehmen den Gästen nicht entgangen ist, die das Ganze mit ebenso großer Verwunderung angehört haben wie ich. Die Karten liefen ganz nach Wunsch, nichts war geschehen, um Dir die Laune zu verderben, aber als Lady Duncannon den Raum betrat, für mein Empfinden sehr sorgsam gekleidet, ist Dein Temperament sofort mit Dir durchgegangen, weil sie ihre Diamanten angelegt hatte (ich hätte nicht gedacht, daß eine solche Überlegung dem Verstand eines Mannes angemessen ist). Ein Betragen wie dieses bei einem Mann ist mir gänzlich neu, und ich finde in der Tat weder Entschuldigung noch Begründung dafür. Du bist sehr jung und sehr unerfahren ... Die ganze Welt war geneigt, Gutes von Dir zu halten. Deine Freunde und Verwandten glaubten, Du seist alles, was ihre Herzen sich wünschen, aber schmeichle Dir nicht, Dein Verhalten sei ihren Blicken entgangen. Man spottet darüber, und Deine besten Freunde beginnen zu befürchten, daß es Dir an Verstand fehlt.[10]

Lord Duncannon entschuldigte sich; sein Verhalten, erklärte er, liege in der Sorge um Harriets Schwangerschaft begründet: Er fürchte, sie könne eine Fehlgeburt erleiden wie Georgiana. In der Antwort der Herzogin von Portland steckt unverhüllte Verachtung: »Die häufigen Aufregungen, die ihr aufgrund Deines Betragens widerfahren sind, mögen vielleicht jenes unglückliche Ereignis hervorrufen. Ich glaube, Gott wird ihr helfen, sich davon zu erholen, und daß Du nun vor allem anderen daran denkst, ihre Zuneigung zu Dir mit jenem Vertrauen zu belohnen, daß sie ganz sicher verdient.«[11] Drohungen und Warnungen waren die einzigen Waffen, die den Spencers oder den Cavendishs zur Verfügung standen. Die Gesetze des achtzehnten Jahrhunderts garantierten dem Ehemann die Freiheit, mit seiner Frau umzugehen, wie er wollte, wenn er sie nicht einsperrte oder folterte, und sogar dann bedienten sich die Frauen der Oberschicht wegen der Schande des öffentlichen Skandals nur im aller äußersten Fall des Rechtsweges.[12]

Georgiana hatte nach dieser Entdeckung aufgehört, Gesellschaften zu geben, und verwendete ihre Zeit darauf, sich um Harriet zu kümmern.

Die Spencers hatten Angst, Harriet mit Duncannon allein zu lassen, solange sie so verletzlich war. Sie hielten sie so gut wie möglich von ihm
fern, bis sie am 31. August 1781 einen Sohn gebar, den Ehrenwerten
John William Ponsonby. Kurze Zeit später wurde Lord Spencer taub
und erlitt eine einseitige Lähmung. Die zweifache Angst um Harriet und
um Lord Spencer trieb Georgiana an die Spieltische, und Lady Spencer
mit ihr. »Ich kann mir nicht verzeihen, Dir ein so schlechtes Beispiel zu
geben, dem Du nur allzu vertrauensselig gefolgt bist«, hatte Lady Spencer im November 1779 in schmerzlichem Ton geschrieben.[13] Nun
schrieb sie wieder, sie habe »zwanzig Untaten [begangen], die mich veranlassen, meinen Brief mit der üblichen Weisung zu beschließen, Du
mögest Dich mehr an meinen Worten als an meinen Taten orientieren.«[14] Harriet folgte ihrer Mutter und ihrer Schwester, aber mit einem
Einkommen, das gerade ein Zehntel des Geldes der beiden anderen betrug, und ohne Mittel, ihre Gläubiger zu bezahlen.

George Selwyn beschrieb Lord John Carlisle unglaubliche Szenen aus
Devonshire House. »Die Beschäftigung oder das Amüsement, von dem
jeder, der in der sogenannten Vergnügungswelt lebt, in Anspruch genommen ist, heißt Pharao«, schrieb er. Georgiana habe den Salon so
eingerichtet, daß er einem professionellen Spielsalon ähnele, einschließlich angestellter Croupiers und einer professionellen Pharao-Bank. Lady
Spencer halte sich fast jeden Abend dort auf und werfe ihre Ringe auf
den Spieltisch, wenn ihr das Geld ausgegangen sei:

> Der arme Mr. Grady ist erschöpft, weil er in den Häusern der einen
> oder anderen Dame bis morgens um sechs wachgehalten wird. Lady
> Spencer und ihre Tochter, die Herzogin von D., und Lady Harcourt
> sind es meistens, die gegen die Bank setzen. Hare, Charles [Fox] und
> Richard [Fitzpatrick] waren die ganze Nacht und bis weit in den Tag
> hinein flüssig ... Abwechselnd setzte jeweils einer des Triumvirats ge-
> gen die Bank, wenn er der Geber war. Im allgemeinen liegen bis gegen
> Mittag Zwei- bis Dreitausend in Rollen auf dem Tisch, wem sie aber
> gehören oder gehören werden, weiß der Himmel.[15]

Pharao war ein kompliziertes Spiel, an dem ein Bankhalter und eine unbegrenzte Anzahl von Spielern beteiligt waren, die ihre Einsätze machten, wenn der Geber eine bestimmte Kartenkombination aufdeckte. Obwohl es ein Glücksspiel war, wurde der Vorteil für den Bankhalter nur
am Roulettetisch übertroffen. Anfänglich spielte man das Spiel in abge-

legenen Städten wie Tunbridge Wells, aber nach fünfzig Jahren war es zum beliebtesten Spiel in der High Society geworden. Angeblich waren Frauen besonders süchtig danach, aber auch Charles Fox spielte am liebsten Pharao. Georgiana begründete einen neuen Trend, indem sie in illegaler Weise von Pharao-Gebern fünfzig Guineen pro Nacht für die Aufstellung eines Spieltisches in ihrem Haus verlangte.*[16] Ihren Pharaotisch und die Bank überließ sie Professionellen von zweifelhaftem Ruf, und Selwyn beschwerte sich, in Devonshire House würden unter der Hand Geschäfte getätigt: »Charles Fox sagt, er dürfe von der Bank kein Geld nehmen, er meint, um damit seine Schulden zu bezahlen; ich habe aber gehört, daß andere welches bekommen, wie zum Beispiel O'Kelly und andere Falschspieler.« Die Achtlosigkeit, mit der die Leute ihr Geld zum Fenster hinauswarfen, zog zwielichtige Charaktere magisch an. Ein Mann namens Martindale verführte Georgiana zu einer besonders ruinösen Vereinbarung. Sheridan zufolge »waren die Herzogin und Martindale übereingekommen, daß alles, was sie voneinander gewannen, mal verdoppelt und mal verdreifacht werden sollte ... Die Herzogin ... schluchzte buchstäblich über ihre Verluste – sie hatte etwa 1.500 Pfund verloren, die eigentlich nur 500 waren.«[17]

Lady Mary Coke erzählte ihren Verwandten in Schottland, daß die Herzogin von Devonshire vierundzwanzig Stunden des Tages am Spieltisch und mit Vergnügungen verbringe. Vergangene Woche, schrieb sie, habe Georgiana an einem Frühstück in Wimbledon teilgenommen (das den ganzen Tag lang dauerte), dann an einem Treffen bei Lady Hertford, wo sie einen Besuch des Vergnügungsparks Vauxhall vorschlug. Sie habe alle Herzoginnen mitgenommen, rümpfte Lady Mary die Nase, auch die beliebtesten Männer, einschließlich Lord Egremont und Thomas Grenville, der »seit zwei Jahren zu ihren erklärten Bewunderern gehört.« Dort blieben sie bis in die frühen Morgenstunden und hielten die Musiker auf ihren Plätzen, obwohl der Park schon längst geschlossen hatte. Das gleiche tat sie am nächsten und am übernächsten Tag, bis sie auf der Rückfahrt von einer weiteren ausgedehnten Party in Vauxhall mit der Herzogin von Rutland, Lady Melbourne, Lord Egremont und Thomas Grenville im Boot einschlief.[18]

---

* 1797 wurden Lady Buckinghamshire und Lady Elizabeth Luttrell tatsächlich verhaftet und zu einer Geldbuße von je 50 Pfund verurteilt, weil sie in Lady Buckinghamshires Haus ein Spielunternehmen mit einem Pharao-Bankhalter gegründet hatten.

Auch die Zeitungen berichteten der weiten Welt über Georgianas Aktivitäten, aber sie blieb ihr Liebling. Der *Morning Herald and Daily Advertiser* schrieb fast wöchentlich über sie. Am 11. Juni stand zu lesen, man habe »die Herzogin von Devonshire [gesehen], mit einem schicken Hut, den sie keck auf der Seite trug, in einem scharlachroten Reitkostüm mit einem Männerdomino, was göttlich aussah.«[19] Im Juli wurden die Leser darüber informiert, daß Georgiana Gainsborough für ein Bildnis Modell saß, das als Geschenk für die Königin von Frankreich geplant war. Nach Ablauf der Saison verfolgte die Zeitung auch weiterhin ihre Schritte, als sie mit dem Herzog die Bürgerwehr von Derbyshire ins Militärlager in den Roxborough Downs bei Plymouth begleitete.

Am 6. September 1781 tauchte die französische Flotte erneut im Kanal auf, aber für die Presse verblaßte dieses Ereignis vor Georgianas Beteiligung am Stapellauf der HMS *Anson:* Sie taufte das Schiff vor einer rasenden, tausendköpfigen Menge, die an jenem Tag in den Hafen geströmt war.[20] Als der Herzog und die Herzogin von Rutland, Altersgenossen der Devonshires, zu Besuch kamen, erfand die Zeitung einen Bruch zwischen den beiden Frauen und nannte sie die »die rivalisierenden und schönen Herzoginnen.« Georgiana war so berühmt geworden, daß ihr Name genügte, um eine Mode zu kreieren. Der Unternehmer Josiah Wedgwood wußte, wie er seine Waren besser als jeder andere an den Mann bringen konnte: »Wenige Damen, wissen Sie, wagen sich an etwas, das vom herkömmlichen Stil abweicht, bis sie von jenen autorisiert werden, die über ihnen stehen – den Damen mit dem überlegenen Verstand, die den Ton angeben.«[21] Um die Mittelschicht dazu zu verlocken, sein Porzellan zu kaufen, benannte er es nach königlichen Hoheiten und berühmten aristokratischen Familien. »Sie wollen einen Namen – ein Name hat einen wunderbaren Effekt, das versichere ich Ihnen«, erklärte er seinem Partner. »Wenn Sie der Herzogin von Devonshire ein Set vorführen, bitten Sie sie um Erlaubnis, sie Devonshire-Blumentöpfe taufen zu dürfen.«[22]

Die Vorliebe des *Morning Herald* für Georgiana blieb unermüdlich. Im Dezember stellte die Zeitung fest, daß »ihr Herz, trotz ihrer gehobenen Position, sich anscheinend von äußerst liberalen Prinzipien leiten läßt; und wegen der Güte und Sanftmütigkeit, die ihre Haltung kennzeichnet, schwingt in der Stimme der Ehrerbietung das Angebot der Dankbarkeit mit.«[23] Derart lobhudelnde Bemerkungen deuten auf mehr als eine Schwäche für die Damen der Gesellschaft hin. Die Geschicke der Whig-Partei zeigten eine aufsteigende Tendenz, und so war das Blatt darauf bedacht, sich mit dem zukünftigen Regime zu verbünden. Das Ende des Krieges schien sicher: General Cornwallis hatte vor den vereinten Streitkräften der Franzosen und Amerikaner unter der Führung des Marquis de Lafayette und George Washingtons in Yorktown kapituliert. Als Lord North die Neuigkeit hörte, warf er die Arme in die Luft und rief: »Mein Gott. Es ist alles vorbei.«[24] Ohne Verzug bot er dem König an, sein Amt niederzulegen, aber Georg III. konnte die Niederlage nach fünf Kriegsjahren nicht akzeptieren. Er befahl dem Premierminister, im Amt zu bleiben und einen Gegenangriff zu organisieren.

Von seinem unerbittlichen Herrn getrieben, schleppte sich North bis zum 20. März weiter, bis der König endlich akzeptierte, daß sein Ministerium das Vertrauen des Hauses verloren hatte und nicht weitermachen konnte. George Selwyn berichtete Lord Carlisle, daß sich die Nachricht von North' Rücktritt binnen weniger Stunden in allen Kaffeehäusern herumgesprochen hatte.[25]

Die Whigs zweifelten nicht daran, daß sie die Macht bald in Händen halten würden. Aber Georg III. weigerte sich, die Whigs als ganzes zu akzeptieren, und bestand darauf, daß sie ihre Macht mit dem von ihm bevorzugten Marquis von Shelburne teilten. Die Partei schluckte die bittere Pille in der Hoffnung, sie könnten Shelburne bei Gelegenheit loswerden. Sie stimmten den Bedingungen zu und zogen nach Devonshire House, um zu feiern. »Ich verließ Devonshire House gegen vier Uhr früh«, schrieb Selwyn an Lord Carlisle, »und ließ fast die ganze Gesellschaft dort zurück.«[26] Georgiana veranstaltete zur Feier des Ereignisses eine Reihe von Bällen, die jeweils die ganze Nacht und einen Teil des darauffolgenden Tages andauerten. Die Möbel im Erdgeschoß wurden ausgeräumt, um Platz für die Massen zu schaffen, und die Decken mit dicken Rosengirlanden geschmückt. Die zehn Van Dycks ließ Georgiana in der Halle hängen und verwandelte die übrigen Räume in einen Traum aus Landschaftsmalereien und strategisch plazierten Spiegeln. Die öffentliche Aufregung über die Bälle stieg, und an einem Abend kürzten die Regisseure des Opera House den letzten Akt, damit der Prinz von Wales pünktlich gehen konnte. Am folgenden Tag berichtete der *Morning Herald and Daily Advertiser*, der den Devonshire-»Galas« schon mehrere Kolumnen gewidmet hatte: »Noch nie hat es so große Bewunderung gegeben wie für die Menuette auf der Devonshire-Gala, insbesondere für den Prinzen von Wales und die Herzogin von Devonshire.«[27]

Lange Zeit hatten die Whigs St. James's Palace gemieden, jetzt fielen sie in Scharen ein, um bei Hof ihre Ehrerbietung zu bezeugen. Der König war zu angewidert, um eine anständige Audienz abzuhalten, und saß verdrossen neben Königin Charlotte, während Georgiana und ihre Freunde mit dem Prinzen von Wales und dem Herzog von Cumberland höflich parlierten.[28] Die Tradition verlangte, daß der König die neuen Minister mit Amtsinsignien und Auszeichnungen versah, und grollend verlieh er älteren Whigs den Hosenbandorden. Mit unverhülltem Entzücken nahmen sie an, was Nathaniel Wraxall entsetzte. Entrüstet beobachtete er, wie »der Herzog von Devonshire ... auf den Souverän zutrat, in seiner phlegmatischen, kalten, linkischen Art, wie ein Clown. Lord Shelburne trat vor, verneigte sich nach beiden Seiten, lächelnd und scharwenzelnd wie ein Höfling.« Nur der Herzog von Richmond, meinte er, »zeigte sich gelassen, ungerührt und mit der Würde eines Gentleman.«[29]

Fox näherte sich Georgiana während der Feierlichkeiten, und machte ihr einen Vorschlag. Er bekleidete nun den Posten des Außenministers, und die parlamentarischen Regeln verlangten, daß Abgeordnete, die für ein Amt erwählt worden waren, sich ihren Wählern erneut vorstellen. Die Reaktion der Menge auf Georgianas Auftritt bei der Wahlveranstaltung in Covent Garden im Jahre 1780 hatte ihn beeindruckt, und deshalb bat Fox, sie möge ihren Auftritt wiederholen, aber diesmal mit mehr Aufsehen. Ohne Zögern nahm sie an. Der Herzog und andere Granden stimmten dem Vorschlag zu und erlaubten ihr, an den Besprechungen zur Planung des Ereignisses teilzunehmen. Sie beschlossen, daß Georgiana eine Frauendelegation anführen sollte. Nachdem die Menge so euphorisch auf eine Frau auf der Bühne reagiert hatte, versprachen sie sich einen noch größeren Erfolg von fünf oder sechs Damen.

Am 3. April erfüllte Georgiana ihren ersten offiziellen Auftrag für die Partei, als sie Fox bei seiner Wiederwahl-Kampagne zur Seite stand. Der Chronist Silas Neville stolperte auf einem Spaziergang in die Ereignisse: »[Ich] hielt mich in dem Garten auf, als die Wiederwahl des erzpatriotischen Ministers stattfand. Vertreter aller Stände hatten sich mit ungeheuer vielen Karossen eingefunden. Die Herzogin von Devonshire und noch eine Dame standen auf der Rednerbühne und schwenkten zusammen mit der Menge ihre Hüte, um Charles zu beglückwünschen, der bald darauf unter einem Baldachin aus Eichenblättern und Myrthe Platz nahm, umringt von Tausenden, die ihm Beifall spendeten.«[30] Der *London Chronicle* berichtete reichlich verblüfft von dem Ereignis. In einem Zeitalter, in dem Wahlveranstaltungen mit Freibier und blutigen Nasen einhergingen, wirkten die Whigs mit ihren gekonnt gehandhabten öffentlichen Auftritten beunruhigend. Fox stand auf einer Bühne, über ihm drei Banner mit den Aufschriften DER MANN DES VOLKES, FREIHEIT UND UNABHÄNGIGKEIT und UNABHÄNGIGKEIT. Fox erhob seine Stimme über die tobenden Massen, um ihnen für ihr Vertrauen zu danken, und versprach, das Land zur Verteidigung der Freiheit zu vereinen. »Seine Freunde trugen Bänder in Blau und Orange, auf denen Fox' Name zu lesen war«, berichtete das Blatt.[31] Georgiana hatte sich mit mehreren Frauen eingefunden, die alle in den Farben der Whigs, Blau und Hellbraun, gekleidet waren, und wann immer die Menge Fox hochleben ließ, schwenkten sie ihre Hüte. So etwas hatte man noch nie gesehen. Putzmacher fertigten Fächer mit Georgianas Porträt an, die sie zu Hunderten verkauften; auch Charles Fox und der Prinz von Wales erfreuten sich großer Beliebtheit: »Die Fächer sind recht neu und schön, von den größten Meistern ihres Fachs entworfen und gefertigt, und ähneln ihren erhabenen Vorbildern verblüffend. Man kann sie zu moderaten Preisen erwerben«, behaupteten Hartshorn und Dyde in der Wigmore Street.[32]

Eine Woche später, am 8. April, traten die Whigs zum ersten Mal im Unterhaus auf. Zunächst waren die Abgeordneten irritiert: Lord North und seine Anhänger saßen nicht länger auf den Ministerbänken; die Whigs hatten ihre Plätze eingenommen. Ihre blau-braune Uniform hatten sie abgelegt und trugen statt dessen die formelle Kleidung der Regierung, ausnahmslos – sogar Fox – mit gepudertem Haar, Rüschen, Spitzenkragen und Degen.

Lady Spencer, zu Hause an der Seite des kränkelnden Lord Spencer eingesperrt, fühlte sich aus dem Leben ihrer Kinder ausgeschlossen. Das Echo der Trommeln, die Georgianas Aktivitäten begleiteten, war in Wimbledon kaum zu hören. Am 22. Mai erinnerte sie sich an ein Gespräch mit der Herzogin von Annenberg, die ihr zum Ruf ihrer Familie als »einer der glücklichsten mit dem festesten Zusammenhalt« in Eng-

land gratulierte.[33] Aber Georgiana achtete nicht auf die Andeutungen ihrer Mutter. Zum ersten Mal seit ihrer Heirat im Jahre 1774 freute sie
sich auf ihre Zukunft. James Hare zufolge sah sie »sehr gut [aus] und
wirkte wesentlich gelöster und glücklicher als zuvor.«[34]

Georgianas Optimismus entsprang dem neu entdeckten Gefühl, gebraucht zu werden. Im September 1782 schreib sie ihre Gedanken über
das Jahr auf.

> Selten kennt man die verborgenen Ursprünge von Ereignissen. Aber
> wenn man sie kennt, ist das äußerst aufschlußreich und unterhaltend.
> ... Die größten Taten ereignen sich oft in der Folge einer Intrige einer
> schönen Frau oder eines eleganten Mannes, und während natürlich
> die Erinnerungen an derartige Ereignisse Aufschluß geben über die
> geheimen Wege des menschlichen Geistes, bieten sie gleichermaßen
> Interesse und Material für einen Roman ... Wenn einige Menschen
> die Vorfälle niederschreiben würden, bei denen sie zugegen waren ...
> würde die Bedeutung eines Zeitalters den Nachfolgenden klar und
> verläßlich übermittelt – dem müßigen Leser würde sich ein interes-
> santes Bild der Eigenheiten seines Landes bieten ... Ich wünschte, ich
> hätte dies getan – ich habe die Welt mit siebzehn betreten, und jetzt
> bin ich fünfundzwanzig – in jenen acht Jahren stand ich mitten im Ge-
> schehen ... Ich habe Parteien auf- und absteigen sehen, Freunde sich
> vereinen und trennen. Die Bande der Liebe geben Launen, Macht
> und Eitelkeit nach ...«

Eines Tages, so hoffte sie, wollte sie eine »zuverlässige Historikerin einer
verborgenen Geschichte dieser Zeit« sein.[35]

Teil II

Politik

Kapitel 6

Der Neuling
1782–1783

Die Herzogin von Devonshire, so sagt man,
beabsichtigt, einen Kopfputz einzuführen,
der weder Hut noch Kappe noch Haube ist,
und doch alles drei. Eine Art Dreierlei in einem unter
der Bezeichnung »Devonshire-Grille«.
Wann immer die Herzogin von Devonshire
die Hauptstadt besucht, kann man mit neuen
Maßstäben in der Mode rechnen.
Derzeit mangelt es gar bei den Kopfbedeckungen
an innovativen Entwürfen, obwohl die Stadt
an eleganten Frauen keine Not leidet.
Viele Damen aus den obersten Kreisen befinden
sich vor Ort, doch fürchtet jede einzelne, die von
ihr beförderte Geschacksrichtung könnte
abgelehnt werden.

Morning Herald and Daily Advertiser, 21. Oktober 1782

Sobald das Parlament die Sommerpause eingeläutet hatte, zogen sich Georgiana und der Herzog in den beliebten Badeort Bath zurück, wo die elegante Jugend akzeptable Partner und die eleganten Alten Linderung ihrer Unpäßlichkeiten suchten. Erst im Herbst kehrten sie nach Devonshire House zurück, als die neue Sitzungsperiode längst begonnen hatte. In ihrer Begleitung befand sich Lady Elizabeth Foster, die in den Zeitungen unter der Bezeichnung »innige Freundin der Herzogin von Devonshire« gehandelt wurde.

Georgiana lernte Elizabeth, oder vielmehr Bess, wie sie sie liebevoll nannte, in der ersten Woche ihres Aufenthaltes in Bath kennen. Der Herzog hatte das Haus des Herzogs von Marlborough, eines der vornehmsten in der Stadt, für den ganzen Sommer gemietet. Beide Devonshires wollten sich »der Kur unterziehen«: Der Herzog wegen seiner Gicht, Georgiana wegen ihrer »Unfruchtbarkeit« – sie hatte im vergangenen Jahr zwei frühe Fehlgeburten erlitten.[1] Der Ton in ihren Briefen verrät, wie leid es ihr tat, London gerade zu dem Zeitpunkt verlassen zu müssen, als die Whigs an die Macht gekommen waren. Sie ging selten aus und besuchte wenige der Bälle und abendlichen Konzerte, für die man Eintritt zahlen mußte. Zweimal täglich trank sie von der Thermalquelle im King's Bath, der beliebtesten der drei Trinkhallen. Dort fand sich eine wenig erhebende Gesellschaft ein, ein Sammelsurium der unglücklichen Opfer der Lebensweise des achtzehnten Jahrhunderts: die unheilbar Kranken, die Rheumatiker, die Gichtleidenden und jene, die von wuchernden Ekzemen und anderen unansehnlichen Hautkrankheiten befallen waren. Jeden Morgen saß Georgiana im Halbkreis mit den anderen kinderlosen Ehefrauen in der Nähe des Ausschankes, Tasse und Untertasse in jeweils einer Hand, und lauschte den Klängen einer Provinzkapelle. In ihren Augen war Bath »erstaunlich unliebenswert, mich überrascht einzig, mit welcher Miene der Herzog all dies erträgt, aber er ist so gutmütig, daß er alles über sich ergehen läßt.«[2]

Zwei Dinge machten das Leben erträglich: die neue Shakespeare-Darstellerin Sarah Siddons am Theatre Royal, und die Begegnung mit zwei Schwestern, die in einer unwirtlichen Gegend der Stadt unter beschränkten Verhältnissen lebten. Am 1. Juni informierte Georgiana Lady Spencer: »Lady Erne und Lady E. Foster sind unsere einzige Stütze, anderenfalls wäre es für den Herzog in der Tat entsetzlich öde.«[3] Es handelte sich um die ältesten Töchter des Grafen von Bristol. Lady Mary Erne war eng mit Mary Graham befreundet, die Georgiana die beiden Schwestern vermutlich vorgestellt hatte. Beide lebten von ihren Ehemännern getrennt bei ihrer Tante, einer Methodistin, von dem spärlichen Einkommen, das ihnen ihr Vater zur Verfügung stellte.

Georgianas Briefe an ihre Mutter waren voll des Lobes über ihre neuen Freundinnen: »Sie können sich nicht vorstellen, wie angenehm und liebenswert sie sind, und nie sind mir Menschen begegnet, die so verständig und gutmütig waren.«[4] Lady Mary Erne wurde nach kurzer Zeit nicht mehr erwähnt, fortan beherrschte Lady Elizabeth Foster – Bess – Georgianas Korrespondenz. Sie war im gleichen Alter wie Georgiana und schon Mutter zweier Söhne, hatte aber etwas überraschend Mädchenhaftes. Äußerlich war sie das Gegenteil von Georgiana: Sie war schlanker, kleiner und zierlicher; feines dunkles Haar umrahmte ihr winziges Gesicht. Ihre zerbrechliche Erscheinung, gepaart mit weiblicher Hilflosigkeit und kokettem Charme, weckte in den meisten Männern den Beschützer- und Besitzerinstinkt. Der Historiker Edward Gibbon, der Bess seit ihrer frühen Kindheit kannte, beschrieb sie als die verführerischste Frau, die ihm je begegnet war. »Kein Mann konnte ihr widerstehen«, lautete seine Meinung. »Wäre ihr eingefallen, den Lordkanzler vor den Augen der ganzen Welt von seinem Sitz herunterzulocken, er wäre ihr bereitwillig gefolgt.«[5]

Bess' Familie, die Herveys, war nicht von der Art, die Lady Spencer's Wohlwollen erweckte. Lady Mary Wortley Montagu soll gesagt haben: »Als Gott die menschliche Rasse schuf, schuf er Männer, Frauen und die Herveys.«* Das Bonmot paßte zu jeder Generation: Die exzentrischen, zügellosen und wenig vertrauenerweckenden Herveys waren eine ungewöhnliche Familie, die ihr Vermögen zu Beginn des achtzehnten Jahrhunderts als professionelle Höflinge gemacht hatten. Bess' Vater, der vierte Graf von Bristol, war unerwarteterweise durch den Tod zweier älterer Brüder ohne rechtmäßige Erben zu seinem Titel gekommen.** Er

---

* Ihre Bemerkung bezog sich auf Bess' Großvater, Lord Hervey, der starb, bevor er zweiter Graf von Bristol werden konnte. Obwohl er unter einer schweren Epilepsie litt und auch sonst bei schlechter Gesundheit war, erwies er sich zeitweise als äußerst erfolgreicher Höfling. Er dokumentierte seine Karriere in den geistreichen und schlüpfrigen *Memoirs of George II*, die nach seinem Tod veröffentlicht wurden. Zwar heiratete er die kluge und schöne Molly Lepel, aber seine wahre Liebe galt Stephen Fox, einem Onkel von Charles Fox. Der Dichter Alexander Pope schrieb ein boshaftes Gedicht über ihn: »Ambitious thing! that acting either part, / The Trifling head, or the corrupted heart / Fop at the toilet, flatterer at the board, / Now trips a lady, now struts a lord ...«
** George, der älteste Sohn Lord Herveys, starb unverheiratet. Den zweiten Sohn, Augustus, der zum dritten Grafen von Bristol wurde, ereilte das gleiche Schicksal, unter Entfachung eines Skandals. Viele Jahre zuvor hatte er Elizabeth Chudleigh, eine

schlug den ausgetretenen Weg einer Kirchenkarriere ein, wurde irgendwann Bischof von Derry, was ihm ein bescheidenes Einkommen garan-
tierte. Die verschwenderische Lebensweise des gräflichen Bischofs führte jedoch dazu, daß Bess, ihr Bruder und zwei Schwestern in relativer Armut aufwuchsen. Er pflegte zwei Leidenschaften: die Kunst und eine
morbide Faszination für menschliches Elend. Unablässig hastete er zu
Kriegsschauplätzen, Aufständen und Naturkatastrophen. Jahrelang
streifte die Familie über den Kontinent von einer Katastrophe zur anderen, während er nebenbei auf dem Weg nach Antiquitäten und Kunst-
werken Ausschau hielt.

Zusammen mit dem Titel erbte Bess' Vater 1779 Ickworth Park in
Suffolk, und dazu ein Jahreseinkommen von 20.000 Pfund.[6] Unverzüglich machte er sich an ein grandioses Bauprojekt, das seine geplante
Kunstsammlung beherbergen sollte. Für seine Töchter, insbesondere
für Bess, war das Glück des Bischofs jedoch zu spät gekommen. Sie hatte
1776 geheiratet, damals noch als Miss Elizabeth Hervey, eine einfache
Bischofstochter ohne Mitgift und mit wenigen Beziehungen. Ihr Ehemann, John Thomas Foster, war ein Freund der Familie und Mitglied
des irischen Parlamentes. Zunächst gratulierte man Bess zu ihrer vorteil-
haften Verbindung. Foster ging behutsam mit Geld um, war ernsthaft
(wenn auch ein bißchen humorlos) und interessierte sich nicht für das
Stadtleben. Später behauptete Bess, sie habe ihn unter Zwang geheiratet:

** wilde wie ambitionierte Hofdame von zweifelhaftem Ruf, die bekannterweise auf
der Suche nach einer passenden Verbindung war, heimlich geheiratet. Das Glück
war von kurzer Dauer, und beide kamen überein, weiterhin so zu tun, als wären sie
nie verheiratet gewesen. Elizabeth heiratete dann den Herzog von Kingston, der
von ihrem Vorleben nichts wußte, aber nach dem Ableben des Herzogs kam ihre
Vergangenheit in einer Gerichtsverhandlung wegen des Testaments an die Öffentlichkeit. Die Gräfin-Herzogin – wie Horace Walpole sie nannte – wurde 1776 vor
6.000 Zuschauern im Oberhaus wegen Bigamie vor Gericht gestellt. Unter den
vielen Damen des Hochadels, die sich während der langen Verhandlung auf der
Galerie drängten, befand sich Georgiana. Wegen ihres Alters und ihres Ranges
entging die Herzogin von Kingston dem Brandmal auf der Hand, der üblichen
Strafe, und man erlaubte ihr, sich ins Ausland zurückzuziehen. Augustus wurde
Beihilfe zum Betrug vorgeworfen und hart bestraft: Die Lords bestanden auf der
Unauflösbarkeit der ersten Ehe und entzogen ihm damit die Grundlage für recht-
mäßige Erben.

»Ich habe wirklich auf Knien gefleht, Mr. F. nicht heiraten zu müssen, und beide haben seither zugegeben, daß sie mich mit ihm verheiratet haben«, erklärte sie Georgiana.[7] Die Briefe ihrer Eltern zeigen die Geschichte jedoch anders – als eine Liebesheirat zwischen einem respektablen Kavalier und einer jungen Braut, die es eilig hat, ihrem eigenen Haushalt vorzustehen. »Der junge Mann gefällt mir wirklich gut«, erklärte der gräfliche Bischof seiner Tochter Mary, »und ich finde, er paßt ausgezeichnet zu ihr.«[8]

Was davon auch zugetroffen haben mag, 1780 war die Ehe in Gefahr. Bess' Vater, der mit der Überwachung seines Bauprojektes beschäftigt war, befahl seiner Frau, das Paar zur Vernunft zu bringen. Bess war mit ihrem zweiten Kind schwanger, und die beiden hielten sich auf Ickworth auf, wo sie ständig miteinander stritten. Lady Bristol gehorchte zögernd und beklagte sich bei Lady Mary, »was eine Aussöhnung angeht, so sehe ich keinen Funken Hoffnung oder Trost. Eine Aussicht auf *Glück* besteht in meinen Augen ganz und gar nicht, aber die Anordnungen Deines Vaters und ihr *Zustand* verlangen danach … Trübsal und Verzweiflung sind in ihrer Miene zu lesen, und obwohl ich nicht daran zweifle, daß diese *Zuneigung* mit der Zeit verblassen wird, glaube ich nicht, daß sich ihre Abscheu *beseitigen* läßt … Ich hege keinerlei Hoffnung, ihn loszuwerden …« Sie war außerdem auf ihren Ehemann wütend, dessen einziges Motiv für eine Versöhnung darin bestand, nicht für den Unterhalt seiner Tochter sorgen zu müssen: »Was ihn angeht, bin ich sicher, daß er äußerst zufrieden ist – Gemüt, Eitelkeit und Habsucht sind gleichermaßen befriedigt.«[9] Lady Bristol nennt das Objekt von Bess' »Zuneigung« nicht beim Namen, aber Mr. Foster, für den sie »Abscheu« empfand, war es sicher nicht.

In der Öffentlichkeit machten die Herveys Mr. Foster, der Bess' Zimmermädchen verführt hatte, für den Zusammenbruch der Ehe verantwortlich. Was natürlich einer der Gründe für Bess' Abneigung war. Dennoch stimmte sie zu, eine Versöhnung zu versuchen, wenn auch nur wegen ihrer beiden Kinder, und war entsetzt, als Foster die vollständige Trennung verlangte. Er befahl ihr, ihm das Kind und den Säugling zu übergeben, sobald er entwöhnt war, und weigerte sich, auch nur einen einzigen Penny für ihren Unterhalt zu zahlen. Ersteres war im achtzehnten Jahrundert legal, da der Vater immer das Sorgerecht für seine Kinder hatte, letzteres aber unter gewöhnlichen Umständen nicht. Wenn keine gesetzliche Trennung oder Scheidung stattgefunden hatte, mußte ein Ehemann für die Verpflichtungen seiner Frau aufkommen, und die meisten Familien trafen in Eheverträgen Vorkehrungen für ihre Tochter, falls es zu einer Trennung kam. Entweder hatte Bess' Familie dies versäumt, oder Mr. Foster hatte Beweise für einen Ehebruch seiner Frau und drohte mit Scheidung, falls man ihn provozierte.

Im November 1781 besuchte Mrs. Dillon, eine entfernte Verwandte der Herveys, Ickworth und war über die Abgebrühtheit von Lord Bristol entsetzt: »Lady Elizabeth Foster könnte kein besseres Benehmen an den Tag legen. Gerade jetzt befindet sie sich in einer äußerst schrecklichen Lage. Ihr abscheulicher Ehemann will ihr so wenig aussetzen, daß sie von ihrem Vater abhängig ist, was immer unangenehm ist. Ihre Kinder, die sich jetzt hier aufhalten, sollen ihr weggenommen werden. All dies macht sie unglücklich ... [Lord Bristol] hat sein Amt nicht angetreten und will auch Lady Bristol nicht gestatten, bei Hofe oder in der Stadt vorstellig zu werden.«[10] Der Graf war im Begriff, seine Familie in England zu verlassen, um seine Touren durch Europa wieder aufzunehmen. 1782 vermietete er ihr Haus in London und schloß seine Frau aus ihren Räumen auf Ickworth aus.

> Nie hat es eine Geschichte gegeben, die sich besser für einen Roman eignet, als die der armen Lady Elizabeth Foster [schrieb Mrs. Dillon]. Sie lebt von ihrem Ehemann getrennt, aber kannst Du Dir vorstellen, daß ein Vater mit seinem Einkommen davon redet, daß sie allein von so einer kümmerlichen Summe wie 300 Pfund im Jahr leben soll? Und das ist der Mann, der immer von seiner Liebe zur Gastfreundschaft und dem Verlangen, seine Kinder um sich zu haben, redet! Man sollte doch eigentlich annehmen, daß es ihm widerstreben würde, wenn eine hübsche junge Frau ihres Alters allein leben muß! Es ist unglaublich, welchen Grausamkeiten sie dieses Monster Foster ausgesetzt hat; ihr Vater weiß davon, gab zu, daß er ein Schurke ist, und doch versuchte er zuerst, aus Angst, er könnte sie wieder am Hals haben, sie dazu zu bringen, daß sie zu ihm zurückkehrt.[11]

Der Graf verschlimmerte die Lage zusätzlich, indem er Bess' Apanage grundsätzlich »vergaß«, wenn sie fällig wurde.

Mrs. Dillons Entsetzen über Bess' Situation – ehrbar, aber allein und ohne finanzielle Unterstützung – war verständlich. Fanny Burney schrieb in *The Wanderer* über solche Frauen, die Kupplern und Ausbeutern ausgesetzt waren. Ihr Status verlangte von ihnen, ein Erscheinungsbild aufrecht zu erhalten, das sie sich nicht leisten konnten, während ihnen die Mittel zur Wahrung eines unabhängigen Lebens verwehrt wurden. Der gerade ererbte Titel nahm Bess jede Möglichkeit, eine Arbeit als Gouvernante oder bezahlte Gesellschafterin anzunehmen.[12] Mit Leichtigkeit konnte sie auf einen Mann hereinfallen, der ihr als Geliebte ein besseres Leben bot, daher rührte Mrs. Dillons Unverständnis über die mangelnde Besorgnis von Lord Bristol. Viele Jahre später versuchte Bess, sich vor ihrem Sohn für ihr Verhalten zu rechtfertigen:

> Bitte bedenke, wenn Du sagst, meine Schwärmerei habe ein schönes Gefäß gehabt, daß ich jünger war als Du, als ich ohne Führung lebte; eine Ehefrau ohne Mann, eine Mutter ohne Kinder … auf mich allein gestellt jede Gefahr umschiffend, der eine junge Frau in solch einer Lage ausgesetzt ist. Bücher, die schönen Künste und der Wunsch, geliebt und angenommen zu werden, … ein stolzer Vorsatz, mein eigenes Empfehlungsschreiben zu sein, … dazu vielleicht ein gefälliges Betragen, verwirklichten meine Vorhaben und gewann mir Freunde, wo immer ich auftrat.[13]

Der Wunsch, geliebt und angenommen zu werden, und ein gefälliges Betragen: das war eine unwiderstehliche Kombination für Georgiana. Bess' Wunsch, ihrer neuen Freundin zu dienen, war größer als alles, was Georgiana bisher begegnet war. Beide Devonshires waren außerdem tief betroffen von ihrem Mißgeschick. »Wenn Sie Lady Bristol begegnen«, schrieb Georgiana an ihre Mutter, »würde ich mich freuen, wenn Sie von sich aus sagen, daß der H. und ich uns über die häufige Gesellschaft von Lady Erne und Lady Eliz sehr freuen, denn dieser seltsame Lord Bristol verhält sich gegenüber Lady Eliz, so fühle ich, auf die seltsamste Weise, und wir dachten, wenn bekannt wird, daß wir uns um sie kümmern, würde er sich vielleicht dafür schämen, daß er nichts für sie tut.«[14]
Georgiana kam niemals auf die Idee, daß Bess sich wegen ihrer Armut so unermüdlich um Georgianas Gesellschaft bemühte. Der Gedanke, daß ihre Großzügigkeit Bess de facto zu einer bezahlten Gesellschafterin machte, lag ihr völlig fern. Bess verstand sich auch mit dem Herzog. Er schien sie sogar ebenfalls sehr zu mögen, und Georgiana beglückwünschte sich, eine so perfekte Freundin gefunden zu haben. Bess erkannte, daß Georgiana und der Herzog einsam waren – Georgiana ganz offensichtlich, aber auch der Herzog litt auf seine eigene Weise. Seit dem Tode Charlotte Spencers fehlte ihm eine beständige Gefährtin.

Georgiana war mit ihrem eigenen Leben zu sehr beschäftigt, und ihre Scheu vor ihm war zu groß, als daß sie Charlottes Platz hätte einnehmen können. Bess erkannte, daß beide eine Vertraute brauchten, die sie nur allzu gern sein wollte, auch wenn sie dazu zwei sehr unterschiedliche Rollen spielen mußte: Mit dem Herzog flirtete sie und ihm ordnete sie sich unter, Georgiana gegenüber war sie leidenschaftlich und gefühlvoll. Fast jeder außer den Devonshires durchschaute Bess sofort. Viel später versuchte James Hare Georgiana vorsichtig zu erklären, was all ihre Freunde seit vielen Jahren dachten. »Ich stimme Dir in allem zu, was Du über Lady Elizabeth sagst, eine warmherzigere, beständigere, selbstlosere Freundin kann es nicht geben; [aber] vielleicht traut sie ihren natürlichen Eigenschaften zu wenig, denn keiner kann mir erzählen, daß sie nicht affektiert ist, obwohl es eine äußerst verzeihliche Form der Affektiertheit ist, und ihr inzwischen sehr natürlich geworden.«[15]

Der 7. Juni war Georgianas fünfundzwanzigster Geburtstag, und Lady Spencer nutzte die Gelegenheit, die Lebensweise ihrer Tochter zu kritisieren. »Auf Deinem gefährlichen Lebensweg hast Du beinahe unvermeidlicherweise ziemlich viel nutzlosen Plunder angehäuft – Spreu statt Weizen gesammelt«, schrieb sie unverblümt. »Du lebst unablässig in der Öffentlichkeit, weshalb Du nicht zu Deinem eigenen Besten leben kannst.«[16] Die Direktheit des Briefes erschütterte Georgiana, und sie antwortete, daß sie an ihren »nervösen Tagen« in Tränen ausbreche, wenn sie daran denke: »Als der 7. Juni Ihnen eine Tochter schenkte, wild, wertlos, sorglos wie sie ist, und damit die Ursache vieler Ängste, vieler Sorgen für Sie, dennoch wurde sie Ihnen geschenkt, mit einem sehnsüchtigen Herzen, das zu glauben wagt, es könnte Ihnen dies alles wert sein.«[17] In der darauffolgenden Woche wiederholte sie ihr Versprechen inständig. »Ich könnte es Ihnen in meinem Blute schreiben, liebste M.«[18]

Sie fühlte sich verletzt und abgewiesen, deshalb suchte Georgiana Trost bei der mitfühlenden und verständnisvollen Bess. Sie konnte sich ihrer neuen Freundin genauso anvertrauen wie Mary Graham, und ganz ohne Probleme – Bess hatte keinen Ehemann zu Hause, der sie zu sich rief. Nichts würde sie trennen. Die Nachricht, daß Bess Georgiana und den Herzog nach Plympton zur jährlichen Truppenparade begleitet hatte, alarmierte Lady Spencer. Sie machte sich über Bess keine Illusionen, wunderte sich aber, daß sowohl Georgiana als auch der Herzog in ihren Bann geraten waren. Aus den Briefen ihrer Tochter schloß sie, daß die drei unzertrennlich waren, zusammen in Plympton House lebten, und ihre Abende damit verbrachten, sich gegenseitig Shakespeare vorzulesen. Anscheinend ließ Bess Georgiana niemals allein, und keine Facette von Georgianas Leben blieb ihr verschlossen. Ohne sich der nachteiligen Auswirkungen bewußt zu sein, wandte sich Bess in Georgianas Briefen an Lady Spencer, redete sie wie eine alte Freundin an und fügte Nachsätze über die Gesundheit und das gute Betragen ihrer Tochter an. Manchmal schrieb sie fast den ganzen Brief mit der Entschuldigung, die Tochter sei zu müde zum Schreiben. Sie verhielt sich immer ehrerbietig, aber ihre Vertrautheit mit Georgiana nagte an Lady Spencer. Ihr Ton verriet eine Person, die angestrengt bemüht war, sich ein Heim auf Dauer zu schaffen.

Das harmonische Trio blieb bis Ende September in Plympton, als sich Bess einen bösen Husten zuzog. Georgiana beklagte sich sehr über ihr Verhalten, weil sie lauthals verkünde, mit ihr sei alles in Ordnung, um im nächsten Moment zuzugeben, sie leide bereits seit zwei Jahren unter einem lästigen Husten, »obwohl sie glaubt, das sei lächerlich, sie sei nur ein wenig nervös.«[19] Georgiana begann sich zu fürchten und litt unter Selbstzweifeln. Am 30. September schrieb sie: »Ich bin nicht ausgegangen, weil ich mich niedergeschlagen und unwohl fühlte und schloß mich den ganzen Morgen ein.«[20] Sie bekannte, daß sie wieder Beruhigungsmittel nahm, von denen sie so müde wurde, daß sie keine Freunde empfangen konnte.[21] Georgiana schob ihre schlechte Verfassung auf ihre Unfruchtbarkeit.

> Sie haben *Zyllia* angenommen [schrieb sie an Lady Spencer; gemeint ist ein Stück, das sie geschrieben hatte über ein Mädchen, das entdeckt, daß ihre Mutter ihre beste Freundin ist], und deshalb werde ich den närrischen Unsinn in meinem Herzen meiner *Freundin* entdecken. Ich bin mit mir selbst nicht zufrieden. Ich habe ein Gefühl zwischen Unbehagen und Neid wegen der Berichte, die mich über Lady George [Cavendish] und ihre Schwangerschaft erreichen. Zunächst machte es mir überhaupt nichts aus, aber jetzt, wo das Ereignis näher rückt, habe ich ein Gefühl, für das ich mich selbst hasse, und doch gibt es niemanden, der ernsthaftere und tiefer empfundene Gelübde für ihr Wohlergehen ablegen kann. Ich könnte so nicht empfinden, dünkte mir nicht, daß auch ich eine Chance habe, in ihre Lage zu kommen. Ich bin davon überzeugt, könnte ich lange liegen bleiben, könnte ich mir eine gesündere Lebensweise aneignen und für eine Weile ein ruhiges Herz und

Verstand bewahren, es würde mir gelingen. Und doch: Trotz meiner
starken Wünsche und Einsichten bin ich so schwach, daß ich Dinge
zulasse, die mir schaden, mit offenen Augen – Sie müssen mich anlei-
ten und retten, liebste M., denn nur Sie können es.[22]

Es gab andere Sorgen: zunächst ihre Schulden. Am 19. Oktober erklärte
ihr Lady Spencer, daß sie einem Mr. Hicks, der ihr ziemlich gerissen vorkam, eine gewisse Summe bezahlt habe.

Kurz [schrieb sie, aufgewühlt von der Begegnung], ich befürchte das
eine oder andere Unheil – daß Du Dich zu mehr verpflichtet hast, als
Du jemals bezahlen kannst, und ihm dafür Wertsachen gegeben hast.
Wenn dies der Fall ist, wünschte ich, Du würdest mir Einblick in die
Einzelheiten gewähren, denn ich fürchte, daß Du oft ausgenutzt wirst
– auf alle Fälle bitte ich Dich, trenne Dich niemals von Juwelen. Ich
habe Dir oft gesagt, daß sie Dir nicht gehören, weshalb Du in ihnen
Dinge sehen solltest, die man Dir nur anvertraut hat. Gehe nicht über
diesen Passus hinweg, ohne zu antworten.[23]

Wie üblich versank Georgiana in Schulden, aber das war nicht die einzige Ursache ihres Kummers. Der Neid, den sie gegenüber Lady George
empfand, hatte ein wesentlich näherliegendes Ziel.

Wie mühelos sich Bess während ihrer Krankheit zum Mittelpunkt
der Aufmerksamkeit gemacht hatte, war für Georgiana eine Offenbarung gewesen. Sie nahm dem Herzog äußerst übel, wie er sich verhielt;
daß er mit den Ärzten eindringlich über Bess' Gesundheitszustand
diskutierte, hatte ihr heftige Stiche versetzt. Bezeichnenderweise wurde Georgiana dann selbst krank. Der erwünschte Effekt stellte sich ein,
sie zog die Aufmerksamkeit von Bess wieder auf sich selbst und schrieb
zufrieden: »Mein Kopf bereitete mir Schmerzen, aber wie ich Dir bereits sagte, haben sich der Herzog und Lady Eliz so liebevoll um mich
gekümmert, daß ich es recht angenehm fand, krank zu sein.«[24] Die
Krise war überstanden, und Bess war wieder ihre ganz besondere
Freundin. Dennoch konnte sie sich nicht von ihrem Verdacht befreien,
daß Bess nicht ganz so war, wie sie sich darstellte. In einem langen
Brief am 29. Oktober versuchte sie, Lady Spencer ihre Gefühle zu beschreiben:

Sie werden mir keinen übermäßigen Scharfsinn zuschreiben, aber
ich habe sehr oft, und häufiger als Sie sich vorstellen würden, die
Charaktere der Menschen um mich herum beobachtet. Ich weiß

nicht, ob das eine sinnvolle Beschäftigung ist, wenigstens ist sie nicht
negativ und sie nützt und schadet weder mir noch irgend jemand anderem. Mir ist widerfahren, daß ich bei Leuten, die Einfluß auf mich
haben, eindeutig erfaßt habe, warum sie wollen, daß ich dieses oder
jenes tue, was ich nicht tun mochte, und obwohl sie mir ihre wahren
Motive nicht entdeckten, habe ich mir die ganze Zeit, während sie
mich zu überzeugen versuchten, gesagt: »Ich weiß, wer Du bist, und
warum Du willst, daß ich dieses oder jenes tue«. Und trotzdem ich
mir dessen ganz sicher war, habe ich nichts gesagt und, obwohl ich es
nicht mochte, getan, was sie wollten. Ich habe es getan, weil ich gebraucht wurde, und habe vorgegeben, jedes der an mich gerichteten
Worte zu glauben, so daß ich mich im Grunde mehr angestrengt habe, leichtgläubig zu erscheinen, als die meisten Leute, die sich eher
zu beweisen bemühen, daß man sie nicht hintergehen kann. Wo es
darum geht, konsequent zu sein, wäre ich gern stärker, aber im allgemeinen ist mir das Wort *nein* so sehr zuwider, daß ich mich vielen
Unannehmlichkeiten aussetze, nur um es nicht sagen zu müssen.
Fast hat es den Anschein, als ob sich aller Antrieb meines Naturells
in meinem Kopf verbraucht und mir Kraft gibt, zu fühlen und zu
denken, aber die Anstrengung ermüdet so sehr, daß sie zur Trägheit
führt, sobald ich etwas tun muß.[25]

Anzeichen, daß Lady Spencer Georgianas Aufschrei verstanden hatte,
blieben aus. In ihrer Antwort stimmte sie lediglich zu, »daß Du so kurz
vor der Tat innehältst, muß von der Trägheit herrühren, und ich will hoffen, daß sich dies mit der Zeit bessert.«[26] Erst viele Jahre später, als der
Kummer sie zwang, Tatsachen zur Kenntnis zu nehmen, die sie gerne
ignoriert hätte, akzeptierte Lady Spencer, möglicherweise eine gewisse
Charakterschwäche bei Georgiana begünstigt zu haben. »Ich kann mich
nicht darüber hinwegtäuschen«, schrieb sie traurig, »daß sie jener Leichtfertigkeit und der Furcht, Kummer zu bereiten, die sie beide (besonders
die Herzogin) von mir geerbt haben, auch jenen Mangel an beharrlicher
Entschlossenheit verdanken, der sie hin zu viel Gutem und weg von vie-
lem Bösen geführt hätte.«[27] Im Jahre 1782 sah Lady Spencer jedoch nur
einen Eindringling, der in Georgianas Herzen jenen Platz einnahm, der
rechtmäßig ihr zugestanden hätte. Sie klagte über Bess' Einfluß:

> Das waren glückliche Tage, mein liebstes Kind, als jeder Gedanke
> Deines unschuldigen Herzen hervorsprudelte, ohne Wunsch, sich
> zu verbergen, als mein unaufhörliches Stöbern mit vollkommener
> Gelassenheit ertragen wurde, ohne Vorsichtsmaßregeln, und keine

kleinen Schubfächer und Portefeuilles zurückgehalten wurden ...
Ich sehe Dich am Rande von tausend Abgründen, in Gefahr, das
Vertrauen jener zu verlieren, die Dir wirklich zugetan sind ... Ich
sehe, wie Du eifrig auf jene – muß ich sie in fälschlicher Weise
Freunde nennen? – zueilst, die, mögen ihre Intentionen auch nicht
Unrecht sein, unablässig mit Dir über Dinge sprechen, über die bes-
ser geschwiegen werden sollte, und so unmerklich zu äußerst schäd-
lichen Feinden für Dich werden. All dies und mehr verursacht mir
Höllenqualen.[28]

Lady Spencer verwandte viel Zeit darauf, sich zu überlegen, wie sie ihre
Rivalin loswerden könnte. Sie lud Georgiana und den Herzog ein, sie auf
Hotwells in Bristol zu besuchen, und fügte höflich an, daß Bess nicht
willkommen sei, da Lord Spencer »zu krank ist, um den Besuch einer
Fremden zu genießen.«[29] Bess enttäuschte zutiefst, daß man sie eine
Fremde nannte, nachdem sie ihre Postscripten so sorgsam formuliert
hatte. Die »arme kleine Bess«, wie sie sich selbst titulierte, bekam bei der
Vorstellung, man könnte sie allein lassen, einen hysterischen Anfall und
trieb die Devonshires in ähnlich aufgewühlte Zustände. Eilends schrieb
Georgiana an ihre Mutter: »Lady Eliz kommt mit uns, liebste Mama, die
arme kleine Seele, anders kann es unmöglich sein.« Sie bemühte sich, die
Wogen zu glätten, indem sie Bess' unterwürfigen Charakter hervorhob:
»Mein Vater muß sich nicht im mindesten um sie kümmern, sie ist ein
äußerst ruhiges kleines Ding und wird in einer Ecke des Zimmers sitzen
und zeichnen, oder Sie schicken sie aus dem Zimmer, oder tun, was auch
immer Ihnen beliebt.«[30] Sie beendete den Brief mit dem einzigen Satz,
der Lady Spencer tröstete: »Ich hoffe, daß wir sie im Laufe des Monats
nach Nizza auf den Weg bringen.«
   Die beiden Wochen in Bristol waren für alle anstrengend und unangenehm, außer für Bess. Falls sie sich der Spannungen um sie herum bewußt war, ließ sie es sich nicht anmerken: Nie erstarb ihr Lächeln, nie
ließ sie in ihrem Bemühen nach, gefällig zu sein. Lady Spencer fiel allerdings auf, daß sie sehr wenig aß; sie erweckte beinahe den Anschein, als
wolle sie sich absichtlich zu Tode hungern. Fast jeden morgen ließen der
Herzog und Bess Georgiana alleine zurück, um zusammen auszureiten;
vor dem Abendessen kehrten sie zurück und gesellten sich zu den anderen, spielten Karten oder lasen, ohne einander eines Blickes zu würdigen. Sie verhielten sich so auffällig, daß sich jeder Gedanken über ihre

Beziehung machte, aber Georgiana gab vor, nichts zu bemerken. Eine kurze Zeitspanne hatte genügt, Georgiana von Bess so abhängig zu machen, daß allein die Idee, sie könnte Bess' Ergebenheit verlieren, zu schmerzvoll war.

Der Herzog reiste nach zehn Tagen nach London ab, und Bess blieb mit Georgiana und Lady Spencer in Bristol. Seine Abreise ermöglichte Lady Spencer, ihre eigenen Beobachtungen über Bess' Beziehung zu ihrer Tochter anzustellen. Wenn der Herzog abwesend war, schien sie an nichts anderes als an Georgianas Bequemlichkeit zu denken, und bemutterte sie mit einer Mischung aus Unterwürfigkeit und Bevormundung. Selten benutzte sie das Wort »ich«, fiel Lady Spencer auf, sie redete immer von »wir«. Ihre Stimme, ihr Haar und ihre Kleidung komponierte sie als getreues, geradezu beunruhigendes Abbild von Georgiana – Lady Spencer war sicher, daß die meisten ihrer Kleider einmal ihrer Tochter gehört hatten. Georgiana schien an Bess' Verhalten jedoch nichts Ungewöhnliches zu entdecken, sie ermutigte sie dazu. Sie redeten sich mit Geheimwörtern und Kosenamen an, weshalb sich Lady Spencer ausgeschlossen fühlte. Den Herzog nannten sie Canis, ein offensichtlicher Hinweis auf seine Liebe zu Hunden. Nach wie vor unklar ist, weshalb Georgiana Mrs. Rat war, und Bess Racky. Lady Spencer befürchtete, daß sich auch Harriet von Bess' Charme anstecken ließ. »Ich bitte Dich inständig, meinem ernsthaften Ersuchen nachzukommen, mir vom allerersten Augenblick an mitzuteilen, wenn Dich irgend etwas quält, bedrückt oder Dir Kummer bereitet«, schrieb sie beängstigt, »es sei denn, Du glaubst, daß irgend ein anderer Mensch Dir mehr zugetan ist und sich insofern Deines Vertrauens würdiger erweist.«[31]

Kurz nach ihrer Rückkehr nach London verkündete Georgiana, daß sie wieder schwanger sei. Seit Jahren war sie nicht so gesund gewesen, sie trank weniger und aß regelmäßig, ohne den zerstörerischen Wechsel zwischen Freßsucht und Hungerkuren. Aber ihr psychischer Zustand schien gefährdet: Sie fühlte sich von »Stimmungen« verfolgt, weshalb sie fortwährend in Tränen ausbrach und nicht schlafen konnte. »Heute morgen schrieb ich Ihnen in sehr schlechter Stimmung einen Brief«, gestand Georgiana am 1. Dezember ihrer Mutter. »Es ist nur gerecht, daß ich Ihnen mitteile, wie viel besser ich mich jetzt fühle und ganz und gar nicht unwohl, die Stimmungen [sind] schwächer geworden, und ich bin nicht mehr annähernd so nervös.« Aber der Geist von Bess lauerte im

Hintergrund: »Lady Eliz wünscht, Ihnen zu übermitteln«, fügte sie hinzu, »daß sie sehr gerührt ist und sich geschmeichelt fühlt, weil Sie so gut
zu ihr waren, ... und daß sie sich jeder Anteilnahme sehr bewußt ist, die
Sie an ihr nehmen.«[32] Die Antwort von Lady Spencer auf Bess' Annäherungsversuche fiel knapp aus: »Ich hoffe, Lady Eliz verliert ihre Reise ins
Ausland nicht aus den Augen.«[33]

Lady Spencer fürchtete, Georgianas psychische Verfassung könnte zu
einer Fehlgeburt führen. Sie erzählte Harriet, sie sei sicher, daß die Fehlgeburten, die sie selbst als junge Frau erlitten hatte, durch eine »Erschütterung des Gemütes«[34] verursacht worden seien. Auf die Idee, Bess
könnte die Ursache der Qualen ihrer Tochter sein, kam sie nicht, dazu
fehlten ihr Einfühlungsvermögen und Vorstellungskraft, und ihre Ratschläge an Georgiana beschränkten sich auf das Praktische. Allem voran
schlug sie vor, Georgiana solle zu Hause bleiben. Andernfalls müßte man
ihr vorwerfen, daß ihr an Partys »mehr lag als einem Kind.«[35] Außerdem
empfahl sie Laudanum: »Nimm ein paar Tropfen (5 oder 6) ... wenn Du
irgend welche heftigen [Anfälle] oder Erregung verspürst ... Sei versichert, was immer *diesmal* passiert, Du bist im Ganzen bei wesentlich besserer Gesundheit, wenn es Dir also gelingt, Gemüt und Körper diesen
Winter ruhig zu halten, dann zweifle ich nicht daran, daß all Deine
Wünsche bald in Erfüllung gehen ... Mach Dich nicht unglücklich.«[36]
Beunruhigt von Georgianas Befürchtung, sie habe zu sehr gesündigt, um
die Sakramente zu empfangen, gab sie ihr zum Abschluß, wie üblich, die
dringende Empfehlung, ihr Vertrauen in Gott zu setzen. Sie bat auch
Harriet, Georgiana davon zu überzeugen, daß es »nicht nötig ist, allzu
viele Bedenken zu hegen, wegen dem, was hinter uns liegt – die Macht
des Erlösers ist mehr als ausreichend, auch das schwärzeste Verbrechen
zu sühnen, wovon sie sich sicherlich kein einziges zum Vorwurf machen
muß.«[37]

Bess packte ihre Koffer, ihre Abreise nach Frankreich war für den 25.
Dezember vorgesehen. Die Devonshires hatten sie für 300 Pfund im
Jahr offiziell als Gouvernante für Charlotte Williams engagiert, und sie
sollte ihre Schülerin für den Winter ins Ausland begleiten. Der schlaue
Plan gefiel allen. Er löste das Problem mit Charlotte, die sich unter der
Obhut ihrer Amme Mrs. Gardner nicht genügend entwickelte, ver-
sprach Hoffnung für Bess' Gesundheit und verhalf ihr zu einem Ein-
kommen. Der Herzog war fest davon überzeugt, daß nur das warme

Klima im Süden Frankreichs Bess' fürchterlichen Husten heilen konnte. Möglicherweise gab es andere Gründe, weshalb Bess fortmußte.* Sie bettelte, Georgiana und der Herzog mögen sie auf dem Laufenden halten über »die Geschichten, die ihr über mich hört, bitte sprecht mit mir, damit ich wenigstens vor euch gerechtfertigt werde, und damit ihr die Wahrheit von der Lüge unterscheiden könnt.« Ein drohender Skandal würde erklären, warum sie für so lange Zeit fortgeschickt wurde, obwohl die Freundschaft erst begonnen hatte.

Georgiana war sehr bestürzt wegen ihrer Abreise. »Morgen soll ich meine liebe kleine Bess und meine liebe kleine Charlotte verlieren«, schrieb sie. »Es wird ihnen so gut tun, weshalb ich nicht zulassen kann, daß es mich weiter quält. Aber ich werde sie beide sehr vermissen.«[38] Lady Spencer hoffte, so sehr wie Bess befürchtete, daß mit der Trennung ihre Herrschaft über die Devonshires beendet war. Aber niemand rechnete mit der Stärke von Georgianas Zuneigung. »Meine liebste, liebste, liebste Bess, meine wunderbare Freundin«, schrieb sie in einem Brief, den sie mit einer Kiste voller Geschenke schickte. »Wenn ich mich irre, daß Du für Deine G. ›*Ah te voilà ma petite*‹ geworden bist, wirf dies ins Meer. *Mais non c'est impossible, pardonnez moi, mon ange, Je crois que je vous dis quelquefois des brutalités pour avoir le bonheur de m'entendre contredire.*«**[39] Bess' Mutter, Lady Bristol, informierte ihre Tochter, daß Georgiana ihr mehrmals geschrieben und sie besucht habe, nur um mit ihr zu reden. »Du hast sicher gut daran getan«, gratulierte sie ihr, »Deine Angelegenheiten in ihre Hände zu legen.«

---

* Es gibt einen vagen Hinweis in den erhalten gebliebenen Briefen, daß Bess die Geliebte des großen Verführers, des Herzogs von Dorset, geworden war oder mit dem Gedanken spielte. Die Andeutungen basieren auf Gerüchten, die Lady George Cavendish weitertrug. Sie konstatierte unverblümt, Bess habe eine Affäre mit dem Herzog von Dorset. Aber auch in Bess' eigenen Briefen finden sich kleine Eingeständnisse.

** Aber das kann nicht sein. Vergib mir, mein Engel. Ich glaube, manchmal sage ich solche schlimmen Sachen nur wegen des Glücks, mich mir widersprechen zu hören.

Kapitel 7

Eine instabile Koalition
1783

*Ihre Gnaden die Herzogin von Devonshire
hat beschlossen, sich bis nach ihrer Niederkunft nicht
in der Öffentlichkeit zu zeigen. Da sie seit langem
in der Mode den Ton angibt, hoffen wir, daß die Damen
ihrem Beispiel folgen und sich so schnell wie möglich
ins Heu begeben.*

MORNING HERALD AND DAILY ADVERTISER, *8. FEBRUAR 1783*

Ausgestattet mit Geld, neuen Kleidern und einem Empfehlungs-schreiben an die Polignacs hatte sich Bess auf dem Postschiff nach Frankreich eingeschifft, und so konnte Georgiana ungehindert ihre alten Gewohnheiten wieder aufnehmen. Ihre lange Abwesenheit aus London im Jahre 1782 hatte sie auf die Rolle der Zuschauerin bei den die Whigs betreffenden Entwicklungen beschränkt. Berichten des *Morning Herald* und anderer Zeitungen zum Trotz, die davon ausgingen, daß sie sich bis zum Ende ihrer Schwangerschaft aus dem politischen Leben zurückzog, etablierte sich Georgiana wieder als Fox' Verbündete und politische Ver-traute. Regelmäßig erschien er in Devonshire House, um seine Proble-me zu diskutieren. Unter welchem Druck er stand, sah man an seinen rotgeränderten Augen und dem Gewicht, das er seit dem vergangenen Sommer zugelegt hatte. »Er meint, alle wären dick geworden, sogar Mr. Hare«, antwortete Georgiana auf die Anfrage ihrer Mutter, »und daß die Leute, von denen man sagt, sie seien dünn, nur so bezeichnet würden, weil sie nicht mit dem Rest der Welt zugenommen hätten.«[1]

Die Koalition zwischen Shelburne und Rockingham war von Anfang an problematisch gewesen. Georg III. redete ausschließlich mit Shelburne und ignorierte Lord Rockingham und die Anfragen aller übrigen Whigs wegen der Ämterbesetzungen. Bereits im Juni 1782 hatten einige Whigs die Koalition für arbeitsunfähig erklärt. Dann warf eine Grippe Lord Rockingham auf das Krankenlager, und binnen zwei Wochen war er tot. Er hatte seinen Posten nur für drei Monate bekleidet, nach annähernd zwei Dekaden in der Opposition. Kurz nach Rockinghams Tod ließ Fox alle Illusionen über die Koalition fahren und gab sein Amtssiegel zurück. Mehrere Whigs folgten seinem Beispiel.

Der Mann, der von Fox' Rücktritt am meisten profitierte, war der dreiundzwanzigjährige William Pitt. Fox' Mutter, Lady Caroline Holland, hatte Pitt in seiner Kindheit kennengelernt und vom ersten Augenblick an erkannt, daß er über so grundlegende Eigenschaften wie Geduld und einen Blick für Details verfügte, die ihrem Sohn fehlten. »*Keine acht Jahre alt*«, schrieb sie, »und wirklich das klügste Kind, das mir je begegnet ist, *und so wohl erzogen, daß, denk an meine Worte*, er Zeit seines Lebens Charles ein Dorn im Auge sein wird.« In seiner Antrittsrede im Parlament im Jahre 1781 hatte Pitt durchblicken lassen, daß er mit den Zielen der Whigs für eine ökonomische und politische Reform sympathisierte. Obwohl ihre beiden Väter ihr ganzes Arbeitsleben lang erklärte Feinde gewesen waren, bejubelte Fox ihn als neuen, aufsteigenden Stern.* Er war hochherzig genug, um das Potential des jungen Mannes zu erkennen, und innerhalb eines Monats, nachdem Pitt seinen Sitz übernommen hatte, brachte Fox ihn bei Brooks's unter. Äußerlich kontrastierten sie sehr – Pitt war groß und schlank mit ausgeprägten Zügen und einem fast unbehaarten Gesicht –, aber sie waren beide heftige Trinker und hatten allem Anschein nach, zumindest in den ersten Monaten, vieles gemeinsam. Pitt war jedoch zu stolz und von seiner eigenen Bestimmung zu sehr überzeugt, um die Rolle des beflissenen jungen Anhängers lange zu spielen.

1782 hatte sich Pitt aus Fox' Umklammerung gelöst und allen Parteien verdeutlicht, daß er als Sohn des ehemaligen Premierministers einen seinen Fähigkeiten entsprechenden Posten haben wollte. Als durch Fox'

---

* William Pitt der Ältere hatte seinen Rivalen so verabscheut, daß er 1756, während er den Herzog von Devonshire in das neue Ministerium berief, Henry Fox' Ernennung zum Schatzkanzler zugunsten eines weniger qualifizierten Kollegen verhinderte. Der Groll der Familie Fox kannte keine Grenzen, als Georg III. Pitt im Jahre 1763 in den Grafenstand erhob, nachdem er Henry Fox zwei Jahre zuvor mit einer Baronie abgespeist hatte.

Rücktritt drei Lücken im Kabinett entstanden waren, bot Shelburne, der glaubte, mit dem jungen Mann habe er leichtes Spiel, Pitt die Nachfolge von Lord John Cavendish als Schatzkanzler an. Fox war empört, daß sein ehemaliger Protegé über die Köpfe der zurückgetretenen Whigs hinweg zu Amt und Würden kam. Von diesem Augenblick an waren Fox und Pitt unerbittliche Rivalen.

Der unbeliebte Shelburne mußte zusehen, wie sich seine Anhängerzahl rasch dezimierte, da sich die Abgeordneten zu Lord North oder Fox hingezogen fühlten. Er mußte sich mit einem von beiden verbünden, wenn er nicht in Kürze im Unterhaus überstimmt werden wollte. Zusätzliche Schwierigkeiten bereitete ihm William Pitts Abneigung gegen Lord North, den er noch mehr verachtete als Fox. Insofern konnte sich Shelburne nur Fox anschließen, aber diese Lösung war in Anbetracht der gegenseitigen Antipathie der beiden Männer wenig wahrscheinlich.

Georgiana traf Fox während jener Verhandlungen, als noch keineswegs klar war, ob eine der drei Parteien ihre Abneigung gegen die beiden anderen lange genug unterdrücken konnte, um einen Pakt zu schließen.[2] Am 11. Februar 1783 ordnete Shelburne an, Pitt möge sich privat mit Fox treffen, damit sie versuchten, ihre Differenzen beizulegen. Im Zuge der Verhandlungen ließ Pitt abfällige Bemerkungen über die Whigs fallen, die Fox persönlich nahm und ihm nie verzieh.

Shelburnes vergeblicher Versuch, um Fox zu buhlen, zwang die Whigs zu einer unfreiwilligen Paarung mit Lord North. Der Ex-Premierminister hatte diverse vorsichtige Unterredungen mit Fox, und trotz ihrer vorangegangenen erbitterten Gefechte einigten sie sich darauf, die Feindschaft hinter sich zu lassen. Da die Whigs und die North-Anhänger nun miteinander stimmten, war Shelburne verloren. »Der politische Wirrwarr dauert immer noch an«, schrieb Georgiana an Bess, kurz bevor Shelburne sich geschlagen gab. »Lord Shelburne ist noch nicht draußen, aber die heutige Verhandlung bringt vielleicht die Entscheidung – Lord Camden, der Herzog von Grafton und General Conway sind zurückgetreten ... Canis läßt liebe Grüße übermitteln, er muß ins Unterhaus und hat deshalb heute keine Zeit zu schreiben.«[3]

Am 24. Februar trat Shelburne angesichts der überwältigenden Mehrheit gegen ihn zurück. Georg III. widersetzte sich wiederum dem Vorschlag, die Whigs ins Amt zurückzuholen. Er flehte Pitt an, die Regierung zu bilden, aber der junge Politiker lehnte ab, weil er wußte, daß ihm die

Unterstützung fehlen würde. Lord North weigerte sich, seinem Handel mit Fox abzuschwören und ohne ihn einzutreten. Der König trat an alle altgedienten Parlamentarier einzeln heran, auch an einige in untergeordneten Positionen, einen Cousin von Pitt eingeschlossen. »Holt mir Mr. Thomas Pitt oder Mr. Thomas Sowieso«, schrie er. Als er erkannte, daß niemand bereit war, Fox herauszufordern, erwog er, England zu verlassen. Er entwarf sogar seine Abdankungsrede. Am 1. April aber stiegen North, Fox und der Herzog von Portland unter lauten gegenseitigen Beglückwünschungen die Stufen von St. James's Palace hinauf, um das Großsiegel in Empfang zu nehmen. North wurde Premierminister, Fox erneut zum Außenminister, und Lord John Cavendish zum Schatzkanzler ernannt.

Georgiana hielt Bess immer über die politischen Entwicklungen auf dem laufenden, obwohl Bess eher mit ihren eigenen Angelegenheiten beschäftigt war – hauptsächlich mit dem Verhalten von Mr. Foster. Er hatte einige Auskünfte eingeholt, seit er von ihrer Freundschaft mit den Devonshires erfahren hatte, unter anderem wollte er wissen, wer ihr Geld gab. Georgiana und der Herzog beantworteten seine Briefe kühl, aber Georgiana brachten sie auf eine Idee. »Weißt Du, seit Mr. Foster in seinen Briefen so zuvorkommend aufgetreten ist, will mir ein Plan nicht mehr aus dem Kopf gehen«, schrieb sie Bess. »Ob Du jemals wieder mit ihm zusammenleben willst, müssen Dir Deine eigenen teuren Gefühle sagen – aber ich finde, eins liegt klar auf der Hand: Da Mr. Foster weiß, daß *jetzt* außer Deiner Familie auch andere von seinem schlechten oder guten Betragen Dir gegenüber erfahren werden, und er ein eitler Mann ist, scheint ihn das anzutreiben, sich besser zu benehmen. Deshalb würde ich mir wünschen, daß Du Dich auch weiterhin um ein gutes Verhältnis bemühst.«[4] Georgiana riet ihr anzudeuten, daß die Devonshires, wenn sein jüngerer Sohn mit seiner Erlaubnis an einer Schule in England erzogen würde, für sein Fortkommen die Patenschaft übernehmen würden. Sie würden für seinen Unterhalt aufkommen, so daß weder für Bess noch für Foster pekuniäre Nachteile entstünden.

Georgianas vorrangiges Interesse galt, nach der Politik, ihrer Beziehung und wie sie sich nach Bess' Rückkehr gestalten würde. Es gelang ihr, sich klar und zugleich vage auszudrücken:

Ich habe Dir, meiner teuersten, innigsten Geliebten, einen Umriß meiner Ideen für Dein zukünftiges Leben versprochen – hier ist er, aber vergiß nicht, daß ich jedes Wort von Dir über andere Absichten

annehmen werde, es sei denn, Du würdest damit Deiner Gesundheit
schaden oder mir die Freude nehmen, Dich in meiner Nähe zu haben.
Mein größter Wunsch wäre, daß Du während Deines Aufenthaltes in
der Ferne nicht nur streng auf Deine kostbare Gesundheit achtest,
sondern gleichermaßen für Unterhaltung Deines Gemüts sorgst, solange sie sich für Dich nicht als schädlich oder beschämend erweist,
denn ganz sicher ist die Haltung, die Du Dir bewahrt hast, in Deiner
gegenwärtigen Situation, jung und schön wie Du bist, unbedingt erforderlich ... Obgleich ich die Aufregung für uns beide fürchte und
den Schaden für Deine Gesundheit, darfst Du nicht zurückkehren,
bevor ich niederkomme ... Wenn Du dann zurückkehrst, so nach Devonshire House, wenigstens für einen Monat. Da Dein süßer Stolz –
und die Verhältnisse vielleicht auch – nicht unbedingt empfiehlt, daß
Du Dein Leben für immer mit Deinem Bruder und Deiner Schwester
in einem Hause verbringst, werde ich auf der Stelle nach einem Haus
für Dich in unserer Nähe Ausschau halten, unter der Bedingung, daß
Du Dich dort weniger aufhältst als hier. Den Sommer wirst Du auf
Chatsworth verbringen, ... im Herbst mit Canis zur Jagd gehen und
im Winter in London sein. Du sollst Deine Kinder bei Dir haben,
oder zumindest Augustus. Du sollst mit Deiner ganzen Familie und *all
Deinen Verwandten* auf bestem und freundlichstem Fuße stehen, aber
von ihnen unabhängig sein, und Dein Bruder und Deine Schwester –
Canis und G – sollen die einzigen sein, denen Du gestattest, ihr Leben
mit Dir zu teilen.[5]

Bess dürfe sie nie verlassen, beteuerte sie. Ein Absatz ihres Briefes ist von
späterer Hand geschwärzt worden: »Setze ich zuviel voraus, wenn ich
mich und Canis zur Triebfeder Deines künftigen Lebensplanes mache?
Aber bedenke ...« lauten die mysteriösen Eröffnungsworte des durchge-
strichenen Absatzes. Hier verbergen sich vielleicht Hinweise auf Bess'
vorangegangenes Verhältnis mit dem Herzog von Dorset. Die Passage
könnte auch offenbart haben, was sich auf der Gefühlsebene zwischen
Bess und den Devonshires abgespielt hat, und die sexuelle Dynamik zwischen den dreien erklären. Trotz Streichungen und unpräziser Sprache
bleibt eindeutig, daß Georgiana ein Verhältnis zwischen Bess und ihrem
Ehemann nicht tolerieren konnte. Sie sprach es zwar nicht aus, aber wegen der vielfachen Hinweise auf den Herzog als »Deinen lieben Bruder«
konnte für Bess kein Zweifel bestehen, welche Art von Beziehung Georgiana für sie vorgesehen hatte.
    Georgianas Gefühle für Bess drohten sogar, Oberhand über ihre Par-
teitreue zu gewinnen. Sie war entsetzt, als der Herzog von Portland vor-

schlug, ihren Ehemann zum Vizekönig von Irland zu machen. Der dritte
Herzog von Devonshire hatte Irland acht Jahre lang, von 1737 bis 1745,
regiert, und da die dortigen riesigen Ländereien der Familie Cavendish
einen großen Anteil des Familienvermögens ausmachten, schien die
Wahl naheliegend. Aber Bess hätte sie nicht begleiten können, da Mr.
Fosters Verfügung vorsah, daß sie sich von Irland fernhielt. »Ach Bess,
ich bin halb tot«, schrieb Georgiana, als sie die Neuigkeit am 5. April
weitergab. »Nur soviel: Ich fürchte, wir müssen nach Irland gehen ... Ich
bekenne vor Gott, daß ich fast wahnsinnig werde.«[6] Einerseits ergab sich
hier für sie die Gelegenheit, eine offizielle Rolle in der Politik zu spielen:
Sie würde in Dublin ihrem eigenen Hof vorstehen, eigene Verantwortung tragen, und der Herzog würde seine Lethargie ablegen und sich wie
ein Staatsmann benehmen müssen. Andererseits wäre sie monatelang
von Bess getrennt. Das Dilemma zerriß sie innerlich; sie beschloß, sich
zu fügen, bereute ihren Entschluß aber sofort. »Mir wurde klar, daß der
Herzog von Portland so sehr wünscht, Canis würde akzeptieren, daß ich
einen Entschluß faßte und gestern zu ihm ging und ihm nicht nur zure-
dete, sondern sagte, ich wünschte es. Ich bin sicher, daß ich recht tat –
aber ich werde fast verrückt. Aber wenn ich tatsächlich gehe, werde ich
Mr. Foster dazu bringen, mir Augustus zu geben – Bess, liebste Bess«,
jammerte sie. Wenige Stunden später schrieb sie noch ein Briefchen:
»Mein Schicksal entscheidet sich. Canis ist fortgegangen und die Herzogin [von Portland] ist beim Herzog von Portland, um zu hören, wie entschieden wurde. Ach Bess, mit jeder neuen Empfindung wächst meine
Anbetung für Dich.«[7]
    Der Herzog entschied die Angelegenheit, denn die Idee, nach Irland
zu gehen, mißfiel aus ähnlichen Motiven auch ihm. Sie würden bleiben.
Georgiana versuchte, ihren Bruder zu überreden, den Posten zu übernehmen. Teilweise ging es ihr um die Familienehre, teilweise bewegte sie der
Wunsch, mit dem Amt aus zweiter Hand verbunden zu bleiben, zu diesem
Vorschlag. Sie erklärte ihm, alle würden »darauf warten, daß Du eine Position einnimmst, die Deinen Fähigkeiten und Deinem aufrechten Herzen
und Verstand gerecht wird, und nebenbei würdest Du Deinem Land einen
wesentlichen Dienst erweisen und die Regierung stärken, hinter der Du
stehst.«[8] George lehnte dennoch ab. Er hielt sich für zu unerfahren, um
mit der unsicheren Situation in Irland fertig zu werden. Das Land stand
kurz vor einer Revolution, und das irische Parlament rebellierte unverho-

len gegen Dublin Castle. Warum, fragte er, wollte der Herzog seiner patriotischen Pflicht nicht nachkommen, wenn die Stellung doch von so entscheidender Bedeutung war? Georgiana antwortete wahrheitsgemäß, daß sie versucht habe, den Herzog umzustimmen,

> obwohl ich abgeneigt war, besonders in meiner gegenwärtigen Lage. Als ich mich nach Kräften bemühte, ihn zu überzeugen, wußte ich ebenso sicher wie sie, daß sein Name, seine Familie, sein außerordentliches Urteilsvermögen und seine Fähigkeiten ihm zum Erfolg verhelfen würden. Aber ich gestehe, mir schwindelte bei dem Gedanken, was ihn seine bisherige große Ungeschicklichkeit in Geschäftsdingen kosten würde, wenn er verpflichtet wäre, sich dazu zu zwingen. Denn wenn man ihn zu etwas zwingt, neigt er dazu, Widerwillen dagegen zu entwickeln – bei Dir ist das nicht der Fall.

Sie fand gegen jeden Einwand ihres Bruders ein Gegenargument und brachte sogar den Herzog von Portland dazu, ihn zu überreden: »Ich denke, Du solltest in jedem Fall noch einmal mit dem Herzog von Portland sprechen, und ich schreibe dies, um Dir mitzuteilen, daß er Dich morgen erwartet, jederzeit vor oder nach zwölf.«[9] Aber George blieb standhaft, und am Ende gestatteten die Whigs Lord Temple, einem Mann Shelburnes, seinen Posten beizubehalten.

Obwohl sie im fünften Monat schwanger war, veranstaltete Georgiana mehrmals in der Woche politische Dinner. Als der Herzog von Chartres – ein Vetter Ludwigs XVI. – und diverse andere Mitglieder des französischen Hofes London besuchten, behandelten sie Georgiana, als wäre sie ihre offizielle Gastgeberin. Lady Mary Coke berichtete eifersüchtig, daß sie »nirgendwohin gingen, ohne [sie] vorher zu fragen.«[10] Der neue französische Gesandte, Graf d'Adhémar, zählte bereits zu den regelmäßigen Besuchern von Devonshire House, nachdem er zwei Monate zuvor mit einem Empfehlungsschreiben der Herzogin de Polignac eingetroffen war. Er war kein berufsmäßiger Diplomat und verdankte seinen Posten seiner Freundschaft mit dem Polignac-Clan. Die kleine Po, süß und fügsam, wie sie war, ließ sich ganz von ihrem ungestümen Liebhaber lenken, dem Grafen de Vaudreuil, und ihrer gierigen Schwägerin, der Gräfin Diane. Unbefleckt von Ehrgeiz oder Gier, war sie leicht zu berechnen, weshalb sich Vaudreuil Geschenke und Begünstigungen für seine Freunde verschaffen konnte. Der Baron de Bésenval und d'Adhémar waren seine beiden Busenfreunde. Dem Grafen de la Marck zufolge besaß d'Adhémar »von der ganzen Polignac-Sippe den meisten Esprit, aber nicht weniger Durchsetzungsvermögen als der Baron de Bésenval ... Er konnte gut singen, war ein exzellenter Komödiant und schrieb entzückende Verse. Das war mehr als man brauchte, um in der Gesellschaft Erfolg zu haben.«[11] So war der Mann beschaffen, der Frankreichs Interessen in den andauernden Friedensverhandlungen zwischen den beiden Ländern vertrat. Georgiana mochte seine aalglatte Art nicht besonders, aber sie akzeptierte seine Gesellschaft wegen seiner Beziehungen. D'Adhémar seinerseits verschafften die wöchentlichen Einladungen zu den eleganten Dinner-Partys in Devonshire House Zugang zu all dem gesellschaftlichen und politischen Klatsch, den er für seine geheimen Berichte nach Paris benötigte.

Am 8. Mai 1783 schrieb Georgiana ihrer Mutter, der Herzog von Chartres habe übergroße Knöpfe mit pornographischen Bildern an seiner Weste getragen, »woran meine Schwester fast gestorben wäre.«[12] Sie unterhielt ihre französischen Gäste mit äußerst originellen und ausschweifenden Programmen, so daß sogar der *London Chronicle*, der Berichte über Frivolitäten normalerweise vermied, ausführliche Beschreibungen druckte:

> Am Sonntag morgen gaben der Herzog und die Herzogin von Devonshire in Burlington House, Chiswick, für ausgewählte Kreise des Adels ein höchst elegantes Frühstück. Die natürliche Schönheit dieses herrlichen Anwesens unterstrichen die ergötzlichsten Dekorationen, wie sie nur raffinierter Einfallsreichtum hervorbringen kann, wenn ihn ein sicherer Geschmack kontrolliert. Rosenkränze, durchflochten mit Orangen und Myrthen, zierten alle Statuen. Die Gesellschaft versammelte sich gegen ein Uhr, zu den Erlauchtesten zählten der Prinz von Wales, der Herzog von Chartres, dem der Herzog von Fitzjames zur Seite stand, und fast alle ausländischen Nobilitäten, daneben die Lordschaften Carlisle, Althorp, Jersey, Melbourne, Duncannon, Herbert, die Colonels Fitzpatrick, St. Leger, die Ladies Melbourne, Duncannon und viele andere ausgewählte Freunde der Herzogin. Die Gesellschaft wurde mit Tee, Kaffee, Schokolade, Früchten aller Art, Eiscreme usw. bewirtet, bis sie gegen vier Uhr in die Stadt zurückkehrte.[13]

Der *ton* neidete Georgiana ihre Beliebtheit unter den Ausländern: Sie besetzte den ersten Platz in der Gesellschaft, und dazu war ihre Partei an der Macht – all das war zu viel. Lady Mary Coke war erbost:

> Da sich Ihre Gnaden etwas darauf einzubilden scheint, daß der Herzog von Portland Premierminister ist und sich der Prinz von Wales ständig in ihrem Haus aufhält und sie jede Meinung durchsetzt, die ihr in den Sinn kommt, aus all diesen Gründen tut es mir nicht leid, daß sie eine Abfuhr bekommen hat. Ihre Gnaden bat den Prinzen von Wales, bei der Königin darum zu ersuchen, daß sich die französischen Damen das Haus Ihrer Majestät ansehen dürfen ... [was der König ablehnte]. Also werden die französischen Damen mit der Gewißheit nach Paris zurückkehren, daß die Herzogin von Devonshire und der *bon ton* nicht ganz und gar die Nation regieren.[14]

Bess kränkten die Nachrichten über Georgianas Erfolge, während sie mit der unbeholfenen Charlotte durch Frankreich reisen mußte. Über die Kluft zwischen ihren beiden Leben zu lesen war grausam, aber die Tage, an denen keine Briefe eintrafen, waren schlimmer. »Liebste, über alles geliebte Liebe«, schrieb sie im Juni, »warum bekomme ich keine Briefe von Dir? Die Furcht, die mich dabei überkommt, kann ich weder ausdrücken noch beschreiben, noch sagen, wie sehr mein Seelenfriede an allem hängt, was Dich betrifft ... Wie nötig mein Herz Dich braucht.«[15] Sie wollte über jeden Schritt Georgianas informiert werden, obwohl alles, was sie erfuhr, sie noch unglücklicher machte. Georgiana erhörte ihre Bitte; wie sehr die Nachrichten ihrer Freundin zu Herzen gingen, wußte sie nicht.

Gleichwohl lief die Regierung nicht so glatt, wie es den Anschein hatte. Der König war entschlossen, die Whigs zu entmachten, sobald er die erforderlichen Mittel an die Hand bekam, und der Prinz von Wales erschien ihm dafür geeignet. »Die ganze Welt befindet sich in Aufruhr«, schrieb Georgiana am 17. Juni im Zusammenhang mit einem Streit über das Gesuch des Prinzen wegen einer angemessenen Apanage und eines eigenen Haushalts. Er war inzwischen einundzwanzig und wollte sich unabhängig machen, aber seine Schulden waren bereits so hoch, daß er 100.000 Pfund zusätzlich gebraucht hätte. Der König weigerte sich, auch nur darüber nachzudenken, ob er seinem pflichtvergessenen Sohn eine solche Summe übergeben sollte, und der Prinz mußte feststellen, daß einige Abgeordnete mit dieser Haltung sympathisierten. Die Whigs versuchten, ihm zu verdeutlichen, welchen Schaden er seinen politischen Freunden zufügte, wenn er seinen Antrag mit Gewalt im Parlament durchzudrücken versuchte: Das halbe Kabinett hatte mit Rücktritt gedroht, falls Fox seinen Forderungen nachgab, da jener dem Prinzen aber versprochen hatte, das Geld für ihn zu beschaffen, konnte er von seinem Wort nicht zurücktreten.

Fox verzweifelte an seinem Versprechen. Er bat den Herzog, mit dem Prinzen unter vier Augen zu reden. »Er [der Prinz] sitzt jetzt mit C. Fox nebenan, und vorher war er bei Canis«, kritzelte Georgiana am 20. Juni in einem eiligen Brief an Bess. »Du hättest ihn [Fox] dafür geliebt, wie er von Canis sprach, als er herauskam. Er sagte, ›das ist der Mann, auf dessen großes und mitfühlendes Herz, rechten Kopf und Verstand man ohne Sorge vertrauen kann, und das ist der Mann, der, wenn seine Trägheit nicht die Oberhand über ihn gewinnen würde, das Land regieren sollte.‹«[16] Aber ungeachtet des Vertrauens, das Fox in ihn setzte, gelang es dem Herzog nicht, den Prinzen zu einer anderen Haltung zu bewegen.

In jener Nacht prophezeite Fox, das Ende der Regierungskoalition sei nur noch eine Angelegenheit von Tagen. Er informierte Lord Northington, die Spannungen zwischen ihm und seinen Kollegen seien so stark, daß »sie den morgigen Tag nicht überleben wird.«[17] Während Fox aber bei Brooks's saß und mit seinem Versprechen an den Prinzen haderte, nahm Georgiana die Aufgabe selbst in die Hand, den Prinzen von seiner Forderung abzubringen. Sie wußte, daß ihre Stimme ein besonderes Gewicht hatte, und schrieb ihm einen unverhohlenen Brief, in dem sie ihm erklärte, warum er einen schrecklichen Fehler beginge, wenn er den Rücktritt der Whigs herbeiführte:

> Der Versuch, dieses Vorhaben mit Macht durchzubringen, ist unmöglich, da weder von Lord North noch von Lord John [Cavendish] mit Unterstützung oder Sympathie zu rechnen ist. Und Insistieren unter diesen Umständen würde das Ende des Ministeriums in drei Tagen herbeiführen. Erwogen werden sollte deshalb, ob das Ministerium nicht mehr für Sie erreichen kann, wenn es bestehen bleibt ... Mr. Fox fühlt sich bei seiner Ehre daran gebunden, die Sache für Sie durchzubringen, und wird eher zurücktreten als aufgeben, wenn Sie ihn nicht entbinden. Doch muß man dabei große Vorsicht walten lassen, und Sie müssen, wenn Sie es für richtig halten, so vorgehen, als kämen Sie aus eigenem Antrieb.[18]

Georgianas Brief brachte den Prinzen zu der Erkenntnis, daß die Lage hoffnungslos war. Er kapitulierte und akzeptierte die niedrigere Summe von 30.000 Pfund. Dank ihrer Intervention war die Koalition zunächst einmal gerettet. Georgianas Eingreifen bestätigte ihre eigene These –

daß »kaum bedachte Ursachen« erhebliche Konsequenzen nach sich ziehen können. Niemand in England wußte, daß das Schicksal der Regierung von dem Einfluß einer Frau auf einen verzogenen jungen Mann ab-
hing. In fünf Jahren war Georgiana von dem Mädchen, das in einer Mili-
täruniform paradierte, zu einer scharfsinnigen politischen Vermittlerin
herangereift.

Kapitel 8

Eine Geburt und ein Tod

1783–1784

*Das dekorative Zubehör zur weiblichen Kleidung und
der neuste Geschmack, und höchste* ton, *ist der mit einem
Motto beschriftete goldene Kragen. Ihrer Gnaden von
Devonshire schreibt man die Ehre der Erfindung zu.
Ihr vielbeneideter Kragen trägt folgende scherzhafte
Beschriftung:* »Aus dem Devonshire House entlaufen!«

MORNING HERALD AND DAILY ADVERTISER, *12. AUGUST 1783*

*An der Haltung der jungen, schönen und lebhaften
Herzogin von Devonshire könnte sich so mancher ein
Beispiel nehmen. Nachdem sie kürzlich feststellte, daß
man sich zu Beginn des Winters auf allen Abendgesellschaften zügellosen und riskanten Spielen hingab, ließ
sie auf ihrer ersten Abendgesellschaft dieses Winters in
allen Räumen in großen Lettern anschreiben:* »Riskan-
tere Spiele als Crown Whist und ähnliches sind hier
nicht erlaubt, das gleiche gilt für Würfelspiele.«

MORNING POST, *11. FEBRUAR 1784*

Die Friedensverhandlungen mit den französischen und amerikanischen Delegierten unter der Aufsicht von Charles Fox waren noch
nicht abgeschlossen, als sich Georgiana in den letzten Wochen ihrer
Schwangerschaft aus dem öffentlichen Leben zurückzog. Den Vermitt-
lern, die sich auf die informellen Treffen bei den abendlichen Dinners in
Devonshire House verlassen hatten, bereitete ihre Niederkunft einige

Unannehmlichkeiten. Graf d'Adhémar hatte es sich zur Gewohnheit gemacht, täglich einmal vorbeizuschauen. Georgianas Abwesenheit verdeutlichte ihm, wie sehr er ihre Hilfe benötigt hatte. »Mr. Fox bemüht sich ängstlich, jedem Gespräch mit mir über Politik aus dem Wege zu gehen«, berichtete er seinen Vorgesetzten in Frankreich. »Das Haus der Herzogin von Devonshire, wo ich ihm bisher informell begegnete, bleibt uns drei Wochen verschlossen, wegen der Niederkunft der Dame. Die schmerzlichen Folgen dieses Ereignisses werden uns ihren Anblick zweifellos noch länger entziehen, bis sie sich genötigt sieht, sich auf ihren Landsitz zurückzuziehen, und mich damit der Möglichkeit, Mr. Fox täglich zu begegnen, gänzlich beraubt.«[1]

Georgiana vertrieb sich die Zeit mit Harriet, die ebenfalls im achten Monat schwanger war. Duncannon hatte sich angewöhnt, die meisten Abende außer Haus zu verbringen, und Harriet hielt sich tagsüber üblicherweise im Devonshire House auf. Über seine Aktivitäten wußte sie nur, daß er heftig bei Brooks's spielte; soviel ließ er sie wissen, weil seine Verluste ihn reizbar machten. In der Abgeschiedenheit von Devonshire House amüsierten sich die beiden Frauen mit neuen Hüten, an denen sie herumexperimentierten, und entwarfen Schnittmuster für Kleider. Falsche Hüften und Hinterteile aus Kork, um die Figur voller erscheinen zu lassen, auch gepolsterte Büsten waren seit den siebziger Jahren en vogue gewesen. Georgiana fügte ein neues Element hinzu: die falsche Front, um eine Schwangerschaft zu verbergen. Sie zeigte ihren Entwurf ihren Freundinnen, von denen er so begeistert angenommen wurde, daß bald auch Frauen, die nicht schwanger waren, eine falsche Front trugen. Ein großer Erfolg war auch Georgianas »Porträthut«, der für beispiellose Verkaufszahlen sorgte: ein Hut mit breiter Krempe, einer breiten Schärpe und wippenden Federn. In einem ihrer eigenen Entwürfe hatte sie Gainsborough Modell gestanden, den Hut trägt sie flott auf der Seite des Kopfes. Nachdem er das Porträt ausgestellt hatte, bestellten die Frauen landauf, landab bei ihren Putzmachern Kopien des »Porträthutes der Herzogin von Devonshire.«[2]

Obwohl Georgiana keine Besucher mehr empfing, trafen täglich Erkundigungen nach ihrer Gesundheit ein, und die Zeitungen verfolgten ihren Zustand mit regem Interesse. Eine einzige Person blieb von Georgianas Schwangerschaft unbeeindruckt: der Herzog. Er war davon überzeugt, daß das Kind ein Mädchen sein würde. Lady Mary Coke lief ihm über den Weg und sagte, sie würde ihm ordnungsgemäß gratulieren, wenn sein Sohn erst auf der Welt wäre. Er sah sie an, »lachte mit heruntergezogenem Mundwinkel und erklärte mir, ich bräuchte mich nicht zu bemühen.«[3]

Am 6. Juli gebar Harriet ihren zweiten Sohn Frederick. Eine Woche später, am zwölften, setzten bei Georgiana die Wehen ein. Sie beschrieb Bess das Ereignis:

Man legte mich auf eine Couch in der Mitte des Zimmers. Meine Mutter und Dennis standen mir zur Seite. Canis blieb an der Tür, und die Herzogin von Portland beugte sich gelegentlich über mich und schrie mit mir, dann rannte sie zur Tür und zu ihm. Ich dachte, die Schmerzen wären so groß, weil ich nicht daran gewöhnt war, aber inzwischen glaube ich, daß ich es sehr schwer hatte. Gegen Ende gab es einige Symptome, die mich glauben machten, das Kind sei tot. Ich sagte es, und Dr. Denman sagte nur, es gäbe keinen Grund, so etwas zu denken, aber wir müßten uns der Vorsehung unterwerfen. Dann hatte ich keinen Zweifel und sah in die schönen Augen meiner Mutter ... ich sah, daß sie es für tot hielt, wie alle anderen auch, außer Denman, der kaum etwas sagte. Als es dann auf die Welt kam, sagte ich, »laß es nur am Leben sein«. Das kleine Kind schien sich zu bewegen, als es bei mir lag, aber ich war nicht sicher, bis es plötzlich zu schreien begann. O Gott, ich weinte und benahm mich ziemlich hysterisch. Die Herzogin und meine Mutter waren überwältigt und weinten, und alle küßten mich.[4]

Das Baby war ein Mädchen, wie der Herzog befürchtet hatte. Dennoch versicherte Georgiana Bess, daß er sich trotz allem genauso über das Kind freue wie sie selbst. Wenigstens war bewiesen, daß sie einen Sohn gebären *könnte*.* Sie beschlossen, das Kind Georgiana Dorothy zu taufen – Dorothy nach ihrer Tante und Patin, der Herzogin von Portland. Der Prinz von Wales und Lord John Cavendish erklärten sich ebenfalls bereit, Patenschaften zu übernehmen. Traditionsgemäß blieb Georgiana mit Little G., wie sie sie nannte, einen Monat im Bett. Aber sie weigerte sich, sich regel-

---

* Zeitungen waren sich nicht sicher, ob sie Georgiana gratulieren oder den Herzog bedauern sollten. Ein typisches Beispiel aus dem *Morning Herald*: Mit äußerster Freude teilen wir unseren Lesern mit, daß Ihre Gnaden die Herzogin von Devonshire am Samstag morgen um fünf Uhr niedergekommen ist ... Die Freude wird möglicherweise ein wenig durch das Geschlecht des Kindes getrübt ... Glückwünsche trafen gestern in Devonshire House so zahlreich und von so hochgestellten Persönlichkeiten ein, wie man es unter ähnlichen Umständen möglicherweise noch nie gesehen hat.« *Morning Herald and Daily Advertiser*, 14. Juli 1783.

recht einsperren zu lassen. Besucher fanden weit geöffnete Fenster vor, durch die laue Sommerluft ins Zimmer strömte, und Georgiana, die, gestützt auf dicke, weiße Spitzenkissen, ihr Baby stillte. »[Little G.] wird sehr bewundert«, schrieb sie Bess. »Ihre Wiege, Kleidchen, Körbchen etc. sind, wie ich fürchte, übertrieben prunkvoll ... Die Königin von Frankreich hat ihr ein Geschenk geschickt, aber ich weiß noch nicht, was es ist.«[5]

Georgiana hatte entschieden, Little G. selbst zu stillen, ein unter Aristokratinnen immer noch ungewöhnlicher Schritt. Die *Morning Post* beglückwünschte sie dazu mit der Bemerkung, wie bedauernswert es sei, daß »der Weiblichkeit höheren Standes Mutterpflichten so fremd sind, daß einer einzigen Ausnahme solche Aufmerksamkeit zuteil wird.«[6] Ihre Weigerung, eine Amme einzustellen, war ein tapferer Akt des Widerstands.[7] Die Cavendishs waren verärgert und versuchten sie dazu zu bringen, ihre Meinung zu ändern. In ihren Augen sprach nichts dagegen, ein gesundes Mädchen vom Land einzustellen, damit Georgiana sich wieder ihrer Aufgabe widmen konnte, einen Erben zu produzieren. Am 6. August schrieb Georgiana gequält an ihre Mutter, »[sie] schimpfen über das Stillen, weil sie unbedingt wollen, daß ich einen Jungen bekomme, und sie bilden sich ein, daß ich so bald keinen bekomme, wenn ich stille. Das hätte mir nichts ausgemacht, wenn die Herzogin von Portland nicht gesagt hätte, daß ich Porterbier trinken soll, damit das kleine Mädchen dicker wird, und Lady Sefton und die Herzogin von Rutland meinten, Lady Lincolns Kind sei dicker.«[8]

Im achtzehnten Jahrhundert war es schwierig, eine vertrauenswürdige, nüchterne Kinderfrau zu finden, und Georgianas kurze Erfahrung mit einer einzigen war verheerend. »Bis gestern abend war sie nur ziemlich schmutzig«, schrieb sie an Lady Spencer, »aber dann war sie auch noch betrunken.« Das war zuviel:

> Mein liebes kleines Mädchen schläft nach seiner ersten Mahlzeit immer bei mir im Bett, weil es zu kalt ist, sie umzubetten, und die Wiegenfrau sollte sie wickeln und schlafen legen. Mir fiel auf, daß das Bett immer nach Wein und starken Getränken stank, wenn sie in seine Nähe kam, und daß Mrs. Smith immer wachsam war und ihr sagte, sie solle dem Kind fernbleiben. Dies hat mich ziemlich beunruhigt, aber heute morgen habe ich erfahren, daß sie so betrunken war, daß sie hinfiel und sich erbrach ... Deshalb habe ich ihr 10 Guineen geschickt und gesagt, ich würde ihre Reise in die Stadt bezahlen. Ich habe mich von ihr getrennt, weil ich sie nicht mehr wollte.[9]

Nach jenem Vorfall ließ sich Georgiana nur noch von der Kinderfrau Mrs. Smith bei Little G. helfen. Am 12. August, einen Monat nach ihrer Geburt, wurde Little G. getauft. Zum ersten Mal nach sechs Wochen legte Georgiana normale Kleider an und reiste an der Spitze eines Zuges von Cavendishs und Spencers zur Wimbledon Church, wo sie neun Jahre zuvor den Herzog geheiratet hatte. Harriet und Duncannon stießen mit Frederick zu ihnen, und Cousin und Cousine wurden gemeinsam getauft.

Nur eine Person fühlte sich bei dem Ereignis unbehaglich, und das war Bess, die mehrere hundert Meilen entfernt ständig an zu Hause dachte. Bisher hatten ihre beredten Briefe Mitleid erheischt: Ihre Mißgeschicke hatten sie vernichtet, ihre Gesundheit war ruiniert und ihr Herz gebrochen, wie eine »geknickte Pflanze, [die] nicht mehr zu Kräften kommt und selbst im hellen Sonnenschein Deiner Zuneigung den Kopf hängen läßt.« Inzwischen versuchte sie Georgiana jedoch zu überzeugen, daß ihre arme Bess bei bester Gesundheit und Stimmung sei, weshalb man ihr die Heimkehr erlauben solle. Wiederholt bettelte sie, sich um Georgiana und das Baby kümmern zu dürfen. »Ich werde Deine Instruktionen erwarten, mein Engel«, schrieb sie ernsthaft.[10] »Du wirst wissen, wie ängstlich mein Herz in den ersten Momenten Deiner Schwangerschaft über Dich gewacht hat«, erinnerte sie ihre Freundin; seither, beteuerte sie, habe sie jede wache Minute in Gedanken an sie verbracht.[11] »Küsse *unser* Kind von mir«, schrieb sie eifersüchtig. »Wie glücklich sind jene, die seine Patenschaft übernehmen dürfen, aber mir steht die Rolle seiner kleinen Mama zu – Canis hat das gesagt.«[12] Sie wiederholte die Forderung in ihrem nächsten Brief.

Einer der wenigen Briefe des Herzogs an Bess, der erhalten geblieben ist, geschrieben am 29. Juli, zeigt, daß selbst ihm ihre Eifersucht bewußt war:

Ich habe so lange Zeit keinen Brief von Dir erhalten und fürchte deshalb, daß Du mir *zürnst*, aber ich hoffe, Du bist jetzt wieder gut mit mir, da ich Dir in letzter Zeit häufig geschrieben habe. Ich hätte häufiger und länger geschrieben, wenn es zwei Gründe nicht gäbe. Der eine ist, daß ich (wie Du sicher schon lange erkannt hast) der schlechteste Briefeschreiber der Welt bin, und der andere ist, daß ich keine Neuigkeiten weiß, mit denen ich Dich unterhalten könnte. Ich werde Dir wieder schreiben, um Dich wissen zu lassen, wie es der Herzogin geht, und ich denke, in zwei oder drei Tagen wird sie selbst in der Lage sein

zu schreiben. Ich vergaß, Dir mitzuteilen, daß die Herzogin findet, daß
das Kind genauso ein kleines Ding ist wie Du, und das denke ich auch,
nur ist sie nicht so ungezogen und wird nicht so schnell *böse*.[13]

Der unbeholfene Versuch des Herzogs, sie sanft zu necken, beruhigte sie
nicht. Überzeugt, daß man sie in der Freude über Little G. bald vergessen werde, begann sie, das Geld zu sparen, das ihr die Bankiers der Devonshires zukommen ließen. Bisher hatte sie Georgianas Geschenke unter Beteuerung größten Widerstrebens angenommen – »laß es, meine
Liebe, eine Schuld sein«, insistierte sie meist; nun fand sie unablässig
neue Ausreden, um mehr zu erbitten.[14] Es war nicht schwer, der gutgläu-
bigen Georgiana Geld zu entlocken.

Ich erfahre, daß Du in Turin festsitzt, weil Du Geld brauchst. Gütiger
Gott – gütiger Gott – und alles meine Schuld ... Mein Gott, was wirst
Du tun? ... Ich schicke heute abend 50 Pfund, das macht hundert. Canis
wird mir übermorgen 200 geben, die ich Dir schicken werde, und dann
werde ich in drei Wochen noch einmal 200 oder 300 schicken, wohin
Du willst ... Ich bin so unglücklich bei der Vorstellung, daß Du kein
Geld hast, daß ich, wenn ich ihn finden kann, den Boten nach Turin
schicken werde ... Sprich nicht von Unkosten, Du würdest mir das Herz
brechen und weder Canis noch mich wie Bruder und Schwester ansehen, wenn Du nichts ausgeben würdest. Du schuldest, sagt Dumouriez,
170. Du wirst 300 erhalten, und ich werde Sir Roberts Leute anweisen,
weitere 100 zu überweisen ... Gott segne Dich, mein geliebter Engel, ich
bewundere und liebe Dich über alle Maßen, aber ich bin unglücklich,
bis ich weiß, daß Du dies erhalten hast. Canis sendet tausend Grüße.[15]

Die Versuchung, auf sich allein gestellt und im Besitz großer Summen zu
sein, war zuviel für Bess. »Ich halte es wirklich für notwendig, daß Du eine Person mit Charakter und Benehmen um Dich hast«, hatte Lady Bristol im Februar geschrieben, »und keine vorlaute, buhlerische, lasterhafte
femme de chambre, die Deine besten Vorsätze, umsichtig zu handeln, zunichte machen kann.«[16] »Spiel nicht die Kokette«, flehte sie einen Monat
später. Bess kümmerte sich nicht darum. Sie zog umher, wie es ihr gefiel,
mit der wenig kommunikativen Charlotte im Schlepp. Im August trafen
Berichte in Devonshire House ein, daß sie mit Charlotte nach Neapel gereist sei und dort mit zwei Liebhabern in einem Haus zusammenlebe.
Georgiana wollte den Berichten nicht glauben, schrieb sie:

Bitte, bitte, meine liebste Liebe, vergib mir, was ich jetzt sagen werde.
Ich glaube, daß Du in all Deiner Unschuld Dir der Gefahr nicht aus-

reichend bewußt bist, in der Du steckst. Siehst Du, trotz all Deiner Entschlüsse, keine Männer zu empfangen, hast Du alleine mit zweien zusammengelebt ... Für sich genommen bedeutet das nichts, aber stell Dir vor, Du würdest irgendwo auf der Welt eine schöne junge Frau, die allein reist, eintreffen sehen, die man, obwohl nichts gegen sie vorliegt, der Unklugheit bezichtigt hat, und dann würdest Du feststellen, daß diese junge Frau Partys gibt und mit zwei Männern zusammenlebt, die angeblich beide in sie verliebt sind – in aller Aufrichtigkeit würdest Du sie für unklug halten ... Und so viele unserer Frauen sind in der jüngsten Vergangenheit in die Schweiz oder nach Italien gereist, weil sie in Nöten waren, weshalb Du doppelte Vorsicht walten lassen solltest, um nicht für so eine Person gehalten zu werden.[17]

Sie hatten außerdem gehört, daß sich Bess in einen gewissen *Chevalier* verliebt habe, mit dem sie sich in Turin treffen wolle. »Ich muß Dich dringend ersuchen, nicht so bald nach Turin zu reisen«, flehte Georgiana, »sorge zumindest dafür, daß der Chevalier schon ein paar Tage dort ist, denn obwohl ich ihn nicht fürchte, fahre nicht mit dem Vorsatz, ihn zu treffen.« Warum, fragte sie verzweifelt, konnte Bess sich nicht benehmen und sich wie alle anständigen Frauen in weiblicher Gesellschaft aufhalten? »Lebe so viel wie möglich mit Frauen zusammen«, flehte sie, »seien sie noch so unangenehm; die Vergnügungen des Landes werden Dich ablenken, und wenn Du irgendeiner erträglichen Frau begegnest, die eine Weile bleiben würde ... Versuch es. Mein geliebter Engel, die Welt ist erfüllt [mit Geschichten] von Dir ...«[18]

Bess war entsetzt, als sie Georgianas Brief las. Nie war sie auf den Gedanken gekommen, daß sie in den Briefen anderer Leute an deren Verwandte in England erwähnt werden könnte. Sie schrieb einen langen, flehentlichen Brief an ihre geliebte Georgiana. Auf neun eng beschriebenen Seiten versuchte sie sich auf jede erdenkliche Weise zu rechtfertigen – in dem Wissen, daß ihre Zukunft auf dem Spiel stand. Der Brief war eine meisterhafte Mischung aus Schmeichelei und Dementis. »Die Vorstellung, Dir Unwohlsein bereitet zu haben, wiegt am schwersten. Ich fühle mich elend, bis ich weiß, daß Du Dich wegen mir wieder beruhigt hast und sicher bist, daß ich nicht noch einmal zu Deiner Verzweiflung auf Abwege geraten werde«, schrieb sie demütig. »Dir zu gefallen, wird meine Gesinnung leiten.« Sie schob ihre »Unvorsichtigkeit« auf ihr gebrochenes Herz; vielleicht hatte der Verlust ihrer geliebten Kinder ihre Urteilskraft zerstört. In einer verblüffenden Offenbarung, die ihre selbstmitleidi-

gen Lamentos in den vorherigen Briefen lächerlich machte, behauptete
sie, daß sie zu den Favoritinnen am Neapolitanischen Hof zähle. Der britische Botschafter, Sir William Hamilton, ein Freund der Familie Hervey,
hatte sie dem König und der Königin vorgestellt. In Neapel mischte sich
niemand in ihre Lebensweise; die königliche Familie bestand sogar darauf,
sie bei allen intimen Gesellschaften mit einzubeziehen.[19] Dennoch akzeptierte sie Georgianas Vorschlag und zog reuevoll von Neapel fort.

Bess war schon auf einen ausgedehnten Briefwechsel gefaßt, um das
Vertrauen ihrer Freunde zurückzugewinnen, dessen bedurfte es aber
nicht. Zu ihrer Überraschung reichte ein einziger Brief aus, sie zu beruhigen, und das Thema wurde nie wieder erwähnt. Sie hatte sich vorgestellt, wie sie ihren Brief lasen und tagelang diskutierten. Zu ihrem
Glück beanspruchten aber wesentlich dringendere Angelegenheiten Georgianas Aufmerksamkeit.

*

Georgiana befand sich in ernsthaften Schwierigkeiten wegen ihrer Spielschulden. In den vergangenen Jahren hatte sie Tausende verpraßt, und
noch mehr heimlich geliehen, um ihre Verluste zu verbergen.*[20] Sie
konnte sich beim Spielen auch nicht bremsen, wenn sie kein Geld übrig
hatte. Lady Mary Coke berichtete in ihrem Tagebuch über einen peinli-
chen Vorfall, der sich auf einer Party von Lady Ailesbury ereignet hatte.
Die Gäste spielten Pharao nach strengen Regeln – es durfte nicht bei der
Bank geliehen werden. Georgiana traf ein, mit glühenden Wangen vor
Aufregung über eine vorangegangene Verabredung, und wollte unbedingt mitspielen. Aber ihre Börse war leer. Sie weinte und stiftete Unruhe, bis Mr. Conway ihr zehn Guineen lieh, worauf sie strahlte, bis sie die
ganze Summe verloren hatte. Nun konnte sie nichts mehr aufhalten, und

---

* Georgiana verlieh außerdem Geld, ohne es zurückzufordern. Lady Charlotte Bury
berichtete: »Ich habe oft gehört, daß sie Geld beiseite legte, um sich etwas davon zu
leisten oder Schulden zurückzuzahlen, und wenn irgendein Individuum sich mit pe-
kuniären Nöten an sie wandte, half sie dem- oder derjenigen immer und sorgte sich
nicht um ihre eigenen Schwierigkeiten. In vielen Fällen beging sie damit einen Fehler ... Man muß korrekt sein, bevor man großzügig ist. Aber es war unmöglich, sich
von ihrer Warmherzigkeit nicht bezaubern zu lassen, mit der sie, ohne einen Augenblick zu zögern, andere vor Notlagen bewahrte.« A. Francis Stewart, Hrsg., The
Diary of a Lady-in-Waiting, London 1908, II, S. 35.

sie bestand darauf, sechzig Guineen bei der Bank zu leihen. Diesmal hatte sie Glück und gewann. Sie strich unter allgemeinem Beifall ihre Gewinne ein und wollte gehen. Als sie sich auf den Weg zur Tür machen wollte, hörte man ein Hüsteln, und jemand erwähnte höflich Mr. Conways Namen. Georgiana war bestürzt und zahlte unter vielen Entschuldigungen und Beteuerungen zurück, was er ihr geliehen hatte. Ihr Aufbruch stellte den Frieden der Gesellschaft wieder her, und es dauerte eine halbe Stunde, bis den Spielern auffiel, daß sie gegangen war, ohne die Bank zu bezahlen.[21]

Am 30. September 1783, drei Wochen nach Bess' langem Rechtfertigungsschreiben, gab der *Morning Herald* bekannt: »Die Stadt muß noch zwei weitere Monate auf die liebenswerte Herzogin von Devonshire verzichten, da Ihre Gnaden beschlossen haben, bis zur ersten Dezemberwoche auf ihrem Landsitz in Derbyshire zu verweilen ... Die liebenswerte Herzogin widmet sich zu unserer Freude zarteren und lieblicheren Sorgen.«[22] Aber es waren gar nicht die »lieblicheren Sorgen«, die Georgiana von London fernhielten. »Zu manchen Zeiten«, schrieb sie ihrer Mutter, »außer wenn mein liebes, kleines Mädchen nach mir verlangt, habe ich weder den Willen noch den Mut, überhaupt etwas zu tun.«[23] Sie schwor, sie würde verrückt werden oder sterben, wenn Little G. irgend etwas zustieße. (Horace Walpole hegte Zweifel an dieser Aussage und schrieb geringschätzig: »[Sie] wird ihre arme Kleine wahrscheinlich in ihren Knüpfbeutel stopfen, wenn sie Macao spielen will, und dann dort vergessen.«)[24]

Der Verwalter des Herzogs, John Heaton, hatte Georgiana vorgeworfen, daß sie Händler beschwindele, und Schlimmeres. Seit Anfang des Jahres waren an Chatsworth Verbesserungen vorgenommen worden. Georgiana stattete ihre privaten Räume neu aus und konnte den Herzog überreden, den französischen Kunsthandwerker Francois Hervé zu engagieren, damit er eine komplette Garnitur neuer Möbel für sie entwarf. Außerdem hatte sie Baumeister beauftragt, an Devonshire House dringend nötige Verschönerungen vorzunehmen. Aber Heaton ließ die Arbeiten stoppen. Er hatte Gerüchte gehört, daß Georgiana einige Handwerker ohne Lohn beschäftigte und sie als Gegenleistung an den Prinzen von Wales weiterempfahl. Ob dies der Wahrheit entsprach oder nicht, Heaton glaubte die Behauptung und riet dem Herzog, keine Rechnung von Georgiana zu bezahlen, bis er die Angelegenheit geklärt hatte. Er informierte den Herzog außerdem, obwohl er nichts beweisen konnte, Georgiana habe eine Affäre mit dem Prinzen. Die Welt, sagte er, wisse, daß die Devonshires »in Unfrieden miteinander lebten.«[25]

Der Herzog hörte sich Heatons Anschuldigungen höflich an und wies ihn an, seinen Verdacht für sich zu behalten. Unglücklicherweise tauchte in der darauffolgenden Woche eine Karikatur mit dem Titel »Der Friedhof der Damen« in den Druckereien auf, die eine Verbindung zwischen Georgiana und dem Prinzen herstellte.*[26] »Ich werde solchen Berichten die Stirn bieten«, schrieb Georgiana an ihre Mutter, »denn ich weiß, daß der Herzog soviel Vertrauen in mich setzt, daß nur ich allein mir mit ihm Schaden zufügen kann. Dessen hat er mich in jeder Hinsicht versichert ...« In anderen Punkten verlief das Gespräch mit dem Herzog weniger beruhigend. Warum entließ er diesen Verwalter nicht, fragte sie, wenn er so ärgerlich über dessen Anschuldigungen war? Seine Antwort ließ sie erschauern und sollte ihr Verhalten für den Rest ihres Lebens beeinflussen, indem sie fortan davor scheute, ihm in finanziellen Angelegenheiten reinen Wein einzuschenken:

> Er antwortete, »nicht so leichtfertig, denn ich überblicke meine Angelegenheiten selbst nicht richtig.« Ich äußerte, es sei schade, daß er es nicht tat, und er entgegnete mir mit den folgenden bemerkenswerten Worten, die ich nie vergessen werde: »*Wenn ich herausfinden würde, daß Heaton so ein schlimmer Gauner ist* [daß er unseren Besitz veruntreut], *wäre ich verrückt, wenn ich mich auf einen Streit mit ihm einlassen würde, denn das würde uns ziemlich ruinieren.*« Kurz, was er auch sein mag, Mr. Heaton hat unsere Angelegenheiten so verwirrt, daß nur er allein den Faden findet. Dies hat mich jedenfalls dazu veranlaßt, still zu sein und meine Gedanken für mich zu behalten ...[27]

Die Erfahrung, daß Heaton so große Gewalt über ihre Angelegenheiten hatte, schockierte Georgiana, und sie fragte sich, was passieren würde, wenn er jemals erfuhr, wie hoch ihre Schulden wirklich waren. In Wirklichkeit war Heatons Macht gar nicht so groß. Der Herzog hatte übertrieben, weil er selbst so wenig über die Verwaltung seines Besitzes wußte, aber das sollte Georgiana nicht erfahren. Nach Erhalt der besorgten Briefe ihrer Tochter riet Lady Spencer: »Versuch zu zeigen, daß Du Dir Deine Ex-

---

* Die Karikatur zeigte einen Friedhof mit den Grabsteinen vieler »gefallener« Frauen Londons. Im Mittelpunkt sah man das Grab des Prinzen von Wales, zu beiden Seiten flankiert von den Gräbern von Lady Melbourne und Georgiana. Was das bedeuten sollte, lag auf der Hand.

travaganzen aus Unwissenheit erlaubt hast.«[28] Wie den Herzog entsetzte
sie, daß sich ein Diener erlaubte, das Verhalten der Ehefrau seines Arbeit-
gebers zu kommentieren. Sie schlug sich gegen Heaton auf Georgianas
Seite, nannte ihn nur noch »Korkenzieher« und riet, sich in Zukunft vor
ihm in acht zu nehmen. Georgiana war dankbar für ihr Verständnis. Die
Brüder und Onkels des Herzogs teilten Lady Spencers Entrüstung allerdings nicht; sie beschuldigten Georgiana, sein Geld vorsätzlich zu ver-
schwenden. Lord und Lady George Cavendish, die nach wie vor hofften,
daß Georgiana nie einen Erben hervorbringen würde, verübelten ihr den
Raubbau an einem Vermögen, das sie als ihr künftiges Erbe betrachteten.[29]

Die Ankunft zahlreicher treuer Anhänger des Devonshire House Circle, unter ihnen James Hare und Thomas Grenville, rettete Georgiana
vor weiteren unangenehmen Gesprächen. Das muntere Treiben auf
Chatsworth hob ihre Stimmung vorübergehend. Am 21. Oktober schrieb
sie in besserer Laune: »Gestern veranstalteten wir einen schwungvollen
Public Day, und viele blieben. Heute morgen gab es eine großartige
Hetzjagd ... Solche Public Days gab es hier noch nie, und in diesem Sommer besuchten uns vier Gruppen, die bisher zu unseren erklärten Feinden zählten. Vielleicht hat es in der Tat etwas zu bedeuten, daß wir *in*
sind. Georgiana ist sehr, sehr quengelig, und hat in den vergangenen vierzehn Tagen erstaunlich gesabbert.«[30] Aber dann trafen weitere Gerüchte
über sie auf Chatsworth ein und vergifteten die Atmosphäre. Lady George Cavendish erzählte Harriet, jeder wisse über ihre Schwester und Charles Fox Bescheid. »Lady George hat sie grausam geplagt«, beklagte sich
Georgiana bei Bess, »mit Eyebrow [Fox] und mir, und mit Canis und der
Infernalen [Lady Jersey], und das Ganze mit etwas Wahrheit durchsetzt,
so daß meine Schwester ziemlich verletzt war. Was sie über Briefe von
Eyebrow erzählt, die meine Mutter gefunden hat, stimmt größtenteils,
aber Canis findet, die größte Bosheit ist ihre Behauptung, er hätte mit der
Infernalen eine Liaison angefangen, weil er sich über mich und Eyebrow
geärgert hätte.«[31] Der Brief enthüllt die außerordentliche, wenn auch
einseitige Offenheit zwischen Georgiana und dem Herzog. Obwohl er
offensichtlich akzeptierte, daß es kein »Verhältnis« zwischen ihr und Fox
gab, lassen die Bemerkungen von Lady George das Gegenteil vermuten.

Wenn Georgiana ein Geheimnis hütete, »gestand« sie es häufig, indem sie Vermutungen bestritt, die niemand aufgestellt hatte. Vier Monate zuvor, im Juni, hatte sie Bess geschrieben:

Aber, liebe Bess, was ich Dir erzählen wollte, ist, Eyebrow hatte gestern vor, die Stadt zu verlassen, und da ich ihn lange nicht gesehen hatte, denn ich bin sehr faul, seit ich so dick werde, und er mehrmals am Morgen vergeblich vorgesprochen hatte, ließ ich ihn Mittwoch nach Hofe seine Aufwartung machen. Nachdem wir über vieles geredet hatten, und er sehr herzlich, aber nicht unschicklich die Besorgnis über die Situation zum Ausdruck gebracht hatte, in der er mich verließ, erschien mittenhinein der H. von W. im Hof, und da ich gerade aufstand und der andere gerade gehen wollte, küßte er mich, ohne daß ich mir dessen wirklich bewußt war, auf die Wange und ging. *Je vous assure, mon adorable petite, sans la moindre emotion de ma part,* aber Du kannst Dir nicht vorstellen, wie unwohl mir war. Und was glaubst Du, was ich tat – ich erzählte es Canis, und statt ärgerlich zu werden, sagte der treue Hund, es sei nicht mein Fehler und es sei nichts dabei, da er mich in so einem Zustand allein gelassen hatte. Du kannst Dir nicht vorstellen, welche Last er mir damit aus dem Kopf und vom Herzen nahm.[32]

Ob Georgiana und Fox ein Liebespaar gewesen sind, läßt sich weder beweisen noch widerlegen. Ihr Briefwechsel aus jenen Jahren hat nicht überlebt. Sicherlich hatte sich Georgianas Verhalten seit 1779 verändert, als Lady Pembroke ihrem Sohn versicherte, Georgiana würde nie flirten. Nathaniel Wraxall zufolge war sie damals »vielleicht nicht frei von Koketterie und Eitelkeit«, und sich sehr wohl bewußt, wie sie auf Männer wirkte.[33] Vielleicht hatte Bess mit ihrer Gewandtheit im Flirten etwas in ihr geweckt, oder sie sah keinen Grund mehr, ihrem ehebrecherischen Mann treu zu bleiben. Sicher ist nur, daß Georgiana die Furcht ihrer Zeitgenossen vor einem Bruch der männlichen Linie teilte. Ein ungeschriebenes Gesetz der Gesellschaft des achtzehnten Jahrhunderts besagte, daß eine Ehefrau ihrem Mann einen legitimen ersten Sohn präsentieren mußte, anschließend konnte sie tun, was sie wollte.

Falls Georgiana und Fox eine Affäre gehabt hatten, war sie kurz und im Vergleich mit ihrer tiefen Freundschaft unbedeutend. Gegen Ende ihres Lebens erklärte sie, er sei nie ihr Liebhaber gewesen, nur ihr Freund. Natürlich könnte sie gelogen haben, was bedeuten würde, daß sie ihn mit der Kurtisane Mrs. Armistead geteilt hat, die 1783 seine Geliebte wurde. Elizabeth Armistead war eine stattliche, gutmütige Cockney-Londonerin, die sich weder für Politik noch für Literatur interessierte. Sie waren ein ungleiches Paar. Dennoch waren sie miteinander glücklich, und Mrs. Armistead zog sich aus ihrem Beruf zurück.

Mitten in ihren Schwierigkeiten aufgrund der Gerüchte und Schulden erreichte Georgiana aus Bath die Nachricht, daß Lord Spencer gestorben war. Er war erst neunundvierzig Jahre alt, aber wegen seiner dauerhaft schlechten Gesundheit war er vorzeitig gealtert. Lady Spencer hatte versucht, sich auf seinen Tod vorzubereiten, aber als es dann geschah, war sie vollkommen verzweifelt. Am darauffolgenden Tag, dem 1. November, schrieb sie in ihr Tagebuch, »wieder ist ein Tag vergangen, an dem mich der Kummer fast überwältigt und Laudanum betäubt hat.« Einen Tag später trug man Lord Spencer zum Leichenwagen hinaus, um ihn nach Althorp zu überführen. »Ich fühlte mich, als ob jeder einzelne Nerv in meinem Kopf und in meinem Herzen reißen würde«, schrieb sie in ihrer nächsten Eintragung. »Nie kann ich beschreiben oder vergessen, wie ich mich fühlte, als sie kamen, um mich zu holen – mein Verstand ließ mich fast im Stich, ich war außer mir und wollte in sein Zimmer. Mir fehlte die Kraft, an seiner Tür vorbeizugehen, und mein Bruder und George mußten mich die Stufen hinunterschleppen und in die Kutsche heben.«[34]

Sie hatte Lord Spencers letzte Krankheit absichtlich vor Georgiana geheimgehalten, weil sie ihr nicht noch mehr Sorgen zumuten wollte. Auf die unerwartete Nachricht seines Todes wurde Georgiana krank. »Der Herzog ist so gut zu mir, was ein großer Trost ist«, erzählte sie ihrem Bruder, aber »ich verhalte mich sehr still und bleibe in meinem Zimmer und empfange niemanden, denn am meisten Grauen bereitet mir die Begegnung mit Menschen.«[35] Sie bekam Fieber und lag fast zwei Wochen im Bett. Die kleine Georgiana und der Herzog steckten sich an, und ein Monat verstrich, bis sie Lady Spencer besuchen konnten. Als die Nachricht Italien erreichte, versank Lady Elizabeth Foster zur großen Überraschung der englischen Gemeinde in Rom in tiefer Trauer.

»Ich fühle mich wirklich eher in der Lage, mit Dir über meinen Kummer zu sprechen, und unser Gespräch tröstet mich mehr als alles andere«, schrieb Georgiana am 3. Januar 1784 an Bess. »Ich bete zum Himmel, daß ich Dich mit meinem Gram nicht anstecke.«[36] Sie wollte, daß ihre Freundin nun zurückkehrte, aber gleichzeitig gab sie ihr sehr deutlich zu verstehen, daß sie zwischen den dreien eine gleichwertige Partnerschaft wünschte. »Was könnte es Interessanteres geben als unsere Reise vom vergangenen Jahr«, schrieb sie, »ein Mann und eine Frau, mit allen liebenswerten Eigenschaften ausgestattet und einander zugetan wie Bruder und Schwester, hegten und pflegten eine Frau, die sie abgöttisch liebt und das Kind in sich trug, mit dem die Gelübde und Wünsche aller drei in Erfüllung gehen sollten.«[37]

Die Devonshires zogen sich nach Bath zurück, wo der unter Gicht leidende Herzog in den Quellen baden konnte. Jeden Tag wurde Georgiana daran erinnert, daß sie nicht zugegen gewesen war, als ihr Vater starb. Sie tröstete sich, indem sie jeden Morgen an Bess schrieb:

> Ich schlucke, schlucke, wenn ich darüber nachdenke, wieviel Zeit verstrichen ist, seit wir uns hier kennenlernten, wieviel Zeit, seit ich Dich verloren habe und bis wir uns erst wiedersehen, aber ich tröste mich damit, welche Heiligkeit all dies unserer Freundschaft verleiht. Gott sei Dank waren wir lange genug vereint, um uns nicht wegen der kurzen Phase unserer Freundschaft zu schämen. Liebe, liebe, liebe Bess, mit jedem Tag wirst Du immer mehr zu Canis' Schwester und Freundin Deiner Georgine.[38]

Bath war für den Herzog nicht weniger schmerzvoll. Er vermisse seine Bess, schrieb er:

> Ich bin einige Zeit mit Magenbeschwerden krank gewesen, aber es geht mir besser, nachdem ich vierzehn Tage von den Quellen getrunken habe. Dieser Ort war für mich sehr unerfreulich, wenn ich vergleiche, wie es vor eineinhalb Jahren hier war, denn damals hatte ich Rat [Georgiana] und Bess und Gesundheit und gutes Wetter ... Es gibt so viele Orte in Bath, die mich so sehr an Dich erinnern, daß ich immer, wenn ich durch die Stadt gehe, an jeder Straßenecke erwarte, Dich daherkommen zu sehen, wie Du Dein Stöckchen an beiden Enden hältst und über Dein Knie biegst. Aber bisher bin ich Dir nie begegnet, und ebensosehr überrascht mich, wie irgend jemand so unverschämt sein kann, in Deinem Haus in der Bennet Street zu wohnen.[39]

Bess hatte jedoch andere Attraktionen gefunden und hatte es nicht mehr eilig, nach England zurückzukehren. »Ich habe Deinen segensreichen Brief über meine Rückreise nach England erhalten«, schrieb sie im Februar. »In meiner Macht liegt nur zu sagen, meine engelsgleiche Freundin, daß ich zu Dir zurückkehren werde, wenn ich gesund genug bin.«[40] Seit ihrem Versprechen an Georgiana und den Herzog, allen weiteren Flirts aus dem Weg zu gehen, war sie mit Charlotte nach Rom gereist und hatte den Lebemann Kardinal Bernis erobert. Sie tauchten überall gemeinsam auf, bis seine offene Zuneigung für sie gefährlich wurde. Bess kehrte eilig nach Neapel zurück, wo sie sich auf der Stelle in einen attraktiven schwedischen Diplomaten verliebte, den Grafen Fersen. Der Graf war kürzlich aus Versailles eingetroffen, wo Marie Antoinette wegen seiner Abreise vor ihren Bediensteten in Tränen ausgebrochen war. Der Herzog de Lévis beschrieb ihn in seinen Memoiren: »Gesicht und Manieren ... paßten perfekt zu einem Romanhelden.«[41]

Angeblich erwiderte Fersen Marie Antoinettes Gefühle, aber das hielt ihn nicht davon ab, sich in die »tragische« und schöne junge Engländerin im Exil zu verlieben. Bess' Aussagen zufolge weinte er, als sie ihm die Geschichte ihrer beiden Söhne erzählte, die man in Irland von ihr fernhielt. Eines Abends, behauptete sie, küßte er sie, bevor sie wußte, wie ihr geschah – zufällig waren sie allein –, aber sie verhinderte widerstrebend weitere Avancen. »Bitte vergib mir«, schrieb sie eilends an Georgiana, für den Fall, daß ihr bereits jemand anderes über Fersen berichtet hatte. »Ich halte mehr von ihm als von allen anderen, die mir bisher begegnet sind, aber nichts kann Deine und Canis' Ansprüche auf mich schmälern ... Ich will nicht behaupten, daß ich ihm nicht nachtrauern werde, er ist in jeder Hinsicht liebens- und achtenswert, aber Du lebst in meinem Herzen, und Dir gestehe ich meine Schwäche ... Ach G., bist Du mir sehr böse?«[42]

Georgiana bat sie, auf der Stelle zurückzukehren. Zwei Jahre später, als sie Graf Fersen schließlich kennenlernte, war ihre Abneigung gegen den Rivalen noch genauso stark wie zuvor. Sie fand ihn nicht so gutaussehend, wie Bess ihn beschrieben hatte, und erzählte ihr: »Hier findet man ihn häßlich, denn nachdem man wußte, daß Mrs. B. [Marie Antoinette] ihn mochte, hatte man eine große Schönheit erwartet. Er hat wunderbare Augen, seine Haltung könnte nicht besser sein, und er benimmt sich wie ein vollendeter Gentleman. Gott sei Dank bin ich nicht in ihn verliebt. Ich war ziemlich aufgeregt, als er mir zum ersten Mal begegnete, aber jetzt kennen wir uns ganz gut und haben über Dich gesprochen. Canis hat einen kurzen Blick auf ihn geworfen, und er hat durch die Jalousie gespäht, um Canis reiten zu sehen.«[43]

Georgiana hielt für Bess und Charlotte ausgefeilte Pläne bereit. Bess sollte nicht länger für das Mädchen verantwortlich sein: Ihr Leben würde sich bei ihnen in Devonshire House abspielen. Sie räumte ein, daß sie von Zeit zu Zeit in ihrem eigenen kleinen Haus leben müsse, um dem Gerede aus dem Weg zu gehen, aber nie wieder würden sich die drei trennen. Allerdings erschien das Ziel Bess inzwischen nicht mehr so verlockend. In ihren Antworten wich sie aus: Sie frage sich, ob Charlotte nicht von einem weiteren Jahr im Ausland profitieren könnte. »Sie entwickelt sich nicht in jeder Hinsicht so, wie ich es mir wünschen würde – sie hat eine schnelle Auffassungsgabe, kann aber nichts umsetzen.«[44] In einem Anfall von Offenherzigkeit entschlüpfte ihr, daß sie sich vor ihrer Rückkehr fürchte, weil mit ihr »alle Bemerkungen und Beobachtungen und Mutmaßungen« über ihr Vorleben wieder aufblühen würden. Sie erinnerte Georgiana: »[Unsere] zarte Freundschaft macht mich zum Ziel des Neides und weckt natürlich die Boshaftigkeit der anderen.« Aber weder Neid noch Boshaftigkeit veranlaßte Lady Clermont, am 26. Februar 1783 an Lady Spencer zu schreiben: »Ich hoffe, Du hast mit Lady Duncannon über die Dame in Italien gesprochen. Mir kommt zu Ohren, daß niemand je so bewundert wurde und daß sie ziemlich viel Gesellschaft hat. Ich wünschte bei Gott, sie würde sich mit irgendeinem auf und davon machen. Ich fürchte, dies ist ein gottloser Wunsch, aber er soll Schlimmeres verhindern.«[45]

Anfang 1784 versetzte Georgiana die Vorstellung, Bess könnte im Ausland bleiben, in Panik. Sie war wieder schwanger, aber diesmal würde die Schwangerschaft voraussichtlich schwierig und schmerzhaft werden. Zu ihrer großen Angst vor einer Fehlgeburt kamen körperliche Symptome, die nichts Gutes verhießen. In den vergangenen Monaten hatte sie sich zu einem Geständnis gegenüber dem Herzog aufzuraffen versucht, aber wegen Heatons Anschuldigungen und dem Unfrieden, den Lady George gestiftet hatte, schwieg sie. Dennoch ließen sich ihre Schulden im Februar nicht mehr verbergen. »Ich habe kürzlich auf die eine oder andere Weise versucht, dem Herzog den Zustand meiner Angelegenheiten zu offenbaren«, schrieb sie ihrer Mutter, »denn wegen Heatons Briefen dachte ich, daß es notwendig ist. Er hat sehr großmütig reagiert, aber da ich mich in dieser kritischen Phase von Aufregung fernzuhalten bemühe, muß ich zugeben, daß ich vorsichtiger war, als ich hätte sein sollen.«[46] Georgiana litt weitere drei Wochen, bis sie sich schließlich Anfang März an den Herzog wandte.

»Bevor ich ein weiteres Wort sage, mußt Du mir versprechen, meine liebste, liebste, liebste engelsgleiche Liebe, Canis niemals wissen zu lassen, daß ich Dir dieses Geheimnis verraten habe«, schrieb sie Bess nach dem Gespräch: Es gehe um

> sehr, sehr hohe Schulden. Immer hat mir der Mut gefehlt, sie zu gestehen, und ich versuchte, sie im Spiel zu gewinnen, wodurch sie noch

weiter wuchsen, auf (ich wage nicht, Dir die Summe zu schreiben, werde sie Dir aber nennen, wenn ich Dich sehe) viele, viele, viele tausend. Ich wollte Canis nichts sagen (obwohl ich kurz vor dem absoluten Ruin stand), solange ich im Kindbett lag und stillte, weil ich es für unfair hielt, meine Situation auszunutzen ... Es muß ihn belasten, denn neben den Renovierungen auf Chatsworth und den Umbauten auf Buxton hat er sich mit unvergleichlicher Großzügigkeit darauf eingelassen, den großen Besitz des Herzogs von Portland in Cumberland zu kaufen, was den H. von P. davor bewahrt, das Geld beschaffen zu müssen ... Ich käme mir wie ein Ungeheuer vor, wenn ich nicht versprechen würde, mit größter Umsicht und Ökonomie vorzugehen. Ich wollte, Canis würde sich damit einverstanden erklären, im nächsten Sommer mit ins Ausland zu kommen und ein Jahr mit Dir, Charlotte und Georgiana zu verbringen, alles käme in Ordnung, aber er fürchtet die Meinung der Welt so sehr und was man sagen würde, daß ich fürchte, er wird sich nicht einschränken.

Was hatte ich zu bieten für den Ruin, den ich über ihn gebracht habe (denn ich habe ihn in jedem Jahr meines Lebens immense Summen gekostet) – ein Verstand, dem man nicht trauen konnte, ein welkendes Äußeres, und sechsundzwanzig Jahre voller Torheit und mangelndem Feingefühl. Und was glaubst du, wie er das Geständnis aufgenommen hat – mit äußerster Großzügigkeit, Güte und Freundlichkeit. Seine ganze Sorge bestand darin, daß ich mir keine Vorwürfe machen möge, und man hätte glauben können, daß er der Missetäter war, nicht ich ... Mein Engel Bess, schreib mir, sage mir, daß Du mich für dieses Geständnis nicht haßt. Ach, liebe, liebe mich für immer.[47]

Kurz nach ihrem Geständnis verlor Georgiana das Baby. Sie bat Lady Spencer, zu ihr zu kommen, die London aber nicht verlassen konnte, solange die Testamentsvollstrecker damit beschäftigt waren, Lord Spencers Besitzverhältnisse zu entwirren. Sein Vermögen betrug nicht nur weniger als ein Viertel dessen, was sie erwartet hatten; alles befand sich außerdem in einem furchtbaren Durcheinander. Das Geld war einfach verschwunden; ein Teil des Vermögens steckte in Spencer House und der Kunstsammlung, aber den größten Teil hatten die Spencers vermutlich am Spieltisch verloren. Lady Spencer war nicht mehr reich, ihr Einkommen würde künftig nicht mehr als 3.000 Pfund im Jahr betragen, dazu kam das Versprechen von George, 1.000 Pfund beizusteuern, sobald er die verbleibenden Gläubiger ausbezahlt hatte. Ihr Eintritt in den Witwenstand wurde durch den Verlust des Spencerschen Vermögens um so schwieriger. Sie warf sich vor, das Erbe ihres Sohnes verschleudert, und schlimmer noch, ihre Kinder mit ihrem Beispiel verdorben zu haben. Georgiana versuchte vergeblich, sie davon zu befreien: »Sie sprechen von dem schlechten Beispiel, das Sie mir gegeben haben, damit können Sie nur eines meinen – Spielen, und da kann ich Ihnen versichern, das ist angeboren, denn ich erinnere mich, daß ich mit der alten Mrs. Newton von sieben Uhr morgens bis acht Uhr abends Lansquenet gespielt habe, als man mich mit neun Jahren wegen Masern in die Kings's Road geschickt hatte.«[48] Lady Spencer würde der Welt nie mehr mit ihrem früheren Selbstbewußtsein gegenübertreten. Georgiana bedrückte der Schlag, den der Stolz ihrer Mutter erlitten hatte, und beschämt nahm sie zur Kenntnis, daß in der Öffentlichkeit über ihre Situation geredet wurde. »Bergen Sie irgendeine Arglist oder Wut in Ihrem lieben Herzen«, schrieb sie ihrer Mutter, »so lassen Sie ihr freien Lauf ... gegen die Herzogin von Beaufort, die nicht davor zurückschreckte, mit Miss Fielding darüber zu zanken, daß sie sicher sei, Sie würden mit dem Spielen wieder anfangen.«[49]

Obwohl sie sich einsam und elend fühlte, blieb Georgiana lieber auf Chatsworth und ging nicht nach Devonshire House, wo sie von ihren Freunden umgeben wäre. »Wenn ich mich so wie jetzt nervös und scheu fühle«, schrieb sie, »ziehe ich den Umgang mit Leuten, von denen ich wenig weiß, dem mit jenen vor, die ich sehr viel besser kenne. Mir graut vor London, obwohl Lady Melbourne, die ich gern mag, und Lady Jersey, deren Gesellschaft wirklich amüsant ist, ganz sicher ihr Bestes geben würden, um mich zu unterhalten und zu zerstreuen.« Wenn sie unter Menschen mußte, umgab sie sich in diesen Tagen lieber mit Fremden, denn »in ihren Gesprächen berühren sie sicher keine Faser, die mit jenen diversen reizbaren Nerven in Verbindung steht«, die sie quälten.[50] Sie gestand George, daß ihre Gesundheit, ihre finanzielle Lage und ihre Neigungen zu ihrem Bedürfnis beitrugen, London zu meiden. Häufig stellte sie sich vor, in ein anderes Leben zu entfliehen. »Die Luftschlösser, die ich baue«, erklärte sie ihrer Mutter, »und die ich hauptsächlich baue, wenn ich einen unangenehmen Gedanken loswerden möchte, versetzen mich in tausend verschiedene Situationen, aber so, daß ich mich wirklich darin aufhalten könnte, sind sie eigentlich nie.«[51] Die Zeitungen verkündeten, daß sie sich bis zum Sommer in Bath aufhalten werde, aber in Westminster ereigneten sich Dinge, die ihr keine Ruhe vor ihren Sorgen gewährten.

Kapitel 9

Wahlen in Westminster

1784

*Wenn Mr. Fox nicht mehr der Mann des Volkes ist, so muß
ihm dank der zahlreichen Frauenzimmer, die sich zu seiner
Unterstützung eingefunden haben, zumindest die Rolle des
Mannes der Damen zugestanden werden. Die Anwesenheit der
Herzogin von Devonshire in Covent Garden wird Mr. Fox'
Wahl vielleicht nicht garantieren, aber wenigstens ihren obersten Rang unter allen anderen Schönheiten dieses Ortes etablieren, und in allen Bierstuben und Wirtshäusern von Westminster wird man sich erheben, um auf sie zu trinken ... Damen,
die sich so sehr für Wahlen interessieren, sind möglicherweise
zu unwissend, um zu erkennen, daß sie sich in Dinge einmischen, die sie nichts angehen, aber sie sollten wenigstens wissen,
daß man in der Regel, selbst in diesen degenerierten Zeiten, bei
einer verheirateten Frau die übliche Schicklichkeit voraussetzt.*

MORNING POST, 8. APRIL 1784

*Jeder liberale Geist revoltiert gegen die erbärmliche Schmähung
der liebenswertesten unter den Frauen unseres Landes! Die niederträchtige und brennende Hand der Verleumdung erhebt sich
jedoch vergeblich gegen die schöne Devon und ihre patriotischen
Schwestern, die in diesem Augenblick so sehr an jene lieblichen
Himmelsbewohnerinnen des griechischen Barden erinnern,
deren göttliche Attribute nie brillanter erschienen, als in jenem
Augenblick, als sie einen Schild zum Schutze des heldenhaften
Anführers eines unterdrückten Volkes formierten!*

MORNING HERALD AND DAILY ADVERTISER, 24. APRIL 1784

Die Koalition hatte seit der Vertreibung von Lord Shelburne im April 1783 darum gekämpft, an der Macht zu bleiben. Georg III. stand Fox und seinem ehemaligen Premierminister Lord North so feindselig gegenüber, daß niemand glaubte, die Koalition könne sich noch lange halten. Selbstzweifel und innerparteiliche Differenzen unterminierten beständig die neue Regierung. Ihr möglicherweise schwaches Erscheinungsbild beherrschte vorrangig Fox' und Georgianas Gespräche, bevor sich Georgiana zur Niederkunft zurückgezogen hatte. Beide wußten, daß die Koalition ohne die Unterstützung des Königs angreifbar war.

Als das Parlament nach der Sommerpause wieder zusammentraf, zeigte sich das Kabinett vorsichtig optimistisch. Das Ministerium verkündete sein Reformprogramm für die Sitzungsperiode, während sich Georgiana auf Chatsworth aufhielt. Die meisten Kontroversen rief Fox' Vorlage für eine Überarbeitung der Rechte und Satzung der East India Company hervor. Über alle Parteizugehörigkeit hinaus war man sich einig, daß etwas getan werden mußte. Mitarbeiter des Unternehmens machten sich mit leeren Händen auf den Weg nach Indien und kehrten ungeheuer wohlhabend zurück, womit sie nicht nur Unmut erzeugten, sondern auch den Verdacht, daß mit nicht ganz einwandfreien Methoden Vermögen gemacht wurden. Es gab Geschichten über zügellose Korruption, Ausbeutung, sogar Gewalt gegen die eingeborene Bevölkerung. Aber jede erfolgreiche Regierung hütete sich vor Einmischung in die Privatwirtschaft, und viele Parlamentsabgeordnete hielten die East India Bill für eine ungeheuerliche Einmischung. Die Feinde der Koalition behaupteten, die Whigs wollten die East India Company kontrollieren.

Fox frohlockte, als er seine Kritiker besiegte: Die East India Bill wurde im November vom Unterhaus mit deutlicher Mehrheit verabschiedet. Der leicht errungene Sieg erwies sich jedoch als Ablenkungsmanöver. Geheime Unternehmungen waren im Gange, die Koalition zu stürzen. William Pitt traf sich Anfang Dezember mehrmals mit dem König, und sie schmiedeten gemeinsam einen Plan, um Fox zu verdrängen. Als die Vorlage im Oberhaus ratifiziert werden sollte, ließ Lord Temple, Pitts Cousin, unauffällig einen offenen Brief des Königs herumreichen. Der Brief konstatierte ohne Umschweife, daß jeder, der für die Vorlage stimmte, künftig zum Feind des Königs erklärt würde. Lord Frederick Cavendish berichtete Georgiana, der Herzog von Portland habe den König in seinem Kabinett mit den Gerüchten über eine Intrige konfron-

tiert, worauf ihn der König mit glasigem Blick fixierte und die Frage
überging.[1] Fox weigerte sich, den Gerüchten Glauben zu schenken, bis
ihm beim Anblick der Lords, die seine Vorlage abschmetterten, mit er-
schütternder Deutlichkeit klar wurde, daß er überrumpelt worden war.
Georg III. haßte die Whigs so sehr, daß er um zehn Uhr nachts, als ihm
das Ergebnis bekannt wurde, als erstes seine Beamten nach Piccadilly
schickte, um Fox und North das Staatssiegel abzunehmen. Am nächsten
Morgen, dem 19. Dezember, küßte William Pitt die Hand des Königs
und wurde mit vierundzwanzig Jahren der jüngste Premierminister in
der Geschichte des Parlamentes.

Paradoxerweise herrschte Jubelstimmung unter den Whigs. Nachdem
der König seinen Exministern nun offen den Krieg erklärt hatte, hielten
sie den Beweis für seine despotische Absicht in Händen. In den vergangenen beiden Dekaden hatte sich ihre Behauptung, daß der Einfluß der
Krone gewachsen sei, auf seine »heimliche« Protektion durch die Zutei-
lung von Pensionen und Posten gestützt. Indem er die Lords anwies,
sich über das Unterhaus hinwegzusetzen, hatte der König jetzt endlich
den Beweis für seine verfassungsfeindlichen Aktivitäten erbracht. Fox
betrachtete die politische Krise als eine persönliche Angelegenheit – als
Wettstreit zwischen ihm, Georg III. und William Pitt.

Georgiana zweifelte nicht daran, daß Fox siegen würde. Solange das
Unterhaus hinter der Koalition stand, konnten der König und Pitt nichts
tun. Keine Vorlage konnte verabschiedet, keine Steuern erhöht, keine
Außenpolitik umgesetzt werden. »Wir haben im Unterhaus noch immer
die Mehrheit«, schrieb sie, »was, so sollte man annehmen, sie vernichten
wird.«[2] Die Koalition nutzte die Weihnachtspause, um sich auf die
Schlacht vorzubereiten. Niemand glaubte, daß Pitt sich bis Neujahr halten könne: »Verlaß Dich drauf«, machte sich Mrs. Crewe lustig, »das
wird ein Hackpasteten-Ministerium.« Aber sie hatten die öffentliche
Meinung unterschätzt. Zwischen Hyde Park und Piccadilly stolzierten
die Whigs unter dem Beifall ihrer Freunde in selbstgerechter Entrüstung einher, aber überall sonst wurden sie verunglimpft, weil sie sich
den Weg an die Macht gegen die Bedenken des Königs erzwungen hatten – »das Kabinett gestürmt hatten«,[3] wie es hieß. Insbesondere Fox
drängte man in die Rolle des Verräters, weil er angeblich versucht hatte,
die East India Company zur Milchkuh der Whigs zu machen. Seine Reden über die Freiheit Englands nahmen sich neben seinem berüchtigten

Lebenswandel fragwürdig aus. Unter allen politischen Karikaturen fanden jene den größten Anklang, die ihn aufs Korn nahmen. James Gillray zeichnete ihn als »Carlo Khan«, der auf einem Elefanten die Leadenhall Street hinunter reitet, um die East India Company in Besitz zu nehmen. Zusammen mit einer anderen Karikatur, auf der er als Oliver Cromwell zu sehen war, fügte ihm diese Karikatur mehr Schaden zu als allen anderen zusammen. Seine Motive wurden in Frage gestellt.

Die Koalition traf sich regelmäßig im Devonshire House, denn nur sein prunkvoller Salon bot ausreichend Platz für die vielen Anhänger. Die politische Sache entwickelte sich deprimierend: Beschwerden und Kritik übertönten konstruktive Vorschläge, und von Mal zu Mal nahm die Zahl der Teilnehmer ab. Ihre Mehrheit im Unterhaus blieb in der ersten Woche stabil, aber am Ende der zweiten begann sie zu schrumpfen. Pitt preschte voran, reagierte mit keiner Miene auf die Buhrufe und Pfiffe von den Oppositionsbänken, wenn seine Verfügungen abgeschmettert wurden. Da er zusätzlich auf die Unterstützung des Königs rechnen konnte, zog er mit kühler Zielstrebigkeit von Woche zu Woche mehr Abgeordnete auf seine Seite. Fox erlebte eine langsame, demütigende Folter, aber er wollte sich nicht geschlagen geben. Pitt untergrub die Mehrheit der Koalition unablässig, bis sie in der ersten Märzwoche auf neun Stimmen gesunken war. Am 8. März beantragte Fox, das Unterhaus möge die Diskussion der Muting Bill so lange verschieben, bis Pitt sein Amt niederlege: Der Antrag erhielt nur eine einzige Stimme. Das war das Ende. Pitt hatte gewonnen.

Etwa Mitte März hatten sich die Devonshires in London wieder eingerichtet, und Georgiana versuchte, ihre Schulden bei Heaton in den Griff zu bekommen. In ihren Augen bedeutete das Scheitern der Whigs nicht nur für die Partei, sondern für das ganze Land eine Katastophe: »Falls sich Mr. Pitt durchsetzt, wird nicht nur er selbst, sondern jeder einzelne Engländer diesen Ausgang auf ewig bereuen«, schrieb sie.[4] Ohne Einschränkung teilte sie Fox' Meinung, daß der König in seinem Betreiben, die Entscheidungen des Unterhauses zu unterlaufen, gestoppt werden mußte. Sie machte sich ihre Kontakte zum französischen Hof zunutze, um darauf zu drängen, daß man Pitt dort nicht anerkannte.[5] Außerdem brachte sie den zögerlichen d'Adhémar dazu, ein großes Dinner zu Ehren der Koalition in seiner offiziellen Residenz zu veranstalten. Zwar verhielt er sich unterwürfig, aber sie wußte auch, daß er sie in ganz

London in Verruf brachte. »Er sagt, nichts gleiche *le despotisme de M. Fox que la bassesse de ses amis.*«*

Am 17. März besuchte Georgiana die Oper, um sich *La Reine de Golconde* anzuhören, in der eine kleine Sequenz vorkam, die sie selbst komponiert hatte. An jenem Abend spielte sich die Vorstellung jedoch nicht auf der Bühne, sondern in den Logen ab. Die politischen Rivalitäten teilten die Zuschauer in zwei Lager, und beim Eintritt prominenter Politiker gab es viele Buhrufe und Pfiffe. Georgiana liebte solche öffentlichen Auftritte. Am zwanzigsten ging sie zum zweiten Mal: »Es war sehr voll, und ich hatte diverse gute politische Auseinandersetzungen.«[6] Die Herzogin von Rutland sprang auf und rief in die aufgebrachte Menge unter ihr: »Nieder mit Fox!« Lady Maria Waldegrave konterte aus der gegenüberliegenden Loge: »Nieder mit Pitt!« »Wir hatten [anschließend] ein richtiges Oppositions-Dinner«, berichtete Georgiana von d'Adhémar, »was ihm ziemlich gegen den Strich ging. Da waren Mr. Fox, Grenville, Lord Malden, Colonel St. Leger, kurz, alle unsere Männer ...«[7] Ihr unbewußter Gebrauch des Wortes »unsere« zeigt, wie sehr sie sich mit den Whigs identifizierte. Sie verfolgte den Kampf nicht, sie gehörte zu den Mitstreitern. In einer Karikatur trommeln die Anführer der Koalition – Sheridan, Burke, North und Fox – Unterstützung zusammen, indem sie nicht nur das Vermögen der Cavendishs zitieren, sondern auch Georgiana selbst. »Wer der Koalition beitritt, wird eingekleidet«, ruft Burke. »Jeder Gentleman, der Seiner Majestät Carlo Khan dienen will, begebe sich zum Portland-Block«, schreit North. »Sofortige Bezahlung, gute Unterkünfte und eine zuvorkommende Gastgeberin«, fügt Fox hinzu.[8]

Rivalitäten zwischen den Parteien wurden zunehmend auch auf offener Straße ausgetragen, in vielen Fällen durch *agents provocateurs* angestachelt. Pitt ritt den Strand hinunter, begleitet von einer großen Meute, die vor Carlton House hielt und den Prinzen beschimpfte. Sie zog weiter nach St. James's, wo er die Menge nur mit Mühe davon abhalten konnte, bei Fox die Scheiben einzuwerfen. Später entdeckte Lord Chatham, Pitts älterer Bruder, James Hare, wie er eine Gruppe von Sänftenträgern, die mit gebrochenen Deichseln bewaffnet waren, dazu ermunterte, Pitt in seiner Kutsche anzugreifen.

---

* Er sagt, nichts gleiche dem Despotismus von Mr. Fox außer der Erbärmlichkeit seiner Freunde.

Es gelang ihnen, bis zur Kutsche durchzukommen und die Tür mit Gewalt zu öffnen. Mehrere holten entschlossen aus, um auf Pitt einzuschlagen, und ich weiß noch, daß ich mich bemühte, ihn so gut wie möglich abzuschirmen, während er den Wagen zu verlassen versuchte. Glücklicherweise jedoch ... durch die rechtzeitige Hilfe einer [rivalisierenden] Gruppe von Sänftenträgern und vieler Gentlemen aus [dem Club] White's, die die Gefahr erkannten, wurden wir aus unserer mehr als unbequemen Lage befreit, und gelangten unter beachtlichen Schwierigkeiten in einige umliegende Häuser.[9]

Eine öffentliche Debatte in Westminster Hall wuchs sich zu einem Aufruhr aus, und Fox wurde mit Dreck beworfen, während ihn seine Anhänger nach draußen in eine wartende Kutsche schafften.

Beschimpfungen oder wüste Drohungen hielten Georgiana nicht davon ab, Fox in jenen Turbulenzen zur Seite zu stehen. Sie verwendete einige Tage auf einen Wahlfeldzug für ihren Bruder und kehrte dann wegen der Westminster-Wahl nach London zurück.* Es gab drei Kandidaten für zwei Lager: Fox für die Whigs, und Sir Cecil Wray (ein Whig-Überläufer) und Lord Admiral Hood für Pitt. Da Admiral Hood aus dem Amerikakrieg als berühmter Held zurückgekehrt war, standen sich im Grunde Fox und Wray gegenüber. Wegen seiner Nähe zum Parlament und der großen Zahl von 18.000 Wahlberechtigten zählte Westminster zu den wenigen Wahlkreisen, wo die öffentliche Meinung wirklich Gewicht hatte. Pitt hätte mit Freuden ein Dutzend Bezirke geopfert, wenn er damit Fox aus dem »Wahlkreis des Volkes« hätte verbannen können. Der König machte sich weniger aus der öffentlichen Meinung und wollte Fox einfach nur loswerden. »Tun Sie, was immer Sie für nötig halten«, befahl er Pitt, »damit er bloß nicht nach Westminster zurückkehrt.«[10]

Die Kritik späterer Whig-Historiker an Korruption und Nötigung bei Wahlen im achtzehnten Jahrhundert hätte Georgiana erstaunt. Wie

---

* Lady Spencer schrieb ihrem Sohn, daß Lady Salisbury in der Stadt einen Wahlfeldzug für die Regierung angeführt habe: »wie wir hörten, mit erstaunlichem Erfolg; und sie erweckte in ihrer Partei eine Art Geist, der unseren niederstreckte. Also schickte ich gestern abend nach Deinen beiden Schwestern, die sich vor einer Stunde mit Mrs. Sloper und einer sehr großen Gruppe von Freunden aufgemacht haben, um eine richtige Kampagne zu starten. Es ist beeindruckend, was sie damit jetzt schon erreicht haben.« Lady Spencer an den zweiten Grafen Spencer, etwa 25. März 1784.

Frank O'Gorman gezeigt hat, wurde die Öffentlichkeit, obwohl es eigentlich nur wenige Wahlberechtigte gab – ungefähr 300.000 bei einer Bevölkerungszahl von 10 Millionen –, nicht notwendigerweise aus der Wahlpolitik ausgeschlossen, und die Wahlen dienten auch nicht einfach nur der Bestätigung. »Während sich Planungskommitees gründeten«, schreibt er, »während Agenten im gesamten Wahlkreis ausschwärmten, und während die offizielle Wahlkampagne ihren Lauf nahm, ergoß sich ein wahrer Sturzbach rivalisierender Publicity – Satiren, Gedichte, Lieder, Karikaturen, Handzettel, Briefe und Werbeartikel – über den Wahlbezirk. ... Täglich nährten und erhielten Reden, Feiern, Paraden, Zurschaustellungen, Dinnerveranstaltungen und Vergnügungen die Aufregung und Begeisterung unter der Bevölkerung.«[11] Lokale Streitfragen herrschten vor, aber auch überregionale Themen waren wichtig und konnten dazu benutzt werden, Rivalen in Mißkredit zu bringen. Der große Wahlbezirk Westminster vereinte viele verschiedene Berufsgruppen. Man konnte sie umwerben, sich einschmeicheln und sie mit Anreizen überschütten, aber man konnte sie nicht kontrollieren.

Wie bei vorherigen Wahlen waren die Rednertribünen in Covent Garden in der Nähe der Wahlkabinen aufgestellt worden, durch die die Wähler einzeln hindurchgeschleust wurden, um vor den Beamten ihre Stimme abzugeben. Am ersten Tag der Stimmabgabe, die sich über sechs Wochen erstreckte, versammelten sich die Whigs zu einer Massenkundgebung. Ihre Helfer hatten Banner und bunte Flaggen an den Hauptdurchgangsstraßen im Zickzack zwischen den Häusern der Sympatisanten aufgehängt. Fox hielt sich mit einigen Freunden auf der Rednertribüne auf, um die Menge anzufeuern, während man drei Gruppen bildete, die von Georgiana, Mrs. Crewe und Mrs. Damer angeführt wurden. Die meisten Parteimitglieder hatten zu tun, in ihren eigenen Bezirken ihre Sitze zu verteidigen, und so wurden die Frauen zur Verstärkung der Wahlkämpfer gebraucht. Georgiana und Harriet zogen mit einigen männlichen Begleitern durch die gepflasterten Straßen und verteilten eigens angefertigte Medaillen unter Fox' Sympathisanten. Trotz des Geschiebes und Gedränges amüsierten sich die Whigs in der Menge, obwohl viele Zuschauer sich darüber aufregten, wie man Frauen so unbekümmert den Gefahren einer Londoner Wahl aussetzen konnte. Ein deutscher Wahlkampftourist beobachtete, wie unter der bis dahin ruhigen Menge nach Schließen der Wahllokale Gewalt ausbrach:

In nur wenigen Minuten waren die ganze Tribüne, Bänke und Stühle und einfach alles vollständig zerstört, und die Matte, mit der man sie abgedeckt hatte, war in tausend schmale Streifen oder Fetzen gerissen worden, die sie um etliche Menschen egal welchen Standes herumschlangen. Jene schleiften sie dann mit sich, dazu alles, was ihnen als Siegestrophäen in die Quere kam; und so zogen sie begeistert und triumphierend durch viele der dichtest bevölkerten Straßen Londons.[12]

Der *London Chronicle* berichtete, daß Fox am Ende des ersten Tages 302, Lord Hood 264, und Wray 238 Stimmen erobert hatte.[13] Aber am zweiten und dritten Tag zogen Hood und Wray an die Spitze. Frenetisch forderten die Whigs jeden auf, sich am Wahlkampf zu beteiligen. Am 5. April zogen auch die Herzogin von Portland, Lady Jersey, Lady Carlisle, Mrs. Bouverie und die drei Ladys Waldegrave durch Westminster, in Blau und Hellbraun gekleidet, mit Fuchsschwänzen an ihren Hüten, und warben bei den verblüfften Ladenbesitzern um Stimmen. Nathaniel Wraxall zufolge gerieten die Aktivitäten der Damen bald außer Kontrolle: »Jene Damen, die man zuvor mit Listen noch ausstehender Stimmen ausgerüstet hatte, fuhren zu den jeweiligen Behausungen. An Bitten oder Versprechungen wurde nicht gespart. In einigen Fällen, so sagt man, wurden sogar Zärtlichkeiten zugelassen, um die Mürrischen oder Unbeweglichen zu gewinnen, und zweifellos wurden in mehr als einem Fall gewöhnliche Handwerker von der Herzogin in ihrer eigenen Kutsche zur Wahl befördert.«[14]

Horace Walpole war beschämt über die Art und Weise, wie manche Wähler Georgiana zu ihrem Vorteil ausnutzen: »Während ihrer Kampagne scheute sich die Herzogin nicht, Wähler von niedrigstem Stand aufzusuchen und sie mit ihrer faszinierenden Art, der Macht ihrer Schönheit und dem Einfluß ihres Standes zu beeindrucken und entzücken.« Andere beschimpften sie allerdings, und bei mehr als einer Gelegenheit wurde sie körperlich bedroht. In einem Bericht wird behauptet, daß Georgiana unbedacht ein Haus allein betrat, wo sie auf sieben betrunkene Anhänger von Hood stieß. Sie ließen sie nicht gehen, bevor jeder einzelne sie geküßt hatte, während sich in der Zwischenzeit eine aufgebrachte Meute vor dem Haus versammelte und sich mit Gewalt Zutritt zu verschaffen suchte.[15] Ob sich diese Geschichte wirklich so ereignet hat oder nicht – es gab andere, ähnliche Vorfälle. »Sie ist auf der Straße, sagen sie mir beinahe jeden Tag«, schrieb Mrs. Boscawen an Lady Chatham. »Und das ist ihre einzige Beschäftigung vom Morgen bis zum Abend. Sie steigt aus ihrer Chaise und geht zu Fuß durch die Gassen – mit vielen Federn und Fuchsschwänzen an ihrem Hut – zahlreiches Gesindel in ihrem Gefolge.«[16]

Am Ende der ersten Woche war Georgiana erschöpft und demoralisiert. Ihre Stimme klang rauh und ihre Füße waren wund und voller Blasen vom Laufen über das kaputte Pflaster in der Henrietta Street – die etliche bekannte Bordelle beherbergte, was daher in der Presse Anlaß für grobe Witze war. Trotz aller Bemühungen blieb Fox bei den Wahlen zurück. »Ich gebe die Wahl ziemlich auf«, schrieb Georgiana an ihre Mutter, »und ich muß mit Bedauern zugeben, daß sich all dies ereignet hat – dennoch, die Umstände, in denen ich mich befand, werden mich vor all jenen rechtfertigen, denen ich unbedingt zu Gefallen sein möchte, und die Meinung aller anderen muß ich wegstecken.«[17] Die Regierung triumphierte. »Westminster ist in der Tat ein schwerer Schlag für die Partei«, berichtete Pitts Cousin dem Herzog von Rutland. »Sie haben sich unglaublich bemüht, insbesondere Ihre Gnaden von Devon, die im Laufe ihres Wahlfeldzugs mehr Englisch der gröbsten Art gehört hat, als jemals einer Dame ihres Standes zugemutet wurde ... Fox ist inzwischen eindeutig geschlagen.«[18]

Pitt-treue Zeitungen konzentrierten ihre Angriffe auf Georgiana und übergingen die anderen Frauen. Lady Salisbury und Mrs. Hobart, die sich für Pitt einsetzten, wurden wesentlich weniger beachtet. »Es ist sehr hart«, klagte sie, »daß sie mich herausgreifen, obwohl alle anderen Frauen auf meiner Seite genauso viel tun.«[19] Sie bestritt, für Stimmen Küsse ausgetauscht zu haben: Das war Harriets Idee gewesen, nicht ihre. Die Männer taten solche Sachen bei jeder Wahl – Kandidaten mußten ziemlich viel küssen und Hände schütteln. Lord Palmerston hörte, daß ein Metzger von Fox verlangt hatte, seine Frau und alle seine Töchter nacheinander zu küssen, um ihn anschließend mit den folgenden Worten aus dem Laden zu schieben: »Er könnte ihm den Arsch küssen, wenn er wollte, um mit ihm ins Geschäft zu kommen; aber lieber würde er zur Hölle fahren, bevor er ihm seine Stimme gäbe.«[20] Georgiana war besonders angreifbar, weil sie eine Berühmtheit war. Als erste setzte die *Morning Post* am 31. März das Gerücht in die Welt, daß sie Wähler geküßt habe: »Wir hören, daß die H– von D– jenen eine *Gunst* verspricht, die Mr. Fox ihre Stimme und ihr Vertrauen schenken.« Anschließend erschienen fast täglich hämische Artikel. Sie konzentrierten sich auf drei

Themen: daß sie ihren Körper für Stimmen verkaufte, daß sie Fox' Geliebte war und daß sie mit ihrem unschicklichen Betragen ihren Stand
und ihr Geschlecht verriet. Am 8. April feixten sie: »Wie gewöhnlich
trug sie die Insignien ihres Standes am Hut und zog mit ihrer außerordentlichen Schönheit die Blicke der offenen Mundes starrenden Menge
an. Eine Gruppe schmuddeliger Musikanten spielte mit Markknochen
und Hackmessern zu Ehren Ihrer *Gnaden* auf, und man folgte ihr die
ganze Southampton Street hinunter, unter dem Beifall ihrer *neuen* Bewunderer.« Am zwölften hielt Georgiana es nicht länger aus, und sie teilte dem Herzog mit, daß sie London verlassen würde, um ihre Mutter in
St. Albans zu besuchen.

Lady Spencer war erleichtert, als ihre Tochter endlich ihren flehentlichen Bitten nachgab und ihren Wahlkampf beendete. Im Oktober 1774
war sie selbst von der Presse wegen ihrer erfolgreichen Wahlkampagne
in Northampton aufgezogen worden und hatte für große Heiterkeit in
der Familie gesorgt: Lord Spencer hatte das ganze für einen großartigen
Witz gehalten. »Hast Du all die Komplimente, Beleidigungen und Satiren in der Londoner Presse über ihren und Mrs. Tollemaches Wahlfeldzug gelesen?« fragte er Georgiana.[21] Aber er hatte zu einer Generation
gehört, für die tägliche Berichte in der Presse noch etwas Neues waren.
Als er ein junger Mann gewesen war, riskierten Herausgeber eine Gefängnisstrafe, wenn sie über Parlamentsdebatten berichteten. Das war
seit 1774 nicht mehr der Fall gewesen. Inzwischen sorgten die Massenauflagen von Zeitungen und politischen Karikaturen, die insgesamt wöchentlich mehrere hunderttausend Leser erreichten, dafür, daß Ansichten, Auftreten und Debattierstil aller führenden Politiker überall im
Land bekannt waren. Als Baron Archenholtz England besuchte, überraschte ihn, welche Ruhe in den Clubs, Wirts- und Kaffeehäusern
herrschte, wo die Männer ihre Zeitung lasen. Wie andere Besucher aus
dem Ausland beeindruckten auch ihn die politischen Kenntnisse selbst
gewöhnlicher Leute. Auf dem Kontinent kannte man solche freien und
formlosen Debatten nicht.

Mit der Zunahme der Zeitungsberichterstattung seit den 1770ern
waren die Reporter auch in ihrem Spott über bekannte Persönlichkeiten kühner geworden. Teilweise lag das daran, daß Regierung und Opposition bereitwillig große Summen an die Zeitungen zahlten, wenn sie
ihre Gegenspieler attackierten (Lord Shelburnes Ministerium hielt

sich kein Jahr, trotzdem zahlte es Bestechungsgelder in Höhe von annähernd 2.000 Pfund an die Verfasser von Streitschriften und Zeitungsartikeln).[22] Die Regierung investierte in Artikel gegen Fox und Georgiana. Die fügsamen Redakteure von Zeitungen wie dem *Morning Herald* druckten so viele häßliche Geschichten über sie, wie sie nur konnten, und Vertreiber von Druckschriften, die der Regierung nahestanden, verkauften Tausende von Karikaturen, die ihre Kampagne verunglimpften. Am 3. April tauchte in den Druckerläden eine neue und besonders widerwärtige Karikatur auf, die Georgiana in lüsterner Umarmung mit einem Metzger in Westminster zeigte. Wer keinen Schilling ausgeben wollte, konnte die Karikatur in Kaffeehäusern, Herrenklubs, beim Barbier, in Tavernen und Bierschänken besichtigen. Einige Verkäufer von Druckerzeugnissen hatten die Grenze zwischen Satire und Pornographie überschritten und benutzten Georgiana einfach wegen des Kitzels.

In einer Welt, in der die weibliche Sittsamkeit einen hohen Stellenwert einnahm, schämte sich die Familie für die Prügel, die Georgiana von der Presse bezog. Dabei ging es nicht um die Tatsache, daß sie sich an der Wahlkampagne beteiligte, sondern um ihre Methode, die zu freizügig und locker war, zu männlich. Lady Spencer hatte keinen Einspruch erhoben, als ihre Töchter nach Northampton zogen, um für George ins Feld zu ziehen: Dort hatten sie sich schicklich benommen.[23] »Eine Frau sollte niemals Takt und Würde aufgeben«, erklärte Lady Spencer Harriet. »Ich weiß, daß Euch die besten Absichten bewogen haben, die Rolle, die Ihr spielt, anzunehmen, aber laßt Euch dies eine Lehre sein, ... die striktesten Regeln des Anstandes niemals zu überschreiten.«[24] Sogar Mrs. Montagu, die sich für Frauenbildung einsetzte und Mitglied der Blaustrümpfe war, fand, daß Georgiana zu weit gegangen war: »Die Herzogin von Devonshire hat eine äußerst männliche Wahlkampagne veranstaltet und hat sich schlimme Beschimpfungen eingehandelt.« Ihre eigenen Aktivitäten zu Pitts Unterstützung beeinflußte ihr Mißfallen jedoch nicht. »Ich hoffe, daß wir in York und auf dem Lande Erfolg haben werden: Ich habe mich auch dort nach Kräften bemüht, wo ich nur den geringsten Einfluß hatte, und nun werden alle meine Männer Pitt wählen.«[25] Mary Hamilton hielt in ihrem Tagebuch fest, daß sie »der Herzogin von Devonshire in ihrer Kutsche, umringt von einer großen Meute, begegnete, wie sie am Strand für Mr. Fox warb. Wie schade, daß ein Mitglied unseres Geschlechts so vergessen kann, was weibliche Sittsamkeit verlangt. Würde man die Szenen, in denen die Herzogin in letzter Zeit aufgetreten ist, niederschreiben, jene, die sich zum Zeitpunkt der Wahl nicht in London aufgehalten haben, würden ihnen keinen Glauben schenken.«[26]

St. Albans war ein sicherer Hafen, in dem Georgiana vergessen konnte, was sich kürzlich in Covent Garden abgespielt hatte. Duftschalen und Holzfeuer ersetzten den Gestank nach Urin und verfaultem Essen, wie sie ihn in den Gassen von Westminster kennengelernt hatte. Dennoch erreichte sie kurz nach ihrer Ankunft ein Ruf der Partei. Sie baten sie, unverzüglich zurückzukehren. Wie sich herausstellte, war sie gerade zu dem Zeitpunkt abgereist, als sich die Stimmen von Wray weg und zu Fox hin bewegten. Die Herzogin von Portland schrieb: »Ich freue mich, Dir von unserem heutigen Erfolg in Westminster berichten zu können – wir schlugen sie um fünfundvierzig Stimmen, was großen Jubel bei uns ausgelöst hat, das kannst Du glauben. Alle wollen unbedingt, daß Du zurückkommst, weshalb ich hoffe, Dich spätestens morgen Abend wieder in der Stadt zu sehen, denn wenn wir jetzt doch noch verlieren, werden sie glauben, daß es an Deiner Abwesenheit lag.«[27]

Lady Spencer konnte die Unverschämtheit der Cavendishs kaum glauben, vor allem entsetzte sie deren Bereitwilligkeit, Georgianas Gesundheit und Reputation politischen Zwecken zu opfern. Sie schrieb eine scharfe Erwiderung, besonders erbittert durch die Einsicht, daß sie mit dem Namen Spencer nicht so rücksichtslos umgehen würden, wenn ihr Ehemann noch am Leben wäre. Georgiana wollte nicht zurückkehren. Sie war nicht davon überzeugt, daß Fox' Schicksal sich dank ihrer Bemühungen gewendet habe. Ihre Ablehnung versetzte die Whigs in Panik, denn sie waren ihrerseits davon überzeugt, daß der Erfolg der Wahl von ihrer Anwesenheit abhinge. Der Herzog von Portland ließ sich zu einer persönlichen Bitte herab:

> Ein besseres Argument gegen Deine Weigerung, Deine Meinung über Dich selbst zu revidieren, als den Stand der Stimmen der vergangenen beiden Tage kann ich Dir nicht bieten. Jeder ist davon überzeugt, daß Deine Anstrengungen die sehr greifbare Veränderung zugunsten von Fox herbeigeführt haben, die sich auch weiterhin stabilisiert und verbessert bis hin zum entscheidenden Sieg, aber laß Dir versichern, wenn ... der Verdacht aufkommen sollte, Du hättest Dich von der Wahl zurückgezogen, würde eine allgemeine Unwilligkeit

aufkommen, Mutlosigkeit die Oberhand gewinnen, und der Triumph des Hofes wäre die unabdingbare Konsequenz. Wie es auch aussehen mag, verlaß Dich darauf, daß diese Darstellung nicht übertrieben ist.[28]

Lord John Cavendish schrieb direkt an Lady Spencer, um sich im Namen der Familie Cavendish dafür zu entschuldigen, wie man ihre Töchter behandelt hatte. »Das ist ausschließlich einigen unbedachten Ratgebern zuzuschreiben, die sie auf absurde und unschickliche Weise beraten haben.« Aber er konstatierte ebenso unverblümt, daß »Mißfallen und Beleidigung bereits stattgefunden haben; und wenn in Ermangelung ähnlichen Eifers irgendwelche Stimmen verlorengehen«, würde man Georgiana dafür verantwortlich machen. Er versicherte ihr, sie hätten ihre Methoden geändert: »Die Damen begeben sich in den frühen Morgenstunden zu Personen, von denen man ihnen berichtet hat, daß sie Einfluß auf sie nehmen könnten, und reden mit ihnen von der geöffneten Türe ihrer Kutsche aus. Anschließend begeben sie sich in ein Geschäft, von dem aus man den Wahlort überblicken kann, und schauen zum Fenster hinaus und ermutigen ihre Freunde.«[29] Er versprach außerdem, die Partei würde eine bessere Verteidigung für Georgiana aufbauen; fortan käme keine üble Nachrede unbestritten durch.

Zögernd gestattete Lady Spencer ihrer Tochter, sich in ihrer Kutsche auf den Weg zurück nach London zu machen. Lord John Cavendishs Beteuerungen hatte sie beide nicht überzeugt. »Du kannst Dir nicht vorstellen, wie sehr mich die Beleidigungen der Zeitungen quälen«, erklärte Georgiana ihrem Bruder. Sie bat ihn, die grausigen Geschichten nicht zu lesen, die sie über sie druckten, und wenn er es tat, ihnen nicht zu glauben. Sie beschuldigte die Portlands, sie von Anfang an zum Wahlkampf gezwungen zu haben, und zitierte ihre Briefe als Rechtfertigung für ihre Rückkehr.[30] Aber obwohl sie es verabscheute, wenn man sich über sie lustig machte, sehnte sie sich dennoch nach dem Theater und der Erregung, die das Stimmenwerben mit sich brachte. St. Albans war für einige Tage eine willkommene Pause gewesen, aber neben dem Wahlkampf erschien das Alltagsleben fade.

In Westminster ignorierte Georgiana die Anweisung, ihre Kutsche nicht zu verlassen. Sie plauderte und diskutierte nicht nur fröhlich mit den Wählern, sie interessierte sich außerdem für ihre Geschäfte und Familien. Sie begrüßte die Frauen und Kinder, übernahm zahlreiche Patenschaften für Kinder und beeindruckte die Frauen mit ihren Kenntnis-

sen über so häusliche Dinge wie das Stillen und Erziehung. Ihr Erfolg
begründete sich auf ihr Einfühlungsvermögen. »Ich erfreue mich an der
Vorstellung, daß Deine ungekünstelte gute Laune, Höflichkeit und Aufmerksamkeit jedem gegenüber alle Herzen für Dich einnehmen werden«, räumte Lady Spencer ein. Sie erkannte das Talent ihrer Tochter
und bedauerte jene, die »dieser belebende Funke der Wohltätigkeit
nicht umgibt, und [die] auch nicht wissen, was es bedeutet, seine Mitmenschen im allgemeinen zu lieben.«[31] Georgiana wußte außerdem um
die Macht des Geldes, und sie ging mit ihren Freundinnen von Geschäft
zu Geschäft, tätigte dort große Einkäufe und ließ durchblicken, daß sie
wiederkäme, wenn die Besitzer Fox wählten. Ein Besuch bei einem Hut-
macher mit Harriet und den Ladys Waldegrave entwickelte sich zu einer
Straßenparty, bei der die Ladenbesitzer zum Zeichen ihrer Unterstützung Muffe aus Fuchsfell über ihren Türen hißten.

Die *Morning Post* beschwerte sich, daß Georgiana und Harriet sich
größerer Vergehen als der Überbezahlung schuldig machten. Sie klagte
sie an, den Fox-Gegnern unter den Ladenbesitzern mit der Verteilung
einer Schwarzen Liste unter den Whigs zu drohen. Ganz wie Lord John
Cavendish versprochen hatte, erhob der *Morning Herald and Daily Advertiser* in Georgianas Namen Einspruch. »Mit ihrem Eintreten für Mr.
Fox entspricht die Herzogin von Devonshire nur jenen römischen Damen, die bei Coriolanus zum Wohle der Stadt Rom vorsprachen«, tönte
er.[32] Je skurriler die Beleidigungen und sexuellen Anspielungen, um so
hochtrabender fielen die Gegenreden in den Foxschen Blättern aus. Für
die Whigs ging es in dem Wettbewerb um größere Ziele: Freiheit, Patriotismus und Pflichtbewußtsein. Im Unterschied dazu konzentrierten
sich die Blätter der Regierung auf Georgiana, zeigten sie, wie sie Wähler
küßte und mit Gunstbezeugungen bestach. Die Whig-Drucker versuchten, sie über den Streit zu erheben. Auf der Karikatur »Die Apotheose
der Herzogin« sieht man sie zusammen mit den Göttinnen »Wahrheit«
und »Tugend« über die Wolken erhoben, während »Skandal« grollend
am Boden liegt und eine Ausgabe der *Morning Post* umklammert.[33] Die
Anti-Fox-Propagandisten setzten Georgianas Begabung für den Umgang mit dem gewöhnliche Volk mit gewöhnlich sein gleich, was ihr den
Spitznamen »Doll Common«, »Volkspuppe« einbrachte. Die *Morning
Post* bedachte Georgiana in ihrer täglichen Wahlberichterstattung unablässig mit sexuellen Anspielungen: Sie liebkoste entweder ihr »Lieb-

lings-(Mit)glied« (»member« im doppelten Sinn von Mitglied des Parlaments und männlichem Glied), oder war auf der Suche nach dem »rechten Griff in der Politik« oder packte den »Fuchs [Fox] beim Schwanz«.
Außerdem implizierte man, daß ihr wegen ihres männlichen Auftretens
ein Bart wachsen würde. Gelegentlich wurde die *Post* sogar ein bißchen
ironisch: »Ein gewisser Herzog ist ziemlich entzückt über die öffentlichen und politischen Bestrebungen seiner liebreizenden Herzogin und
läßt sich zum Frühstück die *Morning Post* kommen, um die Geschichte
der Wahlkampagne Ihrer Gnaden nachzulesen.«[34]

Ein wirksames Argument in der Gegenattacke der Whigs war, daß sie
der Gegenseite Frauenhaß und Feigheit vorwarfen. Am 21. April erreichten sie im *Morning Herald* mit ihrem Artikel einen Punktsieg:

> Das folgende seltsame Schriftstück wurde gestern abend in der Cathe-
> rine Street gefunden, vermutlich war es einem Reporter der Regie-
> rung in der Umgebung aus der Tasche gefallen:
>
> Mein lieber Freund,
>   Du kommst glänzend voran. Die Frauen sind das beste Thema auf
> der Welt – bleib um Himmels Willen dabei. Besonders mit IHR in
> Piccadilly. Nehmen wir an, du sagst in Deinem nächsten ... wie wir
> hören ist eine gewisse Herzogin (SEHR GEBILDET) mit Sam House
> durchgebrannt ... nachdem sie ein halbes Dutzend Amouren hinter
> sich gebracht hat ... Sie fügt der Sache einigen Schaden zu – kannst
> Du vielleicht eine kleine Andeutung über Lady D–n oder Mrs. F fal-
> len lassen ... das würde etwas bewirken ... Mach' einfach eine oder
> zwei Bemerkungen über die Damen Keppel, und setze in Umlauf,
> daß sie an einem gewissen Ort gesehen worden sind, mit einem ge-
> wissen Fischhändler, und so weiter, Du weißt schon, wie man das
> macht.[35]

Die Whigs hielten mit beachtlichem Erfolg an dem Thema fest, obwohl
es bedeutete, daß sie sich bei ihren Attacken gegen Mrs. Hobart und
Lady Salisbury zurückhalten mußten. Aber Georgiana verteidigten sie
schwach, wenn man verglich, mit welchen handfesten Beleidigungen die
Regierungspresse kam. Die frommen Bilder, auf denen sie dem Tempel
der Freiheit ihr Opfer darbrachte, verfehlten ihre Wirkung als Gegengewicht zu den Abbildungen, auf denen sie mit den Wählern von Westminster schlief. Gegen Georgiana gerichtete Flugblätter und Handzettel
schien es doppelt so viele zu geben, weshalb sie gezwungen war, Leute

abzustellen, um von den beleidigenden Drucksachen so viel wie möglich
aufzukaufen, sobald sie in den Schaufenstern auftauchten. In den Straßen verkauften die Bänkelsänger derbe Balladen, mit denen sie sich an
strategisch günstigen Stellen in der Nähe von Georgianas Wahlkampfort
aufbauten. Horden rüpelhafter Seemänner folgten ihrer Kutsche und
sangen so laut sie konnten:

> Lieber küss' ich meine Hure als sie;
> Mit all ihrem Putz und ihrer Schminke;
> 'Ne Herzogin soll mehr sein als andere Frau'n?
> Unser Fleisch in Portsmouth ist knackiger:
> Da trinken wir drauf für HOOD und WRAY –
> Auf ihre Gesundheit! – den Tag mögen sie gewinnen!
> Füllt unseren Nektar in ein Glas,
> Und küssen – küss' mir doch den A–.[36]

Wunderbarerweise gelang es der Regierung nicht, mit ihren Bemühungen die Wähler gegen Georgiana aufzubringen, und ihr energischer
Feldzug brachte Fox die Stimmen, die ihm fehlten. Am 22. April lag er
mit Wray fast Kopf an Kopf. Trotzdem rechnete er sich keine großen
Chancen für einen Sieg aus, und eine der Zeitungen machte sich über
seinen Mangel an Zuversicht lustig: »Alle Werbung für die Wahlen in
Westminster sollte im Namen der Herzogin von Devonshire erscheinen.
Sie ist in jeder Hinsicht die Kandidatin, Mr. Fox hat in den vergangenen
vierzehn Tagen keinen einzigen Mann auf seine Seite gebracht.«[37] Ein
wenig erholte er sich, als er Wray mit drei Stimmen überholt hatte. Ende
April war die Stimmung in der Partei so optimistisch, daß sie in der
Freemanson's Tavern ein Dinner für über 800 Wähler ausgaben. Fox saß
am Kopf der Tafel seinen Wählern gegenüber, damit jeder sehen konnte,
daß die aufreibende Wahl sein Vertrauen in keiner Weise erschüttert
hatte. Die Kasse der Partei war geplündert worden, um den Erfolg des
Abends zu sichern, der *Morning Herald* beschrieb die Veranstaltung als
»ungestörte Szene geselliger Heiterkeit.« Unter der Anleitung von Captain Morris grölten die Zecher zahlreiche Lieder, bis sich die ganze Versammlung schließlich schwankend zu einem Trinkspruch erhob: »Auf
die Herzoginnen von Devonshire und Portland und andere Helfer, die
die Sache der Whigs vorantreiben.«[38]

Die bessere Moral wirkte sich sichtbar auf die Propaganda der Whigs aus. Zum ersten Mal seit Beginn der Wahl schlich sich ein witziger Unterton in die Anzeigen der Partei. Am 1. Mai informierte der *Morning Herald* seine weibliche Leserschaft, daß man die »tonangebenden Damen, die hinter Fox stehen, an einer Feder erkennt, die ganz wie ein Fuchsschwanz aussieht.« Diesen Artikel vertreibe ausschließlich Mr. Carbery, Putzmeister Seiner Königlichen Majestät des Prinzen von Wales, dessen Laden sich in der Conduit Street 34 befinde, in der Nähe der Bond Street, so lange der Vorrat reiche.[39] Drei Wochen standen noch zur Verfügung, und die Stimmung im Lager Pitts sank verständlicherweise. Einige schlugen vor, Georgiana vor dem Parlament wegen Bestechung anzuklagen. Die Zeitungen auf der Seite der Regierung erhöhten ihre Produktion, aber die Gegenoffensive der Whigs lief auf vollen Touren, und Plakate gegen Georgiana überlebten kaum eine Stunde, bis sie entdeckt und übermalt wurden. Die *Post* und der *Herald* lagen im Kampf, sie verwendeten ihre Nachrichtenrubrik beinahe ausschließlich auf Angriff und Gegenoffensive.

Während der ganzen Zeit führten Georgiana und die anderen Frauen ihren Wahlfeldzug fort. Nur Lavinia Spencer, die ihre Eifersucht auf Georgiana nicht verbergen konnte, glaubte noch immer, das Blatt könnte sich zugunsten der Regierung wenden. »Ich habe Lady Spencer wirklich sehr unglücklich über die Herzogin und die Westminster-Wahl angetroffen«, erzählte sie George. »Sie wird für ihr Einmischen so grausam behandelt und für ihr offenes Eintreten so ausgepfiffen, daß Lady Spencer sich Sorgen macht.« Lavinia mußte zugeben, daß Fox die Wahlen anführte, aber »er weiß, und das tut die ganze Partei, daß er sich nicht halten wird, und dies erzürnt die Herzogin und Lady Spencer, weil die Portlands und die Cavendishs von ihr verlangen, sich einzusetzen, obwohl sie wissen, daß es umsonst ist.«[40]

Jedenfalls stand nach Abschluß der Wahl Hood an erster Stelle und Fox an zweiter, eindeutiger Sieger über Wray mit über 200 Stimmen. Die endgültigen Zahlen lauteten: Lord Hood – 6.694; Mr. Fox – 6.234; Sir Cecil Wray – 5.998. Lady Spencer interessierte sich nicht mehr für das Ergebnis und wollte einfach nur, daß Georgiana sich aus dem Rampenlicht begab. »Warum drückst Du Dich nicht vor der Abwicklung und sagst, daß Du nicht länger durchhalten kannst?« fragte sie. »Es gibt kein Gesetz gegen Unpäßlichkeiten. Ich fürchte wirklich, daß Du Dir schadest, und ich wäre herzlich erleichtert, wenn Ihr beide die Courage hättet, all den fadenscheinigen Argumenten zu widerstehen, ... und unverzüglich hierher kämt.«[41] Das war es nicht, was Georgiana hören wollte, als all ihre Bemühungen gerade ihren gerechten Lohn erfuhren. Der Herzog von Portland bestand ebenfalls darauf, daß sie bleiben sollte; die Partei konnte sich keine Anzeichen von Bedauern oder Verlegenheit erlauben, ganz gleich, was sie insgeheim von der Westminster-Kampagne hielten. Sie mußten ganz klar als moralische Sieger dastehen – besonders nachdem sie überall sonst im Land so schlecht abgeschnitten hatten. Neunundachtzig Whigs, Fox' Märtyrer genannt, hatten ihre Sitze verloren.[42] Selbst die Führungsspitze blieb nicht unangetastet: In einer demütigenden Niederlage für die Cavendishs hatte Lord John seinen Sitz in York verloren. Fox, so hatte jemand gehört, »kann den Gedanken an Politik nicht ertragen.«[43] Die Zukunft für die Whigs sah finster aus, um so dringender mußten sie jeden kleinsten Vorteil aus ihrem Sieg in Westminster herauspressen.

Sobald die Wahl abgeschlossen war, veranstaltete die gesamte Partei einen Triumphzug von St. Paul's den Strand hinunter, vorbei an Carlton House, der Residenz des Prinzen, die sie dreimal umrundeten, und dann Piccadilly entlang bis zum Devonshire House. Vierundzwanzig Reiter führten den Zug an, alle in Blau und Hellbraun gekleidet und mit Fuchsschwänzen an den Hüten. Ihnen folgte eine Blaskapelle, die die Wahlschlager der Whigs anstimmte, und dann kam Fox auf einem geschmückten Sessel, mit Lorbeergirlanden und anderen Senatsinsignien. Zeugen berichteten entsetzt, daß seine Freunde Dienerlivreen trugen und seine Kutsche fuhren. Hunderte von Anhängern marschierten hinterher und trugen Banner mit den Aufschriften FOX UND FREIHEIT und HOCH LEBE DER WEIBLICHE PATRIOTISMUS, auf den Beitrag der Frauen anspielend. Die Aristokratie folgte im vollen Ornat, sie hatten für den Anlaß ihre Staatskarossen hervorgeholt. Die Kutsche des Prinzen in Begleitung der gesamten Dienerschaft in Uniform bildete die Nachhut der Prozession. Jeder rief und schwenkte seinen Hut zu den Zuschauern hinüber, die an den Fenstern die Straße säumten. Der Prinz und Georgiana waren in der Zwischenzeit durch die Seitenstraßen geschlüpft, um die Marschierenden zu begrüßen, wenn sie in Devonshire House ankamen. Ein Zeuge berichtete, daß sie auf Leitern geklettert waren, die an der Hauswand lehnten, sich mit einer Hand fest-

hielten und mit der anderen Lorbeerzweige schwenkten. Es war ein
prunkvoller Anblick, nicht zuletzt deshalb, weil die ungebärdigen Auftritte ausblieben, die sich üblicherweise bei großen Massenversammlun-
gen ereigneten. Die Marschierer applaudierten zu den Reden, die gehalten wurden, und zogen sich dann relativ friedlich zurück. Mit Ausnahme von Lord Templetons Fenstern ging nichts zu Bruch. Der
konservative *London Chronicle* konnte die Whigs für dieses organisatori-
sche Meisterstück nur loben: »Das Festspiel endete, wie es von Anfang
an geleitet worden war: in Frieden und Harmonie. Es gab weder Aufruhr noch Unruhe. Am Abend strahlte Licht hinter fast allen Fenstern
der Hauptstraßen, und das Ereignis schien allgemein großen Jubel aus-
zulösen.«[44]

Der Prinz von Wales, der während der Wahl meistens zu betrunken
gewesen war, um sich nützlich zu zeigen, öffnete mehrere Abende hintereinander Carlton House, wo er Dinner und Bälle veranstaltete. Alle
Feiernden traten in den Farben Blau und Hellbraun auf, was ausnahmsweise das Problem mit ungebetenen Gästen löste. Zu den Höhepunkten
gehörte ein üppiges Bankett für 600 Gäste. Mrs. Crewe bewies ihre
Schlagfertigkeit, als sie auf den Trinkspruch des Prinzen, »True blue
and Mrs. Crewe«, erwiderte: »Buff and blue and all of you«.* Wem der
Sinn jener derart entschlossenen Präsentation von Optimismus verborgen geblieben war, dem wurden in der folgenden Woche am Tag der fei-
erlichen Eröffnung des Parlaments die Augen geöffnet. Der König
mußte durch den St. James's Park an Carlton House vorbeifahren, um
zum Parlament zu gelangen. Um ihn zu verärgern, hielt der Prinz eine
fête-champêtre mit Musik und Tanz in seinem Garten. Die Würde des
Staatsaktes wurde durch den Trubel, der hinter der Mauer erscholl,
gestört.

Nichtsdestoweniger waren die Ränge der Whigs am ersten Tag der
Parlamentssitzung so dezimiert, daß sie nur traurige 114 Stimmen gegen
die Mehrheit von beinahe 300 Sitzen der Regierung aufbieten konnten.
Pitt hielt seine Antrittsrede vor dem Haus entspannt und selbstsicher. Er
brachte seine Zuhörer mit seinen Beschreibungen der Westminster-
Wahl und Georgianas Kampagne wiederholt zum Lachen. Georgiana

---

* Buff = Beige oder Hellbraun, die Farbe von hellem Leder, hier aber vor allem zusammen mit Blau die Farbe der Whigs, Anm. d. Übers.

wurde nicht wegen Bestechung angeklagt, aber er focht das Wahlergeb-
nis an, und Fox durfte erst nach einer offiziellen Wahlprüfung seinen
Sitz einnehmen. Pitt verfolgte damit eine Verzögerungstaktik aus klein-
licher Rachsucht gegen die Besiegten. Nach einigen Monaten wurde das
Haus des Spiels müde und stimmte ab, so daß Fox seinen Sitz einnehmen
durfte. (Fox erzielte eine kleine Entschädigung, indem er in Westminster Klage erhob, was ihm 2.000 Pfund einbrachte.)

Georgiana merkte kaum, daß sie einem Gerichtsverfahren knapp ent-
ronnen war. Das Ende der Wahl hatte die Presse nicht davon abgehalten,
sie weiter zu verfolgen, und auch nichts an ihren Verpflichtungen geändert. Der Kern der Parteimitglieder blieb zwar standhaft, aber mindestens hundert Anhänger mußten davon abgehalten werden zu desertie-
ren. Georgiana veranstaltete üppige Vergnügungen und bediente sich
ihrer Popularität, um Wankelmütige zu Treffen ins Devonshire House
zurückzulocken, aber alle Schildkröten-Dinner und Spielabende konnten die Tatsache nicht verbergen, daß die Whigs niemals an die Macht
kommen würden, solange der König im Amt blieb. Lord North verhielt
sich loyal, aber von seinen Anhängern sahen viele keine Veranlassung,
die außer Kraft gesetzte Koalition zu unterstützen.

Die Fox-North-Allianz hatte sich für die Whigs zur Katastrophe entwickelt, aber sie war auch entscheidend für ihr Selbstverständnis. Fortan
würden Fox' Anhänger immer wieder auf 1784 zurückkommen: Ihre
Niederlage wurde zur beinahe mythologischen Schlacht gegen einen
despotischen König und seinen Lakaien Pitt erhoben. Auch für Georgiana waren die Ereignisse von 1784 ein bedeutender Einschnitt – sie hatte
in die Westminster-Wahl erheblich mehr Geld investiert als jeder andere, aber im gleichen Zuge ihre Position gefestigt. Vor der Wahl hatte sie
an der Parteipolitik zufällig und ganz abhängig von den Umständen par-
tizipiert. Ihre Verpflichtungen als Ehefrau, ihre Freundschaft mit Fox
und dem Prinzen von Wales und ihre Berühmtheit als Anführerin des *ton*
hatten ihr dazu die Gelegenheit gegeben. Aber erst nachdem die Regierung erkannt hatte, welche Fähigkeiten als Werberin in ihr steckten,
wurde sie um ihrer selbst willen akzeptiert. Ihre inoffiziellen Verbindungen zu den Whigs waren nun offiziell, was der Herzog von Portland zum
Ausdruck gebracht hatte, als er sie nach London zurückberief. Fanny
Burney umschrieb Georgianas Position mit wenigen Worten: Sie war
der »Kopf der oppositionellen Öffentlichkeit.«[45]

Mindestens elf Frauen hatten täglich um Stimmen geworben. Dazu zählten Harriet, die Herzogin von Portland und die Waldegrave-Schwestern. Lady Salisbury und Mrs. Hobart hatten eine weniger erfolgreiche, aber immer noch äußerst profilierte Kampagne für Pitt veranstaltet. Ihre Teilnahme entkräftet das Argument einiger Historiker, Georgiana hätte die Gesellschaft des achtzehnten Jahrhunderts deshalb aufgebracht, weil sie für jemanden warb, mit dem sie nicht verwandt war.[46] Es gab kein Tabu gegen die Beteiligung von Frauen an der Politik, lediglich eine Menge Heuchelei.

> Also [zog Harriet Lord Granville Leveson Gower viele Jahre später auf, als sie von der Methode erfuhr, wie er eine Wahlkampagne organisierte] assistieren Deine Damen beim Werben? Ich dachte, mein lieber Granville, Du würdest zu jenen Leuten zählen, die sogar die Wahlkampagne von meiner Schwester und mir für unseren Bruder, nicht zu reden von der für Mr. Fox, für einen Skandal hielten, den man uns niemals vergessen oder verzeihen würde. Ich habe noch im Ohr, wie Du Dich ereifert hast über die Unschicklichkeit und Unsensibilität sowohl unseres Betragens als auch der Leute, die uns so etwas Entsetzliches haben durchgehen lassen! Dennoch, wie Du siehst, wenn es um eine Wahl geht, bist Du dazu in der Lage, Dich der gleichen Mittel zu bedienen, die Du bei anderen so verwerflich fandest.[47]

Die anderen Wahlkämpferinnen erlitten nicht die gleichen Kränkungen wie Georgiana, erzielten aber auch nicht den gleichen Beifall. Ganz sicher wagte niemand, Lady Salisbury zu beleidigen, die ein kurzes Verhältnis mit dem Prinzen von Wales hatte und der man Nymphomanie nachsagte. Georgiana wurde aus mehreren Gründen ausersehen. Zunächst brachte sie ihre eigene Persönlichkeit in die Kampagne ein, und das in einer Zeit, in der die einzigen Frauen mit einer Persönlichkeit Schauspielerinnen und Kurtisanen waren. Seit ihrer Heirat hatte sie als Mäzenin der Künste und mit ihrem Talent für die Mode absichtlich um Aufmerksamkeit gebuhlt. Sie war als sie selbst aufgetreten, und nicht als Opfer weiblicher Pflichten, und hatte damit die Traditionalisten gegen sich aufgebracht und sich selbst angreifbar gemacht. Darüber hinaus war es eine Sache, wenn Fox sein öffentliches Image in das eines »Manns des Volkes« umprägte – in dem Spitznamen faßte er sein rhetorisches Können und seine Reformideen sauber zusammen –, aber der Begriff war nicht übertragbar. Eine »Frau des Volkes« war eine Prostituierte, daher die Fülle an Druckschriften, die Georgiana als sexuell verfügbar porträtierten.

Außerdem hatte Georgiana den Klassendünkel des achtzehnten Jahrhunderts herausgefordert. Die Wähler wie ihresgleichen zu behandeln war ein schwerer Verstoß gegen die Schicklichkeit. Die Bestechungsversuche, die man ihr vorwarf, gehörten zum Rüstzeug jeder Wahl. Die Herzogin von Northumberland hatte die Angewohnheit, aus ihrem Fenster Flitterkram in die wartende Menge fallen zu lassen, und wer die Sachen zurückbrachte, erhielt eine doppelte Prämie. Aber im Gegensatz zu Georgiana ließ sie sich niemals auf persönliche Momente mit den Wählern ein, plauderte nicht bei einem Bier oder trank einen Gin mit ihnen. Die *Morning Post* rechnete Georgianas täglichen Alkoholkonsum hoch und fragte sich, wie sie bei dem Quantum auf den Füßen blieb. Zwar rechnete zu jener Zeit niemand mit der Revolution, die Frankreich in Kürze erschüttern würde, daß aber Georgiana ihre Untergebenen derart ermutigte, hielt man dennoch für sehr gefährlich.

Jene Innovationen waren es – die Kultivierung ihrer eigenen Berühmtheit und ihre demokratische Einstellung –, die Georgiana damals und später als weibliche Pionierin in der Wahlpolitik auszeichneten. Ihre Methoden waren für die Gesellschaft des achtzehnten Jahrhunderts zu modern. Nie wieder durfte sie sich offiziell in London an einer Wahlkampagne beteiligen, und es gab auch keine Adelige, die ihr Beispiel nachahmte. Ein weiteres Jahrhundert würde ins Land gehen, bis wieder unerschrockene Frauen wagten, an der Politik auf der Straße teilzunehmen, wovor Georgiana im Jahre 1784 nicht zurückgeschreckt war.

Kapitel 10

Opposition
1784–1786

*Zwei Präsidentinnen haben kürzlich ihren Vorsitz
abgegeben, Lady Bridget Tollemache und die Herzogin
von Devonshire. Erstere über den Witz und die zweite
über die Mode und den* bon ton. *Lady Bridget löst die
Herzogin von Gordon ab, und Ihre Gnaden von Devon
die Gräfin von Salisbury, der künftig nicht nur alle
Fragen zur Bekleidung unterstehen, sondern alles,
was den guten Geschmack angeht.
Die Herzogin von Devonshire erschien am Samstag im
Drury-Lane-Theater mit einer »mob cap« [Morgenhaube];
seit ihrer Einführung in die Geschäfte des Wählens zeigt
Ihre Gnaden eine besondere Vorliebe für den Mob.*

MORNING POST, 3. MAI 1785

*»Symbolische Designs«: Die Herzogin von Devonshire –
Heldin der Whigs –, während sie die große Prozession
[und] den Triumphzug des Manns des Volkes an sich vor-
überziehen läßt. Im Hintergrund entdeckt man die Mißgunst in der Gestalt einer Herzensfreundin, die mit ihrer
schrillen Stimme den Mond anbellt, und in einer rück-
schauenden Ansicht erblickt man die Wohltätigkeit in
göttlicher Haltung, wie sie ihren himmlischen Einfluß
auf bedürftige Sterbliche hinabregnen läßt. Unter dem
Motto: »Mein Humor ist der Stern, der mich leitet.«*

ANZEIGE IM MORNING HERALD AND DAILY ADVERTISER,
18. NOVEMBER 1785

Ich bin mißmutig, traurig und unglücklich. Ich hasse mich selbst«, schrieb Georgiana im Juni 1784, zwei Monate nach dem Wahlsieg.[1] Ihre Schulden drückten sie wieder. Nach einer Aufstellung in der *Morning Post* hatte die Westminster-Wahl die Devonshires persönlich über 30.000 Pfund gekostet. Georgiana wußte, daß sie mehr ausgegeben hatte, obwohl sie die tatsächliche Summe nur erraten konnte. Ihr kleines französisches Schreibpult verschwand unter dem Berg von Rechnungen, die zu bezahlen waren, aber sie wagte nicht, den Herzog um Hilfe zu bitten. Er hatte seit ihrem letzten Geständnis kaum mit ihr gesprochen, und während der Wahl hatte sich ihre Beziehung weiter verschlechtert. Karikaturen, auf denen er als Hahnrei auftrat, hatten ihn gedemütigt, und darüber hinaus verübelte er Georgiana ihre Unabhängigkeit und ärgerte sich, daß sie Bess nicht ähnlicher war, neben der er sich wichtig vorkam. Er zeigte sein Mißfallen, indem er zuließ, daß ihre Rechnungen unbezahlt blieben. »Ich entdecke, daß über meine Schulden viel geredet wird, und ich weiß nicht, wie ich den Herzog zur Eile bewegen kann«, klagte Georgiana. Sie versuchte, sich nichts daraus zu machen, wie die Presse mit ihr umging, aber »ich glaube, es hat mich hinabgezogen«, schrieb sie, »und aus dem ruhigen und häuslichen Leben, nach dem ich mich sehne, für immer herausgerissen.«[2]

Das Schweigen des Herzogs beängstigte sie. »So sehr ich mich danach sehne, Dich zu sehen, schreibe ich Dir aber nicht wegen mir«, schrieb sie an Bess. »Ich bin sicher, Gesundheit und Stimmung des armen Canis hängen an Deiner wohltuenden Freundschaft.«[3] Sie erwarteten ihre Rückkehr, und Georgiana hatte ihre Freundin angefleht, spätestens im Juni wieder in England zu sein. Sie versprach Bess, sie im Winter nach Italien zurückreisen zu lassen, falls sie das wünschte, aber dann könnten sie wenigstens den Sommer gemeinsam verbringen. Vielleicht würden sie alle vier, die kleine Georgiana eingeschlossen, zusammen auf den Kontinent reisen. Bess hatte England fast eineinhalb Jahre lang nicht gesehen, und allmählich wurde sie ihres Nomadenlebens müde. Seit sie wußte, daß ihr Platz in Devonshire House absolut sicher war, gab es keinen Grund mehr, nicht zurückzukehren.

Bess informierte die Devonshires, sie könnten im August mit ihrer Rückkehr rechnen, eine Nachricht, die Lady Spencer und Lady Clermont entsetzte. »Es gibt keinen Grund für meine Ängste, aber da ich ihre Stärken kenne, wünschte ich, sie würde wegbleiben«, gab Lady Clermont zu.[4] In ihrer Enttäuschung über Bess' verspätete Rückkehr tröstete sich Georgiana mit Dinnerpartys, die sie veranstaltete, und, wie üblich, am Spieltisch. »Die Herzogin von Devonshire feiert allabendlich Feste, zum Zwecke des Spiels und allerlei Händel«, schrieb Lady Mary Coke mißbilligend. Mit ihrem Kommentar war sie auch nicht die einzige. Durch die Wahl ermutigt, druckten die regierungsnahen Zeitungen sarkastische Bemerkungen über Georgianas Unfähigkeit, ihre Schulden zu begleichen. »Das ist eine schwere Strafe, die auf mir lastet«, jammerte Lady Spencer, als sie wieder einmal las, in welcher Klemme Georgiana steckte. »Könnte ich vergangene Zeiten zurückholen und Deine Erziehung noch einmal beginnen, würde ich zuvorderst darauf achten, Dich und Deine Schwester zu lehren, ... den Mißbrauch von Geld zu meiden, denn in diesem Versäumnis kann ich nur mich selbst als Ursache allen Kummers und aller Beklemmungen sehen, die ihr erleidet.« Sie glaube nicht mehr an Georgianas kleinlaute Versprechungen, sich zu bessern.

Im Juli verwickelte sie der Prinz von Wales in einen weitaus schlimmeren Skandal als Ärger mit Gläubigern. Auf einem Ball im Mai hatte Prinny, wie man ihn nannte, all seine weiblichen Gäste kompromittiert, indem er ausschließlich mit Georgiana tanzte. »Die ganze Gesellschaft versammmelte sich um zehn«, beschwerte sich Mrs. Boscawen bei Lady Chatham. »Die Herzogin von Devonshire erschien nicht vor zwölf, und er wartete mit der Eröffnung auf sie, obwohl die Herzogin von Marlborough mit ihren Töchtern und dazu Lady Charlotte Berthe da waren.«[5] Es war aber nicht die Liebe, jedenfalls nicht zu Georgiana, die ihn zu seinem Handeln trieb. Kürzlich hatte der Prinz seine Leidenschaft für Maria Fitzherbert, eine respektable und wohlhabende katholische Witwe,[6] entdeckt. Obwohl sie sich durch seine Zuneigung geschmeichelt fühlte, weigerte sie sich, seine Mätresse zu werden, worauf der Prinz, der solche Zurückweisungen nicht gewöhnt war, sie um so mehr liebte. Er erhöhte sein Angebot von einer *carte blanche* auf eine Heirat und versetzte seine Freunde in Aufruhr, indem er sich zu Boden warf und an den Haaren riß, schluchzte und stammelte, er würde sterben, wenn sie nicht seine Frau würde. Der Wunsch ließ sich nicht erfüllen. Einerseits war es undenkbar, daß er eine Bürgerliche heiratete, die bereits zwei Ehen hinter sich hatte und mehrere Jahre älter war als er. Andererseits verboten zwei Parlamentsakte eine Eheschließung. Das Gesetz schrieb vor, daß er sich eine Frau protestantischen Glaubens wählte, und das Königliche Eheschließungsgesetz von 1774 erteilte dem König alleinige Entscheidungsgewalt über die Wahl der Gatten innerhalb der Königlichen Familie. Eine Heirat wie diese lief unweigerlich auf eine Verbannung des Prinzen hinaus. Er schwor, daß er den Verstand verlieren würde, wenn Maria nicht seine Frau werden konnte, und bat Georgiana als seine beste Freundin um Hilfe.

Obwohl Georgiana die ganze Affäre zuwider war, konnte sie seinem eindringlichen Flehen nicht widerstehen. Zwischen den beiden Frauen bestand eine unausgesprochene, aber dennoch tief empfundene Antipathie, weshalb Georgiana auch ohne die konstitutionellen Widrigkeiten zögerte, ihre Mittlerrolle anzunehmen. Jede witterte in der anderen eine Rivalin. Mrs. Fitzherbert hatte dickes, goldblondes Haar und ein freundliches Wesen, konnte sich aber mit Georgianas Schönheit und Geist nicht messen. Sie wirkte in jeder Hinsicht schwerfällig: ihre Figur, ihr Gang und sogar ihre Konversation. Sie konnte eine ermattende Diskussion mit einem Schlag zum Erliegen bringen, was ihr bei Hofe nicht schadete, aber im Devonshire House Circle hieß man sie deshalb nicht gerade willkommen. Zudem war sie ausgesprochen selbstsüchtig und besaß, wie Georgiana später lernen würde, ein unbegrenztes Gedächtnis für Kränkungen. Wenige Frauen fühlen sich zu den Geschlechtsgenossinnen hingezogen, die ihre Liebhaber zu ihren Abgesandten machen: In den Augen von Mrs. Fitzherbert, die ihre Motive sowieso beargwöhnte, verschlimmerte Georgiana ihr Vergehen nur, wenn sie jede Gelegenheit nutzte, vor einer solchen Heirat zu warnen. Dennoch stimmte sie anläßlich eines der komplizierten Besuche von Georgiana zu, daß eine Auslandsreise vonnöten sein könnte, falls der Prinz auf seinen Heiratsabsichten bestünde.

Am 8. Juli saßen Georgiana und ihre Freunde auf dem Balkon von Devonshire House und tranken, als sie ins Haus gerufen wurde. Ein Bediensteter flüsterte ihr zu, daß zwei Herren auf sie warteten. Sie entschuldigte sich bei ihren Gästen, die so taten, als hätten sie das eindringliche Geflüster in der Ecke übersehen, und stieg die beiden Treppen zum Hof hinunter. Dort traf sie auf zwei Höflinge des Prinzen, Mr. Bouverie und Mr. Onslow, die aufgeregt eine Geschichte über den Prinzen hervorsprudelten, er habe sich ein Schwert in die Brust gestoßen. Sein letzter Wunsch auf dem Sterbebett sei, so sagten sie, Mrs. Fitzherbert zu sehen, aber diese würde dem nur nachkommen, wenn Georgiana sie begleitete, und sie warte eben jetzt in ihrer Kutsche vor den Toren. Der Herzog war nicht da, und Georgiana traute sich nicht, einen der Gäste um Rat zu bitten, also stimmte sie zu und überließ Harriet die Gesellschaft.

Es war dunkel, als sie Carlton House erreichten. Onslow und Bouverie führten sie in ein überheiztes Zimmer, wo sie den Prinzen vorfanden, mit blutigen Bandagen um die Brust dramatisch auf ein karmesinrotes Sofa gebettet. Der Anblick des scheinbar in den letzten Zügen wimmernden und heulenden Prinny rührte Mrs. Fitzherbert, und sie stimmte zu, seine Frau zu werden. Prinny verlangte nach einem Ring, um den Pakt zu besiegeln, und so zog Georgiana zögernd einen von ihrem Finger, den er zitternd über Mrs. Fitzherberts Ringfinger schob. Nachdem diese Tat vollbracht war, sank er in die Kissen zurück und schien sich zu entspannen. Den Frauen blieb nichts weiter zu tun, als nach Hause zurückzukehren. Nicht alle seine Untergebenen teilten die Zufriedenheit des Prinzen: Lord Southhampton war in Panik und wollte sofort zum König gehen, aber er ließ sich beruhigen, nachdem man ihm versichert hatte, daß die Zeremonie bedeutungslos sei. Bevor sich die beiden Frauen an jenem Abend trennten, unterzeichneten sie beide ein Schriftstück, welches besagte, daß Versprechen, die unter derartigen Bedingungen gegeben wurden, absolut nichtig seien.[7] Am folgenden Morgen packte Mrs. Fitzherbert in aller Eile ihre Koffer und begab sich auf den Weg nach Frankreich, während Georgiana die Aufgabe zukam, ihre Abwesenheit dem enttäuschten Prinzen zu erklären.*

*

---

* Georgiana berichtete ihrer Mutter und dem Herzog unverzüglich von der Episode. Das Verhalten des Prinzen überraschte keinen von beiden, und sie begann sich zu fragen, ob er ihr einen Bären aufgebunden hatte. Sie schlug Mr. Onslow vor, der Prinz möge einen unvoreingenommen Arzt konsultieren, der prüfen sollte, ob der Prinz sich tatsächlich hatte umbringen wollen. Als Prinny davon erfuhr, schickte er ihr einen ausschweifenden und anmaßenden Brief über »falsche Freunde«. Georgiana war zu entnervt, um darauf zu antworten, und verließ London eine Woche später, ohne ihn noch einmal gesehen zu haben. Seine Briefe, in denen er sie abwechselnd beschimpfte und anflehte, ermüdeten sie. Zögernd stimmte sie zu, einen Brief von ihm an Mrs. Fitzherbert durch ihren Kurier überbringen zu lassen. Später fand sie heraus, daß er Mrs. Fitzherbert mehrmals in ihrem Namen geschrieben hatte, um nicht entdeckt zu werden.

Zwei Wochen später kehrte Bess aus Italien zurück. »Die größte Dame
von Irland [die Herzogin von Rutland] hat mir vorgestern einen Besuch
abgestattet«, schrieb Lady Clermont im August an Lady Spencer.
»Ziemlich viele Leute befanden sich im Zimmer, als einer der Anwesenden sagte: ›Ich habe in London Lady E. gesehen, die aus Italien zurück-
gekommen ist, um die Herzogin zu besuchen.‹ Die große Dame (die nebenbei bemerkt eine Närrin ist) antwortete: ›Sie meinen den Herzog,
der sehr in sie verliebt ist.‹ Es fielen noch etliche unangenehme Bemerkungen, die ich mit einem Scherz abzutun versuchte.«[8]

Als Georgiana berichtete, wie enttäuscht sie seien, weil Bess so dünn
und blaß aussah, konnte ihre Mutter folgende Bemerkung nicht unterdrücken: »Sie sollte sich einem Klima wie dem hiesigen wirklich nicht
aussetzen, jeder einzelne Tag könnte Folgen für sie haben.«[9]

Lady Spencer fiel auf, daß sich Georgianas Briefe verändert hatten,
seit Bess in Chatsworth zu ihnen gestoßen war. Sie waren wesentlich
kürzer als sonst und beschäftigten sich hauptsächlich mit allgemeinen
Dingen – Lokalpolitik und die Rennen –, aber unter dem oberflächli-
chen Ton lag Furchtsamkeit.[10] Scherzend erzählte sie, Bess sei wie
Susanna, die von den Älteren in Versuchung geführt wurde; es sei ihr gelungen, alle Männer der Hausgesellschaft in sich verliebt zu machen.
»Colonel Craufurd ist, wie Sie wissen, sehr galant und hat ganz artig lauter Nettigkeiten zu Lady Eliz gesagt«, schrieb Georgiana im September,
»weshalb der Herzog ihre Gerte den steilsten Hang hinabwarf, damit er
sie holte, aber so weit reichte seine Galanterie nicht, denn er ließ sie liegen.«[11] Lady Spencer beunruhigte, was sie las, aber sie entfremdete sich
Georgiana mit unverlangten Ratschlägen und der Aufforderung, sie möge täglich in Briefen Tagebuch führen. Ihre Tochter antwortete ausweichend: »Ich werde böse mit Ihnen sein, weil Sie sich in Ihrem Brief zu
sehr mit mir beschäftigen und zu wenig über sich berichten. Reiten Sie
immer noch – essen Sie genug – wie schlafen Sie – denken Sie daran, daß
Sie nichts Besseres tun können, als mir von Ihnen zu erzählen, car le
meilleur sermon est préchant d'example.«[*12]

Lavinia und George kamen Mitte September zu Besuch, so daß sich
Lady Spencer endlich zuverlässiger Zeugen bedienen konnte. Trotz vorsichtiger Spionage gelang es George nicht, etwas Konkretes über Bess'

---

* Am besten lehrt man durch Beispiel.

Beziehung zum Herzog oder Georgiana herauszufinden: »Ich hatte noch keine Gelegenheit, etwas über die Umstände, die ich hier auf Ihren Wunsch im Auge behalten soll, in Erfahrung zu bringen. Ich denke nicht, daß es so viel im Auge zu behalten gibt, wie man allgemein annimmt, und ich glaube wirklich, daß viel mehr als nötig daraus gemacht wird. Ich hatte bisher noch keinen Umgang mit Lady E., oder jedenfalls nicht über eine längere Zeit. Sie ist sicherlich sehr hübsch und gelegentlich sehr einnehmend in ihrem Wesen.«[13] George zählte gleichwohl nicht zu den Männern, die sich mit artigen Bemerkungen und kluger Schmeichelei betören ließen. Er fand Bess' Gehabe lächerlich und »ziemlich geeignet, … um jeden abzuschrecken«, der noch nicht in sie verliebt war. Ein weiterer Gast, die stets gefällige Miss Lloyd, versorgte Lady Spencer ebenfalls mit Informationen, aber ihr fehlte Georges scharfsinnige Beobachtungsgabe. »Ich hoffe, Sie machen sich keine Sorgen wegen der Zuneigung von Mann und Frau zu ihr«, schrieb sie. »Das ist ganz sicher nicht nötig, denn obgleich sie auf allen Seiten nicht größer sein könnte, als sie ist, will ich doch mein Leben dafür geben, daß sie absolut unschuldig ist.« Während sie in bezug auf das Dreiergespann zuversichtlich war, wußte sie das eine oder andere Wort über Charlotte zu sagen: »Ich mag diese Charlotte nicht sonderlich, ich fürchte in ihr eine gewisse Schlechtigkeit, ich bin froh, daß sie bald wieder ins Ausland geht.«[14]

Georgiana beobachtete Bess ebenfalls genau, obwohl allein der Gedanke, ihrer Freundin Doppelzüngigkeit zu unterstellen, sie quälte. Niemand bemerkte, daß sie Angst hatte, obwohl sie Ende September Lady Spencer berichtete, daß sie deprimiert sei. Sie hatten wieder eine »brillante« Gesellschaft gegeben, an der sie sich nicht freuen konnte, weil »mir nicht gut war und ich mich in meinem ganzen Leben selten nervöser und unglücklicher gefühlt habe.« Trotzdem konnte oder wollte sie den Grund dafür nicht preisgeben und umschrieb ihre Depressionen als »grundlosen Kummer«.[15] Der Herzog fand immer mehr an Georgiana auszusetzen, und wenn ihm kein konkreter Kritikpunkt einfiel, warf er ihr vor, daß sie ihm keinen Sohn gebären konnte. Bess ihrerseits hatte sich nie glücklicher oder sicherer gefühlt. »Ich wünschte, ich könnte mit einer Plympton-Nachricht [wo Georgiana zum ersten Mal schwanger wurde] aufwarten, sehr verehrte Madame«, schrieb sie an Lady Spencer, die über ihre Nachschrift am Ende von Georgianas Brief unangenehm überrascht war. »Doch obwohl ich meine geliebte Freundin nie wohler gesehen habe als jetzt, fürchte ich, daß eine weitere Saison in Bath vonnöten sein wird, um unsere Wünsche zu erfüllen. Ich wünschte, ich könnte sie dorthin begleiten, denn weit mehr als alle die vielen Umstände dieser Welt, die ich für mich ersehne, bin ich aufs äußerste darum besorgt, daß sie einen Sohn bekommt ... Ich gestehe, daß ich mich unwiderstehlich zu Ihnen hingezogen fühle, mit allem Respekt und aller Zuneigung einer Tochter.«[16]

Lady Spencer fühlte sich durch Bess' Schmeichelei lediglich wieder einmal veranlaßt, darauf zu drängen, daß sie ins Ausland ging. Zufällig gab es einen guten Grund für ihre Abreise: Selbst nach den Maßstäben des achtzehnten Jahrhunderts, in dem zarte und zerbrechliche Frauen gefragt waren, sah Bess beängstigend dünn aus.[17] Nach ihrer Rückkehr nach London konsultierten die besorgten Devonshires ihre Ärzte, die sie untersuchten und wieder ein wärmeres Klima verordneten. Sie willigte zögernd ein, nach Frankreich zurückzukehren, diesmal ohne Charlotte. Trotzdem würden die Devonshires ihre gesamten Auslagen übernehmen. Georgiana vergaß ihre Zweifel an Bess' Loyalität und dachte nur noch daran, daß sie sie unweigerlich verlieren würde. Lavinia empfand für ihre Schwägerin kein Mitgefühl. »Die Herzogin verließ die Stadt im selben Augenblick wie Lady Eliz«, schrieb sie George. »Ich habe sie nicht mehr gesehen, denn wegen der Trennung hatten ihre Gefühle sie zu sehr überwältigt, um irgend jemanden zu empfangen.«[18]

Die Devonshires versorgten Bess mit Geld und Empfehlungsschreiben an all ihre Freunde in Paris, um sicher zu gehen, daß sich der Empfang des vergangenen Jahres nicht wiederholte. Damals hatte die Herzogin de Polignac in ihrer Eifersucht auf Bess' Freundschaft mit Georgiana ihren Einfluß auf Marie Antoinette dazu benutzt, um Bess aus der Gesellschaft von Versailles auszuschließen. Da Bess offiziell als Gouvernante der kleinen Charlotte reiste, konnte Georgiana wenig mehr tun, als bei ihren französischen Freunden anzudeuten, sie mögen sie willkommen heißen. »Sollen Eifersucht und Neid sich doch austoben«, hatte Bess trotzig an Georgiana geschrieben. Trotzdem hatte sie eingewilligt – für Georgiana natürlich –, ihren Rat zu befolgen: »Ich will alles tun, damit Du Dich wohl und beruhigt fühlst, Madame P. bestrafen oder trösten, ganz wie Du beliebst. Ich werde Madame P. keine Veranlassung zur Eifersucht geben, ich will versuchen, ihre Freundschaft zu erringen.«[19]

Bess ließ anklingen, daß eine andere Ursache für ihre Ächtung in einem Gerücht begründet lag: *le tout Paris* redete von einer lesbischen Beziehung zwischen ihr und Georgiana. Was sie ärgere, behauptete Bess, sei weniger der Vorwurf selbst als vielmehr die Impertinenz, ihre Beziehung auf so prosaische Weise zu beschreiben. In ihrer Entrüstung war sie sehr überzeugend, obwohl sie andeutete, nur Georgiana stehe unter Verdacht:

> Wer hat ein Recht zu erfahren, wie lange oder inniglich wir uns lieben! Warum muß man sich für seine Heftigkeit und Leidenschaft entschuldigen? Warum muß ich irgend jemanden außer Deiner Mutter umwerben? Warum wird unsere Vereinigung durch eine Lüge entweiht? Kann ich die Nachricht je vergessen, in der stand: »Vom ersten Augenblick, als ich Dich sah, flog mein Herz Dir zu Diensten.« ... Muß der warme Impuls zweier Herzen mit einer Ausrede erklärt werden, und muß Deine Neigung für mich von einer anderen Verbindung geleitet werden?[20]

Die Frage nach der »anderen Verbindung« – die vermuteten lesbischen Gefühle Georgianas für Bess – läßt sich nicht zuverlässig beantworten, solange die zensierten Briefe auf Chatsworth nicht entziffert werden können. Die Behauptung, daß Frauen im achtzehnten Jahrhundert nur lange gleichgeschlechtliche Freundschaften, aber keine Liebesbeziehungen pflegten, hält einer genauen Prüfung nicht stand. Es gab beide Formen, und die Männer und Frauen des achtzehnten Jahrhunderts waren unbedingt dazu in der Lage, sie zu unterscheiden. Es ist gut möglich, daß die Beziehung zwischen Bess und Georgiana auch erotische Liebe einschloß, wenigstens vorübergehend, in Anbetracht der verruchten, sexuell aufgeladenen und selbstbewußt-rebellischen Natur des Devonshire House Circle. Da beide Frauen ihre heterosexuellen Neigungen heftig weiterverfolgten, ist außerdem klar, daß ihre emotionelle Bindung wesentlich wichtiger, komplizierter und ausdauernder war als eine irgendwie geartete ursprüngliche körperliche Anziehung.

Georgianas überschwengliche Briefe garantierten Bess diesmal einen begeisterten Empfang. Der Herzog von Dorset, der seit 1783 den Posten des Sonderbotschafters bekleidete, hielt sich ebenfalls in der Stadt auf. Seine Begrüßung ließ keinen Zweifel an seinem Interesse, ihre frühere Bekanntschaft aufzufrischen. Ihre Briefe nach Hause enthielten wenig mehr als ausführliche Beschreibungen ihrer Abende mit den Polignacs, der prunkvollen Gesellschaften in Versailles und Abendessen in der Botschaft. Zweifellos wollte sie ihre Freunde nur ein wenig eifersüchtig machen, indem sie ihnen beschrieb, wie großartig es ihr ohne sie ging, was sie auch erreichte. Georgiana schickte ihr im Februar 1785 einen verbitterten Brief, in dem sie ihr sarkastisch zu »Deinen neuen Bekanntschaften in Paris« gratulierte. Die Heftigkeit beängstigte Bess, weshalb sie eine unterwürfige und ernsthafte Entschuldigung schickte. Die untere Hälfte des Briefes wurde abgeschnitten: »Ich wünschte mir für Dich – ach G., darf ich hoffen, daß Du mir dies glaubst ... Kannst Du mir und Dir gegenüber so ungerecht sein, zu denken, nachdem ich Dich so kennen- und lieben gelernt habe, daß sich mein Herz jemals von Dir abwenden könnte! Nein, niemals, niemals, niemals ... Ich kann Deinen Brief nicht ohne ein zitterndes Herz lesen, daß Paris, oder irgend etwas, oder irgend jemand ...«[21] Dies war eine der wenigen Gelegenheiten, bei denen Bess ihre Maske der Zuneigung fallen ließ – und auch hier lag die Wahrheit eher zwischen den Zeilen. Sie bat Georgiana insgeheim für ein viel schlimmeres Vergehen als abspenstig gemachte Freunde um Vergebung: Sie war im dritten Monat schwanger mit einem Kind des Herzogs von Devonshire.

Ihr Brief kreuzte sich mit einem anderen von Georgiana, der ihr die Neuigkeit mitteilte, daß jene ebenfalls im dritten Monat schwanger war. Als Bess die Wochen zählte, stellte sie verärgert fest, daß sie ihre Babys mit einem Abstand von wenigen Tagen oder sogar Stunden empfangen hatten. Um sich zu trösten, ließ sie sich auf den Herzog von Dorset ein und blieb als dessen Geliebte in Paris, bis ihre Schwangerschaft sichtbar wurde. Wegen der Gefahr, entdeckt zu werden, floh sie nach Italien zu ihrem Bruder, Lord Hervey, und gestand Georgiana von dort aus ihre kurzlebige Affäre mit Dorset, wobei sie hastig beteuerte, daß ihre Liebe zu ihr dadurch keinesfalls beeinträchtigt werde. »Ich muß Dir wieder und wieder danken für Deinen lieben vertraulichen Brief«, antwortete Georgiana zärtlich im Juni. »Ich fürchte bestimmt nichts wegen Pride [dem Herzog von Dorset].« Im Gegenzug versicherte sie Bess, daß es nicht nötig sei, sich wegen »Eyebrow«, also Fox, Sorgen zu machen, dem es nicht gelungen war, sie davon zu überzeugen, daß sie den Herzog verlassen sollte: »Ich habe mich nicht getrennt, und Canis jubelt, obwohl ich mich wegen Eyebrow, seinen Vorwürfen usw. manchmal genauso fühle.«[22] Dies ist einer der wenigen Hinweise auf die vermutete Affäre zwischen Georgiana und Fox. Was sich auch zwischen ihnen abgespielt haben mag, seine »Vorwürfe« beeinträchtigten ihre Arbeitsbeziehung nicht. Es gab andere Männer, die um Georgiana warben, einen neuen Freier, dessen Name nicht genannt wird, eingeschlossen, »den ich bewundere, aber ich bin nicht in ihn verliebt«, die ihr jedoch nichts bedeuteten: »Ach, meine liebste Bess, wie ich Dich liebe – ich kann ohne Dich nicht leben – Du und Canis und G., Ihr seid mein einziger Trost.«[23]

Georgiana versprach, nicht mehr zu tanzen, solange sie schwanger war, aber sie konnte nicht aufhören zu spielen. Sie konnte sich den Zwang selbst nicht erklären, ebenso wenig wußte sie, warum er seit Bess' Abreise größer geworden war. Im April nahm der Herzog ihre finanzielle Notlage endlich zur Kenntnis und unterschrieb einen Wechsel über 1.300 Pfund, um ihre Schulden auszugleichen. Aber anstatt den Wechsel ihren Bankiers zu übergeben, nahm sie ihn mit zu Mrs. Sturt und verspielte ihn zusammen mit weiteren 500 Pfund. Ende Mai, als Georgiana im sechsten Monat war, hatte Lady Mary Coke gehört, daß sie bei Mrs. Hobart über 1.000 Pfund verloren hatte und bis sechs Uhr früh geblieben war, weil sie versucht hatte, das Geld zurückzugewinnen.[24] Im Juli, wenige Wochen vor ihrer Niederkunft, hatte sie sich von ihrer Manie noch immer nicht befreit. »Sie sitzt fast jede Nacht am Pharaotisch«, schrieb eine Freundin. »Der Herzog hat 5.000 Pfund für sie bezahlt, und sie schuldet noch dreitausend.«*[25]

Lady Spencer fand keinen Frieden, solange Georgiana nicht von ihrem selbstzerstörerischen Kurs abließ. Nicht nur die Spielleidenschaft bereitete ihr Sorgen, sondern auch die Drogen und nächtlichen Gelage.

> Versuche Dich um Gottes Willen zusammenzunehmen. Mich entsetzt der Gedanke, daß Deine ständig gehetzte Lebensweise und die Medikamente, die Du nimmst, um scheinbar zur Ruhe zu kommen, Dir etwas anhaben könnten. Ich hoffte, der Herzog wüßte den ganzen Betrag, den Du verloren hast, und alles wäre beglichen ... Warum willst Du nicht offen zugeben: Ich habe ein wildes und unstetes Leben gelebt, das mir nicht zuträglich ist. Ich habe mehr Geld verloren, als ich

---

* Der Herzog verlor ebenfalls eine ganze Menge bei Brook's, und zusammen schlugen sie ziemliche Schneisen in ihr Kapital. »Ich habe gehört, daß das Devonshire-Vermögen in Pflege ist«, schrieb Mrs. Scott sarkastisch an Mrs. Montagu. »Und der Familie bleibt der kümmerliche Rest von 8.000 Pfund im Jahr – das bedeutet richtige Armut für die Leute, die ihr ursprünglich enormes Vermögen nicht zusammenhalten konnten, und von der hungrigen Opposition werden das auch einige zu spüren bekommen.«

aufbringen kann. Ich will eine neue Seite aufschlagen und von nun an ein ruhiges und anständiges Leben führen, denn ich bin sicher, wenn ich das nicht tue, werde ich mir selbst und meinem Kind schaden.[26]

Ihre Briefe blieben fruchtlos. Sie konnten immer noch verletzen, aber seit Georgiana Bess kennengelernt hatte, war sie von ihrer Mutter emotional unabhängiger geworden. Die Antworten, die sie Lady Spencer schickte, hörten sich nicht mehr ganz aufrichtig an: »Ihr Brief hat mich ziemlich überwältigt, meine liebste, liebste Mutter«, schrieb sie am 7. Juni. »In der Tat kann niemand die Fehler eines jeden meiner Lebensjahre mit größerer Macht empfinden als ich, und dazu besonders die des vergangenen Jahres, aber ich hoffe wahrhaftig, daß sie insofern ihr Gutes haben, als sie zweifellos solche Jahre hervorbringen, wie Sie sie wünschen.«[27] So lange sie mit dem Herzog auf gutem Fuße stand, fühlte sich Georgiana in ihrer Position einigermaßen sicher, und er hatte sich eingeredet, daß das Baby ein Junge werden würde. Nach elf Jahren Ehe war der Herzog verrückt nach einem Sohn. Georgiana ihrerseits sah darin ihre einzige Rettung: Nach den Bedingungen des Cavendish-Besitzes würde die Geburt eines Erben den Herzog in die Lage versetzen, gegen eine Hypothek Geld zu leihen, und so könnte sie ihre Schulden gestehen, ohne ihn damit zu ruinieren.

Am 1. September gaben die Zeitungen bekannt, daß die Devonshires einen Sohn bekommen hätten, was einen Ansturm von Glückwünschen auslöste. Aber am 2. September veröffentlichten sie eine Korrektur: Das Baby war ein Mädchen. Georgiana hatte eine zweite Tochter zur Welt gebracht – Harriet. Besucher, die in Devonshire House vorbeischauten, fanden Georgiana, die glücklich ihr neues Baby stillte, in beinahe österlichen Prunk gebettet. Ihr Wochenbett-Zimmer war komplett in weißem Satin ausgestattet worden. In der Mitte stand ein riesiges Bett, geschmückt mit überdimensionalen Papierblumen und silbernen Bändern, am Kopfende prangte ein goldener Baldachin, der innen und außen die herzoglichen Ornamente trug. Lady Spencer tappte vorsichtig durch das Zimmer, um die Patientin nicht zu stören. Seidenkleider trug sie nicht mehr, um ein Rascheln zu vermeiden. Lady Mary Coke erfuhr von Besuchern, daß Georgiana während der Geburt eine Hymne komponiert hatte; besser wäre gewesen, schlug sie vor, wenn sie geschworen hätte, nie mehr zu spielen.[28] Zwei Monate später gebar Harriet ebenfalls eine Tochter: Caroline.[29] Lady Spencer siedelte in den Haushalt der Duncannons über, wo sie Lord Duncannon aus dem Schlafzimmer seiner Frau vertrieb und in einer Ecke ein Rollbett aufstellte. Dort verbrachte sie mit ihren Bediensteten und Gebetbüchern einen Monat, während Harriet ihr Baby stillte. Die Leute fragten sich, warum ihre Schwiegersöhne ihre Einmischung duldeten.[30]

Die Geburt des anderen Kindes des Herzogs spielte sich im geheimen und in Verwahrlosung ab; seine Mutter war allein und verängstigt. Während der Schwangerschaft hatten sich Kopf- und Rückenschmerzen eingestellt, aber glücklicherweise fiel ihr Bauch kaum auf, als sie Paris verließ. In Italien stritten ihr Bruder und ihre Schwägerin heftig miteinander und nahmen kaum von ihr Notiz. Es wurde Juli, bis die Gesellschaft in Ischia bei Neapel eintraf und Bess allen Mut zusammennahm, um ihrem Bruder die Wahrheit zu gestehen. Er war erregt, aber nicht verärgert – auch er war ein Hervey – und akzeptierte die Indiskretion seiner Schwester großmütig, bestand aber darauf, daß sie sich so weit wie möglich von Menschen fernhielt. »Ich soll an die hundert Meilen auf See in einem offenen Boot zurücklegen – ich muß mich unter Fremde begeben, vielleicht mein Kind ihnen überlassen. Geduld, Geduld, meine Strafe ist gerecht«, weinte sie.[31]

Wegen der Geheimhaltung war Bess gezwungen, unterwegs die erbärmlichsten Wirtshäuser aufzusuchen. Ein lebendiger Bericht ihrer erschreckenden Reise hat sich in ihrem Tagebuch erhalten.[32] Die bittere Ironie kann ihr nicht entgangen sein, daß sie den Devonshires lange, vor Selbstmitleid triefende Briefe geschrieben hatte, als es keinen Grund dazu gab. Jetzt brauchte sie dringend Trost und war gezwungen, in falschen Briefen nicht vorhandene Ereignisse über zweihundert Kilometer von ihrem wirklichen Aufenthaltsort zu beschreiben. Sie schrieb aus Ischia an Georgiana, daß »mein Herz vom Kummer erfüllt ist, und Angst in meinem Kopf sitzt«, aber ohne den Grund dafür zu nennen.[33] Wenn sie konnte, schrieb sie gleichzeitig an den Herzog, dem sie konkretere Beschwerden mitteilte, auf die er in seiner Antwort nur indirekt eingehen konnte; er wagte nicht, Töne anzuschlagen, die über Freundschaft hinausgingen. Wenn er, was selten genug geschah, dem Kurier trauen konnte, schrieb er unbeholfen, denn er wußte nicht, wie er sie trösten sollte:

> Ich benötige Sie hier dringend, Mrs. Bess, und jede Minute werde ich an das Unglück Ihrer Abwesenheit erinnert, durch Dinge, die ich sehe, wie die Couch im Salon, auf der Sie zu sitzen pflegten, inmitten all

Ihrer seufzenden Verehrer ... Ich will, wenn ich die Zeit dazu habe, mich nach Bolton begeben, um in den Mooren jagen zu gehen und den Ort für Sie für den nächsten Sommer vorzubereiten, denn ich habe vor, Sie dort hinzubringen, ob Sie wollen oder nicht, welche Konsequenzen das auch haben wird; ich habe keine Zeit, mehr zu schreiben, werde aber bald wieder schreiben. Also gute Nacht.[34]

Am 29. August 1785 schrieb der Herzog Neues über Georgianas kleine Tochter und fügte hinzu: »Ich bin sehr überrascht und ungeduldig, weil ich so lange nichts von Ihnen über ein Thema gehört habe, von dem zu hören ich längst erwartet hatte.«[35] Bess hielt sich in einer kleinen Stadt namens Vietri am Golf von Salerno auf. In einer Herberge, die gleichzeitig als Bordell diente (ihrem nichtsnutzigen Bruder bestens bekannt), brachte sie am 16. August ihr Kind zur Welt. Zwei Wochen vorher war sie mit Louis, einem vertrauenswürdigen Bediensteten der Familie, dort eingetroffen. Er hatte sich einverstanden erklärt, Bess als seine schwangere Ehefrau und Mätresse seines Herren, Lord Hervey, auszugeben.

> Man muß sich ein enges Treppenhaus vorstellen [schrieb sie in ihr Tagebuch], dunkel und schmutzig, das zu den Wohnungen dieser Leute führt. Die Familie bestand aus dem Erzpriester der Liebe; seiner Dienerin – eine derbe, häßliche und abstoßende Kreatur –, dem Doktor (seinem Bruder) und seiner Frau. Der Doktor war ein ehrenwerter Mann, die Frau alles, was man sich unter verschlagen, vulgär und entsetzlich vorstellen kann ... Ich hörte alles, tat aber so, als ob ich nichts verstehen würde ... Mein vertrauter Diener weinte um mich ... Wie viele Dinge verschlimmerten noch mein Unglück! Ich mußte mit ihm essen und die hassenswerte Gesellschaft dieser Leute ertragen. Ich mußte in einem Haus leben, das kaum besser als ein Freudenhaus war.[36]

Als die Wehen einsetzten, dachte sie an nichts anderes als das Baby, den Herzog und Georgiana, behauptete Bess. Es war ein Mädchen, das sie Caroline Rosalie nannte. Sie kehrte eilig zu ihrem Bruder nach Neapel zurück und schloß erleichtert aus dem Verhalten ihrer Schwägerin, daß ihr Geheimnis noch immer sicher war. Das Baby wurde bei einer armen Familie in der näheren Umgebung untergebracht, aber Bess konnte nicht viel mehr tun, als es einmal täglich zu besuchen, und sie weinte, weil sie es bei Fremden zurücklassen mußte. Die Trennung griff sie auch anderweitig an. Sie litt unter ihrer überschüssigen Milch, die ihre Wäsche befleckte; sie mußte ihre Brüste mit sauberen Tüchern abdecken und riskierte so, von der Dienerschaft entdeckt zu werden. Als Caroline ein paar Wochen alt war, bot Louis an, sie in seine eigene Familie aufzunehmen. Dort war sie gut versorgt, und Bess konnte sie leichter besuchen. Nachdem Caroline untergebracht war, tröstete Bess sich mit dem russischen Botschafter: »Unglück«, schrieb sie bedauernd in ihr Tagebuch, »kann mich von meiner Eitelkeit nicht kurieren.«[37]

Bess blieb fast ein Jahr in Italien, obwohl sie der Herzog und Georgiana immer wieder bedrängten zurückzukommen. Sie zögerte nicht nur, weil sie Caroline zurücklassen mußte. Im Grunde ihres Herzens wußte sie auch, daß sich an der *ménage à trois* etwas ändern mußte, aber sie hatte keine Ahnung, wie sie Georgiana die Wahrheit beibringen sollte. In der ihm eigenen Art versuchte der Herzog, ihre Ängste auf die leichte Schulter zu nehmen: »Rat [Georgiana] kennt die Hauptursache Ihres Unwohlseins nicht, und ich werde sie ihr gegenüber natürlich nicht erwähnen, es sei denn, Sie verlangen es von mir, aber ich bin sicher, wenn sie davon wüßte, würde sie nicht denken, daß man Ihnen deshalb Vorwürfe machen kann, besonders dann nicht, wenn ich ihr vorher erkläre, wie es zu der Sache kam.«[38] Diese Frage hatte sich Bess oft gestellt: Wie war es zu all dem gekommen?

Georgiana faßte ihr Leben 1786 in einem kleinen Gedicht zusammen:

> My mind can no comfort or happyness fix
> On seventeen hundred and eighty six
> For Sorry and Folly delighted to mix
> With seventeen hundred and eighty six
> Abounding alone in unpromising tricks
> Was seventeen hundred and eighty six
> And none was e'er worse I can swear by the Styx
> Than seventeen hundred and eighty six.*[39]

---

* Meine Seele kann weder Trost noch Glück heilen / In siebzehnhundert und sechsundachtzig / Denn Reue und Torheit beliebten zugleich einzutreffen / Mit siebzehnhundert und sechsundachtzig / Überall lauerten nutzlose Tücken / In siebzehnhundert und sechsundachtzig / Und so schlimm war es nie, ich schwöre es beim Styx / Wie in siebzehnhundert und sechsundachtzig.

Menschen, die nicht zur Familie gehörten, hätten sich über die Traurigkeit des Gedichts gewundert. In den zwei Jahren seit der Westminster-Wahl hatte sie durch ihre zunehmende Popularität ihre Kritiker zum Schweigen gebracht. Sie hatte ihren festen Platz in der Hierarchie der Whigs, und während der Sitzungsperiode des Parlaments war sie meist hinter den Kulissen tätig: Sie behielt die Anzahl der Stimmen im Auge, überbrachte Nachrichten und erstickte aufkommende Unzufriedenheit im Keim. Fox' Position als Kopf der Whigs war gesichert, aber seit er neunundachtzig Stimmen verloren hatte, zog er sich am liebsten in sein Haus in St. Anne's Hill zurück und überließ die administrativen Aufgaben dem Herzog von Portland, der unglücklicherweise nicht fähig war, eine Opposition gegen Pitt zu organisieren. Infolgedessen passierte im ersten Jahr nach der Wahl nicht viel. Edmund Burke war entsetzt über die Passivität der Partei und klagte im Oktober 1784: »Was die Planung einer Strategie durch unsere Führungsspitze angeht, sind nicht einmal Ansätze erkennbar – und ihnen scheint auch gar nicht einzufallen, daß so etwas nötig sein könnte. Dementsprechend bleibt alles dem Zufall überlassen.«[40] Erst Mitte 1785 hatten die Whigs sich so weit erholt, daß sie ihr Handeln wieder auf ein Ziel richteten.

Georgiana hatte sich die Grundlagen eines effektiven Werbefeldzuges angeeignet, als sie im Jahre 1778 mit ihren militärischen Uniformen experimentierte. Andere Wege, öffentlich politisch zu arbeiten, standen ihr jetzt nicht zur Verfügung, aber was sie gelernt hatte, nutzte sie mit bemerkenswertem Erfolg. Als erstes ließ sie im Dezember 1784 im Namen der Partei einen Ballon steigen.

Die Erfindung des Heißluftballons war in den achtziger Jahren in aller Munde. 1783 hatten die Brüder Montgolfier den Hof von Versailles zum Staunen gebracht, als sie einen sechzig Fuß großen, himmelblauen Ballon sechstausend Fuß hoch in die Lüfte steigen ließen. Ihr geniales Experiment fand sofort zahlreiche Nachahmer. Zwei von ihnen – der Neapolitaner Vicenzo Lunardi und der Franzose Jean-Pierre Blanchard – trafen 1784 in England ein, um um die Gunst der britischen Öffentlichkeit zu streiten. Am 15. September stieg Lunardi mit seinem Ballon vor Tausenden von Zuschauern vom Londoner Militärgelände in die Höhe. Trotz der Kälte, die seine Katze beinahe das Leben gekostet hätte, und des Verlusts eines seiner Holzruder gelang es ihm, vierundzwanzig Meilen in der Luft zurückzulegen. Im darauffolgenden Monat startete Blanchard, der noch weiter ins Landesinnere vordringen konnte.

Georgiana veranstaltete für beide jeweils eine eigene Dinnerparty im Devonshire House. Lunardi revanchierte sich für die Ehre, indem er bei Hof einen Seidenmantel in einer von Georgiana kreierten Farbe trug, dem sogenannten »Devonshirebraun«. Der Franzose Blanchard fühlte sich besonders geehrt, als Georgiana ihn bat, der Königlichen Familie in seinem Ballon Briefe zu überbringen. Im Gegenzug gestattete er ihr, seinen letzten Aufstieg von britischem Boden in eine Werbeveranstaltung der Whig-Partei umzuwandeln. Am 1. Dezember konnten die Londoner Zeitungen von einer außergewöhnlichen Vorführung am Grosvenor Square berichten. Der Prinz von Wales und einhundert Whigs mit ihren Damen trotzten der Kälte, um inmitten einer zahlenden Menge zuzusehen, wie Georgiana die Seile von Blanchards Ballon löste. Alle trugen Kleidung in Blau und Hellbraun, und Georgiana hatte dafür gesorgt, daß sogar die Halteseile mit zweifarbigen Bändern geschmückt waren. »Blanchards Ballon wird künftig den Namen ›Devonshire Luftyacht‹ tragen«, posaunte der *Morning Herald and Daily Advertiser*.[41] Die Zuschauer verstopften alle umliegenden Straßen, manche standen sogar auf ihren Kutschen, während das fünfzig Fuß große Werbemittel über London hinwegschwebte.

Nach ihrem Triumph mit Blanchards Ballon organisierte Georgiana regelmäßig beliebte Veranstaltungen wie Wohltätigkeitsbälle für Künstler im Ruhestand oder Auftritte für Nachwuchstalente, um damit den sozialen und politischen Zusammenhalt unter den Parteimitgliedern zu stärken. Seit sie im Juli 1776 Perditas ersten Bühnenauftritt als Julia arrangiert hatte, war es ihr gelungen, zahlreiche berühmte Bühnenstars zu etablieren, unter anderem Mrs. Siddons, die später schrieb: »Meine wohlwollende Aufnahme in London verdanke ich zu einem nicht geringen Teil den enthusiastischen Berichten, die von der liebenswerten Herzogin von Devonshire dort vor meiner Ankunft verbreitet wurden. Mir wurde die Ehre zuteil, sie während ihres Aufenthaltes in Bath kennenzulernen, und ihr bedingungsloser Beifall bei meinen Vorstellungen war mir gewiß.«[42] Georgiana meinte ihre Unterstützung der darstellenden Künstler ernst, aber sie wußte auch, daß die positive Publicity den Whigs von Nutzen war. Ihre Schirmherrschaft über die Künste brachte die

Whigs zunehmend mit Begriffen wie Geschmack, Mode und Geist in Verbindung.[43] Schillernde Premieren zur Unterstützung ihrer neuesten Entdeckung und große Bälle unter einem originellen Motto, auf denen die ganze Gesellschaft in vorgeschriebener Kleidung erschien, machten das Leben in der Opposition erträglich und sogar vergnüglich. »Sie ist wirklich eine sehr gute Politikerin«, klagte ein Anhänger Pitts. »Sobald irgendein junger Mann aus dem Ausland eintrifft, wird er nach Devonshire House oder Chatsworth eingeladen – und damit gehört er der Opposition.«[44]

»Wie kommt es, daß sie über alles herrscht?« fragte sich Lady Mary Coke nach einem langweiligen Besuch ihrer beiden Freundinnen, Mrs. Pitt und Miss Hope, die, obwohl sie nicht in Devonshire House verkehrten, über nichts anderes redeten als über Georgianas Befinden.[45] Eine Antwort lag in ihrer Vitalität: Lady Louisa Stuart besuchte einen Ball und war entzückt, daß sie der Geburt einer neuen Moderichtung beiwohnen durfte, als Georgiana und Harriet ihre türkisch anmutenden Kleider vorführten. »Ich glaube, ich habe nur einmal eine neue Mode so mit Macht einsetzen sehen, und zwar in dem Jahr, als die Federn und Hochfrisuren aufkamen«, schrieb sie. »Wir hatten prachtvolle Gestalten unter uns. Welche Schwingen und Schwänze an unseren Kopfbedeckungen, welche gefältelten Gazekrägen unter unserem Kinn ... Die Herzogin von Devonshire und Lady Duncannon ... trugen Damenmäntel, türkische Roben besser gesagt, mit drei Kappen und Kapuzen wohl gemerkt ...«[46]

Georgiana hat auch das Musselinkleid in die englische Mode eingeführt. Als *chemise à la reine* bekannt, war es außerordentlich schlicht, beinahe wie ein Hemd mit einem Zugband um den Hals und einem glatten Band, das um die Mitte gebunden wurde. Obwohl die Kleider in Frankreich ursprünglich von kreolischen Frauen aus Westindien getragen wurden, gefiel der Stil Marie Antoinette so sehr, daß sie in einer eigenen Version des Kleides 1783 für Madame Vigée-Lebrun Modell stand. Das Porträt schockierte die Gesellschaft. Viele hielten es für eine unschickliche Darstellung der Königin in halbnacktem Zustand, und es wurde aus dem Salon entfernt. Doch in England faßte das Kleidungsstück Fuß, nachdem Marie Antoinette Georgiana »eines der Musselingewänder mit feiner Spitze«[47] zum Geschenk gemacht hatte. Georgiana nutzte einen warmen Tag, um in ihrem weißen Musselinkleid, das sie mit silbernen

Zweigen dekoriert hatte, auf dem Ball des Prinzen von Wales zu erscheinen, und hatte so einen ihrer erfolgreichsten Auftritte. Bald darauf behauptete das *Lady's Magazine*, daß das »ganze Geschlecht, von fünfzehn bis fünfzig und darüber ... in weißen Musselinkutten mit breiten Schärpen auftaucht.«[48]

Die *Morning Post* unternahm den Versuch, Georgiana von ihrem »Vorsitz über die Mode« zu stürzen, schnöde Bemerkungen über die »vulgären Erfindungen« wurden von der Öffentlichkeit jedoch kaum beachtet. Sharp von der Fleet Street, der die besseren Herrschaften mit Parfüm und Toilettenartikeln versorgte, machte ein Riesengeschäft, weil er das Monopol auf Georgianas bevorzugten französischen Haarpuder hielt. 1785 verkündete er der Welt seine neuste Errungenschaft: »Soeben eingetroffen: eine Lieferung vom wundersamen, hinreißenden und zarten Puder à la Duchesse oder Devonshire-Puder.«[49] In gleicher Manier betrieb Mr. Austin, Zeichenlehrer mit einem Geschäft in der St. James's Street, einen lebhaften Handel mit lebensgroßen Büsten und »ausgefallenen Wachsformen von Seiner Königlichen Hoheit dem Prinzen von Wales, Ihrer Gnaden der Herzogin von Devonshire und dem höchst Ehrenwerten Charles James Fox ... zum Zwecke der Gestaltung an Wohnhäusern, öffentlichen Bibliotheken usw.« Sein besonderes Angebot für den April bestand in »Probeabzügen von Radierungen und Bildern als Vorlage für Stiche des Prinzen von Wales und der Herzogin von Devonshire.«[50] 1786 gab es einen mittleren Skandal, als eine von Georgianas Näherinnen bestochen worden war, um deren jüngsten Entwurf zu verraten: Etliche Damen zahlten für die Zeichnungen, und jede glaubte, die einzige zu sein. Sie blamierten sich fürchterlich, als sie wenige Wochen später alle im gleichen Kleid auf einem Ball erschienen.[51]

Georgianas Popularität brachte es mit sich, daß sie auf dem öffentlichen Prüfstein stand und der Verbreitung von Halbwahrheiten und Nachreden ausgesetzt war, die ihr unsagbaren Kummer bereiteten. Die nachhaltigen Gerüchte, die sie mit dem Prinzen in Verbindung brachten, machten sie wütend; die anstößigen Karikaturen, auf denen sie als Liebespaar abgebildet wurden, weckten üble Erinnerungen an die Westminster-Wahl. Das Gerede war aber nicht Georgianas Schuld, vielmehr war es das exzentrische Verhalten des Prinzen, das diese Mutmaßungen nährte. Während sie mit der kleinen Harriet im Wochenbett lag, besuchte er sie so oft – gelegentlich mehrmals am Tag –, daß die Leute sich fragten, ob sie sein Kind war. Er kam aber keineswegs, um über das Baby zu sprechen, sondern über Mrs. Fitzherbert. Georgiana wagte nicht, ihm den Zutritt zu verweigern, obwohl seine Besuche eine Qual für sie waren. Sie mußte auf ihrer Couch liegen, während er, von Emotionen überwältigt, im Zimmer hin und her lief, sich auf die Knie warf, ihre Hände umklammerte und seinen Kopf an einen Stuhl schlug. Georgiana erklärte ihm bis zur Erschöpfung, er müsse mit Fox reden.

Mrs. Fitzherbert kehrte im November 1785 zurück, sie wollte nicht länger darauf warten, daß der Prinz von seiner Liebe zu ihr abließ. Sie hatte sich während ihres achtzehnmonatigen Exils gelangweilt und einsam gefühlt und war bereit, sich zur Heirat überreden zu lassen. Als Fox von ihrer Rückkehr hörte, schrieb er unverzüglich an den Prinzen und beschwor ihn, den »verzweifelten Schritt« einer Eheschließung zu unterlassen. Eine Verbindung mit Mrs. Fitzherbert, einer katholischen Witwe, dazu ohne die Zustimmung seines Vaters, würde ihn von der Thronfolge ausschließen. Sein Bruder, der Herzog von York, würde als Thronfolger nachrücken, was sich auf die Whigs verheerend auswirken würde: Wegen ihrer Verbindung mit dem Prinzen nähme ihre Reputation fürchterlichen Schaden. Doch er ignorierte Fox' Flehen und versuchte heimlich, einen Geistlichen zu finden, der bereit war, die illegale Zeremonie durchzuführen. Aber er konnte der Versuchung nicht widerstehen, seine Pläne Georgiana zu offenbaren, und bat sie sogar, als eine der Zeugen zu fungieren. Zunächst wagte sie nicht, sich dazu zu äußern, aber einige Tage später schickte sie ihm folgende Nachricht:

> Ich schreibe Ihnen, mein lieber Bruder, ganz und gar außer mir. Ich befinde mich in einem entsetzlich erregten Zustand, seit wir uns getroffen haben, und nun muß ich Ihnen und auch Mrs. F. mitteilen, daß ich niemals geglaubt hätte, dies könnte eintreffen, weshalb ich einwilligte, aber es ist in der Tat Wahnsinn auf beiden Seiten. Ich habe ihr noch nicht geschrieben, um ihr dies mitzuteilen, und werde es nicht tun, wenn Sie die Sache aufschieben und Charles Fox konsultieren – um Himmels Willen tun Sie das ... Ich kann nicht teilnehmen, denn die Heirat ist keine, und ich kann nichts bezeugen, was ich nicht für das halte, was es sein soll. Das ist keine schäbige Angst um mich selbst, sondern ich fürchte um Sie beide. Ich werde ihr selbstverständlich je-

des Ansehen entgegenbringen, aber ich kann keine Heirat bezeugen, die ich nicht für eine halte. Es ist in der Tat keine. Sie haben bemerkt, daß mit mir etwas nicht stimmt, und in der Tat bin ich seither vor Entsetzen aufgewühlt. Nie hätte ich gedacht, daß es dazu kommen könnte – ich flehe Sie an, sprechen Sie morgen mit Fox oder lassen Sie mich ihm schreiben. Lassen Sie mich wieder und wieder flehen, C. F. zu konsultieren, sprechen Sie morgen mit ihm.[52]

Der Brief führte zu nichts, er brachte ihr lediglich eine lebenslange Feindschaft mit Mrs. Fitzherbert ein und kühlte ihre Beziehung zum Prinzen für eine Weile ab. Zwar schrieb er an Fox, aber nur, um ihm eine Lüge aufzutischen: »Entspannen Sie sich, mein lieber Freund; glauben Sie mir, die Welt wird nun bald davon überzeugt sein, daß es keinen Grund mehr für Berichte gibt und niemals gab, wie sie kürzlich so böswillig verbreitet wurden.«[53] Wenige Tage später wurde das Paar in Mrs. Fitzherberts Haus getraut, ihr Bruder und ihr Onkel fungierten als Zeugen. Anschließend brachen sie zu kurzen Flitterwochen in einem Haus in der Nähe von Richmond auf. Bei ihrer Rückkehr schwirrten in ganz London die Gerüchte über ihre Heirat umher. Fox' naives Vertrauen in seinen Freund brachte ihn dazu, sich im Parlament hinter ihn zu stellen und alle Behauptungen über den Prinzen kategorisch abzustreiten. Mrs. Fitzherbert nahm die Rede persönlich und verzieh sie ihm nie; solange sie Einfluß auf den Prinzen hatte, versuchte sie zu verhindern, daß sich die beiden trafen. Fox reagierte ähnlich aufgebracht, als er von Prinnys Betrug erfuhr, und die Freundschaft kehrte nie mehr zu ihrer alten Vertrautheit zurück.

Georgiana geriet in ein besonderes Dilemma, denn wie die meisten Leute war sie sich ziemlich sicher, daß die Heirat stattgefunden hatte. Der Prinz blieb Devonshire House fern, aber er schrieb an die Devonshires und forderte sie auf, Mrs. Fitzherbert zu besuchen, wobei er anmerkte, daß sie keine »unwürdige Person« aufsuchen würden. Georgiana verstand das Interesse des Prinzen, denn wenn sie sich irgendwohin begab, würde der Rest der Gesellschaft folgen. Die Spencers und die Cavendishs widersetzten sich jeglichen Aktivitäten, die nach außen wie eine Legitimierung der Verbindung wirken könnten, also blieben ihr nur zwei Alternativen: Entweder stieß sie die Familie vor den Kopf, oder sie verließ London auf absehbare Zeit (die von ihrer Mutter bevorzugte Variante). Sie steuerte einen mittleren Kurs an, indem sie Mrs. Fitzherbert auf Distanz hielt, aber nicht aus der Devonshire-House-Gesellschaft

ausschloß. »Ich werde mich niemals mit ihr zusammen in der Oper sehen lassen«, verkündete Georgiana. »Das habe ich noch nie getan und
werde es auch nicht, und sie weiß das ... Ich will nichts ergründen und
mich lediglich aus der Sache vollkommen heraushalten.«*[54]

Ausgerechnet die Schulden des Prinzen retteten Georgiana vor weiteren Ärgernissen. Seit 1783 hatten sie sich verdoppelt, so daß selbst seine
Busenfreunde die Geduld verloren. Der König hatte nicht vor, ihm ohne
gewisse Gegenleistungen zu helfen, einschließlich, unter den gegebenen
Umständen verständlich, seiner Lossagung von den Whigs. Prinny ent-
schied sich statt dessen für eine seiner dramatischen Gesten: Er schloß
Carlton House, verkaufte seine Pferde und Kutschen, entließ seine Dienerschaft und mietete eine kleine Villa in Brighton. Am 15. Juli verließ er
London und reiste, sehr zur Verwunderung seiner Mitreisenden, als Au-
ßenpassagier in einer öffentlichen Kutsche mit, der Brighton Dilly. Mrs.
Fitzherbert folgte ihm kurze Zeit später, und die beiden lebten fast ein
Jahr friedlich wie ein gewöhnliches Paar zusammen.[55] Seine Abreise erleichterte die Devonshires sehr, und sie beschlossen, daß Southampton
in jenem Sommer ein wesentlich attraktiveres Domizil für den Sommer
bot als Brighton.

*

Zwei Wochen später berichtete die Presse fälschlicherweise, in der Fa-
milie Spencer sei zum zweiten Mal jemand durchgebrannt. In die erste
Flucht, die sich weniger Monate vorher abgespielt hatte, war Georgianas
Cousine, Mrs. Georgiana Fawkener, genannt »Jockey«, involviert, die

---

* Genau das wurde ihr nicht gestattet: Mrs. Fitzherbert bemühte sich sehr, in der Öffentlichkeit nicht aufdringlich zu erscheinen, hegte aber insgeheim einen Plan, wie
ihr neuer Status anerkannt werden mußte. Im März schrieb Lavinia an George über
einen ärgerlichen Zwischenfall: »Die Herzogin und 16 andere Damen sollen in einem scheußlichen Kleid auftreten, das sich Lady Beauchamp ausgedacht hat, und
die Herzogin ist sehr verärgert über die Klemme, in die sie geraten ist, denn als ihre
Kleider bestellt und alle Vereinbarungen getroffen wurden, ließ Mrs. Fitzherbert
übermitteln, daß sie sich der Gruppe anschließen möchte, was sie ihr nicht verweigern konnte. Ich bin sicher (und sie ebenfalls), daß der Plan von seiner Königlichen
Hoheit stammt, und darüber ist sie außerordentlich wütend, und das, wie ich finde,
aus gutem Grund.« BL Althorp G290, Lavinia, Lady Spencer, an George, Lord
Spencer, März 1786.

mit Lord John Townshend durchgebrannt war.* Obwohl keine Namen genannt wurden, wußte jeder, daß sich der neueste Klatsch auf Harriet und Charles Wyndham, einen Zechgenossen des Prinzen, bezog. Sie hatten sich so wenig Mühe gegeben, ihre Affäre zu verbergen, daß sie sogar Lady Mary Coke auffiel. Im Januar 1785 hatte sie ihrer Schwester geschrieben:»Leider muß ich sagen, daß Lady Duncannon und Charles Wyndham anscheinend eine zu gute Freundschaft pflegen.«[56] Als die Falschmeldungen von ihrer Flucht auftauchten, machte sich die getreue Lady Melbourne daran, zu widersprechen, obwohl sie noch keine Bestätigung von Georgiana erhalten hatte. »Gestern wurde mir versichert, daß Lady Duncannon auf und davon ist, was sicherlich nicht wahr sein kann, schreib mir bitte, was ich sagen kann, um zu widersprechen... Ich bin sicher, daß sich in den vergangenen zehn Tagen niemand in der Stadt aufgehalten haben kann, ohne ihm allerorts und auf der Straße zu begegnen, weshalb ich so außerordentlich überrascht bin, daß die Leute soetwas glauben.«[57]

Niemandem brachte Mitleid für Lord Duncannon auf. 1782 hatte die Herzogin von Portland mitfühlend geäußert, daß Harriet »ein trauriges Leben führt, immer zu Hause, und buchstäblich allein.«[58] »Lady Duncannon hat ein gutes Herz, aber wenig Verstand«, meinte Mrs. Damer, »den Gefahren, denen sie durch ihre Lebensumstände preisgegeben ist,

---

* Die beiden Liebenden nutzen die lockeren Umgangsformen in Devonshire House, um heimlich eine Affäre anzufangen. 1786 konnte keiner von beiden das Versteckspiel länger ertragen, weshalb sie ihr Geheimnis absichtlich lüfteten. Da er sich erinnerte, wie Georgiana Lord George Cavendish und Lady Betty geholfen hatte, als sich die Familie gegen die Verbindung stellte, beschuldigte Mr. Fawkener Georgiana, sie hätte das ehebrecherische Paar unterstützt. Ausnahmsweise nahm der verärgerte Herzog seine Frau in Schutz: »Ich schreibe dies auf Ersuchen der Herzogin und teilweise zu meiner eigenen Satisfaktion«, antwortete er Fawkener unterkühlt. »Ich habe mich in Gesprächen mit ihr gründlich davon überzeugt, daß sie nichts Vorsätzliches getan hat, um Dinge zu befördern, die Ihnen Unannehmlichkeiten bereiten könnten.« Herzog von Devonshire an William Fawkener, etwa Juli 1786. Lady Spencer besaß weniger Sportsgeist. Sie beschuldigte Georgiana, Schande über die Familie zu bringen, und wies ihre beiden Töchter an, ihre Cousine sei für sie gestorben. Die Familie Poyntz sperrte Jockey in einem Schlafzimmer ihres Londoner Hauses ein und drohte und bettelte abwechselnd, sie möge Townshend aufgeben. Lady Spencer eilte ihrer Schwägerin zu Hilfe und versuchte, den Willen ihrer Nichte zu brechen. Jockey weigerte sich jedoch, zu Fawkener zurückzukehren. Er ließ sich von ihr scheiden, worauf sie unverzüglich ihren Liebhaber heiratete. Georgiana wurde Patin ihres ersten Kindes. Die Ehe verlief nicht glücklich.

nicht unbedingt gewachsen. Sie suchte nach einem Beschützer, statt dessen ist sie einem verdrießlichen, kleingeistigen Sterblichen zugefallen,
der sie aufzieht, ohne sie zu korrigieren.«[59] Duncannon vernachlässigte
sie über lange Phasen, zwischendurch traktierte er sie mit Wutausbrüchen und Beschimpfungen. Lady Spencer hegte den Verdacht, daß er
trank und höhere Summen verspielte, als sie sich leisten konnten, aber
sie war so sehr mit den Schwächen ihrer Töchter beschäftigt, daß sie selten einen ihrer Schwiegersöhne kritisierte.

George hatte herausgefunden, daß Harriet etwas im Schilde führte,
und mobilisierte Lady Spencer. Die beiden überrumpelten Harriet und
brachten sie nach St. Albans, bevor Duncannon etwas auffiel. Weniger
verliebt und weniger standhaft als ihre Cousine, gab Harriet sehr schnell
nach und ließ sich überreden, Wyndham aufzugeben. Lady Spencer
blieb hart: Harriet sollte nie wieder ein Wort an ihn richten. Die Devonshires, die bis zu jenem Zeitpunkt hilflos zugesehen hatten, interve-
nierten an diesem Punkt. »Harriet ist einverstanden, daß sich etwas ändern muß, ... und ist willens, alles zu tun, was Du verlangst,« schrieb
Georgiana an George, aber sie und auch der Herzog dachten, es würde
seltsam aussehen, wenn sie ihn schnitt, »und mit Sicherheit zu der Vermutung führen, daß etwas vorgefallen war, was zu unserem Einschreiten
geführt hat ... Da Lord Duncannon nichts weiß, würde er so vielleicht
auf äußerst unangenehme Weise in Kenntnis gesetzt.«[60]

Die Spencers erlaubten Harriet, nach London zurückzukehren, nachdem sie den Devonshires das Versprechen abgenommen hatten, sie zu
beaufsichtigen. George zeigte zwar ein wenig Mitgefühl, aber vorrangig
sorgte er sich um den Ruf der Familie:

> Gestern abend ging ich zum Devonshire House und dinierte sehr ge-
> mütlich en trio mit ihnen; Harriet ist kaum ausgegangen, seit sie von
> Ihnen fort ist, und mir scheint, die Herzogin hat fest vor, mit ihr ge-
> nau wie Sie zu verfahren. Ihr reizender Ehemann kommt nie vor 8, 9,
> 10 oder 11 Uhr morgens nach Hause, und das ist für ein Leben zu
> Hause wirklich nicht sehr ermutigend. Sie haben gestern ein Stück ge-
> sehen, wie ich höre, mit Ihrer Zustimmung, und ihre Loge war voller
> Leute. C. W. war nicht dabei, glaube ich. Ich denke, die Angelegen-
> heit wird sich regeln, aber wenn sie vorüber ist, wird ihre Lage immer
> noch äußerst gefährlich bleiben, und erfordert sowohl ihrer- als auch
> unsererseits größte Aufmerksamkeit.[61]

Zum Glück für Harriet lenkte Bess' Rückkehr die Aufmerksamkeit der Familie Spencer ab. »Ich halte sie wirklich in jeder Hinsicht für eine äußerst gefährliche Teufelin«, berichtete Lavinia George.[62] Die Spencers waren ihr begegnet, als sie an Weihnachten 1785 ihre Ferien in Neapel verbrachten. Was sie vorfanden, unterschied sich sehr von dem glanzvollen gesellschaftlichen Leben, das Bess in ihren Briefen beschrieb. »Die Italiener mögen sie nicht besonders, weil sie ihre Sprache so gebrochen spricht und weil sie Parfüm benutzt, was hier als sehr anstößig gilt«, schrieb George an Lady Spencer. »Sie befindet sich hier ständig in der Gesellschaft der französischen Botschafterin und scheint ihre Schwägerin nicht besonders zu mögen ... Mir sind viele Dinge zu Ohren gekommen, davon sind einige sicherlich nicht wahr, andere aber sicher doch, ich weiß nicht, was ich von ihr halten soll.«[63] In ihren Briefen nach Hause machte sich Bess über Lavinias Unhöflichkeit lustig: »Lady S. schien drei Fuß über sich hinauszuwachsen, damit sie mit Verachtung auf mich herabblicken konnte ... Zufällig befand sich die französische Botschafterin in meiner Gesellschaft; Lady S., obwohl sie sie vorher noch nie gesehen hatte, redete nur mit ihr, [und] kehrte mir Ärmster beinahe den Rücken zu.«[64] Wegen der unverhohlenen Abneigung der Spencers dachte Bess, die sich ohnehin um ihre Zukunft sorgte, ernsthaft darüber nach, ob sie noch im Ausland bleiben sollte.

Der Herzog verstand natürlich besser als Georgiana, warum Bess ihre Rückkehr herauszögerte, und versuchte ihr einzureden, daß nur wenige oder eigentlich gar keine Gerüchte über sie beide im Umlauf seien. Je länger Bess im Ausland blieb, um so heftiger beneidete sie Georgiana um ihr Glück: ihre Kinder, ihren Rang, ihre Beliebtheit, und vor allem um den Herzog. Bess' sehnlichster Wunsch war eine Rolle als Gastgeberin der Gesellschaft – wie Georgiana eine war. Sie wußte, daß eine respektable Frau weder mit dem Ehemann ihrer besten Freundin schlief noch mit irgendeinem Mann, der ihr zufällig gerade den Hof machte. Sie schob ihre Promiskuität auf die Tatsache, daß Georgiana alles hatte, was sie sich wünschte, oder, wie sie taktvoll umschrieb, »wäre ich die Seine, oder könnte in seiner Nähe leben«, bräuchte sie »dem verwerflichen Wunsch, Menschen auf mich aufmerksam zu machen, nicht nachzugeben.«[65]

Im Juni, kurz bevor sie sich nach England aufmachte, versuchte Bess sich Georgiana zu erklären, ohne ihren Verrat offen auszusprechen: »All meine Hoffnungen auf Freundschaft erfüllen sich in Dir. Ohne Dich bedeutet die Welt mir nichts. Würdest Du mich verlassen, könnte ich das Leben nicht länger ertragen oder würde mein Leben lang an kein anderes Wesen mehr denken.«[66] Der Herzog hatte ihr seit März nicht mehr geschrieben, und sie zitterte bei der Vorstellung, er könnte das Interesse an ihr und ihrer Tochter verlieren. Statt direkt nach Calais zu reisen, machte sie einen Umweg über Aix-en-Provence, wo sie bei dem ältlichen Grafen St. Jules wohnte. Es gibt keine Unterlagen darüber, wie sie sich kennenlernten oder was sich zwischen ihnen abgespielt hat, aber als sie ihn verließ, hatte er eingewilligt, die Patenschaft für die kleine Caroline zu übernehmen, die dann Caroline Rosalie St. Jules wurde, uneheliche Tochter eines französischen Grafen und einer unbekannten Mutter. Bess fand eine Ersatzfamilie für ihre Tochter und begab sich Ende Juli auf den Weg nach Southampton. Ihrem Tagebuch zufolge war der Herzog ihr entgegengereist: »Ich fürchte, ich war froh. Ich komme an – er war zum Essen ausgegangen, hatte aber eine Nachricht hinterlassen. Er kam. Dem Himmel sei Dank, Momente wie diese löschen vergangene Sorgen in der Tat aus!« Georgiana wird nicht erwähnt, außer vielleicht in der trostlosen Randbemerkung: »Unter das Glück mischten sich Angst und Unruhe.«[67] Wie so oft in Bess' Tagebuch entsprach ihre Version der Ereignisse – in denen sie immer im Mittelpunkt der Aufmerksamkeit stand – eher ihrer Phantasie als der Wahrheit. Der Herzog hielt sich nicht allein in Southampton auf. Die Duncannons, Spencers und Devonshires verlebten dort mit all ihren Kindern die Ferien, als Bess ankam. Der Herzog litt außerdem sehr unter seiner Gicht und konnte sich selbst mit Krücken kaum bewegen. Die Hälfte der Londoner Gesellschaft war ihnen gefolgt, was die *Morning Post* folgendermaßen kommentierte: »Mode und Geschmack haben für diese Saison hier ihr Hauptquartier aufgeschlagen.«[68] In den ersten Tagen war Bess glücklich; jeder war nett zu ihr – sogar Lady Melbourne, die sie, wie alle Freundinnen von Georgiana, bisher abgelehnt hatte, weil Bess versucht hatte, sie zu verdrängen.[69]

Nachdem sie eine angemessene Zeit mit ihrer Mutter verbracht hatte, machte Bess sich auf den Weg nach Chatsworth zu den Devonshires. Da der Herzog sich wieder erholt hatte, konnten die Gäste die Vergnügungen auch genießen, die Georgiana zu ihrer Unterhaltung arrangiert hatte. In jenem Sommer war Joseph Mazzinghi, Musikdirektor an der italienischen Oper, Star unter den Besuchern. Seine Ankunft erregte großes Aufsehen, und er erfüllte alle Erwartungen, indem er fast jeden Abend mit seiner Truppe auftrat. Georgiana begleitete die Entourage gelegentlich eindrucksvoll auf ihrer Harfe, womit sie sogar in London auf sich aufmerksam machte. Die *Morning Post*, die vorübergehend einen Waffenstillstand verkündet hatte, berichtete: »Die Herzogin von Devonshire hat auf der Harfe solche Fortschritte erzielt, daß nur noch wenige, die damit beruflich Umgang haben, in der Lage sind, ihr die Vollendung der Könnerschaft auf jenem Instrument streitig zu machen. Mazzinghi hat viel beigetragen, noch mehr aber der Genius ihrer Gnaden, zur Vervollkommnung jener überragenden Leistung.«[70]

Bess hatte nicht damit gerechnet, Lady Spencer auf Chatsworth anzutreffen, und konnte ihre Enttäuschung nur schwer verbergen. Sie flirtete nicht mit den anderen Gästen, was sie 1784 noch getan hatte. Vor Lady Spencer wagte sie nichts, und wenn Georgianas Mutter nicht in der Nähe war, zogen sie James Hare und Sheridan auf, wenn sie sich dem Herzog gegenüber zu aufmerksam zeigte. Georgiana hatte andere Dinge im Kopf: Kurz vor Bess' Ankunft hatte sie von Martindale einen Erpresserbrief erhalten. Sie hatte im Frühjahr wieder angefangen, mit ihm zu spielen, weil sie all den anderen Pharaogebern Geld schuldete, und er hatte sie in kürzester Zeit so weit gebracht, daß sie ihm 100.000 Pfund* schuldete. Georgiana suchte verzweifelt nach einer Gelegenheit, sich Bess anzuvertrauen, und verstand nicht, warum jene vermied, mit ihr allein zu sein.

Der Herzog von Dorset traf am 14. September 1786 ein und durchschaute die Situation sofort. Er war nie in Bess verliebt gewesen, und ihm machte es nichts aus, wenn sie mit dem Herzog von Devonshire flirtete. Andererseits hatte er Georgiana immer bewundert. Er umwarb und umschmeichelte sie, und es dauerte nicht lange, bis alle wußten, daß ein gewisses Einvernehmen zwischen ihnen bestand. Lady Spencer war so alarmiert, daß sie einen für sie unüblichen Schritt unternahm – bei ihrem bekannten Mißtrauen gegen Bedienstete – und George in einem Brief in Kenntnis setzte. »Der Herzog von Dorset und Lord Thanet sind gestern eingetroffen, letzterer ist ein bescheidener, wohlerzogener junger Mann – ersterer, glaube ich, geht ein wenig auf Abwegen, ich hoffe, Du weißt, was ich damit meine.«

»Ich bin hier ganz und gar nicht glücklich«, erklärte Lady Spencer George, aber sie meinte, bleiben zu müssen.[71] Nachdem Dorset nach

---

* Nach heutigen Verhältnissen 6.000.000 Pfund beziehungsweise über 18.000.000 DM.

London zurückgekehrt war, begann Georgiana unter eigenartigen Spasmen zu leiden, die ihren ganzen Körper in Mitleidenschaft zogen. Lady Spencer vermutete, daß irgendeine Seelenpein dafür verantwortlich war, aber sie konnte ihre Tochter nicht dazu bewegen, sie ins Vertrauen zu ziehen. Jede Attacke erschöpfte Georgiana so sehr, daß sie den Rest des Tages im Bett verbrachte. Mit äußerst bekümmerter Miene übernahm Bess die Rolle der Freundin, wenn jene verhindert war, erteilte der Dienerschaft Anordnungen und ließ jeden deutlich spüren, daß sie die Dinge in der Hand hatte. Lady Spencer ertrug den Anblick der umherstolzierenden Bess nicht und leistete Georgiana in ihrer Isolation Gesellschaft. »Ich esse jeden Tag mit Deiner Schwester auf ihrem Zimmer«, erzählte sie George am 12. Oktober. »Am Abend kommt sie heraus – in letzter Zeit sind die Anfälle nicht mehr aufgetreten, aber ihr Nervenkostüm ist sehr schwach, und sie hat kaum Energie.«[72] Als sie ihr offenbarte, wie Bess sich im Untergeschoß benahm, weigerte sich Georgiana, ihr zu glauben.

Lady Spencer reiste ab, als sie sicher sein konnte, daß keine Anfälle mehr auftreten würden. »Ich fühle mich elend, weil unangenehme Ereignisse und Ängste Ihnen hier die Zeit schwergemacht haben«, schrieb Georgiana ihr später. Sie versprach, »in unseren Angelegenheiten einige Entscheidungen herbeizuführen ... Sie wissen nicht, wie sehr ich Sie liebe – ich habe mich oft gefürchtet, Ihnen all meine Gedanken anzuvertrauen.«[73] Eine Woche später, als das Haus leer war, gestand Georgiana dem Herzog einen Teil ihrer Schulden bei Martindale. Spontan verlangte der Herzog die Trennung. Georgiana war verzweifelt; sie suchte bei Bess Unterstützung, aber ihre Freundin war nicht bereit, mit ihr zu sprechen. In ihrem Tagebuch erwähnt Bess den Vorfall kaum. Sie lobt lediglich die Reaktion des Herzogs, als Georgiana ihre Schulden eingestand: »Wie edel, gütig, einfühlsam er sich doch verhalten hat«[74], schrieb sie, während der Herzog mit Heaton diskutierte, wie man die Trennung herbeiführen könnte. »Meine Zärtlichkeit für ihn wuchs, und gleiches geschah, glaube ich, mit seinem Vertrauen und seiner Zuneigung zu mir. Wir sehnen uns nach Caroline, wissen aber nicht, was wir tun sollen.«[75] Heaton erläuterte, daß drastische Kürzungen in den Aufwendungen der Cavendishs vorgenommen werden müßten, um die Schulden zu bezahlen: Häuser müßten verkauft, Bedienstete entlassen werden, und man dürfte Georgiana auf keinen Fall in die Nähe Londons lassen.

George eilte zur Verteidigung seiner Schwester herbei, als er von den Plänen des Herzogs erfuhr. Die Vorstellung, der Herzog und Bess könnten Georgiana in einer Jagdhütte einsperren, erfüllte ihn mit Entsetzen. Er setzte sich tapfer über Lavinias Widerstände hinweg und lud Georgiana ein, mit den Kindern bei ihm auf Althorp zu leben. Der Herzog, fügte er hinzu, sei jederzeit willkommen, sie zu besuchen. Bess wurde nicht erwähnt. Als Lady Spencer von der vorgeschlagenen Trennung erfuhr, beklagte sie ihr Unglück ausführlich: »Es tröstet mich wirklich«, erklärte sie Harriet, »bei all dem Elend, das ich zuletzt durchgemacht habe, daß Dein lieber Vater meine Leiden nicht hat teilen müssen.«[76] Dennoch holte sie Georges Angebot an Georgiana aus ihrer Depression, und sie bestand darauf, wenn ihre Tochter bei irgend jemandem leben sollte, dann nur bei ihr. Der sonst so besonnene George verlor die Geduld:

> Der Vorschlag, den ich meiner Schwester unterbreitet habe, entstand ausschließlich unter der Vorgabe, daß keines der Häuser des Herzogs ihr ein so angenehmes Leben bieten würde wie unseres ... und nicht in der Absicht, mit Ihnen in Konkurrenz zu treten, wenn ich sie zu mir nehme, da ich für den Fall, daß sie annimmt, hoffe, daß Sie uns ebenfalls sehr regelmäßig besuchen und wir sehr bequem en famille leben könnten, dem französischen Vorbild der Landhäuser sehr ähnlich, wo die verschiedenen Generationen der Familie alle zusammenleben.[77]

In jedem Fall, vermutete er, »gibt es einen Grund, der sie gleichermaßen hindern wird, bei Ihnen oder bei uns zu leben.« Der Herzog würde keine Gründe für eine Scheidung vorbringen können, und wenn er einen Erben wollte, würde der immer noch von Georgiana kommen müssen. Aus diesem Grund brauche er sie in seiner Nähe. Georgiana wußte, daß die Beziehung zwischen dem Herzog und Bess so beschaffen war, daß er sie mitbringen würde, wenn er zu Besuch kam, oder er würde erst gar nicht kommen, und dann konnte es keine Aussöhnung geben, »was Deine Schwester am meisten fürchtet«, erklärte Lady Spencer George.[78] (Wenn der Herzog sich andererseits offiziell von Georgiana trennte, könnte Bess nicht mit ihm in Devonshire House zusammenleben, ohne einen Skandal zu provozieren, und der Devonshire House Circle würde auch niemals tolerieren, daß sie Georgianas Rolle auf Chatsworth übernahm.) Lady Spencer fand, daß Georgiana auf Londesborough leben sollte, dem dritten Haus des Herzogs, das zumindest standesgemäß war. Es gab »keine Zeit zu verlieren, ihr das dringend anzuraten«, schrieb sie,

Opposition

»damit der *Oberste Ratgeber* [Bess] nicht andere Pläne durchsetzt.«[79] Auf Chatsworth konnte sie dem Ehepaar vielleicht dabei helfen, eine vernünftige Lösung zu finden, aber »ach, was kann ich als Vierte in einem Bunde erreichen, wo ich mindestens zweien von dreien zuviel bin. Wenn man *sie* loswürde, würde ich wirklich glauben, daß man alles, was passiert ist, wiedergutmachen kann und es allen Beteiligten nur nützen kann.«[80]

Die Diskussionen schleppten sich durch den November und bis in den Dezember hinein. »Die Unsicherheit bringt mich um«, gestand Georgiana.[81] George klagte über »enorme Hindernisse«, die im Weg standen: Entweder widersetzte sich Georgiana Bestandteilen der Vereinbarung, oder der Herzog, oder was häufiger vorkam, Bess. Während die Zeit voranschritt, verlor der Herzog zunehmend das Interesse und erwähnte eine Trennung immer seltener. Während dieser ganzen Tortur schämte sich Georgiana so sehr, daß ihr das plötzliche Schweigen ihrer Freundin kaum auffiel. Bess, die im Juni behauptet hatte, ihrer beider Herzen wären füreinander geschaffen, bot ihr nie an, sie zu begleiten, wohin sie auch gehen sollte: Wenn Georgiana in der Not gehen mußte, dann würde sie allein gehen müssen. Bess wunderte sich, daß Georgiana ihr nie Vorwürfe machte.

Am 29. Dezember schrieb Georgiana: »Meine Sache schreitet nur langsam voran.« Noch war nichts entschieden, aber der Druck, gehen zu müssen, ließ nach. Lady Bristol hatte mehrmals geschrieben, Bess solle sie besuchen, was jene nicht länger aufschieben konnte. Die Devonshires verließen Chatsworth zum gleichen Zeitpunkt. »Ich vermute, sie reisen deshalb über Milton, damit sie unterwegs zu ihnen stoßen kann, um mit ihnen in die Stadt zu fahren, aber das ist nur meine eigene böswillige Vermutung«, schrieb Lady Spencer.[82] Am letzten Tag des Jahres sah Georgianas Zukunft noch immer unsicher aus, aber nicht mehr so prekär wie zuvor. George erlaubte sich ein wenig Hoffnung: »Ruhe ist in einem gewissen Quartier eingekehrt, was ich vermutet hatte, wenn die Wucht des ersten Ansturmes einmal abgeflaut ist. Wie lange beides anhalten wird, läßt sich unmöglich vorhersehen, daß aber noch häufige Wechsel von einem zum anderen stattfinden werden, einzig dessen kann man gewiß sein.«[83]

Kapitel 11

Königin Bess

1787

Am vergangenen Montag feierte die Constitutional
Whig Grand Lodge of England beim Unerschrockenen
Fuchs in der Wardour Street in Soho ihr Jahresfest
in Erinnerung an die Landung des großen Befreiers
Wilhelm des Dritten ... Einer der Trinksprüche lautete:
»Auf das Hohe Haus Cavendish, Haupt- und Nebenlinie –
Möge niemand die Blüten der Freiheit zertreten und die
Ehre der Herzogin von Devonshire beschädigen ...«

MORNING HERALD, 8. NOVEMBER 1787

Der Herzog fühlte sich gekränkt. Er verlangte zwei Dinge von Georgiana: Sie sollte das Familienvermögen nicht verspielen und ihm einen Erben liefern, und weder zu dem einen, noch zu dem anderen schien sie in der Lage. Außerdem war er wütend, weil sie ihm ihre Schulden zwei Jahre lang verschwiegen hatte. Da er Unangenehmes lieber verdrängte, blieb ihr eine Wiederholung der Szenen auf Chatsworth erspart. »Er verhält sich ruhig«, schrieb sie, bis »ein zufälliges Ereignis, ein Brief usw., über den man reden oder nachdenken muß, die Angelegenheit wieder aufleben lassen.«[1] Weihnachten, drei Monte nach ihrem Geständnis, geriet die Einstellung des Herzogs gegenüber der vorgeschlagenen Trennung ins Wanken. Weder machte ihn seine Liebe zu Bess vollständig blind, noch war er Georgiana gegenüber so verbittert, daß er mit ansehen konnte, wie sie in aller Öffentlichkeit gedemütigt wurde. Obwohl er Bess' Gesellschaft vorzog, genoß er es, beide Frauen um sich zu haben, die um seine Aufmerksamkeit wetteiferten. Wenn sie zusammen waren, hielten sie sich mit ihren Marotten gegenseitig in Schach.

Bess fühlte sich hin und her gerissen: Sollte sie ihren Triumph über Georgiana vollenden oder sich für sie einsetzen? Wenn sie genügend Druck ausübte, konnte sie den Herzog eventuell dazu bringen, sich von Georgiana zu trennen. Aber sie konnte noch so sehr davon träumen, Georgianas Platz einzunehmen, sie wußte auch, daß sie ohne Georgiana weder in Devonshire House noch auf Chatsworth leben konnte. Ein Leben als anerkannte Mätresse des Herzogs wäre langweilig und vielen Einschränkungen unterworfen. Man würde sie zur Unperson erklären – von der feinen Gesellschaft verbannt und von Georgianas Freunden und Familie verachtet. Das war nicht das Leben, das Bess sich wünschte. Sie zögerte, bis Georgiana unwissentlich für sie entschied. Statt Bess wegen ihrer Illoyalität Vorwürfe zu machen, entschuldigte sie sich dafür, daß sie wegen ihrer Schulden gelogen hatte. Sie könne nur hoffen, erklärte ihr Georgiana, daß Bess sie wegen ihrer Torheit, mit der sie das Vermögen des »lieben Canis« verschleudert hatte, nicht verachten werde. Mit dieser Reaktion hatte Bess am wenigsten gerechnet. Georgiana etwas übelzunehmen fiel ihr wesentlich leichter, wenn sie die Zuneigung ihrer Freundin in Frage stellen konnte. Bess, die immer geglaubt hatte, daß sie ganz allein auf der Welt war, erkannte, daß sie in Georgiana eine Freundin hatte, die sie wahrhaft liebte. Infolgedessen wandelte sich ihr Verhalten gegenüber Georgiana allmählich. Georgianas naive Liebe weckte in Bess den Beschützerinstinkt: Sie verhielt sich mütterlich, sogar streng, und unternahm, trotz ihrer unverminderten Eifersucht, keine weiteren Versuche, ihr den Platz streitig zu machen. Über eine Trennung wurde nicht mehr gesprochen.

Der Herzog nahm Georgiana mit nach London, wo sie Sheridan engagierten, um ihnen bei der Lösung des Problems mit Martindale zu helfen. Sheridan, der einige Übung im Umgang mit lästigen Gläubigern besaß, sagte ihr, wie sie ihn abschütteln konnte. »Der Handel mit Martindale gelingt nur, wenn er nicht ahnt, daß ich beraten werde«, erklärte sie ihrer Mutter, »und deshalb muß ich die Sache beenden, indem ich mich mit ihm treffe.«[2] Sie hatte ihn überredet, sich mit 25.000 Pfund abzufinden, hoffte aber, daß er mit 6.000 Pfund zufrieden war. Sie trafen sich unter vier Augen, und Georgiana spielte ihre Rolle genau so, wie ihr gesagt worden war. Zu ihrer Überraschung glaubte er ihr die vorgetäuschte Unschuld und Ratlosigkeit, und erklärte sich mit der geringeren Summe einverstanden. (Georgiana wurde ihn aber nie endgültig los.

Von Zeit zu Zeit forderte und erhielt er »Schweigegeld« von ihr.) Mit
der Lösung dieser entwürdigenden Episode kehrte wieder so etwas wie
Normalität in Devonshire House ein, auch wenn der Burgfriede trügerisch war: Georgiana lebte ständig in der Angst, den Herzog zu verärgern, und er mißtraute ihr inzwischen so sehr, daß sie bekannte: »Ich
wage nicht, den Herzog um irgend etwas anzugehen, noch ihm Grund
zu der Annahme zu geben, ich hätte einen eigenen Wunsch oder Vorstellung.«[3]

Der Herzog bestand auf bestimmten Bedingungen, bevor er seinen
Plan einer Trennung verwarf. Georgiana durfte sich nicht länger als nötig in London aufhalten, und ihr Einkommen sollte drastisch reduziert
werden, was nicht nur ihre Verschwendungssucht aufhalten könnte. Er
hatte außerdem mit Heaton vereinbart, das gesparte Geld darauf zu verwenden, einige Hausangestellte mehr in ihren Diensten zu behalten. Sie
mußten sich auf jeden Fall von einigem trennen, ein paar Pferde und
Kutschen verkaufen und alle Geldgeschäfte stoppen. »Wir sind in Not,
aber mit Vernunft werden wir es schaffen«, schrieb Georgiana zuversichtlich.[4] »Ich habe einen guten Anfang gemacht, indem ich alle Putzmacher usw. abbestellt habe, liebste Mutter, ich werde bei Ihnen sein,
wenn die Lotterie beginnt, und werde aber nur zwei Lose haben und keine besondere Nummer, auf die ich setze.«[5] Ihr vermindertes Einkommen störte sie nicht. Sie dachte, ein Leben in Bath oder auf dem Lande,
wo das Leben billiger und die modischen Ansprüche bescheidener waren, würde für Ausgleich sorgen. Auch der Herzog hatte vor, einige Monate ruhiger zu leben, bis Heaton ihre finanziellen Angelegenheiten geregelt hatte.

Georgiana hätte erleichtert sein müssen: Sie hatte ihre Fehler einge-
standen, und der Herzog hatte ihr vergeben. Als sie dem Herzog von
Martindale berichtete, hatte sie jedoch eine schreckliche und törichte
Lüge erzählt. Der Herzog hatte sie gefragt, ob sie noch irgendwelche
anderen Schulden habe, und sie hatte nur ein Fünftel der gesamten Summe zugegeben. Sie hatte damit ihre einzige Chance für ein Leben ohne
heimliche Sorgen vertan. Die schwierigen Schritte, die sie zur Beglei-
chung ihrer Schulden unternommen hatte, hätten ihr Erleichterung verschaffen müssen, statt dessen bildeten sie den Anfang neuer Sorgen.
Fortan würde sich ihr ganzer Einfallsreichtum darauf konzentrieren, die
Wahrheit vor dem Herzog zu verbergen, und, in geringerem Ausmaß,

vor Bess. Sie mußte ihre gesamte Energie darauf verwenden, sich die Gläubiger vom Leib zu halten.

Georgiana hatte aus ihrer Begegnung mit Martindale gelernt, glaubhaft aufzutreten. Die Leichtigkeit, mit der sie ihn um den Finger gewickelt hatte, zeigte ihr, daß sich diese Technik auch an anderer Stelle anwenden ließ. Ihre Freunde und Bekannten wurden zu einer potentiellen Geldquelle, die sie für Kredite und Geschenke schamlos ausnutzte. Mary Graham gehörte zu den ersten, die einen ihrer Bettelbriefe erhielt und ihr so viel gab, wie sie konnte, bis ihr Ehemann davon erfuhr. Aber es gab noch genug andere, von denen Georgiana einige kaum kannte, deren Snobismus eine notleidende Herzogin ausnutzen konnte. Der Erfinder Sir Richard Arkwright bereute seinen Entschluß bald, ihr mehrere tausend Pfund geliehen zu haben, als sie mit ihren Zahlungen in Rückstand geriet und ihn außerdem um ein weiteres Darlehen anbettelte. Im Januar 1788 schrieb er: »Ich schmeichelte mir mit der Hoffnung, daß sich alles nach Ihren Wünschen entwickelt hätte. Mit tiefstem Bedauern muß ich feststellen, daß ich mich geirrt habe ... Ich muß Ihre Gnaden außerdem darum ersuchen, mir mitzuteilen, ob ich mich darauf *verlassen darf*, daß alle übrigen Noten regelmäßig bezahlt werden ... Keiner lebenden Person gegenüber habe ich ein Wort verlauten lassen, das zu Mutmaßungen über eine Sache führen könnte, die Ihre Gnaden geheim zu halten wünschen.«[6] Die Geschichte blieb immer die gleiche: Sie war verzweifelt, sie brauchte das Geld, um sie vor unmittelbarer Bloßstellung und Ruin zu bewahren, und die Sache mußte geheim bleiben.

Glücklicherweise war Georgiana nicht allein. Fast alle ihre Freunde befanden sich in einer vergleichbaren Lage, sie waren Spieler und immer abgebrannt. Fitzpatrick, Hare, Sheridan, Fox und der Prinz von Wales, sie alle wurden permanent von Gläubigern gepeinigt. Keiner von ihnen hätte sie verurteilt, wenn sie gewußt hätten, wie weit Georgiana gehen mußte, um an Bargeld zu kommen – sie war nicht die erste im Umfeld des Devonshire House, die ihren Juwelier bitten mußte, die eine oder andere Preziose zurückzukaufen. Die meisten verließen sich auf die Bereitschaft desselben Bankiers, Thomas Coutts, dafür zu sorgen, daß sie flüssig waren. Der vorsichtige Schotte mit einer Vorliebe für Titel mochte die Gesellschaft der Banker nicht und hatte sich fest vorgenommen, zusammen mit seiner Frau, einer ehemaligen Hausgehilfin, in der kultivierten Gesellschaft des *ton* Fuß zu fassen. Er umwarb den Prinzen von Wales und seine Freunde bei den Whigs, weil er sich für die Zukunft lukrative Regierungsaufträge und soziale Aufstiegschancen für seine Töchter erhoffte. Er rechnete mit einer Entlohnung für seine Großzügigkeit, wenn der König, der jetzt Mitte Fünfzig und bei schlechter Gesundheit war, starb und Prinny die Thronfolge antrat. Coutts und Georgiana waren ein perfektes Team, da sie beide daran glaubten, daß sie mit Geld ihre Probleme lösen konnten.

Im März 1787 bat Georgiana Coutts, ihre privaten Bankgeschäfte zu übernehmen. »Nach äußerst kurzer Bekanntschaft, die Ihnen höchstens zur Kenntnis meiner Extravanganz verholfen hat, fühle ich mich ganz und gar nicht befugt, folgendes Anliegen an Sie heranzutragen, und dennoch wage ich bei Ihnen anzufragen und verspüre ... ein wenig Vertrauen, daß Sie mir behilflich sein werden.«[7] Sie deutete an, daß ohne seine Hilfe »meine Nöte mich ... wie ich fürchte, in den absoluten Ruin treiben würden.« Er fühlte sich äußerst geehrt, einer charmanten Dame dienlich zu sein, die bekannte, daß »ich in Geschäftsdingen so unwissend bin.«[8] Er willigte ein, ihre Rechnungen zu überwachen und ihr ohne Wissen des Herzogs zu ungesicherten Krediten zu verhelfen (ein riskantes und illegales Unternehmen), und glaubte, damit die Stellung des finanziellen Ratgebers zu übernehmen.[9] Dem Herzog von Devonshire unterbreitete er ein ähnliches Angebot, ohne seine Vereinbarungen mit Georgiana zu offenbaren, und lieh ihm 7.000 Pfund ohne Sicherheit und Frist.[10]

Coutts glaubte, er sei Georgianas einziger Bankier und hoffte, daß die persönliche Beziehung ihr ebenso wichtig sei wie die finanzielle. »Ich will gestehen, daß ich meinen Vorteil sehe«, schrieb er am 23. Mai 1787, »obwohl ich jeden Eigennutz in Abrede stelle, indem ich solches anstrebe, hoffe ich nämlich auf die Gelegenheit, mit Ihren Gnaden häufiger zu korrespondieren oder Sie zu sehen.«[11] Die Wahrheit war wesentlich komplizierter, als er glaubte: Georgiana hatte den Pariser Bankier, Graf Pérregeaux, zu einer ähnlichen Geschäftsbeziehung überreden können, um ihr dabei zu helfen, Schulden in Höhe von 40.000 bis 50.000 Pfund in Frankreich zu bewältigen. Sie wußte selbst nicht, wie hoch ihre Schulden insgesamt waren, und wollte es auch nicht wissen. Sie nannte jedem andere Summen, die für ganz unterschiedliche Schulden standen: Spielschulden, Anschaffungen, Geld, das sie von privaten Verleihern bekommen hatte, dazu Belastungen, die sie für andere auf sich genommen hatte. Lady Spencer glaubte, Georgiana hätte ein Einkommen von

1.000 Pfund pro Jahr, Coutts dachte, es wären 2.000 Pfund, wovon jedoch 500 Pfund pro Jahr für Verbindlichkeiten von bedürftigen Freunden und Verwandten abgingen, »die mich sehr arm machen, trotzdem
kann ich den Gedanken nicht ertragen, sie zurückzuweisen.«[12] Sie erzählte Coutts, der Herzog wisse von all ihren Schulden bis auf 4.500
Pfund, aber der Betrag lag näher bei 60.000, vielleicht sogar darüber. Als
erstes mußte sie ganz und gar aufhören zu spielen – Coutts bedrängte sie,
darüber nachzudenken, welches »Risiko Sie eingehen, um jene Leidenschaft zu befriedigen ... Ein Spieler fährt fort, in der vergeblichen Hoffnung, verlorene Summen zurückzugewinnen, bis er vielleicht alles verliert, was übrig ist, und damit alles, was ihm teuer ist.«[13]

Selbst wenn ihre Willenskraft so stark gewesen wäre wie der Wunsch,
sich zu ändern: Unüberwindbare Hindernisse lagen auf ihrem Weg. Die
Versuchung lauerte überall: Der Herzog hatte nicht vor, sein Kartenspiel
einzuschränken, und Lady Spencer hatte keine Bedenken, Georgiana gelegentlich zu einer kleinen Spielgesellschaft bei sich zu Hause einzuladen. »Obwohl sie ziemlich viel verloren hat, wenn man die geringen
Summen bedenkt, um die wir gespielt haben«, berichtete sie dem Herzog, »lag das nur daran, daß sie offensichtlich und unaufhaltsam Pech
hatte, und nicht etwa an den Einsätzen. Um dies zu belegen, kann ich als
ihre Partnerin vorbringen, daß ich die ganze Zeit nur einen einzigen
Robber im Wert von zwei Guineen beim Whist gewonnen habe.«[14] Georgiana behauptete Coutts gegenüber schamlos, daß sie wirklich aufgehört habe: »Ich versichere Ihnen, daß ich in der ganzen Saison nicht ein
einziges Mal *gespielt* habe ... Ich habe, was das Pharaospiel und die Lotterie angeht, einen heiligen Eid geleistet, den keine Versuchung brechen
kann.«[15] Trotzdem spielte sie beides heimlich, und nicht nur wegen des
Nervenkitzels, sondern auch in der vergeblichen Hoffnung, vor der
Coutts sie in seiner Predigt so beredt gewarnt hatte, einen Teil ihrer Verluste zurückzugewinnen.

Georgiana war mit ihrem Verhalten wieder einmal nicht allein. Harriet besaß in jeder Beziehung die gleiche Veranlagung, und war von beiden oft die enthusiastischere. Sie hatte ihre eigenen Gründe, warum sie
am Spieltisch Ablenkung suchte. Duncannon betrog sie, war unbere-
chenbar und traute seiner Frau überhaupt nicht. Er öffnete ihre gesamte
Korrespondenz und bestimmte, wann sie wen zu Besuch empfangen
durfte. Ihre Familie traute sich nicht einzugreifen, weil man fürchtete,

die Lage zu verschlimmern. Georgiana achtete darauf, daß ihre Briefe an Harriet oberflächlich und unpersönlich ausfielen – sie kommunizierten in heimlichen Nachrichten miteinander –, weshalb sie von Harriets letztem Problem mit Duncannon nichts wußte. George war es, der es rein zufällig entdeckte. Im Februar stattete er ihr wieder einmal einen heimlichen Besuch ab, als Duncannon nicht zu Hause war, und fand Harriet vor Angst weinend vor. Duncannon hatte ihr kurz mitgeteilt, er habe viel Geld beim Pharao verloren, und war gegangen. Das Geld mußte sofort zurückgezahlt werden, und Harriet sollte es auftreiben. Ähnlich wie der böse Sir William in *The Sylph* drohte Duncannon, daß sie es bereuen würde, wenn sie versagte.

»Harriet war ziemlich verzweifelt«, schrieb George später an Lady Spencer, »aus verständlichen Gründen, und sie wußte sehr genau, welche Konsequenzen sie zu erwarten hatte, wenn sie Duncannon enttäuschte.« Duncannon hatte ihr befohlen, niemandem davon zu erzählen, weshalb sie natürlich weder Freunde noch Verwandte um Hilfe bitten konnte. Unheilverkündend war er auf Ihre Mitgift zu sprechen gekommen – Georgianas Heldin Julia war so lange geschlagen worden, bis sie die ihre herausgab – und er brachte sie dazu, ihm das Geld zu überschreiben. Harriet war zu verängstigt, um sich zu weigern, hatte aber nach kurzem Überlegen hinzugefügt, daß ihr Bruder als ihr Vormund dazu sein Einverständnis geben müsse. »Ich weiß nicht, ob das stimmt oder nicht. Wenn ja, dann werde ich natürlich niemals zustimmen«, schrieb George.[16] Er wußte nicht, wie er seiner Schwester helfen sollte: Er konnte ihr das Geld nicht verweigern, trotzdem mißfiel ihm die Vorstellung, daß es ihrem tyrannischen Ehemann zufiel. »Ich kann nicht zuraten, Beistand oder Sicherheit zu bieten«, beschied Lady Spencer hartherzig. »In der Zukunft (wenn, wie ich fürchte, der früher oder später unvermeidliche Ruin es nötig macht), kann Hilfe außerordentlich nützlich sein, aber sonst nicht. Ich hoffe im Sinne der Kinder, daß nichts aufgegeben wird.«[17] Sie bedrängte George abzuwarten, bis Duncannon versprach, daß er zu spielen aufhöre, aber Georgiana und George nahmen sich aus Rücksicht auf Harriet der Sache an. Sie zahlten die Schulden selbst und hielten die Sache vor den Cavendishs geheim.

Im Mai 1787 traten Georgiana und Harriet einem Konsortium hinter einer neuen Pharao-Bank bei, dem auch der Prinz von Wales und der Herzog von Rutland angehörten. Georgiana mußte sich ihren Platz erkämpfen, weil sie kaum kreditwürdig war. »Die Herzogin von Devonshire steht bei allen Banken in der Schuld, mit denen sie je zu tun hatte; weshalb sie keinen Anspruch auf Kredite bei uns erheben kann«, entschied einer der Organisatoren, Daniel Pultney, bis er vor ihrer Beharrlichkeit kapitulierte.[18] Weder Georgiana noch Harriet konnten erwarten, daß die Operation in Gang kam, und sie gingen ihm mit ihren unaufhörlichen Fragen über den Stand der Pläne auf die Nerven. In der Zwischenzeit gaben sie das Geld aus, das sie für die Bank beiseite gelegt hatten.

> Das Pharao-Projekt, obwohl mit den Mitteln Ihrer Gnaden so wesentlich vorangetrieben, kann, wegen der Abwesenheit einiger städtischer Mitglieder der Gruppe, keinesfalls in diesem Sommer gestartet werden [schrieb Pultney an Rutland], obwohl einige unserer Verbündeten in Bath (die Herzogin von Devonshire und Lady Duncannon) in Wut geraten sind, weil wir Sir Watts Horton in ihrer Abwesenheit mit 500 Pfund eine Bank aus dem Boden stampfen ließen. Da ich kaum Anspruch auf größere Kenntnis der beiden Damen erheben kann, gelingt es mir nicht vorauszusehen, welche Hindernisse eben diesen Antragstellerinnen noch einfallen mögen. Ich weiß lediglich, daß es in ihrem wie in meinem Interesse liegt, und ... ihren Neigungen dient. Lady Duncannon hat 200 Pfund pro Jahr für 1.600 Pfund an einen Juden verkauft, vor circa sechs Wochen, und mir am nächsten Tag eine Banknote im Wert von 1.000 Pfund gezeigt, die sie für diese Subskription beiseite legen wollte, und nach drei Tagen war alles weg; obwohl das Geld für ihren Anteil an der Subskription leicht geborgt werden kann.[19]

Ein wehmütiger Brief von Georgiana an Bess, den sie irgendwann im Laufe des Jahres 1787 schrieb, offenbart, welches Ausmaß ihre Sucht inzwischen angenommen hatte. Außerdem zeigt der Brief, daß sich das Verhältnis der Kräfte seit 1782, als sie ihren glücklichen Sommer in Plympton verlebten, komplett umgekehrt hatte. Jetzt war es Georgiana, die sich verzweifelt an Bess klammerte, und sie notfalls sogar emotional erpreßte.

> Vielleicht ist dies das letzte Mal, daß Du mit mir sprichst oder mich liebst – ich bin wirklich Deiner und Canis nicht wert, und meine Leichtfertigkeit muß Dich heute schockieren, aber es gab keinen Mittelweg. Als ich Canis auf C[hatsworth] zum ersten Mal von allen meinen Schulden erzählte, hatte ich 500 Pfund beiseite gelegt, die ich in dieser Lotterie setzen wollte, in der Hoffnung, für ihn etwas Geld zurückzugewinnen. Mein guter Geist drängte mich häufig, es zu lassen, aber da ich zugesagt und das Geld für diesen Zweck in Bakers Hände übergeben hatte,

stand mein Entschluß ungewollt fest. Ich ging nach Newmarket und hinterließ eine Summe, in der Absicht aufzuhören – hatte aber ein Geldproblem mit Mr. Cater, das ich Dir erklären werde. Ach, gute Bess, ich habe weitergemacht und eine riesige Summe verloren. Ich wage nicht, Dir zu sagen, daß es 6.000 Pfund sind. Es ist Wahnsinn, und es steht mir nicht zu, weiter mit Canis zu leben. Aber was soll ich bloß tun? Du darfst ihm nichts davon erzählen – und Du wirst mir raten, was ich tun soll, wenn ich zurück bin – ob ich es ihm sagen soll oder nicht. Es könnte geregelt werden, ohne daß er je etwas davon erfährt. Du weißt, er *könnte* mir nie vergeben. Meine Bess, ich bin verzweifelt. Wäre Eyebrow [Fox] hier gewesen, hätte ich mich in seine Arme geworfen, um mit allem abzuschließen. Siehst du, wie sehr ich Canis in meiner abgöttischen Liebe benutzt habe. Es macht mir kaum noch Freude, meine Kinder anzusehen. Sag ihm nichts, bis ich zurückkomme – Ach Bess![20]

Bess konnte solch einem Appell nicht widerstehen. Niemand hatte sie bisher so sehr gebraucht oder ihr vertraut wie Georgiana. Trotzdem ließ sie sich nicht davon abhalten, sich ihren Lohn selbst zu nehmen. Unerbittlich riß sie die Grenzen zwischen ihnen ein, machte sich Georgianas Freunde, ihre Interessen, sogar die besseren Charakterzüge wie ihre Leidenschaft für die Künste zu eigen. Die kleine Caroline wird nirgendwo in der Korrespondenz erwähnt, es ist jedoch möglich, daß Bess Georgiana deren Existenz an dieser Stelle offenbarte – nachdem sie nun beide Devonshires in der Gewalt hatte, gab es keinen Grund mehr, die Vaterschaft des Kindes geheimzuhalten. Wie Georgiana darauf reagierte, findet sich nirgendwo in den Aufzeichnungen, trotzdem hatte sie schon lange aufgegeben, Forderungen an den Herzog zu stellen. Der Herzog seinerseits verzichtete nicht auf seine Ansprüche an seine Frau, was Bess irritierte. Er weigerte sich, eine monogame Beziehung zu Bess einzugehen, oder ihr in der Rangordnung die geforderte höhere Stellung einzuräumen. Daß er sie gelegentlich ziemlich brutal auf ihren Platz verwies, hielt sie davon ab, Selbstzufriedenheit zu zeigen: »Ich reise für eine Woche nach Tunbridge«, schrieb sie im August in ihr Tagebuch, »komme zurück und bin albern und launisch, weil sie zum Essen ausgegangen sind – habe aber sehr darunter gelitten, weil der H. mir dafür böse war. Wir haben uns in Chiswick wieder vertragen und seither nicht mehr miteinander gestritten – hatten dort eine schöne Woche.«[21] Sie vermißte außerdem ihre Söhne Augustus und Frederick, die immer noch bei ihrem Vater in Irland lebten, und versuchte von Zeit zu Zeit, sie zu sehen.

Georgianas Freunde akzeptierten, daß Bess immer dabei war, besonders Harriet, die im Gegensatz zum Rest der Familie wußte, wie sehr
Georgiana ihr vertraute. Bess war zu klug, Georgiana von ihrer Schwester entfremden zu wollen. Sehr früh hatte sie Harriet klar gemacht, daß
deren Beziehung zu Georgiana für sie unantastbar war, und im Gegenzug erfuhr sie Harriets stillschweigende Billigung. Durch ihre Beziehung zu Devonshire House stieg Bess' Ansehen in der Gesellschaft. Ihr
Name tauchte sogar in den Gesellschaftskolumnen auf, wenn auch sporadisch und immer hinter Georgianas. Als Georgiana zu Beginn der Saison nach London zurückkehrte (dieser Teil der Vereinbarung mit dem
Herzog war in Vergessenheit geraten), wich Bess nicht mehr von ihrer
Seite. In ihren Briefen umschrieb Bess ihre Erlebnisse immer mit »wir«:
»Montag haben wir bei Lady Beauchamp diniert – Dienstag die Oper
und meine Gesellschaft, und gestern frühstückten wir in Carlton House
und am Abend zu Lady Lucan, nach Ranelagh und Abendessen bei
d'Adhémar – heute abend [noch ein] Ball, und morgen zu Lady Hope-
toun ...«[22] Solcherart waren die Lustbarkeiten der Whig-Gesellschaft, so
daß am 1. Juli 1787 eine königliche Proklamation von Georg III. über
die Abschaffung der Lasterhaftigkeit und Förderung der Tugend einige
Heiterkeit hervorrief.[23]

Georgiana sah das einvernehmliche Verhältnis zwischen Bess und dem
Herzog und ersehnte etwas Ähnliches für sich selbst. Der Herzog von
Dorset konnte ihren Wunsch nicht erfüllen. Er hielt sich meistens in Paris auf, und sie mußten sich damit zufrieden geben, sich mehrmals in der
Woche zu schreiben. Auch liebte sie ihn nicht so sehr, die Beziehung erfüllte aber einen Zweck. Da die Whigs in jener Zeit nur sporadisch aktiv
wurden, engagierte sich Georgiana, von Dorset ermutigt, für die französische Hofpolitik. In einem Brief bat er sie, sich mit »Argus« (Sheridan)
in Verbindung zu setzen: Er sollte einige wohlmeinende Artikel über
Little Po im *Courier de l'Europe* unterbringen, die einer Flüsterkampagne
der Prinzessin de Lamballe zum Opfer gefallen war. Ihre Bemühungen
blieben nicht unbemerkt. Daniel Pultney berichtete dem Herzog von
Portland: »Zu den Neuigkeiten der vergangenen Woche zählte, daß Madame de Polignac bei der Königin von Frankreich in Ungnade gefallen
ist und in England erwartet wird, um einen weiblichen Widerstandspakt
zu schließen, ich vermute, mit der Herzogin von Devonshire.«[24] Als die
Polignacs gegen Ende des Frühjahrs eintrafen, hatte Georgiana ein

lückenloses Programm öffentlicher Auftritte organisiert, an dem nicht nur die Whigs, sondern auch Minister des Kabinetts teilnahmen, um ihre Reputation in Frankreich zu verbessern. Mit ziemlicher Sicherheit schrieb sie wegen Little Po auch an die Königin, aber die Briefe haben die Revolution nicht überlebt.

Dorset schmeichelte Georgiana mit seiner Offenheit, mit der er ihr seine wahren Ansichten über die Lage in Frankreich anvertraute. Als der Finanzminister, Alexandre de Calonne, und der Generaldirektor für Finanzen, Jacques Necker, im April 1787 abgesetzt wurden, nannte Dorset dies eine Katastrophe für die Stabilität Frankreichs. Er schrieb ihre Entlassung dem Stolz von Marie Antoinette zu. »Sicher haben Sie von der Verbannung von Necker und Calonne gehört«, schrieb er. »Was für eine schreckliche Regierung (unter Freunden) das ist ... jugés quel empire a Mrs. B. [Marie Antoinette] sur l'esprit de son mari [Wenn man bedenkt, welchen Einfluß Mrs. B. auf ihren Ehemann hat.]. Sie fürchtete um ihre Macht und ihren Einfluß und ist ihren Rivalen dans un clin d'oeil [im Handumdrehen] losgeworden.«[25] Einer intimen Freundschaft wie dieser, in der sie auch noch mit Hintergrundwissen aus der Politik versorgt wurde, konnte Georgiana nicht widerstehen. Sie erlag Dorsets Charme, obwohl sie wußte, daß er eitel war und manipulierte. Er ist »ein äußerst gefährlicher Mann«, hatte sie vor der Affäre geschrieben. »Denn bei all seiner Schönheit ist er so ungekünstelt und in seinen Manieren so einfach und überzeugend, daß man sich sehr leicht ausrechnen kann, wie viele Frauen sich schon in ihn verliebt haben.«[26] Horace Walpole verachtete ihn: »Liebenswert und angenehm von Gestalt ... Die Franzosen hätten keinen finden können, der sich besser zum Narren machen läßt.«[27]

Lady Spencer fürchtete so sehr, sie könnte eine oder beide Töchter in einer skandalösen Entführung verlieren, daß sie hinter den harmlosesten Situationen heimliche Treffen vermutete. »Vermutlich meinen Sie Wyndham und den H. von Dorset«, antwortete Georgiana ungehalten auf die Anschuldigungen in ihren Briefen. »Ersterer befindet sich bei der Jagd und könnte sie nirgendwo außer hier treffen, der andere ist in Paris.«[28] Aber nicht nur Lady Spencer fürchtete, Georgiana könnte sich auf einen derart gefährlichen Flirt einlassen. Lady Melbourne war der gleichen Meinung und erinnerte Georgiana daran, daß Dorsets indiskrete Kommentare über seine Affäre mit Lady Derby dazu geführt hatten, daß deren Situation untragbar wurde und ihr gar nichts anderes übrig geblieben war, als zu flüchten. Lady Melbournes Warnung besaß immerhin soviel Gewicht, daß Georgiana erwog, ihre Affäre zu beenden. »Pride [der Herzog von Dorset] kommt hierher«, gestand sie Lady Melbourne. »Ich konnte nichts daran ändern, aber meine Mutter, die davon weiß, ist jetzt entschlossen, dafür zu sorgen, daß er *nichts mitzuteilen hat*. Unabhängig von ihrem Standpunkt, und sie hat absolut recht, werde ich jedenfalls auf der Hut sein und wäre es ohnehin gewesen.«[29] Doch, wie bei ihrer Spielleidenschaft, entsprachen Georgianas Worte nicht ihren Taten.

Kapitel 12

Ménage à trois

1788

Die Schönheitengalerie verzeichnet eine nicht
unerhebliche Neuerwerbung in Form der
wunderschönen Porträts der Herzogin von Devonshire,
Lady Duncannons und Lady Elizabeth Fosters.

MORNING POST, *29. MÄRZ 1788*

Bess entschied sich, den Sommer über in London zu bleiben, die Devonshires begaben sich nach Chatsworth. Lady Spencer nutzte Bess' Abwesenheit, bis Mitte Oktober mit ihnen zusammen zu bleiben. Der Herzog von Dorset war in Paris, und ausnahmsweise fand Lady Spencer während ihres Aufenthalts wenig Grund zur Kritik. Sie berichtete George, daß Georgiana sehr viel »ruhiger war und daß es ihr besser« gehe als im Jahr zuvor und daß sich keine Wiederholung ihrer »nervösen Symptome« zeige. Aber der Gedanke nagte in ihr, daß Bess in London nur darauf wartete, daß sie wieder abreisen würde: »Ich glaube, sie wird ihre Zeit nach meiner richten«, schrieb sie.[1] Doch hier irrte sie; es gab einen ganz anderen Grund für Bess' Aufschub:

> Der Herzog von Richmond ist so verliebt in Lady Elizabeth Foster [schrieb Lady Augusta Murray gehässig], daß man sagt, er habe sich lächerlich gemacht, und dieser Vernarrtheit verdankt Lord Hervey seine neue Anstellung. Der Herzog von Devonshire ist nicht mehr so geplagt. Lady Spencer ist sehr erzürnt, und Lady Jersey sagt, daß sie nicht versteht, wie solch eine Lappalie ihre Witwenschaft dermaßen aufwühlen konnte, da sie doch selbst Lord Harcourt und Lord Jersey nebeneinander hatte.[2]

Die Reue, die Bess seinerzeit in ihrem Tagebuch über den Herzog von Dorset geäußert hatte (»Wie konnte ich es nur zulassen, daß der Herzog von Dorset sich in mich verliebte, mich für tugendhaft hielt! Ich werde ihm schreiben, daß ich seine Liebe nicht verdiene«),[3] hatte sie nicht daran gehindert, den Herzog von Richmond zu ködern, der sich prompt in sie verliebte. Er schien die ideale Wahl – eine Art Versicherung. Er war in mittlerem Alter, kinderlos und lebte sein Leben unabhängig von dem der Herzogin, deren Gesundheit nicht zum Besten stand. Zudem hatte er wichtige Kontakte in der Regierung, und Bess' Bruder, Lord Hervey, benötigte irgendeine Art Anstellung, bevor seine Gläubiger ihn in Haft nehmen ließen. Der Herzog von Richmond verwendete sich für ihn bei Pitt wegen der freien Stelle des Botschafters in Florenz. Als er von seinem Erfolg erfuhr, schrieb er sofort an Devonshire House, um Bess diese Neuigkeit mitzuteilen. Er hätte alles für sie getan, und ganz offensichtlich wußte sie sich seiner zu bedienen.

Da Bess' neuester Triumph allgemein bekannt geworden war, wunderten sich die Gäste in Chatsworth über ihr gedämpftes Verhalten, als sie gegen Ende Oktober eintraf. Für gewöhnlich nahm sie Sheridans neckische Anspielung über ihr besonderes Verhältnis zum Herzog von Devonshire gelassen hin, aber bei dieser Gelegenheit ließ sie ihren Unmut spüren. Als sie allein waren, offenbarte sie sich dem Herzog. »Er wollte kaum glauben, was ich ihm gegenüber angedeutet hatte und fragte nach, ob dem wirklich so sei. Ich bestätigte es.« Sie war wieder schwanger. »Wir litten unter dieser neuen großen Sorge«, schrieb Bess in ihrem Tagebuch: »Aber es tat mir gut zu fühlen, wie er zu mir hielt. Wie freundlich er zu mir war, wie beruhigend und liebenswürdig!«[4] Wieder einmal ging sie über einige wichtige Tatsachen einfach hinweg. Der Herzog wußte von ihrer Beziehung mit dem Herzog von Richmond, obwohl sie ihm gegenüber ihre Unschuld beteuerte und natürlich darauf bestand, daß das Baby unmöglich von Richmond sein konnte. Die gleichgültige Haltung des Herzogs dem Kind gegenüber läßt jedoch vermuten, daß er ihr nie ganz glaubte. Dieses Mal vertrauten sich die Liebenden Georgiana sofort an. Ihre Reaktion war genau, wie Bess sie erwartet hatte: Sie bestand darauf, Bess nach Frankreich zu begleiten, um ihr bei der Geburt beistehen zu können. Ohne Zweifel spielte bei ihrem Verlangen, mit Bess zusammen zu sein, auch die Aussicht, Dorset in Paris zu sehen, eine Rolle, aber Georgianas Anteilnahme war nichtsdestoweniger ehrlich. Es stand außer Frage, daß sie ihre Freundin liebte und außerdem ihre Gesellschaft der des Herzogs bei weitem vorzog.

Als Lady Spencer erfuhr, daß Georgiana Bess aus Gesundheitsgrün-
den ins Ausland brachte, vermutete sie richtig, daß Bess schwanger war,
aber auch, daß es der ausdrückliche Befehl des Herzogs war, daß seine
Frau seiner Geliebten während ihrer Entbindung beistand. Georgianas
Beteuerung, daß sie keinen anderen Grund für die Reise habe als den
Wunsch, ihre Freunde zu sehen, schürte ihr Mißtrauen nur. Sie warf
ihrer Tochter vor, nur nach Paris zu gehen, um mit dem Herzog von
Dorset zusammen zu sein, und wollte nichts von deren Protesten hören.
»Nichts kann [Georgianas und Harriets] liebevolle Zuwendung und
Aufmerksamkeit mir gegenüber übertreffen«, schrieb sie an George.
»Aber meine Gabe, uneingeschränkt zu vertrauen, ist sehr eingeschränkt, wenn sie mich nicht gar ganz verlassen hat, und nur vollkom-
menes Vertrauen würde meinen Rat wertvoll machen – ich kann sie nicht
weniger lieben, und da ich sie so liebe, bin ich nicht glücklich über sie.«[5]
Georgiana fügte sich widerstrebend ihrer Anweisung, in England zu
bleiben: »Da es Ihnen nicht genehm ist, auch wenn ich mich sehr danach
gesehnt habe und es, wie mir schien, in vieler Hinsicht wünschenswert
wäre, werde ich nicht fahren«, schrieb sie. »Ich gebe Ihnen mein Wort,
daß ich nicht gehen werde, es sei denn, der Herzog kann es irgendwie
möglich machen mitzukommen und zwar während der ganzen Zeit; was
nicht wahrscheinlich ist, fürchte ich ... Ich verstehe Ihre Gründe, liebste
Mutter; aber ich hegte die Hoffnung, daß meine Entscheidung, mich
nicht in die Nähe von Paris zu begeben, Ihre Befürchtungen zerstreuen
würde.«[6]
Lady Spencer machte Bess für die Entfremdung von Georgiana verantwortlich, aber ihre unentwegte Kritik und Einmischung waren ein
mindestens gleichwertiger Grund. Seitdem sie Witwe geworden war,
war sie weniger selbstsicher. Kurz vor ihrem Besuch in Chatsworth hatte
sie an einer kleinen Gesellschaft bei Harriet teilnehmen wollen: »Ich
kam beim Haus an, aber da befiel mich eine solche Panik, daß ich es
nicht betreten konnte«, vertraute sie George an. »Ich beginne langsam
zu fürchten, daß ich mich nie wieder in Gesellschaft aufhalten kann.«[7]
Zum Ausgleich für ihr abgeschiedenes Leben begegnete sie ihren Töchtern noch inquisitorischer und kritischer. Ihre tyrannische Haltung
machte den Briefwechsel eher zu einer Pflicht als zu einem Vergnügen.
»Ich hoffe, Ihnen wird es auf Chatsworth gut ergehen, weil ich hoffe,
daß Sie erkennen, daß ich mich mit *Umsicht* verhalte«, hatte Georgiana

auf den Besuch ihrer Mutter geschrieben. »Obwohl, so wage ich zu sagen, im Verlauf Ihres Besuches hier viele Männer erscheinen werden, von denen Sie vielleicht einige nicht mögen. Ich habe es aber lieber, daß Sie beobachten können, wie ich mich wohl verhalte, trotz der Gelegenheiten zu flirten, nicht, weil ich niemanden hätte.«[8]

»Ich weiß nicht, wie ich meine Trennung von Bess ertragen soll«, schrieb Georgiana am 10. Februar 1788. Die Devonshires begleiteten sie bis nach Dover und standen am Kai, während ihr Gepäck auf das Paketboot verladen wurde. »Oh, welch eine Bitterkeit, sie zurückzulassen«, vertraute Bess ihrem Tagebuch an, »aber er – seine letzte Umarmung – sein letzter Blick zogen meine Seele zu ihm hin ... Ich sehe ihn – er ist in meinem Herzen verwurzelt – diesem schuldigen Herz – oh, warum kann ich ihn nicht ohne Schuld lieben? Warum kann ich nicht die seine sein ohne Sünde?«[9]

Nach achtzehn Monaten eines Märchenlebens war sie nun plötzlich wieder in ihren gewöhnlichen Stand zurückversetzt: Lady Elizabeth Foster, Aufsteigerin, Kurtisane und mittellose Ehefrau eines irischen Parlamentsmitglieds. Dieses Mal konnte sie sich allerdings auf Georgiana verlassen, die die zuvor vom Herzog gezeigte Trägheit bei den Vorbereitungen für die Geburt wiedergutmachte. Bess reiste durch Frankreich, an der Seite des treuen Louis und ihres Dienstmädchens Lucille, bis sie am 15. Mai Rouen erreichte, ungefähr zur Zeit des vorgesehenen Geburtstermins.

Anstelle des schmuddeligen Bordells in Vietri gab es dort ein Appartement, »erträglich, aber zwischen einer schmalen, beengten Straße auf der einen Seite und einem stinkenden Hof auf der anderen«.[10]

Fast zwei Wochen geschah nichts. »Was wird der Herzog denken?« jammerte Bess. »Das ist der letzte Tag, an dem ich mit ihm zusammen war, und ich kehrte erst zurück, als ich zwei Monate schwanger war.«[11] Glücklicherweise setzten am 26. Mai die Wehen ein, gerade rechtzeitig, um die Frage der Vaterschaft offen zu lassen zwischen den Herzögen von Devonshire und Richmond. Nach drei Stunden brachte sie einen Jungen zur Welt, den sie Augustus (obwohl sie schon einen Sohn mit demselben Namen hatte) William James Clifford nannte. Sie hatte die Namen mit Bedacht ausgewählt: William war der Name seines Vaters, und Clifford war einer der Titel der Cavendishs. Nach ihrer Affäre mit Richmond war sie vielleicht mehr darauf bedacht, die Herkunft des Kindes festzulegen, als im Falle von Caroline Rosalie. Clifford, wie er Zeit seines Lebens genannt werden sollte, wurde bei einer anderen Familie untergebracht, während Bess Caroline von ihren Pflegeeltern abholte. Sie und der Herzog hatten schon entschieden, sie in Paris zusammen mit Charlotte Williams erziehen zu lassen. Dem Tagebuch vertraute Bess ihren geheimen Plan an, Caroline nach England hinüberbringen zu lassen und sie zusammen mit der kleinen Georgiana und der kleinen Harriet aufziehen zu lassen. Sie war sich noch nicht im klaren, wie sie dies bewerkstelligen sollte, zweifelte aber nicht daran, daß es ihr gelingen würde.

Während Bess in Frankreich war, blieben Georgiana und der Herzog in London und veranstalteten beinahe jeden Abend verschwenderische Gesellschaften. Sie kamen erstaunlich gut miteinander aus – tatsächlich besser als in den Jahren zuvor. Georgiana sorgte dafür, daß sie wenig Grund zum Streiten fanden, indem sie möglichst ihre weiter zunehmenden Schulden vor ihm verbarg. Sie versuchte durch Aufmerksamkeiten, die er normalerweise von Bess empfing, den Herzog für seinen Verlust zu entschädigen.

Er, seinerseits, stellte sich auf die Seite seiner Frau, als Lady Spencer Georgiana bedrängte, nach St. Albans zu kommen, da London zu viele Versuchungen biete. »Wenn sie sechs Wochen oder zwei Monate ohne offensichtliche Begründung in St. Albans bleibt«, antwortete der Herzog schließlich auf die insistierenden Briefe Lady Spencers, »könnte sie sich unbefriedigt und vernachlässigt fühlen, außerdem könnte es Gerüchte und Mutmaßungen in unseren Kreisen fördern, die wir besser vermeiden sollten.«[12] Lady Spencer war so überwältigt von seiner Besorgnis um seine Frau, daß sie das Thema nicht wieder zur Sprache brachte.

Am Tag nach Cliffords Geburt auf der anderen Seite des Kanals schilderte Lady Spencer George ihre Freude, Ehemann und Ehefrau so einvernehmlich zu sehen: »Diese ganze Vertrautheit, dieser leichte, gutgelaunte Ton und die unbelastete Zärtlichkeit, die sie in ihrem gesamten Verhalten zueinander an den Tag legen, seit ich hier bin, läßt mich um so mehr klagen, daß sie jemals ein anderes Leben führen, als sie es jetzt tun.«[13] Sie war enttäuscht, als sie hörte, daß die beiden planten, im Sommer nach Frankreich zu gehen, um Bess zu treffen. Allerdings irrte Lady Spencer, wenn sie hoffte, die Liebe zwischen beiden würde wieder aufflammen – keiner würde je den anderen wieder wirklich lieben. »Liebe

Bess, ich weiß, daß Du in Sicherheit bist und nicht *verletzt*«, schrieb Georgiana. »Schreib' an ihn allein, wenn Du nicht Zeit hast für uns beide.«[14]

Bess drängte sie, nach Frankreich zu kommen, aber es gab Hindernisse, die ihre Abreise verzögerten. Freunde vermuteten, daß sie ihre Reise aufgrund eines schweren Diebstahls im Devonshire House verschoben, den der Sohn eines ihrer vertrauenswürdigsten Dienstboten begangen hatte. In Wahrheit verdächtigten sie Duncannon, Harriet vergiften zu wollen. Seine Handlungen seien eindeutig eher von Angst als von Böswilligkeit geleitet, er wolle seine Frau nicht umbringen, aber sie sich unterwerfen. So lautete das Urteil von Mrs. Damer, die viel später einmal schrieb: »Zu einer Zeit, das weiß ich, hat sie wirklich gelitten und nahm diese schreckliche Medizin, aber das war vor einigen Jahren. Ihr Ehemann, der merkte, daß sie es wegen ihm und der üblen Gesellschaft, in der er sich befand, tat, gab ihr die Medikamente, und da er sich schämte und versuchte, alles zu verbergen, brachte er ihr Leben in Gefahr, indem er sie davon abhielt, geeigneten Rat zu suchen.«[15] Erst als Harriets Leben durch ihn wirklich in Gefahr war und die Ärzte wegen eines Notfalls gerufen werden mußten, kamen Duncannons Taten ans Tageslicht. Er hörte sofort auf, ihr Drogen zu verabreichen, aber die Devonshires verschoben ihren Frankreichbesuch vorsichtshalber auf das Frühjahr.

Der Herzog von Dorset war sehr verdrossen, hatte er doch viele Mühen auf sich genommen, um für sie ein Sommerhaus zu mieten und seine Abreise mit ihrem Besuch in Übereinstimmung zu bringen. »Die Geschäfte hier werden meine Abwesenheit nicht zulassen«, erwiderte er, als Georgiana vorschlug, daß er nach England kommen sollte. »Die Zeiten werden schlechter, und ich hoffe, man spürt jetzt, was dabei herauskommt, die Rebellion in anderen Ländern [das heißt Amerika] vorangetrieben und unterstützt zu haben, wo sie den Leuten beigebracht haben, für ihre Freiheiten zu kämpfen ... Ich bin außerordentlich besorgt um Mr. und Mrs. B. [Luwig XVI. und Marie Antoinette]. Letztere ist *erstaunlich* niedergeschlagen.«[16] Erst im Spätsommer schaffte er es, England zu besuchen, und inzwischen hatte Georgiana sich entschieden, die Affäre zu beenden. Dieser Schock machte aus dem weltmännischen Diplomaten eine traurige, erbarmungswürdige Gestalt. In der Sorge, daß seine offensichtliche Verzweiflung einen Skandal hervorrufen würde, riet Lady Melbourne Georgiana, ihm noch Hoffnung zu gestatten. Aber sie weigerte sich.

Wie gut und klug Deine Argumente auch immer sind, sie sind doch nicht stärker, als was mein eigenes Herz mir empfiehlt – und ich wünsche offen und ehrlich, daß Du es verstehst, wie ich es selbst tue. Als der Herzog von Dorset zurückkehrte, drückte er großen Unwillen aus angesichts des Eindrucks, daß ich ihn ohne von seiner Seite nachvollziehbaren Grund kalt und abweisend behandelt habe, wo er doch bereit gewesen sei, mir jeden Wunsch zu erfüllen, sich damit zufriedenzugeben, mich nur zu besuchen und nur in rein freundschaftlichem Verhältnis zu mir zu stehen. Er war besonders schockiert von der Vorstellung, daß ich ihm Chatsworth verbieten wollte, jetzt, da er mir zuliebe verzichte, was, so sagte er, das größte Opfer sei, das ein Mann mir bringen könne. Er hat sich an die Regeln gehalten, die ich ihm auferlegt habe, *fast*, nicht ganz, er kam mindestens zweimal am Tag, aber das ist schon überwunden, da er über Nacht in Windsor wohnt, weil ich ihm befohlen habe, *nicht* hierher zu kommen. Ich war guter Stimmung letzte Nacht, weil ich hoffte, es würde ohne weiteres Getöse weitergehen bis zu dem Zeitpunkt seiner Rückkehr ... So weit hatte ich am Mittwoch geschrieben. Heute ist Samstag – obwohl ich mich still verhalten habe, habe ich Wunder bewirkt. Ich habe ihm gesagt, daß ich ihn nicht vorziehe – ich habe ihn davon überzeugt, und er scheint sich wirklich mit mir gutstellen zu wollen. Ich bin mir sicher. Morgen fährt er ab und wird in den nächsten vierzehn Tagen nicht kommen ... Ich denke dennoch über meine Unvernunft nach.[17]

Widerstrebend akzeptierte Dorset, daß die Affäre vorbei war, obwohl Georgiana sich weigerte, ihm eine befriedigende Antwort über ihren plötzlichen Gefühlsumschwung zu geben. Nur Bess und vielleicht Harriet wußten, was Georgiana zur Trennung veranlaßt hatte: das Erscheinen eines aufstrebenden jungen Politikers namens Charles Grey im Devonshire House. Er war erst dreiundzwanzig Jahre alt, der älteste Sohn eines Generals aus einer Familie in Northumberland, die über einflußreiche Beziehungen verfügte. Georgiana hatte ihn schon kennengelernt, als er noch ein Schuljunge in Eton war, und hatte seine Eltern in Coxheath besucht. Inzwischen war er zu einem großen, hübschen jungen Mann aristokratischer Erscheinung herangewachsen, mit hoher Stirn, dichtem Haar, melancholischen, dunklen Augen und einer langen Nase. »Er hat dieses patrizische Vollblut-Aussehen, das ich so abgöttisch liebe,« bemerkte Lord Byron, als er ihn zum ersten Mal sah.

Grey hielt seine Antrittsrede im Unterhaus am 22. Februar 1787. Für Sir Gilbert Elliot war sie eloquent genug, um als »wirklich außergewöhnlich gut« gepriesen zu werden, »und auf diese Weise hat er jedermann die höchste Meinung sowohl von seinen Fähigkeiten als auch von seinem Charakters vermittelt ... Er behauptet, nicht Mitglied einer Partei zu sein, aber ich glaube, er ist uns eng verbunden.«[18] Wie üblich holte Georgiana ihn schnellstens in ihre Whig-Gemeinschaft, indem sie ihn mit Einladungen zu feinen, ausgewählten Dinners, auf denen er die Parteihonoratioren treffen konnte, köderte. Monatelang tolerierte sie seine Aufmerksamkeiten mit demselben freundlichen Amusement, das sie für ihre jüngeren Bewunderer übrig hatte – immerhin war sie sieben Jahre älter als er, und er schien kein Vergleich zu dem erfahrenen, bei den Frauen so erfolgreichen Botschafter in Paris zu sein.

Für Dorset sprach außerdem, daß er schon mehr als dreizehn Jahre mit Georgiana befreundet war. Er paßte gut in ihr Leben; er war selbstsicher, heiter und nicht ohne einen Hauch von Zynismus. Grey dagegen war geradezu gefährlich impulsiv, eitel und launisch. Ein Bekannter beschrieb ihn als »reizbar und eigensinnig ... immer verzagt und niedergeschlagen, es sei denn, er glaubt, er sitze auf dem Siegerpferd«, und »er dachte immer nur an sich«.[19] Seine stürmischen Liebesbezeugungen gegenüber Georgiana erschreckten und faszinierten sie. Sie beschwerte sich bei Bess, daß sie viel Spott ertragen müsse, »dafür, daß ich so gerne mit einem so jungen Mann rede«, aber am Ende verliebte sie sich doch in ihn.[20] Greys leidenschaftliche und stürmische Liebeserklärungen sprachen ihre romantische Ader an. Der Gedanke daran, daß Georgiana mit ihren Liebhabern jonglierte, beschwichtigte zweifellos Bess' Gewissen, und heimlich ermutigte sie Grey's Werben. Aus Anlass seiner ersten größeren Rede schrieb sie an Georgiana: »Ich vermute, Du bist in der Stadt; und der große Auftritt des armen Black [Charles Grey] ist nun vorbei, und er ist entweder sehr glücklich oder sehr traurig – die anderen sind Veteranen und, so glaube ich, haben so gut wie nichts gemerkt.«[21] 1788 war Georgiana mehr von ihm verzaubert, als sie zugeben mochte. Grey war in London – Dorset gegenüber ein großer Vorteil – und nur in Georgiana verliebt, während sie ganz sicher wußte, daß Dorset sich mehrere Frauen hielt.

Während Bess' Abwesenheit gab es in Westminster eine Nachwahl. Georgiana hatte nicht die geringste Lust, sich noch einmal einer landesweiten öffentlichen Attacke auf ihre Person auszusetzen, und blieb zu Hause, während Harriet die Werbekampagne unterstützte. Dennoch nahm sie an allen Strategietreffen in Devonshire House teil und kämpfte so aus der zweiten Reihe mit. »Wir hatten heute einen Vorsprung von 236, insgesamt haben wir 454, und ich hoffe, daß heute abend eine sehr populäre Versammlung über die Geschäftssteuern unseren Erfolg sichern wird ... Ich hoffe, unsere Freunde werden in ihren Anstrengungen nicht nachlassen,« berichtete sie am 29. Juli ihrer Mutter.[22] Sie hatte für einen großen Coup gesorgt, indem sie den Herzog von Bedford überredete, dem Parteifond wesentlich mehr Geld zu spenden, als er ursprünglich beabsichtigt hatte. »Er ist wunderbar bei der Sache«, schrieb sie nach ihrem Erfolg. Lavinia informierte George:

> »Sie sah wohl aus und gesund, aber ist so gewöhnlich, daß ich sie kaum wiedererkannte. Sie sagt, *sie* werden sicher die Wahl gewinnen, aber es wird *uns* eine Menge kosten. Der Herzog von Bedford hat nun schließlich ... 3.000 gespendet ... Bestochen wird schlimmer als je zuvor, und genauso schlimm sind Aufstände und Ausschreitungen – ein Blutvergießen, wie ich es nie vorher erlebt habe. Deine Schwester, die Herzogin, beteiligt sich nicht an der Wahlkampagne, und ich kann nicht umhin zu sagen, daß ich darüber sehr froh bin. Aber Lady Duncannon ist sehr eifrig bei der Sache – sie ist den ganzen Tag lang beschäftigt und hat der Partei unendlich viel Gutes getan. Lady G. Cavendish und Mrs. Stanhope sind auch wunderbar engagiert.«[23]

Eine andere Korrespondentin, Miss Lloyd, beschrieb Georgianas Bemühungen hinter der Bühne:

> Alle Informationen verdanke ich der Herzogin von Devonshire, die einmal in der Woche zum Dinner kommt, und von der ich annehme, daß sie uns nicht die ganze Wahrheit erzählt, aber was wir von ihr hören, ist schlimm genug. Sie ist nicht wie beim letzten Mal an der Wahlkampagne auf der Straße beteiligt, sie schreibt aber ungefähr fünfzig Briefe und sieht mindestens fünfzig Leute pro Tag. Abends treffen sich die Köpfe der Partei in Devonshire House und soupieren dort, und sie sind so guter Dinge und bei der Sache, daß sie mehr als zufrieden ist ...[24]

Fox und Lord John Townshend schlugen die Opposition mit einer überzeugenden Mehrheit, und wieder einmal organisierten die Whigs einen Marsch ihrer Anhänger von Covent Garden bis Pall Mall. Eine Prozession von einhundertzwanzig Kutschen, eingeschlossen die Staatskarossen der Herzoginnen von Devonshire und Portland, rollte bis Charing Cross hinunter. Zweihundert Whigs zu Pferde, alle blau und hellbraun gekleidet, folgten unter der Führung von Lord Galway. Die Wähler marschierten hinterher und trugen die üblichen Banner: HEIL DEM WEIBLICHEN PATRIOTISMUS und WEG MIT DEM MARINE-JUDAS, womit der geschlagene Pitt-Kandidat Admiral Lord Hood gemeint war. Allerdings waren keine Frauen anwesend. Als Fox und Sheridan vom Balkon des Devonshire House zur Menge sprachen, blieb Georgiana in den Innenräumen und ignorierte Rufe, die nach ihrem Erscheinen verlangten. Lavinia saß mit ihr im Wohnzimmer und paßte auf, daß es dabei blieb.

Kurz danach kam Bess aus Frankreich zurück. Obwohl sie in ihrem Tagebuch geschrieben hatte, »Ich werde aufhören, in Unehre mit ihm zu leben«, nahm sie ihren Platz als zweite Frau des Herzogs wieder ein, kaum daß sie zurückgekehrt war.[25] Ihre ständige Anwesenheit im Devonshire House trieb einen Keil zwischen Georgiana und ihre Mutter. Lady Spencer hatte im Jahr zuvor, 1787, George enthüllt, daß »G. Wert darauf legt, daß ich ihn im D. House erscheine, aber ich habe einen unüberwindlichen Widerwillen, unter demselben Dach zu leben wie *das Hindernis*, weil ich dadurch, so glaube ich, diese unverständliche Verbindung in gewisser Weise sanktionieren würde ... Ich kann das Haus Eures Onkels in der Bentinck Street haben, welches für Harriet bequemer gelegen ist und kann dann nach außen hin vorgeben, daß dies der Grund ist, warum ich es bevorzuge.[26] Sie fuhr fort, ihre schlechte Meinung von Bess öffentlich zu machen.

Lady Spencers Feindseligkeit verstörte Georgiana, die der Überzeugung war, daß sie ihre Sicherheit im Devonshire House Bess zu verdanken habe, denn wäre nicht Bess, hätte der Herzog sich schon längst von ihr getrennt. Es war bemerkenswert, wie sehr das Machtgleichgewicht innerhalb ihrer Beziehung sich zu Bess' Gunsten verändert hatte. Einstmals das »arme, kleine Ding«, war sie inzwischen Stütze der Ménage à trois geworden. Was sich nicht verändert hatte, war ihre zwanghafte Eifersucht auf Georgiana. Bess' einzig und allein auf sie gerichtete Aufmerksamkeit war aber auch der Grund für ihre dauerhafte Anziehungskraft auf Georgiana. Ihre Sehnsucht nach Aufmerksamkeit war so grenzenlos, daß nur jemand wie Bess willens oder in der Lage war, sie zu stillen. Georgiana würde Bess so lange lieben, wie ihre Freundin sich ganz auf sie konzentrierte. Es war eine Liebe, die sie für Bess' andere Fehler blind machte. Sie konnte einfach nicht verstehen, warum Lady Spencer sie verabscheute.

Du weißt, wie sehr ich mich bemühe, Dich glücklich zu machen und dem Herzog meine Dankbarkeit für seine gleichbleibende Aufmerksamkeit mir gegenüber zu zeigen [schrieb Lady Spencer im August 1788, nachdem sie wieder einmal eine Beschwerde von Georgiana erhalten hatte]. Ich vermeide immer, Lady E. F. zu erwähnen, und falls jemand unklug genug ist, sie mir gegenüber zu erwähnen, bemühe ich mich, eine Antwort in dem Sinne zu geben, daß ich nicht willens bin, das Thema anzuschneiden. Mein Verhalten war nicht vorsätzlich, es ergab sich in Chatsworth aus meinen eigenen Gefühlen bei Szenen, die ich unglücklicherweise miterleben mußte, und da ich kaum Gewalt über mich habe, wenn ich so tief betroffen bin, halte ich es für besser, alle Gelegenheiten zu meiden, wo ich mich so verhalten könnte, daß es uns allen mißfallen müßte. Ich versuche natürlich, mich Lady E. F. gegenüber höflich und zuvorkommend zu zeigen, und ich hoffe, besonders in letzter Zeit habe ich dies auch getan.[27]

Aber noch Monate mußte Georgiana bitten, bevor Lady Spencer einigermaßen steif schrieb, daß Bess »irgendwann einmal« nach St. Albans kommen könne. Georgianas Dankbarkeit für diese winzige Konzession war erbärmlich: »Ich liebe Sie, liebste Mutter, als meine angebetete Mutter, wie eine liebste Freundin, auch kann ich die Freude kaum ausdrücken, die es mir machen würde, wenn wir irgendeines Tages in der nächsten Woche für einen Abend kommen dürften ... Ich täusche Sie nicht, wenn ich versichere, daß der [Herzog] Sie mit der ganzen Zuneigung eines Sohnes liebt«, log sie. »Ich würde nicht so drängen, wenn ich nicht alle Vorzüge [von Bess] kennen würde, und wenn ich mir ihrer Tugenden nicht ebenso sicher wäre wie meiner eigenen.«[28]

Besucher fanden die Atmosphäre auf Chatsworth harmonisch, wenn auch etwas exzentrisch. Bess' Beichte über ihre Schwangerschaft im Jahr zuvor hatte der Ménage à trois ein festes Muster aufgeprägt. Es war, als ob die zwei Frauen sich aufgrund ihres bizarren Verhältnisses abgesprochen hätten, sich ein irreales Leben zu schaffen, das nichts als Fantasie und Melodram war. Wenn Harriet dort war, schloss sie sich ihnen an und kippte das Gleichgewicht, so daß jedermann mitspielen mußte. James Hare schrieb eine milde Satire über das Leben auf Chatsworth, die er »Ein vernünftiger Tag auf dem Land« nannte:

Die Damen stehen zwischen ein und zwei Uhr auf – Frühstück in ihren eigenen Räumen, wegen der Bequemlichkeit, sich, während sie ihren Tee trinken, die Haare kämmen zu lassen. Zur selben Zeit wird für

die Hunde kaltes Fleisch hingestellt. Sie schicken sich Botschaften
oder (wenn die Zeit es zuläßt) schreiben einander Briefe, einfach nur,
um zu sagen »Liebste, wie geht es Dir«. Die übliche Antwort ist »So
wie Dir geht es mir Armen, da ich ganz alleine bin … Ich.« Diese zarte
Klage über Einsamkeit setzt das ganze Haus in Bewegung. Alle Damen laufen von einem Raum zum anderen, bis sie eine ausreichende
Zahl aufgetrieben haben, um sich unter die Männer zu wagen … Sie
schreiben mit größter Selbstverständlichkeit und passabler Genauigkeit lange Briefe über alle möglichen Themen und an jegliche Art
Briefpartner, stehen, laufen und rennen herum, ohne jemals im mindesten ihre Konversation zu unterbrechen, die auf Chatsworth nie
über ein Geflüster hinausgeht … Sie beginnen vorsichtshalber ihre
Briefe alle mit den gleichen allgemeinen höflichen Anreden, die auf
jedermann zutreffen könnten, so wie »mein liebster, allerliebster, über
alles angebeteter Lord, ohne den ich nicht leben kann – Bess.«
… Wenn es inzwischen nahezu dunkel geworden ist und schneit oder
heftig friert, wird in der Regel ein kleiner Spaziergang vorgeschlagen.
Ich vergaß zu bemerken, daß die Ladys, wenn sie anfangs in einen
kleinen Raum mit großem Kaminfeuer kommen, von Pelzen und warmen Kleidungsstücken aller Art umhüllt sind, aber da diese schwere
»Ausstattung« ihre Leichtigkeit beim Laufen hindern könnte, werfen
sie sie ab und wählen leichtere Kleidung, bevor es sie hinaustreibt – so
etwas wie Gaze- oder Musselinschals, dünne Seidensandalen, die zusammen mit einem langen Stock mit einer Spitze am Ende (den sie
über die Schulter tragen oder in eines jeden Gentlemans Fuß bohren,
der die Ehre hat, sie zu begleiten) die Ausgehausstattung bilden. Das
Schimmern des Schnees im Mondlicht unter den Bäumen macht es
ihnen, wenn die Nacht klar ist, möglich, ohne große Mühe ihren Weg
in den Gartenanlagen zu finden.
… Wenn das Dinner ungefähr seit einer halben Stunde serviert ist, ziehen sie sich in der Regel zurück, um sich anzukleiden und treffen sich
dann entweder in den Räumen der Herzogin oder Lady E. F.s, um eine Viertelstunde lang gemütlich zu plaudern. Endlich betritt die weibliche Kohorte den Speisesaal. Es ist schwierig, ihre exakte Diät auszu-
machen, da sie je nach ihrer Gesundheit und ihren Launen wechselt …
Aus dem Lärm und Geschnatter nach dem Verlassen des Speisesaals
läßt sich schließen, daß sie einige Zeit im Salon bleiben, aber sobald
die Gentlemen herauskommen, um Tee oder Kaffee zu nehmen, zieht
sich jede der Ladys in ihre Räume zurück, um dort die Zeit totzuschla-
gen; da es nichts zu tun gibt, geht sie schlafen … Nach dem Aufwachen
treffen sie sich wieder in einem ihrer Gemächer, und zwischen elf und
zwölf ziehen sie sich in den Musikraum zurück und versammeln sich
um das Pianoforte, so daß jede abwechselnd das Vergnügen hat, sich

zu weigern zu singen oder zu spielen ... Gerade wenn [das Abendessen] hereingebracht wird, beeilt sich jede, mit den Amusements des Tages zu beginnen, und begibt sich zum Whist-, Chazz-, Backgammon-, Billardspielen, je nach Vorliebe. Bereits nach wenigen Stunden, wenn das Abendessen ausreichend abgekühlt ist, lädt der Herzog seine Freunde ein, sich an der heiteren Tafel niederzulassen; jedermann kämpft erbittert um einen Platz, besonders die, die gar nichts essen. Die Ladys nippen abwechselnd an Schlüsselblumenwein, Punsch oder Kirschsirup, stehen wieder auf und verbringen den Rest der Nacht in vertraulichen Gesprächen, zu denen sie sich in kleine Gruppen von zweien oder dreien aufteilen. Sie verlassen den Speisesaal und trennen sich für die Nacht, wenn die Hausmädchen beginnen, ihre Mops zu schwingen und dem Sonnenschein die Fensterläden zu öffnen.[29]

Unter den Sommergästen befand sich der in Unehren gefallene französische Minister Alexandre de Calonne, dessen Freundschaft mit den Polignacs ihm sein Entrée in die Gesellschaft in Devonshire House sicherte. George hielt ihn für einen »großen Schurken«, aber der spritzige Franzose hatte eine ihm Ebenbürtige in seiner Schwester gefunden. Er verliebte sich in Georgiana, die sie sich seine Schwäche zunutze machte, um für sich und Harriet Geld zu leihen. Dieses Extra-Einkommen schmälerte ihre Sorgen aber nur wenig; es gab immer noch keine Anzeichen für einen Erben. Die Cavendishs spielten während ihres Besuchs fast täglich auf dieses Unvermögen an. Sie selbst hatte mehr Grund als sie, auf einen Jungen zu hoffen, hörten sie doch nicht auf, ihr Vorwürfe zu machen. Durch die Ablehnung der Cavendishs fühlte sie sich wie eine Außenseiterin, die von der Familie ihres Mannes toleriert wurde, aber nicht willkommen war. »Ich glaube wirklich, es gibt nichts, das Chatsworth an Schönheit gleichkommt«, schrieb sie traurig, »obwohl ich einige Orte lieber mag. Ich glaube, wenn ich einen Sohn hätte, würde ich Chatsworth allem vorziehen; aber weil es nicht meinen Kindern gehört, habe ich das Gefühl, daß es auch nicht mein ist.«[30]

Kapitel 13

Die Regentschaftskrise

1788–1789

Die modebewußten Damen der Gesellschaft erschienen
am Samstag zu Ehren des Prinzen von Wales
mit einer neuen Kopfbedeckung in der Oper.
Sie bestand aus drei großen, weißen Federn,
zusammengehalten von einem Band, auf dem das Motto
des Prinzen geschrieben stand – ICH DIEN –,
und ist seit vielen Jahren der schicklichste Schmuck,
der die Damenwelt ziert.

MORNING POST, *17. FEBRUAR 1789*

An einem ruhigen Tag im Oktober 1788 wurde Dr. George Baker zum König gerufen und fand ihn schweißgebadet, vor entsetzlichen Schmerzen nicht in der Lage, aufrecht zu sitzen, zu stehen oder zu liegen. Jede Bewegung verursachte ihm unerträgliche Krämpfe in seinen Beinen und seinem Rücken. Der Arzt stellte fest, daß seine Augen gelb getrübt waren; eine Untersuchung seines Urins brachte eine Braunfärbung zutage, und immer wieder hatte der Patient Schaum vor dem Mund. Noch erschreckender als dieser rapide gesundheitliche Verfall des Königs waren die offensichtlichen Zeichen seiner psychischen Störung. Zeitweise war seine Sprache fast normal, dann wieder unverständlich, erregt, aufgewühlt. Auf plötzliche Wutanfälle folgte unkontrolliertes Plappern, stundenlang wiederholte er ein und denselben Satz. In den folgenden zwei Wochen wurde dem König die Verschlechterung seines Zustands durchaus bewußt, und in Momenten der Klarheit stieß er verzweifelte Hilferufe aus: »Wollte Gott, daß ich sterbe,« weinte er vor seinen entsetzten Kindern, »denn ich werde sonst verrückt.«[1] Selbst der

Prinz von Wales war so schockiert über den Zustand seines Vaters, daß er jeden Tag auf Windsor erschien, um seiner Mutter und den Schwestern beizustehen.

Natürlich fingen die Höflinge an zu tuscheln, erst nur untereinander und dann auch vor Familie und Freunden. Die Gerüchte zogen immer weitere Kreise, bis die Krankheit des Königs ein offenes Geheimnis war. Dr. Baker informierte Pitt am 22. Oktober, daß die Lage kritisch, auf der anderen Seite aber so rätselhaft sei, daß er weder eine Diagnose noch eine Prognose zu stellen wage. Die Zeitungen brachten Anspielungen, aber der Mangel an echten Neuigkeiten und das delikate Thema ließen die Berichte vage bleiben. Die *Morning Post* behauptete, der König leide an einer ungewöhnlichen Form von Wassersucht.[2] Um den Spekulationen über seinen Zustand Einhalt zu gebieten, unternahm der König einen heldenhaften Versuch, sich in der Öffentlichkeit zu zeigen, der aber seine Anfälle von Orientierungslosigkeit nur verschlimmerte. Er bestand darauf, einem Konzert beizuwohnen, aber kaum, daß die Musik einsetzte, brach er zum Entsetzen aller Anwesenden in spastische Zuckungen und sinnloses Gestammel aus. Die Königin und alle Höflinge verhielten sich, als ob nichts geschehen sei, was diese entsetzlichen Vorgänge zusätzlich in einem surrealen Licht erscheinen ließ. Nach diesem Vorfall steigerte sich das Geflüster zu lautem Stimmengewirr. Die Ratlosigkeit der Ärzte auf der einen und die königliche Etikette auf der anderen Seite setzten den Hof geradezu lahm, bis am 5. November während eines Abendessens der König plötzlich von seinem Stuhl aufsprang und auf den Prinzen von Wales losging. Vor den Augen der verstörten Familie und der Dienstboten rang er mit der Kraft des Wahnsinnigen mit ihm und schleuderte seinen Sohn mit dem Kopf gegen eine Wand. Einige Anwesende bemerkten, wie er sich anschließend herumdrehte und die Königin, die die ganze Zeit laut geschrien hatte, mit einem starren, fremden Blick ansah.

Am folgenden Tag befahl sie den Dienstboten, ihre persönlichen Gegenstände in ein anderes Schlafzimmer zu bringen. Am nachfolgenden Abend machte sich der König auf, sie zu suchen. Als er ihr bisheriges Schlafzimmer betrat, fand er dort Dr. Baker, den Prinzen von Wales und seine Brüder vor, und alle männlichen Mitglieder des Hofes drängten sich nervös an den Wänden. Der Anblick dieses stummen Chors hielt ihn für einen Moment auf, aber niemand wagte es, ihn anzusprechen. Dr. Baker deutete mit einer vorsichtigen Bewegung an, den König hinausgeleiten zu wollen. Der König geriet in Rage und jagte den Arzt in eine Ecke. Nach kurzem Zögern ging der Zweite Kammerherr der Königin geistesgegenwärtig auf den König zu und zog ihn von seinem zusammengekauerten Opfer weg. Georg III. ließ sich von ihm in sein Bett zurückbringen. Kurz danach nannte er »Mr. Pitt einen Schurken und Mr. Fox seinen Freund«.[3] Es bestand kein Zweifel mehr darüber, daß der König den Verstand verloren hatte.

*

Die Regentschaftskrise entwickelte sich wie ein Moralitätenspiel, in dem die Dummen bestraft und die Weisen und Bescheidenen belohnt werden. Es ist verständlich, warum sich Historiker und Dramatiker für sie interessieren – die Schwächen der Charaktere sind zeitlos lebendig: Pitts Kälte, Fox' Sorglosigkeit, Sheridans Falschheit, Greys Arroganz und die Selbstgefälligkeit des Prinzen von Wales.[4] Dank Georgianas Tagebüchern wissen wir, was hinter den Kulissen geschah. Ihr Augenzeugenbericht, niedergeschrieben als tägliches Journal für ihre Mutter – »Meine Briefe werden wie eine regelmäßig erscheinende Zeitung sein«, hatte sie versprochen –, ist und bleibt die am meisten zitierte Quelle dieser Periode.

Die Wahrheit über die Krankheit des Königs erfuhr Georgiana am 7. November, zwei Tage nach seiner Attacke auf den Prinzen von Wales. Fish Craufurd schrieb ihr einen eiligen Brief:

> Ich kann Ihnen überhaupt keinen wahrheitsgetreuen Eindruck von der Erkrankung des Königs geben. Niemand kennt die Wahrheit, aber mit Sicherheit ist er sehr krank, gefährlich krank ... Gestern wurde nach dem Kanzler geschickt, während er beim Dinner saß, und er kehrte erst heute morgen zurück. Warum nach ihm geschickt wurde und ob er den König wirklich sah, weiß ich nicht. Die Wahrheit ist, so glaube ich, daß der König sehr in seinem Verstand gestört ist ... Soviel ich weiß, hat der Prinz den Wunsch geäußert, daß nach Charles [Fox] geschickt wird, was eigentlich ein Geheimnis bleiben sollte, aber keins geblieben ist, denn ich hörte davon bei Brooks's.[5]

Georgiana kam am 20. November in London an und fand die Partei schon im Streit zwischen jenen, die abwarten wollten, bis Fox, der in Italien mit Mrs. Armistead Urlaub machte, zurückgekehrt wäre, und jenen, die ohne ihn die Initiative ergreifen wollten. Nomineller Führer der Whigs war der Herzog von Portland, aber wegen dessen zurückhaltender Art suchten die Parteimitglieder Fox' Führung. Einige der Männer, allen voran Sheridan und Grey, sahen in Fox' Abwesenheit eine Gelegenheit, ihre Autorität geltend zu machen. Die Rangeleien der jungen Prätendenten spaltete die Partei genau in dem Moment, als sie es am dringendsten nötig gehabt hätte, diszipliniert und entschlossen aufzutreten. Dem Gesetz nach würde – im Falle der Entmündigung des Königs – der Prinz von Wales (dessen ungesetzliche Eheschließung ein Geheimnis geblieben war) Regent werden. Die Regierung würde zurücktreten müssen, und der Regent hätte die Möglichkeit, ein neues Kabinett zusammenzustellen.

Der Machtkampf zwischen den beiden Parteien ähnelte dem vor der Wahl von 1784, aber viele Gesichter hatten sich in den vergangenen Jahren gewandelt. Zentrale Figuren der Whigs, unter ihnen der Herzog von Richmond, hatten die Partei verlassen und verkehrten nicht mehr in Devonshire House. An ihre Stelle traten jüngere, idealistischere Männer. Georgianas häufigste Besucher waren jetzt Charles Grey, Sheridan und der Herzog von Bedford, der neue Liebhaber von Lady Melbourne. Richard Sheridan wurde von vielen Mitgliedern der Partei eher mit Neid und Mißtrauen beäugt, als geachtet. Fox' Freunde sahen mit Verachtung, wie er vor dem Prinzen von Wales katzbuckelte und sich ihm für niedere Dienste anbot. Außerdem verstanden sie nicht, warum die Frauen ihn so attraktiv fanden, »hatte er doch ein rotes Gesicht und den wirrsten Ausdruck, den ich je gesehen habe«, sinnierte Sir Gilbert Elliot. »Er ist sehr geschickt und gibt sich große Mühe, gefällig zu sein, nur ist das nicht die angemessene Haltung für diese Situation, sondern reine Eitelkeit. Und er agiert nach den kompliziertesten Plots- und Unterplots, wie in einem spanischen Drama.«[6]

Obwohl er immer ein loyaler Freund gewesen war, durchschaute Georgiana ihn: »Ich möchte ihn keines Doppelspiels bezichtigen; tatsächlich hat er die Probe sogar der Armut bestanden, und ich bin überzeugt von der Ernsthaftigkeit seiner politischen Gefühle, aber er kann nicht widerstehen, ein allzu schlaues Spiel zu spielen.«[7] Während der Regentschaftskrise kam Sheridan jeden Tag ins Devonshire House, allerdings nicht um sie, sondern Harriet zu sehen: Sie hatten sich inzwischen auf eine Liebesbeziehung eingelassen.

Harriets Affäre mit Charles Wyndham war nicht die einzige geblieben, wie ein neckender Brief von Sheridan zeigt: »Lausche nicht Jacks Elegien, lächle nicht über F.s Epigramme und zittere nicht bei C. W.s Stirnrunzeln [gemeint sind Lord John Townsend, Richard Fitzpatrick und Charles Wyndham].«[8] Ihre Liebschaft begann, kurz nachdem er mit einer anderen Gastgeberin der Whig-Gesellschaft gebrochen hatte, Mrs. Crewe. Duncannon ahnte nichts, aber jeder andere wußte davon, eingeschlossen Sheridans Ehefrau und seine Schwester Betsy, die keine Gelegenheit ausließen, Harriet schlechtzumachen. Devonshire House, das schon so vielen Intrigen die Kulisse geliefert hatte, war für die beiden der günstigste Ort, um sich zu treffen, obwohl es für Sheridan auch Irritationen bedeutete. Er erkannte in Bess eine ebenbürtige Abenteurerin und konnte es nicht lassen, sie aufzuziehen. Sie reagierte auf seine neckischen Ergüsse ungehalten. Außerdem behagte es ihm nicht, dort so oft Charles Grey zu begegnen, da sie verbissene politische Rivalen waren. Sheridan war Grey bei Streitgesprächen zwar meistens überlegen, der wischte dies jedoch mit einem Lachen beiseite, um ihm zu verstehen zu geben, daß es unter seiner Würde sei, sich mit einem Stückeschreiber überhaupt auf eine Diskussion einzulassen.

Während Fox sich auf seinem Weg zurück aus Italien befand, ernannte Sheridan sich selbst zum Hauptverhandlungsführer in Vertretung des Prinzen, ein Schritt, der seinen politischen Stand gewaltig verbesserte und ihm zusätzlich die Befriedigung verschaffte, Grey die Stimmung zu verderben. Wenn er Grey bei den Dinners in Devonshire House düster über seinem Essen brüten sah, konnte er sich zur Genüge an diesem Anblick weiden. Seine Besessenheit, alle Trümpfe in der Hand zu halten, führte dazu, daß seine Treffen mit dem Prinzen immer im geheimen abgehalten wurden und außer ihm niemand das Ergebnis der Gespräche kannte. Dies machte ihn als Parteiführer unpopulär und schadete der Parteimoral, da es gegenseitige Verdächtigungen und Rivalitäten förderte. Georgiana beklagte sich, »daß er dem Vergnügen, allein zu spielen, nicht widerstehen kann, und so, zusätzlich zu seinem angeborenen Mangel an Urteilsfähigkeit und der Unfähigkeit, Ratschläge entgegenzunehmen,« ein doppeltes Spiel zu spielen schien. Auf der anderen Seite hatten die Whigs panische Angst, sich dem Prinzen zu entfremden, und wenn der Preis eines Postens der war, Sheridans egoistisches Gehabe in Kauf zu nehmen, hielten die meisten diesen Preis für gerechtfertigt.

Fox erreichte England am 24. November nach einer halsbrecherischen Reise von tausend Meilen in neun Tagen. Er hatte sich unterwegs die Ruhr zugezogen und war nicht in der Lage, irgendwelchen Versammlungen beizuwohnen. Seine Anhänger hatten erwartet, daß er Sheridans Pläne vereitele, aber Fox' Gespräche mit dem Prinzen waren enttäuschend: Ihm wurde bewußt, daß Sheridan seinen Platz im Carlton House eingenommen hatte. In Voraussicht auf den zu erwartenden Regierungswechsel wurden schon Kabinettslisten erstellt, aber Fox war durch seine Krankheit zu geschwächt, um noch nennenswerten Einfluß auf Sheridan oder den Prinzen ausüben zu können.

Charles Grey war einer von denen, die sich in ihren Hoffnungen auf ein hohes Amt durch Sheridans Händel betrogen sahen. Von Sheridan instruiert, daß Grey einen hohen Posten erwarte, lobte der Prinz dessen Talente, nur um ihm danach den Tort anzutun, ihm ein völlig unbedeutendes Amt anzutragen.

Dem Herzog von Devonshire hingegen wurde freie Auswahl angeboten, aber er lehnte sofort jeden Posten ab. Vergeblich versuchten Georgiana und Bess, ihn zu einer Regierungsbeteiligung zu bewegen. Auch Lord John Cavendish zeigte sich störrisch allen Ämtern abgeneigt und wies die Kanzlerschaft zurück. Der Gedanke, daß in der neuen Regierung kein einziger Cavendish vertreten sein würde, verdroß Georgiana. Auch sie dachte, daß Grey sich in seinen Ambitionen überschätzte und unterstützte daher verstohlen Sheridans Bemühungen, seinen Enthusiasmus zu dämpfen. Es fiel ihr schwer, sich zwischen ihrem Liebhaber und der Familie ihres Mannes entscheiden zu müssen, aber die Politikerin in ihr besiegte die Romantikerin.

Georgiana ließ über ihre Verhandlungen mit dem Prinzen von Wales nicht viel verlauten: »Heute abend habe ich den Prinzen gesehen,« berichtete sie Lady Spencer am 4. Dezember. »Er sagte mir, er würde jegliche *Beschränkung* der Regentschaftsbefugnisse ablehnen, die ihnen erlauben würde, zu tun, was sie wollten.« Mehr sagte sie nicht, und Lady Spencer mußte die Wahrheit aus anderer Quelle erfahren: Während sie ihre Favoriten für bestimmte Posten in den Vordergrund schob, stritt Georgiana mit Sheridan auch noch darüber, wie der Prinz zu beraten sei. Ihre Mutter hatte gehört, daß im Gegensatz zu Sheridans Plan – daß der Prinz annehmen solle, welche Bedingung ihm das Pitt-Kabinett auch immer vorschlug, um sie dann, wenn er erst einmal an der Macht wäre, zu ignorieren – Georgiana empfahl, der Prinz solle darauf bestehen, die vollen Befugnisse des Regenten verliehen zu bekommen, nachträglich aber Großherzigkeit walten lassen. Sie fragte Georgina, ob es wahr sei, daß

> Du dem Prinzen geraten hast, nichts anzunehmen außer der alleinigen Regentschaft ohne jegliche Einschränkung, aber daß er, wenn er diese erst hätte, erklären solle, daß er zwar nach wie vor eine hohe Meinung von den früheren Freunden habe, er aber dennoch mit denen, die jetzt im Amt seien, zusammenarbeiten wolle, *für eine gewisse Zeit*, aus Rücksichtnahme auf den König und in Hoffnung auf seine Wiedergenesung. Es wird auch gesagt, daß dieser Rat so politisch wie gut war, denn er würde die Nation versöhnlich stimmen und die Macht der derzeitigen Regierung enorm schwächen, die sich, bevor der betreffende Termin nahe, auflösen würde. Und auch im Falle einer unerwarteten kurzfristigen Gesundung des Königs würde es der Nation die größte Konfusion ersparen.[9]

Sicherlich wäre solch ein Plan der diplomatischste gewesen, aber die Partei und der Prinz waren von der unmittelbaren Aussicht auf Macht zu sehr abgelenkt, um noch vernünftig denken zu können. Drei Wochen erzwungenen mustergültigen Verhaltens gegenüber seiner Familie hatten die Nerven des Prinzen bis zum Zerreißen angespannt. Abgestoßen las die Öffentlichkeit über seine nächtlichen Partys; man hatte ihn sogar in St. James's herumtorkeln sehen und ihn dabei angetroffen, als er obszöne Witze über seinen Vater rief. Wenn er bei Brooks's Karten spielte, sagte er »ich spiele den Wahnsinnigen«, das sollte heißen, den König. Nichts im Verhalten des Prinzen ließ erkennen, daß er für die Verantwortung des Regenten tauglich war, und die öffentliche Meinung schlug sich auf Pitts Seite. Die Opposition hingegen kümmerte sich nicht, und diese Selbstzufriedenheit war für das Verderben der Partei verantwortlich. Während die Whigs sich über die Ämterverteilung stritten, studierte Pitt sorgfältig die Möglichkeiten, die seiner Regierung offenstanden. Anders als von den Whigs erwartet, gab es einige komplizierte Fragen, die geklärt werden mußten, bevor der Prinz als Staatsoberhaupt eingesetzt werden konnte. Allen voran die der Möglichkeit, daß der König tatsächlich genas. Da die Mediziner dazu widersprüchlicher Meinung waren, stand es noch völlig im Ungewissen, welche Form die künftige Regentschaft annehmen sollte. Es wäre mehr als peinlich, wenn der König sich erholte und herausfinden würde, daß seine größten Feinde die Zeit seiner Krankheit genutzt hatten, sich an der Macht zu etablieren.

Als das Parlament am 10. Dezember zusammentraf, um die Angelegenheit zu besprechen, hatte sich Pitt mit einer Liste von Argumenten und Präzedenzfällen gerüstet, die bis zur Geisteskrankheit von Heinrich VI. im Jahre 1454 zurückdatierten. Sein Kabinett erwartete die Auflösung, unterstützte ihn aber dennoch geschlossen. Ganz anders die Hauptsprecher der Whigs: Sie sprachen kaum mehr miteinander. Es hatte kein einziges Treffen gegeben, bei dem alle Parteimitglieder anwesend gewesen waren, und nicht eine einzige verläßliche Strategie war entworfen worden. Pitt eröffnete die Debatte, indem er vorschlug, daß das Parlament ein Komitee erwählen solle, um die Präzedenzfälle zu untersuchen. Das Komitee solle innerhalb einer Woche über seine Ergebnisse berichten. Seine kühle Eloquenz und die unerschütterlichen Gründe, die er für den Aufschub der Entscheidung über die Regentschaft anführte, überzeugten das Haus. Fox sprang auf, um zu protestieren. Es war das erste Mal, daß er seit seiner Rückkehr aus Italien überhaupt seine Wohnung verlassen hatte; offensichtlich war er noch nicht wieder ganz gesund, und der Übereifer, vor versammeltem Haus zu beweisen, daß er immer noch der Leiter der Partei sei, trübte seine Klarsicht. Er hob an zu sprechen und versetzte seiner eigenen Partei einen der zerstörendsten Schläge, den sie je einstecken mußte. Pitt, sagte er, habe nicht das Recht, die Regentschaft auch nur um einen Tag aufzuschieben. Das Parlament habe nicht das Recht, Maßnahmen im Zusammenhang mit dem Prinzen von Wales zu debattieren, und außerdem spiele die Regierung nur auf Zeit. In diesen wenigen Minuten zerstörte Fox die Glaubwürdigkeit der Partei als Verteidigerin der parlamentarischen Rechte, und indem er so eindeutig für den Prinzen von Wales eintrat, degradierte er den bisherigen Kampf der Partei, die Macht der Krone zu begrenzen, bestenfalls zu einer Farce, im schlimmsten Fall zu infamer Ränke. Es gab nichts, das die folgenden Whig-Sprecher hätten tun können, um den Effekt von Fox' Rede zu mindern.[10]

»Die Partei wünschte, sie wären Charles Fox los, der unbesonnen und unklug war« berichtete Bess in ihrem Tagebuch. »Unterschiedliche Meinungen, Unsicherheit usw. gegenüber dem, was geschehen ist« hielt Georgiana fest. »Als Sheridan Charles anklagte, die Debatte über das *Recht* aufgebracht zu haben, sagte Charles, es sei immer besser, den Stier bei den Hörnern zu packen. Sheridan sagte ja, aber dazu hättest du ihn nicht erst ins Zimmer treiben müssen, damit du ihn bei den Hörnern packen kannst.« Sheridan war besonders verbittert über das, was er als Fox' Sabotage seiner eigenen Pläne ansah. Zwei Tage später jedoch beging er einen gleichermaßen verheerenden Fauxpas. Um Fox' Lapsus wiedergutzumachen, eröffnete er seine Rede zunächst mit versöhnlichen Worten, dann aber ging seine Streitlust mit ihm durch. Mehr oder weniger unverhohlen drohte er damit, was der Prinz seinen Gegnern antun könnte. Parlamentsmitglieder sprangen von ihren Plätzen, als sie dies hörten. »Ich kann mich nicht an einen ähnlichen Tumult erinnern wie den nach seiner Drohung, der Prinz könnte seine Rechte geltend machen«, schrieb ein Zeuge des Chaos.[11]

Die Whigs hatten jegliche Chance auf einen gemächlichen Übergang an die Macht zerstört, aber anstatt Pitts Beispiel zu folgen und sich auf Taktik zu konzentrieren, fuhren sie fort, sich über Posten zu streiten. »Große Verwirrung in den Arrangements« schrieb Georgiana am 12. Dezember. »Der Prinz hat Lord Sandwich das Amt des Marineministers versprochen, und sowohl der Herzog von Portland als auch Charles weigern sich für diesen Fall, irgend etwas mit dieser Sache zu tun zu haben.« Vier Tage später, immer noch in dieser Stimmung von Ränke und Mißtrauen, gingen die Whigs ins Parlament, um eine unbeschränkte und sofortige Regentschaft zu erkämpfen. Georgiana war ängstlich und beklommen zumute. Der Herzog von Richmond hatte Bess gegenüber frohlockt, »daß sie uns schlagen werden ... Pitt hat uns am Haken und dort will er uns behalten.« Während der Debatte war der Prinz bei ihr, »sehr aufgewühlt«, und ging schließlich, um sich irgendwo anders zu betrinken. Grey schickte ihr ständig Nachrichten über den Fortschritt der Debatte, aber das Resultat, als es schließlich um 4 Uhr morgens bekannt wurde, war dennoch ein Schock: Pitt hatte mit 268 zu 204 gewonnen. Georgiana hatte den ganzen Tag an heftigem Kopfweh gelitten, und die Nachricht, so sagte sie »machte es nicht besser«. »Fox' Erklärung über das Recht des Prinzen von Wales hat uns keinen schlechten Dienst erwiesen,« schrieb Pitts Cousin, William Grenville.[12]

Ein paar Tage später schickte Pitt dem Prinzen einen knappen Brief, in dem er die Einschränkungen aufzählte, die er ihm auferlegen würde: Der Prinz würde keine Macht haben, Adelswürden zu verleihen, und er konnte keine Pensionen aussetzen, oder Ehrentitel und königliche Anstellungen vergeben. Der Höhepunkt der Beleidigungen: Die Königin würde dem königlichen Haushalt vorstehen. Georgiana und ihre Freunde waren über diese harschen Konditionen entrüstet. Zu spät zog sich Sheridan nach Hause zurück, um genauer die Präzedenzfälle zu studieren. Aber es ging um mehr als nur um eine Frage des Aufholens. Pitt hatte seine Gegner richtig eingeschätzt: Er kannte ihre Schwächen und Stärken und aus ersteren schlug er taktischen Nutzen, während er sich nicht zu schade war, letztere abzukupfern. Zu den Stärken der Whigs gehörte eindeutig ihre Gerissenheit in psychologischer Kriegsführung – Georgianas Domäne. Seit Beginn der Krise hatte sie energisch die Taktiken angewendet, die 1784 so erfolgreich die Regierung demoralisiert hatten. »Die Ladys führen wie gewöhnlich alle Feindseligkeit an«, berichtete Lord Sydney Lord Cornwallis, »und unterscheiden sich durch Kappen, Bänder und andere Parteiabzeichen.« Georgiana hatte eine attraktive Kopfbedeckung entworfen, eine »Regentschafts-Kappe« mit drei schwungvollen Federn, basierend auf dem Wappen des Prinzen von Wales, in die am unteren Rand sein Motto »Ich dien« eingenäht war. Das hatte einigen Erfolg, aber diesmal war Pitt auf sie vorbereitet. Die Whigs mußten bestürzt feststellen, daß die Regierungsbänke durchweg mit den konstitutionellen Farben Blau und Rot überzogen waren, und außerdem – sehr zu ihrem Unwillen – die meisten Leute während öffentlicher Versammlungen Uniform trugen. Die Bewohner von Devonshire House schraken eines Morgens auf, als sie alle Wände des Hauses mit Flugblättern gepflastert fanden, die Fox und den Prinzen von Wales verspotteten.

Pitt erkannte, daß Georgiana in der Partei der Whigs eine wesentliche Funktion erfüllte, und machte sich begierig auf die Suche nach einem Äquivalent. Er hatte das Glück, eine Kandidatin zu finden, die sich selbst schon für den Posten angeboten hatte. »Es wird nicht das erste Mal sein, daß ein Mann von großem Verstand auf eine berechnende Frau hereinfällt«, schrieb Lady Mary Coke 1787 voller Abscheu, nachdem sie Jane, Herzogin von Gordon, Pitt hatte bearbeiten sehen: »Die Herzogin von Gordon ähnelt meiner Lady Bristol [die Mutter von Bess], sie gleicht ihr äußerlich, in ihrem Gehabe und Listenreichtum, und sie kennt keine Skrupel, um ihr Ziel zu erreichen – so eine Person kann nur gefährlich sein.«[13] Während der allgemeinen Wahlen 1780 hatte sie angeblich einen Anhänger von Lord Frederic Campbell gekidnappt, der in ihrem Bezirk Kandidat der Argylls war, und ihn während des Wahlkampfes in einem Keller eingesperrt, um so den Sitz für ihren Freund Captain Elphinstone zu sichern. Nachdem sie sich von ihrem Ehemann getrennt hatte, war die Herzogin von Gordon eine halb öffentliche Affäre mit Henry Dundas eingegangen, Pitt's bestem Freund und Hauptratgeber in politischen Dingen. Sie war reich, hübsch und in Streitgesprächen ein vernichtender Gegner. »Die Herzogin triumphiert auf männlichem Feld; laut ist ihre Rede und ihre Sätze sind obszön,« beschrieb sie ein geistreicher schottischer Zeitzeuge. Ihre Kritiker betrachteten sie als eine politische Harpyie, eine »gräßlich gewalttätige Frau«, nicht in der Lage, jenseits ihrer zwei Hauptziele zu handeln – die mächtigste politische Gastgeberin Londons zu werden und reiche Ehemänner für ihre fünf Töchter sichern.

In den vergangenen zwei Jahren hatte sie Georgiana schamlos nachgeahmt, indem sie ebenfalls regelmäßige politische Dinner für Pitt und Dundas hielt und besondere Versammlungen für die Tory-Anhänger organisierte, um ein Zusammengehörigkeitsgefühl als Partei in Konkurrenz zum Devonshire House zu etablieren. Ein Beobachter notierte, daß sie von »großer Hilfe für die jungen Männer war, indem sie für sie nächtliche Versammlungen in Pall Mall abhielt«.[14] Weniger erfolgreich war sie mit ihren Versuchen, eigene Entwürfe in der Modewelt zu lancieren. Ihre Kühnheit brachte ihr aber den Erfolg, den sie gesucht hatte: Im Juli 1787 berichtete der regierungsfreundliche *Morning Herald*, »die Herzogin von Gordon ist jetzt unter den Ladys, die am meisten in Mode sind.«[15] Nathaniel Wraxall hielt sie für »ihrer Rivalin weit unterlegen«, da ihr Georgianas Charme und Großzügigkeit fehlten, bemerkte aber, daß sie die Mängel ihrer Persönlichkeit mehr als wettmache durch ihre gnadenlose Unbarmherzigkeit. Selbst Dundas mußte vor ihrer Forderung kapitulieren, daß ihren Kandidaten in Schottland den Vorzug gegeben wurde. Kaum daß die Regentschafts-Debatten in Gang waren, zögerte sie nicht mehr, ihren Einfluß im Sinne der Regierung ausüben. Wraxall erinnert sich: »Sie agierte sogar als *Einpeitscherin* der Minister. Im Vertrauen auf ihren Rang, ihr Geschlecht und ihre persönliche Attraktivität erlaubte sie sich, nach Parlamentsmitgliedern schicken zu lassen, um sie zu befragen, um zu protestieren und jedes erdenkliche Mittel zu nutzen, sie in ihrer Regierungstreue zu bestärken.«[16]

Es besteht kein Zweifel daran, daß die Herzogin von Gordon für Pitt eine beträchtliche Hilfe war. Indem er sich ihrer bediente, erkannte er indirekt Georgianas Erfolg als Doyenne der Whig-Partei an und bestätigte, daß zumindest einige Damen die Fähigkeit besaßen, Männer zu leiten. Dies war ein weiteres Beispiel dafür, wie Pitt das Flair seiner Gegner mit seinem methodischen Geschick vereinte. Im Gegensatz dazu verspielten die Whigs ihren Vorsprung durch internes Gezänk; wie sollte es ein Einschwören auf die Parteilinie geben, wenn sich nicht einmal die Führung der Partei auf Inhalte einigen konnte? Der Lordkanzler teilte Sheridan offen mit, daß seine Parteigenossen Narren seien, Georgianas Talente zu vergeuden. »Er sagte, sie wäre eine mächtige, in der Tat sozusagen unwiderstehliche Advokatin gewesen.«[17] Laut Georgiana antwortete Sheridan, daß sie »Pläne gehabt hatten, sich meiner zu bedienen«, aber auch dies war eins der vielen Dinge, auf die sich die Parteiführer nicht einigen konnten.

»London ist zur Zeit wirklich der abstoßendste Ort, an dem ich mich je aufgehalten habe«, beschwerte sich Lavinia George gegenüber. »Die Partybesessenheit tobt, und die Leute sind alle so verabscheuungswürdig und absurd, daß in der Gesellschaft noch weniger Trost liegt als jemals zuvor.«[18] Die Herzogin von Gordon übertrumpfte Georgianas Partys mit bombastischen Bällen, neben denen die dürren Versammlungen der Whigs vergleichsweise bläßlich erschienen. Der Prinz von Wales bat die Herzogin von Gordon, einen Regentschafts-Hut zu tragen, woraufhin sie ihn rüde lachend zurechtwies und sagte, »eher würde sie sich hängen lassen.«[19] In der Zwischenzeit hatte sich die öffentliche Meinung Pitt zugewandt. Gegen Mitte Januar 1789 hatten über fünfundvierzig Städte öffentliche »Adressen« ans Parlament geschickt, in denen seine Führungskraft hoch gelobt wurde. Die Whigs bekämpften jegliche der Regentschaft auferlegte Einschränkung und verloren jede der Debatten. »Nichts außer Verrat geht vorwärts – Sheridan hört, daß Grey ihn hintergangen habe, und Grey wird von den anderen hintergangen«, schrieb Georgiana verzweifelnd am 11. Januar. Die Feindschaft zwischen Fox und Sheridan wurde von ihren Anhängern ausgefochten und zerstörte jegliche Hoffnung einer letzten Anstrengung gegen Pitt. Die Herzogin von Gordon lud Georgiana und Bess ein, sie zum Unterhaus zu begleiten, um den Debatten beizuwohnen, und versuchte gar nicht erst, ihre Genugtuung über deren Niedergeschlagenheit zu verbergen. Sie lehnten kurz angebunden ab.

Ende Januar stand zwischen den Whigs und ihrer endgültigen Schmach nur noch die Krankheit des Königs. Fox hatte aufgegeben, mit Sheridan und dem Prinzen von Wales zu kämpfen, und zog sich mit

Mrs. Armistead nach Bath zurück. Als klägliche Antwort auf die loyalen
Adressen, die sich auf Pitts Schreibtisch stapelten, versuchten die
Whigs eine öffentliche Adresse aus dem Bezirk Westminster zu organisieren. Aber Portland weigerte sich immer noch, mit Sheridan zu sprechen, Sheridan ignorierte Grey, Grey war immer noch im Streit mit
dem Prinzen von Wales, und Fitzpatrick, Loughborough, Craufurd
und Burke trugen ihre eigenen Streitereien aus, und so war das beste,
was die Partei auf die Beine stellen konnte, eine Petition, die durch verschiedene Pubs ging. Immer weniger Whigs ließen sich bei den Versammlungen in Devonshire House sehen, und dies trotz Georgianas
angestrengter Versuche, sie zur Teilnahme zu bewegen. Lord Malmesbury gehörte zu den Zauderern, die eine Aufforderung erhielten: »Bitte kommen sie morgen Abend jederzeit nach neun Uhr«, schrieb sie,
»Sie wären loyaler gewesen, wären Sie aus Ihrem eigenen Antrieb gekommen, ohne dazu aufgefordert zu werden. Ihre, immer, trotz allem,
D. Devonshire.«[20]

Die Regentschafts-Vorlage wurde am 12. Februar durch das Unterhaus verabschiedet; zu diesem Zeitpunkt konnte Pitt es sich leisten,
großherzig zu sein, und er akzeptierte Daniel Pultneys Vorschlag, daß
die Einschränkungen der Regentschaftsbefugnisse nach drei Jahren enden sollten. Eine Woche später, am neunzehnten, verkündeten offizielle
Bulletins, daß sich der Zustand des Königs bessere. Daraufhin vertagte
das Oberhaus die Regentschafts-Vorlage unter lautstarkem Jubel seitens
der Regierungsbänke. Die Pitt-Anhängerin Lady Stafford beschrieb die
Reaktion der Opposition:

> Bestürzung, Enttäuschung und Demütigung standen deutlich in ihren
> Gesichtern geschrieben, und am Abend konnten sie bei Versammlun-
> gen ihr unerwartetes Elend nicht verbergen. Ich glaube wirklich, es
> muß eine traurige Nachricht für sie gewesen sein, nachdem sie unterei-
> nander so lange über die Ämter gestritten hatten, angesichts der heran-
> nahenden Macht schon frohlockt und noch am Donnerstag verkündet
> hatten, daß sie zur Macht gelangen würden, und sei es auch nur für eine
> Woche, um diese stolze Administration zu demütigen und desto mehr
> seine Majestät zu quälen, wenn er die Regierung wieder aufnähme.[21]

Die Genesung des Königs befreite beide Seiten von dem Zwang, auch
nur den Schein von Höflichkeit aufrechtzuerhalten. Sheridans Schwester hielt fest, daß die Whigs eine Zielscheibe des öffentlichen Spottes

1 John, der erste Graf Spencer, Vater Georgianas, von Thomas Gainsborough, um 1763.

2 Margaret Georgiana, Gräfin Spencer, Mutter Georgianas, von Pompeo Batoni, um 1764.

3 Althorp House, Sitz der Familie Spencer. Der Historiker John Evelyn beschrieb Althorp im 17. Jahrhundert als ein »nobles Gebäude ... wie es sich für einen großen Fürsten geziemen würde«.

4 Lady Spencer mit Lady Georgiana Spencer, von Joshua Reynolds, um 1760.

5 George John Spencer, Viscount Althorp, mit seinen Schwestern Lady Georgiana und Lady Henrietta Frances (Harriet) Spencer, von Angelika Kauffmann, 1774. Das Bild entstand kurz vor Georgianas Hochzeit mit dem Herzog von Devonshire.

6 Chatsworth, Sitz der Devonshires. Horace Walpole bemerkte, es strahle eine düstere Größe aus. Lord Torrington nannte es »gemein und unbequem«.

7 Chatsworth, »Painted Hall«. Georgianas Sohn Hart, der sechste Herzog, ließ sie umgestalten. Seine »Verbesserungen« wurden 1912 rückgängig gemacht, die Ausstattung des 17. Jahrhunderts wiederhergestellt.

8 Georgiana, Herzogin von Devonshire, von Thomas Gainsborough, um 1785–1788.

9 William Cavendish, der fünfte Herzog von Devonshire, von Pompeo Batoni.

11 Marie Antoinette, Königin von
Frankreich, von Louis Cournerie.
Georgiana, war mit ihr befreundet.

10 Mary Graham, bekannt als die »schöne
Mrs. Graham«, Gemälde von Thomas
Gainsborough. Sie und Georgiana tausch-
ten leidenschaftliche Briefe.

12 Georgiana und Lady Elizabeth Foster,
von Jean-Urbain Guérin. Georgiana steht
im Vordergrund, ihre Hand auf Bess'
Schulter.

13 Lady Elizabeth »Bess«
Foster, von Joshua Reynolds,
1787. Bess lebte da bereits sechs
Jahre bei den Devonshires.

14 Lady Elizabeth Foster, von
Thomas Lawrence, 1802.

15 Blick auf Green Park von Devonshire House aus, von einem Maler der Englischen Schule, um 1760. Rechts Buckingham House, links Spencer House.

16 Georgiana, Herzogin von Devonshire und ihre Tochter Lady Georgiana Cavendish, genannt »Little G.«, von Joshua Reynolds, 1784.

A Hint to the Ladies to take Care of their HEADS.

17 »Ein Wink an die Ladys, auf ihren Kopf acht zu geben«, von Sayer, 1776. Eins von vielen satirischen Blättern auf den extravaganten Kopfputz Georgianas und ihrer Freundinnen.

18 Spencer House, Ansicht von Nordosten, Aquarellzeichnung, um 1780.

19 Spencer House, Nordseite, Photographie von 1942.

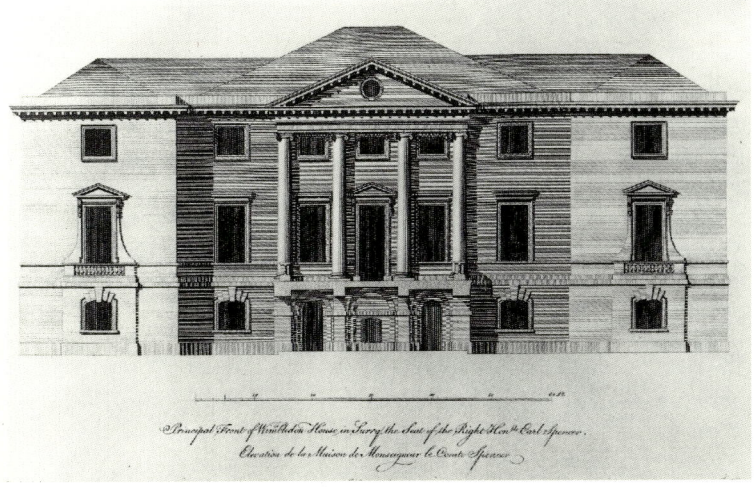

Principal Front of Wimbledon House in Surry the Seat of the Right Hon.ble Earl Spencer.
Elevation de la Maison de Monseigneur le Comte Spencer

20 Wimbledon Park House, Surrey, fertiggestellt 1732, im Besitz der Familie Spencer, erbaut nach Entwürfen von Roger Morris und des Grafen von Pembroke. Nach einem Brand in den 1780er Jahren wurde es nicht wieder aufgebaut.

21 Front des Devonshire House, um 1890. Das ursprüngliche Haus war 1733 abgebrannt. Der dritte Herzog von Devonshire beauftragte William Kent, es neu zu errichten. Kritiker bezeichneten das Haus als häßlich und schalten besonders die Mauer. Der sechste Herzog ließ den geschwungenen Treppenaufgang zum ersten Stock entfernen.

22 Georgiana im Alter von drei Jahren, von Joshua Reynolds.

23 Georgiana, von Richard Cosway.

24 Georgiana, von einem unbekannten Künstler.

25 Georgiana, von John Downman.

26 Augustus Frederick, der Prinz von Wales (1762–1830), später als Georg IV. König von England, von John Hoppner.

27 Charles James Fox (1749–1806), als junger Parlamentsabgeordneter, bevor er Führer der Whigs wurde, von John Powell nach Reynolds.

28 »Spieltisch im Devonshire House« von dem Karikaturisten Thomas Rowlandson. Georgiana wirft die Würfel, ihre Schwester Harriet nimmt gerade Geld aus der Börse.

Georgianas vier Kinder

29 Lady Georgiana »Little G.« Cavendish (1783–1858) und Lady Harriet »Harryo« Cavendish (1785–1862) als Kinder.

30 Harryo nach ihrer Eheschließung mit Lord Granville Levenson Gower 1809, von Thomas Barber.

31 Hartington, »Hart« (1790–1858), nachdem er 1811 sechster Herzog von Devonshire geworden war, von Thomas Lawrence.

32 Eliza Courtney (1792–1859), uneheliches Kind von Charles Grey.

33 William Pitt d. J. (1759–1806), von John Jackson nach Hoppner. Das Bild wurde erst nach Pitts Tod vollendet.

34 Charles, dritter Herzog von Richmond (1735–1806), von George Romney. Richmond war von 1796 an für vier Jahre Bess' Liebhaber.

35 Thomas Grenville (1755–1846), von Camille Manzini. Pitt überredete sowohl Grenville als auch Richmond, Fox im Stich zu lassen und seiner Regierung beizutreten.

33

34

35

36 Charles, zweiter Graf Grey (1764–1845), von James Northcote. Georgiana hatte ein Kind von ihm, Eliza Courtney.

37 Sir Philip Francis (1740–1818), von James Lonsdale, einer von Georgianas Bewunderern.

38 Lord Granville Levenson Gower (1773–1846), nach einem Bild von Thomas Lawrence. Harriet hatte zwei uneheliche Kinder von ihm.

39 John, dritter Herzog von Dorset (1745–1799), von Joshua Reynolds. Dorset war ein Liebhaber Georgianas, bevor sie Grey kennenlernte.

40 Lady Harriet Spencer (1761–1821), Georgianas Schwester, nachdem sie Lady Bessborough geworden war, von Joshua Reynolds.

41 Vermutlich Frederick, Lord Bessborough (1758–1844), Harriets Ehemann, nach einem Gemälde von Joshua Reynolds.

THE DEVONSHIRE, or Most Approved Method of Securing Votes

42 »Die Devonshire- oder meistgeschätze Methode, Stimmen zu sichern«, Karikatur von Thomas Rowlandson, die Harriet und Georgiana im Wahlkampf von 1784 zeigt.

43 Richard B. Sheridan (1715–1816),
Theaterschriftsteller und Politiker, von
John Hoppner.

44 James Hare (1749–1804) ein vertrau-
ter Freund Georgianas, nach einem Bild
von Joshua Reynolds.

45 Whig-Staatsmänner und ihre Freunde, von William Lane, um 1810. Von links
nach rechts: William, fünfter Herzog von Devonshire; Henry, dritter Lord Holland;
William, zweiter Graf Fitzwilliam; Büste von Charles James Fox; John, erster Lord
Crewe; Frederick, dritter Graf Bessborough; John, zweiter Graf von Upper Ossory;
Dudley Long North; General Richard Fitzpatrick; George, erster Marquis Cholmondeley; George, zweiter Marquis Townsend; Lord Robert Spencer; St. Andrew, drei-
zehnter Baron St. John.

46

47

48

46 Francis, fünfter
Herzog von Bedford
(1765–1802), einer der
Freunde Georgianas,
der ihr Geld lieh, von
John Hoppner.

47 Elizabeth, Vis-
countess Melbourne
(1752–1818), von
Thomas Phillips. Sie
war eine erfolgreiche
Whig-Gastgeberin,
bevor Georgiana er-
schien.

48 »Hexen um den
Kessel«, von Daniel
Gardner: rechts
Georgiana, links Lady
Melbourne und Mrs.
Dawson Damer.

49 George, zweiter Graf Spencer, von John Singleton Copley. Georgianas Bruder trägt die Robe des »Order of the Garter«, eine Ehre, die ihm 1799 in Anerkennung seiner Dienste als First Lord of the Admiralty zuteil wurde.

50 Das Unterhaus, von K. A. Hickel, 1793. Pitt hält eine Rede, Addington, der spätere Premierminister, sitzt auf dem Platz des Sprechers. Fox links in der zweiten Reihe mit Hut.

51 George Canning (1770–1827), ein Pitt-
Anhänger, nach Thomas Lawrence.

52 George Howard, Lord Morpeth,
sechster Graf Carlisle (1773–1848),
der Ehemann von »Little G.«, von
Henry Birch.

53 Südansicht von Schloß Howard, Sitz der Familie Carlisle, von William Marlow.

54 Der Ballsaal im Devonshire House, um 1920, kurz bevor das Haus verkauft wurde.

55 1925 rissen Stadtplaner Devonshire House ab, um Platz für einen Block mit Luxuswohnungen zu schaffen.

Duchess of Devonshire.

A Certain Dutchess kissing Old SWELTER-IN-GREASE the Butcher for his Vote O' Times! o' Manners! The Women Wear Breeches & the Men Petticoats

RAYFORD SCULP

56 »Eine gewisse Herzogin küßt den alten Swelter-in-Grease [Kocht-im-Fett], den Metzger, um seine Stimme zu bekommen«, April 1784. Eine der vielen Karikaturen von Georgiana, die ihr vorwarfen, Freundlichkeiten zu gewähren, um Stimmen zu erhalten.

57 »L'Assemblée Nationale: – oder – Großes Kooperationstreffen auf St. Ann's Hill«,
von James Gillray, 1804, zeigt einen Empfang bei Mr. und Mrs. Fox für Oppositions-
mitglieder. Die drei Grenville-Brüder – Lord Buckingham, Lord Grenville und
Thomas Grenville – verbeugen sich im Vordergrund vor Fox. Georgiana, Harriet und
ihr Bruder George, der zweite Graf Spencer, stehen hinter der sitzenden Mrs. Fox.
Georgiana trägt einen Fächer mit der Inschrift »Das Devonshire-Entzücken oder der
neue Koalitionstaumel«. Unter den Gästen ist links auch die Herzogin von Gordon,
die einen Schotten-Plaid um sich geschlungen hat. Mrs. Fitzherbert sitzt auf dem Sofa
und genießt die Aufmerksamkeit von Lord Carlisle.

wurden. Georgiana und ihre Freunde hielten tapfer bei einer Versammlung aus, die von Lady Buckinghamshire veranstaltet wurde, wo sie »angeschrien und ausgebuht« wurden durch die Damen der Gegenseite.[22] Georgiana veranstaltete einen Ball, er war ein Reinfall. Der Prinz machte die Sache noch schlimmer, als er in trunkenem Zustand Schlägereien in Londoner Clubs anzettelte; eines Nachts warfen ihn tatsächlich die Aufseher aus den Ranelagh Gardens. Zunächst reagierten die Whigs auf die Nachricht von der Genesung des Königs mit der Weigerung, den medizinischen Berichten Glauben zu schenken. Noch einen Monat später bestand Grey darauf, daß der König nicht bei Verstand sei und eine Regentschaft bevorstehe. Schritt für Schritt jedoch verdrängte die unbarmherzige Wahrheit ihre Träume. Die Whigs waren durch ihre Niederlage zum Schweigen gebracht, und ihre Betäubung wurde noch offensichtlicher angesichts der Freudentaumel rings um sie.

Nach einer kurzen Pause begannen die nationalen Feierlichkeiten mit der formellen Parlamentseröffnung am 10. März. Kutschen blockierten jede Straße und jede Durchfahrt, als die Menge sich staute, um einen ungehinderten Blick auf das Feuerwerk und die Illuminationen werfen zu können. Die Whigs, die sich tatsächlich herauswagten, taten dies anonym und drückten sich an Tausenden fähnchenschwenkender Bürger vorbei, die lauthals jubelten und sich gegenseitig in ungetrübter Freude in die Arme fielen. Eine Gruppe von Handwerkern entdeckte die Kutsche des Prinzen auf dem Weg nach Westminster und begann sarkastisch »God save the King« anzustimmen. William Elliot, der Zeuge dieses Vorfalls war, berichtete seiner Frau, daß zunächst der Prinz mit eingestimmt und gerufen habe »Lang lebe der König!«, aber als auch »Für immer Pitt!« erscholl, habe er gerufen »Für immer Fox«, was einen kleinen Aufstand zur Folge hatte: »Ein Mann riß die Kutschentür auf, und der Prinz versuchte, zwischen ihnen herauszuspringen, um sich selbst zu verteidigen; aber sein Bruder, der Herzog von York, hielt ihn mit einem Arm zurück und mit dem anderen traf er den Mann am Kopf und er befahl dem Kutscher weiterzufahren, welches dieser in großer Eile tat, wobei die Kutschentür bei der Abfahrt hin und herschlug.«[23]

Die Volksfest-Atmosphäre bedeutete für alle Verlierer ein Ärgernis, aber der Ausschluß war für jemanden wie Georgiana besonders schmerzlich; unter anderen Umständen wäre sie die Organisatorin gewesen. Das letzte Mal, daß es kilometerlange Verkehrsstaus in Piccadilly gegeben hatte, war vier Jahre zuvor beim Aufstieg ihres berühmten Ballons gewesen. Dieses Mal war sie innerhalb der Mauern des Devonshire House gefangen, gezwungen, dem unsinnigen Gezänk von Grey und Sheridan zu lauschen.

Georgianas nächster öffentlicher Auftritt fand am 26. März in den Empfangsräumen der Königin anläßlich der Genesung des Königs statt. Alle Damen hatten vorab die Anweisung erhalten, den Schriftzug »God save the King« auf ihren Hüten zu tragen als direkte Antwort auf Georgianas Regentschafts-Hüte. »Es war ein wichtiger Gegenstand der Diskussion und Aufmerksamkeit, ob die Herzogin den Hut tragen würde oder nicht«, schrieb George an Lady Spencer. Nach verschiedenen hitzigen Debatten einigten sich die Whigs darauf, daß sie mit unbedeckten Köpfen erscheinen würden.[24] Die Anweisung zu dieser Präsentation wurde im voraus publiziert, und es war offensichtlich, daß die Königin den Gedanken, die Whigs unter ihrer gestrengen Beobachtung zu haben, besonders genoß. Der Tag war einer der längsten, an den sich Harriet erinnern konnte:

> Die Leute gingen erst nach 8 Uhr weg, obwohl einige schon um elf dagewesen waren. Die Königin stand beim Mittelfenster, um sie herum ein kleiner abgetrennter Bereich, durch den jeder einzeln treten mußte. Sie sprach zu niemandem der wichtigsten Oppositionellen. Fox, Sheridan, Tierney, Grey und sehr kühl zu den Prinzen ... Sie war in Blau und Orange gekleidet und hatte »God save the King« an ihrem Hut, wie fast jeder außer uns; sie schaute genau auf unsere Köpfe, als wir an ihr vorbeigingen.«[25]

Ihr Unbehagen angesichts dieser demütigenden Prozedur wurde durch die erstickende Hitze noch verschlimmert. Die Leute stießen und drängten, um aus dem unbeweglichen Gedränge zu entkommen »Nichts war je dieser Menge gleich«, schrieb Harriet, »man hörte nur Geschrei und das Aufseufzen von Frauen, die ohnmächtig wurden. Auf dem gesamten Boden waren verschiedene Folien verstreut und in Stücke getretene Perlen und Diamanten.«[26]

Unter Schmerzen und ramponiert kehrten die erschöpften Damen ins Devonshire House zurück, wütend auf den Herzog von Portland, der darauf bestanden hatte, daß sie sich dieser erneuten Demütigung aussetzen mußten. Der Prinz erschien wenig später zu einem ruhigen Abendessen, das er durch sein Schluchzen und wütendes Daherreden störte. Sheridan wollte ihn beruhigen, indem er Strategien für eine Versöhnung zwischen den Brüdern und ihren Eltern ansprach, aber es war nutzloses Gerede. Die Erregung des Prinzen stieg in den nächsten Tagen noch an, vor allem nach der an Ankündigung, daß auf Windsor am 2. April ein Konzert und Souper stattfinden würden. Weder er noch der Herzog von York waren eingeladen, und als er endlich den Mut aufbrachte, seine Mutter darauf anzusprechen, antwortete sie, »sie nehme an, sie würden nicht kommen, denn die Veranstaltung sei zu verstehen als ein Kompliment an jene, die sie und den König unterstützten.«[27] Am 30. März hielten die Mitglieder von White's einen Ball zu Ehren des Königs im Pantheon ab. Über zweitausend Leute tanzten bis in die frühen Morgenstunden unter illuminierten Dekorationen, die »GR« (Georgius Rex) und andere Symbole darstellten. Die Herzoginnen von Gordon und Richmond, die Gastgeberinnen des Ereignisses, hatten mit Bedacht nur drei Putzmacherinnen in London ernannt, die die weiß-goldenen Uniformen machen sollten, in der Erwartung, daß die Whig-Damen sich demütig ihrer Führung anschließen würden. Zu ihrer Verärgerung boykottierten aber der Prinz und alle Whigs den Ball. Nur wenige Menschen nahmen die Abwesenheit der Opposition überhaupt wahr. Patriotische Inbrunst zusammen mit dem Champagner entzündeten die Stimmung in der Halle, und »God save the King« wurde viele Male angestimmt, bis alle Stimmen heiser waren.

Die Uniform für das Konzert auf Windsor drei Tage später war dunkelblau, eingefaßt mit Scharlachrot und Gold. »Loyalität ist im Moment die teuerste Tugend«, beklagte Lady Louisa Stuart sich gegenüber Lady Portarlington. »Ein guter Untertan kann sich für diese drei Tage nicht unter 100 Pfund einkleiden.«[28] Dieser Feier wohnte der Prinz bei, und sie war für ihn eine Stunde der Demütigung. Viele der Gäste ignorierten ihn, seine Mutter funkelte ihn böse an, wann immer ihre Augen sich trafen, und seinen Schwestern war verboten worden, ihn anzusprechen. Der Prinz und der Herzog von York taten ihr Bestes, um unbeteiligt zu erscheinen, obwohl der ganze Ton des Abends sich gegen sie richtete. Pitts berühmter Stimmengewinn nach der Regentschaftsdebatte am 16. Dezember – die Zahl 268 –, hing als Bild über dem Bankett-Tisch zusammen mit den ineinander verschlungenen Wappen Pitts und des Lordkanzlers. »All dieses«, beklagte William Elliot, »ist neu bei Hofe und außergewöhnlich ungebührlich, da vom König immer erwartet wird, daß er *keiner Partei* angehört.«[29]

Drei Wochen später, am 22. April, übten die Whigs Vergeltung, als sie einen Konkurrenzball im Opernhaus inszenierten. Zunächst verbot die Königin allen Freunden des Hofes, daran teilzunehmen, was aber solch einen Aufschrei hervorrief, daß sie teilweise nachgab und nur den Mitgliedern des königlichen Haushalts die Teilnahme untersagte. Mit solcher Voraus-Publicity hofften die Whigs, einiges von ihrem Kampfgeist wiederzuerlangen, aber ihr demoralisierter Zustand wurde allen offensichtlich aufgrund der Verfügung, daß bei dieser Gelegenheit keine Uniform getragen werden würde. Hauptsächlich dank Georgianas Bemühungen war der Abend ausverkauft. Aber das gewohnte Geschick der Partei mit solchen Veranstaltungen hatte sie verlassen, und der Ball reichte nicht an die früher gekannten Erfolge heran. Es gab nicht genügend Stühle, und um 4 Uhr morgens saßen die Frauen auf dem Boden, zu ermattet, um sich noch um ihre Roben zu kümmern. Mrs. Siddons deklamierte eine Ode an den König, die die Hälfte des Hauses nicht hören konnte und die durch Reden der anderen Hälfte gestört wurde. Niemand hatte daran gedacht, Laufburschen anzustellen, um die Kutschen zu holen, woraus sich Verwirrung und Verspätungen ergaben.

Die Qual der Whigs sollte noch einen weiteren Tag andauern. Der Dankgottesdienst für den König fand am 23. April in St. Paul's statt, es war der Tag des heiligen Georg. Der König und die Königin, gefolgt von der königlichen Familie und dem gesamten Hofstaat, ritten unter Jubelrufen und Glockengeläut bis zur Kathedrale. Alle trugen sie die Windsor-Uniform. Obwohl der König dünn und zerbrechlich aussah, war sein ruhiges, sicheres Auftreten unverkennbar. Die Minister und Mitglieder beider Häuser folgten in einem langsamen Zug, was der Menge erlaubte, klar und deutlich ihre Vorlieben zum Ausdruck zu bringen. *The Times* berichtete, daß Fox' Kutsche mit »allgemeinem Zischen empfangen wurde, das fast ununterbrochen anhielt, bis er bei St. Paul's ausstieg.«[30] Er warf die Tür hinter sich zu, während er mit Buhrufen und Pfiffen begrüßt wurde. Er ignorierte das und hielt seinen Kopf oberhalb der Menge. Der Ausblick spendete ihm allerdings keinen Trost; jedes Gebäude war mit Bannern und Bändern bedeckt. »God save the King« stand über Hunderten von Straßen. Als vorbeugende Maßnahme gegen den Pöbel war sogar Devonshire House mit Flaggen und königlichen Insignien dekoriert.

Regierungsfreundliche Zeugen beschuldigten den Prinzen von Wales und seinen Bruder, während der ganzen Messe gekichert zu haben. Dagegen meinten Whig-Beobachter, sie hätten sich erstaunlich gut benommen. Die Whigs selber zeigten Anstand und Strenge, als seien sie eher bei einer Beerdigung als bei einer Feierstunde. Am Ende der Messe fuhren sie in ihren Kutschen ab und erlitten noch einmal die gleiche Aufnahme seitens der Menge. Die Devonshire-Kutsche wurde vorwiegend ignoriert und entging so den Wurfgeschossen, die auf die Verlierer geworfen wurden. Pitts Kutsche hingegen wurde von der jauchzenden Menge angehalten und aus dem Geschirr gehängt. Hunderte von Leuten halfen, sie zurück zur Downing Street zu ziehen, wo andere darauf warteten, sie zu begrüßen. Es war Pitts Tag. »Er wird bewundert und angebetet von all denen, die Großbritannien wohlwollen«, schrieb eine Anhängerin. Er war immer noch erst neunundzwanzig.[31]

Die Herzogin von Gordon triumphierte ebenfalls. Am Abend des Balls von White's war sie die Gastgeberin einer erlesenen Gesellschaft, die Pitt, Dundas und Dr. Willis einschloß; die Leute blieben stehen, um ihnen zu applaudieren, als sie Arm in Arm vorbeischritten. Sie war eine bedeutende Rivalin für Georgiana geworden, deren Herrschaft über den *ton* nach 15 Jahren jetzt ernsthaft in Zweifel geraten schien. Der Gedanke, daß die Herzogin von Gordon sie von ihrem Platz stürzen könnte, verursachte überall Aufregung, und Befriedigung in Regierungskreisen. Nach allgemeiner Übereinstimmung war es Georgiana und nicht die Herzogin von Gordon, der man vorwarf, die Gesellschaft entlang der Parteigrenzen gespalten zu haben. »Wir haben noch keine Zeiten erlebt, in denen es so notwendig war, im privaten Umgang Parteien voneinander zu trennen«, schrieb ein Peer der Torys einem Freund. »Die Schärfe ist jenseits von allem Vorstellbaren.«[32] Die Uniformen, die Stammespolitik, die Beeinflussung durch Frauen, um auf den Ausgang der Wahlen einzuwirken – Georgiana hatte die Techniken perfektioniert, und die Herzogin von Gordon kopierte sie mit Erfolg.

Die Regentschaftskrise legte den Grund für den späteren Weg der beiden Parteien: Die Whigs verloren ihr Ansehen als glaubwürdige Opposition, auf der anderen Seite trat Pitts unangreifbare überragende Bedeutung ans Licht. »Ich habe oft gedacht«, schrieb der Whig-Peer Lord Palmerston, daß »wir mehr Geist und Brillanz auf unserer Seite haben als vernünftiges Urteilsvermögen bei der Bewältigung von parlamentarischen Angelegenheiten.«[33] Pitt hatte aus der Westminsterwahl von 1784 gelernt, beides zu vereinigen. Viele Whigs drückten Bedauern über die

mangelnde Professionalität ihrer Partei aus. »Wir verurteilen parlamen-
tarisches Handwerk zu sehr und sind dabei bedauernswert unzuläng-
lich«, beklagte Lord Cavendish.[34] Dies war ebenso Georgianas Kritik –
mangelnde Disziplin in der Parteiführung.[35] Als sie ihr Tagebuch einige
Jahre später wieder las, schrieb sie:

> Ich glaube, das folgende Tagebuch zeigt zwei Epochen. Die erste, als
> es keinen Zweifel zu geben schien, daß der Prinz Regent werden wür-
> de und daß die Bildung einer neuen Regierung die Köpfe beschäftigte
> und die Umstände von Rivalität und Ängstlichkeit hervorbrachte, die
> ein neues Ministerium begleiten. Die zweite, als des Königs Genesung
> die Hoffnung von Mr. Pitts Freunden wiederbelebte und als die Op-
> position sich nur uneinig schien über den Part, den der Prinz und sie
> selbst übernehmen sollten ... Von hier aus kann man die Leichtigkeit
> verfolgen, mit der der Prinz sich dem Vergnügen hingibt, sich jenen
> genehm zu machen, mit denen er sich verbündet ... Wir können die
> Tugenden und Schwächen von Mr. Fox verfolgen, den umfassenden
> Geist, den unverzagten Genius, ... [aber] eine Geringschätzung sogar
> notwendiger Hilfsmittel, [und] eine große Unklugheit im Gespräch ...
> Ich habe so lange lamentiert und war oft erzürnt über seine Sorglosig-
> keit, manchmal sogar bei leidlicher Beachtung ... Diese Fragmente,
> denke ich, weisen den Weg zu der Zerstrittenheit und dem Mangel an
> Methode, welche so bald während der Jahre 92 und 93 die Vernich-
> tung der Opposition mit sich brachten.[36]

Teil III

Exil

Kapitel 14

Der aufkommende Sturm

1789–1790

Die Herzogin von Devonshire hielt es für angebracht,
Paris während der gegenwärtigen Erschütterungen
in jener Hauptstadt zu verlassen.
Der liebenswerten Herzogin war zu diesem Schritt
von Madame de Polignac geraten worden,
die Ihrer Gnaden mitgeteilt hatte, sie könne sich
nicht auf ihre eigene Sicherheit verlassen.
Die Herzogin von Devonshire, so wird vermutet,
hat sich nach Spa begeben.

MORNING POST, *10. JULI 1789*

Nach der Genesung des Königs zogen sich die Whigs zu Brooks's zurück; sie machten sich kaum die Mühe, zu den Debatten zu erscheinen und niemand versuchte, eine schlüssige Strategie für die nächste Wahlperiode auf die Beine zu stellen. Von wenigen Ausnahmen abgesehen, gab man sich der Trauer darüber hin, wie in der Parteiführung mit der Krise umgegangen worden war. Die Gefolgschaft Sheridans machte Fox dafür verantwortlich, die Partei in Mißkredit gebracht zu haben, weil er behauptet hatte, daß es nicht Sache des Parlaments sei, über die Regentschaft zu diskutieren. Fox' Freunde hingegen glaubten, Sheridan habe ein hinterhältiges Spiel gespielt, und behaupteten, seine Kommentare im Parlament seien auch nicht besonders hilfreich gewesen. Die Cavendishs und der Herzog von Portland hatten für beide kein gutes Wort übrig. Georgiana nahm die Rolle der Vermittlerin an sich und versuchte, die diversen Splittergruppen zusammenzubringen, indem sie im Devonshire House geruhsame Abendgesellschaften abhielt. Aber auch sie zog sich aus dem öffentlichen Leben zurück und mied größere Zusammenkünfte.

Es lag nicht nur an der Feindschaft, die ihr von Seiten der »Tory Ladys« (so nannten sie sich seit einiger Zeit) entgegengebracht wurde, daß Georgiana nur noch widerwillig ausging: Seit April war sie bankrott und lebte in der panischen Angst, der Herzog könnte ihre Schulden entdecken.[1]

Weder Coutts noch Calonne reagierten auf ihre Bitten um weitere Kredite. »Ich glaube wirklich, es ist das beste, wenn Sie dem Herzog sofort offenbaren, wie schlimm es um Ihre Situation steht«, schrieb Coutts, nachdem sie ihn um weitere 6.000 Pfund angebettelt hatte. »Machen Sie sich zugleich mit aller Entschlossenheit daran, Ihr System zu reformieren. Wenn *er* die Vergangenheit verzeiht und *Sie* sich den Abgrund klarmachen, an dessen Rand Sie stehen, wenn dies alles Ihnen nicht hilft, kann ich nur sagen, haben Sie den Punkt der möglichen Genesung überschritten.«[2] Zum Glück hatte sie Mittel zur Hand, die überzeugten: Coutts' Töchter lernten in einer Klosterschule in Paris Französisch, und es lag in ihrer Macht, sie am französischen Hof einzuführen. Es war ein unausgesprochenes quid pro quo, aber Georgiana machte sich keine Illusionen darüber, was von ihr erwartet wurde. Sie versicherte sich der Hilfe des Herzogs von Dorset und von Little Po, um Coutts' Töchter in die Gesellschaft einzuführen. Ihre Bemühungen verschafften ihr eine kurze Ruhepause, besonders nachdem sie Coutts erklärt hatte, daß das Geld kommen würde, sobald sie einen Sohn, den zukünftigen sechsten Herzog von Devonshire, geboren hätte. Nach den Bedingungen der Cavendishs hatte der Herzog dann die Möglichkeit, Hypotheken aufzunehmen, und sie konnte ihre Schulden gestehen, ohne ihn zu ruinieren.

Ende Mai verkündete der Herzog, daß er sich entschlossen habe, Georgiana und Bess nach Spa mitzunehmen. Beide Frauen waren entzückt: Georgiana hoffte, die Wässer würden ihre Empfängnis positiv beeinflussen, während Bess in dieser Reise eine Möglichkeit sah, ihre beiden Kinder, Caroline und Clifford, zu sehen. Sie mußte immer noch um ein Besuchsrecht für ihre Söhne mit John Foster kämpfen, um so entschlossener war sie, die beiden, die sie in Frankreich zurückgelassen hatte, zu retten. Charlotte Williams würde sie begleiten, und Little G. und Harriet (ihr Spitzname war Harryo) sollten bei Lady Spencer bleiben. Am

20. Juni 1789 brach Georgiana nach Calais auf, mit Bess und dem Herzog. Sie hatte sich von ihrem Bruder 500 Pfund leihen können, bevor sie London verließ. Mehr Bargeld stand ihr für ihre Reise ins Ausland nicht zur Verfügung.[3]

Über den begeisterten Empfang, den die Franzosen Georgiana bereiteten, vergaß sie ihre Sorgen für eine Weile.* Der Besuch der Devonshires während solch unsicherer Zeiten war für die Pariser ein beruhigendes Zeichen von Normalität. Die französischen Bauern litten immer noch unter den Auswirkungen einer viel zu langen Dürre, die ihre Getreidefelder in Staub verwandelt und den Viehbestand größtenteils hatte verdursten lassen. Was von der Frucht die sengende Sonne überstanden hatte, war in den darauffolgenden heftigen Stürmen ertrunken. In einigen Gegenden standen die Menschen vor dem Hungertod. Es gab Aufstände auf dem Marktplatz, Getreidelager wurden überfallen, und immer wieder berichteten Bäcker, daß die Meute sie zwinge, ihr das Brot zu einem »fairen Preis« zu verkaufen. Gerüchte, die Adligen und das *parlement* hätten sich in einem »Hungerpakt« verschworen, um den König unter Druck zu setzen, erwiesen sich zwar als falsch, dienten aber als Aufputschmittel für politische Unruhen. Im April standen in Paris alle Räder still, nachdem eine Randbemerkung eines Tapetenfabrikanten namens Reveillon bei einer Wahlversammlung für zweitägige Aufstände gesorgt hatte. Offene Kämpfe zwischen Arbeitern und der Armee hatten fünfzig Tote und Hunderte von Verwundeten zur Folge. Das Blutbad entsetzte die Autoritäten und überzeugte sie gleichzeitig, daß der König etwas unternehmen müsse.

Die Devonshires hatten beschlossen, ihre Reise nach Spa um ein paar Wochen zu verschieben, und erreichten Frankreich unmittelbar nachdem am 17. Juni der Dritte Stand sich selbst zur Nationalversammlung ernannt hatte. Da ihre Mitglieder sechsundneunzig Prozent

---

* Martindale war wieder aufgetaucht. Theoretisch schuldete Georgiana ihm noch mehrere 10.000 Pfund. Trotz seiner Einwilligung, sie wegen der Rückzahlung nicht zu drängen, wußte er, daß er sich etwas »Schweigegeld« sichern konnte. Als sie von Paris schrieb, konnte Georgiana Coutts nicht erklären, warum ihr Konto so überzogen war und suchte Zuflucht bei Schmeicheleien: »Sie sind wie ein zweiter Vater.« Sie schaffte es zumindest, ihn zu überreden, keine Zinsen von ihr zu verlangen. »Ich hoffe, es wird kein Verlust für Sie sein«, schrieb sie und spielte mal wieder die Rolle der hilflosen, weltfremden Frau. Chatsworth 696; an Coutts, 9. Juli 1789.

der Bevölkerung repräsentierten, waren sie der Meinung, daß ihnen der Hauptanteil der Macht rechtmäßig zustünde. Sie verloren keine Zeit und erklärten als erstes, daß die Steuern nur während Legislaturperiode eingetrieben werden durften. Diese Herausforderung an das *Ancien régime* beeinflußte die verschiedenen Betroffenen auf unterschiedliche Weise. Einige Mitglieder des Klerus und ein harter Kern der liberalen Adligen, den Marquis de Lafayette und den Marquis de Condorcet eingeschlossen, unterstützten den Dritten Stand, aber die meisten reagierten auf diese Vermessenheit verärgert. Der König müsse nun seine Autorität über die Abtrünnigen sicherstellen, schrieb der Herzog von Dorset in seinen Berichten, »sonst wird es nicht mehr lange dauern, bis er ihnen seine Krone zu Füßen legen muß.«[4] Innerhalb der fünf Tage, die Georgiana nach Paris unterwegs war, kam man zu dem Schluß, der König habe seine Krone, seine Würde und jegliche verbliebene Glaubwürdigkeit der Regierung verspielt. Am 19. Juni traf sich der Kronrat und kam überein, daß der König eine außerordentliche Versammlung aller Stände ausrufen solle. Dies sei die einzige Hoffnung, die Initiative zurückzugewinnen. Nach etlichen hitzigen Debatten und einem tränenreichen Auftritt der Königin, die mitten in die Veranstaltung platzte und den König anflehte, stark zu bleiben, entschieden sie, er solle die Vorgänge vom 17. Juni annullieren und einen eigenen Kompromißplan vorlegen – wie dieser Plan auszusehen habe, konnte allerdings niemand sagen. Unglücklicherweise teilte niemand den Delegierten mit, daß inzwischen alle Versammlungen ausgesetzt worden waren. Als sich der Dritte Stand am 20. Juni vor dem großen Sitzungssaal einfand, waren alle Türen durch Vorhängeschlösser gesichert. In der Furcht, einer königlichen Intrige zum Opfer zu fallen, stürzten die Delegierten zu einer nahegelegenen Tennishalle, und während eine aufgebrachte Menge draußen »Vive l'Assemblée«, »Es lebe die Versammlung«, rief, schworen sie, nicht aufzugeben, bis sie eine konstitutionelle Reform erreicht hätten.

Die Sonderversammlung des Königs begann in kriegerischer Stimmung auf allen Seiten. Den Dritten Stand hatten die Wachen aufgebracht, da sie die Delegierten eine Stunde im Regen stehen ließen, während die Adligen (der Erste Stand) und der Klerus (der Zweite Stand) als erste ihre Plätze einnahmen. Ludwig XVI. bot einen Kompromiß an, der tatsächlich einige Einschränkungen der königlichen Macht mit sich brachte, aber gegen die übrigen Forderungen des Dritten Standes blieb er hart: Vor allem sollte es keine Vereinigung der drei Stände geben. Die Adligen würden ihre Privilegien behalten, es sei denn, sie wollten sie freiwillig ablegen. Er erklärte alle Verfahren unter Führung des Dritten Standes seit Mai für null und nichtig und befahl den Delegierten dann, sich bis zum nächsten Tag aufzulösen. Georgiana faßte die Sinnlosigkeit der Versammlung in einem Brief an ihre Mutter zusammen: »Der König ... hielt eine Rede vor den *tiers* und teilte ihnen mit, daß sie von ihren Handlungen ablassen müßten. Nachdem er gegangen war, blieben sie und stimmten für die Annullierung all dessen, was er getan und gesagt hatte.«[5] Am 25. Juni, drei Tage, nachdem die Devonshires sich in ihrem Hotel eingerichtet hatten, gab es einen Aufruhr unter den oberen Ständen, und der überwiegende Teil des Klerus schloß sich gemeinsam mit fünfzig Adligen, angeführt vom Herzog von Orléans, dem früheren Herzog von Chartres, dem Dritten Stand an. »Die Unruhe in Paris übersteigt jegliches Vorstellungsvermögen«, schrieb Arthur Young. »10.000 Leute hielten sich heute den ganzen Tag im Palais Royal auf ... Mit jeder Stunde, die vergeht, scheint das Volk neuen Mut zu schöpfen: Die Versammlungen im Palais Royal werden immer zahlreicher, immer heftiger und immer bestimmter ... Die Sprache, in der gesprochen wurde – egal von welchem Rang –, zeugt von nichts geringerem als einer Revolution in der Regierung und der Etablierung einer freien Konstitution.«[6]

Aufgrund ihrer Erfahrungen mit dem Pöbel in London empfand Georgiana die sporadischen Aufstände in ihrer Umgebung zunächst eher als Belästigung denn als Gefahr. Sie teilte Lady Spencer mit, daß sie am 24. Juni vorgehabt hatten, nach Versailles zu fahren, aber »die Tumulte in Versailles haben so zugenommen, daß unsere Reise beschwerlich wäre.« Ihre Unbekümmertheit entsprach einem typisch englischen Charakterzug, der die Franzosen, die noch keine Grafschaftswahl miterlebt hatten, verblüffte. »Ich konnte nicht widerstehen, den Herzog von Devonshire zu überreden, daß er mit Bess, Charlotte und mir den Palais Royal besucht«, schrieb sie. »Es gab dort großen Jubel.«[7] Lady Sutherland, die aus der britischen Botschaft schrieb, gestand, daß sie gerne nach Spa reisen würde, aber ihr Ehemann, Lord Gower, »liebt Aufstände von Herzen« und er bestand darauf zu bleiben, damit er sich der Menge anschließen konnte.[8] Thomas Jefferson, der amerikanische Botschafter, machte kein Hehl aus seiner Besorgnis: »Gestern wurde die Meute in Versailles gewalttätig; sie beleidigten und attackierten alle Kleriker und Adeligen, von denen man weiß, daß sie hartnäckig an der Trennung der Stände festhalten ... Die Verwirrung ist so groß, daß der Hof nur noch die Truppen hinter sich hat.«[9]

Innerhalb weniger Tage hatten fast der ganze Pariser *ton* und alle Händler Georgiana und Bess einen Besuch abgestattet. »Die Korsettmacher rennen mir die Tür ein«, lachte Georgiana.[10] Während sie zu Hause an der Entstehung der sozialen Apartheid beteiligt gewesen war, hielt sie sich hier aus der Politik heraus und achtete nur darauf, daß die Mitglieder der Hofgesellschaft nicht gleichzeitig mit den »Patrioten« ankamen, so daß die Prinzessin von Lamballes in Ruhe ihren Tee trinken konnte, ohne fürchten zu müssen, daß sie dem Herzog von Orléans begegnete. Manchmal nahm diese Unvoreingenommenheit auch komische Züge an. Wenn Georgiana und Bess in die Oper gingen, mußten sie im Wechsel die Loge mit dem Herzog von Artois oder mit seinem Erzrivalen, dem Herzog von Orléans, teilen. »Sie brauchen den Herzog von Dorset nicht zu fürchten«, versicherte Georgiana ihrer Mutter, die ihr von ihrer Besorgnis geschrieben hatte. »Die Zeiten sind so beschaffen, daß wir ihn ohnehin kaum sehen.«[11] Auf jeden Fall hatte Dorset ihr schon mitgeteilt, daß er die erste Frau heiraten wolle, die ihn erhören würde.

Als die Devonshires endlich nach Versailles fahren konnten, freuten sich die Polignacs und der König und die Königin sehr, sie zu sehen. Bei ihrem ersten Besuch kamen sie am Morgen an und wurden gebeten, bis zum Abendessen zu bleiben. Sie sahen sich nun jeden Tag und hörten sich die Klagen ihrer Freunde verständnisvoll an. Georgiana fand, daß der König besser aussah, als sie erwartet hatte, die Königin hingegen schlechter. »Sie empfing uns wirklich ganz reizend, allerdings ganz außer sich über die Zeiten. Sie fragte viel nach Ihnen und nahm das Bild der Kinder und bewunderte es sehr. Sie hat sich bedauerlicherweise sehr verändert, mit ziemlich dickem Bauch und ganz ohne Haare, aber sie hat immer noch sehr viel Glanz.«[12] Sie verbrachten viele Stunden mit dem Comte D'Artois, der gegen die Mittäterschaft seines Cousins von Orléans wetterte. Am 27. Juni kapitulierte Ludwig. »Der König hat seinen Adligen empfohlen, sich mit dem Dritten Stand zu vereinen«, berichtete Georgiana, »womit er im Grunde seine ganze Macht aufgibt. Der Herzog von Artois schrieb ihnen, wenn sie sich nicht verbinden würden, sei das Leben des Königs in Gefahr. Das Volk ist außer sich vor Freude, und alle unsere Freunde sind verzweifelt.«[13] Drei Tage später kamen die Stände zusammen, Adel und Klerus betraten schweigsam den Saal, um ihr Mißfallen zum Ausdruck zu bringen. In jener Nacht war Versailles von einer aufgebrachten Menge umzingelt, die ihre Parolen schrien und bis zum Tagesanbruch zu Musik tanzten. Der König und die Königin erschienen kurz auf dem Balkon mit ihrer Familie, aber die Wirkung war dahin, als Marie Antoinette in Tränen ausbrach.

Georgiana hielt weiterhin opulente Diners für ihre Freunde ab, trotz der aus den Fugen geratenen Lage. »Heute abend haben wir uns gefürchtet«, gab sie zu, »als der Pöbel am Palais-Royal jubelte, weil die Wachen, die eingesperrt waren, freigelassen worden sind.«[14] Reisen wurde schwierig für sie; »überall Zügellosigkeit und Verwirrung«. Ihrem Bruder George schilderte sie ihre Situation etwas offener und schrieb ihm am 5. Juli: »Die Unannehmlichkeiten an diesem Ort sind kaum zu beschreiben – die Wachen verweigern den Befehl, das Volk ist fast verrückt, und der Adel ist größtenteils in äußerst merkwürdiger Weise entzweit, so daß Familienmitglieder untereinander auf Kriegsfuß stehen.«[15] Ungeachtet der Gefahren in den Straßen, wo vagabundierende Jugendbanden immer wieder willkürlich gegen die Reichen gewalttätig wurden, ging Georgiana aus, um sich mit den Anführern der »patriotischen« Seite zu treffen. Politische Debatten waren ihr nicht fremd, und so genoß sie es, mit ihnen zu diskutieren: »Ich gebe zu, ich amüsiere mich hier in Paris ... Kürzlich traf ich La Fayette beim Vicomte de Noailles. Sie diskutierten wunderbar mit mir über Politik. Ich bin *für* den Hof, Madame Polignacs wegen. Sie sind vehement dagegen.«[16] Sie wußte, daß sich ihr Standpunkt in Anbetracht ihrer unerschütterlichen Opposition gegen den englischen Hof nicht verteidigen ließ, aber das störte sie nicht. Die Pariser Gesellschaft bewunderte ihren ungebundenen Geist: »Sie machen großes Aufhebens von mir und machen mir die unglaublichsten Komplimente«, erzählte sie Harriet.[17] Lady Sutherland hielt das für eine Untertreibung:

Ich finde nicht, daß sich der französische *bon ton* aus besonders schönen Menschen zusammensetzt. Sie sind eher schmuddelig und klein und ziemlich rabougris [unansehnlich]. Im Vergleich mit ihnen allen sieht die Herzogin von Devonshire wie ein Geschöpf einer ganz ande-

ren Spezies aus; alle Männer sind wunderbar entflammt für sie, und
die Frauen mit Ambitionen gehen ihr aus dem Weg; da ich keine habe,
sondern ein ziemlich harmloses, dummes Wesen bin, halte ich sie für
das charmanteste Geschöpf, das mir in meinem bisherigen Leben begegnet ist, und wenn man sie häufig sieht, kann man kaum verhindern,
daß man sie ausgesprochen gern mag.[18]

Der Herzog hatte allerdings bald genug von Paris, und am 8. Juli machten Georgiana und Bess in Trauerkleidung einen letzten Besuch in Versailles, um sich von ihren Freunden zu verabschieden. Fremde Truppen
säumten die Straßen, was die Gerüchte in Umlauf setzte, daß der König
oder die Königin und ihre Entourage einen Coup gegen die Nationalversammlung planten. Georgiana saß eine Weile mit Marie Antoinette
allein zusammen, und dann mit Little Po, die ihr eine treue Freundin geworden war. Sie hatten nie aufgehört, einander zu schreiben; Georgiana
zuliebe hatte sie Bess akzeptiert, hatte geholfen, Caroline St. Jules nach
Paris zu bringen und Coutts' Töchter unterstützt. Sie kannten ihre gegenseitigen Geheimnisse und hatten seit mehr als fünfzehn Jahren Ratschläge in politischen Angelegenheiten und Liebesdingen ausgetauscht.
Georgiana verabschiedete sich und wußte nicht, wann oder unter welchen Umständen sie sie wiedersehen würde.

Die Devonshires waren auf dem Weg von Brüssel nach Spa, als sie ein
Bote mit der Nachricht vom Sturm auf die Bastille erreichte. Als sie erfuhren, daß der Gouverneur gelyncht worden war und hörten, welche
blutigen Greueltaten mit seiner Ermordung einhergegangen waren, begannen sie, um das Leben ihrer Freunde zu fürchten. Zu ihrer Erleichterung erreichte sie kurz darauf die Nachricht, daß der Herzog von Artois,
der Prince de Condé und die Polignacs mitten in der Nacht aus Versailles geflohen waren und so entkommen konnten. Sie hatten das Haus
ohne Dienerschaft verlassen, um keine Aufmerksamkeit zu erregen, und
dennoch, berichtete Georgiana ihrer Mutter, wären die Söhne der Polignacs beinahe gefangengenommen und ermordet worden. Marie Antoinette hatte sie angefleht zu gehen, aber nach ihrem Aufbruch war sie,
von ihrer Familie und einem kleinen Teil der Dienerschaft abgesehen,
völlig allein.

James Hare schickte Georgiana am 18. Juli einen Augenzeugenbericht
von den Krawallen nach Spa und versicherte ihr, daß Charlotte in Sicherheit sei. Sie hatten sie bei einer französischen Familie zurückgelas-

sen, denn zu dem Zeitpunkt hatten sie sich nicht vorstellen können, welches Chaos über die Stadt hereinbrechen würde. Georgiana erzählte Lady Spencer, der Herzog von Devonshire habe bei dem Gedanken an die arme Charlotte inmitten einer »tollwütigen, mit Pistolen, Schwertern und Bajonetten bewaffneten Masse vor Angst fast geweint« und sie gab zu, diese »außerordentlichen Vorkommnisse« hätten sogar sie »als Engländerin« erschreckt.[19] Der Herzog weinte jedoch nicht nur (wenn überhaupt) um Charlotte, sondern um die kleine Caroline, die Georgiana in ihren Briefen sehr beiläufig erwähnte als der »andere Zögling, Mlle. de St. Jules, eine junge Dame aus der Provinz«.[20]

Außer Little Po und James Hare wußte kaum jemand von ihrer Existenz. Als Vater mehrerer unehelicher Kinder fühlte Hare von Herzen mit dem Herzog und Bess: »Die andauernde Sorge, die ich für meine eigenen Kinder empfinde, würde allein schon ausreichen, im Grunde jedermann zu Hilfe zu eilen, wenn es um das Wohl von Kindern geht«, hatte er auf ihre Bitte um Hilfe geantwortet.[21] Er besuchte nicht nur Charlotte und Caroline, sondern auch den jungen Clifford – außerdem sorgte er dafür, daß Coutts' Töchter in ihrem Konvent sicher waren. Hare fand, daß für den Jungen gut gesorgt wurde, er aber sehr scheu sei (»wie kommt das?«, schrieb er), andererseits war er froh, von der Pflegerin zu erfahren, daß Bess zusammen mit dem Herzog den Jungen besucht hatte, bevor sie Paris verließen.

Georgiana konnte verstehen, daß Bess Caroline gern ständig um sich gehabt hätte, aber sie fürchtete die skandalträchtigen Gerüchte, die ihre Anwesenheit in Devonshire House hervorbringen würde. Sie mußte auf den Ruf ihrer beiden eigenen Töchter bedacht sein. Bess zögerte, die Angelegenheit zu forcieren, bis Hare sie dazu ermutigte. Sie trage Verantwortung für ihre Tochter, erklärte er ihr:

> Es wäre Dir gegenüber unaufrichtig gehandelt, wollte ich behaupten, ich fürchtete weder Skandal noch Anlaß zu Mutmaßungen durch ihre Einführung in Devonshire House, aber meiner Meinung nach überwiegt Dein Wunsch, sie unter Deiner eigenen Obhut zu haben, gleichviel ob man an ihren Vorteil oder Dein Vergnügen denkt. Was die Schwierigkeiten angeht, die die Herzogin so erschrecken, kann ich mir vorstellen, worin sie bestehen, und ich wünschte, sie würden nicht existieren, aber das kann nicht lange dauern, und wenn die kleine Dame erst einmal Fuß gefaßt hat, fürchte ich nicht mehr um ihr Gleichgewicht. Was irgendwelche Skrupel angeht, die Du haben könntest,

Leute, die Du lieben solltest und liebst, übermäßig in Anspruch zu
nehmen, bekenne ich, daß es natürlich angenehmer wäre, wenn keine
Täuschung nötig wäre, aber wenn die Dinge erst so weit gediehen
sind wie jetzt, bleibt keine Wahl, und es wird zur Pflicht, auf das Interesse der kleinen armen Wichte zu achten, sogar auf Kosten von Gefühlen ...[22]

Er war ebenso offen zu Georgiana; die große Konfusion in Paris bot ihnen eine Chance, Caroline mit einem Minimum an Aufsehen in ihren
Kreis aufzunehmen, und diese Chance sollten sie nutzen. »Es ist eine
Schande«, schrieb er, »wenn Dich irgend etwas hindern sollte, Caroline
sofort unter Deine eigene Obhut zu nehmen, denn sie ist das hübscheste
Kind, das ich je sah.«[23] Mitte September stießen Charlotte und »der andere Zögling« in Spa zu ihnen.

Der Herzog von Dorset schickte Georgiana weiterhin beinahe tägli-
che Berichte über die Situation in Paris. Die Menge reagierte inzwi-
schen ausgesprochen anglophob – eine Reaktion auf Marie Antoinettes
Liebe für alles Englische – und belagerte sogar kurzfristig die britische
Botschaft. Dorset, der durch Zufall genau im falschen Moment dort
ankam, mußte sich seinen Weg mit dem Schwert freikämpfen. Der
Herzog von Devonshire begann von ihrer Rückreise zu sprechen, was
Georgiana bestürzte, denn sie fürchtete ihre Gläubiger mehr als die
Revolutionäre. Coutts hatte inzwischen entdeckt, daß sie ihn angelogen hatte. »Sie *sind* und Sie *können* nicht mehr an Ihrer eigenen Ehre
und Ihrem Charakter interessiert sein, als ich es bin«, schrieb er verärgert, »und dies ist der Grund, warum ich immer wollte, daß Sie in allen
Punkten offen mit mir reden.«[24] Er wies ihre Bitte um eine weitere Anleihe zurück. James Hare ahnte, daß etwas nicht in Ordnung war, als
Georgiana ihm mitteilte, wie sehr sie fürchte, nach London zurückzukehren.

Wenn Du wegen Geld irgendwie in der Klemme bist, wird das unmöglich vor dem Herzog zu verbergen sein, und deshalb: Je eher er
es weiß, desto besser, aber um Gottes willen, wenn Du mit ihm
sprichst, erzähle ihm alles, oder lass' Lady Elizabeth oder mich es
ihm sagen. Keine Situation ist so verzweifelt, daß man gar nichts
mehr tun kann, und wenn Deine Schulden die Summe übersteigen
würden, die der Verkauf all seines Hab und Gutes einbrächte, wäre
es umso ratsamer, ihn damit vertraut zu machen, als wenn Du nur
5000 Pfund schulden würdest ... Am meisten fürchte ich, Du könn-

test zuversichtlich genug sein, auf mehr Glück in der Zukunft zu vertrauen, das Dich aus Deinen Schwierigkeiten befreit, und Dich damit noch tiefer verstricken. [25]

Er las ihre Gedanken richtig: Georgiana hatte alle ihre Hoffnungen dar-
ein gesetzt, einen Sohn zu gebären.

Zu jedermanns Erstaunen vollbrachte die friedliche Atmosphäre von
Spa zusammen mit den therapeutischen Wassern ein Wunder, und gegen Ende September entdeckte sie, daß sie schwanger war. »Die Symptome sind genau die gleichen«, schrieb sie aufgeregt an Lady Spencer;
»ich habe keine *Mittwochsgefühle*, aber solche, die mir sagen, daß ich große Vorsicht walten lassen muß – seit drei Wochen habe ich überhaupt
keine Kopfschmerzen mehr, welches ein Zeichen zu sein scheint, daß ich
ein Kind erwarte, jedenfalls denke ich mir das so, wo ich doch so anfällig
für Kopfschmerzen bin, die mir das Ausbleiben der Regel sonst trauri-
gerweise beschert hat.«[26] Die Schwangerschaft bedeutete Begnadigung
in letzter Minute. Georgiana war so erleichtert, daß sie als ersten Coutts
informierte, und zwar zwei Tage, bevor sie an ihre Mutter schrieb. »Das
Ziel meiner Reise, hoffe ich, ist erreicht ... Ich bin guter Hoffnung ... Ich
werde alle meine Zeit dafür opfern, Körper und Seele zu beruhigen, damit ich den Vorteil nicht verspiele, dem Herzog einen Sohn zu gebären;
und bevor ich ins Wochenbett gehe (wenn ich wirklich ein Kind erwarte), werde ich ihm alles offenlegen. In der Zwischenzeit... schicke ich eine Anweisung an Beard, Ihnen 300 zu bezahlen. Das wird, hoffe ich, alle
Forderungen begleichen ...«[27]

Der Herzog war so aufgeregt über die Aussicht auf einen Erben, daß
er ihre Pläne, nach England zurückzukehren, unverzüglich aufgab, weil
er fürchtete, die Reise über den Kanal könnte bei seiner Frau eine Fehlgeburt auslösen. Bess vertraute Lady Melbourne an, daß sie fürchte, es
könnte wieder ein Mädchen werden; um ihrer eigenen Sache genauso
wie um Georgianas willen betete sie für einen Jungen. Georgiana fügte
sich seiner Entscheidung, denn »indem ich *alles* meiner Situation opfe-
re, gefalle ich dem Herzog – der sehr besorgt ist – ich glaube, er hatte
schon die Hoffnung auf meine Fortpflanzungsfähigkeit aufgegeben –
denn ich hätte nicht erwartet, ihn so besorgt vorzufinden, wie er jetzt
ist.«[28] Aber die Situation in Belgien war kaum sicher zu nennen: Das
Revolutionsfieber hatte sich bis nach Brüssel ausgebreitet, und das Volk
rebellierte in den Straßen gegen Kaiser Joseph II. »Sie wissen, daß ich

in Frankreich eine treue Royalistin bin«, schrieb Georgiana an Calonne, »also, in Brüssel bin ich eine gute Patriotin.«[29] Wo freundschaftliche Bande sie nicht belasteten, setzten sich ihre Whig-Prinzipien wieder durch. Im Hinblick auf den Empfang von Nachrichten war das sehr hilfreich, da Briefe, die über ihre königlichen Verbindungen weitergeleitet wurden, auf geheimnisvolle Weise verschwanden, während der Weg über die Patrioten funktionierte. Doch obwohl Georgianas Sympathie für die Sache der Patrioten, die für Belgiens Unabhängigkeit von Österreich kämpften, wohlbekannt war, wurde ihre Kutsche beschossen.

Wenn die Straßenkämpfe zu gefährlich wurden, wichen die Devonshires nach Lille, direkt hinter der französischen Grenze, aus und kehrten zurück, wenn die Tumulte abflauten. Die Spencers und die Cavendishs verwunderte die Entscheidung des Herzogs, im Ausland zu bleiben. Lady Spencer fragte sich, ob Bess vielleicht schwanger war. Ihre Besorgnis wuchs, als der Herzog Ende September allein nach England abreiste und Georgiana und Bess zurückließ. Keine der Frauen erfreute diese Aussicht – Georgiana hatte ihre Kinder sechs Monate lang nicht gesehen und vermißte sie schrecklich, »aber gewisse Umstände, die zu weitschweifig für einen Brief sind, hindern mich, ihn zu bedrängen«, berichtete sie Lady Melbourne.[30] Bess fürchtete die Abwesenheit des Herzogs in solch gesetzlosen Zeiten, aber »ich werde bis zum Schluß bei ihr bleiben«, schrieb sie dramatisch.

Der Herzog hatte die beiden nicht zurückgelassen, um sich in England um geschäftliche Dinge zu kümmern, wie sie behaupteten, sondern weil Duncannon die Scheidung von Harriet eingeleitet hatte. Er hatte ihre Affäre mit Sheridan neun Monate vorher, im März, entdeckt: »Ziemlich schlimme Vorwürfe gegen mich, erzählte es Ca...« kritzelte Harriet hastig in ihr Tagebuch.[31] Obwohl sie versprochen hatte, Sheridan nicht wiederzusehen, trafen sie sich weiter heimlich, bis Duncannon herausfand, daß sie gelogen hatte. Georgiana mochte Harriets Vertrauen in Sheridan bezweifelt haben, weil sie dessen Eitelkeit und Schwäche für Eroberungen kannte, aber sie hatte sich nicht eingemischt. Andere hingegen, besonders Betsy Sheridan, seine Schwester, wollten der Affäre ein Ende setzen, und sie war es wohl auch, die Duncannon informiert hatte. Im Juni hatte sie ihrer Schwester in Irland geschrieben, sie habe insgeheim gehofft, daß Sheridan Harriets überdrüssig würde. Als sie die beiden bei einem Abendessen im kleinen Kreis beim Prinzen mit Lady Jersey, Mrs. Fitzherbert und der Herzogin von Rutland sah, fiel ihr auf, daß Harriet Sheridan »viele zärtliche Blicke über den Tisch zuwarf, denen er zu meiner großen Freude nicht allzuviel Aufmerksamkeit zu schenken schien«.[32] Aber sie irrte sich, was Sheridans Gefühle betraf. Er liebte Harriet, und die Kälte, die er in der Öffentlichkeit ihr gegenüber zeigte, war vermutlich ein später und ungeschickter Versuch, sie vor bösem Gerede zu schützen.

Der Herzog von Devonshire erreichte England, als die Scheidungsklage kurz vor der ersten Verhandlung stand. Er fand Harriet dem Nervenzusammenbruch nahe, und Duncannon entschiedener, als er ihn je zuvor gesehen hatte. Sheridan hatte bereits feierlich geschworen, Harriet nie wieder zu sehen, was Duncannon aber nicht umstimmen konnte. Eliza Sheridan war so verzweifelt über das Verhalten ihres Ehemanns, daß auch sie eine sofortige Trennung verlangte. Einer Freundin schrieb sie:

> Ich kann mich nicht erinnern, in meinem Leben jemals so viele schreckliche Stunden verbracht zu haben, S[heridan] hat sich so unwiderruflich mit Lady D. eingelassen, daß tatsächlich ein Verfahren am Gerichtshof gegen sie eingeleitet wurde – und wenn der Herzog von Devon nicht nach England gekommen wäre und seinen Einfluß bei Lady D. ausgeübt hätte, wäre S. jetzt schon dem Gespött der Leute und der Schmähung durch die ganze Welt ausgesetzt. Aber, Gott sei Dank! die Angelegenheit ist verschwiegen worden. Ich glaube hauptsächlich dank dem alten Lord Bessborough. Und sie geht sehr bald ins Ausland, ich glaube, zu ihrer Schwester. Sicher kannst Du Dir vorstellen, daß diese Affäre mir nicht wenig Unbehagen bereitet hat ... S flehte mich um Verzeihung an, bevor es sicher war, daß sich die Angelegenheit vertuschen lassen würde. ... Er belegte sich selbst, mich und das Kind mit allen möglichen Schwüren, falls er je wieder in Versuchung geriete, mich zu hintergehen.[33]

Als Duncannon erkannte, daß sich sein Vater zusammen mit allen Cavendishs gegen ihn auf Harriets Seite stellte, ließ er die Klage fallen. Der Herzog hatte jedoch nicht vor, irgend etwas zu riskieren, solange Georgiana gefährdet war, eine Fehlgeburt zu erleiden. Er zwang Duncannon, Harriet nach Brüssel zu begleiten und bei ihnen zu bleiben. Kaum waren sie abgereist, ließ sich Sheridan auf eine Affäre mit der Gouvernante in Crewehall, Caroline Townsend, ein, einer intelligenten, aber einfachen

Frau. Es geschah, wie Eliza Sheridan indigniert bemerkte, »zu derselben
Zeit, als S. mich um Vergebung bat«.*

Die Duncannons trafen kurz nach dem Herzog in Brüssel ein, nicht
im mindesten versöhnt, und ihre gemeinsame Zukunft sah so düster aus
wie ihre winterliche Umgebung. »Ich beneide Deine liebe Schwester,
die Dich treffen wird«, schrieb Dorset Georgiana aus England. »Ich bin
sicher, keiner hat deine Abwesenheit aus London bitterlicher beklagt als
ich selbst.«[34] Harriets Anwesenheit zwang Georgiana, an etwas anderes
zu denken als an ihre eigenen Probleme. In den letzten Monaten hatte
sie verzweifelt versucht, Geld aufzutreiben, um ihre Gläubiger zufrieden
zu stellen. Sie bat den persönlichen Bankier des Herzogs, Cornelius
Denne, ihr unter der Hand 5.000 Pfund vorzustrecken, die er, wenn
auch unter schweren Vorbehalten, schickte.[35] Sie behielt einen Teil davon und schickte den Rest an William Galley beim Wettbüro, um für sie
bei den Rennen in Oaks, Oatlands und Derby zu setzen, »weil das Risiko
so gering ist und der Gewinn so hoch sein könnte«.[36] Außerdem erbettelte sie noch Geld vom Prinzen von Wales:

> Ich betrachte Ihre Verschwiegenheit, mein liebster Bruder, als große
> Probe und Versuchung Ihrer Zuneigung und Freundschaft. Ich fürch-
> te Weltje, Jack Payne oder Sheridan aufs äußerste. Ich bitte Sie, um
> Gottes willen, ihnen nichts auf welche Weise auch immer zu enthül-
> len. Ich würde sterben, würden sie irgendwie davon erfahren... Wenn
> Sie feststellen, daß Sie die 2.000 Pfund nicht bekommen können, ohne
> daß es bekannt wird, schreiben Sie mir dies in einem Brief und legen
> Sie ihn an *Mr. Baker* bei ... Wenn Sie die 2.000 bekommen, dann in ge-
> wöhnlichen Noten ... Ich bin ziemlich verwirrt und verzweifelt über
> das was ich hier tue ... Ich wage nicht noch einmal zu lesen, was ich ge-
> schrieben habe, und wenn ich nicht denken würde, ich könnte mich

---

* Zufälligerweise war Caroline Townsend die Tochter des verläßlichen Verwalters des
verstorbenen Lord Spencer. Als sie aus dieser Affäre ein Kind erwartete, halfen Georgiana und Harriet Sheridan, sie ins Ausland zu bringen, und bei ihrer Rückkehr
adoptierten sie das Baby. Sie nannten sie Fanny Mortimer. Sie wuchs wie ein Findel-
kind in Devonshire House auf und lebte in einer Art Unterwelt zwischen den
Dienstbotenzimmern und dem Kinderzimmer. Nach Georgianas Tod schickte Harriet Fanny auf eine Privatschule und sorgte dafür, daß sie gut verheiratet wurde. Fanny vermutete immer, entweder Harriet oder Georgiana wäre ihre Mutter, und erholte sich nie von der Tatsache, daß sie in Wirklichkeit die Tochter einer einfachen Erzieherin war. Chichester Ro Mss. 207: Mrs. Petersen an Lady Emilie Ponsonby,
November 1856. Mrs. Petersen war Harriets Zofe. Sie trat 1780 in ihre Dienste, als
Georgianas schwarzer Friseur Gilbert ihr beibrachte, wie man Haare kämmt.

auf Sie verlassen, würde ich vollkommen wahnsinnig werden. Gott
segne Sie – Welche Unannehmlichkeiten ich Ihnen doch bereite. Ich
zeichne nicht mit meinem Namen, für alle Fälle.[37]

Von sich selbst angewidert schrieb sie an Lady Spencer:

> Wenn ich keinen Sohn bekomme, habe ich kein Recht, zu erwarten,
> daß er [der Herzog] irgend etwas für meine Kinder tut; wenn ich einen
> Sohn habe, wird mir vielleicht das Elend zuteil, mit anzusehen, wie er
> verarmt und meine armen, kleinen Mädchen ganz arm werden, und
> wie ich mir selbst vorwerfe, daß dies meiner Unvernunft sowie der
> schlechten Meinung, die die Verwandten meines Ehemannes von mir
> haben, zu verdanken ist. Ich habe aufrichtig den Herzog gebeten, mir
> zu erlauben, mich für fünf oder sechs Jahre nach meinem Wochenbett
> in Chatsworth niederzulassen, und wenn ich nach London kommen
> muß, dann gelegentlich nach Chiswick und St. Albans. Vielleicht kann
> ich mich damit in ihren Augen ein wenig rehabilitieren ...[38]

Georgianas Vorsatz, sich von London zurückzuziehen, überzeugte Bess
davon, daß man den wahren Stand der Dinge nicht länger vor dem
Herzog verheimlichen dürfe. Inzwischen wußten so viele Menschen
Bescheid, daß die Angelegenheit zur Farce wurde. Der Herzog verstand zunächst nicht, was Bess ihm sagen wollte und dachte an einige
Tausend, als sie von einer beträchtlichen Summe sprach. »Ich glaube,
momentan kann ihr nichts besseres passieren, als mit den Zinsen auf ihre Schulden in Verzug zu geraten«, schrieb er, »denn dann werden sich
ihre Gläubiger eher bereit erklären, faire Bedingungen mit ihr auszu-
handeln.«[39]

Allmählich entnahm er ihren Andeutungen, daß die Summe wesentlich größer war. Aber obwohl jeder – Coutts, Calonne, Hare, Harriet
und Bess – sie drängte, alles zu beichten, bevor es zu spät war, log Georgiana noch einmal, als er sie darauf ansprach. Im März schrieb sie ihm einen Brief, der in seinem verzweifelten Bemühen, eine Enthüllung zu
verbergen, zugleich traurig und subtil war. »Warum zwingst Du mich,
mein lieber Ca[nis], zu einem Geständnis Dir gegenüber, das mich über
die Maßen aus der Fassung bringt, und jetzt nicht nötig ist?« fragte sie.
Wobei sie nicht erwähnte, daß ein Geständnis deshalb jetzt unnötig war,
weil sie vom Prinzen und von Denne Geld geliehen hatte. Außerdem
spielte sie mit der Angst des Herzogs vor einer Fehlgeburt: »Dies ist eine
Bitte, die aus der ganzen Tiefe meines Herzens kommt, und ich verlasse

mich darauf, daß Du sie mir nach meinen vielfältigen Erregungen nicht abschlagen wirst. Daß du mir die Bitte gewährst, ist für mich und mein Kind von größerer Bedeutung, als ich ausdrücken kann.« Sie bat ihn lediglich darum, noch ein wenig länger zu warten. »Könnte ich Dir sagen, bezahl dies für mich, mehr schulde ich nicht, würde ich nicht zögern, mich selbst all Deinen Tadeln auszusetzen – da ich aber noch tiefer verstrickt bin, fürchte ich die Eröffnung einer Erklärung, der ich in meinen gegenwärtigen Umständen nicht gewachsen bin.«[40] Sie flehte ihn an, Calonne und Denne nicht zur Rede zu stellen: Sie wußte, das wahre Ausmaß ihrer Schulden würde ihn in größte Wut versetzen.

Der Herzog hätte mißtrauisch werden müssen, als ihm Georgiana gewandt versicherte, daß ihr Einkommen die Zinsen auf ihre Schulden reichlich deckte. Bis zu dem Zeitpunkt, an dem das Baby erwartet wurde, hatte sie sich fast 20.000 Pfund geliehen, und ihre Gläubiger saßen ihr noch immer im Nacken. Im Mai erbettelte sie einen weiteren Kredit vom Prinzen, wobei sie fälschlicherweise behauptete, daß sie damit all ihre Schulden tilgen könne:

> Aber, mein liebster Bruder, mein Geisteszustand hat schlimmen Einfluß auf meinen Körper. Was das Geschäft mit Calonne angeht, bin ich entschlossen, dem Herzog davon zu erzählen, aber in der Absicht, ihn noch einmal um Geld anzugehen, das ich benötige, bevor ich niederkomme. Damit tilge ich alle meine Schulden außer Calonnes, den Ihren und einer geringfügigen Summe an Mr. Coutts. Das ist der Grund, warum ich Ihnen über Baker schreibe, und wenn Sie ihm noch einmal 3.000 beilegen können über Aberdeen, ist meine Ruhe während des Wochenbetts gesichert. Aber, mein liebster Bruder und Freund, wie kann ich dies von Ihnen erbitten? Ich habe meiner Schwester Ihre Freundlichkeit und Großzügigkeit geschildert, deswegen dürfen Sie zu ihr frei darüber sprechen.[41]

Harriet, die selbst nichts mehr übrig hatte, versuchte zu helfen, indem sie einige der kleineren Gläubiger bezahlte. Wie alle anderen fürchtete sie, Georgiana könnte sich aufregen und das Baby verlieren. Der Herzog willigte sogar ein, daß die Kinder England verlassen durften, weil Georgiana sie so sehr vermißte. Es war ein gefährliches und kompliziertes Unterfangen und bedeutete den Transport von mehr als dreißig Erwachsenen: Begleiter, Fußvolk, Kindermädchen, Ammen, Zofen und Stallburschen.[42] Infolgedessen trafen die kleine Georgiana und Harryo ihre Halbschwester Caroline wesentlich früher als geplant. Georgiana hatte

vor der Ankunft mit ihrer Mutter den Boden bereitet. »Charlotte, wie
ich vorher erwähnte«, schrieb sie, »wird aus dem Weg sein, von wenigen
Gelegenheiten abgesehen, und Mademoiselle de St. Jules ist, obwohl
sehr lebhaft, ein bemerkenswert ordentliches kleines Wesen und wird
den beiden bei ihrem Französisch eine große Hilfe sein.«[43]

Carolines Aufenthalt unter den Cavendish-Kindern führte natürlich zu
Spekulationen, die sie alle drei aber schnell zurückwiesen. »Sie ist ein armes, kleines Ding«, behauptete Bess unaufrichtig Lady Melbourne gegenüber. Es gab noch andere Gerüchte; einige Leute behaupteten sogar,
Georgiana sei überhaupt nicht schwanger, was sie empörte: »Wenn die,
die behaupten, ich sei nicht guter Hoffnung, mich sehen könnten, dann
hätten sie, so glaube ich, eine *offensichtliche* Antwort darauf, genau wie auf
viele andere infame Lügen.«[44] Geredet wurde nicht nur, weil sie im Ausland blieben, außerdem schien merkwürdig, daß ihre Wahl auf einen jungen Arzt namens Croft gefallen war. Es handelte sich um den Schwiegersohn von Mr. Denman, der Georgiana schon bei den früheren Geburten
beigestanden hatte. Denman fühlte sich zu alt für die beschwerliche Reise, und Croft war ein begnadeter und ehrgeiziger Geburtshelfer, mitfühlend seinen Patientinnen gegenüber und dennoch robust genug, die Un-
bilden einer Reise auf den Kontinent auf sich zu nehmen.[45] Georgiana
war seine erste bedeutende Patientin, und die Leute fragten sich, warum
der Herzog einen so unerfahrenen Arzt in die Nähe seiner Frau ließ,
wenn die Devonshires nicht vorhatten, irgendwie sicherzustellen, daß sie
mit einem Sohn zurückkehrten. Lady Spencer schloß sich der Gesellschaft Anfang Mai an, teilweise, um diese Gerüchte Lügen zu strafen.

Nach der anfänglichen Hektik blieb es während ihres achtmonatigen
Aufenthalts in Brüssel überwiegend ruhig. Georgianas Kontakte zu den
Patrioten waren hier eher in dieser Hinsicht von großem Nutzen. »Der
Umsturz hat hier stattgefunden«, schrieb sie Ende Dezember, »eine geradezu perfekte Ruhe ist eingetreten; alle Truppen haben das Land verlassen … Die Patrioten sind human und tapfer zugleich gewesen, und die
Revolution war hier wirklich erstaunlich.«[46] Die Belgier hatten jedoch
kein Verständnis für ihre royalistischen Verbindungen, und nachdem einige ihrer Briefe abgefangen worden waren, wurde ihre ganze Gesellschaft aufgefordert, Brüssel zu verlassen.

> Ich vermute, Sie haben gehört [schrieb Lord Erskine an Mrs. Monta-
> gu], daß Ihre Gnaden nur unter größten Schwierigkeiten in Brüssel

bleiben durfte, bis Lady Spencer eintraf. Die Herzogin wurde zu Bett
gesteckt, und man tat so, als sei sie in Wehen, aber selbst diese Begründung hat gerade ausgereicht, die Durchsuchung des Hauses ab-
zuwenden und zu verhindern, daß man die Familie aus der Stadt warf;
schließlich wurde ihnen die Gunst gewährt, Lady Spencers Ankunft
abzuwarten, wenn sie versprachen, dann unverzüglich abzureisen, was
sie auch taten. Wie es scheint, sind einige Briefe Ihrer Gnaden abgefangen worden, in denen politische Beleidigungen standen. Was sie
sich dabei gedacht hat, sich in die Affären der Brabanter einzumischen, kann ich mir nicht vorstellen.[47]

Sie setzten sich so schnell in Bewegung, wie das mit vier Kindern und
ungefähr hundert Erwachsenen machbar war. Georgiana war inzwischen
so behäbig, daß ihr das Gehen schwerfiel. Eine chronische Blasenent-
zündung verschlimmerte noch ihr Unbehagen. Lafayette sicherte zu,
daß niemand sie belästigen würde, wenn sie nach Frankreich zurückkehrten. Dennoch, so schrieb George bestürzt an Lady Spencer, »sind
hier alle sprachlos über Ihre Idee, nach Paris zu gehen.«[48] Sie wußten
nicht, wo sie bleiben sollten, bis die schwerfällige Karawane per Zufall
auf den Herzog von Ahrenberg stieß, der genau in die andere Richtung
floh. Er bot ihnen sein Haus in Passy, außerhalb von Paris, an. Sie erreichten die Stadt am 19. Mai und fanden sie »ausgesprochen ruhig«.
Georgiana bekam direkt nach ihrer Ankunft Schmerzen. Lady Spencer
wollte es auf keinen Fall zulassen, daß sie in einem öffentlichen Hotel
niederkam, und trieb deshalb die ganze Gesellschaft zur Eile an. »Wir
sind Gott sei Dank heil in diesem wunderbaren Haus angekommen«,
schrieb sie George, als sie Passy erreicht hatten. »Wo, hoffe ich, nicht
allzu viele Tage vergehen werden, bis die ganze Last der Angst von uns
abfällt.[49] Wenige Stunden nach ihrer Ankunft setzten bei Georgiana die
Wehen ein. Lady Spencer nahm die Sache in die Hand. Sie ordnete an,
daß Bess nach Paris zurückreiten und sich dort in der Oper zeigen sollte,
um die Spekulationen zu zerstreuen, welche der beiden Frauen nun
wirklich schwanger war. Außerdem schrieb sie dem Sekretär der britischen Botschaft, Lord Robert Fitzgerald, und der Herzoginwitwe von
Ahrenberg, zwei unbestrittenen Respektspersonen, und bat sie, zu kommen, um als unabhängige Zeugen der Geburt beizuwohnen. Bess tat, wie
ihr geheißen war, und erschien in Lord St. Helens Opernloge, wo jedermann ihre schlanke Figur sehen konnte. Sie kehrte kurz vor der Geburt
nach Passy zurück. Bei der Botschaft war die Nachricht noch nicht ein-

getroffen, aber die Herzogin von Ahrenberg war da. Sie warteten vor Georgianas Tür.

Kurz vor zwei Uhr morgens, am 21. Mai 1790, hielt die Hebamme Georgianas Kopf, damit sie den winzigen Körper in Dr. Crofts Armen sehen konnte. Es war ein Junge, der Marquis von Hartington. Wie vereinbart, betrat die Herzogin von Ahrenberg vor der Familie das Zimmer und begutachtete das neugeborene Baby. Auf ihre Freudenrufe hin eilte der Rest der Familie ins Zimmer. »Nie war ein Kind willkommener«, berichtete einer der Diener.[50] Alle weinten und fielen sich in die Arme – außer Bess und Lady Spencer. Sofort wurden Boten nach England geschickt. In Derbyshire läuteten ununterbrochen die Kirchenglocken, um die Neuigkeit im Land zu verbreiten. Der Cavendish-Clan konnte kaum glauben, daß Georgiana ihnen endlich einen Erben geboren hatte. Lord George schrieb, um ihre Bemühungen zu loben, und fügte reuevoll hinzu, »Es kommt nicht so oft vor, daß sich mir die Gelegenheit bietet.«[51]

Die Freude über Hartingtons Geburt blieb zwei Wochen lang getrübt, weil man fürchtete, Georgiana könnte sterben. Duncannon konnte es kaum erwarten, nach England zurückzukehren, aber Harriet weigerte sich abzureisen, bevor sie sich über den Zustand ihrer Schwester ganz sicher war. Erst Mitte Juni konnte Lady Spencer George mitteilen, »seit Donnerstag gibt es eine regelmäßige, schrittweise Besserung, und momentan drückt sie mit süßer, liebevoller Contenance allen ihre Dankbarkeit für deren Fürsorge und Zärtlichkeit aus – die außergewöhnliche Instabilität ihrer Nerven und die große Schwäche ihrer ganzen Verfassung sind die Probleme, mit denen wir jetzt noch zu kämpfen haben, aber Gott sei Dank läßt beides von Stunde zu Stunde nach.«[52] Wenige Tage später hatte Georgiana schon wieder etliche Partys organisiert, um zu feiern. Die Pariser Freunde brachen in Passy ein und waren froh, daß sich ein Anlaß bot, die Stadt zu verlassen. Obwohl es still war, gab es beunruhigende Zeichen dessen, was noch kommen sollte. Am 19. Juni 1790 erließ die Versammlung ein Verdikt zur Abschaffung des Adels. Alle Aristokraten ließen hastig die Wappen auf ihren Kutschen übermalen. Andere Lebensbereiche blieben jedoch unberührt, die Geschäfte gingen ohne Unterbrechung weiter, und sobald sich Georgiana wieder wohl genug fühlte, sonnte sie sich in der Aufmerksamkeit der besten Couturiers von Paris – ein Geschenk ihres dankbaren Ehemannes. »Mein Haar wird von Bezier gemacht, mein Porträt gemalt von Guérin, Mlle. Bertin und ihre diamantene Chimäre in einem Zimmer – Mlle. Gaussé und ihr Schnabel in einem anderen ...« Das erste Mal seit Monaten konnte sie sich entspannen und das Leben genießen.[53]

Die Notlage ihrer Freunde entging Georgiana jedoch nicht. Seit Oktober wurde die königliche Familie in den Tuilerien buchstäblich gefangen gehalten, wo sie den prüfenden Blicken einer Menge ausgesetzt war, die täglich kam, um sie zu begaffen und zu beleidigen. Marie Antoinette durfte sich zeitweise frei bewegen und genoß eine kurze Ruhepause von Paris in den wunderschönen Gärten in Saint-Cloud, als Georgiana ihre Kinder und Bess mitnahm, um sie zu besuchen. Schlafmangel und permanente Angst hatten die Königin gezeichnet, so daß sie an die verbrauchten Frauen erinnerte, die sie in den Tuilerien verhöhnten. Sie weinte, als sie von der Herzogin von Polignac in der Schweiz sprachen. »Sagen Sie ihr«, sagte sie mit tränenerstickter Stimme, »daß Sie eine Person getroffen haben, die sie bis an ihr Lebensende lieben wird.«[54]

Sie blieben bis Ende August in Frankreich. Lady Spencer war im Juli abgereist und hatte die Kinder mitgenommen. Little G litt unter einer seltsamen Krankheit, die Dr. Croft nicht diagnostizieren konnte, weshalb sie zu der Überzeugung kamen, daß die Kinder zu Hause besser aufgehoben waren. Für Bess war es die Ironie des Schicksals, daß ihre Tochter von ihrer Erzfeindin nach Devonshire House gebracht wurde; Lady Spencer hatte den Tag der Abreise herbeigesehnt, weshalb sie Charlottes und Carolines Zugehörigkeit zur Gruppe nicht in Frage stellte. »Ich bedaure die Abreise der Herzogin sehr«, schrieb Lady Sutherland, womit sie das allgemeine Gefühl unter den Parisern zum Ausdruck brachte. »Was Lady Elizabeth angeht, so ist sie ganz nett, aber man kann auch ohne sie auskommen, aber die Herzogin hat zahllose gute Eigenschaften und ein ausgezeichnetes Herz.«[55] Ihre Erfahrungen mit der Revolution in Frankreich und Belgien hatten Georgiana vorsichtig gemacht, politische Reformen um ihrer selbst willen zu unterstützen, obwohl sie eine unerschütterliche Whig blieb und überzeugt war, daß das Parlament ein Gegengewicht zum Monarchen bilden müsse. Dennoch kamen ihr einige Kommentare jener Whigs, die die französische Revolution unterstützten, ziemlich naiv vor. Lady Sutherland hielt fest, daß ihr Ehemann »der Herzogin von Devonshire gestern einen guten Rat gab wegen der Chance, Mrs. Cavendish zu werden, wenn Sheridan *seinen* Plan durchsetzen würde. Was anscheinend weder übelgenommen noch mißverstanden wurde.«[56] Die Franzosen verwirrte Georgianas Einstellung. »Die Aristokraten hielten sie für eine Demokratin und die Demokraten dachten, sie wäre eine Aristokratin. Wie ihre Meinung und Vorliebe auch sein mögen«, bemerkte Lady Sutherland, »j'ai raison de croire, daß sie und etc. einigermaßen mit Sheridan unzufrieden sind und zurückkehren zur *Reform*, die es hoffentlich in England nicht geben wird.«[57] Auch ohne Kinder beanspruchte das Gefolge vier Postboote. Die Devonshires reisten im ersten Boot, gefolgt von ihren Dienern mit dem Gepäck, die sich auf den übrigen Booten drängten. Georgiana ließ Hartington kaum aus den Augen. Die Reise auf den Kontinent hatte ihr den heißersehnten Sohn geschenkt und Caroline St. Jules wieder mit Bess vereinigt. Der Zweck der Reise war aber noch nicht erfüllt: Georgiana hatte ihre Schulden immer noch nicht gebeichtet, und Bess' Sohn Clifford lebte mitten im chaotischen Paris, abgeschnitten von seiner Familie.

Kapitel 15

Enthüllung

1790–1791

> *Der liberale, edle Geist der Lady, die vereint ist*
> *mit dem Oberhaupt der [Cavendish-]Familie,*
> *deren Wohltätigkeit allumfassend ist und deren*
> *Herzensgüte sich in den strahlenden Zügen der*
> *geistreichen, liebenswürdigen, leidenschaftlichen*
> *Erscheinung zeigt, hätte zum Exempel werden sollen ...*
> *Auf bewundernswerte Weise war ihr lebhaftes, quirliges*
> *Temperament geeignet, das Phlegma der Familie,*
> *mit der sie verbunden ist, zu korrigieren. Aber Feuer*
> *und Wasser können sich nicht vereinen; so erfahren wir*
> *voller Betrübnis, daß nun tatsächlich eine Trennung*
> *stattgefunden hat.*
>
> C. PIGOTT, DER JOCKEY CLUB *(FLUGSCHRIFT)*, LONDON 1792

Georgiana kehrte heim und fand die Whigs in ihren Ansichten über die Verdienste der Französischen Revolution zerstritten. Burke und Sheridan führten rivalisierende Gruppen an: Burke nannte die Revolution einen Triumph despotischer Demokratie und Sheridan sprach von einem Sieg der Bürgerrechte. Georgiana stand mit ihren Ansichten Sheridan näher als Burke, aber wegen ihrer Kenntnis der Ereignisse aus erster Hand konnte sie letzteren verstehen. Fox wollte beiden Männern ein Freund bleiben, was aber nach der Veröffentlichung von Burkes *Reflections on the Revolution in France (Betrachtungen über die französische Revolution)* im November 1790 unmöglich wurde. »Jeder regt sich über Burkes Buch auf«, notierte Bess. »Sheridan hat vor, darauf zu antworten ... Mr. Hare bewundert es sehr viel mehr als C. Fox.«[1]

Fox ließ dem Disput zwischen Burke und Sheridan seinen Lauf, bis er die Partei vollends lähmte. Auch dann zögerte er noch – weil er sich nicht entscheiden konnte, welchen der Männer er unterstützen sollte –, bis ihm Edmund Burke am 6. Mai 1791 die Entscheidung abnahm. Im Plenarsaal des Unterhauses verleugnete er ihre dreißigjährige Freundschaft. An jenem Tag wurde über die Verfassung für Quebec debattiert, ein vergleichsweise harmloses Thema, aber Burke nahm es zum Anlaß, die neue französische republikanische Verfassung anzuprangern und ebenso den »beklagenswerten Zustand von Frankreich selbst.« Fox unterbrach ihn, bevor er Sheridan zu einer scharfen Erwiderung provozieren konnte, aber seine hastige Art reizte den sensiblen Burke. Er reagierte, als ob Fox ihn persönlich gekränkt hätte, und machte seinem über Jahre angesammelten Ärger Luft, indem er sich an seinen früheren Protegé wandte und ihre endgültige Trennung verkündete. Fox sprang auf, zunächst zu schockiert, um zu sprechen, Tränen rannen über sein Gesicht. Die Fox-Anhänger und die Pitt-Anhänger schrien gleichzeitig auf, einige triumphierend, andere gequält. Horace Walpole berichtete, daß Fox, nachdem er seine Stimme wiedererlangt hatte, von Schluchzern erschüttert wurde, während er »um den Verlust von Burkes Freundschaft trauerte und sich bemühte, Buße zu tun; was vergebens war, dabei weinte Burke auch – kurz, eine rührendere Szene hätte man sich nicht vorstellen können«.[2]

Jahre später gab Georgiana zu, daß sie Fox für seinen Mangel an Führungskraft im kritischen Moment verantwortlich machte.[3] Wäre er nicht »sogar mit den notwendigen Mitteln« so sorglos umgegangen, hätte die Partei gerettet werden können. Zum einen wußte sie, daß Burkes destruktive Kritik an Fox' politischen Ansichten auf einem Mißverständnis basierte: Fox hatte die republikanische Bewegung niemals, weder in England noch in Frankreich, unterstützt. Nach seiner eigenen Auffassung vom Whig-Liberalismus war die Französische Revolution ein gewaltiges Ereignis, weil sie eine konstitutionelle Monarchie hervorbringen sollte, ähnlich der, die in England von der Glorreichen Revolution von 1688 inspiriert worden war. Er war nie für die Absetzung Ludwigs XVI. eingetreten, und als die königliche Familie drei Monate später gefangengenommen wurde, als sie versuchte, heimlich das Land zu verlassen, gab er deutlich zu verstehen, daß er die französische Monarchie verteidige. Nachdem Einzelheiten von der tragi-

schen Flucht des Königs und der Königin nach Varennes bekannt geworden waren, von ihrer Rückkehr nach Paris inmitten einer feindseligen, geifernden Menge, von ihrer Gefangenschaft in getrennten
Zellen, schrieb er unverzüglich an Lafayette und bedrängte ihn, ihre
Leben zu schützen.

Obwohl Georgiana Fox' Enthusiasmus für die Idee der Französischen Revolution teilte, hatte sie ihr Aufenthalt in Paris im vergangenen Jahr auf die damit verbundenen Gefahren aufmerksam gemacht.
Sie würde den ungezügelten Haß der Meute nie vergessen und auch
den Spott der Menge nicht, der während ihres letzten Besuchs bei Marie Antoinette von draußen vor den Toren zu hören gewesen war. Seit
ihrer Rückkehr nach England hatte sich Georgiana mit einer ausgewählten Gruppe von Engländern verbündet, die versuchten, die Revolution in vernünftigen Bahnen zu halten. Wie Fox hielt sie weiterhin
Kontakte zu den verschiedenen politischen Lagern und schrieb ihnen
regelmäßig, obwohl sie Calonne am nächsten stand. Die Flucht nach
Varennes war ein doppelter Schlag für Georgiana, denn sie hatte sich
auf ihn verlassen, den Widerstand im Sinne der Monarchie zu organisieren. Die von Graf Fersen geplante fehlgeschlagene Flucht kam für
sie absolut überraschend. Georgiana wartete nicht, was weiter passieren würde und versuchte, eine Briefkampagne zu organisieren, um die
Nationalversammlung zu aufzufordern, im Umgang mit dem König
und der Königin Besonnenheit walten zu lassen. Sie schrieb auch an
Lafayette und warnte ihn, seine Reputation stehe auf dem Spiel. Jede
Einmischung Englands ablehnend, antwortete er indigniert, daß für
die königliche Familie keinerlei Gefahr bestehe, und bat sie, dies auch
den französischen Emigranten, die nun in London residierten, mitzuteilen.[4]

Die Flucht nach Varennes war ein so unerwarteter Schlag, daß sie Georgiana und den Herzog von Dorset für kurze Zeit einander wieder näher brachte. Sie hatten seit dem vergangenen November keinen Kontakt
mehr zueinander gehabt. Georgiana hatte bei ihrer Rückkehr versucht,
eine freundschaftliche Beziehung wiederherzustellen, aber Dorset, der
eine Frau geheiratet hatte, die er verachtete, bemühte sich allzu eifrig,
ihre Affäre wieder aufzunehmen.

Mit Freuden entdecke ich Reste der alten *amitié* [erwiderte er auf ihren
Brief]. Ihr Schweigen m'a fait beaucoup de peine, aber Ihr *oublie* me fe-

rait un mal inexprimable.* Ich denke, Ihre Zuneigung gilt jemandem in Frankreich, wenigstens sind Sie beschäftigt mit quelquechose plus qu'à ordinaire, sonst hätten Sie mir viel öfter geschrieben, aber nicht herzlicher als in Ihrem letzten Brief, daher schmeichle ich mir que peu à peu vous retrouverez pour moi vos anciens sentiments.**[8]

Er fühlte sich gedemütigt, als ihm bewußt wurde, daß er sich geirrt hatte, und bis Juni gab es keinen Kontakt mehr zwischen ihnen. Als jedoch die Nachricht von der Flucht nach Varennes England erreichte, schrieb er ihr impulsiv, zunächst mit einer Entschuldigung: »Mein Schweigen, meine liebe Herzogin, entsprang keineswegs dem Motiv der Vergeßlichkeit oder méchanceté [Boshaftigkeit], sondern vielfältigen Gründen ... Dennoch bin ich sehr bereit, wieder einen Briefwechsel zu beginnen, könnte ich nur spüren, daß Ihnen der Empfang meiner Briefe in irgendeinem Maße Vergnügen bereitet und auf intérêt stößt.«[6]

Bald tauschten sie fast täglich Nachrichten aus: Dorset leitete die offiziellen Berichte aus der Botschaft weiter, Georgiana übermittelte Informationen von Calonne. Im August sandte er einen Eilbrief nach Bath: »Ganz Europa wartet begierig darauf« zu sehen, ob der König von Preußen Marie Antoinette zu Hilfe eilen würde – Georgiana müsse nach London reisen, um an Versammlungen in seinem Haus teilzunehmen.[7] Sie erwiderte ausweichend, daß es Gründe gäbe, aus denen sie Bath nicht verlassen könne, Gründe, die sie niemandem preisgeben könne.

Der Herzog hatte Georgiana Zeit gegeben, ihre Abrechnung vorzulegen bis Hartington, inzwischen Hart genannt, entwöhnt war. Sie glaubte fest daran, daß er auf einer Trennung bestehen werde, wenn er die Wahrheit erfuhr, und zögerte daher den Tag so lange hinaus wie eben möglich. Allein Bess, die ihr vehement versicherte, daß sie ihr zur Seite stehen werde, konnte Georgiana dazu bewegen, die Sache überhaupt anzugehen. Da Bess den Herzog nun für sich allein haben konnte, standen sich die beiden Frauen näher als jemals zuvor. Ironischerweise schmiedete Lady Spencer immer noch Pläne, wie sie ihre Rivalin aus dem Devonshire House vertreiben könnte. Sie hatte sich mit der Gouvernante der Kinder, Selina Trimmer, während ihres Aufenthalts in Frankreich angefreundet

---

* »Ihr Schweigen hat sehr wehgetan, aber wenn Sie mich vergessen hätten, wäre das schmerzhafter als mit Worten auszudrücken.«
** »Daher schmeichle ich mir, daß Sie Stück für Stück Ihre früheren Gefühle für mich wiederentdecken werden.«

und bediente sich ihrer Hilfe, um Bess auszuspionieren und zu peinigen.*
Monatelang ahnte Georgiana nichts von der Allianz zwischen ihrer Mutter und Selina. Es waren die kleinen Dinge, die ihr zuerst auffielen: Selina
schien ihre Pläne schon im voraus zu kennen, und ihre Mutter wußte
über die Vorfälle im Kinderzimmer ebenso so gut Bescheid wie sie selbst,
wenn nicht besser. Dann bemerkte sie, daß andere Bedienstete Anweisungen von Selina entgegennahmen und sich Bess gegenüber ausgesprochen
überheblich verhielten. Eines Tages, als sie Hart gerade im Kinderzimmer stillte, öffnete sich die Tür, und Bess trat ein. Das Kinderzimmerper-
sonal, angeführt von Selina, blieb sitzen, als ob nur ein Dienstbote eingetreten sei. Der Angriff war gezielt. 1782 war Bess ursprünglich als »Charlottes Gouvernante« in Devonshire House eingetroffen.

Georgiana erriet, daß eine Autorität – es konnte also nur ihre Mutter
sein – Selina ermutigte, was sie zu einem ihrer seltenen rebellischen Akte
provozierte.

> Ich hege den dringenden Verdacht, daß – erhoben und ein wenig ver-
> dorben, wie ich argwöhne, von Ihrer Freundlichkeit – [Selina] begon-
> nen hat, über Dinge zu sprechen, die außerhalb ihrer Befugnisse lie-
> gen. Ich habe, liebste M., eine hohe Meinung von Miss T.s Prinzipien
> und ihren erzieherischen Fähigkeiten, aber ich finde sie so verändert
> vor, sie scheint zu glauben, daß sie von mir unabhängig ist, so daß es
> mir wirklich unmöglich wird, sie nicht zu verdächtigen … Wenn ich je
> entdecke, daß sie sich in andere Dinge außer der Sorge um die Erzie-
> hung einmischt, oder daß sie, in irgendeiner Weise, zwischen Ihnen
> und mir steht, könnte ich eine Person, die ich in diesem Licht sehe,
> keinen Moment länger mit mir im gleichen Haus erdulden.

Georgiana erklärte Lady Spencer ihre Gefühle in untypischer Deutlichkeit: »In der schwierigen Rolle, in die mich Ihre Mißgunst gegenüber

---

* Selinas Mutter, Sarah Trimmer, war eine bekannte Erzieherin, deren Bücher für Kinder Geschichten um moralische Themen enthielten, so etwa zum Thema Freundschaft mit Tieren. Lady Spencer dachte, es sei wunderbar, wenn die religiöse und
nüchterne Selina einwilligen würde, die Gouvernante ihrer Enkelkinder zu werden.
Georgiana willigte in die Bitte ihrer Mutter, Selina einzustellen, ein, machte sich
aber nicht klar, daß die Gouvernante es für ihre heilige Pflicht hielt, die Unregelmäßigkeiten im Haushalt der Devonshires zu berichten. Sie teilte leidenschaftlich die
Meinung ihrer Patronin, daß jemand die Kinder vor dem unmoralischen Lebensstil
ihrer Eltern beschützen müsse. In kürzester Zeit betrachtete Lady Spencer Selina
wie eine eigene Tochter.

Lady Eliz versetzt, zusammen mit meinen Geldsorgen, kann ich nicht auch noch unter dem Unbehagen leiden, mit ansehen zu müssen, wie eine junge Person, die Sie gerade zwei Jahre kennen, mehr von Ihrem Vertrauen genießt und mehr von ihren Absichten weiß als ich selbst.«[8]

Georgiana versuchte gleichzeitig, die Frage von Bess' Aufenthaltsort ein für alle Mal zu klären: Sie lebe mit ihnen, weil sowohl sie als auch der Herzog es so wünschten. »Ich wurde in ein höchst kompliziertes Elend gestoßen. Ich hatte mich in Irrtümer verstrickt, die viele andere Männer dazu veranlaßt hätten, mich fallen zu lassen«, erklärte sie, und Bess' Einfluß sei es zu verdanken, daß die Ehe intakt geblieben sei. »Ihre Gesellschaft war uns ein Vergnügen, und ihre Freundlichkeit und Zuneigung milderte die Bitternis, die [meine] Mißgeschicke über uns gebracht hatten. Und die Mutter, die ich anbete …, wirft sich in die andere Waagschale, vergißt die Zuneigung, die ihr Schwiegersohn ihr gegenüber gezeigt hat und sagt nur: Ich werde sie ihrer Freundin oder meiner Unterstützung berauben.«[9] Nach dieser stark vereinfachenden Beschreibung ihrer häuslichen Situation fiel es Lady Spencer schwer zu streiten, ohne in schmerzvolle und komplizierte Details zu gehen. Sie hatte miterlebt, wie unglücklich Georgiana anfangs gewesen war, und nie würde sie Bess' triumphierenden Blick in jenem ersten Sommer in Chatsworth vergessen können. Ihre Tochter beharrte, daß der Herzog »mir oft gesagt hat, daß er (falls wir weiterhin zusammen leben, woran mich mein unglücklicher Umgang mit Geld zweifeln läßt), sollte ich auch nur einen Moment der Unsicherheit ihr gegenüber verspüren, weit davon entfernt wäre, zu wünschen, daß sie bei uns lebt«, aber Lady Spencer betrachtete diese und ähnliche Proteste mit äußerster Skepsis.

Während sie Bess gegenüber Lady Spencer verteidigte, enthüllte Georgiana unbewußt ihre eigene Affäre mit Grey. Sie wiederholte im nächsten Brief, daß dem Herzog mit der gleichen Wahrscheinlichkeit ein Seitensprung unterstellt werden könne, wie ihr selbst: »Würde ich selbst in einer Affäre entdeckt, könnte Ihnen nicht unwohler sein als bei der Möglichkeit, daß Ihr Schwiegersohn ein Verhältnis hätte.«[10] Wenn Lady Spencer vom Thema des Briefes nicht abgelenkt gewesen wäre, hätte die Sprache des Briefes sie darauf aufmerksam machen müssen, daß hier eine versteckte Beichte abgelegt wurde. So erschütterte sie nur der verzweifelte Ton ihrer Tochter: »Um Gottes willen, haben Sie Mitleid mit mir, mir ist so unwohl und so elend«. Lady Spencer versprach, sie

würde niemals und mit niemandem über Bess sprechen, was sie auch nie
getan hätte, wenn man von gelegentlichen »kleinen Ausbrüchen der Ungeduld im Gespräch mit Deiner Schwester absah ... Ich bereue aus tief-
ster Seele, daß mir vielleicht eine Andeutung entschlüpfte, mit der ich
Dir Schmerzen zufügen könnte.« Schnell schwenkte sie auf Georgianas
Schulden um. »Sag' nicht, daß Geldsachen aussichtslos sind«, drängte
sie. »Ein fester Wille, auch kein Yard Bordüre zu kaufen, wird in kurzer
Zeit Wunder bewirken, die Du Dir kaum vorstellen kannst. Dies ist ein
unangenehmes Thema, aber eines, bei dem ich, wie ich denke, manchmal von Nutzen sein kann.«[11]

Hart wurde im November entwöhnt, und Georgiana blieb es nicht erspart, eine Liste ihrer Gläubiger zusammenzustellen. Freunde und Familie, besonders Sheridan und Hare, flehten sie an, nichts zu verschweigen.
Schließlich offenbarte sie eine Liste mit über dreißig Namen, von denen
einige überraschten, wie »Scafe, 2.638 Pfund: Bruder eines Dieners«,
und andere, die auf zweifelhafte Geschäfte in der City schließen ließen –
»Statta: 3.700 Pfund: eine Betrügerei.« Die Summe belief sich auf 61.917
Pfund (in heutiger Währung circa 3.720.000 Pfund). Aber, wie einige gefürchtet hatten, war dies eine geschönte Darstellung ihrer Situation:
Nicht erwähnt hatte sie beispielsweise die Tausende, die sie vom Prinzen
geliehen hatte, ebenso wenig die Leibrente auf Lebenszeit über 500
Pfund, die sie an William Galley, den Buchmacher des *ton* zahlte.

Um ihre Zerknirschung zu zeigen, bat Georgiana ihre Treuhänder, ihr
Vermögen an den Herzog abzutreten, was sie im Fall einer Trennung
mittellos zurücklassen würde. Traurige Ironie, bedachte man Harriets
Tapferkeit, mit der sie sich geweigert hatte, ihre Mitgift Duncannon zu
überschreiben. Mit diesem Akt, zu dem sie sich eher aus einem Schuld-
gefühl denn aus Überlegung hatte hinreißen lassen, gelang es ihr nicht,
den Herzog oder die Cavendishs zu beschwichtigen. Bess riet Georgiana
dringend, den Herzog allein zu lassen und ihr zu vertrauen, daß sie ihn
allmählich dazu bewegen könne, die Summe zu akzeptieren. Georgiana
hörte auf diesen Rat, aber die Angst, mit der sie auf seine Entscheidung
wartete, verursachte ihr Kopfschmerzen, die sie zeitweise tagelang völlig
entkräfteten. »Ich habe keine Ahnung, was künftig mit mir werden
wird«, vertraute sie ihrer Mutter an.[12] Lady Mary Coke fiel auf, daß
Georgiana kaum noch ausging. »Noch nie war die Herzogin von Devonshire so wenig im Gespräch wie in diesem Winter.«[13]

Im Februar, während der Herzog noch nachdachte, erlitt die Börse den bis dahin größten Kollaps eines privaten Aktionärskonsortiums. Laut Lady Mary

> ist es das Gespräch in der Stadt ... [Georgiana] hat, wie es scheint, an der Börse spekuliert, und zwar in solchem Ausmaß, daß ihr Verlust jetzt zu erheblich ist, um länger geheim zu bleiben. Es wird geredet, sie habe 50.000 Pfund verloren, und wenn man dem Tagesbericht Glauben schenken kann, wird sie als lahme Ente [unzuverlässiger Spekulant] angeprangert. Mir tun der Herzog von Devonshire und seine ganze Familie leid, die insgeheim diese große Torheit Ihrer Gnaden spüren müssen. Über lange Zeit haben ihre Freunde ihr sämtliche Unbedachtheiten verziehen und diese mit ihrer Jugend entschuldigt – nachdem diese Ausrede nun nicht mehr für sie vorgebracht werden kann, was sollen sie sagen?[14]

Harriet war genauso betroffen. »Sicher muß es in der Erziehung große Versäumnisse gegeben haben, wenn sich zwei Töchter so entwickeln«, sinnierte eine Mrs. Trevor gegenüber Lady Hestor Stanhope.[15] Andere, wie ihre Schwägerin Lavinia, schoben es auf den Charakter. Sie empfand keinerlei Mitleid und machte Georgianas Maßlosigkeit für ihre mißliche Lage verantwortlich. »Was Ihre Schwester angeht«, wetterte sie bei George, schiebt sie ständig Krankheiten vor, um damit zu erklären, warum sie alle vernachlässigt, kann aber gleichzeitig an Dinners mit zwanzig Leuten teilnehmen und in die Oper gehen und an Versammlungen teilnehmen und Besuch zu Hause empfangen ... Wenn sie mir auch nur einen roten Heller wert wäre, würde es mich kränken – aber so wie die Dinge jetzt zwischen uns stehen, hoffe ich, daß sie sich nie wieder die Mühe macht, zu mir kommen.«[16] Außerdem wurmten sie die fünfhundert Pfund, die Georgiana sich geborgt und noch nicht zurückgezahlt hatte. Lavinia und George waren immerhin gezwungen gewesen, für ein Jahr ins Ausland zu gehen, um die Schulden des verstorbenen Lord Spencer auf den Besitz zurückzuzahlen.

Die Cavendishs machten dem Herzog klar, er wäre ein Narr, wenn er seine Frau noch länger unterstütze, und die Herzogin von Portland beschuldigte sie während eines lautstarken Familientreffens, an dem über ihre Schulden gesprochen wurde, der Böswilligkeit. »Ich bin einer Leidenschaft verfallen«, war alles, was Georgiana zu dieser Konfrontation zu sagen wußte, aber die Heftigkeit der gegen sie gerichteten Gefühle entsetzte sie. Die furchterregende Schwester des Herzogs verbannte Georgiana aus der Familie; von nun an würden sie sie in der Öffentlichkeit schneiden und ihr privat aus dem Weg gehen. Diese Strafe war härter, als sie erwartet hatte. »Ist es nicht furchtbar, die Herzogin immer wie eine Schwester behandelt zu haben«, schrieb sie an Coutts, »mein Haus mit ihr geteilt zu haben wie ihr eigenes; immer besorgt gewesen zu sein, ihr meine Zuneigung zu zeigen, und jetzt, wo ich in Not bin und elend, zu fühlen, daß alle Hoffnung auf Versöhnung vergebens ist.«[17]

Das Elend, auf das sie sich bezog, war nicht nur finanzieller Art. Harriet war nach einer Art Schlaganfall zusammengebrochen. Sie war einseitig gelähmt und litt unter heftigen Anfällen. Was ihr wirklich zugestoßen war ist unklar und wurde zu der Zeit streng geheim gehalten. »Sie hat eine sehr schwere Krankheit, deren genaue Ursache auch die Mediziner nicht ergründen konnten«, war alles, was selbst enge Freunde wußten. Mrs. Damer glaubte an ein »inneres Leiden«, als Folge einer Fehlgeburt. Die Phantasiebegabteren erklärten: »Sie war überhaupt nicht krank, ihr Ehemann hat sie bloß eingesperrt.«[18] Es könnte sich um eine verpfuschte Abtreibung oder – wahrscheinlicher – einen Selbstmordversuch gehandelt haben. In den Gerüchten wurde immer wieder Duncannon genannt, so daß auch er eine finstere Rolle gespielt haben könnte. Geschichten über Mißhandlungen tauchten nach dem Vorfall nicht mehr auf; vielleicht war er so schockiert, daß er sein Verhalten änderte.

Die Krankheit ereignete sich, kurz bevor Harriet und Georgiana an der Börse bloßgestellt wurden. Nathaniel Wraxall deutete in seinen Memoiren auf dunkle Geschehnisse hin: »Einige Jahre später ging Sheridan eine Partnerschaft mit zwei Damen höchsten Rangs ein, die ich aber nicht beim Namen nennen werde, mit denen er Käufe und Verkäufe von Staatspapieren tätigte – allgemein Stümpern genannt. Die Spekulation erwies sich als höchst unglücklich, denn sie strauchelten und wurden zu ›lahmen Enten‹. Die Bankrotterklärung der Firma war auch nicht das einzige Übel in der Folge dieses Experiments; aber das Thema ist zu delikat ...«[19] Die Gerüchte über Georgiana und Harriet erreichten Coutts in Frankreich, der unverzüglich eine Erklärung von Georgiana verlangte, aber sie leugnete, daß ihr Name im Spiel war:

Was immer ich dummerweise verloren habe, ist sofort bezahlt worden, außerdem weiß ich von keinem Fehlbetrag – welcher Vorfall
diesen Bericht verursacht haben könnte, weiß ich nicht ... Die Wahrheit ist, daß meine Angelegenheiten seit Ihrer Abreise unverändert
sind, was schlimm genug ist, aber nicht schlimmer als Ihnen bekannt.
Es hat keine Entdeckung gegeben – meine Eröffnung dem Herzog
gegenüber war freiwillig, und es war mein Glück, daß ich sie gemacht habe. Ich bin von ganzem Herzen überzeugt, daß alles zurückgezahlt werden wird; aber die Unsicherheit meiner Lage ist
fürchterlich.

Sie leugnete ebenfalls die Berichte über Harriet: »Ihre Krankheit war eine Fehlgeburt, auf die eine Entzündung der Gebärmutter und der Ge-
därme folgte. Zehn Tage lang war sie in höchster Gefahr, aber Gott hat
sie mir wiedergegeben.«[20] Während sie gelähmt dalag, bekam Harriet
auch noch eine Lungenentzündung, und ihr Husten beschädigte ihre
Lungen. Die Familie ergab sich in ihr bevorstehendes Ableben.

Nach mehreren Monaten aufreizenden Schweigens zeigte sich der
Herzog gegenüber Georgiana und Harriet überraschend großzügig. Er
ignorierte den ausdrücklichen Befehl seiner Familie, seine Frau und ihre
Verwandten zu verlassen, und mietete ein Haus in Bath. Es war groß genug, um seine und Harriets Kinder aufzunehmen und beide Familien zogen ein. Berichte, die seine wahren Gründe aufdecken, nämlich, sich um
Harriet zu kümmern und Georgiana zu beschützen, sind nicht erhalten
geblieben. Es steht jedenfalls fest, daß er sich nicht nur seiner Schwägerin verbunden fühlte, sondern außerdem mehr Verständnis für Georgiana aufbrachte. Er liebte sie nicht, aber nach fünfzehn Ehejahren gab es
ein unauflösbares Band zwischen ihnen. Möglicherweise glaubte der
Herzog, er sei ihr zu Dankbarkeit verpflichtet, weil sie wegen Bess und
Caroline St. Jules nachgiebig gewesen war. Trotz all dem, was zwischen
ihnen vorgefallen war: Indem er Georgiana jetzt unterstützte, versuchte
der Herzog zu zeigen, daß er sich über seinen Sohn freute, und daß er ihr
vergeben hatte, ihn angelogen zu haben. Seiner Ansicht nach gab es keinen Grund, warum sie nicht immer so weiterleben sollten.

Die *Morning Post* schätzte die Loyalität des Herzogs und berichtete:
»Der Herzog und die Herzogin von Devonshire befinden sich in Bath,
wo sie in puncto Manieren mit *bestem Exempel* vorangehen, indem sie
die langwierige Krankheit ihrer Schwester Lady Duncannon lindern.«[21]
Harriet blieb einige Monate in Bath, unter der Obhut von Dr. Warren

und der Fürsorge von Lady Spencer, Georgiana und Bess. »Meine liebe Schwester hatte letzte Nacht wieder diese schrecklichen Krämpfe«, teilte Georgiana Coutts im Juli 1791 mit, »die sie sehr geschwächt haben, und obwohl wir gewisse Anzeichen erkennen, daß ihre Empfindung zurückkehrt, sind diese schmerzhaften Anfälle ganz schrecklich.«[22] Dr. Warren verordnete ein mildes Klima, womit ihrer Gesundheit am besten geholfen wäre. Lissabon schien die ideale Wahl, wo es warm und trocken und das Land frei von politischen Unruhen war. Einziges Hindernis an der Durchführung dieses Plans war Harriet selbst, die erklärte, lieber sterbe sie, als daß sie allein in Begleitung ihres Mannes ins Ausland gehe.

Es war noch nichts entschieden, als die Romanautorin Fanny Burney im August Georgiana ihren ersten und einzigen Besuch abstattete. Die ehemalige Kammerfrau der Königin wohnte bei ihrer Freundin Mrs. Ord, während sie sich an den Ruhestand gewöhnte. Der Wechsel in einen bürgerlichen Alltag entpuppte sich als größerer Schlag, als sie erwartet hatte, und so nahm sie die Einladung ihrer Freundin, bei ihr in Bath zu wohnen, dankbar an. In den vergangenen fünf Jahren hatte sie der Königin und sechs Prinzessinnen auf Abruf zur Verfügung gestanden, von 7 Uhr morgens bis 12 Uhr nachts. Sie bewunderten sie und vertrauten ihr, aber trotzdem hatte Fanny die emotional belastende Stellung erschöpft. Natürlich teilte sie das Mißfallen ihrer bisherigen Arbeitgeber für die Whigs und glaubte alle Gerüchte, die bei Hof über sie zirkulierten. Sie war entsetzt, als sie durch die Freundschaft zwischen Mrs. Ords und Lady Spencer in Kontakt mit Damen solch »besudelten« Charakters kam. Ihr Bericht über das Zusammentreffen mit Georgiana, Harriet und Bess bietet eine einzigartige Beschreibung einer Außenstehenden von der häuslichen Situation in Devonshire House.

Fanny war Lady Spencer bereits 1783 auf einer Party vorgestellt worden, wo sie aber kaum mit ihr gesprochen hatte. Nachdem sich ihr jetzt die Gelegenheit geboten hatte, Lady Spencer sorgsam zu studieren, entschied sie, daß sie bei allem gottesfürchtigen Getue in der Hauptsache eine ermüdende Selbstdarstellung bot. Burney wollte Lady Spencer schon als Pedantin und Ekel abtun, als diese begann, über Harriet zu reden: »Sie sprach von Lady Duncannons Situation mit tiefer Sorge und verbreitete sich über deren Ergebenheit in ihr Schicksal, ihre Bereitschaft zu sterben und die Vorzüglichkeit ihrer Prinzipien, und das mit einer Beharrlichkeit und Gefühlsseligkeit, daß Überraschung und Verlegenheit mich ziemlich überwältigten.« Fanny schockierte Lady Spencers Hervorhebung von Harriets Prinzipien; sie wußte, was jedermann in London wußte – daß Harriet Duncannon nie treu gewesen war, daß sie eine Affäre mit Sheridan gehabt hatte und daß Duncannon eine Scheidung so lange zurückhielt, bis sein Vater gestorben war, »damit die Trauer über solch ein Ereignis seine Tage nicht verkürzt«. Sie hatte sogar von dem Gerücht gehört, daß Harriet versucht habe, sich zu vergiften. Dennoch sprach Lady Spencer mit solcher Überzeugung, daß Fanny sich erstaunt fragte, »Kann es sein, daß sie trotz allem unschuldig ist? Oder macht ihre Mutter sich etwas vor?«[23]

Der folgende Tag bot ihr die Gelegenheit, darüber selbst zu befinden. Ihr Besuch bei Lady Spencer wurde irgendwann von Harriets Bediensteten unterbrochen, die die Tür öffneten und die Invalidin hereintrugen. »Ich spürte einen unüberwindlichen Widerwillen, mich mit ihr in einem Zimmer aufzuhalten«, berichtete Fanny, und sie wandte der Gestalt, die auf dem Sofa lag, eine unfreundliche Miene zu. Harriet forderte Fanny auf, neben ihr zu sitzen, und das in einer schwachen Stimme, die kaum mehr als ein Wispern war, was ihr einige Gewissensbisse verursachte, aber dennoch nicht ausreichte, der Einladung nachzukommen. Burney wollte an ihrer Verachtung festhalten, was ihr mit fortschreitender Zeit jedoch mißlang:

> Ich bemerkte, daß sie ausgesprochen gut, wenn auch einfach und teilweise wie eine Kranke gekleidet war: teilweise sage ich, denn außer ihrer *Haube* trug sie einen *Hut mit Feder* … Was ihre Schönheit angeht, so hat sie in meinen Augen nie vorher so vorteilhaft ausgesehen. Die Krankheit hatte ihre Züge weich gemacht und ihrem Gesicht einen interessanten Ausdruck verliehen, so daß ich in ihr keinesfalls jene Dame wiedererkannt hätte, die ich in früheren Tagen so wenig bewundert habe. Auch der Klang ihrer Stimme, gedämpft aus demselben Grund, ist weich, süß und eindringlich. Wann immer sie sprach, zog sie meine ganze Aufmerksamkeit auf sich, wenn auch unwillentlich, und ihre Worte und ihre Art verschafften sich Ausdruckskraft, indem sie trotz ihres erbärmlichen Zustands etwas Heiteres ausstrahlte oder Dankbarkeit für die ihr angebotenen Dienste.

Dann trat Duncannon ein und stellte mit einem Geschick, das Außenstehende vollkommen irreführen konnte, seine Zuneigung zur Schau: »Was soll ich sagen, zu meiner größten Überraschung sah ich ihn zu sei-

ner Frau eilen, sanft anfragen, wie sie sich fühlte, und den Sitz einnehmen, den ich abgelehnt hatte! ... Nur er selbst durfte sie [in den Roll-
stuhl] hineinheben, und er war so schweigsam, still und zurückhaltend in
allem, was er für sie tat, daß ich klar erkannte, er half ihr aus Zuneigung,
nicht aus Gehabe.«[24]

Während Fanny Burney sich fragte, ob Harriet tatsächlich der Verbrechen schuldig sein könnte, die ihr vorgeworfen wurden, trafen noch
weitere Familienmitglieder ein. Selina brachte die kleinen Mädchen herein, die in bester Stimmung waren, denn es war Harryos Geburtstag.
Fanny missfiel Selinas selbstgefälliges Benehmen:

> [Sie] ist eine angenehme, aber keine hübsche junge Frau, und obwohl
> sie von ihrer Mutter die Liebenswürdigkeit und Heiterkeit hat,
> scheint sie mir von den Vorzügen ihrer veränderten Situation zu sehr
> eingenommen. Absolut gekünstelt ist sie nicht, aber auch nicht natür-
> lich. In der Art und Weise ihres Auftretens, mit der sie von der Ein-
> fachheit abweicht, ahmt sie jene Verhaltensmuster des vornehmen Le-
> bens nach, die sie immer vor Augen hat. Sie scheint, um es kurz zu sa-
> gen, nicht einfach zu genießen, daß man sie zu *einer der ihren* gemacht
> hat, sondern ist peinlich bemüht auszudrücken, daß sie sich selbst ge-
> nauso sieht. Sie fühlte sich unwohl, und Lady Spencer war ausgespro-
> chen liebevoll zu ihr.[25]

»Die kleine französische Lady«, wie sie Caroline St. Jules nannte, mißfiel
ihr ebenfalls. Caroline erschien ihr, verglichen mit der »glücklichen We-
sensart« der Cavendish-Mädchen, wie ein anderes Geschöpf; »Sie war
fett und von affektierten Gehabe und Getue.« Zweifellos hatte sie dies
von ihrer Mutter gelernt, dachte Fanny, die auch über diese Gerüchte gehört hatte: »Im Vergleich mit den Geschichten, die über *sie* erzählt werden, ist ein *Skandal* nichtig – hier tut sich SCHANDE auf.« Das Erscheinen von George Spencer, dessen ernsthaftes Auftreten und ehrliches Gesicht sie positiv beeindruckten, besänftigte Burneys entflammte Gefühle
eine Weile, bis Georgiana und Bess hereinflatterten. Lady Spencer machte kein Hehl aus ihrer Abneigung gegen Bess; Georgiana stellte sie Fanny
mit einem Hauch von Stolz und Befriedigung vor und »dann sagte sie
leichthin, als ob unvermeidbar: ›Lady Elizabeth Foster‹.«

Zu diesem Zeitpunkt überwog Fannys Neugier bereits ihre moralische
Entrüstung, und sie wollte dringend mehr über diese berüchtigte Clique
erfahren. Aber Bess stürzte sich, »zu meiner größten Provokation«, auf

sie und belegte sie vollkommen mit Beschlag, während sich Georgiana mit Harriet unterhielt. Sie plauderte fröhlich weiter, obwohl Fanny nicht entging, daß »ihr allgemeines Talent zu blenden durch meine Kälte und Reserviertheit gedämpft wurden«. Caroline lief recht häufig zu Bess, aber »ich beobachtete, daß sich ihr keines der anderen Kinder je näherte und sie auch keines zu sich rief.« Im Gegensatz dazu bewegte sich Georgiana ungezwungen durch den Raum und führte die Kinder zu allerlei Spielen »wie der Rattenfänger von Hameln«. Das Wissen, daß Bess ihr illegitimes Kind vor allen zur Schau stellte, machte der respektablen Fanny schwer zu schaffen: »Etwas würgte während dieser kleinen Szene in meinem Hals, so daß es mir wirklich schwerfiel ... ihr zu antworten.« Die Unterhaltung überzeugte sie davon, daß »Lady Elizabeth die generelle Eigenart besitzt, den ganzen Witz, die ganze Raffinesse, den ganzen Charme und die ganze Verderbtheit der Herveys geerbt zu haben.«

Dieses Urteil über Bess trübte Fannys Blick für Georgiana, die sie für das Opfer der Absichten ihrer Freundin hielt. »Ich fand sie nicht so schön, wie ich erwartet hatte, ungeachtet der vielfältigen Berichte; aber Wohlerzogenheit, Höflichkeit und sanfte Ruhe fand ich in wesentlich größerem Ausmaß vor.« Als sie Bess endlich entkommen konnte, um mit Georgiana zu sprechen, zählte sie sie zu den angenehmsten Frauen, denen sie je begegnet war: belesen, interessiert an ihren Mitmenschen und eine interessante Gesprächspartnerin. Fanny hielt fest, »daß man diese berühmte Frau unmöglich betrachten kann ohne die heftigste Neigung, sie zu bewundern und zu mögen.« Infolgedessen:

> Ich stellte mir alle möglichen Dinge über Lady Liz Foster vor. Ich stellte mir vor, daß während – aus irgendeinem unvermeidlichen Pakt mit dem Herzog heraus – [Georgiana] zustimmte, diese zu unterstützen und sie als ihren eigenen Gast zu betrachten, sie innerlich verletzt, beleidigt und unglücklich war ... Sie fügte sich mit höchstem Anmut darein, ihren *eigenen* Charakter zu retten, indem sie so tat, als hege sie keinerlei Zweifel an dem von Lady Elizabeth, nur daß sie in ihren innersten Gedanken solch eine Kameradin verabscheute und eine hoffnungslose und hilflose Wut gegenüber ihrer eigenen Situation empfand. Es wird allgemein angenommen, daß ihre schrecklichen Extravaganzen ihr die Zustimmung zu dieser unnatürlichen Hausgenossenschaft abnötigen, aufgrund der Drohungen des Herzogs, daß sie sich trennen würden! Was für ein Preis für ihre Unbesonnenheit ... All das dachte ich, all das glaubte ich von Zeit zu Zeit in ihrem Verhalten zu lesen – und ich fand mich sehr besorgt um sie in dieser Situation.

Ihre Beurteilung schien sich zu bestätigen, als sie Georgiana und Lady Spencer wenige Tage später ohne Bess auf dem Weg in die Stadt traf. Sie schien »unbeschwerter und lebhafter, und demzufolge als Person liebenswerter ... Mir kam auch der Gedanke zu ihren Gunsten, daß die Anwesenheit der abscheulichen Lady Elizabeth vorher ihre Stimmung bedrückt hatte, die sich nun, da sie von ihr getrennt war, wieder belebte. Auf jeden Fall war sie jetzt eine ganz andere Frau, heiter, leicht und charmant. Das letzte Beiwort könnte in der Tat für sie geschaffen worden sein.«

»Diese Bekanntschaft ist für *mich* einzigartig gewesen!« schrieb Burney, als sie Bath verließ. »Daß ich, nachdem ich die Königin verlassen hatte, ausgerechnet als erstes den Kopf der *öffentlichen Opposition*, die Herzogin von Devonshire besuchen sollte! ... Ich ging mit äußerst gemischten Gefühlen von Schmerz und Wohlgefallen. Die schrecklichen Geschichten, die über das erbärmliche Verhalten eines so öffentlichen Paares zirkulierten, machten mich schaudern angesichts ihrer Fähigkeit zu gefallen.«[26] Immerhin entschloß sie sich, alle zu mögen außer Bess, die sie für unwiderruflich schlecht hielt. Außerdem hatte sie entdeckt, daß Georgiana etwas zu schaffen machte. »Von Natur aus scheint sie über enorme Lebensgeister zu verfügen, aber sie kam mir nicht glücklich vor. Ich fand, daß sie innerlich bedrückt aussah – obwohl sie eine natürliche Heiterkeit ausstrahlt, von der ich glaube, daß sie sie selten verläßt.«[27] Sie konnte die wahren Gründe nicht kennen: Georgiana war schwanger mit Charles Greys Kind.

Harriet und Bess hatten von Anfang an Bescheid gewußt, seit Georgiana es selbst entdeckt hatte. »Mehr Vertrauen und eine engere Freundschaft, als sie über viele Jahre zwischen meiner Schwester, Lady Elizabeth und mir bestand, hat es nie gegeben«, hatte Harriet einmal über ihr Verhältnis gesagt. »Um Streitigkeiten dennoch zu vermeiden, haben wir es uns vor einer ganzen Weile zur Regel gemacht, nichts Großes oder Kleines, das uns persönlich betrifft, voreinander zu verbergen, und nie irgend etwas weiterzugeben, das unsere jeweiligen Freundinnen angeht, es sei denn auf deren ausdrücklichen Wunsch oder mit ihrer Zustimmung.«[28] Sie hatten Georgiana wiederholt gewarnt, vorsichtig zu sein, aber sie war blind, wenn es um Grey ging. »Sie bringt mich zur Verzweiflung«, beklagte sich Bess bei Lady Melbourne, die Georgiana auch Vorhaltungen gemacht hatte, »sie bildet sich ein, daß sie ihm mehr verbunden ist, als sie es in meinen Augen überhaupt sein kann.«[29]

Georgiana war wie von ihm magnetisiert. Sie bemühten sich überhaupt nicht um Diskretion, und die Art, in der Grey sie bei Partys in aller Öffentlichkeit vereinnahmte oder mit ihr zürnte, wenn er sich vernachlässigt fühlte, entsetzte auch die tolerantesten Mitglieder des Kreises. Niemand wollte, daß aus ihr eine zweite Lady Derby wurde. Sheridan nahm es auf sich, ihr die Augen zu öffnen: »Da ist noch ein Thema, über das ich ganz dringend mit Dir sprechen möchte – obwohl ich Angst habe – aber sei Du nicht ängstlich, denn es betrifft nur *Dich selbst* und interessiert mich nur deswegen, weil es so gefährlich für Dich ist.«[30] Aber sie wollte nicht hören. Er war ihr während der Abwesenheit des Herzogs nach Bath gefolgt und wurde häufig beobachtet, wie er im Haus aus- und einging. Wegen ihrer mangelnden Vorsicht fürchtete Bess täglich das Erscheinen der Zeitung, weil sie damit rechnete, daß die Presse über sie schrieb. Hilfe kam aus einer unerwarteten, wenn auch unangenehmen Quelle. Lady Spencer, so teilte Bess Lady Melbourne mit, »hat einen anonymen Brief erhalten, und ihre Befehle, wie Sie wissen, sind unumstößlich und ihre Wachsamkeit außergewöhnlich; [verglichen mit Lady Spencer] wären Ihre Briefe und mein Flehen nur ein Tropfen im Ozean.« Sie verurteilte ihre Tochter und beschuldigte Bess und Harriet der Mittäterschaft, aber immerhin schaffte Lady Spencer es, Georgiana so einzuschüchtern, daß sie schwor, Grey nach London zurückzuschicken. Sie durfte sich auch nicht mehr von ihm verabschieden. »Von Freitag bis heute morgen, als er abreiste, haben wir in Angst und Schrecken gelebt«, fuhr Bess in ihrem Bericht an Lady Melbourne fort. »Aber ich bin glücklich, Ihnen mitteilen zu können, daß sie ihm kein heimliches Treffen gewährt hat, und sie ist auch selber nicht abgereist, wie ich gefürchtet hatte ... Wenigstens hat sie sich so nicht weiter verstrickt, und seine jetzige Abwesenheit muß die Sache zu einem guten Ende bringen.«[31]

Lady Spencer schrieb George von ihrer Genugtuung, überzeugt, daß sie erfolgreich gewesen war. Georges Antwort war eher vorsichtig: »Was die Herzogin angeht, höre ich mit Freuden, was Sie sagen, und kann in einer derartigen Angelegenheit nur hinzufügen, daß man das Beste hoffen muß, was immer wir möglicherweise erwarten oder fürchten.«[32] Er tat Recht daran, das Vertrauen seiner Mutter nicht zu teilen – Georgiana war schon schwanger, als Lady Spencer ankam. Nachdem sie drei Kinder geboren hatte, wußte sie die Zeichen ihres Körpers sofort richtig zu deuten. Wie gewöhnlich mußte sie sich jemandem anvertrauen, und sie ent-

schloß sich, Coutts eines ihrer grundlosen Dementis zu schicken. Am 17.
Juli berichtete sie ihm über Harriets Gesundheitszustand, und fügte un-
vermittelt hinzu: »Ich versichere Sie, daß ich Hartington wohl weder
Bruder noch Schwester schenken werde, worüber ich sehr glücklich bin,
denn es täte mir sehr leid, wenn mich irgend etwas an der Fürsorge für
meine liebste Schwester hindern sollte. Ich habe Ihnen einen halben
Bock schicken lassen. Ich hoffe, er wird munden.«[33] Natürlich erschloß
sich Coutts die Bedeutung dieses Briefes nicht.

Sie schafften es, Georgianas Geheimnis zu wahren, solange die
Schwangerschaft nicht sichtbar wurde. Im Oktober jedoch war sie im
sechsten Monat und entsprechend dick. Harriets Zustand besserte sich,
aber es war immer noch nötig, daß sie in einem wärmeren Klima genas,
und dies schien Georgianas einzige Hoffnung auf einen Ausweg. Dr.
Warren hatte Harriets Bitte entsprochen, anstatt Lissabon Cornwall zu
empfehlen; Cornwall war nicht so weit entfernt, so daß sich der Herzog
nicht zu viele Gedanken über Georgianas Abwesenheit machen würde.
Aber bevor sie ihren Plan in die Tat umsetzen konnten, erschien der
Herzog unangemeldet zu Besuch: Er hatte in London einen Hinweis erhalten, seine Frau sofort aufzusuchen. Er trat Georgiana allein gegenüber; ihr Schreien und Weinen erschreckten Harriet, die auf einer
Couch im angrenzenden Zimmer lag. Später rief er Bess hinzu und
machte ihr schlimmste Vorwürfe, weil sie Georgiana gedeckt hatte. »Ich
habe nie so viel Angst um sie gehabt wie jetzt«, schrieb Harriet an Lady
Melbourne. »Wo sie auch hingeht, werde ich mit ihr gehen. Wenn es zu
einer *Trennung* kommt, werde ich [Dr.] Warren bitten, mich ins Ausland
zu schicken – dann hat sie einen Vorwand, zu verreisen.«[34]

Nachdem der Herzog gegangen war, blieben die Schwestern in ihren
getrennten Zimmern. Harriet konnte Georgiana in ihrem Zimmer auf-
und abgehen hören und schrieb ihr eine Nachricht, um sich nach dem
Stand der Dinge zu erkundigen. Die Antwort bestätigte ihre Befürchtungen. »Wir müssen ins Ausland – sofort.« Harriet schrieb an Lady
Melbourne. »Nichts wird mehr helfen, weder Gebete noch unser Flehen
werden seine Meinung ändern. Er sagt, sie hat nur eine Wahl, das oder
eine offizielle Trennung zu Hause ... Schreib mir, komm, wenn Du
kannst, gib uns Trost, aber verrate mich nicht.«[35] Georgiana schrieb
ebenfalls an Lady Melbourne, aber sie war zu verstört, um die Wahrheit
zuzugeben. Statt dessen deutete sie an, daß Harriets Gesundheitszustand

sie veranlasse, ins Ausland zu gehen, und erklärte die zittrige Schrift und das bekleckste Papier mit einem nonchalanten »Ich bin schlechter Stimmung, meine Liebe, also sorge Dich nicht um mich.« Ihre größten Bedenken waren, wie Charles Grey reagieren würde, wenn sie England verließ: »Wenn ich gehe, mußt Du gegen die Wut des *Schwarzen Meers* ankämpfen.«*[36]

Am Morgen nach der Auseinandersetzung sprach Harriet mit Bess und war erleichtert, daß Bess weder ihren gesunden Menschenverstand noch ihre Loyalität verloren hatte. »Bess hat sehr großzügig versprochen, mit uns zu gehen. Ich habe sie dazu gedrängt, beinahe gleichermaßen um ihrer selbst wie um meiner Schwester willen, denn es wäre ihr Ruin, wenn sie zurückbleiben würde.«[37] Nachdem sie sich Bess' Unterstützung gesichert hatte, wandte Harriet ihre Gedanken ihrer Mutter und ihrem Ehemann zu: »Lord D. und meine Mutter glauben beide noch, daß wir nach Penzance reisen, und wie sie jemals zu einem Einverständnis gebracht werden sollen, weiß ich nicht.«[38] Lady Spencer hielt sich in Hollywell auf und hatte keine Ahnung von den Szenen, die sich in Bath abgespielt hatten, bis Georgiana ihr schrieb, daß Dr. Warren Harriet die sofortige Abreise ins Ausland verordnet habe. Sie eilte zu ihren Töchtern, weil sie fürchtete, daß Harriet einen Rückschlag erlitten hätte. Ihre Ankunft stürzte das Haus erneut in eine Krise. »Meine Mutter ist angekommen und wir haben noch mehr Probleme«, schrieb Harriet. »Sorge und Leid umgeben mich. Ich wünschte mich auf den Grund des Meeres.«[39]

Duncannons Reaktion spendete ihr ein wenig Trost. Er konnte sehr großmütig sein, wenn es um Georgiana ging, und versicherte Harriet, daß er ihnen, bei welchem Vorhaben auch immer, zur Seite stehen werde. In der Zwischenzeit ging er nach London und traf Vorkehrungen für die Kinder. Die Frauen mußten noch weitere wütende Besuche des Herzogs und von Lady Spencer aushalten. Bess fühlte sich von ihr genauso zur Verantwortung gezogen wie Georgiana, und Lady Melbournes Rat, die Beschimpfungen zu ignorieren, half nicht. »Ich will jeden Rat von Ihnen befolgen«, schrieb sie, »aber Lady S. behandelt mich so schlimm sie nur kann – sagt mir sogar, ich sollte nicht mit ihnen reisen – aber, bei Ihrem Leben, sagen Sie niemandem ein Wort – wenn die Herzogin geht,

---

* »Black« war der Spitzname Greys, Anm. d. Übers.

gehe ich auch.«[40] Einige Tage waren verstrichen, ohne die Wut des Herzogs zu dämpfen; Bess wagte nicht, sich für Georgiana zu verwenden, vor allem, weil es ihr gerade gelungen war, Clifford von Frankreich herüber zu bringen: Er lebte jetzt bei einer Familie namens Marshall in Clewer in Somerset. Alle paar Stunden verkündete der Herzog, daß er seine Absichten geändert habe: Zuerst sollten sie nach Cornwall gehen, dann ins Ausland, dann nicht, dann wieder ins Ausland, aber ohne Lady Spencer oder Bess. »Wenn der Herzog den Vorsatz gefaßt hätte, uns zu verwirren und zu quälen, hätte er es nicht besser anstellen können«, klagte Harriet. »Seine einzige Entschuldigung besteht darin, daß er selbst äußerst unglücklich ist, und das, fürchte ich, ist der arme Kerl in der Tat.«[41]

Als die Cavendishs die Neuigkeit erfuhren, drängten sie einmütig auf sofortige Trennung. So dankt sie dem Herzog, sagten sie, daß er gegen seine eigenen Verwandten zu ihr gehalten und ihre Schulden gegen den Rat seiner Verwalter akzeptiert hatte. Nur der Herzog selbst konnte wissen, wie groß der Anteil der Eifersucht an seiner Seelenpein war, aber Harriet hatte einen klugen Gedanken: Sie glaubte, daß es Eifersucht war, weshalb er auf Geheimhaltung bestand und berichtete Lady Melbourne, »[für ihn] ist es von größter Bedeutung, daß auf keinen Fall angenommen wird, er könnte verzweifelt sein, oder daß wir nur wegen *ihr* abreisen.«[42] Schließlich erholte sich der Herzog so weit, daß er eine endgültige Entscheidung traf: Mit Georgiana oder Bess allein zu sprechen, traute er sich nicht zu, also suchte er Harriet auf, und selbst dann rang er ziemlich lange nach Worten. Harriet wartete, wie ihr schien, einige Minuten, und wurde vollkommen überrascht, als es aus ihm herausbrach, »Wenn Sie Ihre Schwester und mich vor einer äußerst unangenehmen Enthüllung bewahren möchten, nehmen Sie von Ihren Plänen, nach Penzance zu reisen, Abstand und fahren Sie unverzüglich ins Ausland.« Das war alles, erzählte sie Lady Melbourne: Nachdem er gegangen war, wurde ihr bewußt, »jetzt ist es entschieden, soweit der Herzog überhaupt etwas entscheiden kann ... Ob er sich um eine offizielle Trennung bemüht oder nicht, hängt einzig und allein davon ab, ob ich in all seine Wünsche einwillige.«[43]

»Wir sind alle verzweifelt und verwirrt und werden es bleiben, bis Warren eintrifft«, schrieb Georgiana, die über den wahren Grund noch immer log. »Meine Mutter ist sehr erregt, aber äußerst liebevoll; und natürlich ist meine Schwester nervös, und ich bin von Sinnen. Ich werde mich Deiner auf jeden Fall bedienen wegen der Briefe, die Black Dir schickt, wenn ich fort bin – falls ich *gehe*, denn alles ist noch unklar – meine Mutter wird reisen, glaube ich«, fuhr sie zusammenhanglos fort, »und der Herzog hält es nicht für so nötig, daß ich mitgehe, aber wenn sie [Harriet] so weitermacht, werden wir sicher reisen. Du mußt meine Kinder sehr oft besuchen.«[44] Als Dr. Warren eintraf, hatte Harriet unter der Belastung einen Rückfall erlitten, weshalb es ihm nicht schwerfiel, auf ihrer Abreise zu bestehen. Der Herzog veranlaßte, daß Selina und Lady Spencer die Kinder nach London brachten; die Exilanten sollten sich direkt nach Southampton begeben. Die Reisegruppe sollte aus Lady Spencer, den Duncannons und ihrem jüngsten Kind Caroline, Georgiana, Bess und ihrer Tochter, Caroline St. Jules, bestehen. Allerdings veranlaßte die Tatsache, daß Lady Spencer auf alle Fälle dabei sein würde, Bess, ihr Angebot, Georgiana zu begleiten, noch einmal zu überdenken. »Bess und ich hatten gestern abend ein langes Gespräch und fast einen Streit«, berichtete Harriet Lady Melbourne später. »Aber ich glaube, ich habe es [gerettet] ... Ich glaube, es ist wirklich nichts, aber die Angst, die sie vor meiner Mutter hat, und das Mißtrauen, das sie in ihrer Anwesenheit spürt, ließen sie zögern.«[45]

Wieder einmal hatte Lady Spencer die wahre Natur von Georgianas Notlage wegen ihrer Vorurteile nicht erkannt. Blieb Bess zurück, war ihr Ruf möglicherweise ruiniert, aber für den Herzog gäbe es wenig Anreiz, Georgiana aus dem Exil zurückzurufen. Auf jeden Fall gab es wesentlich ernstere Probleme zu lösen, neben denen ihre Vorurteile Bess gegenüber lächerlich und kleinlich wirkten. Keiner der Beteiligten hatte Geld. Die Duncannons waren wie gewöhnlich hoch verschuldet, und Georgiana besaß nichts außer ihrem Gepäck. Die persönlichen Einkünfte von Bess und Lady Spencer reichten kaum aus, um sie selbst im Ausland zu versorgen, geschweige denn sieben Reisende. Lady Melbourne gab ihnen an Geld so viel, wie sie ohne Aufsehen zusammenraffen konnte, und George bezahlte die Reise für Harriets Arzt. Bargeld konnte er kaum entbehren, was er wieder gutmachte, indem er seinen Agenten Townsend schickte, der die Gesellschaft begleitete und alle geschäftlichen Transaktionen für sie regelte. In vielerlei Hinsicht war Townsend besser als ein Bankkredit, denn er war praktisch veranlagt und dachte vernünftig und nüchtern. Trotzdem konnte sich niemand vorstellen, wie sie überleben sollten, wenn die Verärgerung des Herzogs nicht abflaute. Er hatte Georgiana verboten, sich Geld zu leihen, und doch, so beklagte sich Harriet gegenüber Lady Melbourne, schleudere er ihr die »Versuchung ins Gesicht«, indem er sie mittellos lasse. Sie sah den Tag bereits kommen, an dem sie gezwungen waren, ihre Juwelen zu verkaufen.

Die Person im Mittelpunkt dieses Dramas dachte an wenig mehr als die Wahl, vor die sie der Herzog gestellt hatte. Er hatte Georgiana befohlen, auf Grey ganz zu verzichten und das Baby sofort nach der Geburt adoptieren zu lassen. Sollte sie sich weigern, würde er sich von ihr scheiden lassen, und sie würde ihre drei Kinder nie wieder sehen. Sie zögerte nicht, obwohl sie keine Garantie hatte, daß der Herzog seine Meinung nicht änderte und sich trotzdem von ihr scheiden ließ. Aber Grey konnte ihr diese Entscheidung nicht verzeihen, und als sie ihn um Verständnis bat, wurde er wütend. Er verhielt sich »sehr grausam«, schrieb Georgiana traurig an Lady Melbourne, die heimlich ihre Briefe weiterreichte. Sie machte ihm keine Vorwürfe, noch stritt sie ab, daß er »auch Mitleid verdiente, und indem ich ihn verlasse, lasse ich für immer mein Herz und meine Seele zurück; aber es ist jetzt vorbei ... Für ihn gibt es nur einen Trost, daß ich ihn nur um meiner Kinder willen aufgegeben habe.«[46]

Kapitel 16

Exil

1791–1793

*Die Herzogin von Devonshire, die Herzoginwitwe Lady
Spencer und Lord und Lady Duncannon verbringen den Sommer
in der Schweiz und den kommenden Winter in Nizza.
Der Herzog wird sie bald besuchen. Dies widerlegt alle nebulösen
Berichte, die über diese edlen Herrschaften kursiert haben.*

BON TON MAGAZINE, *JUNI 1792*

Georgiana lag in einem stickigen, verdunkelten Raum in einem Haus in der Nähe von Montpellier, bereit zur Niederkunft. Obwohl sie erst vierunddreißig war, fürchtete sie, daß ihr Ende nahte. Ein neues Testament mit dem Datum vom 27. Januar 1792 lag versteckt zwischen ihren Habseligkeiten, zusammen mit einer Lebensversicherungspolice in der Höhe von 1.000 Pfund. Bess und die sechsjährige Caroline St. Jules waren die einzigen Menschen in ihrer Gesellschaft; die übrigen hatten sich nach Nizza begeben, in Eile wegen Harriets Gesundheitszustand. Das Baby war in wenigen Tagen fällig, und in der ihr verbliebenen Zeit entwarf Georgiana für den Fall ihres Todes Abschiedsbriefe an jedes ihrer Kinder. Sie versuchte, Worte zu finden, die ihnen Trost und Rat spenden sollten, nachdem sie von ihnen gegangen war. »Wenn Du alt genug bist, diesen Brief zu verstehen, wird man ihn Dir übergeben«, schrieb sie voller Hoffnung an ihren zweijährigen Sohn. »Er enthält das einzige Geschenk, das ich Dir geben kann – meinen Segen, geschrieben mit meinem Blut ... Leider bin ich gegangen, bevor Du mich kennenlernen konntest, aber ich habe Dich geliebt, ich habe Dich neun Monate an meiner Brust genährt. Ich liebe Dich herzlich.«[1]

Georgiana segnete jedes einzelne ihrer Kinder und bat sie, aus den Fehlern zu lernen, die ihr Leben ruiniert hatten: »Zu meinen größten

Schmerzen im Tode«, begann ihr Abschiedsbrief an die kleine Georgiana, »zählt das Wissen, Dich nie wiederzusehen. Aber ich hoffe, daß dieser Brief Dein ganzes Leben beeinflussen wird. Ich sterbe, mein liebstes
Kind, in wahrhafter Reue über viele Fehler. Lerne Genauigkeit mit Deinen Ausgaben, mein wertvollstes Vermächtnis, das ich Dir hinterlassen
kann. Gerate nie auch nur wegen einer geringfügigen Summe in Schulden; ich habe so sehr unter einem gegenteiligen Verhalten gelitten.«[2]
Zuletzt verfügte sie, die Kinder sollten sich ihrem Vater gegenüber immer ehrerbietig, zu ihrer Großmutter liebevoll verhalten und »herzlich
zu meiner lieben Freundin Bess – liebt und befreundet Euch mit Caroline St. Jules«.

Die Kinder wußten, daß ihre Mutter weggeschickt worden war, weil
sie ein uneheliches Kind gebären sollte; das belegen die geschwärzten
Passagen, die Georgianas Briefe an sie aus jener Zeit entstellen. Ihre vik-
torianischen Nachkommen versuchten, jede Spur ihres Fehltritts auszulöschen: In den Archiven von Chatsworth klafft eine Lücke, wo sich die
Briefe über die Geburt hätten befinden sollen. Von ein oder zwei Briefen
abgesehen, sind alle Schreiben, in denen der Name des Kindes erwähnt
wurde, entweder zerstört oder verstümmelt worden. Aber wir wissen aus
anderen Quellen, daß Georgiana am 20. Februar 1792 einem Mädchen
das Leben schenkte. Sie nannte sie Eliza (einer von Bess' Lieblingsna-
men) Courtney (ein Nachname, der zu der Poyntz-Familie gehörte und
so ungewöhnlicherweise keinen Hinweis auf ihren Vater gab). Irgend jemand nahm Eliza gleich nach der Geburt aus Georgianas Armen. Das
Baby wurde von einer Pflegemutter gesäugt und dann, als sie alt genug
war zu reisen, nach England geschickt, wo sie bei den Eltern von Charles
Grey in Falloden in Northumberland wohnte.

Ein Gedicht, das Georgiana kurz nach Elizas Geburt geschrieben hatte, ist auf irgendeinem Weg in die Hände ihrer Tochter gelangt, und eine
Kopie befindet sich im Nachlaß:

Unhappy child of indiscretion,
Poor slumberer on a breast
  forlorn
Pledge of reproof of past
  transgression
Dear tho' unfortunate to be born

For thee a suppliant wish addressing
To Heaven thy mother fain would dare
But conscious blushes stain the blessing
And sighs suppress my broken prayer

But spite of these my mind
   unshaken
In present duty turns to thee
Tho' long repented ne'er forgotten
Thy days shall lov'd and guarded be

And tho' to rank and wealth
   a stranger
Thy life a humble course must run
Soon shalt thou learn to fly the
   danger
Which I too late have learnt to shun

And should th'ungenerous
   world upbraid thee
For mine and for thy father's ill
A nameless mother oft shall assist thee
A hand unseen protect thee still

Meanwhile in these sequestered
   vallies
Here may'st thou live in safe content
For innocence may smile at malice
And thou – Oh! Thou art innocent*[3]

---

* Unglückliches Kind eines Fehltritts,
  Das du schlummerst an verzweifelter Brust
  Zeichen des Tadels nach vergangener Sünde
  Geliebt, aber unglücklich geboren

  Für Dich einen flehenden Wunsch
  An den Himmel zu richten, würde Deine Mutter gerne wagen
  Aber bewußte Scham befleckt den Segen,
  Und Seufzen unterdrückt mein gestörtes Gebet

  Aber dem zum Trotz wendet mein Sinn ungebrochen
  Sein ständiges Trachten zu Dir hin
  Obwohl bereut, aber nie vergessen,
  Sollen Deine Tage voller Liebe und Sorge sein

  Und sollte die unverständige Welt Dich rügen
  Für meines und Deines Vaters Unrecht,
  Soll eine namenlose Mutter Dir beistehen,
  Und immer eine unsichtbare Hand auf Dir ruhen

  Und wenn fern von Rang und Reichtum
  Dein Leben voll Demut bleibt,
  Sollst Du lernen die Gefahr zu fliehen,
  Die viel zu spät zu meiden ich gelernt

  So lebe nun in diesen abgeschiedenen Tälern
  Hier magst Du sein in sicherer Zufriedenheit
  Denn Unschuld darf zu Bosheit lächeln
  Und Du – Oh! Du bist unschuldig

Georgiana durfte sich nie öffentlich zu Eliza bekennen, obwohl ihre Existenz mit der Zeit ein offenes Geheimnis wurde. 1796 schrieb Lord Glenbervie, eine geschwätzige Elster des späten 18. Jahrhunderts, in seinem Tagebuch: »Gestern hörte ich eine vagabundierende Anekdote über einen Findling, der ungefähr vor vier Jahren im Hause von Sir Charles Grey unter sehr mysteriösen Umständen zurückgelassen wurde. Die Herzogin von Devonshire weilte zu dieser Zeit im Ausland. Seit ihrer Rückkehr vor ungefähr drei Jahren hat sie das Kind oft besucht und sich gelegentlich stundenlang bei ihm aufgehalten.«[4] Mrs. Fitzherbert, deren Abneigung gegenüber Georgiana mit den Jahren größer statt kleiner wurde, mag die Wahrheit von ihm oder auch von der Herzogin von Leeds erfahren haben, die ebenfalls als Klatschbase bekannt war. Woher sie ihr Wissen auch hatte, sie sorgte jedenfalls dafür, daß der Rest der Gesellschaft von Elizas Existenz erfuhr. Mrs. Creevey, die Ehefrau eines Whig-Politikers, war sprachlos, als Mrs. Fitzherbert das Thema im Jahre 1805 eines Nachmittags bei Tee und Biskuits zur Sprache brachte. »Sie sagte ganz unbefangen ... Es ist erst zwei Jahre her, daß der Prinz von diesem Kind erfuhr, das bei Lady Grey lebt. Zuerst wollte er es nicht glauben und gelobte, er würde die Herzogin fragen, aber ich nahm ihm das Versprechen ab, das nicht zu tun, obwohl er keine Zweifel mehr haben kann.«[5]

Die Devonshires und die Greys einigten sich letzten Endes darauf, daß Georgiana als inoffizielle Patin begrenzten Zugang zu dem Kind haben dürfe, und so wurde sie zu einer »unsichtbaren Hand«, die versuchte, die Kleine zu beschützen. Sie durfte ihr keine privaten Briefe schicken oder sie in Falloden besuchen, und es sieht nicht so aus, als ob Eliza Devonshire House jemals betreten hätte. Georgiana erhielt die Erlaubnis, sie gelegentlich zu sehen, wenn die Greys sie nach London mitbrachten. Diese Besuche waren schmerzhaft: Georgiana spürte, daß Eliza die liebevolle Zuneigung fehlte, die ihren ehelichen Kindern zuteil wurde, und so schickte sie ihr kleine Geschenke – Gedichte, kleine Aquarellzeichnungen und alle nur denkbaren anderen Kinderzimmer-Utensilien, die man mit einem Band zusammenbinden und leicht verstecken konnte. Ihre Briefe formulierte sie mit größter Vorsicht, dennoch gelang es ihr nicht, ihre verzweifelten mütterlichen Gefühle zu verbergen. Ein Brief an Eliza, den sie im Alter von zwölf Jahren erhielt, beginnt ganz unverfänglich – »Tausend Dank für Deinen reizenden Brief. Ich hoffe, wieder

von Dir zu hören, wenn Du die Bücher erhalten hast, und daß es Dir
weiterhin gut geht« –, aber am Ende beschreibt sie einen ergreifenden
Kinderball, bei dem der Anblick der kleinen Mädchen, die sich auf ihre
Schritte konzentrierten, Georgiana die Tränen in die Augen trieb.[6] Im
folgenden Jahr, 1804, erzählte Georgiana in einem Brief eine Geschichte
– die verdächtig nach einer Parabel klingt – über Fortuna, ein Waisen-
kind, das sie in den letzten sechs Jahres unterstützt hatte. Es stellte sich
heraus, daß das Kind gar keine Waise war; ihre Eltern waren ins Ausland
gegangen und hatten sie in der Obhut einer Kinderpflegerin zurückgelassen, die sie boshafterweise weggab, aber ihr Geld behielt. Fortunas
richtiger Name war Louise Dupont, und sie hatte eine englische Mutter,
die in Frankreich lebte; in den vergangenen zwei Jahren hatte Louises
Familie verzweifelt nach ihr gesucht, und jetzt, da sie sie gefunden hatten, sollte sie ihr Geburtsrecht zurückerhalten.[7]

Mit dem wundersamen Ende von Fortunas schwerem Schicksal mag
Georgiana versucht haben, in Eliza Spekulationen über ihr eigenes Geburtsrecht anzuregen. In all ihren Briefen gibt es Hinweise, als ob sie
sich erhoffte, Eliza könne sich eines Tages die Wahrheit selbst zusam-
menreimen. So machte sie eine verdeckte Anspielung auf ihr langes Exil
und Elizas Geburt in Frankreich, indem sie ihr »einige Memoranden,
die ich im Ausland gemacht habe, vier französische Zeilen, die ich Dir
schicke, denn ich halte sie für sehr hübsch«, gab.

> Entwirf nur wenige Pläne, pflege wenige Freundschaften,
> Sei mit wenig Platz zufrieden, sei gut zu jedermann
> und wenn, ach!, dieses glückliche System einst endet
> erinnere Dich daran ohne Schmerz.[8]

Manchmal war Georgiana gefährlich nahe daran, sich zu verraten: »Gott
segne Dich, meine liebe Eliza«, beendete sie einen ihrer Briefe. »Ich
werde Dir von Zeit zu Zeit alles Wissenswerte schicken, was ich in den
Papieren finde, die ich gerade ordne. Wie sehr wünschte ich mir, Dich
als Hilfe bei mir zu haben.«[9] Aber sie hielt ihren Schwur und verbat auch
Little G und Harryo, die sie gelegentlich zu Eliza mitnahm, jemals ihr
Wissen über diese Verbindung preiszugeben: »Denkt daran, sie könnte
jedermanns Tochter sein«, warnte sie.[10]

So wuchs Eliza in völliger Unkenntnis ihrer Eltern auf und hielt Georgiana für eine nette Freundin und Charles Grey für ihren sehr viel äl-

teren Bruder. Im Haushalt verhielt man sich ihr gegenüber meist gleich-gültig und ließ zu, daß sie sich dem Rest der Familie unterlegen fühlte. »Wir waren lange bei der alten Mrs. Grey und der kleinen Eliza«, er-zählte die kleine Georgiana Selina 1899, »der das Spielzeug, das wir ihr gebracht hatten, sehr gefiel.«[11] Solche Geschenke waren die einzigen, die Eliza erhielt. Harriet besuchte die Greys 1808, und was sie sah, be-trübte sie sehr: »Eliza ist ein nettes Mädchen und wird, wie ich annehme, sehr hübsch werden; aber obwohl sie freundlich zu ihr sind, geht es mir ans Herz, wenn ich sie beobachtete – sie wird so offensichtlich in den Hintergrund geschoben und strahlt so etwas Demütiges aus, was nicht angenehm mitanzusehen ist, aber *er* [Charles Grey] scheint sie sehr gern zu haben. Lord D. [Harriets Ehemann] hat mich gerade gefragt, ob sie nicht die Gouvernante von Greys anderen Kindern ist.«[12]

Georgiana erlebte nicht mehr, wie Eliza erwachsen wurde, aber sie wä-re mit dem Ergebnis sehr zufrieden gewesen. Lord Broughton begegnete Eliza 1814, kurz bevor sie den Colonel und späteren General Robert Ellice heiratete. Er hielt in seinem Tagebuch fest, daß »die Tochter der verstor-benen Herzogin von Devonshire von Charles Grey ein hübsches Mäd-chen [ist], sensibel und gesprächig und mit feinen Manieren«.[13] Eliza war das hübscheste von Georgianas Kindern. Da sie außerdem Georgianas sensibles und anziehendes Wesen geerbt hatte, gewann sie viele Freunde. Sie heiratete einen toleranten und liebenden Ehemann, dessen älterer Bruder Edward bereits mit Elizas Halbschwester Hannah Alethea Grey verheiratet war. Robert lernte Eliza bei Edward zu Hause kennen, ver-liebte sich in sie und befreite sie aus ihrem unbedeutenden Leben. 1828 besuchte Eliza Southill, das Heim der Whitbreads, die mit den Greys befreundet waren. Dort schrieb sie die einzigen überlieferten Eindrücke ihrer Kindheit nieder: »Ich bin nicht mehr hier gewesen, seit ich gehei-ratet habe. Das alles erinnert mich zu sehr an meine liebste Mama aus früheren Zeiten«, was bedeutet, daß Eliza inzwischen erfahren hatte, daß Mrs. Grey nicht ihre wirkliche Mutter war. »Ich fühle mich in gewissem Maße deprimiert ... Ich schlafe in dem Zimmer, in dem meine arme Mama geschlafen hat – und wo ich mit ihr gelernt habe. Damals war ich nicht glücklich, etwas bedrückte mich, aber sie war immer sehr freund-lich. Wie dankbar ich sein sollte für mein jetziges Glück.«[14]

*

Georgiana und Bess blieben noch einige Wochen nach Elizas Geburt von der übrigen Gruppe getrennt, was Lady Spencer sehr verärgerte und Harriet veranlaßte, sich zu fragen, ob Georgiana ihre Liebe auch wirklich erwiderte. Sie hätte sich nicht sorgen müssen: Caroline St. Jules war der Grund für ihre Verspätung. Bess fürchtete, daß sie wegen ihrer Entscheidung, Georgiana zu begleiten, den Schutz des Herzogs verloren hatte. Sie hatte ursprünglich ihre Abreise verschoben, da sie wußte, daß sie auf jeden Fall eine Menge zu verlieren hatte.

> Sie war außergewöhnlich [aufgebracht] [erzählte Harriet Lady Melbourne], als sie eintraf. Die arme kleine Seele, ich habe aus tiefstem Herzen mit ihr gefühlt, denn ich glaube, sie hat sich so sehr angestrengt, wie sie nur konnte; aber jetzt geht es ihr besser; sie ist unsere einzige Sicherheit. Ich glaube nicht, daß sie ohne uns zurückgehen wird, da sie nun einmal gekommen ist, obwohl ich sehr große Zweifel hatte, daß sie die Entschlossenheit aufbringen würde, sich loszureißen. Aber da das vorbei ist, glaube ich, daß ihr von Natur aus großzügiger Charakter und ihre Freundschaft zu meiner Schwester zutagetreten können.[15]

Georgiana gab ihre Dankbarkeit zu erkennen, indem sie Bess nach Aix-en-Provence begleitete, um ihr beizustehen, während sie den im Sterben liegenden Herzog St. Jules überredete, Caroline offiziell zu adoptieren, um sie damit zu legitimieren. Zu Bess' großem Kummer hatte der Herzog aus Groll aufgehört, sie zu unterstützen, weshalb Carolines Zukunft überhaupt nicht gesichert war. Georgiana teilte ihre Angst und erzählte Lady Melbourne: »Diesem armen alten Mann geht es weiterhin sehr schlecht, und bei den Schwierigkeiten in diesem Land, ist es wirklich sehr notwendig, daß etwas getan wird, um Caroline ein kleines Einkommen zu sichern – und es in zuverlässige Hände zu geben.«[16] Es gibt keine Belege, die Bess' Einfluß auf den alten Mann erklären würden, oder warum er überhaupt in Betracht ziehen sollte, dem Kind seinen Schutz anzubieten. Es gelang ihr jedoch, ihn kurz vor seinem Tod ein Schriftstück unterzeichnen zu lassen, dies aber zu einem beträchtlichen Preis: Harriet sah nur eine einzige Chance, Lady Spencer davon abzuhalten, die beiden selbst zu holen, und zwar, indem sie die Wahrheit über Caroline zugab. »Meine Mutter war, nachdem man ihr alles erzählt hatte, wirklich unglücklich«, schrieb sie.[17]

Lady Spencer empfing die Frauen ziemlich eisig, als sie am 9. März ankamen, auch wenn sich ihr Zorn aufgrund der Strapazen, die sie auf

ihrer Reise nach Nizza erlitten hatten, etwas mäßigte. Die Situation in
Frankreich hatte sich seit ihrer Ankunft in Paris im November sehr zu-
gespitzt. Besonders der Süden war unsicher, und aus kleineren Aufständen in der Provence und dem Languedoc war allgemeine Anarchie geworden. Gesetzlosigkeit und Überfälle machten die Straßen fast unbe-
nutzbar. Da sie fürchteten, daß sie wegen ihrer Kutsche angegriffen
würden, entschieden sich Georgiana und Bess, sie am Straßenrand zurückzulassen, und ritten den restlichen Weg. So waren sie zwar keine
sichtbare Zielscheibe mehr, aber den umherstreifenden Plünderern
schutzlos ausgeliefert. Lady Sutherland, die in der britischen Botschaft
vergleichsweise sicher war, hörte einiges über Georgianas Abenteuer:

> Ich war sehr glücklich, daß die Herzogin von Devonshire den Toulon-
> Banditen entkommen ist, denn allein der Gedanke an die Schrecken,
> die ihr passiert wären, wenn sie ihnen in die Hände gefallen wäre, ver-
> ursachte mir Alpträume. Was Lady Eliz angeht, macht es mir nicht so
> viel aus; denn wenn so etwas einer Hervey mal passiert, spielt das auch
> keine größere Rolle als bei jeder anderen Spezies aus dem Tierreich.
> Wenn die Herzogin entführt worden wäre, hätte Lady Spencer wie
> Ceres ihre Fackel am Ätna entzündet und den ganzen Süden Europas
> nach ihrer Tochter abgesucht – in Nizza ist sie inzwischen sicher, wo
> sich die Herzogin jetzt hoffentlich aufhält.[18]

Die Gesellschaft war in Sicherheit, aber in einem erbärmlichen Zustand
und schlechter Stimmung. Lady Spencer zerrte an ihren Nerven, weil sie
ihre Feindschaft Bess gegenüber nicht verhehlte und jeden Schritt von
Georgiana fast hysterisch überwachte. Sie bestand darauf, daß Georgiana
wie ein Kind in ihrem Zimmer schlafen, ihr ihre Briefe zeigen und ihre
Tür zu jeder Zeit offen halten sollte. Jeglicher Protest wurde von Lady
Spencer unterdrückt, indem sie sie an »alle ihre Sünden«[19] erinnerte.

Georgiana hatte gehofft, daß sich der Ärger des Herzogs legen würde,
wenn das Baby erst geboren und sicher verborgen war – und er ihr erlaubte zurückzukehren. Fünf Monate fern von zu Hause waren genug,
und Bess ließ durchblicken, daß sie Heimweh habe. Lord Duncannon
wollte auch nicht länger in Hotels leben; außerdem war sein achtund-
achtzigjähriger Vater krank und wollte mit seinem Sohn Frieden schließen. Obwohl Harriet immer noch schwach war und sich selbst auf Krücken kaum bewegen konnte, redete sich Duncannon ein, sie sei durchaus
in der Lage zu reisen. Der Friede zwischen Ehemann und Ehefrau zer-

brach über diesem Zwist: »Allein mit brutaler Gewalt wird man mich bewegen können, ohne [Georgiana] zurückzukehren«, erklärte Harriet, obwohl sie qualvoll unter der Trennung von ihren Söhnen litt.[20]

Im April setzte der Herzog endlich all ihren Mutmaßungen ein Ende. Sein Ärger war nicht abgeklungen, und Georgiana sollte so lange im Ausland bleiben, bis er sie selbst holte. Bess überließ er die Entscheidung darüber, was sie tun wollte. »Mich verläßt jeder Mut und Unternehmungsgeist«, weinte Harriet, als sie die Neuigkeit hörte. »England und alles andere ist, so scheint es, doppelt so weit weggerückt.« Georgiana bestürzte seine Härte. Wenigstens, so flehte sie, solle er ihr erlauben, ihre Kinder heimlich zu sehen. »Sie hat geschrieben, um zu bitten, daß sie nur für einen Monat mit Lord D. und Bess herüberkommen darf«, berichtete Harriet Lady Melbourne im April, »um dann zu mir zurückzukehren. Er schreibt ihr nie, Bess selten, und der harte Tonfall seines letzten Briefes läßt wenig Gutes hoffen; aber wenigstens wird der Vorwand, zu mir zurückzukehren, eine offizielle Trennung verhindern, solange ich weg bin.«[21]

Nur Lady Spencer hoffte, sie würden sich irgendwann wieder versöhnen, weshalb sie Georgiana verbot, den Herzog zu reizen und zu diesem Zeitpunkt nach Hause zu reisen. Georgianas unerschütterlich heitere Maske entglitt ihr, als sie der kleinen Georgiana die Nachricht ihres verlängerten Exils überbringen mußte: »Ach, mein liebes Kind, ich kann Dir nur versichern, daß allein Deine Liebe und die Hoffnung, daß Du mich nicht vergißt, der einzige Trost meines Lebens sind, jetzt, da ich Dir fern bin. Wann ich zurückkehre, ist jetzt sehr unsicher. Ich hoffe, es wird bald sein, denn ich fühle, daß mir die Kraft fehlt, eine so lange Abwesenheit zu ertragen.«

»Wann sehe ich Euch alle wieder«, schrieb sie einen Monat später kläglich. »Es wird jetzt nicht mehr lange sein, hoffe ich, und ich erbitte von Dir, meiner Liebsten, daß Du Deinen Pap überredest, er möge bald kommen, um mich zu holen.«[22] Lord Duncannon reiste im Juni nach Hause und kehrte sechs Monate lang nicht zurück, aber Bess blieb bei Georgiana.

Die Kinder verstörte Georgianas Verbannung zutiefst. »Mama weg, Mama weg«, jammerte Hart immer und immer wieder. Der Herzog besuchte sie nie; sie blieben in Devonshire House unter der ausschließlichen Obhut von Selina. Lady Melbourne sowie George und Lavinia kamen sehr oft, und überraschenderweise brachte auch Lady Jersey hin und wieder ihre Kinder zum Spielen herüber. Selina zeigte trotz all ihrer Eigenarten eine bis dahin unbemerkte Einfühlsamkeit gegenüber Georgiana und tat ihr Bestes, um deren Kontakt zu den Kindern aufrecht zu erhalten. Ihr erster Brief nach Georgianas Abreise war freundlich und ohne Vorwürfe: »Ich kann nicht in Worte fassen, wie sehr ich mich danach sehne zu hören, daß Sie alle sicher und wohlbehalten in Frankreich sind ... Lady Georgianas Brief klingt ganz wie sie selbst.« Anschließend schrieb sie: »Wie glücklich ich bin, Ihnen jetzt zur Seite stehen zu können, und wie sehr ich mir wünsche, Sie zu trösten, indem ich Ihnen mitteile, welche Fortschritte Ihre süßen Kinder machen."[23]

Lady Spencer bat Selina, sich um ein freundliches Auskommen mit dem Herzog besonders zu bemühen, was jedoch nicht ganz so ausfiel, wie sie beabsichtigt hatte:

Sie läßt mich wissen, daß sie es sehr beschwerlich findet [berichtete Lady Spencer]. Aber da ich es für ihre Schutzbefohlenen für sehr wichtig hielt (und noch halte), ließ sie nicht nach und fand, sie gewinne an Boden ... Allmählich mache ich mir Sorgen, obwohl dafür vermutlich keine Veranlassung besteht, seine Neigungen sind von solcher Art, daß sie sich wohl nicht ändern werden, und was sie betrifft, gibt es sicher nichts zu befürchten – nachdem er aber gegenwärtig vollkommen untätig ist, könnte er ihre Aufmerksamkeiten als Koketterie oder Vorliebe mißverstehen, und es ist nicht ausgeschlossen, daß er sie mit seinem Verhalten peinigt oder beunruhigt.[24]

Die Exilierten vertrieben sich die Zeit recht angenehm, indem sie sich mit ihren französischen und englischen Bekanntschaften zusammentaten. Da Nizza zum Königreich Savoyen gehörte, hatten sich viele Flüchtlinge aus Frankreich in der Stadt versammelt. Georgiana hatte einen Plan aufgestellt, um den Unterrichtsstunden ihrer Kinder zu folgen, so daß sie an dem, was sie gerade lernten, Anteil nehmen und ihnen sogar etwas helfen konnte. Sie begann, sich weiterzubilden, lernte Italienisch, übte sich im Zeichnen und in der Musik und studierte Naturwissenschaften, was für ihr späteres Leben von großer Bedeutung wurde. Ihren Briefberichten an die Kinder legte sie jetzt kolorierte Landkarten und Zeichnungen von den Orten, die sie besuchte, bei und belebte sie mit einer sehr persönlichen Darstellung der sozialen und politischen Hintergründe.

Ganz zufällig entdeckte Georgiana, daß sich auch Mary Graham in Nizza aufhielt. Die Grahams hatten einige Jahre im Ausland verbracht, in der vergeblichen Hoffnung, daß ein mediterranes Klima Marys Gesundheit verbessern könnte. Sie befand sich jetzt im letzten Stadium der Schwindsucht, und ihr konnte nicht mehr geholfen werden. Die beiden Frauen erlebten eine kurze, aber gefühlvolle Wiedervereinigung. Sie starb am 26. Juni 1792. Mrs. Nugent, die bei ihr saß, als sie um Atem rang, berichtete, daß sie bis zum Schluß über ihre Freundschaft mit Georgiana gesprochen hatte: Keine andere Frau habe in ihrem Leben so eine wichtige Rolle gespielt. Mary beschrieb Georgiana mit eigenartigen Worten: klug, selbstsicher und gütig. »Bitte sie«, fügte sie hinzu, »Lady Spencer für all ihre Freundlichkeit mir gegenüber zu danken. Die arme Herzogin hatte mit der armen Lady Duncannon auch ohne mein Zutun Kummer genug. Sag' ihr, ich hoffe, sie wird auch weiterhin Charlotte [Marys jüngere Schwester] so oft sehen, wie sie kann, und sie lieben, und ihr alles erzählen, was ihr in den Sinn kommt.[25] Die Gesellschaft war schon in die Schweiz weitergereist, als sie die Nachricht von Marys Tod erreichte. »Ich werde sie nie vergessen«, gestand Georgiana. »Ihre Güte, ihr Mitgefühl, ihre Liebenswürdigkeit haben einen starken Eindruck bei mir hinterlassen. Sie hat viel zu viel von mir gehalten, da bin ich sicher; aber zu fühlen, daß sie mich liebte, erfüllt mich mit Stolz. Ich wünsche mir, ich hätte ihre Freundschaft verdient, aber das Nachdenken darüber, was sie war, vergrößert nur die Unzufriedenheit mit einem selbst ... Wie stolz mich die Gewißheit ihrer Liebe macht – wie demütig das Wissen, sie so wenig zu verdienen.«[26]

Georgianas Selbstkritik war keine Verstellung. »*Nachdenken* führt bei mir immer zu Gewissensbissen und endet damit, daß ich mich selbst verdamme«, sagte sie einmal über sich selbst.[27] Nicht allein Marys Tod war der Auslöser dafür, daß sie qualvoll auf ihre Vergangenheit zurückblickte; mehrere alte Freunde waren im Abstand von wenigen Monaten gestorben. Sheridan, der seine vielen Affären inzwischen bereute, teilte mit, daß seine Frau Elizabeth an Schwindsucht gestorben sei. Georgiana und Harriet erhielten viele reuevolle Briefe, wenn er es auch nicht lassen konnte, bei Harriet hinzuzufügen »Du bist das einzige Geschöpf, an das ich mit Wohlgefallen denke«.[28] Georgiana erfuhr, daß Lady Derby und Perdita, die erste Liebe des Prinzen von Wales, unheilbar krank waren. Viele Freunde standen ihr zur Seite, sprachen ihr brieflich Mut zu und kündigten ihren Besuch an, trotzdem fühlte sie sich deprimiert und unwürdig. Bis zu zwanzig oder dreißig Briefe kamen mit jeder Postlieferung an, von denen aber nur ein Bruchteil bis heute überliefert ist. Der Herzog von Dorset war besonders freundlich zu ihr: »Aimez moi un peu toujours« – »Lieben Sie mich immer ein bißchen«,[29] war alles, was er sich als Gegenleistung erbat. Obwohl er den wahren Grund von Georgianas Exil nicht kannte, zeigte sogar der Prinz von Wales eine seltene Anwandlung von Loyalität. Genau ein Jahr nach ihrer Verbannung schrieb er:

> Aus den Augen, aus dem Sinn, ich weiß, so geht ein altes Sprichwort, und zu oft trifft es auch auf viele Menschen in dieser Welt zu, aber es läßt sich nicht im mindesten, meine Liebste Herzogin, in meinem Fall anwenden ... *Meine liebste, allerliebste Freundin*, kein Umstand im Leben *kann je einen Wandel der Gefühle jenes Herzens herbeiführen, dem Ihr so lange verbunden wart* ... Meine allerliebste Freundin muß gänzlich überzeugt sein, daß kein *menschliches Ereignis* je eine Änderung meiner tief empfundenen Ehrerbietung ihr gegenüber auslösen kann.[30]

Jeder wußte, daß trotz offizieller Dementis eine Trennung zwischen dem Herzog und Georgiana stattgefunden haben mußte, und außer den Cavendishs machten alle den Herzog für den Bruch verantwortlich. Ein bezeichnendes Gespräch hat der junge Whig-Politiker Thomas Pelham nach einem Dinner mit Freunden aufgezeichnet. Dudley North hatte das Thema der Devonshires aufgebracht: »Er beklagte den Egoismus [des Herzogs] und seine mangelnde Aufmerksamkeit und sagte, ... wenn die Herzogin mit ... oder irgendeinem anderen Mann verheiratet wäre, der ihr genügend Aufmerksamkeit gezeigt und ihre guten Seiten entsprechend gewürdigt hätte, wäre sie eine der vollkommensten Frauen Englands geworden.«[31] Lady Spencer hätte so etwas nie zu Georgiana gesagt, aber sie teilte North' Ansicht. In einem Brief aus der Schweiz an Mrs. Howe beschrieb sie, wie hilfreich und großzügig sich George ihnen gegenüber verhalten hatte: »Was wäre aus meinen Töchtern nur geworden, wenn ihre Ehemänner wie er gewesen wären.«[32]

Sogar unter äußerst schwierigen Umständen beobachtete Lady Spencer mit bittersüßer Befriedigung, wie Georgiana und Harriet Freunde und Heiterkeit um sich versammelten. Als die Gesellschaft Lausanne endlich erreicht hatte, war daraus eine berstende Karawane englischer und anderer Reisender geworden. »Chemie und Mineralogie morgens, und den ganzen Abend Zeichnen, kurz: Nichts kann lehrreicher oder angenehmer sein als ihre Gesellschaft,« so beschrieb einer der Neuankömmlinge, Henry Pelham, die Situation.[33] »Sie [Georgiana] nicht anzubeten, scheint jeder Person, die mit ihr lebt, undenkbar«, schrieb ein anderer.[34] Sie verbrachten den Sommer am Genfer See, in Edward Gibbons Haus, genossen den Blick über das Tal mit seinen silbrigen Flüssen und dunkelgrünen Wäldern. Der Autor von »*The Decline and Fall of the Roman Empire*« (*Geschichte des Untergangs des römischen Reiches*) hatte sich aus der Politik zurückgezogen und lebte jetzt ein zufriedenes Junggesellenleben in Lausanne, wo er regelmäßig Besuche von Schülern und Bewunderern empfing. Georgianas Ankunft stellte diesen ruhigen Lebensstil vollkommen auf den Kopf; binnen weniger Tage öffnete er sein Haus all ihren Gästen. Die beiden Carolines, Caroline Ponsonby und Caroline St. Jules, fanden ihn faszinierend und spielten mit ihm wie mit einer Puppe:

> Mr. Gibbon ist sehr klug, aber bemerkenswert häßlich [berichtete Georgiana an die kleine Georgiana] und trägt eine grüne Jockey-Kappe, um seine Augen vor dem Licht zu schützen, wenn er im Garten spazierengeht. Caroline hat daran viel Spaß gehabt und hat ihn die Kappe immer auf- und abnehmen und herumwirbeln lassen ... Er besucht uns fast täglich und manchmal, während wir uns ankleiden, machen sie sich einen Spaß daraus, ihn zu unterhalten ... Eines Tages bat Caroline Ponsonby aus Freundlichkeit einen der Lakaien, der sie auf seinem Schoß hatte reiten lasse, daß er Mr. Gibbon reiten lasse, was ziemlich schwierig war, denn er ist einer der dicksten Männer, die Du je gesehen hast ... Wir nehmen Unterricht in Mineralogie und Chemie, und Mr. Gibbon nimmt mit uns teil, und an den Abenden verbringen wir viel Zeit mit Musik ...[35]

Seltsamerweise war Lady Spencer von Caroline St. Jules sehr angetan und mochte sie sogar lieber als Harriets Caroline. Bereits mit sieben Jahren war Caroline Ponsonby ein beunruhigendes und unberechenbares Mädchen, das zu hysterischen Anfällen und Wutausbrüchen neigte. »Sie ist sehr böse und sagt alles, was ihr in den Kopf kommt, womit sie uns sehr zu schaffen macht«, schrieb Georgiana, die sie gern geohrfeigt hätte, wenn sie zu Harriet böse war. »Sie sagte dem armen Mr. Gibbon, der nichts für seine Häßlichkeit kann, daß sein großes Gesicht das Hündchen erschrecke, mit dem er spielte.«[36] Da Lady Spencer die einzige war, die Caroline unter Kontrolle halten konnte, mußte sie mehr Zeit mit ihr verbringen, als ihr lieb war. Obwohl sie mit den Schwächen anderer Leute ziemlich rabiat umging, besaß sie keinerlei Fähigkeit zur

Selbstkritik. Als Georgiana ihre Anstrengungen, eine Erkältung zu bekämpfen, unbeachtet ließ, wurde sie sehr schwierig und gereizt, bis sich schließlich alle um sie kümmerten. »Das Glück meiner Kinder«, schrieb Lady Spencer, um diesen Vorfall zu rechtfertigen, »ich glaube, nicht, daß ich mich selbst belüge, wenn ich dies sage, ist es, von dem das meine vollkommen abhängt. Ich habe schon sehr viele Enttäuschungen erlebt, und ich habe sie bitter zu spüren bekommen. Manchmal habe ich dies mehr gezeigt, als ich wollte, aber es nicht leicht, es immer zu verbergen.«[37]

Lord und Lady Palmerston kamen mit Freunden für einige Wochen zu Besuch, wobei Lady Palmerston die Umgebung nicht so sehr genießen konnte wie Georgiana. »So eine Hitze oder Gestank oder Dreck wie in diesem Gasthaus habe ich noch nie erlebt.«[38] Sie waren sehr erleichtert, als sie in die kühlere Enklave unten am See eingeladen wurden, wo die Gesellschaft zwei Häuser in der Nähe von Gibbon gemietet hatte. Durch die Palmerstons lernte Georgiana den Wissenschaftler Sir Charles Blagden kennen, mit dem sie eine Freundschaft begründete, die ihr Leben lang halten sollte. Dank seiner Ermutigung wurde sie Amateur-Chemikerin und eine bedeutende Mineralogin und stattete Chatsworth später mit einer Kollektion von Steinen und Mineralien aus, die eines Museums würdig war. Von Lady Palmerston stammen einige scharfsinnige Bemerkungen über die Gesellschaft: »Die Herzogin sieht zehn Jahre jünger aus, aber Lady Spencer macht einen unglücklichen Eindruck und scheint sich zu wünschen, daß sie von hier wegkommt.«[39] Obwohl sie den Herzog nur flüchtig kannte, glaubte sie, daß Georgiana zu Unrecht hoffte, er würde sie holen kommen: »Ich glaube nicht, daß der Herzog von Devonshire kommen wird. Die Absicht einiger politischer Verabredungen mag ein Grund sein, daß er zurückgehalten wird, aber er braucht wenig mehr Begründung als die Beschwerlichkeit der Reise.«[40]

Der eskalierende Krieg entlang der französischen Grenzen bot Lady Spencer im Oktober die Gelegenheit, sich für eine Weile von Bess und ihrem gekünstelten Lachen zu verabschieden. Die Schweiz galt nicht länger als sicher, und die Gesellschaft beschloß, daß Harriet nach Italien reisen sollte, wo die Wärme und relative Ruhe ihre Gesundheit fördern würde. Georgiana und Bess blieben in Lausanne; immer noch hofften sie, der Herzog würde sein Wort halten und sie holen. Die anderen machten sich auf eine beschwerliche Reise; aus Angst vor Soldaten mieden sie die Hauptstraßen, außerdem fürchteten sie den Aufstieg in die

Berge, wo es zu kalt für Harriet sein könnte. Bei mehreren Anlässen stand Lady Spencer große Ängste aus: »In diesen Ländern befindet sich alles in größtem Aufruhr – die ganze Strecke und alle Gasthäuser voller Truppen, die Richtung Grenze marschieren, und auf Genf zu, das man in größter Gefahr wähnt.«[41] Georgiana hatte ihre Kinder jetzt zwölf Monate nicht gesehen, und die Trennung wurde für sie immer unerträglicher. Am 30. November 1792 schrieb sie an die kleine Georgiana:

> »Dein Brief vom 1. November war eine große Freude, auch wenn er mich sehr melancholisch gestimmt hat, mein liebstes Kind. Dieses Jahr war das härteste meines ganzen Lebens ... Wenn ich zu Dir zurückkehre, verlasse ich Dich hoffentlich nie mehr – es wird das größte Glück für mich sein, liebe, liebe Georgiana und dieses Glück wird durch viele Tage des Bedauerns erkauft worden sein – jedenfalls bedauere ich jede Stunde, die ich weit weg von Dir verbringe. Wenn ich mich amüsiere oder etwas sehe, das ich bewundere, sehne ich mich danach, mein Glück mit Dir zu teilen – wenn ich andererseits schlechter Stimmung bin, wünsche ich mir Deine Gegenwart, die das einzige wäre, was mir helfen würde.«[42]

Die Gesellschaft kam sehr langsam voran, bis sie im neuen Jahr Pisa erreichte, wo Duncannon sich der Gruppe wieder anschloß. George hatte ihn in London gesehen und fand, daß er sich sehr zu seinem Vorteil verändert hatte – er sei weniger unbeholfen und viel ruhiger als der alte Duncannon. Lady Spencer kannte ihren Schwiegersohn gut genug, um einer dauerhaften Verbesserung skeptisch gegenüberzustehen: Sie hatte seinen wahren Charakter oft genug selbst erlebt. Ihr fiel jedoch auf, daß er sich Harriet gegenüber rücksichtsvoller benahm und hoffte, daß es nicht nur vorgetäuscht war.[43] Georgiana und Bess holten sie in Pisa ein. Sie hatten bis zum letzten möglichen Moment auf den Herzog gewartet. Sie waren gezwungen, durch Schnee und Eis Richtung Italien zu reisen. Die Franzosen kontrollierten inzwischen die Berge von Savoyen und ließen nur noch die gefährliche Passage über den Sankt Bernhard frei. Glücklicherweise war Pelham zurückgeblieben, um sie zu begleiten: Bei mehreren Gelegenheiten hatten sich die Diener geweigert weiterzureisen, und konnten nur durch Drohungen und Bitten überredet werden.

Die Nachricht von der Hinrichtung Ludwigs XVI. am 21. Januar 1793 hatte Georgiana erreicht, bevor sie nach Italien abreiste. Die meisten Länder, einschließlich Englands, riefen daraufhin ihre Botschafter zurück, sehr zur Erleichterung von Lady Sutherland: »Sie haben keine Ahnung, wie schrecklich es seit dem 10. [August 1792] in Paris war«, hatte sie an Georgiana geschrieben. »Der König und die Königin im Temple eingesperrt, und man erlaubte ihnen nicht einmal Dienstboten. Mde. de Lamballe est à *hôtel de la Force*. Alles, was sie tun ist festnehmen, befragen, guillotinieren, kurz, es ist ganz entsetzlich.«*[44] Georgiana hatte gewußt, daß es nur eine Frage der Zeit war, bevor sie auch Marie Antoinette holen würden, aber die Art und Weise, wie sie am 16. Oktober 1793 zu Tode kam, traf sie dennoch unvorbereitet. »Ich kann Ihnen das Entsetzen, das ich empfinde, nicht beschreiben«, schrieb sie Coutts.[45] Die öffentliche Verhandlung, die Korrumpierung ihres Sohnes, die hämischen Beschimpfungen durch ihre Wächter und die Geschichten über ihre Mißhandlung quälten Georgiana nachts in ihren Träumen und in ihren Gedanken am Tag. »Ich sehe den Tod der Königin beständig vor meinen Augen«, schrieb sie.[46] Little Po, die sich noch im Exil in der Schweiz befand, starb kurz nachdem ihr die Nachricht überbracht worden war.

Georgiana war sicher mit ihr in Kontakt geblieben, ebenso mit Calonne und vielen anderen französischen Emigranten, aber es war gefährlich, solche Briefe aufzubewahren, weshalb sie immer verbrannt wurden. Gelegentliche Anspielungen auf »Briefe mit schweren Folgen« deuten ihre Aktivitäten nur an. Einer der überlieferten bezieht sich auf die Notlage der französischen Emigranten in Italien, von denen viele mittellos waren. Georgiana und Bess organisierten ein Netzwerk aus Freunden, die halfen, für die ärmsten unter ihnen Geld aufzutreiben. Madame de Fitzjames, einst Liebling des Hofes, war ein typisches Beispiel: Sie fristete ein elendes Dasein in einer schmutzigen Pension und lebte von der Wohlfahrt; als auch diese ausblieb, verhungerte sie.

---

* Im Juni versuchte Lafayette, die Revolution aufzuhalten, indem er die Jakobiner von der Macht zu verdrängen suchte. Er gelang ihm nicht, und zwei Monate später, am 16. August, lief er zu den Österreichern über, die ihn prompt als Spion verhafteten. Die Prinzessin de Lamballe hatte weniger Glück; die Menge erstürmte das Gefängnis La Petite Force während der September-Massaker. Sie brachen jede Tür auf, bis sie sie schließlich gefunden hatten. Schreiend wurde sie aus ihrer Zelle auf den Hof gezerrt, wo sie vergewaltigt, mißhandelt und schließlich in Stücke geschlagen wurde. Danach steckten sie ihren Kopf und ihre Brüste auf Spieße und paradierten damit durch Paris, bis sie unter Marie Antoinettes Fenster anhielten und sie riefen, damit sie ihre Freundin sehen konnte.

London erfuhr am 23. Januar 1793 von der Exekution Ludwigs XVI. Die Regierung schickte den französischen Botschafter, Marquis de Chauvlin, sofort außer Landes. Als Vergeltung erklärte Frankreich England den Krieg und drängte alle britischen Patrioten, sich für die Ideale der Revolution zu erheben. Georgianas Freunde in London bestanden darauf, daß sie nach Hause komme. »Ich wünsche mit größter Aufrichtigkeit, daß Sie in England wären«, schrieb Lady Sutherland. »Der Herzog von Dorset spricht oft von Ihnen, *con amore,* wie viele andere Leute auch ... Das beste, was ich [von London] sagen kann, ist, daß die Herzogin von Gordon fast überall *geschnitten* wird.«[47] Lady Jersey war wieder ganz sie selbst und verbreitete Geschichten über Georgiana, damit war sie aber die einzige, soweit Lady Sutherland wußte. Bess' Bruder, Lord Hervey, leitete freundlicherweise einen Brief vom Herzog weiter und schrieb in einem Postskriptum, daß er wünsche, dessen Inhalt enthalte jene Nachricht, die »Balsam in Ihr Herz ergießt und mit der Hoffnung auf eine zügige Rückkehr und der beruhigenden Aussicht auf Ruhe und Bequemlichkeit in der Zukunft ängstliche Gefühle vertreiben wird«.[48] Aber der Herzog konnte sich nur dazu durchringen, Georgiana knappe, schroffe Nachrichten über Belanglosigkeiten zu schreiben. Über Devonshire House berichtete er, daß es »ohne sie trostlos und schmutzig« sei, was immerhin bewies, daß er über ihre Abwesenheit nicht erfreut war. James Hare hatte Georgiana die ganze Zeit treu geschrieben und Neuigkeiten aus Gesellschaft und Politik von zu Hause überbracht, aber zu ihrer Enttäuschung konnte er die Absichten des Herzogs auch nicht besser ergründen als sie selbst. »Ich habe den Herzog sehr häufig gesehen«, schrieb er, »und diniere mit ihm öfters unter vier Augen; er ist (wie Du weißt) nicht sehr gesprächig ... so daß ich aus ihm nichts herausbringe.«[49]

Am 11. März 1793 starb Lord Bessborough im Alter von neunundachtzig Jahren. Als Lord Duncannon, von nun an der Graf von Bessborough, die Nachricht erhielt, machte er sich sofort auf den Weg nach London und ließ die Exilanten zurück, die sich in Neapel niederlassen wollten. Die Stadt und ihre Umgebung war das liebste Reiseziel englischer Reisender. Sie gehörte zu den Höhepunkten der *Grand Tour* und war ein Ort, der zu ausgefallenen Beschreibungen einlud. Ein Reisender, der in der zweiten Hälfte des 18. Jahrhunderts nach Hause schrieb, pries

Olivenhaine und wohlbestellte Kornfelder, dazwischen Reihen von Ulmen, an denen Wein emporrankt, der sich zwischen den Reihen in Girlanden von einem Baum zum anderen windet. Die großen alten Feigenbäume, die Orangen in voller Blüte und Myrten in jeder Hecke geben ein unvorstellbar schönes Bild ab; zudem sind die Straßen breit, gut erhalten und sehr belebt ... Die Menschenmengen übertreffen zahlenmäßig Paris und auch London. In den Straßen löst ein Markt den anderen ab, auf denen sich das Volk drängt, so daß eine Kutsche kaum durchkommt ... Die Bucht ist die schönste der Welt und das Meer wunderbar sanft ...[50]

Der König und die Königin von Neapel bereiteten der Gruppe zusammen mit den allgegenwärtigen Hamiltons – Sir William und Lady Emma Hamilton – einen herzlichen Empfang, und sie gingen bei Hof ein und aus. Eine bedeutende Gruppe hervorragender Wissenschaftler, unter ihnen Sir Joseph Banks und Sir Charles Blagden, hatte sich dort versammelt, um Phänomene wie den vulkanischen Vesuv zu studieren, und sie nahmen Georgiana großzügig bei ihren Versammlungen auf. Diese Monate gehörten zu den glücklichsten und erfülltesten ihres Lebens. Mit ihren neuen Gefährten erkletterte sie die Spitze des Vesuv, um den Rauch aus dem Krater aufsteigen zu sehen, unternahm Schiffstouren rund um die Inseln und untersuchte die alten Ruinen.

Geld oder Juwelen waren jedoch bald ausgegangen und Coutts mit seiner Geduld am Ende. Er hatte ihre Bitten und Exzesse jetzt fast zwei Jahre ertragen und drängte sie, einen Teil der 20.000 Pfund, die sie ihm schuldete, zurückzuzahlen. Er hatte sich sogar mehrmals an den Herzog gewandt, der sich aber weigerte, mit ihm zu sprechen. Der neue Lord Bessborough erreichte London gerade rechtzeitig, um zu verhindern, daß Georgianas Name auf einer Liste säumiger Schuldner auftauchte. Er und Harriet erfreuten sich einer kurzen Phase der Wiederannäherung; er behielt sogar seine Verärgerung unter Kontrolle, als er entdeckte, daß sie auch auf der Liste stand: »Um Gottes willen, sag' mir, wie hoch Deine Schulden sind, es hat keinen Sinn, etwas zu verschweigen. Damit will ich nicht sagen, daß ich sie bezahlen kann, aber vielleicht können wir etwas arrangieren, damit sie uns nicht völlig ruinieren ... Ich muß immer an Dich denken.«[51]

Georgiana wollte die Hoffnung gerade aufgeben, als am 18. Mai ein Brief vom Herzog eintraf.

Ach, meine G. [schrieb sie sogleich], wie kann ich Dir mein Glück nur beschreiben. Wir dinierten heute in den Arca Felice – oder eher unter

ihnen – nirgendwo auf der Welt gibt es einen so malerischen Ort –, als
die Post ankam, und Dein lieber, liebster Papa mir in einem Brief
schrieb, daß ich in der Mitte des Sommers zu Euch zurückkehren solle.
Der Gott im Himmel segne ihn für seine Freundlichkeit mir gegenüber
– in spätestens drei Monaten bin ich bei Euch, meine liebsten Kinder,
und diese grausame Trennung wird durch die Freude, Euch zu sehen,
wiedergutgemacht werden. Oh, mein liebster Schatz, welche Freude das
sein wird, und wie ungeheuer gut Dein lieber Papa doch zu mir ist.«[52]

Die Gesellschaft brach in aller Eile das Lager ab und begab sich auf die
lange Reise nach Hause. Sie hatten Rom erreicht, als Harriet einen
Rückfall erlitt. Lady Palmerston besuchte sie:

Wir aßen bei den Websters, und gingen zusammen zur Villa Borghese.
Dort trafen wir die Herzogin von D. und besuchten am Abend Lady
Bessborough, die mir von Herzen leid tut. Sie sieht so krank aus und ist
es auch. Sie hustet und spuckt auch wieder Blut. In Neapel war sie von
diesen Beschwerden beinahe frei, aber durch die Reise sind sie wieder
aufgetreten. Sie selbst ist so außergewöhnlich anziehend, daß man ihren bedenklichen Zustand nicht mit ansehen kann. Ich glaube, sie werden den Winter in Neapel verbringen. Die Herzogin ist so charmant
wie immer. Wir sahen uns Zeichnungen ihrer Erlebnisse an, Lady Elizabeth zeichnet in einem prächtigen Stil. Die Herzogin kehrt sicher
diesen Sommer nach England zurück. Der Herzog hat ihr einen äußerst liebevollen Brief geschrieben, in dem er ihre Rückkehr wünscht.[53]

Harriet war nicht reisefähig, und Lady Spencer zog es vor, mit ihr in Italien zu bleiben. Harriet war außer sich bei dem Gedanken an die Trennung von Georgiana. Georgiana fühlte sich genauso tief getroffen, aber
sie hatte Bess, um sich zu trösten. Als sie sich Ostende näherten, über-
kam beide die Furcht, was die Zukunft in England für sie bereithalten
würde. Besonders Georgiana litt unter der Last ihrer Sorgen und Reue.
Sie vergaß ganz ihre wissenschaftlichen Studien und alles, was sie sich
selbst beigebracht hatte, und beichtete Lady Spencer:

Ich verurteile mich selbst dafür, daß ich meine Zeit der *Verbannung*
nicht besser genutzt habe, und für alles andere auch. Ich denke, ich
hätte so viel besser vorgehen können, und das Schlimmste ist, daß ich
Ihnen so oft Anlaß zu Unbehagen und Klage gegeben habe, obwohl
ich mein Leben für Ihre Sorge gegeben hätte und die Tiefschläge gern
ein wenig wieder gut gemacht hätte, die ich Ihnen versetzt habe. Mein
Herz und meine Seele wollten immer nur Gutes, aber die Verzweiflung an mir selbst und meiner Situation beraubte mich oft aller Kraft

> und verleitete mich zu Irrtümern. Manchmal ging es besser, nämlich
> wenn ich Hoffnung hatte, denn dann konnte ich mich aufraffen, aber
> wenn ich manchmal in tiefer Verzweiflung versank, stürzte ich mich
> auf jede Möglichkeit, die mir Entspannung versprach.[54]

Worauf Georgiana zurückgegriffen hatte, erwähnte sie nicht, aber sie schwor, ihr Leben zu ändern. Sie würde dem Herzog nie mehr zuwiderhandeln: »Ich kehre unter dem Eindruck sehr tiefer Demut zurück, beseelt von dem Wunsch nach Buße, indem ich mehr für den anderen da bin, und mich in alle *seine* Absichten und Wünsche bedingungslos ergebe. Außerdem hoffe ich, das sehr große Glück, das mir gewährt worden ist, für größere Klugheit und Fürsorge zu nutzen. Ich fürchte und bebe, aber ich vertraue allein auf meine Bußfertigkeit und Dankbarkeit an Gott und in die Liebe meiner Kinder.«[55]

Sie erreichten Ostende gerade, als die Franzosen die Truppen des Herzogs von York zum Rückzug zwangen. Nachdem sie aus dem belagerten Maastricht entkommen waren, wo sie riskiert hatten, ins Schußfeld zu geraten, während sie durch die Straßen geschlichen waren, ignorierten Georgiana und Bess jetzt alle Ermahnungen umzukehren. »Wir sind trotz aller Ratschläge vorangekommen, und haben von den englischen Katastrophen gehört ... Zwischen Brügge und Ostende haben uns einige Soldaten angehalten, die wissen wollten, ob wir irgendwelche Franzosen etc. gesehen hätten. In Ostende riet uns jedermann, so schnell wie möglich zu fahren.«[56] Aber in keinem der Schiffe, die den Hafen verließen, war auch nur ein einziger Platz. Zum Glück traf Georgiana mitten in der allgemeinen Panik einen Freund, Lord Wicklow, der gerade mit seiner Yacht absegeln wollte. Zwar musterte er ihr Gepäck und die Dienerschaft stirnrunzelnd, brachte sie aber dann doch auf der kleinen Yacht unter. Als die Männer die Vertäuung kappten, stürzten einige englische Flüchtlinge herbei und baten, an Bord gelassen zu werden. Georgiana litt entsetzlich, weil sie sie zurücklassen mußten, aber sie konnten einfach nichts tun. Das Schiff entfernte sich schnell von den Zurückgelassenen, und sie sah sie verzweifelt am Kai stehen, hinter ihnen die Stadt, die in Flammen aufging.[57]

Kapitel 17

Rückkehr

1794–1796

Lord Egremonts exquisite Villa in Piccadilly ...
wird an Mr. Mills aus Yorkshire für die Summe von,
wie behauptet wird, 16.000 Pfund verkauft.
Der Bezug dieses Hauses und des Devonshire House
wird zusammen mit der Fertigstellung der Häuser
von Mr. Drummond und von Mr. Craufurd Piccadilly im
kommenden Frühling etwas von der vergangenen Pracht
zurückbringen.

LONDON CHRONICLE, 2.–4. JANUAR 1794

Der Herzog wartete in Dartford mit allen Kindern, um Georgiana und Bess zu begrüßen. »Ich habe sie gesehen, ich habe sie gesehen«, schrieb Georgiana Lady Spencer nach der Wiedervereinigung. »Georgiana ist sehr hübsch ... Harryo ist immer noch fett, aber mit ganz hellem Teint ... Hartington sieht gut aus, ist aber sehr grausam zu mir. Er will mich nicht anschauen und spricht nicht mit mir, nur abends hat er mich vorsichtig geküßt ... Der Herzog hat Gicht, aber sonst sieht er gut aus. So viel Aufmerksamkeit hat er mir noch nie entgegengebracht – und dazu die Großzügigkeit und Freundlichkeit.«[1] Er hatte sie mit einem Willkommensgeschenk empfangen: eine elegante neue Kutsche mit hellblauer Bespannung und silberner Federung. Sie reisten darin nach London zurück und erreichten Devonshire House am 18. September 1793. Der gesamte Haushalt stand im Hof, als die Kutsche durch das Tor fuhr. »Mich hat nie etwas so berührt wie die Begrüßung der Dienerschaft«, erinnerte sich Georgiana. Sie selbst, gab sie zu, war »so glücklich und so ängstlich«.

Da Georgiana mit zahlreichen unangenehmen Veränderungen rechnete, wagte sie kaum, Devonshire House zu verlassen. »Ich bin seit vier
Tagen in der Stadt und zu aufgeregt, um mich umzuschauen oder irgend
etwas zu tun«, schrieb sie am 23. September, »zu glücklich, zu aufgeregt,
und vielleicht, nach einer so langen Reise, zu müßig. Ich stehe sehr früh
auf, um eher mit den Kindern zusammen zu sein, ich sitze am Kamin,
und wenn Sie die Unordnung in meinem Zimmer sehen könnten, würden Sie die Hände über dem Kopf zusammenschlagen.«[2] Sogar innerhalb der sicheren Grenzen von Devonshire House ließen sich einige unangenehme Entdeckungen nicht vermeiden. Die einzige gute Nachricht
schien, daß sie die Verantwortung für Charlotte Williams endlich losgeworden war, die einen Neffen des Verwalters Heaton geheiratet hatte.[3]
Im übrigen gab es nur Bedauern und Enttäuschung.

Georgianas zweijährige Abwesenheit war den Kindern schlecht bekommen. Erschüttert fand sie heraus, daß die zehnjährige Little G.
überhaupt kein Selbstvertrauen besaß. Sie war »ein äußerst anziehendes
liebes Kind und sehr hübsch« geworden, schrieb Georgiana. Jedoch
»läßt sie mich möglichst nicht aus den Augen, und heute sagte sie mir,
daß ich all ihre Fehler gar nicht kennen würde.«[4] Little G. hatte eine
krankhafte Religiosität entwickelt, weshalb sie unter ihren wahren oder
eingebildeten Sünden litt.[5] Zum Glück verfolgten die achtjährige
Harryo keine religiösen Ängste, aber sie verhielt sich Freunden gegenüber störrisch. Auch war sie nicht so hübsch wie ihre Schwester, sie war
eher klein und untersetzt.

Dennoch schien Harryo am wenigsten gelitten zu haben, vor allem im
Vergleich zu Hart, der jetzt dreieinhalb war. Er erkannte seine Mutter
nicht wieder – er fing sogar an zu schreien, wenn Georgiana ihn in den
Arm nehmen wollte. Mütterliche Zuneigung hatte er so lange entbehrt,
daß er Körperkontakt mit unangenehmen Erfahrungen wie Klapsen und
kalten Bädern gleichsetzte. Monatelang widersetzte er sich allen Versuchen Georgianas, sich von ihr berühren zu lassen. Der wahre Grund für
sein Verhalten kam erst später zu Tage: Er war fast taub – wegen einer
Infektion hörte er fast nichts mehr. Aus dem gutmütigen Baby aus Georgianas Erinnerung war ein jähzorniges Kleinkind geworden, das um sich
trat und jeden biß, der ihm zu nahe kam. Georgiana machte sich unaufhörlich Vorwürfe wegen seines Zustands, weshalb sie ihn verwöhnte und
Hart damit nur noch mehr schadete. Die Tatsache, daß er sich die Infek-

tion unter Selinas Obhut zugezogen hatte, verstärkte die Spannung zwischen den beiden Frauen. Georgianas Verhältnis zu der Gouvernante war nach ihrer Rückkehr schwer belastet. Selina war daran gewöhnt, sich selbständig um die Kinder zu kümmern und lehnte Georgianas Einmischung ab. Unablässig stritten sie darüber, wie die Kinder erzogen werden sollten. Es dauerte drei Jahre, bis sie ihr gegenseitiges Mißtrauen abgebaut hatten.* In der Zwischenzeit mußte Georgiana um ihre Position im Kinderzimmer kämpfen.

Die vergangenen zwei Jahre waren auch an dem Herzog nicht spurlos vorübergegangen. Ständige Schmerzen wegen seiner Gicht hatten ihn, zusammen mit seiner Neigung zur Hypochondrie, zum Invaliden gemacht. »Sobald er sich wieder bewegen kann, begeben wir uns nach Hardwick, mindestens über Weihnachten und wahrscheinlich für viele Jahre«, schrieb Georgiana am 30. September an Lady Spencer. Sie hatte sich ihre Entscheidung für den Herzog wohl überlegt, und er war glücklich, daß er jetzt ihre erste Wahl war. »Zur Zeit gehe ich gar nicht aus«, schrieb sie weiter, »aber ich empfange drei oder vier Bekannte des Herzogs, die ihm Gesellschaft leisten und zu mir ins Zimmer kommen, wenn er müde wird; in aller Regel sind das Craufurd, Hare, Mr. James und Mr. Grenville ... Am liebsten bin ich mit den Kindern zusammen, die ich tagsüber kaum verlasse.«[6]

Georgiana blieb bei ihrer Entscheidung, obwohl weder die Zeit noch die Entfernung ihre Liebe zu Grey verringert hatten. »Du mußt nicht glauben, daß sich die Gefühle der Herzogin von Devon deshalb ändern sollten; sie drehen sich immer noch um *Grey*«, schrieb Lady Stafford, nachdem sie sie im Februar 1794 bei einem Dinner gesehen hatte.[7] Wenigstens anfangs hätte Grey ihr Verhältnis gern wiederaufleben lassen. Lady Webster, die später mit Lord Holland, einem Neffen von Fox, durchbrannte, beobachtete die beiden und hielt in ihrem Tagebuch fest, was ihr aufgefallen war. Im Dezember 1793 schrieb sie: »Mr. Grey ist le bien aimé der Herzogin, er ist ein zänkischer, anspruchsvoller Liebhaber«, und fügte hinzu, er ist ein »Mann mit einem hitzigen Temperament

---

* Es half auch nicht, daß Selina weiter für Lady Spencer spionierte. Im April 1796 erinnerte Selina Lady Spencer daran, ihre Korrespondenz Georgiana nicht offenzulegen, »denn wir kommen jetzt so gut miteinander aus, und ich möchte nicht, daß Ihre Gnaden denkt, ich erzähle Ihnen alles, was zwischen uns vorfällt«. Chatsworth 1333, Selina Trimmer an LS, 11. April 1796.

und grenzenlosem Ehrgeiz«.[8] Aber Georgiana versuchte nicht nur, um jeden Preis ihre Gefühle zu verbergen, sie weigerte sich tatsächlich, sich Greys Forderungen zu fügen. Ihr Opfer half, jegliche verbliebene Bitternis des Herzogs zu besänftigen, der seinerseits Bess immer noch böse war, daß sie ihn seinerzeit verlassen und Caroline St. Jules mit sich genommen hatte. Sie nahmen ihre Affäre zwar wieder auf, aber er liebte sie nicht mehr mit derselben Leidenschaft und traute ihr nicht mehr. Trotzdem stand nicht zur Debatte, daß Bess Devonshire House verließ: Georgiana hätte es nie zugelassen. Bess war ihr wichtiger als jeder andere Mensch. Als sie einmal vor der Entscheidung stand, den Geburtstag der kleinen Georgiana zu feiern oder Bess zu pflegen, die hohes Fieber hatte, entschied sich Georgiana für letzteres, »denn meine arme Freundin kann ich einfach nicht verlassen«, erklärte sie.[9] Bess überließ trotzdem nichts dem Zufall, und sie nahm den Herzog von Richmond aufs Korn – für alle Fälle.

Als Georgiana sich schließlich wieder in die Gesellschaft wagte, tat sie dies leise und ohne Aufsehen. Die *Morning Post* berichtete lediglich, daß Lady Melbourne ihr zu Ehren ein Dinner veranstaltet hatte; danach gab es über Georgiana wenig in der Presse zu lesen.[10] Ihr erster Auftritt bei Hof bestätigte die Veränderung. Dieses Mal kleidete sie sich absichtlich schlicht und unauffällig. Sie wußte, daß sie sich lächerlich machen würde, wenn sie so tat, als ob sie noch immer an der Spitze des *ton* stünde. Trotzdem konnte es Lady Spencer nicht lassen, sie zu ermahnen: »Zieh' ein einfaches und edles Kleid an, um Himmels willen nichts Ausgefallenes. Die Anerkennung, die durch ein solches Verhalten Deinem Ruf zugute käme, würde die banale und wirklich falsche Absicht, protzig auszusehen, immer wett machen. Es gibt immer einen Zeitpunkt, sich auf eine andere Art zu kleiden, und welche Gelegenheit wäre besser, als Deine jetzige Rückkehr nach solch einer langen Abwesenheit ...«[11]

Lady Spencer wies zu Recht darauf hin, daß Georgianas zweijährige Abwesenheit es ihr leichter machen würde, sich mit Würde zurückzuziehen. Sie hatte auch kaum eine andere Wahl – neben den Gerüchten über ihr Exil ging um, daß sie bankrott war und ihre Schulden in der Verbannung noch gewachsen waren. Der Herzog half ihr, sie teilweise zu begleichen, aber wie üblich unterzeichnete er von sich aus nichts, und Georgiana wagte nicht, ihn daran zu erinnern. Wenn sie zu ihrer alten Lebensweise zurückkehrte, war sie außerdem wieder der Versuchung ihrer Spielleidenschaft ausgesetzt. Paradoxerweise hatte Georgiana während ihres Exils nicht unter dem Drang zu spielen gelitten. Andere Interessen, insbesondere die wissenschaftlichen Studien, hatten sie so sehr beschäftigt, daß das Problem nie aufgetaucht war. Sogar in Neapel, wo sich überall die Gelegenheit zum Spielen bot, hatte Georgiana ihre Zeit lieber in Pater Patrinis Haus verbracht, wo die angereisten Wissenschaftler zusammentrafen, und mit Sir Charles Blagden über seine Arbeit gesprochen. Nach ihrer Rückkehr nach London verfolgte sie ihre neuen Interessen weiter und verbrachte ihre Tage bei Vorlesungen an der Royal Academy oder führte in einem Hinterzimmer in Devonshire House chemische Experimente durch, außerdem studierte sie Mineralogie. Die Fossilien und Mineralien, die sie auf ihren Reisen im Ausland erworben hatte, bildeten das Herz einer Sammlung, zu der sie von nun an fortwährend Stücke hinzufügte.[13] Am 23. Oktober schrieb Lady Sutherland an Lady Stafford, Georgiana habe ihren Alltag sehr verbessert und vernünftiger gestaltet: »Der Herzog hat die Gicht und die Herzogin kehrt jeden Abend um zwölf ›nach Hause‹ zurück, danach leistet sie ihm bis drei Gesellschaft. Sie beschäftigt sich mit *Chemie* und geht sehr wenig aus, heute morgen besucht sie eine Chemie-Vorlesung.«[14]

Politik empfand sie inzwischen als Quelle für Verdruß. Der König haßte die Whigs, die Regierung lehnte sie ab, und das ganze Land mißtraute ihnen. Die Presse nenne sie die »französische Fraktion«, beklagte sich James Hare bei ihr, und das, weil man annahm, daß sie mit der Revolution sympathisierten, obwohl sie ironischerweise »untereinander total gespalten und uneinig waren.«[15] Grey, Sheridan und einige der jüngeren Fox-Anhänger hatten eine radikale politische Reformgruppe aufgebaut, die sich »Vereinigung der Freunde des Volkes« nannte und jährlich Neuwahlen und mehr Demokratie forderte. Der anti-aristokratische Standpunkt der Vereinigung spaltete die Partei in zwei feindliche Lager.

Pitt machte sich die Zwistigkeiten der Partei natürlich zunutze. Er startete mit Erfolg eine Kampagne, um aus den Reihen der unzufriedenen Whigs die talentiertesten Kräfte auf seine Seite zu ziehen. Georgiana verwendete ihre ersten Monate darauf, der Spaltung der Partei entgegenzuwirken, indem sie bei kleinen Abendessen Parteimitglieder in Devonshire House zusammenzubringen versuchte. »Ich habe einfach weiter die ganze Welt eingeladen und mich nicht darum gekümmert, was in meiner Abwesenheit passiert ist«, erzählte sie ihrem Bruder.[16] Zwei Hindernisse stellten sich ihren Bemühungen, die Partei wieder zu verei-

nigen, in den Weg: ihre eigenen Schuldgefühle, weil sie in Ungnade gefallen war, weshalb sie sich ungern in der Öffentlichkeit sehen ließ, und
das Versprechen, sich nie wieder in Politik einzumischen, das ihre Mutter ihr während der Zeit im Ausland abgerungen hatte. Lady Spencer
war der Meinung, daß ihr politischer Einfluß Georgiana zuviel Freiheit
verschafft habe. In Briefen aus Florenz, wo Harriet genesen sollte, warnte sie Georgiana vor den »schwierigen Folgen, die Dein Interesse an diesem Thema haben kann«.[17] Georgianas Antwort enthüllte, wie sie das
Durcheinander nach ihrer Rückkehr empfand: »Ich spreche nie über
Politik, nicht nur, weil ich sie verabscheue, sondern auch, weil jeder einzelne, mit dem man spricht, sieben verschiedene Meinungen vertritt.«

Zum ersten Mal in ihrem Leben war Georgiana mit Fox nicht einer
Meinung. Er sah keine Bedrohung in der Revolution; sie doch. Er fand,
England solle mit Frankreich Frieden schließen; sie nicht. »Ich gehöre
auf keinen Fall zu den Befürwortern des Friedens, denn ich sehe nicht,
wie er zustande kommen könnte«, teilte sie Lady Spencer am 22. Oktober mit.[18] »Man sagt mir nach, daß ich mich mit Leuten aller Parteien
treffe, in Wahrheit aber Royalistin bin«, schrieb sie einige Wochen später. » In einem anderen Bericht heißt es, ich wolle einen Zusammenschluß herbeiführen, und dies gründet sich, nehme ich an, darauf, daß
ich mich in letzter Zeit oft mit Lady Chatham getroffen habe.« Das Gezänk innerhalb der Partei desillusionierte sie dermaßen, daß sie mit dem
Gedanken spielte, sich ganz aus der Politik zurückzuziehen. Anfang November verkündete sie in einem Brief an ihre Mutter pathetisch: »Ich
verspreche Dir, daß ich ab heute, dem 2. November 1793, nie wieder ein
Wort, welcher Art auch immer, über Politik verlieren werde.«[19] Natürlich hielt Georgiana dieses Versprechen nicht und startete einen Feldzug, um Grey und Sheridan wieder mit Fox zusammenzubringen.

Fox blieb den Winter und das ganze Frühjahr hindurch unentschlos-
sen. Im Sommer neigte er allerdings eher zur »Vereinigung« als zur konservativen Fraktion. Die Portlands entzweiten sich mit Georgiana und
dem Herzog, weil sie Fox auch weiterhin unterstützten. »Sie können
sich nicht vorstellen, wie sehr der Herzog und auch die Herzogin von
allen Menschen verachtet und beschimpft werden«, berichtete Lavinia
George im Februar mit Wonne. »In der Tat verdient ihr Verhalten es
nicht anders – Montagu sagt mir, daß die Herzogin von Portland absolut
empört ist – jedenfalls so sehr, daß sie zu ihm über beide nur in den bit-

tersten Worten spricht, was sie nie vorher getan hat.«[20] Die Herzogin
von Portland starb kurze Zeit später, am 3. Juni, an Krebs; ihr Tod hatte
auf Portland offensichtlich eine katalytische Wirkung, denn er brach den
Kontakt zu den Cavendishs ab. Im folgenden Monat lief er zu Pitt über
und nahm mehr als die halbe Partei mit. Zu den Abtrünnigen gehörte
auch George, den Pitt zum Marineminister ernannte. Georgiana war
über die Entscheidung ihres Bruders entsetzt. Wohlwissend, daß sie seine Meinung nicht ändern würde, schrieb sie ihm einen großherzigen
Brief, in dem sie ihn vom Verrat an der Partei freisprach. »Ich habe Dir
oft gesagt, daß ich (genau wie Du) Dich lieber ohne Amt gesehen hätte«,
schrieb sie im Juli. »Aber ich glaube, Deine Gründe, es anzunehmen,
sind edelster und rechtschaffenster Natur.«[21]

Devonshire House wurde eine Zuflucht für verbliebenen Fox-Anhänger, etwa achtzig an der Zahl – weshalb man sie gelegentlich »Devonshi-
re-House-Partei« nannte. Von Georgianas engsten Freunden kamen etliche gar nicht mehr, unter anderem auch Thomas Grenville und der
Prinz von Wales.*[22] Der Herzog von Devonshire war kein Anhänger der
»Vereinigung« und unterstützte Fox' Position, daß England mit Frankreich Frieden schließen sollte, ebensowenig; trotzdem blieb er der Partei
fest verbunden, was mit seiner Vorstellung von *noblesse oblige*, Geschichte
und dem sicheren Glauben zusammenhing, daß den Cavendishs ein von
Gott gegebener Posten in der Regierung zustand. Robert Adair schrieb
später in einem Nachruf über seinen politischen Mut:

> In seinen politischen Prinzipien war der Herzog von Devonshire
> durch und durch ein Whig. Bei allem nötigen Respekt für die Krone
> war er der Meinung, daß die Basis der Whig-Persönlichkeit auf der

---

* Der Prinz hatte sich von den Devonshires politisch und persönlich entfernt. Er hatte die Whigs verlassen und er sagte sich nun auch von Mrs. Fitzherbert los und willigte ein, seine Cousine Caroline von Braunschweig zu heiraten. Es war ihm inzwischen gleichgültig, wen er heiratete, denn er war bereit, alles zu tun, solange der
König nur einwilligte, seine Schulden zu bezahlen. Er war aber überdies unter den
unheilvollen Einfluß von Lady Jersey geraten. Mit einundvierzig war sie immer
noch eine sehr schöne und einnehmende Frau, auch nachdem sie neun Kinder geboren hatte. Der Prinz hatte sie immer schon im Blick gehabt, und jetzt, als sie sah,
daß sich eine Möglichkeit eröffnete, brachte sie sich in Position. Sie war unerträglich und benahm sich zu allen Frauen, die jemals mit dem Prinzen liiert gewesen waren, so boshaft, wie sie konnte. Eine wirkliche Versöhnung zwischen dem Prinzen
und Georgiana war solange unmöglich, wie Lady Jersey seine Geliebte war.

Liebe zur Freiheit des Volks beruht. Um die Krone in ihrer recht-
mäßigen Autorität zu stützen, verhielt er sich stets korrekt und anstän-
dig, aber er hielt es für seine unmittelbare Pflicht, das Volk und den
das Volk betreffenden Teil der Konstitution zu verteidigen ... Er sah
daher die Notwendigkeit, das [königliche] Privileg strikt innerhalb
seiner Grenzen zu halten.[23]

Es tröstete Georgiana einigermaßen, daß der Herzog ihre Loyalität gegenüber der Partei und Fox teilte. Trotzdem war die Spaltung der Whigs
im Jahre 1794 für sie eine persönliche Katastrophe. Georgianas Geschick und Erfahrung in Partei-Organisation und politischer Strategie
gehörten den goldenen Zeiten der Opposition an. Jetzt, da die Partei fast
nicht mehr existierte, blieb für sie wenig oder gar nichts zu tun. Ihr
Selbstvertrauen litt unter dem jähen Verlust von Status und Reputation;
Dinge, die sie vor wenigen Jahren getan hätte, ohne darüber nachzudenken, brachte sie kaum mehr über sich. Als Richard Fitzpatrick sie ermutigte, dem armen Lafayette zu helfen, der immer noch in Österreich im
Gefängnis saß, schrieb Georgiana im August 1794 schließlich einen unterwürfigen Brief an George, in dem sie ihn bat, sich für den Franzosen
zu verwenden. Für ihre Begründung, warum sie ihm schrieb, brauchte
sie ebenso viele Zeilen wie für ihre Bitte um Hilfe. »Es wird Dich seltsam anmuten, daß ich mich in ein politisches Thema einmische«,
schrieb sie – was ziemlich absurd klingt im Hinblick auf ihre früheren
Erfahrungen – »aber Dankbarkeit treibt mich, und auch der Herzog
stimmt mit mir in meinem Wunsche überein, weshalb ich sicher bin, daß
Du mir vergeben wirst.«[24]

Georgianas Verlegenheit, mit der sie ihr Anliegen vorbrachte, war
auch eine Reaktion auf die konservative Stimmung der neunziger Jahre
in bezug auf Frauen, die sich auf »männliches« Gebiet wagten. Bis zur
Französischen Revolution konnten sich begabte Frauen, die Geschmack
an der Politik fanden, eine Rolle schaffen, und viele taten es auch.[25] Sie
hatten zwar keinen rechtlichen Anspruch darauf, und, wie Georgiana
erlebte, der Zugang hing von einem bereitwilligen Ehemann ab, genügend Wohlstand und einer Schar männlicher Anhänger. Da sie einmal
eine prominente und erfolgreiche Rolle in der Politik gespielt hatte, fiel
es Georgiana schwer, sich damit abzufinden, daß die Partei der Whigs
sich übereilt auflöste. Sie war weder die erste Frau noch die letzte, die
verdrossen zusehen mußte, wie sich Männern mit beträchtlich geringe-

rem Talent als dem ihren größere und verlockendere Chancen boten. Zehn Jahre früher hatte sich die Witwe des Marquis von Rockingham vergeblich bemüht, ihre Position innerhalb der Whig-Hierarchie zu halten, und wurde dafür gescholten, denn sie schien »männlichen« persönlichen Ehrgeiz in den Vordergrund zu stellen. Lady Mary Coke sagte gehässig über sie: »Es scheint, als ob die Politik ihre erste Leidenschaft wäre und daß sogar ihr großes Unglück, Lord Rockingham verloren zu haben, nicht ausreicht, sie ihre Lieblingsbeschäftigung vergessen zu lassen.«[26]

In den achtziger Jahren des 18. Jahrhunderts wurden Frauen außerordentliche Freiheiten zugestanden, und dies nicht nur auf politischem Gebiet. Während des amerikanischen Unabhängigkeitskriegs waren Zeitungsberichte über Frauen, die sich als Männer verkleideten, um zu kämpfen, nicht ungewöhnlich, und ihr Patriotismus erhielt ebensoviel Applaus, wie ihre Aktionen verspottet wurden. Im Gegenzug dazu konzentrierten die Frauen im gegenwärtigen Krieg ihre Bemühungen darauf, für die Freiwilligen warme Kleidung herzustellen. Die Zeitung *Oracle* tönte, daß die »strahlendste Zierde des gehobenen Lebens«, die Herzogin von Devonshire, »*tatsächlich* damit beschäftigt ist, Flanellhemden für die braven Jungs in *Flandern* herzustellen.« (Georgiana war enttäuscht, als sie erfuhr, daß die Kleidungsstücke später für Gin verkauft wurden.)[27] Gesellschaftskolumnisten befürworteten die Rückkehr zu einer traditionellen Gesellschaft, in der die Frauen ihren Platz kannten. Indem die Whigs in den achtziger Jahren ihre weiblichen Anhänger schamlos ausgenutzt hatten, hatten sie das Bild öffentlich aktiver Frauen mit dem Makel des Radikalismus beschmutzt. Ein späterer Kritiker nannte Fox' Gewohnheit, Frauen wie Georgiana mit seinen männlichen Freunden gleichzustellen, einen groben Charakterfehler.[30]

Georgiana konnte ihren Wunsch nach Karriere mit den Vorstellungen von weiblichem Anstand im 18. Jahrhundert nicht in Einklang bringen. Außerhalb der festgesetzten politischen Grenzen ihrer Zeit zu handeln, lag nicht in ihrer Natur. Es gibt keinen Hinweis darauf, daß sie Mary Wollstonecrafts *Vindication of the Rights of Woman* gelesen hat oder die Schriften früher Feministinnen wie Mary Hays und Catherine Macaulay kannte.[29] Praktische politische Themen interessierten Georgiana mehr als philosophische Debatten über die Rechte der Frauen und soziale Gleichheit. Deshalb konnte sie scheinbar gegensätzliche Standpunkte vertreten und etwa gleichzeitig die Polignacs in Frankreich und die Patrioten in Belgien unterstützen. Der Mangel an einer klaren Ideologie erschwerte ihr allerdings auch Entscheidungen darüber, was zu tun sei. Georgiana wurde immer defensiver, was ihren eigenen Beitrag betraf: Nachdem sie aus der Politik ausgeschlossen worden war, entschied sie, daß Frauen da sowieso nicht hingehörten. Ihnen kam die Aufgabe zu, großen Männern ihre Werke leichter zu machen – aber nur, wenn sie darum gebeten wurden. Sie erklärte unzweideutig: »Wenn Frauen sich nur als Schiedsrichter und Mäßiger einmischen würden, würden sie Gutes tun, statt Schaden anzurichten.«[30] Letztlich gestand sie Frauen kein Recht auf persönlichen Ehrgeiz zu. Die Aufgabe der Frau war nicht, das Beste aus sich selbst herauszuholen, sondern andere zu inspirieren. Solche Ansichten waren sehr weit entfernt von der Selbstsicherheit – oder gar Arroganz – die sie vor der Regentschaftskrise ausgestrahlt hatte. Damals hatte Lavinia sie verachtet, weil sie sorglos von »wir« und »uns« sprach, wenn es um die Partei ging.

Georgianas Interesse an Mineralogie hinderte sie daran, in Passivität zu verfallen. Sie ersetzte die politischen Treffen durch wissenschaftliche Vorlesungen, und mit der Hilfe Sir Charles Blagdens fuhr sie fort, ihre Mineraliensammlung zu vergrößern. Am 22. August 1794 informierte ein aufgeregter Blagden den Präsidenten der Royal Society, Sir Joseph Banks, daß es Georgiana gelungen sei, aus Italien ein Stück »biegsamen Marmors« zu beschaffen.[31] Lady Spencer prahlte mit ihrem Erfolg: »[Sie hat] einfach eine Begabung dafür«, schrieb sie im September. »Pater Patrini, einer der führenden Männer auf diesem Gebiet in Italien und Sir Ch. Blagden bei uns haben mir beide versichert ... daß der Wissensstand, den sich die Herzogin angeeignet hat, und ihre Beobachtungen ganz außergewöhnlich seien. Mr. Cavendish* ist, wie ich erfahre habe, ebenfalls von ihr begeistert. Er besucht sie oft.«[32] Georgiana wurde zur Förderin vielversprechender Wissenschaftler, so wie sie in früheren Zeiten junge Schauspieler gefördert hatte. Zu ihren größten Erfolgen zählte Dr. Thomas Beddoes, dem sie 1798 half, sein Institut für Pneumatik zu

---

* Henry Cavendish (1731–1810), ein zweiter Cousin des Herzogs. Er war ein berühmter Naturwissenschaftler, entdeckte die Beschaffenheit von Wasser und atmosphärischer Luft und führte 1776 bahnbrechende Experimente mit Elektrizität durch. Wie sein Cousin ein scheuer Mensch, verabscheute er doch den Herzog, entwickelte aber eine Freundschaft mit Georgiana.

gründen, wo später das »Lachgas« entdeckt wurde. Beddoes hätte seine Chancen, Gefallen beim Establishment zu finden, beinahe zunichte gemacht, da er die französischen Republikaner lautstark unterstützte. Georgiana gab sich große Mühe, ihm zu Anerkennung zu verhelfen:

> Ich kenne ihn jetzt seit drei Jahren [schrieb sie ihrem Bruder 1795], und verfolge seine Entdeckungen in der pneumatischen Chemie und ihre Anwendungen auf die Gesundheit, und in meinen Augen gibt es nicht den leisesten Zweifel, daß sie in vielen Fällen Erkrankungen heilen und in fast allen große Erleichterung verschaffen könnten. Seine Vorschläge sind tadellos und aufrichtig, und er ist voller Begabung und klarem Verstand, in allem, bis auf das eine Thema Politik, für das er weder Urteilskraft hat, noch Geschmack, noch das Naturell besitzt.[33]

Harriet, die jetzt die Gräfin von Bessborough war, schloß sich Georgiana bei deren wissenschaftlichen Studien an. Sie war im September 1794 zurückgekehrt, beinahe genesen, nur ihre Beine versagten ihr immer wieder den Dienst, weshalb sie mit Krücken gehen mußte. Als Georgiana ihre Schwester das letzte Mal gesehen hatte, war sie dünn und bleich gewesen; jetzt leuchtete ihr Gesicht vom Glanz einer mediterranen Bräune, und sie war bester Laune. Harriet hatte sich in Neapel verliebt. Es handelte sich um Lord Granville Leveson Gower, einen Zwanzigjährigen, der vor Antritt seiner Karriere im diplomatischen Dienst Italien bereiste.[34] Er war klug, ichbezogen und außerordentlich attraktiv. Sein Aussehen entsprach dem romantischen Ideal der Männlichkeit im ausgehenden 18. Jahrhundert: Sein weiches, gelocktes, braunes Haar fiel über große, dunkle Augen (»diese Augen, in denen ich mein Leben verloren habe«, schrieb Harriet später), und er hatte einen vollen, sensiblen Mund. Er war politisch interessiert, aber auch hedonistisch: Er spielte zuviel, trank zuviel und verliebte sich ständig. Harriet hatte nie vorgehabt, sich in ihn zu verlieben. »Ich glaube und hoffe, daß ich alt und weise genug geworden bin, mich nie wieder in die jammervolle Lage zu begeben, irgend jemandem gegenüber mehr zu fühlen als ein gewöhnliches Interesse an einer Freundschaft«, erklärte sie ihm am 1. Juni 1794.[35] Er ließ sich durch ihre Abfuhr nicht abschrecken und sie wurden ein Paar, bevor sie nach Hause abreiste. Harriet kam gerade rechtzeitig, um Georgiana zu trösten. Grey hatte sich mit Mary Ponsonby verlobt, einer Cousine von Lord Bessborough. Zu feige, um Georgiana selbst zu informie-

ren, hatte Grey zugelassen, daß Georgiana von seiner Verlobung durch
die Zeitung erfuhr. Die Hochzeit erfolgte wenig später im November.
Eine Weile verschlug es Georgiana vor Kummer die Sprache. Die Nachricht erreichte sie, als sie sich in Teignmouth mit Harriet, Bess und den
Kindern an der See erholte. Die beiden Frauen taten ihr Bestes, um sie
abzulenken, ebenso Lady Melbourne, die regelmäßig Briefe aus London
schickte.

> Ich habe der Herzogin den größten Teil Ihres Briefes vorgelesen [in-
> formierte Bess Lady Melbourne am 8. Januar], ich hielt den Moment
> für geeignet, und daß er tief einsinken und Gutes bewirken würde; sie
> hat sich insgesamt sehr schlecht gefühlt, was mich auch nicht wundert,
> und es ist die Kenntnis dessen, worunter sie leidet und gelitten hat,
> weshalb ich einigen Dingen in London nachgegeben habe, vielleicht
> unklugerweise, aber es war nichts, was *ihn* betraf, nur was sich von al-
> lein für sie nie ändern wird. Er ist ein Scheusal, ein wildes Tier, und
> ich habe keine Geduld mehr mit ihm. Er hat kein Gefühl und nimmt
> keine Rücksicht auf sie, und das macht mich wütend auf ihn. Ich glau-
> be, sie bemüht sich nach Kräften, um sich für die Gegenwart und die
> Zukunft zu wappnen, aber diese Aufgabe ist nicht leicht und läßt sich
> erst mit der Zeit bewältigen. Ich wünschte, ich könnte vier Jahre aus
> meinem Gedächtnis streichen. Wir werden wahrscheinlich erst im
> April zurückkehren, und ich hoffe, daß sie bis dann genug Kraft ge-
> sammelt hat, sich weniger aus ihm zu machen. Ich verspreche meiner-
> seits, mit ihr so umsichtig umzugehen, wie ich kann, und möglichst
> wenig Schwäche zu zeigen.[36]

Georgiana wartete, bis sie ruhiger wurde, bevor sie Lady Melbourne
antwortete. »Deine Ängste sind unbegründet«, beharrte sie. »Ich habe
einen freundlichen Brief von ihm erhalten, mehr nicht, und ich habe ihm
zwei Briefe geschrieben, die ich der ganzen Welt zeigen könnte, und ich
denke, unsere Korrespondenz ist damit vermutlich beendet.«[37] Tapfere
Worte, die Lady Melbourne ihr aber nicht glaubte und Georgiana sich
selbst wahrscheinlich auch nicht.

Durch Greys Heirat fühlte sich Georgiana noch isolierter. Sie hatte
die letzten siebzehn Jahre ihres Lebens den Whigs gewidmet, ihre Ideologie war für sie zur Religion geworden. Sie war ihren Führern gefolgt
und hatte sie verehrt. Der Zerfall der Partei, der anschließende Rückzug
von Fox nach St. Anne's Hill und die jetzige Zurückweisung durch Grey
beraubten Georgiana ihrer äußerst wichtigen Rolle als politische Ver-

traute. Ohne diese Requisiten besaß sie nichts, um ihren unterdrückten politischen Ehrgeiz auszudrücken. Noch konnte sie sich ein Leben ohne Einfluß auf einen mächtigen Mann nicht vorstellen. In ihrer Verzweiflung wandte sie all ihre Aufmerksamkeit George zu.

> Mein einziger Trost ist mein Bruder [schrieb sie Lady Spencer im April 1795]. Er findet den Krieg genauso schrecklich wie ich und ist genauso entsetzt über die Politik und beklagt den Verfall und Untergang dieser gloriosen Phalanx ... von Redlichkeit und Besitz, die so lange zwischen dem Volk und der Krone gestanden haben ... Denn ich sehe ihn inmitten der Trümmer stehen, alles dem Wohlergehen und Gedeihen unserer einzigen Stütze und Hoffnung opfernd: unserer Marine. Und ich sehe, wie seine offenkundigen Mühen mit wohlverdientem Erfolg gekrönt werden.[38]

Georgiana begann, ihm unaufgefordert Ratschläge und Informationen zu schicken. Sie konnte nicht anders; ihr Bedürfnis, dabei zu sein – etwas Sinnvolles zu tun – überwältigte sie zeitweise, besonders, wenn sie unglücklich war. In einem Brief aus Teignmouth im Februar 1795 beschrieb sie ihm den Zustand der Flotte in der nahegelegenen Torbay.

> Gestern fuhr ich zur Torbay, um die Flotte zu sehen, und ging an Bord der Queen Charlotte – es war ein hinreißender Anblick und die feinste Flotte, die ich je gesehen habe. Aber sie fürchten anscheinend, daß die Westindische Flotte Schwierigkeiten bekommen wird, in Portsmouth auszulaufen, weil sie so groß ist und der Hafen so problematisch. – Ich hatte gerade einen Brief von Pelham mit dem Plan zur Verstärkung der Mannschaften bekommen und ich berichtete Lord Howe davon; ihm ist etwas aufgefallen, wovon ich Dir berichten will. Er meinte, gegen den Vorschlag, Männer aus den Pfarrbezirken aufzutreiben, sprechen die Erfahrungen aus dem letzten Krieg: Zur Marine schickten sie die Wilddiebe und die schwierigen Leute, die sie loswerden wollten – und diese Männer waren an Bord nicht nur nutzlos, sondern auch gefährlich ... Gott segne Dich, Lieber Bruder, wie ärgerlich, daß die Winde gegen uns waren. Ich denke, wir hätten ihre Flotte einholen können; mach' Dir keine Umstände, mir zu schreiben.

Georgiana rechtfertigte ihr gebrochenes Versprechen, sich nie mehr um Politik zu kümmern, indem sie erklärte, sie würde nur Information weitergeben, was nicht zähle. »Manchmal erzählen mir die Leute etwas, was sie Dir gegenüber nicht wagen würden, und ein Hinweis kann manchmal nützlich sein.«[39]

Sie hielt sich für den Rest des Jahres 1795 so oft wie möglich auf dem Land auf und beschäftigte sich mit ihrer Mineraliensammlung oder schrieb an George, wann immer sie Informationen hatte, die sie für nützlich hielt. Die Herzogin von Gordon hatte Georgianas Platz als führende politische Gastgeberin in der Gesellschaft eingenommen, aber über ihre Versuche, in der Mode den Ton anzugeben, machte sich die Presse immer noch lustig.[40] Georgiana lebte viel ruhiger als in früheren Jahren, wodurch sie keinen einzigen ihrer alten Freunde vertrieb, sondern sich noch neue dazugewann. »Sie speiste gestern mit mir, und wir saßen den ganzen Abend zusammen und redeten«, schrieb Lady Stafford. »Hatten eine sehr [unlesbar] und interessante Unterhaltung, und wir redeten uns fast um Kopf und Kragen, bis wir ein Ende fanden.«[41] Sie war froh, daß Georgiana »in diesem Jahr eine annehmlichere Lebensform gefunden hatte als üblich, sich in guter Gesellschaft aufhielt und den Unsinn von früher eingeschränkt hatte«.[42]

Lady Spencer fand, es wäre keine schlechte Sache, wenn Georgiana sich ein wenig zurückzog, während sich der *ton* über soziale und politische Dispute weiterhin spalte. Der Prinz von Wales hatte die Gesellschaft mit seinem Betragen wieder einmal in zwei gegensätzliche Lager geteilt. Er betrog seine neue Frau, Prinzessin Caroline von Braunschweig, die er am 8. April 1795 geheiratet hatte, vor aller Augen und demütigte sie, indem er in der Öffentlichkeit mit Lady Jersey als seiner Gefährtin umherflanierte. Auch schikanierte er Caroline in einer Weise, die ihm schadete, sie hingegen in den Augen der Gesellschaft erhob. Lady Jersey tat sich selbst auch keinen Gefallen, indem sie die junge Prinzessin bei jeder sich bietenden Gelegenheit beleidigte. Harriet kommentierte trocken, daß sie zu jenen Frauen zähle, die nicht glücklich waren, wenn sie keine Rivalin hatten, die sie belästigen und quälen konnten.« Lady Jersey hatte es sogar fertiggebracht, daß sie als königliche Kammerzofe von Caroline angestellt wurde. »Lady J. ist überall dabei, und jedermann verabscheut sie zutiefst. Welche Erbärmlichkeiten sich um jedes einzelne Mitglied dieser traurigen Gruppe zu versammeln scheinen,« schrieb Lady Spencer. »Ich bin froh, daß Du und Deine Schwester mit all dem nichts zu tun habt.«[43]

Alle Gespräche drehten sich um die Bosheiten, die sich Lady Jersey für Caroline ausdachte, und ihre eifrigen Bemühungen, den Prinzen dazu zu bewegen, daß er niemand außer ihr Unterstützung gewähre. »Es ist sehr seltsam«, sinnierte Georgiana, »klug, wie sie ist, hätte sie darauf kommen müssen, daß sie sich unbeliebt macht, wenn sie so viel von ihm nimmt.« Die Leute waren entrüstet über ihre Dreistigkeit, in einer Kutsche umherzufahren, die von Dienern in der Livree des Prinzen begleitet wurde. Im Januar 1796 wurde dann allerdings über eine Revolte getuschelt. »Sie hat zu despotisch regiert, um sich lange zu halten«, war Lady Spencers Meinung. »Ich kann nur hoffen, daß ihr Euch beide daran erinnert, wie sie Euch einfach fallengelassen hat, und daß keine Notwendigkeit besteht, sie aufzufangen, wenn andere sie fallen lassen. Wenn es um eine gute Sache geht, ist solch ein Verhalten sehr löblich, aber sicher nicht bei einer schlechten.«[45] Ein knappes halbes Jahr war nach dieser Prognose vergangen, bis Lady Jersey zur meistgeschmähten Frau Englands wurde, während man Caroline überall Beifall zollte, wenn sie in der Öffentlichkeit auftrat. Der Versuch des Prinzen, eine offizielle Trennung von seiner Frau durchzusetzen, hatte zum allgemeinen Ausschluß von Lady Jersey geführt. Auf einem Ball der Herzogin von Gordon wurde dies unmißverständlich kundgetan. Lady Jersey erschien, wie immer stolz, wurde aber im Ballsaal so unterkühlt empfangen, daß sie zurückschreckte. Niemand ging auf sie zu, und wenn sie sich einer Personengruppe näherte, brach die Unterhaltung ab, und die Gäste verstreuten sich. Die niederen Klassen brachten ihre Mißachtung auf schärfere Weise zum Ausdruck: Eine Meute bewarf ihr Haus mit Steinen, und als sie im Sommer nach Brighton fuhr, führten die Ortsansässigen einen satirischen Aufzug auf – zwei Gestalten, gekleidet wie der Prinz und Lady Jersey, wurden auf einem Esel durch die Stadt geführt –, worauf sie beschämt abreiste.

Lady Jerseys Abstieg traf zeitlich mit Georgianas Rückkehr in die Öffentlichkeit zusammen. Im Juni 1796 wurde Fox für den Bezirk Westminster wiedergewählt, und seine Anhänger trugen ihn auf Händen zum Devonshire House. Es war das letzte Mal, daß die Whigs so etwas wie eine Feierstunde veranstalteten. Der Herzog erschien nicht, um Fox zu seinem Sieg zu gratulieren, weil er fürchtete, man könne daraus schließen, daß er sich wie Fox für den Frieden ausspreche. Statt dessen bat er Georgiana in letzter Minute, den Empfang selbst zu organisieren. Sie kam seinem Wunsch nach, fühlte sich aber die ganze Zeit absolut erbärmlich: Erinnerungen an glücklichere Zeiten verfolgten sie, und die Furcht, alle Lady Mary Cokes dieser Welt könnten ihr vorwerfen, daß

sie sich ohne Zustimmung des Herzogs in den Vordergrund schob,
machte sie verlegen. Trotz ihrer Befürchtungen bewältigte sie dieses Ereignis einigermaßen stilvoll. Später schämte sie sich, weil sie sich so gut
amüsiert hatte, und schrieb einen reichlich zusammenhanglosen Brief an
George, in dem sie darauf pochte, ihr Versprechen, sich aus der Politik
zu halten, nicht gebrochen zu haben.

> Ich hätte mich natürlich einem Freundschaftsakt für Mr. Fox nicht
> verweigern können, [aber] mir ist selbstverständlich bewußt, daß ich
> besser keine Aufgabe annehmen sollte, die ich allein und ohne den be-
> sonderen Schutz des Herzogs von Devonshire bewältigen müßte ...
> Denn daß Du mir vergibst, weiß ich, wenn einige meiner Ansichten
> nicht die gleichen sind wie Deine (wohl wissend, wie begierig sich
> meine Wünsche auf Deinen Erfolg und Deine Wünsche richten),
> doch könnte ich nicht ertragen, wenn Du glauben solltest, ich hätte
> mich in einer Weise hervorgetan, die einer Frau nicht gut ansteht –
> daher wiederhole ich, lieber Bruder, dies wurde ohne mein Wissen ar-
> rangiert. Das Wenige, was stattfand, war unerfreulich, hatte aber kei-
> nerlei negative Auswirkungen.[46]

Die Siegesfeier war Georgianas letzter Auftritt in der Gesellschaft für
über ein Jahr.

Kapitel 18

Intermezzo

1796

Liebe Georgiana«, hatte Lady Spencer am 2. Januar 1796 geschrieben, »Deine Kopfschmerzen rühren so oft von Ärger und Kummer her, und Deine Berichte, daß Du Dich unwohl fühlst, haften traurig in meinem Gedächtnis.«[1] In den letzten Jahren hatte Georgiana nach Migräneanfällen oft über Schmerzen in den Augen geklagt. Im Juli legte sie sich mit Kopfschmerzen ins Bett, aber der Schmerz ließ nicht nach, und nach ein paar Tagen war ihr rechter Augapfel auf die Größe einer Aprikose angeschwollen.[2] Dr. Warren untersuchte sie und zog drei der besten Augenärzte des Landes hinzu, unter ihnen John Gunning, der zu den wichtigsten ärztlichen Beratern des Königs zählte. Die Kinder wurden nach Chiswick geschickt, damit sie die Schreie ihrer Mutter nicht mitanhören mußten. Harriet und Lady Spencer lösten Bess bei der Wache an Georgianas Bett ab, und wieder einmal vereinten ihre Sorgen die drei Frauen.

Georgianas Krankheit und die Experimente, die im Namen der Medizin an ihr verübt wurden, waren selbst nach den Standards des 18. Jahrhunderts erschreckend. Außer Laudanum gab es keine Betäubungsmittel, das Reinlichkeitsempfinden war unterentwickelt, und es fehlten die grundlegendsten Kenntnisse über die Ursache von Infektionen. Einer der Ärzte strangulierte sie fast, weil er glaubte, die Augen müßten »durchgespült« werden, weshalb er das Blut in ihren Kopf zu pressen versuchte. Harriet erzählte ihrem Liebhaber: »Nach dem, was ich heute Nacht gehört habe, kann ich alles aushalten.«[3] Am 4. August überwand sich Lady Spencer dazu, Selina Trimmer zu beschreiben, wie Georgiana aussah.

> Die Entzündung hat sich so ausgedehnt, daß das Auge, die Augenlider und die angrenzenden Teile auf die doppelte Größe einer Hand angeschwollen sind und aus dem Gesicht hervortreten. Alles wurde ver-

sucht, um die Entzündung einzudämmen und eine weitere Geschwür-
bildung zu verhindern, aber vergeblich. Ein kleines Geschwür hat sich
auf der Hornhaut gebildet und ist geplatzt, und die Verletzung kann
an dieser Stelle nicht wiedergutgemacht werden. Wenn die Entzündung weiter wächst und sich wieder ein Geschwür bildet und platzt,
zerstört es das ganze Auge, das dann einsinkt ... Die Augenlider sind
immer noch sehr geschwollen und von den Blutegeln vernarbt, und
aus der kleinen Öffnung dazwischen tritt immer eine dicke weiße
Flüssigkeit aus. Das Auge selbst ist für jene, die es können (denn ich
selbst kann es nicht), noch schrecklicher anzusehen.[4]

Nach den Eingriffen verdunkelten sie ihr Zimmer, damit sie nicht merkte, wie stark ihre Sehkraft geschädigt war. Die Cavendishs kamen zu Besuch und versuchten, beim Anblick der häßlichen Geschwulst, die aus
ihrem Auge heraustrat, nicht das Gesicht zu verziehen. Harriet ärgerte
sich über ihre Schwägerin Lavinia, der wie üblich jedes Feingefühl fehlte: Sie »quasselt auf meine Schwester ein und treibt mich in den Wahnsinn, indem sie ihr Dinge sagt, die sie offensichtlich nervös machen. Sie
linst unter die grüne Abdeckung, um sich ihr Auge anzusehen, und genau das ist es, was meine Schwester am meisten fürchtet. Sie spricht jetzt
mit ihr darüber, daß sie das Auge verlieren wird, wovon ihr bisher niemand etwas gesagt hat, und jetzt überlegt sie, ob das andere Auge nicht
auch in Mitleidenschaft gezogen worden ist, und fürchtet, daß dem so
ist. Ich muß sie bremsen.«[5] Bess versuchte, den Kindern Georgianas
Krankheit zu erklären, ohne sie zu verängstigen; ihre Mutter sei »in einem sehr schlechten und nervösen Zustand aufgrund der langen
Schmerzen und des vielen Opiums, das sie hat nehmen müssen. Die Beschwerden entstanden wohl vor allem aus einer plötzlichen Erkältung,
die sie sich zuzog, weil sie spät abends das Fenster geöffnet hat, als sie eines Tages nach schweren Kopfschmerzen schweißgebadet aufstand. Am
nächsten Tag sah das Auge schon schlimm aus und war auch sicher in
Gefahr, aber jetzt hat es wieder seine normale Größe, und die Entzündung ist auch wirklich schon sehr abgeklungen.«[6]
    Die Nachricht von dem Unglück in Devonshire House verbreitete
sich sehr schnell. Die meisten Zeitungen berichteten von ihrer Krankheit, verzichteten aber auf Spekulationen, was in den vergangenen Jahren sicher nicht geschehen wäre. Nachdem niemand Georgiana mehr
beneidete, fühlten die Leute ehrlich mit ihr. Man sah in den Spencer-
Schwestern etwas Tragisches, und in einigen Kreisen machte man sie

gar zu noblen Beispielen geschwisterlicher Zuneigung; Kundige erinnerten sich, wie Georgiana Harriet während ihrer langen Krankheit
gepflegt hatte. In einer gewöhnlichen Familie wäre so etwas kaum
der Rede wert gewesen, aber die Mitglieder des *ton* wirkten zeitweise
so unmenschlich und nicht mit normalen Gefühlen begabt, daß die
Schwestern um so bemerkenswerter erschienen. Ihre Freunde sorgten
sich um den Einfluß von Georgianas Krankheit auf Harriets labilen
Gesundheitszustand. Man wußte, wie angeschlagen sie war. »Sie sorgt
sich so wenig um sich selbst und ist ihrer Schwester so sehr zugetan«,
schrieb Lord Morpeth an Granville Leveson Gower, der einen Rückfall
befürchtete.

Glücklicherweise besserte sich Georgianas Zustand schnell, wenn
auch nicht ihre Sehkraft. Vier Wochen nach dem Ausbruch verursachten
jegliches Licht oder Bewegung noch immer Schmerzattacken. Mit dem
rechten Auge konnte sie nur Umrisse erkennen, und auch das linke war
von der Behandlung in Mitleidenschaft gezogen, weshalb sie Schleier
vor den Augen sah. Dennoch behielt sie die Hoffnung auf eine vollständige Genesung, und als Dr. Warren verkündete, man könne die Schirme
um die Lampen in Devonshire House entfernen, denn er könne nichts
mehr tun, ließ man sie, wo sie waren, damit Georgiana glaubte, sie würde weiterbehandelt. »Es besteht wenig Hoffnung, daß sie ihr Augenlicht
vollkommen wiedererlangt, sie aber hofft weiter, und so ist es auch am
besten«, schrieb eine Freundin traurig.[7] Das andere unaussprechliche
Thema war ihr Aussehen. Georgiana konnte sich in den ersten zwei
Monaten selbst nicht richtig sehen, und auch das war ein Segen. Die
Kinder wurden im September zu ihr gebracht und entsprechend gewarnt, sie nicht anzustarren oder beim Anblick ihres Gesichts Furcht zu
zeigen. Sie war überglücklich, als sie kamen, und die hemmungslosen
Tränen der Kinder machten es ihr möglich, mit ihnen zu weinen, ohne
sich zu genieren.

Als Georgiana schließlich ihr Krankenzimmer verließ, fiel jedem auf,
wie sehr sie sich verändert hatte: Ihr Lachen und ihre Heiterkeit waren
verschwunden, außerdem hatte sie viel zu viel Gewicht verloren und sah
wesentlich älter aus als neununddreißig. Die untere Hälfte ihres Gesich-
tes war unversehrt, aber ihr rechtes Augenlid hing nach unten. Sie
bemühte sich, Interesse an ihrer Umgebung zu zeigen, aber seit der
Krankheit war sie introvertiert. Sie schnappte harmlose Kommentare

auf und hielt sich stundenlang daran fest, in einer Weise, die ihre Mutter sehr beunruhigte. Es gab keinen Grund, warum Georgiana das Haus nicht verlassen, kleine Besuche machen oder Besuche empfangen sollte, aber sie war zu scheu. Ihre Freunde versuchten, sie vorsichtig wieder in ihren Alltag zurückzuführen, aber ohne Erfolg. Lady Melbourne lud Georgiana ein, ein paar Wochen in der bequemen und abgeschiedenen Umgebung von Brocket Hall zu verbringen. In letzter Minute lehnte sie ab. Sie erklärte der kleinen Georgiana, ihr Auge, das schmerzte, sei teilweise verantwortlich, aber »ich hatte auch einen anderen Grund, ich traf Mr. Beauclerk, der heute von dort zurückgekehrt ist und mir sagte, daß man Lady E. Bentinck und viele andere Damen erwarte, so daß ich für das Unternehmen nicht genügend Mut aufbringen konnte.«[8] Lady Spencer berichtete Selina, jetzt sei genau das eingetreten, was sie befürchtet habe:

> Mein ganzer Trost, nachdem ich den Schock beim Anblick ihres kranken Auges überwunden hatte, lag in dem Nutzen, den sie daraus ziehen könnte, so hoffte ich wenigstens, und einige Wochen lang schienen sich ihre Gefühle genau so zu entwickeln, wie ich gewünscht hatte, so daß ich mit sehr viel Zuversicht einen der glücklichsten Zeitabschnitte ihres Lebens vor mir sah, aber bevor ich Chiswick verließ, begann ich zu fürchten, daß der Todfeind ihres Friedens – die Welt – unmerklich wieder an Boden gewann und eine fruchtlose Demütigung alles sein würde, was sie davontrug ...[9]

Während Georgiana sich in die Dunkelheit zurückzog, wurden Bess glückliche Umstände im Übermaß zuteil. Mr. Foster starb unerwartet im November, so daß ihre Söhne Augustus und Frederick endlich aus Irland zurückkehren durften. Mit ihrem Witweneinkommen wurde sie finanziell unabhängig und, was das Wichtigste war, jetzt durfte sie wieder heiraten. Der Tod der Herzogin von Richmond kam für sie wie gerufen. »Die Herzogin von Richmond ist nur aus Gefälligkeit für Lady E. F. gegangen«, kommentierte Lady Sutherland boshaft. »Wie seltsam, daß Mr. Fosters und ihre Berechnung einander so ähnlich gewesen sein sollten.«[10]

Großzügig lud Georgiana die Foster-Söhne ein und fügte hinzu, sie sei zwar »fast blind«, freue sich aber trotzdem darauf, sie kennenzulernen. »Ich weiß nicht, ob ihr Euch an mich erinnert, aber ich kann Euch versichern, daß ich Euch seit Bath nicht vergessen habe«, schrieb sie in zittriger Handschrift.[11] Sie trafen am 17. Dezember ein. Die vier Kinder des Hauses waren sicher aus dem Weg geschafft, damit die wiedervereinigte Familie ihre ersten Momente für sich allein hatte. »Bess ist verrückt vor Freude«, schrieb Georgiana ihrer Mutter. »So eine rührende Szene habe ich noch nie erlebt. Sie hingen an der armen Bess, die fürchterlich weinte. Mr. Foster [Frederick] ist ein einfacher, aber sehr anziehender und sensibler junger Mann. Augustus ein hübscher Junge im Alter von sechzehn.«[12] Die kleine Georgiana und Harryo, dreizehn beziehungsweise elf Jahre alt, teilten die Zufriedenheit ihrer Mutter keineswegs und nahmen das Eindringen zweier scheuer und linkischer Iren in ihre Mitte eher übel. Niemand machte sich die Mühe ihnen zu erklären, warum die Fosters kein *eigenes* Heim hatten.

Es besteht kein Zweifel, daß Georgianas Motive, den Fosters ein Zuhause anzubieten, auf einem echten, aufrichtigen Gefühl beruhten. Die Tat enthielt aber auch eine Nachricht an Bess, nämlich die Bitte, ihre Ersatzfamilie, die Cavendishs, nicht zurückzuweisen. Der Gedanke, daß Bess und dem Herzog von Richmond der gleichzeitige Tod ihrer Ehegatten gerade recht sein könnte, wäre Georgiana nie in den Sinn gekommen. Bis zu diesem unglücklichen Moment war Bess' Verhältnis mit dem Herzog von Richmond für ihre Ménage a trois keine Gefahr gewesen. Ob die Affäre dem Herzog von Devonshire etwas ausmachte, läßt sich nicht sagen. Was er dachte, ist nicht überliefert, und man kann nur vermuten, daß er, wie gewöhnlich, eine Veränderung und damit die Vorstellung, Bess könnte heiraten, mißbilligte. Georgiana konnte diese Möglichkeit nicht akzeptieren. In einem Brief in Gedichtform bat sie Bess zu bleiben.

> I regret not the freedom of will,
> Or sigh, as uncertain I tread;
> I am freer and happier still,
> when by thee I am carefully led.
>
> Ere my Sight I was doomed to resign,
> My heart I surrendered to thee;
> Not a thougt or an Action was mine,
> But I saw as thou badst me to see.

Thy watchful affection I wait,
And hang with Delight on Thy voice;
And Dependance is softened by fate,
Since Dependance on Thee is my choice.*[13]

Bess versprach, vorläufig nichts zu unternehmen. Sie gab nichts auf, wenn sie auf Georgianas Bitte Rücksicht nahm; die Liebenden hatten durchaus die Absicht, die zwölfmonatige Trauerzeit für ihre jeweiligen Ehepartner abzuwarten, damit ihnen niemand vorwerfen konnte, sie hätten es zu eilig. Georgiana war beruhigt. Hätte sie allerdings mitbekommen, wie sich Bess im April 1797 benahm, wäre es ihr nur allzu klar geworden, daß ihre Freundin entschlossen war, sich ein neues Leben aufzubauen. Wie eine der Damen in Bath beobachtete: »Lady Elizabeth Foster ist hier in einer zarten, himmelhochjauchzenden Stimmung mit koketter Trauerkleidung und halbherziger Trauer, recht erträglich und nett, wenn sie vergißt, ihr Mundwerk den Devonshires anzupassen.«[14] Bess wiegte sich in der Gewißheit, daß sie als Herzogin von Richmond endlich das Leben führen konnte, nach dem sie sich immer gesehnt hatte. Ihre Eifersucht auf Georgianas Reichtum und Einfluß brauchte sie dann nie mehr zu kümmern; im Gegenteil, sie würde dafür büßen, indem sie großzügig war: Indem sie Georgiana zu politischen Soireen einlud, Georgiana als Begleitung mit in die Oper nahm – kurz, sie könnte sich ihren geheimen Wunsch erfüllen und auf denkbar netteste Weise ihre liebste und beste Freundin ausstechen.

---

* Den freien Willen bedau're ich nicht,
  seufze nicht, wenn ich unsicher schreite,
  doch fühle ich mich immer noch freier und glücklicher,
  wenn du mich sorgsam leitest.

  Bevor ich verdammt war, auf mein Augenlicht zu verzichten,
  gab ich mein Herz für Dich auf;
  kein Gedanke, keine Tat war mein,
  wenn ich nicht sah, wie Du mich batest, zu sehen.

  Auf Deine sorgsame Liebe warte ich,
  und hänge mit Freude an Deiner Stimme;
  und die Abhängigkeit mildert das Schicksal,
  denn Abhängigkeit von Dir ist meine Wahl.

Kapitel 19

Isolation

1796–1799

*Die Tochter der Herzogin von Devonshire,
der Lieblichkeit süße Knospe, soll im Verlaufe des
nächsten Winters in die Kreise der Mode eingeführt
werden. Devonshire House hat kürzlich einige
beträchtliche Verbesserungen erfahren und wird binnen
kurzem für den Empfang seiner hochwohlgeborenen
Eigentümer bereit sein.*

MORNING HERALD, *28. JUNI 1799*

Meine Schwester erholt sich zusehends«, schrieb Harriet im Dezember 1796 an ihren Geliebten Leveson Gower. »Aber man hielt es für nötig, sie einer sehr schmerzhaften Behandlung zu unterziehen, indem man vier Stunden lang [ätzende] Höllensteinstäbchen hinter ihren Ohren befestigte und ein Zugpflaster auf den Nacken klebte. Qualen, wie sie sie durchlitten hat, habe ich nie erlebt, und wegen der Anstrengung, mit der ich sie zu halten und zu beruhigen versucht habe, kehrten meine alten Krampfanfälle mit großer Heftigkeit zurück.«[1] Die außergewöhnliche Kälte jenes Winters beeinträchtigte Georgianas Genesung. Das ganze Land war in Mitleidenschaft gezogen: Die Tiere in den Bergen erfroren, Leute hungerten (wenn sie auch nicht wie die Bauern in Frankreich *ver*hungerten), und die Sterblichkeitsrate unter den Jüngsten und Ältesten stieg beträchtlich. Der Onkel des Herzogs, Lord John Cavendish, erlag im Alter von 64 einer Krankheit. Er starb zwei Wochen nach Georgianas Behandlung. »Dein Papa war sehr bewegt«, berichtete sie Little G.[2] Lord John war für ihn Ersatzvater und Mentor gewesen. Außerdem war er der letzte Cavendish, der zu Lebzeiten des Herzogs ein Amt bekleidet hatte.

Vor allem der Gedanke, daß er seinen Onkel enttäuscht hatte, weil aus ihm kein großer Staatsmann wie aus anderen Cavendishs geworden war, dürfte den Herzog beschäftigt haben, als er von Lord Johns Begräbnis nach Chatsworth zurückkehrte. Georgiana tröstete ihn, als er weinte. Sie hatte ihn vorher erst dreimal weinen gesehen: Beim Tod seines Bruders Richard im Jahre 1781 und dreizehn Jahre später, 1794, als kurz hintereinander seine Schwester Dorothy und sein Onkel Lord George starben. Georgiana spürte, daß den Herzog diesmal nicht nur der Verlust von Lord John aus der Fassung brachte. Die vergangenen Monate waren sehr aufreibend gewesen. Er hatte befürchten müssen, seine Frau an eine Krankheit und seine Geliebte an einen Rivalen zu verlieren. Diese Erfahrung hatte ihn schwer erschüttert, und er sehnte sich nach einem geregelten Leben. Da Georgiana nun offensichtlich außer Gefahr war, wollte er, daß sie wie Mann und Frau zusammenlebten. Am 3. Februar 1797, keine sechs Wochen nach Lord Johns Tod, informierte Georgiana ihre Mutter, daß Dr. Croft sie aufgesucht hatte. »Croft ist der Meinung, daß ich kürzlich eine Fehlgeburt hatte«, schrieb sie »ich war nicht sehr weit über die Zeit, deswegen ist es nicht sicher, aber es scheint so.«[3]

Bess hielt sich in Bath auf, als Georgiana ihre Fehlgeburt hatte. Offiziell wollte sie ihre jüngere Schwester Louisa besuchen, aber die Leute hielten nach Richmonds Kutsche vor ihrer Tür Ausschau. Bess' Aufenthalt überschatteten Gerüchte, daß wohl bald die französischen Truppen in der Stadt einfallen würden. »Louisa und ich haben das Gefühl, als ob man uns verschleppen wollte«, berichtete sie Georgiana.[4] Sie bezog sich auf die Invasionstruppen, die im Februar in Fishguard in Wales gelandet waren. In Wahrheit waren nur 2.000 Männer gelandet, die problemlos überwältigt werden konnten, aber dies war der zweite Versuch der französischen Regierung. Wenige Monate vorher waren 15.000 Mann zur Bantry Bay in Südwestirland gesegelt, wo sie aber wegen schlechten Wetters nicht landen konnten.

Der Gedanke, daß allein Glück und Zufall zwischen Paris und London standen, beruhigte die Engländer nicht. William Pitt und sein Geheimes Kriegskabinett versuchten, ihre Verzweiflung nach außen durch Ruhe zu überspielen. Spanien hatte 1796 die Fronten gewechselt und sich Frankreich angeschlossen, so daß nun England ohne einen einzigen Verbündeten zurückblieb. Napoleon Bonaparte war inzwischen Oberbefehlshaber und hatte die französische Armee zum Sieg gegen Österreich geführt. Georgianas Bruder dachte mit Schrecken darüber nach, wie sie das Land verteidigen sollten, würde Napoleon seine Armeen Richtung England führen. Seine Angst wuchs beträchtlich, als im Mai zwei der größten Flottenverbände in Spithead und Nore wegen schlechtem Sold und schlechten Bedingungen im Abstand von wenigen Wochen meuterten. Verständlicherweise beschrieben jene, die George in dieser Zeit sahen, ihn als »sehr nervös«. Georgiana erklärte Little G., daß »Ehre und Glück Deines lieben Onkels Spencer auf dem Spiel stehen – jedes Mißgeschick würde (wenn auch ungerechtfertigterweise) auf ihn zurückfallen.«[5]

Die Panik vor einer Invasion führte zu einem großen Ansturm auf die Banken, den Pitt nur zurückhalten konnte, indem er die Bank von England anwies, Barauszahlungen aufzuschieben, bis sich die Lage beruhigt hatte. Am meisten litten die gewöhnlichen Schuldner, die plötzlich mit Zahlungsaufforderungen überschwemmt wurden, denen sie nicht nachkommen konnten. Georgiana und Harriet wurden beide von der Panik angesteckt, und Harriet erschreckte Georgiana durch die gleiche Hysterie, die ihrem Kollaps im Jahre 1791 vorausgegangen war. Seit dieser Zeit hatte Georgiana die Verantwortung für die Schulden ihrer Schwester mit übernommen. »Damals«, erklärte sie einer Cousine, »habe ich ihre Angelegenheiten in die Hand genommen, denn ich dachte, sie wäre nur durch mein Beispiel und meine Fehler so tief mit hineingezogen worden.«[6]

Als Coutts Harriet anstelle von Georgiana auf das Thema ansprach, »geriet sie in wilde Raserei und war in der Tat an jenem Tag sehr krank«.[7] Georgiana schrieb ihm mit zittriger Feder einen Brief und bat ihn, dies nie wieder zu tun: »Obwohl sie fühlt und weiß, daß ihre unbezahlten Schulden immens sind, habe ich seit ihrer Krankheit alle Aufregung und jedes Gespräch über Geld von ihr ferngehalten und jeden gebeten, sich statt dessen an mich zu wenden ... Alles, was ich für die Zukunft erbitte, verehrter Herr, ist, sich an mich zu wenden, aber ach, um Gottes Willen, niemals an sie ... Der Umstand, daß ich beinahe mein Augenlicht verloren hätte und, selbst wenn ich die Sehkraft wiedererlange, immer noch teilweise entstellt bin, hat sich auf ihre Gesundheit und ihre Angelegenheiten nicht günstig ausgewirkt.« Sie fügte schlicht hinzu: »Sollte ich sie verlassen, weil ich nicht mehr so gesund bin wie früher, wäre das Verrat an der Bewunderung, die ich immer für sie empfunden habe.«[8]

Die Last, Harriets Schulden *und* ihre eigenen zu tragen, zwang Georgiana, sich an den Herzog zu wenden. »In Erwartung dieser Auseinandersetzung wurde ich richtig feige, den Herzog von D. anzusprechen, aber es war nötig und wird nützen«, gestand sie Lady Spencer.[9] Im Mai schrieb sie viel zu optimistisch, daß er geneigt schien zu helfen und »meine Probleme geregelt [sind]«.[10] Sie sagte nicht die Wahrheit, denn der Herzog kannte das ganze Ausmaß dieser Probleme nicht. Außerdem schob er die Zahlung der Schulden, die sie ihm offenbart hatte, immer wieder auf. Georgiana drängte ihn nur sehr ungern, da ihn andere Sorgen plagten: In Irland stand augenscheinlich ein Bürgerkrieg bevor, und der Herzog bezog, wie viele Whig-Granden, immer noch ein beträchtliches Einkommen von seinen irischen Gütern. Wegen seiner Ländereien und der familiären Verbindungen zu den herschenden Protestanten war der Einfluß der Cavendishs auf die irische Politik kaum geringer als auf die englische. Georgiana erzählte Little G.: »Die Berichte aus Irland sind so widersprüchlich, daß es Deinem Papa jetzt nicht gefällt, wenn ich ihn in dieser schwierigen Situation verlasse... Wenn irgendein Unglück in Irland passieren sollte, würde das unsere Verhältnisse sehr einschränken.«[11]

Seit ihrer Krankheit hatte sich Georgiana sehr zurückgezogen, aber die Ereignisse in Irland weckten all ihre Energien. Sie war überzeugt, daß eine Politik der parteiübergreifenden Zusammenarbeit für Irland das Beste wäre. Der Herzog kam ihrer Bitte nach und stimmte im Oberhaus für George. Aber ihr Bruder war anderer Meinung und schalt Georgiana, weil sie sich eingemischt hatte.

Für eine Weile schrieb Georgiana George nicht mehr und brach ihr Schweigen erst, als sie hörte, daß sich in der Regierung ein Komplott gegen ihn gebildet hatte. Sie schrieb ihm einen Brief, in dem sie die Namen nannte: »Ich gebe Dir mein Ehrenwort, daß wahr ist, was ich sagte, denn ich habe es von Leuten im Ministerium gehört, daß unter den Anhängern der Regierung eine starke Partei nach Lord Hood ruft und Dich verleumdet, wo sie nur kann.«[12]

Es entbehrte nicht der Ironie, daß Fox sich gerade aus der aktiven Politik zurückzog, als Georgiana ihre Zurückgezogenheit aufgab. Er behielt seinen Sitz im Parlament, war aber der Ansicht, daß ihn die Teilnahme an Sitzungen nur deprimiere und sie zu nichts führe. Er hielt sich fortan in seinem Haus in St. Anne's Hill auf. Einige Parteimitglieder – die meisten waren gute Freunde – gratulierten ihm zu diesem Schritt; die Mehrheit jedoch meinte, er habe sie im Stich gelassen. Sogar Georgianas kleine Abendessen für zwei oder drei ihrer Freunde endeten oft in bitterem Streit. In Begleitung seiner neuen Frau Hecca, einer vorlauten, geschwätzigen jungen Frau, nur halb so alt wie er, suchte Sheridan Devonshire House noch auf, brach aber regelmäßig einen Streit vom Zaun. Er war hin- und hergerissen zwischen dem Bedürfnis, sich als treuer Fox-Anhänger darzustellen, und der Chance, Fox' Fehlen auf den Sitzungen für seinen eigenen Vorteil zu nutzen. Er war jedoch empört, als er erfuhr, daß Fox Grey für seine Nachfolge umwarb.

Georgiana urteilte weniger hart über Fox als andere. Sie glaubte, daß die Mehrheit des Hauses im geheimen mit Fox' Behauptung sympathisierte, daß Pitt ein gefährlicher Minister sei, der die bürgerlichen Freiheiten nicht achte. Das Haus stehe hinter Pitt, so ihre Theorie, weil »sie ihn so respektieren, wie Frauen das oft mit ihren Ehemännern tun; sie halten ihn für einen unangenehmen Zeitgenossen, aber für einen guten Verwalter ihrer Ansichten und ihres Glücks; und nun, obwohl sie denken, daß er endgültig zu weit gegangen ist, halten sie immer noch an ihrem Gatten fest, weil eine Trennung oder Scheidung sie auf der Stelle ruinieren würde ...«[13] Georgianas Loyalität für Fox benebelte ihre Urteilsfähigkeit. Das Haus mochte Fox nicht und hielt ihn für einen Demagogen mit fragwürdigen Ansichten. Sein Rückzug aus dem Parlament war ein taktischer Fehler in einer Karriere, die mangelnde Urteilskraft und Zügellosigkeit behinderten. Mit den meisten Fox-Anhängern aus dem Weg, trugen Pitt und sein Rednertalent im Parlament den Sieg davon.

Georgiana versuchte, sich durch Fox' Ruhestand nicht von Ihrem Projekt abbringen zu lassen, in die politischen Gefilde zurückzukehren. Sie schrieb wieder an George über die irischen Angelegenheiten. Ihre Bemühungen und die Qualität ihrer Kommentare brachten ihr schließlich seinen widerwilligen Respekt ein. Als sich die Unruhen in Irland ausweiteten, schickte sie George öfters die privaten Berichte ihres dortigen Verwalters, in der Hoffnung, daß ihm diese relativ unparteiischen Informationen im Kabinett nützen könnten. Die Politik der Unterdrückung seitens der Regierung erschien ihr kontraproduktiv, und sie argumentierte, daß die legale und staatliche Benachteiligung der irischen Katholiken eine Rebellion geradezu heraufbeschwören würden.[14] Georgiana war aber immer vorsichtig genug, ihren Dissens mit George in einem respektvollen Ton auszudrücken: »Da ich nun leider mit allen Seiten verbunden bin, kann ich nur hoffen, daß sich die Dinge nicht bis zu den Schrecken eines Bürgerkriegs zuspitzen. Einige Deiner Kollegen verabscheue ich, aber mit Mr. Pitt bin ich einigermaßen versöhnt, denn ich glaube, er ist Dir wirklich sehr zugetan und kennt und schätzt Dich, wie Du es verdienst. Aber ich denke, daß sowohl Du als auch er Eure Meinung zu oft zu Gunsten der anderen aufgebt. Gott schütze Dich. Bis heute habe ich nicht gewußt, wie sehr ich Dich liebe.«[15]

»Ich glaube, die Regierung schließt sich der Meinung des Herzogs von D. und überhaupt aller vernünftigen Leute an, den Katholiken Religionsfreiheit zu garantieren«, schrieb Georgiana ihrer Mutter triumphierend und meinte damit, daß George sich sehr empfänglich für ihre Argumente gezeigt hatte. Die Politik der Regierung änderte sich allerdings nicht. Der König und seine Minister würden sich niemals einer Whig-Position anschließen. Den Herzog rührte ihr Interesse an Irland, obwohl er es nicht schätzte, ihre Aufmerksamkeit von sich abgelenkt zu sehen. Er litt wegen seiner Gicht ständig unter Schmerzen und erwartete von Georgiana, daß sie ihn wie eine Krankenschwester pflegte. Sie war freundlich zu ihm und sie waren empfänglicher füreinander als jemals zuvor. Seine übliche Reserviertheit verringerte sich zusehends, und nach zwei Jahrzehnten Ehe konnten sie einander endlich vergeben und annehmen. Bess begleitete sie nur noch selten nach Chatsworth. Sie zog es vor, in Devonshire House zu bleiben, und hielt eigene Soireen ab, die sie Georgiana in geschwätzigen Briefen beschrieb. Im Dezember 1797 besuchte Lady Spencer Georgiana und den Herzog in Hardwick. Die Szenen, bei denen sie zugegen war, ließen sie hoffen, daß Bess' Heirat nicht lange auf sich warten lassen würde. Sie führte die glückliche Atmosphäre in der Familie auf Bess' Abwesenheit zurück:

> Die Herzogin sagte vor ein paar Abenden, daß Lady E.'s Zeit in Goodwood [mit dem Herzog von Richmond] fast um sei, und sie wußte nicht, ob sie hierher kommen oder sich nach Chiswick begeben würde. Mir ist das Ganze nicht unwichtig, denn unsere gegenwärtige Gesellschaft ist so angenehm, und es täte mir sehr leid, wenn sich et-

was ändern sollte. Ich habe den Herzog und die Herzogin lange nicht so glücklich miteinander gesehen. Sie sieht erstaunlich gut aus, und er scheint entzückt, wie höflich sie zu den benachbarten Familien ist, die ab und zu vorbeikommen. Er hört oft aufmerksam zu, wenn sie sich mit anderen Leuten unterhält, und häufig sehe ich sie heiter miteinander tuscheln, was sehr vergnüglich ist, und als sie das letzte Mal Kopfschmerzen hatte, kam er immer wieder aus seinem Zimmer, um sich zu erkundigen, wie es ihr gehe. All dies und wie er sich bemüht, seine Kinder kennenzulernen, veranlaßten mich, meinen Besuch hier zu verlängern, solange wir so weitermachen können wie jetzt.[16]

Georgianas Leben hatte sich in der Tat verändert. Es ging in einem langsameren und ruhigeren Rhythmus weiter. Vorher hatte sie in einer »ständigen Eile« gelebt und war immer von Leuten umgeben gewesen. Wenn die letzten Getreuen des Devonshire House Circle sie jetzt besuchten, trafen sie sie häufig dabei an, wie sie ein Gedicht verfaßte oder Pläne für ein neues Blumenbeet entwarf. Sie begann ihre vielfältigen kreativen Begabungen auszuleben, und mit Einverständnis des Herzogs befaßte sie sich damit, ihre Häuser aufzupolieren. Chiswick widmete sie die meiste Aufmerksamkeit. Sie verfolgte den ehrgeizigen Plan, das Gebäude nach Originalzeichnungen von Lord Burlington zu restaurieren. Im Jahre 1792 war es, viel kleiner, aber deutlich eleganter als Devonshire House, in Anlehnung an Palladios Villa Rotonda erbaut worden. Lord Burlington hatte die Villa immer zu seinem Landsitz machen wollen und jedes Detail mit Bedacht gestaltet. Georgiana verbrachte ihre glücklichste Zeit in Chiswick und nannte es »mein Paradies auf Erden«. Sie pflanzte Flieder, Geißblatt und Kletterrosen unter ihre Fenster, damit der Duft im Frühling und Sommer ihr Schlafzimmer erfüllte.

Wenn sich Harriet in London oder Roehampton aufhielt, verbrachte Georgiana oft viele Stunden allein. Diese Erfahrung, auch wenn sie manchmal schmerzlich war, half ihr, Einsichten und Stärke zu gewinnen. Sie fürchtete sich nicht mehr so sehr, Menschen direkt gegenüberzutreten; sie hatte keine Angst mehr, eine andere Meinung zu vertreten oder das Wort »nein« zu gebrauchen. Mit Selina zum Beispiel konnte sie über die Spannungen zwischen ihnen jetzt offen sprechen:

Sicherlich weißt Du von meiner Charakterschwäche, daß ich, obwohl mein Herz nicht schlecht ist (so hoffe ich untertänigst), unter einer Instabilität leide, aus der manchmal Wahnsinn wird. Die einzi-

ge Erleichterung für meine Freunde ist, daß diese verhaßten zerstörerischen Wutanfälle nur jenen gegenüber zutagetreten, die ich liebe. Tausend kleine Phantasien, kleine Verdächtigungen und Eifer-
süchteleien hatten vielleicht schon lange in meinem Innersten ge-
brodelt. Ein Funke, ich weiß nicht was für einer, brachte alles zum
Ausbruch. Liebste Selina, wenn ich Dich verletzt oder beleidigt habe, bitte ich Dich vom Grunde meines Herzens um Verzeihung ...
Nie, nie wirst Du künftig den kleinsten Anlaß zur Beschwerde haben ... Und verweigere mir nicht, die Vergangenheit ein für alle mal
zu vergessen ... Wirklich, liebe Selina, ich wußte bis heute nicht, wie
sehr ich Dich mag ... Ich bin sicher, Du kannst die ehrliche und
dankbare Zuneigung, die dies hier diktiert, nicht mißverstehen und
die Tränen, die über meine Wangen rinnen, während ich dies schreibe, würden es Dir beweisen.[17]

Georgiana lud auch Charles Grey und seine Frau nach Devonshire House ein. Unglaublicherweise wußte Mary nichts von ihrer Affäre oder von
Elizas Existenz. Sie hatte keine Ahnung, warum sich Georgiana so sehr
bemühte, sie kennenzulernen, aber die Freundschaft, die sich entwickelte, war auf Marys Seite echt. Georgianas Motive waren offensichtlich anfangs gemischt und resultierten zunächst sicher aus ihrem Wunsch, Grey
nahe zu sein. Dennoch spricht aus ihren Briefen an Mary echte Wärme:
»Liebe Mary, mein Herz ist in der enthusiastischen Liebe zu meinen
Freunden und meinen Kindern jung geblieben«, schrieb sie 1798. »Und
unter denen, die ich liebe, schätze ich Dich und nehme mehr Anteil an
Deinem Glück, als sich in Worte fassen läßt.« Auf gewisse Weise machte
Marys Zuneigung den Verlust von Grey wett. Ihr erstes Kind, Louisa,
bedachte Georgiana mit besonderer Aufmerksamkeit: »Eure kleine Lou
empfinde ich als mein eigen Fleisch und Blut und fühle mich wie ihre
Großmutter«, schrieb sie, wobei den Worten eine tiefere und schärfere
Bedeutung zukam.[18] Grey verstand. Über die Beziehung zwischen den
beiden Frauen gelang es auch Georgiana und Grey, sich wieder an-
zunähern. Im gleichen Jahr, ungefähr zwanzig Monate nach ihrer
Krankheit, wurde Georgiana bewußt, daß der teilweise Verlust ihres Au-
genlichtes ihr eine Art Frieden geschenkt hatte. Die Krankheit hatte sie
zur Ehrlichkeit zu sich selbst gezwungen. Insofern lag ein gewisser Sym-
bolcharakter in Georgianas Wahl, Mary Grey ihr neues Leben zu beschreiben. Mary war Greys Zukunft, während Georgiana jetzt wußte,
daß sie seine Vergangenheit repräsentierte.

Meinem Auge geht es besser, obwohl ich weiß, daß ich erblinden werde. Aber ich habe mir einen gewissen Grad an Gleichmut angeeignet und denke, ihr würdet alle für mich sorgen. Manchmal ist mir diese Vorstellung so nah, daß ich mir so viele schöne Orte ansehe wie möglich und alle Blumen und Landschaften mustere, um meinen Kopf mit Bildern zu füllen für den Tag, an dem ich mein Augenlicht verliere. Musik wird mir zur größten Quelle, und ich spiele jetzt mehr als jemals zuvor, aber Abhängigkeit, fürchte ich, wird mein Hauptübel sein. Aber leider, liebe Mary, bin ich im letzten Juni vierzig Jahre alt geworden, und in diesem Alter muß man sich an persönliches Unglück gewöhnen. Ich habe dennoch gelernt, mein Alter zu lieben und mich seiner nicht zu schämen, und vielleicht war meine Krankheit von Nutzen, daß ich jetzt auf das lächerliche Gewerbe einer *alten Schönheit* verzichte.[19]

Georgianas Phase des Nachdenkens wurde im Mai 1798 von dem lang erwarteten Aufstand in Irland beendet. Sie warf der Regierung vor, sich »mit den großen irischen Lords nicht genügend beraten zu haben«, womit sie die Whigs meinte.[20] Zwei naheliegende Themen beschäftigten sie: zum einen das Schicksal der Cavendish-Ländereien und zum anderen die Gefahr, daß aus der Rebellion ein Religionskrieg wurde. Sie lehnte Hinrichtungen und Terror als Instrument zur Einschüchterung der katholischen Bevölkerung entschieden ab. »Ich finde die Methode, durch Folter Bekenntnisse zu erzwingen, verabscheuungswürdig und entsetzlich, so daß ich sie verwerfen würde, selbst wenn sie die einzige Rettung Irlands wäre«, schrieb sie.[21] Entgegen der Mehrheit vertrat Sie die Ansicht, daß die abwesenden Whig-Landbesitzer zeigen sollten, daß sie

mit dem Volk von Irland fühlen, während sie die Rebellen verabscheuen. Durch die Willkür, mit der unsere Truppen Dörfer etc. verbrannt haben, mußten viele Unschuldige umkommen. Und wie leicht können jene, die keine Ländereien in Irland besitzen, große Reden schwingen und behaupten, daß Ausrottung das einzige Mittel ist. Wir, die wir den Gewinn der Arbeit der Iren einnehmen und deren Pächter den Herzog von Devonshire noch immer ihren Vater nennen, müssen spüren, daß eine Eroberung auf diese Weise nichts als eine schlechte [Entscheidung] ist ... Die Rebellen sind eine blutrünstige, grausame Gesellschaft, aber kein Beispiel für uns und, wenn es möglich ist, etwas Recht durch Gnade und Geduld zu erhalten, um so besser.[22]

Lord Camden, der Vizekönig von Irland, trat im Juni zurück, und Lord Cornwallis, der Diplomat und zugleich ein erfahrener General war,

wurde mit größter Dringlichkeit ausgesandt, seinen Platz einzunehmen. Georgiana beschloß, daß für den Herzog jetzt der Zeitpunkt gekommen war, im Oberhaus eine Stellungnahme abzugeben. Die in
England lebenden Landeigentümer, so folgerte Georgiana, waren von
dem Aufstand am meisten betroffen; es war an ihnen, ihre Pächter in
Irland zu beruhigen und der Regierung klar zu machen, daß die Unterdrückung weder wünschenswert war noch zu einem Ergebnis führen
würde. Der Herzog zögerte zu sprechen, aber nachdem Georgiana und
die anderen Whig-Oberen ihn heftig bedrängt hatten, erklärte er sich
bereit, für den Herzog von Leinster zu sprechen, der eine Untersuchung der Situation in Irland forderte. Seine Rede war kurz (sie dauerte weniger als eine halbe Stunde), vielleicht weil er »schrecklich nervös
und ängstlich« war. Er wiederholte einfach den Standpunkt der Whigs,
daß die Regierung versöhnlich, aber entschlossen sein solle. Georgiana
jedoch zählte das Ereignis zu den größten Triumphen ihres Lebens.
»Es war ein stolzer Abend für mich«, berichtete sie ihrer Mutter. »Ich
hörte von einem Anhänger im Ministerium, daß [die Rede] männlich,
ruhig, elegant und unparteiisch war. Mein Bruder antwortete auf den
Antrag, aber er strahlte keine Wärme aus. Es war wirklich der große
Rat der Nation, der darüber verhandelte, wie man am besten Gutes
tat.«[23]

Cornwallis stoppte den Aufstand ohne, wie von Georgiana und dem
Herzog befürcht, Zerstörung und Blutvergießen. Eine kleines französisches Truppenkontingent landete am 22. August in der Grafschaft Mayo,
um die Rebellen zu unterstützen, aber sie kamen zu spät. Die Gefahr war
gebannt. Für Georgiana war die irische Krise eine Lektion in politischer
Unabhängigkeit gewesen; statt wie üblich auf ihr Stichwort von Fox zu
warten, der sich in diesem Fall geweigert hatte, hineingezogen zu werden, hatte sie aus eigener Initiative gehandelt.[24] Sie hatte mit George debattiert, ihm Informationen und Ratschläge geschickt und dabei emsig
ihren eigenen Weg verfolgt. Es war eigenartig, daß das Ableben der
Whig-Partei zum Teil ihren Konflikt gelöst hatte, der darin bestand,
männliches Interesse an Politik zu zeigen. Georgiana nannte die irische
Debatte im Oberhaus »den großen Rat der Nation«, um zu zeigen, daß
sie die irische Frage nicht nur für ein Politikum hielt. Parteipolitik, so
machte sie sich klar, war das Ergebnis persönlichen Ehrgeizes, aber
*Staats*politik war ein Ausdruck von individuellem Patriotismus. In ihren

Augen hatte sie sich keiner weiblichen Unschicklichkeit schuldig gemacht, solange sie dem Land nützte. Nicht einmal George konnte solch
frommen Gefühlen widersprechen.[25]

Irland beschäftigte Georgiana im September noch immer. »Leider
muß ich sagen, daß die Leute in dieser Gegend entschlossen sind, sich
den Franzosen anzuschließen, wenn sie hier eintreffen«, vertraute ihr
General Frederick St. John an, der in der Nähe ihrer Ländereien statio-
niert war. »Wenn sie *in großer Zahl* kommen, ist das Land verloren.«[26]
Das einzig Beruhigende in seinem Bericht war, daß der Name Cavendish
wegen der Wohltätigkeit ihres Verwalters in Lismor immer noch sehr
populär war. Einen Monat später löste die Nachricht von Nelsons dra-
matischem Sieg in der Schlacht von Abukir die Gefahr einer drohenden
französischen Invasion ab. Sie war der erste größere Erfolg der Briten
seit sechs Jahren. England kontrollierte nun das Mittelmeer, während
Bonapartes Armee in Ägypten festsaß. »Wir werden zur Feier des Tages
alle unsere Köpfe mit Lorbeer bekränzen«, schrieb Georgiana am 8. Oktober. »Ich wünschte mir, daß Bonaparte jetzt das einzige täte, was ihm
bleibt, nämlich sich und seine Truppen dem großen und großzügigen
Widersacher [Nelson] ergeben.«[27]

Weitere Unruhen in Irland hielten Georgiana davon ab, sich wie im
vergangenen Winter zurückzuziehen. Sie hatte immer noch Anfälle von
Depressionen, und deshalb mißfiel ihr die Vorstellung, die Leute könnten sie anstarren, so sehr, daß sie erwog, eine Maske zu tragen. »Ich werde leider jeden Tag scheuer und ich hasse es, irgendwo anders hinzugehen als in meine eigene Loge im Theater und in der Oper«, schrieb sie
Lady Spencer. »Ich habe Lady Sutherland drei Monate lang nicht gesehen und jeder Tag macht es schlimmer. Ich werde den »gefährlichen
Sprung« wagen müssen, für Georgiana, wenn sie in die Gesellschaft eingeführt wird, aber bis dahin hat es keinen Sinn, mich mit Besuchen und
Versammlungen zu belasten …«[28]

Georgiana war vermutlich überempfindlich, wenn es um ihr Aussehen
ging. Eine Besucherin auf Chatsworth im November 1798 fand, die Berichte seien übertrieben: »Die Herzogin sieht erstaunlich hübsch aus,
wenn sie entsprechend gekleidet ist, ihr Auge natürlich nicht, das, so
fürchte ich, ziemlich zerstört ist. Es entstellt sie weniger, als man hätte
annehmen können, aber es ist nun mal eine traurige Sache.«[29] Horace
Walpole äußerte, daß sie sehr verändert aussehe. Aber Georgiana war

keinesfalls häßlich: Sie war jedenfalls nicht so unattraktiv, daß es Sir Philip Francis daran hätte hindern können, sich in sie zu verlieben.

Der sechzigjährige Whig-Politiker stattete Chatsworth im Herbst einen Besuch ab. Francis war mit ziemlicher Sicherheit der Autor der bekannten »Junius«-Briefe, einer Serie anonymer Briefe, die in den frühen 1770ern im *Public Advertiser* abgedruckt worden waren und das Kabinett Georgs III. heftig attackiert hatten. Anschließend zog er nach Indien und kehrte 1780 mit einem Vermögen zurück. Er hatte plötzlich auftretende und heftige Leidenschaften wie jene, die ihn jetzt für Georgiana ergriffen hatte. Seiner Frau erzählte er, er habe sich während des Aufenthaltes gelangweilt: »Was die Ruhe angeht, ist die Abbaye de la Trappe ein reines Babel gegen dieses Haus ... Die Herzogin versuchte, die Gespräche in Fasson zu bringen, aber ohne Erfolg. Und sogar die arme Lady Elizabeth darf nichts sagen.«[30] Die Briefe, die Francis Georgiana nach seiner Abreise schrieb, lassen eine andere Geschichte ahnen. »Sie sprechen von der Kürze unserer Bekanntschaft, nun denn«, drängte er, »wenn das alles nicht nur Schwindel sein soll und wir wirklich und ernsthaft Freunde sein wollen, dann haben wir keine Zeit zu verlieren.«[31]

Er hatte nicht damit gerechnet, sich in seinem Alter noch einmal zu verlieben, und diese Erfahrung weckte ungewöhnliche Gefühle in ihm. Seine Briefe schwankten zwischen Überschwang und Eifersucht. Francis war sich nicht zu schade, zuzugeben, daß er Georgiana aus der Ferne schon immer bewundert habe: »Tatsache ist, daß *ich Sie* auch schon seit vielen Jahren kenne, und lange, bevor wir einander begegnet sind. Es stimmt, ich habe Sie nur aus großer Entfernung gesehen und wie einen Zugvogel. Der Planet zog vorbei und wußte nichts von dem armen Astronomen, der seine Bewegungen beobachtete und auf einen Durchgang wartete. Ab jetzt, hoffe ich, werden Sie nicht darauf beharren, daß ich Sie durch ein Teleskop betrachte.« Georgianas Bewunderung für Charles Fox peinigte ihn. »Ganz und gar nicht jedoch in dem Sinne, daß Sie in ihn verliebt sind«, fügte er hastig hinzu. Aber die Furcht, daß »während Sie *mir* schrieben, Sie an niemand anderen als C. F. dachten«, machte ihn wahnsinnig: »Ich fühle mich wie gummierter Samt und wünschte, ich könnte Sie wenigstens eine halbe Stunde hassen, so daß ich Sie in tausend kleine Sterne schneiden könnte und unter diesem Himmelszelt leben.«[32]

Georgiana hatte anfangs mehr Angst vor ihren eigenen Gefühlen, als
vor der Gewalt seiner. »Ich schäme mich, diesen Brief zu schicken, der,
wie ich fürchte, so unschicklich und so verrückt ist«, schrieb sie. »Aber
ich bin wirklich sehr krank. Ich werde wieder schreiben, wenn es mir
besser geht. Aber bitte schreiben Sie der, die die Freuden, Ihre Briefe zu
erhalten, so gut kennt ... Versichern Sie mir, daß Sie nicht ärgerlich sind,
und daß ich weiter schreiben kann, wie ich denke.«[33] Langsam fühlte sie
sich sicherer, auszudrücken, was ihr gerade einfiel. Francis war hocherfreut und fühlte sich geschmeichelt, weil sie bereit war, ihn ins Vertrauen
zu ziehen. Selbst von der Politik besessen, gab es für ihn nichts besseres
als einen Disput mit Georgiana über die Zukunft der Whig-Politik. Er
ärgerte sich über Fox' Rückzug aus dem Parlament und fand, daß er die
Karrieren seiner Anhänger geopfert habe, um seine eigene Eitelkeit zu
pflegen. »Also was im Namen Ihres eigenen Idols würden Sie wollen,
daß er tut?« verlangte Francis im Hinblick auf einen gemeinsamen Bekannten zu erfahren. »Soll er sich aufhängen, weil C. F. beschlossen hat,
in St. Anne's Hill zu leben?«[34]

Es gibt kein Zeugnis, wann oder wie die Korrespondenz endete; irgend
jemand zerstörte alle restlichen Briefe. Vermutlich kühlte ihre Beziehung
nach einer Weile ab, obwohl sie von großem und anhaltenden Nutzen
war. Sie hatte ihre Sicherheit wiedererlangt und zeigte sich allmählich
wieder in der Öffentlichkeit. Little G. war jetzt siebzehn und sollte in wenigen Monaten bei Hof vorgestellt werden. Die Mütter der Gesellschaft
konnten es gar nicht abwarten, die Herzogin von Devonshire und ihre
Tochter zu ihren Partys einzuladen. Georgiana nahm vorsichtig ein paar
Einladungen an und war gerührt über die Freundlichkeit, mit der man ihr
begegnete. »Ich bin überwältigt, daß all diese großen Damen mir diese
Aufwartung machen«, schrieb sie, teils geschmeichelt teils scherzhaft.
»Lady Chatham, Lady Hardwick, Lady Leicester, Mrs. Bowles, Lady
Auckland, alle möchten, daß ich die Kinder zu ihnen bringe«. Aber sie
fügte hinzu, »ich traue mich nie, eine Einladung anzunehmen, wenn ich
mir nicht über die Gesellschaft sicher bin«.[35]

Georgianas Verhältnis zu allen drei Kindern hatte sich während der
vergangenen zwei Jahre beträchtlich gebessert. Hart hatte die Schule in
Harrow begonnen (Clifford ging mit ihm), und das Zusammenleben mit
anderen Jungen ließ ihn weniger reizbar sein und mehr aus sich heraus-
gehen. Harryo wuchs nach Georgianas Meinung zu einem »sehr klugen,

hübschen Mädchen« heran, »aber ich kann mir noch nicht vorstellen, wie sich ihr Charakter entwickeln wird, dennoch besteht kein Grund zur Verzweiflung. Ich erinnere mich, daß einige Leute auf meine arme G. herabgesehen haben – und jetzt schmeicheln ihr dieselben Leute zu sehr. Sie ist ein sehr gefälliges süßes Mädchen, aber keine wirkliche Schönheit, aber sie ist natürlich und anziehend und ungewöhnlich klug.«[36] Little G. stand Georgiana am nächsten. »Du bist meine liebste und meine auserwählte kleine Freundin«, sagte sie ihr, »denn genau das wärest Du für mich, wenn mir nicht das Glück zuteil geworden wäre, Deine Mutter zu sein.«[37] Trotz ihrer gegensätzlichen Temperamente – die kleine Georgiana war immer noch ruhig und scheu – verstanden sie sich und teilten viele Interessen, besonders die Liebe zu Büchern. Georgiana schätzte die Gesellschaft von Little G. so sehr, daß sie ihr gegenüber nie ein böses Wort fallen ließ. Nur einmal hatten sie eine ernsthafte Auseinandersetzung, als Little G. Selina grob behandelt hatte. Georgiana machte ihr Vorwürfe, aber in ausgesprochen freundlichem Ton:

> Ich schreibe Dir vom Grunde meines Herzens und in der Überzeugung, daß Du in mir Deine beste und Dir äußerst zugetane Freundin siehst. Mein Leben, Du und ich, wir haben Verpflichtungen sehr ernster Natur gegenüber Selina. Als man mich aus Deiner Nähe verbannte, war sie es, die Dich für mich bewahrte. Ihr Urteil stelle ich über das meine – und ich weiß, wie Recht sie hat, den Einfluß von Zerstreuungen auf Dich zu fürchten. Ich habe Dir gegenüber immer nachsichtig sein wollen – was meinem Herzen das größte Vergnügen bereitet, aber ich möchte Dich ersuchen, meine liebste G., Selina durch doppelte Umsicht und Hingabe an alle Deine Pflichten und Tätigkeiten zu beweisen, daß solche Dir eher Ansporn sind, Dich um so mehr zu bemühen, und nicht der Anlaß zu Nachlässigkeit oder Müßiggang. Außerdem hat sie uns zuliebe so viel Familienkontakt aufgegeben, daß es nur fair ist, uns heiter zu zeigen – uns zu freuen, daß wir in Chiswick sind (was Dir so gut tut und mir Gelegenheit gibt, zu Dir zu kommen).[38]

In einer Sache gab es keine Einigkeit zwischen Georgiana und den Kindern, und das war Bess. Keines der Cavendish-Kinder mochte sie, sie akzeptierten allerdings Caroline St. Jules und Clifford. Lady Spencer und Selina unterstützten ihr Urteil durch ihre Antipathie, obwohl es dessen nicht bedurft hätte. Sie fanden sie dumm und affektiert, und wie die meisten Kinder spürten sie Bess' ambivalentes Verhältnis zu ihrer Mutter. »Ich hatte Lady Elizabeth' Charakter sehr früh durchschaut«, schrieb

Harryo viele Jahre später, »ihr Mangel an Prinzipien und Feingefühl war meines Erachtens nicht zu überbieten, und sie war eher verdorben als hinterlistig, denn ich glaube, den Unterschied zwischen richtig und falsch kennt sie bis heute kaum. Die Umstände haben ihr Verhalten und ihre Situation zu verschiedenen Zeiten verändert, aber wie sie war und ist, habe ich bereits als Kind erkannt und verachtet.«[39] Die Kinder von Harriet und Georgiana genossen es, Bess zu quälen, nur Caroline St. Jules machte nie mit. Harriets Tochter Caroline Ponsonby schrieb einmal eine Satire über Bess' gekünstelte Art.

> Ich habe daran gearbeitet, daß ich verrückt und ungewöhnlich wurde und alles, was lieb und entzückend ist, auch, aber ich habe noch keine Perfektion darin erlangt, dem ganzen Haus Kopfschmerzen zu bereiten. Meine Liebste, glaube mir, daß meine Beteuerungen der amitié, die ich Dir in Chiswick gemacht habe, zugleich ernsthaft und von Dauer sind. Ach, wie ich mich vergnügte, während die Kinder (in abwertendem Ton gesagt) sich am Ufer amüsierten; mit welchem Vergnügen, sage ich, wir es genossen, den Rasen auf und ab zu schreiten, und unsere tiefe Freundschaft in Worten und Taten zum Ausdruck zu bringen.[40]

Georgiana konnte Bess' Stellung im Haushalt nicht genau erklären, ohne peinliche Details zu offenbaren. Aber sie versuchte ihren Kindern zu zeigen, daß sie Bess liebte und ihr vorbehaltlos vertraute. »Denk' nur, wie lieb Bess ist«, erzählte sie Little G. bei einer Gelegenheit, »sie dachte, ich bräuchte etwas Geld, und schickte mir, die Liebe, 100 Pfund. Ich wollte es nicht, aber dennoch fühle ich ihre liebe Zuneigung.«[41] Georgiana tat es leid für sie, daß der Herzog von Richmond ihr immer noch keinen Antrag gemacht hatte, denn sie wußte, daß Bess alle Hoffnungen für ihre Zukunft auf die Hochzeit gesetzt hatte. Georgiana, Harriet und Bess hatten seit 1797 darauf gewartet, daß er ihr Verhältnis legalisierte, und sich mehrmals, wenn die Ankündigung nahe bevorzustehen schien, verabschiedet und ihre Erinnerungen ausgetauscht. Über einen dieser falschen Alarme schrieb Harriet an Leveson Gower: »Was noch zu meiner Dummheit hinzukommt, glaube ich, ist im Augenblick die große Angst wegen Bess, wenn sie den Herzog von Richmond heiratet (stell' Dir vor, es ist noch nichts geregelt). Das wird eine ziemliche Trennung von uns allen werden, und nach fünfzehn langen Jahren seine Gewohnheiten zu ändern, ist niemals leicht, besonders in unserem Alter.«[42]

Das Zögern des Herzogs von Richmond war für Bess mehr als peinlich. Damit wurde die Ablehnung seiner Familie offensichtlich. Zudem erinnerten sich die Leute an Bess' Vergangenheit. Über den Aufschub wurde viel gemutmaßt: Lady Holland, der, nachdem sie mit Lord Holland durchgebrannt war, eigentlich kein Urteil über Bess' Moral zustand, hielt die Sache für einen großartigen Witz. »Sein Verhalten gegenüber Lady E. Foster ist ziemlich unverständlich«, schrieb sie am 26. März 1799 in ihr Tagebuch. »Er spricht und schreibt immer, als ob er die Absicht hätte, sie zu heiraten, und trotzdem ist die Eheschließung in den letzten zwei Jahren nicht weiter vorangeschritten ... Lady E. ist noch voller Hoffnung.«[43] Wenn Bess ihre Heirat ansprach, fielen die Antworten des Herzogs zwar beruhigend, aber zweideutig aus, und es blieb ihr nichts anderes übrig, als seine Entscheidung abzuwarten. »Wirf' dies ins Feuer, wenn Du es gelesen hast«, schrieb Georgiana an Little G., nachdem Bess Richmond offen auf die Verzögerung angesprochen hatte:

> Ich traf die liebe Bess einigermaßen wohl, aber ziemlich aufgeregt an. Ich habe von ihr erfahren, daß sie mit dem Betragen des H. von R. ihr gegenüber absolut einverstanden ist. Daß sie mit ihm Gespräche geführt hat, in denen er ihr Umstände anvertraut hat, die alles erklären, was anderen seltsam erscheinen mag, und daß sie allen Grund hat, mit seinem Betragen ihr gegenüber zufrieden zu sein und sich seiner Freundschaft und Wertschätzung sicher sein kann. Die Zeit allein kann insofern über das Ereignis entscheiden ... Im Ganzen denke ich, daß Bess [unlesbar] und Recht hat, wenn sie Fragen und Bemerkungen zu meiden wünscht, indem sie ihnen aus dem Weg geht. Es ist eine peinliche Situation – aber es muß sie entschädigen, daß sie bei einer Person, die sie so lange kennt, keinen Grund zur Klage hat.[44]

Bess' Enttäuschung über ihr eigenes Leben wurde verschlimmert durch ihre Eifersucht auf Georgiana. Vorläufig mußte sie sich dennoch keine ernsthaften Gedanken machen. Der Herzog von Richmond erweckte deutlich den Anschein, daß er vorhabe, ihr einen Antrag zu machen, und Georgiana litt immer noch unter vielen Einschränkungen, nicht zuletzt unter ihren Schulden. Von Zeit zu Zeit gab es eine Krise, ein Begehren auf Rückzahlung oder Ärger mit einem verärgerten Gläubiger – dann bat sie ihre Freunde und die Familie erneut um Hilfe. Im April 1799, nach einem weiteren theatralischen Hilferuf, beschwerte sich George bei Lady Spencer, daß »die ganze Angelegenheit immer noch mit ziemlich viel Geheimniskrämerei und Vertuschung« verbunden sei.[45] »Sie versichert mir, daß sie nicht noch mehr Schulden hat (aber leider weiß ich nicht, ob ich ihr glauben kann)«, schrieb Lady Spencer.[46] Georgiana hatte geschworen, daß sie dem Herzog nach der Rückkehr aus dem Exil alle Schulden gebeichtet habe; obwohl jeder ihr glauben wollte, vermuteten alle, daß sie die Wahrheit immer noch verbarg. »Sie ist im höchsten Grade unklug und wird es bleiben«, mußte Lady Spencer zugeben, »aber ich vertraue auf Gott, daß sie nicht vorsätzlich unlauter ist.«[47]

Das einzige vorhandene Fragment von Georgianas persönlichem Tagebuch zeigt, wie sehr sie unter ihren verheimlichten Schulden litt. Der Eintrag ist nicht datiert, aber er erwähnt den Schiffbruch ihres Freundes Thomas Grenville, der in diplomatischer Mission nach Berlin unterwegs war. Sein Schiff, die *Proserpine*, sank im Februar 1799, nachdem es auf Eis gelaufen war. Grenville war einer der wenigen Passagiere, die überlebten. Über eine Woche hielt man ihn für tot, und die Nachricht traf Georgiana sehr hart, denn »obwohl ich ihn zuletzt selten traf, war es immerhin eine Freundschaft von zwanzig Jahren durch alle Höhen und Tiefen. Er hat in den kurzen Zeiträumen zwischen seinen Reisen immer so nett von sich hören lassen.«[48] Im Tagebuch schreibt sie abwechselnd über ihre Trauer über seinen Tod und über ihre Verzweiflung über ihre finanzielle Situation – jemand belästigte sie wieder wegen Geld.

Die erste Eintragung stammt von einem Montag: »Ich habe von Grenville erfahren.« Am Dienstag schrieb sie: »Alles Unangenehme kommt zusammen. Ärgernisse in jeder Form, und ich weiß bald nicht mehr aus noch ein – ich tat, was ich konnte, aber durch ein Versäumnis verpaßte ich den einzigen günstigen Moment, meine Situation zu verbessern.« Am Mittwoch ging sie heimlich allein in die Kirche und »demütigte mich in der niedrigsten Weise und betete innig für den armen Grenville.« Donnerstag: »Ich ritt mit G. und erfuhr kurz vorher, daß sich zahllose Unannehmlichkeiten und Demütigungen bestätigen. Die Pferde scheuten, und ich war sehr nervös.« Ein paar Tage später: »Welche Freude, daß Mr. Grenville in Sicherheit ist – große Ausgelassenheit den ganzen Tag.« Dann, in der folgenden Woche, am Montag: »Ein ärgerlicher Brief«. Dennoch: »Einiger Dinge glücklicher Abschluß und Erleichterung; aber mein armes Kind krank.« Dienstag: »Mein Kind krank, aber ein paar gute Umstände in anderen Dingen.« Mittwoch: »In einigen Dingen sehr verärgert und unglücklich. Aber meinem Kind geht es besser.« Donnerstag: »Besonders guter Tag«. Freitag: »Bemerkenswert guter Tag. Samstag auch.« Aber am Montag die Katastrophe: »Einer der elendsten Tage meines Lebens. Ich habe mich vielleicht zu sehr auf die Erleichterung verlassen und bin wieder tief gesunken, und habe von einer ganzen Serie böser und undankbarer Falschheiten erfahren.« Dienstag: »Was dieser Tag bringen wird, weiß ich nicht. Er fängt ziemlich schlimm an und sieht nach einem Tag voller Ärger aus, aber ich glaube und hoffe. Neue Wunden durch Falschheit. Ich habe den kurzlebigen Wohlstand nicht sinnvoll genutzt. Ich habe nichts Schlimmes getan, aber ich habe es zugelassen, daß einiges Übel über mich gekommen ist. *Ah misera, quanto sera da me.*«[49]

So schrecklich dieses Fragment klingt, Georgiana erlebte nicht alle Tage so. Oft gab es lange ausgeglichene Phasen. Sie zögerte nicht mehr so sehr, Besucher zu empfangen und nahm die Gewohnheit wieder auf, Dinnerpartys für die Whigs zu veranstalten, die noch an den Parlamentssitzungen teilnahmen. Charles Grey kam wieder jeden Abend vorbei, um die Ereignisse des Tages im Unterhaus zu besprechen.[50] Als Sheridan begann, an einer Tragödie namens *Pizarro* zu arbeiten, die auf einem sehr erfolgreichen Stück von Kotzebue mit dem Titel *Die Spanier in Peru* basierte, bat er Georgiana, ein Lied beizutragen. Das patriotische Thema des Stückes, ein kämpferisches Volk, das gegen einen barbarischen Widersacher aufsteht, schlug beim Publikum ein. Die Uraufführung fand am 24. Mai statt. Das Stück wurde wider Erwarten einunddreißig Abende lang aufgeführt und in 30.000 Exemplaren als Buch verkauft.[51]

Im Anschluß an ihre Zusammenarbeit mit Sheridan bereitete sie einige ihrer Gedichte zur Publikation vor. Sie hatte mit *The Passage of the Mountain of St. Gothard* begonnen, in dem sie ihre Heimreise aus dem Exil von Italien über die Schweiz beschreibt. Sie verfaßte *The Passage* in der Form eines Reisegedichtes (»I wander where Tesinos madly flows, / from cliff to cliff in foaming eddies tossed«)*, und der Text ent-

---

* Ich wandere, wo der Tesino wütend fließt, von Kliff zu Kliff in schäumenden Strudeln geschleudert.

hielt eine verschleierte Entschuldigung an ihre Kinder, die sie verlassen hatte. »Italy farewell!« schrieb Georgiana in der ersten Strophe. »To thee, a parent, sister I consign ... Whilst every step conducts me nearer home.«* Sie kletterte den steilen Pass, »my weary footsteps hoped for rest in vain / Steep on steep in rude confusion rose«, sie suchte Schutz, wo immer sie konnte, »where some bright hours are found / Amidst the darkest dreariest years of care.«** Der Weg führte sie unter Wasserfällen hindurch und um überhängende Felsabsätze, bis sie Luzern erreichte. Dort rastete sie gerade lange genug, um zu rufen »Auf Wiedersehen, Helvetia! Von dessen stolzer Brust die hohen Alpen sich erheben und zahlreiche Flüsse fließen,« und dann setzte Georgiana ihre Heimreise fort. In der letzten Strophe wandte sie sich direkt an die Kinder:

> Hope of my life! dear children of my heart!
> That anxious heart, to each fond feeling true,
> To you still pants each pleasure to impart,
> And more – O transport! – reach its home to you.***

Als Georgiana endlich zufrieden war mit *The Passage*, verteilte sie einige Exemplare unter ihren Freunden und der Familie und kündigte an, daß sie später noch eigene Illustrationen hinzufügen würde. Irgendwie geriet ein Exemplar in die Hände eines Druckers, und im *Morning Chronicle* erschien ein Raubdruck, gespickt mit Fehlern und Druckfehlern, die Georgiana entsetzten und peinlich berührten. Trotzdem wurde das Gedicht sofort ein Erfolg und übertraf eines ihrer Prosa-Werke mit dem Titel

---

* Dir wie Eltern, wie einer Schwester vertraue ich mich an ... während jeder Schritt mich dem Heime näher führt.
** Meine müden Schritte hofften vergebens auf Ruhe/Kliff auf Kliff erhob sich in wildem Durcheinander ... Wo einige helle Stunden auftauchen/Zwischen den dunkelsten, trübsten Jahren der Mühen.
*** Hoffnung meines Lebens, Liebe Kinder meines Herzens!
Dieses bange Herz, treu jedem zärtlichen Gefühl,
Für Euch nur schlägt, um jede Freude mitzuteilen,
Und mehr noch – oh Entzücken – sein Heim bei Euch zu erreichen.

Memorandums of the Face of the Country in Switzerland bei weitem.*[53] Es ist nicht überliefert, wie die Kinder auf das Gedicht reagierten; nur Little G. wäre alt genug gewesen, um zu verstehen, was Georgiana fühlte, als sie es schrieb.

Mutter und Tochter waren unzertrennlich geworden. Georgiana wollte ein erfolgreiches Debüt für Little G. und zwang sich dazu, ihre Tochter auf jede Gesellschaft zu begleiten. Die Devonshires hielten in Devonshire House einen pompösen Ball mit Abendessen ab, um ihre erste Saison einzuleiten. An den Tagen vor dem Ball stand der Haushalt Kopf: Stühle wurden an die Wände des Salons geschoben, die Kandelaber poliert und aus einem Laden wurden zusätzliche Gläser gebracht. Niemand lehnte Georgianas Einladung ab. Einige kamen aus reiner Neugierde, andere aus Loyalität und einige auch aus nostalgischen Gründen. Alle waren überrascht, mit welcher Leichtigkeit sie die Atmosphäre der Partys in Devonshire House wieder heraufbeschworen hatte. Der *Morning Herald* bezeichnete den Ball als vollen Triumph: »Am Freitag abend gab die Herzogin von Devonshire einen brillanten Ball mit Abendessen in Devonshire House, an dem die vorzüglichsten Gäste beiderlei Geschlechts teilnahmen.«[54]

Georgianas Wiedererscheinen in der Gesellschaft fiel zeitlich mit der Rückkehr des Prinzen von Wales in die Achtbarkeit nach seiner stadtbekannten Affäre mit Lady Jersey zusammen. Befreit vom Einfluß Lady Jerseys war es dem Prinzen jetzt wichtig, zum Devonshire-House-Kreis wieder zugelassen zu werden. Seine Freundschaft mit Georgiana setzte sich auf der Ebene ihrer früheren Intimität fort, als ob es nie einen Bruch

---

* Am 24. Dezember 1799 druckte die *Morning Post* eine Parodie auf *The Passage* von Samuel Taylor Coleridge, die sanft seine Popularität verspottete:
Thenceforth your soul rejoiced to see
The shrine of social liberty
O beautiful! O nature's child
Twas thence you hailed the platform wild,
Where once the Austrian fell
Beneath the shaft of Tell!
O! Lady nursed in pomp and pleasure
Where learned you this heroic measure ...
1802 übersetzte Abbé Delille *The Passage* ins Französische, und das Gedicht erwies sich als sehr populär. Italienische und deutsche Übersetzungen folgten, für die Georgiana beträchtlichen Beifall erhielt, aber kein Geld.

gegeben hätte. Der *Morning Herald* verkündete ihre Versöhnung im September 1799 mit einem Bericht über einen gemeinsamen Theaterbesuch: »Der Prinz von Wales, Lord Moira, die Herzogin von Devonshire und ihre kultivierten Töchter besuchten am Samstagabend das Haymarket Theater. Bei Erscheinen seiner königlichen Hoheit wurde *God save the King* lauthals verlangt und gesungen, begleitet unter wiederholtem Beifall des Publikums, das über die Anwesenheit seines Prinzen hingerissen schien.«[55]

Wer Georgiana gut kannte, bemerkte, wie sie seit ihrer Krankheit an Selbstvertrauen gewonnen hatte: Sie war sich jetzt nicht nur ihrer Erscheinung sicher, sondern auch ihrer intellektuellen Fähigkeiten. Sie hatte aufgehört, sich für ihre Leidenschaft für Politik zu entschuldigen und machte sich nicht mehr die Mühe, ihr Interesse an Napoleons Fortkommen zu verbergen. Ihrer Meinung nach hatte Pitt die Franzosen völlig falsch eingeschätzt, indem er sie nicht auf See, sondern an Land bekämpfte. »Dieses sind meine eigenen Gedanken«, schrieb sie in einem Brief vom 13. Oktober 1799:

Ich halte mich selbst für eine wahre Politikerin, denn ich habe immer Recht behalten ... Ich habe meinem lieben Bruder und sonst jedem immer dasselbe gesagt – daß die Franzosen ihren Erfolg, sogar ihre Existenz den Feldzügen verdanken, die gegen sie geführt werden. Wir locken aus ihnen die einzigen Tugenden, die sie haben, Energie als Soldaten, Enthusiasmus aus Eitelkeit. Hätte man einen Kordon gezogen und würde nur zu Wasser kämpfen, würden sie an ihrem Elend bald ermüden, und ihr leichtfertiger Charakter würde gegen sie sprechen. Aber der Stolz auf La République ist Ihnen Speise und Trank und heilt auch ihre Wunden. In der Zwischenzeit saugen sie aus allen anderen Ländern den inneren Frieden heraus, und wertvolles Blut wird sinnlos vergossen. Daher hoffe ich, daß wir unsere Truppen zurückziehen (wenn uns das Holländische Volk nicht unterstützt) und uns auf unsere Marine verlassen.[56]

In einer vielsagenden Randbemerkung fügte sie hinzu, »dies ist meine ganz persönliche Meinung, denn hier sind alle große Krieger.« Sie hatte endlich zu ihrer eigenen Stimme gefunden. Die Tatsache, daß Georgianas Ansichten über den Krieg auf einer grundlegend falschen Whig-Deutung von Napoleons Charakter basierten – sie glaubte, er hätte kein Interesse an weiteren Eroberungen –, schmälert die Weltklugheit ihrer Kommentare nicht. Die Aufstände in Irland und der Krieg gegen Frank-

reich im allgemeinen hatten sie davon überzeugt, daß sie die Möglichkeiten eines politischen Lebens außerhalb der Partei erkunden könnte.[57]

Zum ersten Mal in ihrem Erwachsenenleben stellte Georgiana die
Annahme in Frage, daß Männer und Frauen in getrennte Wirkungskrei-
se gehören. Sie war der Meinung, daß sie dieselben Fähigkeiten besaß
wie ein Mann; es war ihre Geschlechtszugehörigkeit, nicht ihre Kompetenz, die sie daran hinderte, sich aktiv an der Politik zu beteiligen. »Wäre ich doch ein Mann«, schrieb sie Sir Philip Francis, »dann könnte ich
meine Talente, meine Hoffnungen, mein Geschick mit denen von Charles vereinigen, um gemeinsame Sache zu machen und mit ihm zu stürzen
oder zu regieren.«[58] Georgianas großes Ziel war, ihm gleichgestellt mit
Fox zusammenzuarbeiten. Dies zu erreichen, wäre eine viel größere Erfüllung, als sie in ihrer Rolle als Leitfigur des *ton* je erlebt hatte. Aber unter den gegebenen Umständen sah es nicht so aus, als ob Fox aus seinem
Refugium in St. Anne's Hill jemals wiederkehren würde. Das Geschick
der Whigs lag in Pitts Händen. Nur wenn er zurücktrat, konnten sich
die beiden zerstrittenen Hälften der Partei wieder vereinigen. So wie die
Dinge lagen, waren die Whigs schwach, und für Georgiana gab es keine
Aufgabe.

Teil IV

Georgiana Redux

Kapitel 20

Georgiana Redux

1800–1801

*Emsige Vorbereitungen sind im Gange für eine
Reihe herausragender Galas im nächsten Monat
in den höheren Kreisen der Modewelt: Die Herzoginnen
von Devon, Rutland und Gordon werden die Führung
übernehmen.*

MORNING HERALD, *23. APRIL 1800*

*Beide [der Prinz von Wales und Mrs. Fitzherbert]
dinierten am Donnerstag bei der Herzogin von
Devonshire. Mrs. Fitzherbert hatte Devonshire House
seit Jahren nicht mehr betreten.*

MORNING HERALD, *1. SEPTEMBER 1801*

Georgianas erste Tage im neuen Jahrhundert waren getrübt. Wieder verfolgten sie ihre Gläubiger und sie hatte nicht mehr als 50 Pfund bei George auftreiben können. Der Herzog von Bedford rettete sie, indem er ihr ein Darlehen über 6000 Pfund anbot: »Das ist nicht mehr, als Sie, in den Augen der Ängstlichsten, von einem Freund annehmen dürfen«. Da er sie gut kannte, bestand er auf einem strengen Zeitplan für die Rückzahlung und entwarf sogar ein »Memorandum der Transaktion zwischen uns, um eventuelle Mißverständnisse zu vermeiden.«[1] Es war als Rechtsdokument natürlich nutzlos, und falls er glaubte, er könne damit sein Geld absichern, kannte er Georgiana doch nicht gut genug. Lady Spencer kommentierte verbittert: »Deine Motive sind immer großherzig und wohlmeinend, aber Du hast Dich nie an gewisse Regeln

oder Ordnung gewöhnen können, im Gegenteil, Du bedenkst sie mit
Verachtung, auch erträgst Du nicht die kleinste Kontrolle, wenn Dein zu
freigiebiges Herz sich erst auf eine Ausgabe versteift hat. Die siebenundzwanzig vergangenen Jahre haben mich bei all dem veranlaßt, zu fürchten, daß Du unbelehrbar bist.«[2]

Georgiana steckte nicht allein in Schwierigkeiten. George hatte ebenfalls Geldsorgen, und von ihren Vettern und Cousinen standen auch einige unter Druck. Die Lage von Harriet und Lord Bessborough war bereits hoffnungslos. Es war ihnen nie gelungen, ihre Ausgaben einzuschränken (er sammelte leidenschaftlich Drucke), und seine sowie
Harriets ständig steigende Spielschulden hatten sie in den Bankrott getrieben. Sie hatten sich im November 1799 an den Herzog gewandt, und
zunächst sah es nach einer Lösung ihrer Probleme aus. Die Familie, allen voran der Herzog, Lord Frederick Cavendish und Lord Fitzwilliam
sollten jeweils 10.000 Pfund in einen Trust einzahlen, der für Bessborough verwaltet werden sollte. Dieser Plan scheiterte jedoch, als Harriets Ehemann dagegen protestierte, daß man ihm in diesem Trust keine
Stimme gab. »Ich bin ziemlich verzweifelt wegen der Bessboroughs«,
schrieb Lady Spencer am 11. Februar 1800 an George. »Heaton [der
Verwalter des Herzogs] benahm sich schroff und anmaßend, aber wenn
sein Plan oder ein ähnlicher durchgesetzt worden wäre, hätte mich das
sehr erleichtert. Deine beiden Schwestern, dessen bin ich sicher, haben
sich nach Kräften bemüht, ihn durchzubringen, aber wenn Lord B. keine
Annehmlichkeiten aufgeben will, kann man nichts tun.«[3]

Der Herzog war so erbost über seinen Vetter, daß er drohte, ihm gar
nichts zu geben. Damit zwang er Bessborough, seine verstockte Haltung aufzugeben, und schließlich willigte er in eine Übereinkunft ein,
die ihm lebenslangen Nießbrauch seiner Güter in Roehampton garan-
tierte. Nach seinem Tod würden sie Coutts gehören. Der immer
großherzige Herzog von Bedford beantragte, ihn als einen der
Treuhänder zu verpflichten. Diese neue Vereinbarung befreite Georgiana von der zusätzlichen Belastung durch Harriets Schulden. »Mein
Herz ist voller Dankbarkeit angesichts der verbesserten Aussicht. Über
Jahre ließ sich am Stand der Dinge nicht so viel ändern wie in den letzten beiden Monaten«, schrieb sie Lady Spencer am 22. Januar und fügte
unnötigerweise eine Falschmeldung hinzu: »Bis Mai bin ich alle meine
Schulden los.«[4]

Auf kurze Sicht konnte sie wegen der 6.000 Pfund des Herzogs von Bedford ihre Schulden vergessen. Was sie hätte erreichen können, wenn sie sich diese Lasten nicht selbst auferlegt hätte, war ein Lieblingsthema von Lady Spencer.

> Schwierigkeiten der einen oder anderen Art überwältigen sie völlig [lamentierte sie Selina gegenüber 1797]. Ich wundere mich nur, daß ihre Konstitution bei ihrem ausgeprägten Zartgefühl nicht längst gelitten hat. Wenn sie sich nur dem Thema Geld öffnen würde, würde ich von Brot und Wasser leben, um sie zu entlasten, wenn ich wüßte wie, aber das Ausmaß der Schwierigkeiten hat sie schon so daran gewöhnt, sich selbst und andere zu täuschen, daß ich überzeugt bin, daß sie gar nicht weiß, wie sie in bezug auf ihre Schulden oder Verpflichtungen steht.«[5]

»Wie bedauerlich«, fuhr sie in einem anderen Brief fort, »sich vorzustellen, daß ein Herz und ein Kopf wie die ihren so wenig einträglich gewesen und daß die unschätzbaren Werte wie Geld, Zeit, Beispiel und Fähigkeiten, die sie in Händen hielt, so völlig nutzlos verschwendet sein sollten.«[6]

Man könnte denken, daß Georgiana Lady Spencers Beobachtungen bestätigen wollte, denn nach der pünktlichen Intervention des Herzogs von Bedford begann Georgiana wieder ernsthaft zu schreiben. Im April beichtete sie George reumütig »ich erkläre mich schuldig, den Epilog für ›de Montfort‹ verfaßt zu haben, der morgen von Mrs. Siddons vorgetragen wird. Ich hatte gar nicht die Absicht, ihn vortragen zu lassen, aber Mrs. Siddons hat eine Vorliebe dafür entwickelt.«[7] Sie begann, an einem religiösen Drama zu arbeiten, und ein paar Monate später setzte sie sich mit Harriet zusammen an eine Tragödie. »Meine Schwester arbeitete in Hardwick sehr hart daran, und jetzt machen wir weiter, und sie ist fast fertig«, schrieb Harriet an Leveson Gower im Jahre 1802. »Aber der beträchtlichere Teil ist von ihr. Ich vermute, Du wirst es für vanité d'auteur oder schwesterliche Parteinahme halten, wenn ich Dir sage, daß ich sie wirklich nicht schlecht finde ... Die Geschichte handelt von Siegendorf in den Canterbury Tales.«[8]

Georgiana war jedoch vor allem mit den Vorbereitungen für die Vorstellung von Little G. am 22. Mai bei Hofe beschäftigt. Sie wollte, daß alles perfekt wurde. Lady Spencer hatte für ihre Tochter die besten Zeremonienmeister in London besorgt, und sie war tadellos unterrichtet

worden. Georgiana hatte sich fest vorgenommen, für Little G. das gleiche zu tun. Die Rituale für die Einführung bei Hof waren äußerst an-
spruchsvoll: Grazie und würdevolle Ungezwungenheit waren ausschlag-
gebend – ein schlecht ausgeführter Knicks konnte die erste Saison eines
Mädchens ruinieren. Unglücklicherweise hatte Little G. Haltung und
Koordination ihrer Mutter nicht geerbt. Georgiana machte sich Sorgen,
weil sie dazu neigte, den Kopf zu senken, und es schien ihr nicht zu gelingen, einen Knicks zweimal genau gleich auszuführen. Als Debütantin
wurde von ihr erwartet, daß sie langsam auf die Königin zuschritt, einen
tiefen Knicks bis in die Knie machte und, im Falle, daß sie die Tochter
der Gemahlin eines Peer war, so verharrte, während Ihre Majestät sie auf
die Stirn küßte, daß sie sich dann erhob, vor der Königin noch einen
Knicks ausführte und einen kleineren vor jedem anwesenden Mitglied
der königlichen Familie, und dann rückwärts aus dem Raum ging,
während sie die Augen fest auf den Thron gerichtet hielt.

Die Damenmode und die Bekleidung bei Hof hatten sich schon viele
Jahre zuvor in unterschiedliche Richtungen entwickelt. Während einfache weiße Kleider mit Puffärmeln in London der letzte Schrei waren,
trug man in St. James's Palace immer noch Reifröcke und fast drei Meter
lange Schleppen, und entblößte Schultern waren *de rigueur*. Die neueste
Haarmode, *à la Titus* genannt, verlangte kurze Haare, in denen sich aber
die vorschriftsmäßigen Hoffedern schwierig befestigen ließen und überdies sehr merkwürdig aussahen. Wenige Damen über vierzig beeinflußten den Stil – ausgenommen Bess, die die Tatsache, daß sie dünn war und
jung aussah, nutzte, um sich jünger zu kleiden, als es ihrem Alter eigentlich zukam. Georgiana durfte dafür ihre Töchter ausstaffieren. Allen Berichten zufolge war das Hofkleid von Little G. ein großer Erfolg: weißer
Crêpe, besetzt mit Blonde (einer seidenen Spitze), Kordeln und Qua-
sten. Sie trug die Cavendish-Juwelen und, was in Georgianas Augen aus-
schlaggebend war, kein Rouge.

Devonshire House war am Morgen des 22. erfüllt von hektischer Vor-
freude. Die Diener trugen besondere Livreen, und Harryo und Caroline, die sich bemühten, nicht eifersüchtig zu sein, beobachteten von der
Treppe aus, wie stündlich von unbekannten Gönnern Blumenbouquets
geschickt wurden. Die ganze Familie war zugegen, außer Lady Spencer.
Bess' Gegenwart und die Angst, daß sie unter der Last der Erinnerungen
anfangen könnte zu weinen, hielten sie dem Ereignis fern. An ihrer Stel-

le kam Lady Clermont und war von dem Anblick gerührt. »Ich hätte nie geglaubt, daß die kranke Herzogin so wohl aussehen könnte«, kritzelte sie um 3 Uhr, nachdem die Gesellschaft nach St. James's aufgebrochen war. »Der Herzog eilte herein und hinaus, während die Herzogin sich ankleidete, und wollte wissen, wann Georgiana herunterkomme, damit er sich umziehen könne, um ihnen zu folgen. Ich wünschte, Du wärest dabei gewesen, und dennoch glaube ich, es war besser, daß nicht. Du wärst ebenso ergriffen gewesen, wie ich es war. Es hat mich so an die alten Zeiten erinnert.«[9]

Die Poyntzes, die Cavendishs und die Spencers, darunter die Herzogin von Marlborough und die Marquise von Blandford, begleiteten die Devonshires zum Hof in einer großartigen Demonstration von Familienstolz und Loyalität. Der *London Chronicle* berichtete vom größten Empfang seit der Regentschaftskrise. Irgend jemand zählte über 1.000 Kutschen, die durch die Tore rollten. Es muß allerdings der Wahrheit halber gesagt werden, daß der Andrang hauptsächlich auf die Aufregung der vergangenen Woche zurückzuführen war, als ein Verrückter versucht hatte, den König im Theater zu erschießen. Eine der Damen, die zu Besuch bei Hof weilten, Lady Jerningham, beschrieb ihrer Tochter die Szene: »Wir gingen um drei zum Empfang und blieben bis sechs Uhr stehen, in der gewaltigsten Menge, die ich je sah: Die drei Räume waren überfüllt mit Reifröcken, Degen, und mit jedem Schritt durch die Menge lief man Gefahr zu ersticken. Jedermann hatte Wert darauf gelegt dabeizusein.«[10]

Sie beschrieb Little G. wohlwollend, aber im Hinblick auf Georgianas frühere Reputation als Schönheit mit wenig Begeisterung. »Lady Georgiana ist ein großes, hellhäutiges Mädchen«, schrieb sie, »nicht häßlich, aber auch nicht hübsch.« Das war besser als die Berichte über Harryo, »von der man sagt, sie sei sehr stämmig«, wobei Lady Jerningham gehört hatte, daß »die kleine *Caroline* sehr hübsch ist«.[11] Georgiana berichtete, daß der Tag ein Erfolg gewesen sei, »der meine glühendsten Hoffnungen übertraf«. Little G. hatte immer daran gedacht, den Kopf hochzuhalten, und die Königin war äußerst höflich, was bemerkenswert war, wenn man bedachte, daß sie erst vor drei Jahren alle Damen der Opposition vom Hof verbannt hatte.

Einige Tage später gab Georgiana den ersten einer ganzen Serie von Bällen, die dem Debüt von Little G. folgten, und bemerkte erfreut, wieviel Lob man ihrer Tochter für ihre unkomplizierte Art und ihr elegantes

Tanzen zollte. Georgiana überprüfte ihre Tanzpartner unauffällig, ob sie Anzeichen von Interesse zeigten. Am Ende des ersten Abends hatten sich zwei herauskristallisiert: Der Herzog von Bedford und Lord Morpeth. Mit fünfunddreißig war Bedford sicher nicht zu alt für Little G., obwohl er mehrere uneheliche Kinder hatte und sich derzeit zwei Mätressen hielt – Lady Melbourne und eine Mrs. Palmer. Wenn man von den Affären des Herzogs absah, nahmen sein Reichtum, seine Zugehörigkeit zu den Whigs und seine Großzügigkeit Georgiana für ihn ein. Über Morpeth war sie sich nicht so sicher, obwohl auch er zu den persönlichen Freunden zählte. Sein Vater, der fünfte Graf von Carlisle, hatte den Devonshire-House-Kreis beleidigt, indem er zu William Pitt übergelaufen war, und Morpeth gehörte zu der jüngeren Gruppe der Pitt-Anhänger, denen auch Leveson Gower und George Canning angehörten. Andererseits war er erst siebenundzwanzig, was für ihn sprach, aber dagegen stand wieder sein Benehmen, das Georgiana manchmal ein bißchen aufgeblasen vorkam. »Ich glaube, er hat viele große Qualitäten und würde eine Frau glücklich machen«, entschied sie. »Er ist aber eher zu *kalt* für [Little G.].«[12] Er war bislang mit verschiedenen Frauen in Verbindung gebracht worden, unter anderen Lady Jersey und Lady Anne Hatton, Harriets bester Freundin. Im vergangen Jahr hatte Morpeth beinahe Lady Georgiana Gordon, der jüngsten Tochter der Herzogin von Gordon, einen Antrag gemacht, und Georgiana gefiel der Gedanke, daß sie triumphieren würde, wo die Herzogin von Gordon gescheitert war.

Bei jeder einzelnen Begegnung mit Little G. beobachtete Georgiana die beiden Männer genau, aber keiner von ihnen gab seine Absichten preis. In der Zwischenzeit trieb sie Little G. energisch durch ganz London. »Ich bin sehr geschäftig in meinem neuen Leben, und es geht mir damit sehr gut«, schrieb sie zufrieden an Lady Spencer. »Sie wird sehr bewundert – man sagt, sie seien froh, daß endlich eine höfliche Tochter einer Herzogin auftrete.«[13] Der *ton* bewertete jede ihrer Partys als Triumph, und die Zeitungen bedachten sie mit überschwenglichen Lobeshymnen. Georgiana hatte sich vorgenommen, die Politik aus dem Debüt von Little G. herauszuhalten und niemanden von der Gästeliste zu streichen. »Der Ball wurde wirklich zum Tauziehen, gelang aber erstaunlich gut und zählt zu den vornehmsten, die es seit vielen Jahren gegeben hat«, berichtete Georgiana im Juni nach einem Ball mit Dinner für 1.000 Gäste. »Die Dekoration war ganz allein meine Erfindung, und niemand

wußte, was ich geplant hatte, bis zu dem Tag, als alle zusammentrafen.«[14]
Sie hatte alle Zimmer mit einer Mischung aus echten und Papierrosen
geschmückt, um eine Frühlingslauben-Phantasie zu kreieren.

Im Juli war die Saison vorüber, und Georgiana gab ihre letzte und üp-
pigste Einladung – ein Frühstück auf Chiswick. Lady Jerningham nahm
teil und notierte ihre Eindrücke, wobei man ihrem Ton anmerkt, daß die
unermüdliche Partygängerin nun erschöpft und übersättigt war, nachdem sie sechs Wochen lang ununterbrochen gefeiert hatte.

> Ich bin von *dem Frühstück* lebend zurückgekehrt, ich fand es außerge-
> wöhnlich angenehm und fühlte mich sehr gut unterhalten. Wir er-
> schienen kurz nach drei und hörten, die Herzogin sei im Lustgarten.
> Wir fanden sie bei Mrs. Fitzherbert, mit der sie neben einer Urne saß.
> Verschiedene Orchester waren im Garten sehr wohl plaziert, so daß
> man, wenn man ein Orchester nicht mehr hörte, schon die Töne eines
> anderen wahrnehmen konnte; auf diese Art gab es ständigen Wohl-
> klang in unseren Ohren. So ein ununterbrochenes Konzert wirkt sich
> immer positiv auf meine Nerven aus. Es gibt da einen Tempel, der für
> die Unterhaltung des Prinzen gedacht und sehr hübsch mit Blumen
> dekoriert war. Es gab dort etwa zwanzig Gedecke, und als wir erkannt
> hatten, daß sich die Herzogin mit den feinen Leute in ihrem Tempel
> aufhielt, nahmen wir Barbaren das Haus in Besitz, wo wir in jedem
> Zimmer einen gedeckten Tisch vorfanden, mit kaltem Fleisch, Früch-
> ten, Eis und allen möglichen Weinsorten. Es ist ein vornehmes Haus,
> und es hängen die schönsten Bilder darin. Nachdem das Essen und
> Trinken vorüber war, tanzten die jungen Damen auf dem Rasen. Lady
> Georgiana Cavendish (ein großes, schlaksiges, blondes Mädchen mit
> vorgestrecktem Kopf und offenem Mund) tanzt jedoch sehr gut …[15]

Am 30. Juli berichtete der *Morning Herald*, daß Georgiana »und ihre
zwei lieblichen Töchter« zusammen mit dem Rest der Familie für den
Sommer nach Bognor Regis gezogen seien. Georgiana war erschöpft,
aber rundum zufrieden mit ihrem Werk. Nur wenige Irritationen beeinträchtigten ihre Freude. Dazu zählte das Wiedererscheinen von Mrs.
Fitzherbert. Der Prinz hatte sie untertänigst um Verzeihung gebeten,
und am 16. Juni gab sie ein öffentliches Frühstück, um ihre Rückkehr in
die Gesellschaft als seine »Ehefrau« herauszustellen. Der *ton* hatte keine
Wahl und mußte sie einbeziehen, wann immer der Prinz eingeladen
wurde. Georgiana war ihrer Freundschaft mit Prinny zuliebe gezwungen, sie mit übertriebener Ehrerbietung zu behandeln, obwohl keine der
beiden Frauen sich Illusionen hingab, warum die andere freundlich zu

ihr war. Lady Jerningham konnte nicht hören, worüber sich Mrs. Fitzherbert mit Georgiana während des Frühstücks unterhielt; hätte sie es
gehört, wären ihr die Spannungen zwischen beiden Frauen zweifellos
aufgefallen. Georgiana hoffte, daß die Wiederannäherung nur vorübergehend war. »Ich wollte Dir mitteilen, wie reizend ich Cadet [den Prinzen von Wales] fand«, erzählte sie Lady Melbourne. »Aber ich kann
nicht ganz glauben, daß er sich mit Mrs. F. vollkommen versöhnt hat. Ich
denke, er hat es sicher in gewisser Weise – aber nicht ganz, jedenfalls un-
ternimmt sie große Anstrengungen, um das Gegenteil zu beweisen. Er
erschien mit Sicherheit nie ruhiger und zufriedener.«[16]

Lady Jersey war das andere irritierende Moment. Sie hatte sich selbst
eingeredet, daß ganz Devonshire House unter einer Decke stecke, um
den Prinzen gegen sie einzunehmen. Der Vorwurf war absolut unbegründet, aber Georgiana war besorgt, denn sie wußte, daß Lady Jersey
zu kleinlichen Racheakten fähig war.

> Wie ich höre, ist sie wütend auf mich [berichtete sie Lady Melbour-
> ne], und denkt, wir haben uns alle gegen sie verbündet. Es wäre ein
> Leichtes, sie aufzuklären – aber vielleicht ist es besser, dies der Zeit zu
> überlassen ... Meine Mutter und ihre Freundinnen sind fürchterlich
> aufgeregt, daß nicht der Umstand, daß ich sie für unglücklich halte,
> ihr Gelegenheit gebe, die Herrschaft über mich zurückzugewinnen.
> Ich glaube, sie ist zu stolz, es zu versuchen, und es ist wirklich lange
> her, daß sie irgendeine Macht über mich hatte, außer mich zu plagen.
> Jedoch wollte ich G. zuliebe wenigstens einmal in meinem Leben vor-
> sichtig sein – denn sollte Pest [Lady Jersey] mir Vorwürfe machen und
> mich beschuldigen, wäre ich gezwungen, nicht nett zu ihr zu sein, und
> sie würde meinen Mädchen in jeder Beziehung schaden ... Aber ich
> werde nichts unternehmen, ohne es Dir mitzuteilen.[17]

Georgiana fiel ein Stein vom Herzen, als sie sich an der See außerhalb der
Reichweite beider Frauen aufhielt. Den ganzen August über ging sie am
Strand spazieren, und wenn die Sonne genug Wärme verbreitete, tat sie
ein paar Schritte aus ihrer Umkleidekabine ins Wasser. Ihre Briefe aus diesen Wochen sind verschwunden, wahrscheinlich weil Harriet im neunten
Monat schwanger mit Leveson Gowers Kind war und ihre Niederkunft
erwartete. Es ist kaum glaublich, daß es ihnen gelang, die Schwangerschaft geheimzuhalten. Dieses Mal gab es keinen anonymen Brief an Lord
Bessborough, keine Bloßstellung, keine Peinlichkeit. Harriet blieb einfach
lange genug außer Sicht. Es gab allerdings ungenannte Komplikationen

während der Geburt – Harriet verbreitete, sie sei die Treppe heruntergefallen – und Monate lang war sie schwer krank. Das Baby war ein Mädchen, und Harriette Stewart, wie sie genannt wurde (der Nachname stammte von Leveson Gowers mütterlicher Seite), wurde zu Pflegeeltern gegeben. Die Gewißheit, daß sie Harriette nicht bei sich behalten konnte, machte die Trennung nicht leichter. Genau wie Georgiana mit Eliza versuchte Harriet, mit ihr in Kontakt zu bleiben, indem sie sich als Patentante des Mädchens ausgab. Nur ein Brief, in dem Harriette erwähnt wurde, entkam den Zensoren, die später Harriets Korrespondenz durchforsteten. Als Harriette zwei Jahre alt war, beschaffte sich Harriet ein kleines Medaillon. »Ich bitte Dich«, flehte sie Leveson Gower an, »gib mir eine Strähne von Deinem Haar, damit ich es für sie hineintun kann.«[18]

Die Familie ging im Herbst nach Chatsworth, damit sich Little G. mit ihren potentiellen Freiern in einer entspannteren Umgebung treffen konnte. Georgiana verwirrte das Verhalten des Herzogs von Bedford: Er schien interessiert, aber nicht geneigt, zu handeln, als ob er wüßte, was man von ihm erwartete, er aber ein bißchen rebellieren wollte. James Hare stimmte mit Georgiana überein, daß »das Verhalten einer bestimmten Person sonderbar ist.«[19] Little G. ließ nicht durchblicken, ob sie einen von beiden vorzog, und Georgiana, die sich daran erinnerte, wie ihre eigenen Eltern Harriet und sie ungewollt beeinflußt hatten, wollte nicht drängen. Bedford vertrödelte immer noch die Zeit, als Morpeth im November Farbe bekannte. Seine Werbung erwies sich als schwierig, weil Little G. so scheu war. »Den Stand der Dinge kann man nicht genau sagen«, schrieb Georgiana. »Ich bin es nicht, die sich etwas einbildet, sondern Hare und der Herzog von D., die keine Zweifel an seinen Absichten haben. Auf alle Fälle verzögert sie die Erklärung, aber sie scheint seine Gesellschaft dennoch zu mögen ...«[20]

Mitte Dezember beobachteten alle Bewohner von Chatsworth das Paar mit unverhülltem Interesse. Kurz vor Weihnachten seufzte man allgemein erleichtert auf, als Morpeth endlich den Mut aufbrachte, einen Antrag zu machen, und erhört wurde. Georgiana hatte allerdings immer noch Bedenken. Sie fürchtete, daß sein völliges Desinteresse an der Religion Little G. aufregen würde, und seine Neigung zum Spielen erinnerte sie zu sehr an sich selbst. Aber Little G. schien ernsthaft glücklich, und obwohl Georgiana gehofft hatte, ihre Tochter würde die Herzogin von Bedford werden, war Morpeth keine schlechte Partie. Lady Spencer war

auch zufrieden: »In der Tat«, schrieb sie George, »ich habe viel Hoffnung und denke Gutes von dieser Eheschließung – besonders wenn man
daran denkt, was hätte passieren können, wo sie von Fosters, Lambs und
einem Herzog von Bedford umgeben ist.«[21]

Der Herzog von Devonshire bewies seine Billigung mit einer großzügigen Schenkung von 30.000 Pfund an Little G. und veranlaßte, daß sie
im Jahr 1.500 Pfund Taschengeld erhielt. Unglücklicherweise hatte Morpeth nur eine kleine Zuwendung, die sein Vater auch nicht zu erhöhen
bereit war. Georgiana, die über die Psychologie des Geldes im Laufe der
Jahre eine Menge gelernt hatte, riet dem Herzog, am Anfang nicht zu
großzügig zu sein, weil er so seine späteren Aktionsmöglichkeiten einschränken würde, vor allem für den Fall, daß zum Beispiel Morpeth ins
Parlament eintreten und mehr Hilfe benötigen würde.

Charles und Mary Grey waren unter den ersten, die von Georgiana
informiert wurden. Georgiana wußte, wie viel es Mary bedeuten würde,
daß sie sich die Mühe gemacht hatte, sie persönlich in Kenntnis zu setzen. Mary war ihr ehrlich zugetan: Einige Jahre nach Georgianas Tod
gab sie Hart ein Porträt seiner Mutter, das sie sicher verwahrt hatte: »Ich
schätze es mehr als irgend etwas anderes, das ich besitze«, erklärte sie.[22]
Der Prinz von Wales war besonders überschwenglich, als er die Nachricht hörte, nannte Georgiana »meine liebe Schwester« und bezog sich
auf die weitverbreitete Freude in dem »mitgliederreichen Zirkel, in dem
Sie so geliebt werden«.[23] Es war, als hätte er die vergangenen zehn Jahre
mit einem Federstrich ausgelöscht. Lady Jersey war in ihrem Gratulati-
onsbrief nicht ganz so großzügig. Georgiana war entrüstet, als sie sah,
daß ihr Brief Little G. nicht einmal erwähnte und sich nur auf Morpeth'
unvergleichliche Qualitäten bezog. Dies sei eine große Frechheit, beklagte sie sich, »besonders, da, wo sie ihre Zuneigung zu ihm [auf ihre
kurzlebige Affäre] gründet, eine längere Bekanntschaft nicht voller
freundlicher Erinnerungen sein kann«.[24]

Jeder andere war aufrichtig oder, wie im Falle von Bess, ernsthaft
bemüht, aufrichtig zu sein. »Ich habe Dich immer so geliebt, als wärst
Du mein«, erklärte sie. »Glaube mir, keine Mutter hat jemals leiden-
schaftlicher für das Glück ihres lieben Kindes gebetet, als ich es für
Deins tue.«[25] Was sie sagte, war zweifellos wahr, aber es war nicht die
ganze Wahrheit. Ihre eigene Caroline, beeinträchtigt durch ihre Illegiti-
mität, konnte nie hoffen, jemals eine solch glänzende Ehe einzugehen.

Sie würde nie bei Hof präsentiert werden, nie »ihr Jahr« haben wie Georgianas Töchter. Die Verlobung von Little G. erinnerte Bess auch daran, wie wenig ihre eigenen Ehehoffnungen fortgeschritten waren. Sie wartete immer noch verzweifelt darauf, daß der Herzog von Richmond ihr einen Antrag machte. Die Jahre vergingen, und sie fragte sich, ob sie nicht in einer Falle gelandet war und ihr Aussehen und den Rest ihrer Jugend an ein fragwürdiges Unternehmen verschwendete.

Während Bess nach Kräften bestrebt war, Anteil zu nehmen am Glück von Little G., erhielt sie die Nachricht, daß Lady Bristol gestorben war. Sie und ihre Mutter hatten sich schon eine Weile auseinandergelebt, und Bess hatte nicht einmal gewußt, daß sie krank war. Diese Nachricht lieferte jedoch das perfekte Ventil, ihren Gefühlen freien Lauf zu lassen. Sie flüchtete sich ins Bett und zeigte solche beängstigenden Krankheitssymptome, daß der Haushalt die Feiern unterbrach, voller Angst, daß Bess vor Kummer sterben würde. Einige der weniger Mitfühlenden waren geneigt, dies alles als Pose abzutun. Sogar James Hare empfand ihre Vorstellung als fast albern und beunruhigte Georgiana, indem er darauf hinwies, daß Bess so gekünstelt war, daß sie nicht einmal mehr wußte, was es bedeutete, natürlich zu sein. Georgiana vermutete, daß Bess' Unglück durch die Ausflüchte des Herzogs von Richmond noch verkompliziert wurde. Sie informierte ihn über ihre Krankheit und fügte hinzu, »sie hat sich, fürchte ich, vor diesem Vorfall außergewöhnlich unwohl gefühlt, mit Grund.«[26] Zwei Wochen später versuchte Bess, Richmond zum Handeln zu zwingen, indem sie verkündete, daß sie sich aufgrund des Todes ihrer Mutter entschlossen habe, England zu verlassen: »Nur noch eine Weile, und ich werde wahrscheinlich dieses liebe Land für immer verlassen«. Das sei in Ordnung, schrieb sie unaufrichtig, denn Caroline werde »fähigere Protektion seitens der Herzogin und Georgianas haben, als ich ihr geben könnte«.[27] Richmond ließ nicht erkennen, daß er den Wink überhaupt verstanden hatte.

Bess war daher in nicht geringer Verzweiflung, als sie anbot, zurückzubleiben und den Herzog von Devonshire zu pflegen, während Georgiana mit Little G. nach London reiste, um die Aussteuer zu kaufen.* Die

---

* Dies war eine der seltenen Gelegenheiten, bei denen Georgiana die glücklicheren Zeiten wiedererleben konnte, als sie unermeßlich viel Geld hatte. Die Rechnung von Nunn und Barber, Ausstattern und Kurzwarenhändler der Aristokratie, belief sich allein auf 3.368 Pfund.

Hochzeit wurde auf den 21. März festgesetzt. Bess' »Nächstenliebe« brachte die Leute sofort zum Reden, obwohl Georgiana sie gegenüber Hare und allen anderen, die auf die Situation anspielten, verteidigte. In der Zwischenzeit schrieb Bess dem Herzog von Richmond und versicherte ihm, es gebe nichts, worüber er sich Sorgen machen müsse: »Mir ist klar, wieviel dies alte Geschichten erneuern wird, und es war ihm unangenehm, aber ich habe ihm gesagt, wie wenig es mir macht, wenn dem so ist, und habe ihn dazu gebracht, meinem Bleiben zuzustimmen. Was mich angeht, empfinde ich ein Glück, die Gelegenheit zu haben zu zeigen, wie tief ich seine außergewöhnliche Freundlichkeit mir gegenüber empfinde.«[28] Es war eine klare Drohung an Richmonds Adresse, daß er sich sehr bald durch den Herzog ersetzt finden würde, falls er ihr keinen Antrag machen würde.

*

»Allen Ernstes«, schrieb James Hare am 27. Januar 1801 an Georgiana, »ich bin sehr erfreut, Dich so gut kennengelernt zu haben, denn bevor ich dieses Jahr nach Chatsworth ging, stellte ich mir nie vor und gab mir nie den Anschein, Dich zu kennen.«[29] Dies kam von einem Mann, der alles über ihre Schulden, über Charles Grey und Eliza wußte. Er bezog sich auf etwas, das andere Leute auch bemerkt hatten: Georgiana war offener geworden, zugänglicher. Das Devonshire House füllte sich wieder mit Besuchern, ganz wie zu früheren Zeiten, obwohl Georgiana sie nicht immer alle empfangen konnte: Seit ihrer Infektion im Jahre 1796 hatte sie ihre Gesundheit nie vollständig wiedererlangt. Die Sehkraft ihres verbliebenen Auges war schwach, und sie wurde anfälliger, immer wieder litt sie unter Husten, Erkältungen, Migräneanfällen und Verdauungsbeschwerden. Dr. Erasmus Darwin, der Großvater von Charles, empfahl die zweifelhafte Therapie, Georgiana starken elektrischen Schocks auszusetzen, für die er primitive Elektroden über den Schläfen anbrachte, um so ihr Auge zu »galvanisieren«. Als Form der Augentherapie war dieser neumodische Apparat nutzlos, aber absurderweise mag er als frühe Form der Schocktherapie gewirkt haben. Trotz der Tatsache, daß dieser Apparat hundert Schocks pro Minute aussandte, tat er ihr offensichtlich keinen Schaden.

Inzwischen war es für Georgiana schwierig geworden, zu lesen und zu schreiben, und ab und zu zwangen die Schmerzen in ihrem Auge sie dazu, Briefe zu diktieren. Sie ließ aber nicht zu, daß diese Behinderung ihre umfangreiche Korrespondenz einschränkte. Seit der Unterdrückung der irischen Rebellion und Napoleons Niederlage in Ägypten hatte es interessante Entwicklungen gegeben. Napoleon hatte im August 1799 Segel nach Frankreich gesetzt und am 9. November durch einen Staatsstreich das Direktorium gestürzt. Da die Franzosen den Mitgliedern des Direktoriums als einer Bande von »Dieben in weißem Leinen« mißtrauten und man sie in ganz Europa als Fanatiker und Amateure verachtete, erregte Napoleons Kühnheit, sich selbst zum Ersten Konsul zu proklamieren, nur wenig Aufsehen. Er war ein erfolgreicher Soldat und schien über die Politik erhaben. Die meisten Menschen, sowohl innerhalb als auch außerhalb Frankreichs, hofften, daß seine Ankunft das Ende der Revolution und die Rückkehr zu ruhigeren Zeiten bedeutete.

Mit Sicherheit ermutigte Napoleon solche Gedanken: Im Dezember machte er jedem der Feinde Frankreichs ein persönliches Friedensangebot. Die britische Regierung nahm seinen Antrag allerdings nicht sehr ernst, da er bisher noch jeden Vertrag gebrochen hatte: Preußen, Neapel und Venedig hatten alle unter ihrem nicht angebrachten Vertrauen gelitten. William Pitt ging am 3. Februar 1800 ins Unterhaus und verkündete den versammelten Parlamentsmitgliedern, daß die Regierung entschlossen sei, den Krieg weiterzuführen. Das Unterhaus stimmte ab, und Pitt gewann deutlich mit 265 zu 64 Stimmen. Die Zahlen führten allerdings irre: 64 war eine respektable Leistung für die Opposition. Und wichtiger noch, die Debatte brachte Fox nach London zurück. Er hielt eine seiner glühendsten Reden und wies auf die Unnachgiebigkeit der Regierung, die nicht einmal bereit sei, den Frieden überhaupt in Erwägung zu ziehen. Fox' Darstellung, Pitt sei durch seine Feindseligkeit gegenüber der Revolution mit Scheuklappen behaftet, traf außerhalb des Parlaments auf große Zustimmung. Die Leute waren des Krieges müde, und es wurde nicht mehr als Verrat angesehen, den Wunsch nach Frieden auszusprechen. Die Whigs spürten diesen Wechsel in der öffentlichen Meinung, und die Zahl der Teilnehmer an den Clubzusammenkünften der Whigs verdoppelte sich wieder. Im Juli 1800 ging Sheridan nach Woburn Abbey, dem Sitz des Herzogs von Bedford, und fand dort das Herz der Partei anwesend, eingeschlossen Fox, den Herzog von Devonshire, Richard Fitzpatrick und Charles Grey. Auch wenn sie nicht wußten, warum – es gab keine Chance, Pitt zu schlagen – so fanden die Whigs doch wieder zusammen.

Die Bedrohung, die ein rebellierendes Irland für die britische Sicherheit darstellte, überzeugte Pitt, daß die beiden Länder unter einer einzigen Regierung vereinigt werden müßten. Wenn Irland Teil Großbritanniens würde, wie Schottland und Wales, so folgerte er, würde es einen gleichberechtigten Status und gleichen Wohlstand wie der Rest des Landes erhalten. Pitt war auch für die Emanzipation der irischen Katholiken, die er als einzige Garantie gegen den Bürgerkrieg ansah. Die Devonshires unterstützten die katholische Befreiung, sahen aber nicht die Notwendigkeit einer Union. Georgiana disqualifizierte die Idee wegen des befürchteten schwächenden Effekts auf die bestehende Hierarchie als »Verrücktheit«. Sheridan widersprach ebenfalls, er sah darin nichts weiter als die Annexion eines eigenständigen Landes. Fox hatte sich geweigert, mit einbezogen zu werden: »Daher betrachte ich mein politisches Leben als vorüber«, erklärte er Robert Adair.[30] Pitt war jedes mögliche Mittel recht, sowohl das englische als auch das irische Parlament zu überzeugen, seiner Maßnahme zuzustimmen. Er bot Bestechungsgelder an und, wo immer benötigt, Peerwürden. Die Union kam offiziell am 1. Januar 1801 zustande, und einhundert irische Parlamentsmitglieder wurden in das Unterhaus aufgenommen; die Zahl der Mitglieder stieg damit auf 658.

Fünf Wochen später, am 5. Februar 1801, trat Pitt zum Erstaunen der Nation von seinem Amt zurück, vorgeblich wegen der Weigerung des Königs, den Katholiken die Befreiung zu gewähren. Er sah es als nationalen Selbstmord an, in Irland auf Dauer eine Unterschicht von unzufriedenen Katholiken ohne Wahlrecht zu erhalten. Der König hingegen war überzeugt, daß es einem Verrat an dem von ihm bei der Krönung geleisteten Eid zur Aufrechterhaltung der Verfassung gleichkäme, wenn er den Katholiken dieselben politischen Rechte wie den Protestanten zugestände, eingeschlossen deren Zulassung zum Parlament. Pitt war anderer Meinung, und daher war es für ihn eine Frage des Prinzips, daß er zurücktrat. Zu dieser Zeit wollte das niemand glauben: Fox ging davon aus, daß es irgendeine Art Betrügerei gegeben haben mußte. Nach siebzehn Jahren ununterbrochenen und ungestörten Herrschens hätte sich niemand träumen lassen, daß Pitt einfach so abtreten würde.

Es gab natürlich mehrere Faktoren, die zu Pitts Rücktritt beitrugen. Er war erschöpft nach monatelanger fortwährender Anspannung;

tatsächlich hatte er im Oktober 1800 einen kleineren Nervenzusammenbruch erlitten. Er war krank, von der Gicht verkrüppelt, demoralisiert durch den mangelnden Fortschritt im Krieg. Er war der internen Kämpfe in seinem Kabinett überdrüssig und war es müde, immer wieder Georg III. über die militärischen Rückschläge beschwichtigen zu müssen. Und schließlich war er entsetzt über die Weigerung des Königs, im Zuge der Union mit Irland die katholische Emanzipation zuzulassen. All dies spielte eine Rolle. Aber den Ausschlag gab der Verlust der Unterstützung durch Georg III. Als der König hörte, daß Pitt definitiv plane, eine Gesetzgebung zugunsten der Katholiken einzuführen, tat er bei einem überfüllten Nachmittagsempfang öffentlich seine Opposition kund. Er näherte sich Henry Dundas, dem Kriegsminister, und sagte mit erhobener Stimme: »Was ist die Frage, die Sie alle mir aufdrängen wollen? ... Ich werde Ihnen sagen, daß ich jeden Mann als meinen persönlichen Feind betrachten werde, der mir diesen Antrag unterbreiten wird«, und fügte hinzu, »ich hoffe, alle meine Freunde werden mich nicht verlassen.«[31] Das war genau dieselbe Sprache, waren genau dieselben Worte, die der König schon siebzehn Jahre zuvor gebraucht hatte, als er Charles Fox des Amtes enthob. Pitt war an die Macht gekommen dank der Mitteilung des Königs an die Lords, daß »wer immer für [Fox'] Indiengesetz stimme, nicht nur nicht als sein Freund, sondern bald als sein Feind angesehen werden würde«.[32] Als Pitt von der Attacke des Königs auf Dundas hörte, wußte er, daß er am Ende war, und ohne darauf zu warten, entlassen zu werden, wie Fox es getan hatte, trat er zurück.

Kapitel 21

Frieden

1801–1802

Die Herzogin von Devonshire war in der letzten Woche
sehr indisponiert, aber ihre Freunde versöhnte sie gestern
durch ihr Wiedererscheinen in der Öffentlichkeit.
An diesem Abend wohnte Ihre Gnaden einer
musikalischen Soiree in King's Head unter ihrer
Schirmherrschaft bei, zugunsten von Mademoiselle
Morelle, einer gefeierten Harfenistin. Die Gesellschaft
bestand aus mehr als 300 vornehmen Persönlichkeiten.
Sie ist eine bezaubernde Künstlerin und eine reizvolle
Gestalt. Eine Bühne war für sie am oberen Ende
des sehr stattlichen Raums errichtet.
Sie trat auf mit einem militärischen, langsamen Satz,
Rondo, Sonata, mit Cramers Grand March,
gefolgt von Mazzinghis Lieblingssonate in G und
verschiedenen Arien, auf ausdrücklichen Wunsch
der Herzogin. Der Abend war ein glänzender Erfolg,
und ihm folgte ein Ball, der bis in die frühen
Morgenstunden andauerte.

LONDON CHRONICLE, 5.–7. OKTOBER 1802

Der Prinz von Wales schritt schon im Hof auf und ab, als Georgianas Kutsche am Devonshire House eintraf. Sie hatte einige Tage auf Reisen verbracht und hatte die Neuigkeit von Pitts Rücktritt noch nicht gehört. Der Prinz erzählte »mir, als er die Treppen heraufkam«, schrieb sie, »daß Mr. Pitt und Dundas, mein Bruder und Lord Camden und all die Grenvilles gegangen waren. Als er mich verließ, bestätigten Lord

Morpeth und Lord Carlisle die Nachricht.«[1] Die Besucher ließen sie erschöpft, aber auch aufgeregt zurück.

Pitt war außen vor, aber er hatte seine Kollegen bedrängt, sich zur Verfügung des neuen Premierministers Henry Addington, des ehemaligen Sprechers des Unterhauses, zu halten. Das halbe Kabinett, George eingeschlossen, hatte diese Bitte ignoriert, aber die anderen blieben auf ihren Plätzen – unter ihnen, »es tut mir leid, es sagen zu müssen«, schrieb Georgiana, der Herzog von Portland. Die Menschen konnten die Wahl Addingtons kaum glauben. Er war ein ruhiger, respektabler Niemand, als Sprecher perfekt, aber unglaubwürdig als Premierminister. Georgiana hatte ihn einige Male ihn Bognor Regis getroffen: »Ich mag ihn und Mrs. Addington sehr. Er ist einfach und gutmütig, und interessant ist ihre Zuneigung zu den Kindern und wie wenig die beiden gewöhnt sind, in der ›Welt‹ zu leben.«[2] Sein Vater war einer der Leibärzte des Königs, und in der raffinierten Welt aristokratischer Politik konnte sich niemand den Sohn eines Doktors als ersten Minister des Königs vorstellen. Fast schien es anstößig.

Am ersten Tag nach ihrer Rückkehr nach London begann Georgiana, ein politisches Tagebuch zu führen. Neue Nachrichten trafen stündlich ein. Sie empfing vertrauliche Mitteilungen von allen Seiten. Entweder durch Freundschaft, Familie oder gegenseitiges Interesse war sie mit den Führern der Hauptgruppierungen verbunden. Lord Morpeth informierte sie über den Zirkel der Freunde Pitts, George über die Ex-Mitglieder des Kabinetts, Fox und Grey über die Whigs, und der Prinz von Wales über seine eigenen Pläne. Während der ersten Tage nach Pitts Rücktritt hörte sie zu, theoretisierte und bot auch hin und wieder einen Rat an. Es war ihrer Meinung nach zu früh, »irgendeine klare Einsicht in öffentliche Angelegenheiten« zu haben. »Ich denke, diese neuen Männer werden nie Erfolg haben, und es ist eine Schande, daß Pitt sie gedrängt hat, zu bleiben.«[3] Welche Hoffnung konnte es für Addingtons Regierung geben, fragte sie sich, »mit all den Talenten der Opposition auf einer Seite gegen sie und den Talenten dieser Administration bestenfalls neutral«?[4]

Ihre erste Sorge war, daß die Opposition ihrer angeschlagenen Reputation nicht noch weiter schaden sollte, indem sie überstürzt handelte. Konsultationen mit Grey und den anderen beruhigten sie ein wenig, und sie hielt fest: »Ich hoffe, sie werden sich ruhig verhalten, und ich hoffe, sie ergreifen keine gewalttätigen Maßnahmen.« Ihre zweite Sorge galt der Reputation ihres Bruders, aber seine folgenden Aktionen machten seine beiden Schwestern außerordentlich stolz. »Er krönt eine brillante Amtszeit mit einem höchst ehrenhaften Rückzug«, war Georgianas Beurteilung seines prompten Rücktritts.

Jedermann wartete auf Pitts nächsten Zug, als der König am 21. Februar einen Rückfall seiner alten Krankheit erlitt. Dr. Willis wurde wieder nach Windsor gerufen, und wieder stand der Prinz vor einer möglichen Regentschaft. Den Whigs blieb allerdings eine Wiederholung der Regentschaftskrise von 1789 erspart. Nach nur drei Wochen erholte sich der König wieder, zu bald, als daß die Whigs sich in Führungskämpfen hätten aufreiben können. Während er erwog, wen er im Falle seiner Regentschaft als Premierminister erwählen würde, vermied der Prinz den Kontakt zu den meisten seiner Freunde und Bekannten, Georgiana eingeschlossen. Gegen alle Bewerber hatte er Vorbehalte und war daher vielleicht sogar erleichtert, als der König seine Gesundheit wiedererlangte und die Angelegenheit damit beendet war. Pitt reichte am 14. März seine Amtsinsignien ein, und Addington wurde offiziell Premierminister.

Die Wiedergenesung Georgs III. leitete im Parlament eine Art Rückkehr zur Normalität ein. Fox nahm seinen Platz im Unterhaus wieder ein, aber es war nicht seine Rückkehr, die die meiste Aufmerksamkeit auf sich zog. Seinen Atem hielt das Haus an, als Pitt zum ersten Mal seinen Sitz auf einer der hinteren Bänke einnahm. Er zeigte keinerlei Gefühle und ließ nichts von sich hören außer einem »hört, hört« zu Addington, so daß die Mitglieder des Parlaments es überdrüssig wurden, ihn zu beobachten. Eine vertraute Routine kehrte ins Devonshire House zurück, als immer mehr Whigs Fox' Beispiel folgten und begannen, den dortigen Debatten beizuwohnen. Lady Holland wollte immer noch das Holland House als Mittelpunkt des Whig'schen Universums haben, aber obwohl sie Fox' Neffen geheiratet hatte, erreichte sie weder Georgianas Popularität noch deren Erfahrung. Wieder einmal gab Georgiana als Gastgeberin politische Dinner für die Partei, und der Prinz nahm seine Gewohnheit auf, sie in jeder Angelegenheit zu befragen, sehr zum Verdruß von Mrs. Fitzherbert.[5]

Es gibt Indizien, daß Georgiana und Grey, wenn nicht gerade wieder Liebhaber, so doch mehr als gewöhnliche Freunde waren. Ihre Briefe sind nicht erhalten, aber er kam fast jeden Tag ins Devonshire House, während Mary Grey auf dem Land mit den Kindern zurückblieb. Er

schenkte ihr ein Medaillon mit der Inschrift IL M'EST FIDEL, Er ist mir
treu, das Haarlocken von ihnen beiden und eine Locke von Eliza enthielt. Einige Leute bemerkten wortloses gegenseitiges Verständnis zwischen ihnen.[6] Georgiana war dankbar, daß sie Greys Zuneigung wieder-
gewonnen hatte, ihr Verhältnis war aber weit entfernt von der leidenschaftlichen, verwegenen Affäre, die es einmal gewesen war. Er konnte
sich nicht ganz von Georgiana losreißen, war aber auch nicht mehr wirklich in sie verliebt. »Black [Grey] ist jetzt sehr gutmütig zu mir«, berichtete Georgiana Lady Melbourne, der gegenüber sie die Affäre ohnehin
immer heruntergespielt hatte.[7] »Aber ich treffe ihn nicht oft [allein], und
ich glaube nicht, daß irgend jemand weiß, daß ich ihn überhaupt treffe.«[8]
Ein Grund, daß sie ihn seltener traf, war, daß er sich auch mit Hecca,
Sheridans unbeliebter zweiter Ehefrau, eingelassen hatte. Er spielte sie
beide gegeneinander aus – sehr zum Mißfallen beider Frauen. »Sein Verhalten gegenüber der Herzogin in den letzten fünf Jahren [ihres Lebens]
war sehr verändert«, behauptete Hecca zur Selbstrechtfertigung, nachdem ihre Affäre mit Grey bekannt geworden war.[9] Aber Harriet, die alles
bezeugen konnte, wußte, daß Hecca log, obwohl die Wahrheit ihr auch
nicht zum Trost diente. Mary Grey hatte ebenfalls von Greys Beziehung
zu Mrs. Sheridan erfahren: Ganz im Stil von Lady Jersey hatte Hecca
dafür gesorgt.[10]
Trotz allem war die Ähnlichkeit zwischen der gegenwärtigen Situation
und der politischen Lage zwanzig Jahre zuvor nur oberflächlich. Es gab
inzwischen eine neue Generation kluger Frauen und ehrgeiziger junger
Männer, und obwohl die alte Garde noch das Sagen hatte, würde es nicht
lange dauern, bevor die Jugend Alter und Gebrechlichkeit beiseiteschie-
ben würde. Einige der jüngeren Fox-Anhänger, wie zum Beispiel George
Tierney, beklagten sich, teilweise mit Recht, daß Fox den Anschluß an
die politische Realität verloren habe. Sie wurden durch Sheridan ermutigt, der aus Addingtons Haltung für einen Frieden Kapital schlagen
wollte, um einen Pakt im Austausch für Kabinettssitze vorzuschlagen.
Fox hingegen verhielt sich gegenüber Addington – oder dem »Doktor«,
wie er zum Spott genannt wurde – bestenfalls neutral. Es gab endlose
Diskussionen in Devonshire House, welche Strategie die Whigs ergreifen sollten. Jeder Monat, den der Doktor im Amt blieb, festigte seine Position. Georgianas eigene Ansichten in der Angelegenheit waren entschieden: Die Erwähnung einer Generalkoalition im vergangenen Früh-

jahr hatte eine Idee in ihr erweckt, die ihr zur Überzeugung geworden war – daß alte Parteirivalitäten jetzt irrelevant seien. Sie war willens, achtzehn Jahre der Feindschaft zu Pitt auszulöschen, um ein Ideal zu erreichen: eine Koalitionsregierung, die die besten Kräfte aller Seiten zusammenführte. Sie vertraute dies Little G. an:

> Daß ich hier bin, fügt sich glücklich, denn ich halte den Prinzen ein wenig von Sheridans Einfluß entfernt. Da mein Bruder für einige Tage kommen wird, hätte ich vielleicht veranlassen sollen, daß er und Fox sich treffen. Aber es ist nicht zu ändern, und es gibt solche großen Schwierigkeiten bei der einzigen Sache, die Gutes bewirken würde, nämlich die Verbindung der alten und der neuen Opposition (obwohl ich glaube, daß weder Fox noch Pitt dem widersprechen würden), daß ich mir vielleicht, wenn ich weg bin, nur Verlegenheit erspare. Außerdem hat eine Frau in diesen Angelegenheiten nichts zu melden, außer sie ist sehr überzeugt, La Patrie [dem Vaterland] zu dienen ...[11]

Dieser kurze Abschnitt demonstriert die Entwicklung von Georgianas politischen Grundsätzen. Sie hatte Fox' Ideologie vom »Einfluß der Krone« als für die gegenwärtige Politik irrelevant hinter sich gelassen. Sie bezweifelte Addingtons politische Fähigkeiten und betrachtete es als die Pflicht der Whigs, den Krieg zu beenden; dies, so glaubte sie, könne nur in einer Koalition mit Pitt geschehen. Was ihren eigenen Platz in der Politik anging, so wiederholte sie, daß ihr Patriotismus ihr das Recht gebe, sich einzumischen.

Im Oktober 1801 hatte Addington einen Friedensentwurf für die Franzosen ausgearbeitet. Obwohl die Whigs über seine Unfähigkeit lachten, auch nur einen einzigen logischen Satz zu bilden (»zu zweifeln bedeutet zu entscheiden« war eine seiner verwirrenderen Verlautbarungen), blieb seine Regierung auf Kurs. Vielleicht war genau seine Dummheit der Grund für seinen Erfolg. Hare berichtete Harriet, daß »er nur einen Satz aus Mr. Addingtons Rede gestern abend gehört« habe. »Er wachte aus seinem Schlaf auf und hörte ›Denn weil das so ist, wie es gesagt wird, daß es ist‹! Er war ganz zufrieden und schlief weiter durch den Rest der Rede ...«[12] Dennoch erreichte Addington in weniger als einem Jahr, was Pitt fast zehn Jahre nicht geschafft hatte: den Frieden. Am 25. März 1802 einigten sich Frankreich und England auf den Frieden von Amiens. Der Krieg war offiziell vorüber.

Kapitel 22

Machtkämpfe

1802–1803

*Eine vernünftige Würdigung der weiblichen Bekleidung
scheint, so glauben wir, wiedererweckt zu werden.
Als Folge einer Bemerkung auf der Einladungskarte
bestand die Gesellschaft der Marquise von Townshend
aus Personen in kompletter Robe. Die Herzogin von
Devonshire hat denselben vorbeugenden Hinweis
gegeben, und dieses schickliche Beispiel wird hoffentlich
die gesamte weibliche Mode beeinflussen.*

MORNING HERALD, 4. APRIL 1803

Nicht jedermann teilte Georgianas enthusiastische Befürwortung des Friedensabkommens (»Frieden! Frieden!« schrieb sie an ihre Mutter). Die Partei von Lord Grenville schmollte, weil ihr die Bedingungen nicht paßten, und die Whigs waren verstimmt, weil der Pakt Addingtons Position zu festigen schien. Auch Bess hatte wenig Anlaß zu feiern. Vor fünf Monaten, also im Oktober 1801, hatte der Herzog von Richmond endlich zugegeben, daß er nicht die Absicht habe, sie zu heiraten. Nach dem anfänglichen Schock verspürte Bess nur noch Wut und Enttäuschung. Er hatte »mich großem Tadel ausgesetzt, ohne mir tatsächlich mehr Trost zu geben«, schrieb sie bitter an Lady Melbourne.[1] Sie wußte, daß seine Entscheidung zum Teil durch die Einwände seiner Familie beeinflußt worden war, besonders seiner Nichte, Lady Charlotte Lennox. »Er muß sich dessen klar sein, wie falsch sein Verhalten mir gegenüber gewesen ist«, führte Bess das Thema in einem anderen Brief fort. »Hätte er nicht zum Glück für mich meine Liebesträume durchstoßen, indem er mir zeigte, daß er in einem gewissen Maße nicht nur seiner Zuneigung zu mir widerstand, sondern sie sogar unterdrückte, hätte ich noch lange so weitergemacht, wie ich in diesen vier Jahren gelebt habe.«[2] Als das Friedensabkommen bekannt wurde, litt Bess immer noch unter ihrer Enttäuschung: »Was den Herzog von R. angeht«, schrieb sie, »bin ich sehr sicher, daß er jetzt seine Haltung erkennt und bedauert. Ich habe einige seiner Fragen ehrlich beantwortet und ihm gesagt, wo er mich meiner Meinung nach schlecht behandelt hat und was mein Verhalten ihm gegenüber geändert hat. Er sagte, er würde mir antworten (was er nie getan hat), und daß er ein hilfloser, verzweifelter Mann sei. Lady C[harlotte] L[ennox] ist ein widerliches Wesen, und es wäre mir lieb, wenn ich wüßte, daß ich sie nie wiedersehen muß.«[3]

Georgiana kannte ihre Freundin gut genug, um zu wissen, wie sehr ihr Stolz litt, und sie versuchte, Bess in möglichst viele ihrer Aktivitäten einzubeziehen. Als Lord Carlisle die Devonshires einlud, Little G. und Morpeth auf Schloß Howard zu besuchen, sorgte Georgiana dafür, daß Bess mitreiste. Es war nicht Georgianas Fehler, daß sie mit ihrem Leben zufrieden war, nicht zuletzt in ihrem glücklichen Verhältnis zu Little G. und Morpeth. »Sie scheinen es allem anderen vorzuziehen, zu mir zu kommen«, berichtete sie stolz ihrer Mutter. Sie bezog auch eine beträchtliche Befriedigung aus ihrem Schreiben. Im April 1802 berichtete der *Morning Herald*, daß Georgiana an einer Oper arbeite, die, so wurde optimistisch vorausgesagt, »im Lauf der nächsten Saison im Theater von Covent Garden aufgeführt werden wird«.[4] Dies war jedoch etwas, was Georgiana nie machen würde. Es gab durchaus aristokratische Frauen, die ihre Stücke aufführen ließen: Lady Craven zum Beispiel war seit den achtziger Jahren eine ernsthafte Theaterautorin. Aber Georgiana vermied inzwischen alles, was ihre Kinder in Verlegenheit bringen könnte. Sie besprach mit ihrer Mutter die Möglichkeit, anonym ein religiöses Drama und eine Kindergeschichte, die sie geschrieben hatte, zu veröffentlichen: »Mr. Fox und andere haben mich ermutigt, sie herauszugeben, ohne meinen Namen oder nur unter einem anderen Namen, und mich auf Johnson zu verlassen.«[5] Der fragliche Drucker, Joseph Johnson, akzeptierte, was Georgiana ihm als Arbeit »ihrer Freundin« übergab, und ermutigte sie, noch mehr zu schicken, so daß er alles in einem einzigen Band veröffentlichen könne, aber Georgiana änderte ihre Meinung.[6]

Sie vermißte die Gesellschaft von Little G., als das Paar London verließ, um mit den Carlisles zu leben bis Morpeths Vater starb, so wie der Brauch es verlangte. Jedoch trat ein anderes junges Mädchen als Trost in ihr Leben – die Enkelin von Little Po, Corisande de Grammont. Ihre Mutter litt an Tuberkulose, und der Herzog von Grammont war erleichtert, als Georgiana anbot, sich um Corise zu kümmern, die sie sowohl im Aussehen als auch im Gehabe sehr an ihre verstorbene Freundin erinnerte: »Ich bin sicher, Sie werden Corise sehr mögen, und erlauben mir, sie mitzubringen«, schrieb sie an Lady Spencer. »Ich kann gar nicht erwarten, daß sie Sie besucht und daß Sie sie kennenlernen. Ich bin sicher, Sie werden von ihr entzückt sein, und sie ist bereit, Sie zu verehren und zu bewundern.«[7] Lady Melbourne gegenüber drückte sie sich noch enthusiastischer aus: »Corisande wird mich sehr fröhlich machen. Sie ist ein heiteres Mädchen, und der Herzog von D. ist so gutmütig, er denkt, ich kann wegen ihr nicht fröhlich genug sein.«[8]

Georgiana lud jetzt regelmäßig ein, und ihre Partys wurden in der Presse immer wohlwollend erwähnt. Nach einer Abendgesellschaft gratulierte ihr der *Morning Herald* dazu, wie viele englische und französische königliche Herzöge sie unter einem Dach zusammengebracht hatte.[9] Sie hatte auch weiter ein gutes Verhältnis zum Herzog, obwohl ihrer beider Leiden sie oft mürrisch erscheinen ließen. Lady Spencer war der Meinung, daß die Neigung des Herzogs zu krankhafter Hypochondrie für Georgiana eine zusätzliche Belastung sei, und stimmte mit Hare darin überein, daß »man aufgrund seiner Gespräche glauben sollte, daß Gesundheit das wichtigste Thema seines Lebens sei – aber aufgrund seines Verhaltens muß man den Eindruck bekommen, er hätte sich entschlossen, sie zu zerstören.«[10]

Es war unvermeidbar, daß Georgianas Glückszustand gestört werden würde. Am Ende des Jahres 1801 war das Geld des Herzogs von Bedford verbraucht, und sie hatte keine Mittel, ihm die Darlehenszinsen zu zahlen. Als sie ihm zum ersten Mal andeutete, daß sie ihren Verpflichtungen nicht würde nachkommen können, war er schockiert. Georgiana hatte ihm versichert, daß die 6.000 Pfund all ihre Schulden decken würden. »Ich bedauere wirklich all Ihre Heimsuchungen seit und bevor Sie London verließen, aber es ist eine Quelle der Sorge und Beunruhigung, und der Grund dafür scheint unerschöpflich«, erwiderte er, damit nicht übertreibend.[11] Als ihm klar wurde, daß keine Zahlungen zu erwarten waren, kehrte sich seine Sympathie in Ärger. Er war wütend und nahm an, sie hätte ihn mißbraucht. Anders als viele Freunde von Georgiana, die einfach mit den Schultern zuckten und es das nächste Mal besser wußten, wenn sie um Geld bat, beschloß er, nie wieder mit ihr zu sprechen. »Ach, wenn er mich nur von Zeit zu Zeit sieht«, klagte Georgiana, »kann er keine Nachsicht üben, weil meine Fehler deutlich hervortreten und ich keine Kraft habe, sie zu überwinden.«[12] Bedfords Absage an ihre Freundschaft, nach seiner unerschütterlichen Loyalität während ihrer Exiljahre, war überhaupt das erste Mal, daß Georgiana eine direkte Zurückweisung aufgrund ihrer Hinterlist erfuhr. Diese Erfahrung ließ sie endlich erkennen, daß sie mit Lügen und Ausflüchten nicht mehr leben konnte.

Trost suchend, wandte sich Georgiana der Religion zu. Sie hatte ihren Glauben an Gott immer bewahrt, obwohl für sie Religion den größten Teil ihres Lebens eher eine Quelle für Schuldgefühle gewesen war. Sie suchte daher ihren Freund Dr. Randolph, den Kaplan des Herzogs von York und Prediger in Bath, auf und fühlte sich durch seine Predigten inspiriert. Am Weihnachtstag 1801 schrieb sie ihm über ihre guten Vorsätze. Sie war gerade aus der Kirche gekommen, wo sie um Mut gebetet hatte.

> Ich bin entschlossen, alles eitle Hoffen aufzugeben, mich meiner Situation zu stellen und mit Hilfe meiner Verwandten einen Plan zu fassen und ihr Vertrauen zu gewinnen, durch Einschnitte bei Ausgaben etc., und dann allen zu schreiben, mit denen ich Verpflichtungen eingegangen bin, ihnen meinen Fall zu erklären und zu sehen, ob sie mit einer schrittweisen Bezahlung zufrieden sind. Wenn nicht, denn im Moment kann ich mit dem Herzog (dem es nicht gut geht) nicht sprechen, muß ich sie dazu bringen, mir noch ein paar Monate Aufschub zu geben, bevor ich mit ihm sprechen kann. Und in dieser Zeit werde ich mich bemühen, einen Plan zu fassen, der den Herzog befriedigt und ihn dazu bringt, mir durch Einsparungen zu helfen, die ich irgendwo finden werde – all dies sieht meine zuversichtliche Seele, wenn die Hoffnung zurückkehrt. Aber auf der anderen Seite schaudert es mich vor der Aufgabe, die vor mir steht – die Aufgabe, mich mit den Augen unbarmherziger Wahrheit zu sehen – die Ungnade und Schande zu erkennen, daß ich mit geringen Hoffnungen Verpflichtungen eingegangen bin, aus der Furcht, andere zu verletzen – Die Erkenntnis, welchen Schaden ich mir selbst und all denen, die zu mir gehören, angetan habe – die Gewißheit, daß meine Freunde meine Zuverlässigkeit anzweifeln werden etc. sind die Themen, mit denen ich mich befassen muß. Ich habe aus tiefstem Herzen darum gebetet, richtig ge-

leitet zu werden. ... Mir ist so, als könnte ich eine ganz andere Person
sein, und dem Glück vieler dienen, wäre ich je gelöst von diesen [Ket-
ten] aus Qualen. Aber ich fürchte, dies ist unmöglich. Ich habe Angst,
wieder vor dem Schmerz zu flüchten, indem ich die Ermittlungen ver-
nachlässige – kurzum, es war die Absicht, mich in jeder Hinsicht zu
stärken und mich dem Schlimmsten zu stellen, die ich zum Gegenstand meiner heutigen Meditation gemacht habe.[13]

Sie hatte schon begonnen, zusammen mit Coutts ihre Schulden zu sichten. Es war eine traurige Aufgabe; mit jeder der Schulden verband sich
eine kleine Geschichte oder eine Entschuldigung. Georgiana vertraute
Coutts einen Brief an, den er im Fall ihres Todes dem Herzog vorlegen
sollte, in dem sie den Bankier von jeder Schuld freisprach, und ihren
Ehemann drängte, »meinen Charakter und das Wohlergehen meiner
Kinder in Betracht zu ziehen«.

Georgiana wollte dem Herzog von Bedford von ihrer Reue erzählen
und ihm die Schritte darstellen, die sie in der Folge zu unternehmen bereit war, aber er wollte sie nicht einmal sehen. Kurz nachdem sie Dr.
Randolph geschrieben hatte, erfuhr sie Neuigkeiten, die nicht unwill-
kommener hätten sein können – Bedford machte der jüngsten Tochter
der Herzogin von Gordon, Lady Georgiana, den Hof. Der Gedanke,
daß ihre niederträchtige Rivalin den größten Preis auf dem Hochzeits-
markt der Whigs einheimsen sollte, brachte Georgiana vor Wut zum
Weinen. Außerdem mochte sie gar nicht an den Schlag denken, den dies
Little G. versetzen würde, obwohl ihre Tochter mit Morpeth eigentlich
glücklich war. Bedfords Sünde wurde dadurch verschlimmert, daß er es
unterließ, Lady Melbourne von seinen Absichten zu informieren. »In
der Tat sind wir alle ruiniert«, zeigte Georgiana ihr Mitgefühl. »Kein
denkbares Ereignis könnte die Gepflogenheiten unserer Gesellschaft so
auf den Kopf stellen wie dieses.«[14] Sie fürchtete, die Herzogin von Gordon würde ihn gegen die Partei einnehmen. Und eine Versöhnung zwischen Bedford und ihr hielt sie nun für aussichtslos. Drei Wochen später
war der Herzog von Bedford tot, nachdem er beim Tennisspiel zusammengebrochen war.

Georgiana war bestürzt. »Die Familie trauert, und der Herzog von D.
erlaubt mir, so tief zu trauern, wie ich möchte«, schrieb sie ihrer Mutter
am 8. März. »Ich gehe in ein paar Tagen mit den Morpeths nach Chiswick, denn ich kann den Anblick und das Mitgefühl von Leuten nicht er-

tragen, die denken, sie hätten das Recht, mich aufzusuchen.«[15] Aus Angst, ihre Gefühle zu verraten, nahm sie an dem Begräbnis nicht teil. Ihre Abwesenheit wurde allerdings bemerkt: Der *London Chronicle* berichtete am 16. März: »Die Herzogin von Devonshire war so betroffen von der Nachricht des Todes von Bedford, daß Ihre Gnaden seitdem indisponiert ist.«[16] Aber ihr Geheimnis war sicher. Bedford hatte die Zerstörung all seiner Papiere veranlaßt, und niemand erfuhr von dem Darlehen. Georgiana beobachtete zudem mit Befriedigung, wie die Herzogin von Gordon sich lächerlich machte, weil sie insistierte, daß ihre Tochter und der Herzog offiziell verlobt gewesen seien. Das stand im vollkommenen Gegensatz zu den Äußerungen von Bedfords Bruder, dem nunmehrigen sechsten Herzog, der behauptete, daß sein Bruder nie die geringste Absicht geäußert habe, Lady Georgiana zu heiraten.

Auf Lady Melbournes besorgte Fragen nach Georgiana, antwortete Bess: »Die Herzogin hustet fast gar nicht, sie ißt (in der Regel) gut und ist guter Dinge, allerdings manchmal nervös, jedoch im Ganzen fühlt sie sich wohl ... Die Erkältung war nicht so schlimm, und ihr Geschirr kam in der Regel gut gefüllt, denn Sie wissen ja, wenn sie sich wohl fühlt, ist sie in der Lage, alle Vorsicht zu vergessen und eine Menge zu essen und zu trinken, und sich trotzdem nicht genug Bewegung zu verschaffen, aber ich glaube wirklich, es geht ihr gut oder fast gut.«[17] Georgiana war entschlossen, ihren Vorsatz, sich zu ändern, nicht aufzugeben. Sie drosselte ihre persönlichen Ausgaben und widmete sich der Veranstaltung von Wohltätigkeitsgalas und Sammlungen. Unter den Künstlern, die Grund hatten, ihr dankbar zu sein, war Mrs. Jordan. »War dies nicht sehr nett?« fragte sie den Herzog von Clarence, nachdem Georgiana angeboten hatte, ihrer Benefizveranstaltung als Patronin vorzustehen.[18] Im Juni druckte der *London Chronicle* eine der typischen Berichterstattungen: »Am Samstagabend gab die Herzogin von Devonshire eine prächtige Unterhaltung für ungefähr zweihundert erlesene Gäste ... Vor dem Souper gab es Musik. Der Prinz von Wales war mit von der Partie, und die Gesellschaft trennte sich erst gegen vier Uhr morgens.«[19] Ein Hauch von Georgianas früherer Berühmtheit war zurückgekehrt, und sie wurde belagert, wann immer sie in der Öffentlichkeit erschien. Lady Spencer hatte nicht viel Mitleid: »Die Mengen, die Dir folgen«, schrieb sie, »sind eine winzige Beeinträchtigung für jemandem, der die Massen so gewöhnt ist, wie Du es warst.«[20]

Georgiana wurde aber von mehr als nur von den Massen heimgesucht. Jeder einzelne in der Familie erhielt plötzlich gehässige anonyme Briefe, sogar ihre Töchter. Harriet schrieb: »Ich fand meine Schwester in großer Auflösung angesichts eines Briefs, den sie auch bekommen hatte, sehr gemein, zu uns allen – Bess, K. [der Herzog von Devonshire], unsere ganze Gesellschaft, nicht einmal die Frau Deines Bruders wurde ausgelassen, auch nicht Lord Carlisle, aber die Attacke ging hauptsächlich gegen mich und behauptete, daß meine Schwester Einsicht genug habe, die Gefahr zu verringern und nur von ihren Liebhabern Geld zu nehmen, aber daß ich ...«[21] Harriet vermutete, daß der Urheber dieselbe Person war, die hinter den scheußlichen Artikeln stand, die über sie in der *Morning Post* erschienen waren: Sheridan. Er hatte sich seit seiner Heirat mit Hecca sehr geändert. Er war jetzt kein Genußtrinker mehr, sondern ein Trinker, seine Liebe für das Melodram hatte sich zur Neigung zu Hysterie gewandelt, und sein Humor war in Sarkasmus und Zynismus abgeglitten. Harriet betrachtete Sheridan inzwischen mit Abscheu, aber für ihn war sie eine Obsession geworden. Er verfolgte jede ihrer Bewegungen und terrorisierte sie mit seinen ungestümen Monologen. Im August 1802 war sie allein zu Hause und schrieb gerade Leveson Gower, der verreist war (»Oh weh! Keine Chance, Deinen Tritt auf der Treppe zu hören«), als Sheridan in die Eingangshalle hereinplatzte. »Ich weiß nicht, warum«, vertraute sie Grenville an, »aber mich erfaßte ein Horror davor, ihn zu empfangen, und ich schickte Sally schnell hinunter, ihm zu sagen, daß ich ausgegangen sei. Ich hörte, wie er antwortete: ›Sag’ ihr, ich bin heute morgen zweimal gekommen, und ich will sie unbedingt sehen, denn ich weiß, daß sie zu Hause ist.‹ Sally protestierte, daß ich ausgegangen sei, und S. antwortete: ›Dann werde ich vor der Tür auf und ab gehen, bis sie nach Hause kommt‹, und jetzt läuft er ganz sicher dort herum.«[22]

Es war kein Wunder, daß Georgiana und der Herzog ihn kaum ermutigten, Devonshire House zu besuchen. Er war allerdings nicht ihre einzige Sorge. Im Frühjahr 1803 verursachte ein satirischer Roman über die aristokratische Gesellschaft, *A Winter in London* einen Skandal. Ein mittelmäßiger Schriftsteller namens T. S. Surr karikierte Georgiana grausam in der Figur der Herzogin von Belgrave, einer wohlwollenden, aber hoffnungslos verwirrten Frau, die ständig Probleme mit Schwindlern hat. In einer Szene wird sie dazu gebracht, ein Bestechungsgeld zu zahlen, um die Publikation einer verleumderischen Biographie zu verhindern. In einer anderen versucht sie, geborgte Juwelen zu versetzen, wird aber von der Magd, die sie zum Juwelier geschickt hatte, beraubt. »Der Roman hat die Herzogin tief getroffen«, erinnerte sich Samuel Rogers, ein Bekannter aus dem Devonshire House. »Er enthielt verschiedene Anekdoten über sie, die von Personen ihrer vertrauten Umgebung stammten, und sie wußte natürlich, daß die kleine große Welt, in der sie lebte, intim mit allen Vorgängen bei ihr bekannt war.«[23] Das Porträt war eine abscheuliche Verzerrung, aber doch in mancher Hinsicht auch sehr genau. Die Herzogin von Belgrave verleiht Geld, das sie nicht hat, an Leute, denen sie dazu verholfen hat, in Schulden zu geraten, und verschlimmert dadurch das Übel für sich selbst und andere. »Ich gestehe, daß ich tief verletzt bin«, schrieb Georgiana an Coutts. Es war ein schwacher Trost, daß auch die Herzogin von Gordon karikiert wurde: Tatsächlich wurde sie sogar schlimmer behandelt, als ränkeschmiedende Herzogin von Drinkwater, die häßlich ist, launisch, und sich nur dafür interessiert, ihren Töchtern reiche Herzöge zu sichern.

Es traf Georgiana besonders, gerade dann an ihre Vergangenheit erinnert zu werden, als sie sich nach einem Neubeginn sehnte. »Mein zukünftiges Leben«, schrieb sie an Coutts »muß (wenn ich es der Schande entreißen kann) ein außergewöhnliches Beispiel des Guten werden. Und wie soll ich dies tun?« Niemand schien bereit zu vergessen. Noch vor wenigen Monaten war sie gedemütigt worden, als der *Morning Herald* während der allgemeinen Wahlen im Juli 1802 schadenfroh behauptet hatte: »Die Herzogin von Devonshire, so heißt es, hat aktiv Wahlkampf zugunsten von Sir Frances Burdett begonnen.«[24] Hastig leugnete Georgiana den Bericht:

Liebe, liebste Mutter, erinnern Sie sich bitte, daß ich, obwohl Sir Frances ein Derbyshire-Mann ist und vom Herzog und den Cavendishes unterstützt wird, niemals Wahlkampf betreibe, und es seit der großen Wahl [von 1784] nie getan habe. Es war unser dummer Anwalt, der den Trinkspruch ausbrachte, um auf frühere Zeiten anzuspielen. Der Herzog sagt, daß ich dem Artikel nicht widersprechen darf, da er Sir Francis unterstützt, denn wenn ich je Wahlkampf betreiben würde, müßte ich natürlich die Person unterstützen, die er unterstützt. Aber ich wünschte, Sie könnten dies meinem Bruder und Lavinia mitteilen, daß ich seit dem Jahr 84 nie um eine Stimme für Westminster oder Middlesex geworben habe, und der Trinkspruch nur dem Eifer unseres Anwalts, Mr. Lowton, zu verdanken ist, der, so nehme ich an, den Auftrag des Herzogs für Byng und Burdett hat und deshalb dachte, es wäre richtig, ein Lob auf meinen früheren Patriotismus auszusprechen.[25]

Sie war erleichtert, als der Prinz die Geschichte persönlich der Königin gegenüber bestritt, die natürlich bereit gewesen war, das Schlimmste anzunehmen.

Bess war Georgiana keine große Hilfe. Alles, woran sie denken konnte, war ihre Demütigung durch den Herzog von Richmond. Sie konnte es nicht ertragen, wieder von Georgiana abhängig zu sein, also entschloß sie sich, statt dessen nach Frankreich zu gehen. Nach dem Frieden strömten Tausende von britischen Touristen nach Paris. Bess fuhr im Oktober 1802 mit Caroline St. Jules und Frederick Foster und vielen anderen Reisenden ab. Sie hatte eine Entschuldigung für die Reise und für ihre Erbärmlichkeit, denn sie reisten mit ihrer Nichte Eliza Ellice, die tödlich an Tuberkulose erkrankt war. Georgiana wollte eigentlich, daß die ganze Familie sie begleitete, aber der Herzog wollte wegen seiner Gicht keine Reise auf sich nehmen. Ihre Verzweiflung, von der Freundin getrennt zu sein, mag Bess sogar ein wenig aufgeheitert haben. Georgiana schrieb ihr fast unmittelbar nach ihrer Abreise:

> Aber ich darf mir nicht erlauben, Dir zu sagen, was ich gefühlt habe und immer noch fühle. Ich kämpfe den ganzen Tag mit meinem traurigen Ich, meinen Kopf nicht schmerzen zu lassen oder Canis nicht trauern zu lassen, denn er ist auch sehr traurig um unsere liebe Racky [Bess], und ich fühle jetzt, was ich die ganze Zeit fühlen werde, wenn Du weg bist. Wir hatten ein so angenehmes Zusammensein, daß Canis nur bedauert, nicht mit Dir nach Calais gefahren zu sein ... Vielleicht bringt uns der Dezember zu Dir, und dann wird aus dem Dezember Juli ... Liebste, schreib' mir alle Gerüchte und alle Neuigkeiten ... Verstehst Du wirklich, was es heißt, durch das Meer getrennt zu sein? Seit 87 haben wir dieselbe Luft geatmet, und es lag immer in unserer Macht, bei unseren Trennungen innerhalb weniger Stunden auch wieder vereint zu sein. Aber ich hoffe nur und bete ganz ernsthaft, daß alles Gute und alles Glück Dich erwarten ...[26]

Bess war nicht lange allein: Harriet und Lord Bessborough folgten mit ihrem Sohn Duncannon, der sie alle gerade aufgeschreckt hatte, als er sich in Harryo verliebte, nur um sie dann wegen Lady Jerseys Tochter Elizabeth sitzen zu lassen. Harriet erklärte, es würde sie umbringen,

Lady Jersey zur Schwiegermutter ihres Sohnes zu haben, und die Familie brach übereilt nach Paris auf. Morpeth und Little G., die schwanger war, kamen auch zu Besuch. Die halbe Whig-Gesellschaft, eingeschlossen Fox und Mrs. Armistead, die Hollands, James Hare und Robert Adair folgten. Kurz vor seiner Abreise hatte Charles Fox seine Freunde darüber informiert, daß er und Mrs. Armistead seit sieben Jahren heimlich verheiratet waren. Die Bewohner des Devonshire House nahmen diese Neuigkeit gelassen hin, und Georgiana gratulierte ihm; aber »alle seine Freunde sind sehr verärgert«, bemerkte Harriet. Was sie anging, sah sie nichts Schlechtes darin, daß er eine sechzehn Jahre währende Liaison legalisiert hatte. »Das Merkwürdige ist nur, daß die Leute, die darüber schockiert waren, daß er eine Geliebte hatte, jetzt noch schockierter sind, daß seine Geliebte schon so lange seine Ehefrau war.«[27] Das Erscheinen der neuen Mrs. Fox verursachte bei den englischen Damen der Gesellschaft in Paris einen Sturm. Niemand wollte sie anerkennen, aber niemand wollte als erste die Zurückweisung offen zeigen, aus Furcht, eine Herzogin oder eine der großen Damen breche aus der Reihe. Ihr Besuch erwies sich als gemischter Erfolg.

Georgiana fühlte sich elend, weil sie zurückbleiben mußte, um den Herzog zu pflegen. Sie versprach ihren französischen Freunden, so schnell wie möglich zu kommen, wußte aber, daß der Herzog eine Entschuldigung finden würde, nicht zu reisen. Die englischen Besucher fanden Paris sehr verändert vor; wegen der politischen Instabilität war in den letzten zehn Jahren kein Geld für die Stadterhaltung aufgewendet worden, und das Zentrum war heruntergekommen und schmutzig. Bess beklagte sich, daß bei den unteren Klassen keine Ehrerbietung existiere, obwohl sie kaum echter Feindseligkeit begegnete. Sie machte einen halbherzigen Versuch, mit dem neuen und dem alten Adel zu verkehren. Sie war sich außerdem im klaren, wie wenig Georgianas Kinder sie mochten, und fürchtete die Ankunft der Morpeths. Georgiana stritt sich mit Little G. über Bess und erreichte wenigstens, daß sie versprach, freundlich zu sein. »Ich weiß, wie schmerzlich es ist, Dich selber zu zwingen, aber in Fällen wie diesem muß man es, und zwar um Deiner selbst als auch Bess' willen«, schrieb sie. Denn sie zu ignorieren »während all der Zeit, die Du in Paris verbringst, wäre merkwürdig und für die arme Bess genau so schlimm wie für Dich«.[28] Die Briefe, die Georgiana und Bess wechselten, zeigen die tiefe Verbundenheit zwischen den beiden Frauen. Wenn sie einander schrieben, geschah dies in der Sprache auseinandergerissener Liebender: »*Meine liebe Bess*«, schrieb Georgiana im Dezember kläglich. »*Hörst Du die Stimme meines Herzens, das nach Dir weint? Fühlst Du, was es für mich bedeutet, von Dir getrennt zu sein?* Oder löschen neue Szenen und Beschäftigungen das Bild einer armen, häßlichen, unnützen, unbedeutenden Person, wie ich es bin?«[29] Im Gegenzug stellte sich Bess, wenn es ihr schlecht ging, vor, daß Georgiana sie nicht länger brauche: »Vergiss' nicht«, bat sie. »Ich glaube es nicht, aber gewöhne Dich nicht daran, ohne mich arme Kleine auszukommen.«[30] Die Berichte von Georgianas Aktivitäten als Doyenne der Whigs ließen sie in ihren eigenen Augen unerwünscht und unbedeutend erscheinen. Das Devonshire House erlangte seine frühere Gestalt wieder, und als der Friede ins Wanken geriet, gab es Spekulationen, daß die Regierung Addingtons aufgeben müsse.

Georgiana war über Napoleons Absichten besser informiert als die meisten Regierungsminister. Ganz nach der Manier seines Vorgängers Graf d'Adhémar behandelte der französische Botschafter Andreossi das Devonshire House, als sei es sein Club. Es kam fast jeden Tag zum Essen und gelangte so an alle Informationen, die dort ausgetauscht wurden.[31] Nachdem die Franzosen im Dezember Piemont annektiert hatten und im Oktober in die Schweiz einfielen, war es fast jedermann klar, daß sie keine Absicht hatten, den Frieden von Amiens einzuhalten. Aber Georgiana hoffte – irrtümlicherweise, denn Napoleon wollte den Frieden mit England nicht –, daß Fox' Reputation als Franzosenfreund ihm erleichtern würde, mit dem Ersten Konsul zu verhandeln, sollte er Premierminister werden. Sie schrieb Ende Oktober 1802 an Fox und bat ihn, so bald wie möglich seinen alten Platz in der Politik wieder einzunehmen.

Nur drei Themen interessierten ihn jetzt noch, behauptete Fox: Die parlamentarische Reform »in der einen oder anderen Form – die Abschaffung des religiösen Prüfungseids [gegen den Katholizismus] in der staatlichen Verwaltung und die Abschaffung des Sklavenhandels«.[32] Er antwortete auf Georgianas Brief mit den Worten »Ich bin immer mehr dafür, mich vollkommen zurückzuziehen.« Sie glaubte ihm nicht, und sobald er in London ankam, arrangierte sie, daß er ihren Bruder zu einem informellen Gespräch traf. George und die Grenvilles debattierten darüber, sich gegen Addington aufzulehnen, und eine Koalition mit Fox war nicht undenkbar. Sie war sicher, daß die alte Opposition« und die neue Opposition sich einigen könnten, wenn sie nicht die Fehler der neunziger Jahre wiederholten. »Glauben Sie nicht, daß wir wenigstens Mr. Fox in Amt und Würden sehen werden? Es ist nicht nur mein glühender Wunsch aufgrund meiner Meinung von ihm, unabhängig von meiner Liebe für ihn, aber ich habe tausend Gründe, es zu wünschen.«[33] Georgiana verbrachte die nächsten Monate damit, ihre Kontakte in jeder der Fraktionen zu festigen, indem sie fast jeden Abend politische Dinner veranstaltete. Einige Sympathisanten der alten Whig-Partei, die sich Pitt angeschlossen hatten, wie zum Beispiel Lord Fitzwilliam und Thomas Grenville, waren mehr als glücklich, mit ihren früheren Kollegen zusammenzusitzen.

Absurderweise beharrte Fox noch bis zur französischen Invasion auf Malta darauf, daß Napoleon den Frieden mit England suche. Er weigerte sich, Addington anzugreifen, solange der Premierminister seine pazifistische Position beibehielt. Da Fox nicht an einer Teilnahme interessiert war, konnte Georgiana mit den Verbindungen, die sie zwischen George und den Grenvilles, Fitzwilliam, Canning und dem Prinzen von Wales geknüpft hatte, nicht viel anfangen.

Bess kehrte nach England zurück, kurz bevor Großbritannien Frankreich am 18. Mai 1803 den Krieg erklärte. Ihre Nichte Eliza Ellice war gestorben. Bess hatte eigentlich länger bleiben wollen, um sich um ihre Schwägerin Lady Hervey zu kümmern, aber es war zunehmend unklug für englische Besucher, sich dort aufzuhalten. Mehrere tausend, darunter James Hare, wurden gefangengenommen und zu Kriegsgefangenen erklärt, als der Krieg ausbrach. Bess' gedrückte Stimmung hob sich, als sie sah, wie die häusliche Situation in Devonshire House sich während ihrer Abwesenheit geändert hatte. Der Herzog und Georgiana hatten eine schlechte Phase und sehnten ihre Gesellschaft dringend herbei. Georgianas neuerliche Popularität als politische Gestalt mag der Grund dafür gewesen sein, denn sie hatte jetzt weder Zeit noch die Absicht, sich seinen Bedürfnissen zu unterwerfen. Der Herzog vermißte ihre ununterbrochene Aufmerksamkeit und erinnerte sich wehmütig, wie gut Bess die Rolle der Krankenschwester gespielt hatte. Er schrieb ihr mehrere Male und betonte, wie dringend er ihr Kommen wünsche, und versicherte sie ihrer »festen und unwandelbaren« Freundschaft. Bess nahm sein Angebot, ihre alte Stellung wieder einzunehmen, ohne Zögern an. Sie spielte wieder ihre Rolle als Vermittlerin zwischen dem Herzog und

Georgiana, und das sogar, bevor sie überhaupt zu Hause ankam: »Canis sagt mir, daß er sich die letzten zehn Tage gar nicht gut gefühlt hat«, beriet sie Georgiana, »ich denke, vielleicht hast Du seine Krankheit als Laune mißverstanden.«[34]

Bess' Ankunft in London fiel zeitlich mit Harryos und Caroline Ponsonbys Debüt zusammen. Sie versuchte nicht, Caroline St. Jules als französische Emigrantin vorzustellen, obwohl einige Leute das erwartet hätten, sondern beobachtete voller Neid, wie Georgianas Tochter in einem Zug von Kutschen abfuhr. Ihr wurde schmerzlich bewußt, daß alles, was ihr im Leben gegeben worden war, durch das, was immer außerhalb ihrer Reichweite blieb, aufgewogen worden war. Sie bemerkte auch, daß Georgiana sie etwas abwesend empfing; die Politik verschlang all ihre Zeit. Wie immer gab es in der Partei heftige Debatten über strategische Fragen. Die Wiederaufnahme des Krieges war eine bedeutende Entwicklung, aber Fox war sich nicht sicher, welchen Vorteil sie den Whigs bringen würde: »Aber obwohl der gegenwärtige Stand der Dinge unserer Partei eine gewisse Wichtigkeit gegeben hat, die sie in den letzten Jahren nicht hatte«, grübelte er, »ist es überhaupt nicht klar, wie wir unsere geringe Macht nutzen sollten.«[35] Georgiana war nicht seiner Meinung. Der Weg nach vorne lag für sie klar darin, daß die Whigs ihre Kräfte mit den anderen Oppositionsparteien verschmelzen sollten.

Kapitel 23

Die Doyenne der Whigs

1803–1804

*Die Herzogin von Gordon gibt vor, die Äußerungen,
die bislang Lord Cunningham zugeschrieben wurden,
auf eine rivalisierende Herzogin zurückführen zu
können. Ihre Gnaden trafen sich am Samstag bei einem
Empfang und wechselten Blicke.*

MORNING HERALD, *8. JUNI 1803*

*Seine Gnaden, der Herzog von Bedford hat im Garten
von Woburn einen der Freundschaft geweihten Tempel
errichtet und mit Büsten und poetischen Tributen an
seine am meisten geschätzten Vertrauten geschmückt.
Die Büste von Mr. Fox wurde mit einigen wunderschönen Zeilen aus der eleganten Feder der Herzogin
von Devonshire beehrt.*

MORNING HERALD, *2. JULI 1804.*

Unter den Touristen, die aus Frankreich zurückkehrten, befand sich die neue Herzogin von Bedford, die frühere Lady Georgiana Gordon. Der sechste Herzog hatte sich während seines Besuchs in Paris der vermeintlichen Verlobten seines verstorbenen Bruders gegenüber vor Liebenswürdigkeit fast überschlagen, und so machte er ihr, fast im Widerspruch zu seinem Charakter – sicher im Widerspruch zu seinen Whig-Freunden – vor seiner Abreise einen Antrag. Georgiana schrieb die Verlobung dem großzügigen Herzen des Herzogs zu, das ihn veranlaßt habe, das Mädchen vor ihrer ehrgeizigen Mutter zu retten. Die fragliche Dame stürmte bei ihrer Rückkehr nach London mit allem Anschein des Triumphes in die Oper, wie es sich einer Mutter geziemt, die ihre Töchter an drei Herzöge und einen Marquis verheiratet hat. Das Publikum bejubelte einstimmig das Eintreffen der Herzogin von Gordon.

Georgiana gab sich große Mühe, keine bitteren Gedanken über diese Ehe zu hegen, und konzentrierte sich statt dessen darauf, Harryo für ihre Saison vorzubereiten. Sie fühlte sich bei Harryo nicht so sicher wie bei Little G.: Harryo urteilte schnell und scheute sich nicht, frei ihre Meinung zu äußern, was ihre Mutter sehr beunruhigte. Harryos offen gezeigte Verachtung für Bess belastete ebenfalls ihre Beziehungen. Die Bedingungen, unter denen Bess ins Devonshire House zurückgekehrt war, waren Harryos Aufmerksamkeit nicht entgangen, und sie ärgerte sich mehr denn je über diese Frau. Was ihren Vater anging, verachtete sie ihn dafür, daß er die lächerliche Bess ihrer Mutter vorzog. Während eines Aufenthalts der Familie in Bath beschwerte sie sich gegenüber Little G.: »Unsere Lebensweise hat sich nicht verändert. Wir sind immer noch in diesem Hotel, das Papa offensichtlich für das wiedergefundene Paradies hält. Lady Elizabeth und Sidney [dem Hund] geht es nicht gut. Beide winseln und beide sind endlich genau so sympathisch, wie ich sie immer fand. Du weißt, was ich meine. Mama im Hotel, wie überall sonst, freundlicher, nachsichtiger und so anders als die Lady oder der Hund, als ich überhaupt ausdrücken kann.«[1]

Harryo freute sich überhaupt nicht auf ihr Debüt. Sie war sich darüber im klaren, daß sie nicht das Aussehen und die Figur ihrer Mutter geerbt hatte, und der Mangel an modischem Interesse war zum Teil eine Verteidigung gegen mögliche Vergleiche, die in der Regel zu ihren Ungunsten ausfielen. Aber sie war nicht so scheu wie Little G., und ihre geistreiche Konversation hinterließ bei Besuchern im Devonshire House einen starken Eindruck.[2] Georgiana fühlte die Furcht ihrer Tochter, gehänselt zu werden, weil sie plump war, und unternahm beträchtliche Anstrengungen, um sicherzustellen, daß sie sich nie ausgeschlossen fühlte. Die *Morning Post* berichtete von einem typischen Zwischenfall bei einem Ball, der am 21. April gegeben wurde. Die Hitze im Zusammenspiel mit der schlechten Organisation des Balles hatte die Tanzfläche geleert.

Die Musik brach ab. Die heitere Szene verflachte zu einer langweiligen *Tête-à-tête-Party*, aus der sie aber bald von der Herzogin von De-

vonshire erlöst wurde. Ihre Gnaden stellte *French Cotillions* vor, die geführt wurden von Lady Harriet Cavendish, Lord Viscount Ossulston
und Mr. und Mrs. Johnstone. Bei diesen Tänzen machten alle, die sie
verstanden, mit ... Die Grazie und Gewandtheit von Lady Harriet
Cavendish wurden außerordentlich bewundert. Die Göttinnen von
Jugend und Schönheit schienen in dieser hübschen Nachkommenschaft des milden Devon vereint.[3]

Allerdings zog die »hübsche Nachkommenschaft« leider keine Verehrer
an.

Sobald die Saison vorüber war, widmete sich Georgiana wieder ganz
der Politik. Der Ausbruch des Krieges hatte die politischen Allianzen
verschoben, aber nicht weit genug, um Addingtons Macht ins Wanken
zu bringen. Georgiana würde sich die nächsten zweieinhalb Jahre ihres
Lebens nur um eine Sache kümmern – sie wollte Fox im Amt sehen, in
einer Regierung, die sich aus den talentiertesten Männern des Parlaments zusammensetzen und die Europa den Frieden bringen würde.

Als Georgiana 1782 schrieb, daß hinter der offiziellen Version jeglicher politischer Geschichte eine verborgene Geschichte der »Intrigen
und Ränke der Gesellschaft« liege, die nur wenigen bekannt sei, hob sie
ein Problem hervor, dem alle politischen Historiker begegnen, die vergeblich nach fehlenden Verbindungsgliedern suchen. »Ich war im
Zentrum der Handlung«, fuhr sie fort. »Ich habe Parteien aufsteigen
und fallen sehen, Freunde sich vereinigen und trennen.« Georgianas
privilegierte Stellung hatte ihr sowohl Wissen als auch Macht verschafft, und sie hatte oft mit dem Gedanken gespielt, eine »heimliche
Geschichte der Zeiten« zu schreiben.[4] Es geriet ihrem Ruf später zum
Nachteil, daß sie dies nicht tat. In der Regel verfolgten die viktoriani-
schen Nachkommen, die es auf sich nahmen, die Papiere ihrer Großel-
tern zu bewahren, eine rigorose Politik der Geschlechtertrennung: Die
Briefe einer Frau wurden zerstört, die Briefe eines Mannes bewahrt. In
vielen Archiven werden Georgianas Briefe erwähnt, aber sie selbst sind
nicht überliefert. Die Zusammenkünfte, die vertraulichen Gespräche,
die geflüsterten Ratschläge und heimlichen Nachrichten sind ausgelöscht. In den meisten Berichten über die Regierungen von Addington und Pitt wird Georgiana nur flüchtig erwähnt, manchmal deutet
nur eine einzige Zeile auf ihre schattenhafte Präsenz hin. Die folgende
Darstellung, zusammengesetzt aus Fragmenten, bringt sie zurück in

die politische Geschichte und enthüllt wieder das Gesicht, das übermalt worden war.

Die Whigs hatten keinerlei Interesse mehr, die Regierung zu unterstützen, nachdem der Krieg begonnen hatte. Georgiana befragte den Prinzen von Wales nach seiner Meinung zum Krieg und fand, daß er in hysterischer Angst vor den Gefahren lebte, denen das Land ausgesetzt wäre, sollte Frankreich eine Invasion wagen. Der Prinz wollte etwas tun, wollte wie seine Brüder kämpfen, aber sein Vater erlaubte ihm nicht, eine militärische Position einzunehmen. Das einzige Ventil für seine vereitelte Energie war die Politik. Er begann, mit der Idee einer Koalition gegen Addington zu spielen, um so das Land zu retten. Seine Pläne diskutierte er mit Georgiana, die prompt ihre Dienste als Vermittlerin für seine Treffen mit den unterschiedlichen Fraktionen anbot. Im Auftrag des Prinzen fragte sie bei Fox an und war über seine ermutigende Antwort sehr erfreut. Allerdings war er zurückhaltend, sich mit dem Prinzen einzulassen. Robert Adair hatte ebenfalls die Anfrage des Prinzen weitergeleitet und Fox' Brief an ihn ist erhalten geblieben:

> Ich habe gerade Ihren Brief erhalten und den der Herzogin und kann nur sagen, daß es meine Pflicht sein wird, in London auf ihn zu warten, wenn der Prinz von Wales mich sehen will, oder an jedem Ort, den er nennen will, aber was die Anwesenheit im Parlament momentan betrifft, scheint es mir unmöglich, daß daraus etwas Gutes erwachsen kann ... Sie können Seiner Königlichen Hoheit berichten, daß ich sehr glücklich darüber bin, daß meine grundsätzlichen Meinungen mit den seinen fast übereinstimmen ... Ich glaube, das beste ist, die Auswirkung dieser starken Maßnahmen und widrigen Ereignisse abzuwarten, und wenn dann offene Unzufriedenheit aufkommen sollte, könnte ein Zusammenschluß, wie ihn der Prinz zu wünschen scheint, erfolgen, und der Einfluß Seiner Königlichen Hohheit könnte sehr dazu beitragen, dem Stärke zu verleihen.[5]

Fox war durchaus bereit, eine Kooperation mit seinen früheren Gegnern zu erwägen, aber nur unter der Bedingung, daß ihr Ziel sei, Europa dem Frieden nahezubringen, und nicht, Frankreich zu schlagen. Wenn sie sich darauf einigen könnten *und* auf die Emanzipation der Katholiken, wäre der Grund gelegt, um versuchsweise ein Arrangement für die nächste Parlamentsperiode zu diskutieren. Aber Fox war offen pessimistisch und vorsichtig, nicht den Zorn seiner Anhänger zu riskieren und zögerte deshalb, sich auf Gespräche einzulassen, die nutzlos und entzweiend wären.

Durch Fox' Mangel an Enthusiasmus war Georgiana nicht abzuschrecken. Sie und der Prinz verständigten sich darauf, zunächst einzelne Mitglieder von Grenvilles Partei zu packen, vor allem die früheren Fox-Anhänger, und sie zur Idee einer Koalition zu überreden, bevor man Lord Grenville ansprechen würde. Der nächstliegende Kandidat für Georgianas Bemühungen war George, und sie schrieb ihm am 8. Juli 1803. Der Brief ist es wert, vollständig zitiert zu werden:

> Du wirst denken, ich höre nie auf, Dich zu ärgern, aber hier geht es nicht um einen Ball oder ein Abendessen, sondern um einen Wunsch des Prinzen, der gerade gegangen ist. Ich würde alles geben, Dich morgen auf Deinem Weg durch die Stadt wenigstens für zehn Minuten zu sehen, wenn Du mich die Zeit wissen lassen kannst. Wenn Du nicht kommen kannst, werde ich schreiben, was ich zu sagen habe, und es Dir durch einen sicheren Boten zukommen lassen. Sei' nicht beunruhigt, denn es ist nichts Dringendes, aber der Prinz wünscht, Dir durch mich sagen zu lassen (es sei denn, er könnte Dich treffen, was er natürlich vorziehen würde), was zwischen ihm und verschiedenen Leuten vorgefallen ist, und ich möchte Dir den Gehalt eines Briefes von Fox mitteilen.
> Der einzige Zweck dieses Schreibens ist die Überlegung, daß soweit eine Art Übereinstimmung zustandekommt, daß vor der nächsten Parlamentsperiode nichts passiert, was einer Vereinigung von Talent und Respektabilität entgegensteht. Fox' Äußerungen über Dich und Lord Grenville gehen dahin, daß ihr Personen seid, von deren Fähigkeiten er eine hohe Meinung hat, höchst untadelhafte Männer, mit denen er gerne auf freundschaftlichem Fuß gelebt hat und leben möchte, und die er mag.
> Ich zitiere aus dem Brief, weil er nach der Lage einer ist, von dem er nicht dachte, daß er gesehen würde.
> Der Prinz diniert, glaube ich, mit Wyndham morgen bei Francis. Lieber Bruder, schreib mir, ob Du mich morgen sehen kannst – denke daran, es führt noch nicht dazu, Dich irgendwie zu binden ... Ich glaube, daß die Meinungen der klügsten Männer sich nahezu in allen entscheidenden Dingen decken.[6]

Als Resultat von Georgianas Bemühungen verbreitete sich die Idee von einer Art Kooperation. Fox hielt den Prinzen für formbar, Sheridan für »trügerisch« und Carlton House (den Treffpunkt der Freunde des Prinzen) als Ganzes für unsicher, aber er war bereit abzuwarten. Sheridan verbesserte seine Position beim Prinzen nicht gerade, als er in der Öffentlichkeit geiferte, Georgiana habe seine Meinung mit der »Grenville-

Infektion« vergiftet und ihn trickreich veranlaßt, treue Freunde, wie ihn selbst, zu verlassen.⁷ Da er weiterhin Harriet nachstellte, hatte er verschiedene Verbündete von Pitt verstohlen das Devonshire House für kurze Besuche betreten sehen, und er leitete daraus ab, daß Georgiana versuche, ein Einverständnis zwischen dem Prinzen von Wales, Fox und Pitt herzustellen. Harriet berichtete Leveson Gower, daß Sheridan Fox mit den Worten stellte, »»Können Sie Ihr Ehrenwort geben, daß *all diese Treffen zwischen* Mr. Canning und der Herzogin in Devonshire House nicht dem Zweck dienten, Nachrichten zwischen Ihnen und Pitt hin und her zu befördern?‹ Mr. Fox lachte und versicherte S., er habe von diesen Treffen nichts gehört, freue sich aber zu hören, daß die Aussicht auf eine starke Opposition so gut sei, und ging weg, Sheridan wütend zurücklassend.«⁸ Sheridans Ängste waren verfrüht. Keiner der Männer hatte die Absicht, mit dem anderen zu arbeiten – es war Cannings Idee, und seine Besuche in Devonshire House hatte er aus eigenem Antrieb unternommen. Auf der anderen Seite war Georgiana überzeugt von Cannings Argumenten, daß wenn diese beiden Männer sich träfen, sie auch zu einer Verständigung kommen könnten. Sie schrieb Fox einen vertraulichen Brief, in dem sie betonte, daß es nur zu seinem Vorteil sein würde, wenn Pitt sich ihnen anschlösse:

Nachdem ich Ihnen all dies gesagt habe, lieber Mr. Fox, denken Sie nicht, daß ich Ihnen einen Zusammenschluß mit Pitt anrate, wenn Sie nicht selbst die Notwendigkeit sehen, daß etwas getan werden muß. Ich habe meine Meinung über ihn nicht geändert ... Selbst wenn er nur plant, Sie zum Mittel seiner Rückkehr zur Macht zu machen, glaube ich nicht, daß Sie dies abschrecken sollte, vorausgesetzt, daß seine Gefühle und Meinungen mit Ihren übereinstimmen und daß er ganz ernsthaft für den Frieden arbeiten möchte und dafür, daß Sie diesen Frieden schließen. Was ich daher unbedingt möchte, ist Ihnen die Gelegenheit zu einem Austausch zu verschaffen, ohne daß Sie sie besonders aufsuchen müssen – Wenn keine der Seiten einen Schritt vorantut, wie sollen sie sich dann je treffen.
[Geben Sie nicht] kund, was ich Ihnen jetzt geschrieben habe. Wenn es nicht um Sie und Mr. Grey ginge, würde ich mich nie um Politik kümmern, aber wenn ich denke, daß das Land durch eine kleine Anstrengung der zwei Männer, von denen ich am meisten halte, gerettet werden könnte, dann wäre ich eine mauvaise amie et mauvaise citoyenne [schlechte Freundin und schlechte Bürgerin], wenn ich Ihnen nicht meine Meinungen mitteilen würde.⁹

Kurz nachdem sie diesen Brief geschrieben hatte, wurde Georgiana krank. Ihre Gesundheit war zu einer ernsthaften Behinderung geworden. Dieses Mal war das Problem ein Nierenstein. »Sie hatte eine sehr schlechte Nacht«, schrieb Lady Spencer am 15. September an George. »Sir Walter und der Herzog saßen fast die ganze Nacht bei ihr.«[10] Auch Harriet war bei ihr und weinte, als sie ihre Schwester leiden sehen mußte: »Keine Medizin, nicht einmal die stärkste, nichts, das ihr gegeben werden kann, hat irgendeine Wirkung gezeigt. Sechsunddreißig Stunden sind schon in schrecklichen Schmerzen verstrichen. Ich habe die ganze Nacht bei ihr gewacht. Sie wurde in ein warmes Bad gesteckt und zur Ader gelassen, was sie für einen Moment so erleichterte, daß sie von vier bis fast morgens schlief, an meinen Arm gelehnt und ganz still.«[11] Es dauerte fast einen Monat, bevor der Morning Herald berichten konnte, daß Georgiana »täglich Besuche des Adels« erhielt, »die Ihrer Gnaden zu ihrer perfekten Genesung herzlich gratulieren«.[12]

Obwohl der Anfall sie geschwächt hatte, war ihre Entschlossenheit, ihren Plan zu verfolgen, um so gestärkter. Fox stöhnte, als er im Oktober eine Aufforderung von ihr erhielt, sofort zu einem Treffen in Devonshire House zu kommen:

> Ich nehme an, ich muß. Ich nehme an, Sie können mir etwas zu essen geben. Ich mag dies alles nicht, denn ich kann nichts Gutes von dem Prinzen erwarten, jedenfalls nicht, wenn ich bestimmte Umstände bedenke. Ich habe Ihre Rede noch nicht gesehen, aber die Reden von Damen können im Moment nicht allzu viel ausrichten, denn sie können kaum ... Worte wie Schurke, Bluthund, Atheist usw. gebrauchen, die Reden zu solchen Gelegenheiten in der Regel zieren.[13]

Das Treffen hatte dennoch Erfolg; die Whigs verständigten sich auf eine eingeschränkte Kooperation, wenn die Situation entsprechend wäre.

Die meiste Zeit der Sitzungsperiode blieb Georgiana in Bath mit dem Herzog, Bess und Harryo, trank die Heilwasser und versuchte, sich selbst das Laudanum abzugewöhnen. Die schweren Dosen, die Dr. Farquhar verschrieben hatte, hatten sie süchtig gemacht. Nachdem sie schon mehrmals in die Falle der »falschen Ruhe«, wie die Lady Spencer es nannte, gefallen war, war Georgiana entschlossen, ihr nicht wieder zu erliegen. Fox half durch einen ununterbrochenen Strom von Berichten über politische Entwicklungen, ihr Interesse an den Dingen, die in London passierten, wachzuhalten. Und überhaupt war sie nicht untätig: Des

Prinzen »Unstetigkeit« bedurfte ständiger Wachsamkeit, denn er war nur zu empfänglich für Schmeicheleien.

London füllte sich wieder nach der Weihnachtspause, aber Georgiana blieb mit dem Herzog in Bath. Beide lagen wie Invaliden in Chaiselongues im überheizten Salon und gaben sich der empfindsamen Beschäftigung mit sich selbst hin. Georgiana war jetzt sechsundvierzig, und das feuchte Wetter hatte bei ihr eine Attacke von Rheumatismus verursacht. Sie war gelangweilt, obwohl es genug gab, um sich die Zeit zu vertreiben: Trotz ihrer Reue und ihrem ernsthaftem Bemühen, die Schulden neu zu ordnen, häuften sich nach wie vor die Rechnungen in ihrem Gemach in Devonshire House; allein ihre Anzahl machte es schon unmöglich, sie ohne Hilfe zu sichten. Wieder einmal bat sie ihre Freunde um Geld, insbesondere den Prinzen. In einem Brief aus Bath fragte sie ihn: »Wenn Sie zufällig ganz reich wären, würde mir ein kleines Cadeau [Geschenk] das Leben leichter machen, und wenn Sie das tun, schicken Sie zwei halbe Scheine in zwei Briefen, um Entdeckungen zu vermeiden, aber wenn Sie nicht reich sind, dringe nicht ich in Sie, denn Ihnen zu schulden hat mich weniger gepeinigt als erwartet, als Sie mich im letzten Frühjahr in dieser Notlage fanden.«[14]

Sie heiterte sich zusehends auf, als der neue Herzog von Bedford sie aufforderte, ein Gedicht über Charles Fox zu schreiben. Der Herzog ließ von all seinen Freunden Büsten anfertigen, die er in einem Pantheon zu Ehren der Whigs in Woburn aufstellen wollte, und er fand es passend, daß Georgiana die Inschrift für Fox lieferte. Sie betrachtete es als eine der höchsten Ehren, die ihr je gewährt worden war, unter all den Talenten, die es in der Whig-Gesellschaft in Überfülle gab, ausgewählt worden zu sein. »Es gibt nichts, was ich nicht tun würde, um [das Gedicht] zum Erfolg zu bringen«, berichtete sie bescheiden dem Dichter und Stückeschreiber Richard Fitzpatrick, der angeboten hatte, ihr zu helfen.[15] Sie legte auf seine Meinung Wert, denn »ich versichere Ihnen, ich werde sehr bereitwillig mein Feld räumen«, falls ihre Bemühungen sich als Fehlschlag erweisen sollten. Sie hatte keinen Grund, sich zu sorgen: Nachdem er das Gedicht gelesen hatte, schrieb er zurück: »Ich kann Ihnen jedoch mit vollständiger Wahrheit versichern, daß das allererste Lesen der Inschrift mich ganz von jeglicher Besorgnis erleichtert hat. Ich bewundere sie sehr und denke, daß (wie alles, was ich aus Ihrer Feder gesehen habe) es die Zeichen eines wirklichen poetischen Genies trägt ...«[16] Wirkliches Genie oder nicht (»And whilst extending dedication for / Ambition spread the baneful flames of war / fearless of blame, and eloquent to save, Twas he, twas Fox« und so weiter), die Inschrift gibt Zeuge von Georgianas und Fox' bemerkenswerter Freundschaft, und auch von der Bewunderung, die ihm die Whigs entgegenbrachten.

*

Nachdem Harryo jetzt dem Kinderzimmer entwachsen war, würde Selina eine andere Familie finden müssen, allerdings wollte außer Bess niemand, daß sie ging. Prinzessin Charlotte, die Tochter des Prinzen von Wales, brauchte eine Gouvernante, und Georgiana meinte, Selina an den Prinzen abzutreten – dem der Vorschlag gefiel – wäre fast genauso, wie sie in der Familie zu behalten. Aber der Einspruch der Königin, die der Meinung war, die Stelle sollte von jemandem von Rang eingenommen werden, und Prinzessin Carolines, die nicht wollte, daß die Anstellung an jemanden aus dem »Lager des Prinzen« ging, stoppten den Plan. Am Ende blieb Selina Devonshire House lose verbunden, etwas entfernt vom Alltagsgeschäft des Hauses, aber immer noch nahe genug, daß Bess ihre Anwesenheit fühlte.

Georgiana blieb für den Rest des Januars und Februars in Bath, bis der Prinz ihr schrieb, daß bei seinem Vater die psychischen Störungen wieder aufgetreten seien. Dies war das zweite Mal in drei Jahren. Die Devonshires entließen ihre Ärzte und eilten nach London, um Sheridan oder sonst jemanden davon abzuhalten, den Prinzen in diesem entscheidenden Moment mit Beschlag zu belegen. »Jeder ist von Politik in Anspruch genommen«, berichtete Georgiana ihrer Mutter ein paar Tage nach ihrer Rückkehr. Sie hatte den Prinzen rechtzeitig erreicht, und Devonshire House »ist der einzige Ort, wohin er geht, und er sieht nur den Herzog und mich, denn er hat sehr weise beschlossen, niemanden zu sehen, bevor dies alles vorbei ist«.[17]

Zwei Wochen später berichteten die Ärzte von einer Verbesserung des Zustands des Königs, und der Prinz legte seine Pläne für eine Regentschaft wieder beiseite. Georgiana war so mit den Geschehnissen in London beschäftigt gewesen, daß sie die schlechten Berichte, die sie aus Bath über James Hare erreichten, nicht wahrgenommen hatte. Hare starb am

10. März 1804. Er hatte sich von seinem Martyrium als Kriegsgefangener in Frankreich nie erholt, und nach einem langen Spaziergang mit Lady Spencer an einem kühlen, feuchten Nachmittag hatte sich ein Schnupfen zu einer Lungenentzündung verschlimmert. Georgiana war erschüttert:»Da wir uns über den Fortschritt der Erkrankung des armen Hare täuschten, hatten wir den Prinzen hier am Samstag zum Abendessen.«[18] Sie war entsetzt, als falsche Berichte in den Zeitungen verbreiteten, daß sie, nachdem sie die Nachricht erhalten hatten, wie gewöhnlich weiter Gäste empfangen hätten. »Niemand ist vorgelassen worden«, versicherte Georgiana ihrer Mutter. Sein Tod hatte ein Loch in die Mitte des Devonshire House Circle gerissen, und sowohl sie als auch der Herzog wollten lieber alleine sein. Bess teilte ihre Trauer; Hare war in all ihre Geheimnisse eingeweiht gewesen, hatte ihnen häufig aus der Klemme geholfen und nie sein Wissen verraten.

Als Georgiana die Trauer nach und nach ablegte, erkannte sie, daß Sheridan und seine Freunde immer noch versuchten, die Unterstützung des Prinzen für Addington zu sichern. Sheridans Neigung zum Premierminister war ein Fall von *faute de mieux*: Er war nicht Pitt und nicht Grenville, den Sheridan so intensiv haßte, daß er lieber den Raum verließ, als seine Nähe zu ertragen, und er war auch nicht Fox.[19] Von Sheridan abgesehen, schien es zwei weitere Haupthindernisse zu geben, die dagegen sprachen, daß alle Oppositionsparteien zusammenarbeiteten. Das erste war die Antipathie zwischen Fox und Pitt, und das zweite war die Aversion des Prinzen, irgend etwas mit Pitt zu tun zu haben. Obwohl viele Leute eine Rolle dabei spielten, diese antagonistischen Männer zusammenzubringen, war Georgianas Beitrag in jedem Fall besonders effektiv – vielleicht sogar entscheidend.

George Canning beobachtete, daß die Allianz von Fox, Grenville und des Carlton House gut zusammenarbeitete und entschied, daß Pitt einen Fehler mache, wenn er sich weiterhin abseits der Oppositionskoalition halte, da doch deren Erfolgsaussichten höher als jemals zuvor schienen. Wieder einmal wandte er sich über Granville Leveson Gower an Georgiana und bat sie, Fox zu überreden, Pitt zu treffen. Obwohl Fox immer noch der Meinung war, Pitt sei ein »falscher«, »gemeiner Hund«, mußte er jetzt akzeptieren, daß der Koalition ohne ihn der Erfolg verwehrt bleiben würde. Aber der Prinz dachte weniger zielgerichtet und widersetzte sich dessen Beteiligung.

Das nächste Mal, als der Prinz Devonshire House besuchte, fragte
Georgiana,

> ob er Mr. P. ewige Feindschaft geschworen habe, was sein Wunsch,
> sich ihm in der Admiralitätsfrage zu widersetzen, und die Sprache sei-
> ner Leute sie glauben lasse. Er antwortete: »Sicher nicht; die Feind-
> schaft ist auf Mr. Pitts Seite, nicht auf meiner.« [Und] ... daß keine
> Partei allein stark genug sei, etwas Gutes zu bewirken, aber daß er eine
> Verbindung all der großen Talente im Land als die einzig erfolgver-
> sprechende Maßnahme ansehe ...«Ich bin bereit, ihm auf halbem Weg
> entgegenzukommen, aber auch mir steht ein bißchen Entgegenkom-
> men von seiner Seite zu«.[20]

Leveson Gower wurde ordnungsgemäß die Nachricht überbracht, um
sie an Pitt weiterzugeben. Das Ergebnis dieser delikaten Manöver war
ein weitgehende Verständigung zwischen den Parteien (ausgenommen
Sheridan), und daß Addingtons Regierung zum Untergang verdammt
war. Mitte April koordinierten Pitt, Fox und Grenville ihre Strategien,
und am 16. sah die Regierung während der dritten Lesung der Gesetzes-
vorlage zur Vergrößerung der irischen Miliz ihre Mehrheit auf einundzwanzig Stimmen sinken. Am 19. April wurde die Regierung um eine
Stimme in einer Debatte über Indien geschlagen. Sie schwankte noch
mehrere Tage, bis Addington endlich aufgab und am 30. April 1804
zurücktrat.

Georgiana kamen schon bald die ersten Zweifel an Pitts Absicht, Fox
in die neue Regierung einzubeziehen. Sie hatte Gerüchte gehört, daß er
private Versammlungen mit seinen eigenen Freunden abhielt. Fox
schrieb sofort an Grey, als die Gerüchte sich bestätigten: »Lord G[ren-
ville] gab mir heute deutlich zu verstehen, daß in dem Fall, daß P[itt] seine Majestät der Idee einer erweiterten Regierung abgeneigt finde, er (P.)
sich verpflichtet fühle, selbst eine zu bilden. Das waren nicht exakt seine
Worte; aber ungefähr der Inhalt und dieselbe Idee, wie wir sie von der
Herzogin gehört haben ...«[21] Ihre Befürchtungen erwiesen sich bald als
begründet: Der König hatte nicht die Absicht, Fox den Eintritt ins Kabinett zu gestatten, und ließ Pitt wissen, es sei eine »persönliche Beleidigung«, seinen Namen vorzuschlagen. Fox reagierte großmütig, als er
diese Nachricht hörte; bei einem gutbesuchten Treffen in Carlton House schlug er seinen Verbündeten vor, ohne ihn zu arbeiten. In Anbetracht
des Ausmaßes, in welchem die Koalition ihren Erfolg seinen Bemühun-

gen zu verdanken hatte, war dies ein lächerlicher Vorschlag. Das Treffen schloß daher mit der einstimmigen Entscheidung, an der neuen Regierung nicht teilzunehmen. Ein Treffen der Grenville-Anhänger in Camelford House kam zum selben Ergebnis: Ohne Fox würde es kein Bündnis mit Pitt geben. Dies war für die Whigs natürlich eine großartige Nachricht. Sie bedeutete, daß Pitt genauso isoliert dastand wie Addington, und daß seine Regierung leicht angreifbar wäre. Ein Stratege aus den Pitt-Reihen schätzte, daß er 79 Fox-Anhängern, 68 Addington-Anhängern, 23 Grenville-Anhängern, 41 Anhängern des Prinzen und 29 ungewisser Zuordnung gegenüberstehen würde: alles in allem 240.[22] Die Opposition zweifelte nicht daran, daß der Kampf weitergehen würde.

Georgiana benutzte ihren üblichen Trick, angenehme Unterhaltungsabende in Chiswick zu arrangieren, um die Parteimoral zu heben. Das Gefühl der gemeinsamen Stärke blieb auch zum Ende der Saison hoch, und London leerte sich zu Beginn des Sommers. Im Juni kommentierte Gillray in einem Cartoon mit dem Titel »L'Assembleé Nationale: oder – großes Kooperationstreffen in St. Anne's Hill« die neugefundene Einigkeit. Der Cartoon zeigte, wie Mr. und Mrs. Fox eine Party gaben. In der Mitte des Bildes war Georgiana zu sehen, die einen Fächer trug mit den Worten »Das Devonshire-Entzücken oder Der neue Koalitionstaumel«. Obwohl der Cartoon eigentlich Whig-feindlich war, bestätigte er, wenn es denn daran jemals Zweifel gegeben hatte, Georgianas herausragende Stellung unter den Whigs.

Kapitel 24

»*Das Ministerium aller Talente*«
1804–1806

Eine Frau, erhabener in der Vollkommenheit
ihrer entzückenden Schönheit, ihres herrlichen Geistes
und ihres engelsgleichen Gemüts, hat unser Zeitalter
nicht geziert.

MORNING CHRONICLE, *31. MÄRZ 1806*

William Pitt machte von seinem Recht Gebrauch und berief sechs Monate lang keine Parlamentssitzung ein. So konnte er sich in Ruhe nach Unterstützung für seine schwache Regierung umsehen. Nahezu alle Rednertalente waren auf der gegnerischen Seite versammelt, und er erwartete nicht viel von einigen seiner neuen Kabinettsmitglieder. Die Opposition konnte wenig mehr tun als abzuwarten, daß die Schlacht begann.

Aus Gesundheitsgründen fuhren die Devonshires ans Meer, wo sie sich die Zeit mit Familienangelegenheiten vertrieben. Georgiana sorgte sich über Harryo, die wegen Duncannon streitlustig und mißgelaunt war. Er konnte sich noch immer nicht zwischen Harryo und Lady Elizabeth Villiers, Lady Jerseys Tochter, entscheiden und machte folglich beiden Mädchen den Hof. Noch ärgerlicher aus der Sicht von Georgiana und Harriet war die Tatsache, daß es Lady Jersey gelungen war, den leicht beeinflußbaren Duncannon für sich einzunehmen. Würde sie darauf dringen, Lady Elizabeth zu heiraten, so würde er es zweifellos tun. Nur wenn Duncannon lange genug außerhalb ihres Bannkreises war, erinnerte er sich wieder an seine Cousine. »Ich mache mir Sorgen wegen Harriet und Duncannon«, schrieb Georgiana an Little G. »Es kann so nicht weitergehen – irgend etwas muß entschieden werden, und das ist der Grund, warum ich möchte, daß sie zu Dir kommt, denn ich denke, Du wirst alles besser beurteilen können als ich.« Sie verstand und verzieh deshalb die Bezauberung, der ihr Neffe erlegen war: »Ich glaube, wenn Lady J. gefällt, geht wirklich eine Faszination von ihr aus. Wenigstens bin ich immer wieder zu ihr gegangen, entschlossen, mich gegen ihre Schmeicheleien zu wappnen, und vergaß dann doch alles, was ich beschlossen hatte, und glaubte ihr genau so sehr wie mir selbst. Allerdings ist sie keine Person, der man trauen sollte – es wäre die größte Narrheit zu glauben, daß sie zu einem selbst nicht genauso falsch ist wie zur ganzen Welt.«[1]

Georgiana erschrak, als sie sah, wie Harryos Gefühle über ihren gesunden Menschenverstand Oberhand gewannen. Wenn sie das Gefühl hatte, daß man sich ihrer bediente, würde Harryo irgend etwas Verrücktes tun, nur um zu beweisen, daß niemand die Kontrolle über sie habe.[2] Ihr Verhalten machte es Georgiana schwer, offen zu ihr zu sein und mit ihr wie mit einer Freundin zu sprechen, vor allem, weil ihre Absichten so oft mißverstanden wurden. Harryo war in ihrer Jugend das völlige Gegenteil von Little G., die ihre Mutter nie einem düsteren Schweigen ausgesetzt oder unterschwelligen Groll gehegt hatte. Little G. war im September 1804 mit ihrem dritten Kind schwanger, als sie an Georgiana schrieb: »Man kann nicht wissen, wie anders Du als alle anderen bist, bevor man sich nicht von Dir getrennt hat. Wie Du allen anderen Müttern, sogar den guten, überlegen bist.«[3]

Zu guter Letzt gelang es Georgiana mit ihrer Beharrlichkeit aber, die Abwehrhaltung ihrer Tochter zu zermürben. Im Alter von achtzehn entdeckte Harryo endlich das Element der Freundschaft, das ihrer Beziehung zu Georgiana bisher gefehlt hatte. Während sie bei Little G. auf Schloß Howard wohnte, schrieb sie ihrer Mutter, um ihr für Ratschläge zu Duncannon zu danken: »Meine Lage, was Duncannon angeht, ist dank Dir genauso, wie ich sie haben wollte.«[4] Sie fügte mit rührendem Ernst hinzu, daß ihre Gefühle für ihre Mutter sich geändert hätten: »Ich wußte nie genau, was ich für Dich empfand, bis ich Dich verließ.« Als ob sie die Jahre der stillen Entfremdung wiedergutmachen wollte, fühlte Harryo jetzt eine Welle der Zuneigung zu ihrer Mutter: »Ich bin sicher, nur Du allein bist der Grund für mein Gefühl für Dich. Es sind Begeisterung und Bewunderung, die für alle anderen lächerlich wären, aber sie Dir zu versagen wäre wider die Natur.«[5]

Es kam ihr vor, als ob nichts jemals die Jahre wiedergutmachen könnte, die die Kinder als Waisen in der Obhut von Selina verbracht hatten.
Sie hatte Harryos Reserviertheit immer als eine Art Bestrafung dafür angenommen, daß sie die Kinder im Stich gelassen hatte, aber Harts
Schwerhörigkeit und seine Isoliertheit belasteten sie sehr. Als er elf war,
hatte Georgiana ihre Sorgen dem Herzog anvertraut. Sie hatte zugegeben, daß sie ihn vielleicht zu sehr verwöhnt hatte, aber auch darauf hin-
gewiesen, daß er jede Annäherung normalerweise zurückwies und sich
lieber in Gesellschaft der Diener aufhielt.[6] Der Aufenthalt an der Schule
in Harrow hatte geholfen, ihn etwas aus sich herauszulocken, aber er
verabscheute immer noch jeglichen physischen Kontakt, und das
Necken der Schwestern führte bei ihm zu hysterischen Anfällen. Bess
war die einzige, der er zu trauen schien, was bei Georgiana zur Eifersucht hätte führen können, wenn sie nicht so erleichtert gewesen wäre,
ihn überhaupt mit jemandem sprechen zu sehen. Sie sorgte dafür, daß er
bei Bess an der See wohnte, während Harryo auf Schloß Howard war.
»Die Sache beunruhigt mich sehr, und wegen der vierzehn Tage, die er
weg ist, ist mir sehr bange«, vertraute sie ihrer Mutter an. Aber »ich setze großes Vertrauen in Lady E.s Fürsorge, und sie wird ihn dort stundenlang unter ihren Fittichen haben.«[7]
    Als die beiden Kinder weg waren, konnte Georgiana ihre Energie wie-
der der Krise um den Prinzen widmen. Seit der Erkrankung des Königs
war die Macht des Carlton House angewachsen: Es handelte sich jetzt
nicht mehr um die Gefolgschaft einiger weniger Männer, sondern erkennbar um eine richtige Partei im Parlament. Nach Pitts Rückkehr in
die Regierung gab der Prinz eine Reihe von politischen Banketten für
die Opposition, die die gegenwärtigen Minister entmutigten. Niemand
im Dunstkreis von Pitt hatte Zweifel daran, daß der Prinz Rache an der
Gefolgschaft seines Vaters nehmen würde, sobald der König stürbe oder
der Geisteskrankheit verfiele. Unmittelbar nachdem er das Amt übernommen hatte, begann Pitt mit den Freunden des Prinzen zu verhandeln, um zu erfahren, wie er seine Unterstützung für die Regierung gewinnen könne. Lord Moira und George Tierney empfahlen eine Versöhnung zwischen Vater und Sohn zu arrangieren und schlugen sogar
eine Begründung für diese Gespräche vor: der Wunsch des Prinzen nach
einem militärischen Rang und die Erziehung von Prinzessin Charlotte.
Ersteres war ein hoffnungsloses Unterfangen – der König würde seinem

Sohn nie erlauben, in die Armee zu gehen (der Prinz hatte auch nie ins Ausland gehen dürfen). Letzteres, die Frage der Prinzessin Charlotte, sah erfolgversprechender aus. Der König wollte, daß die Prinzessin von ihren unverheirateten Tanten in Windsor erzogen würde, während dem Prinzen vor allem daran lag, sie aus der Obhut seiner Frau, Prinzessin Caroline, zu entfernen. Pitts Idee war, Prinzessin Charlotte als Lockvogel für die Versöhnung zwischen Vater und Sohn (die fast ein Jahr lang nicht miteinander gesprochen hatten) zu benutzen. In der Folge wiedererweckter warmer Gefühle würde er dann die Freunde des Prinzen einladen, sich seiner Regierung anzuschließen. Zum Glück für die Whigs waren die Carlton-House-Anhänger uneins, ob es angebracht sei, mit Pitt zu kooperieren. Sheridan war natürlich vehement gegen die Idee, aber Lord Moira, der schon durch die Aussicht auf einen Kabinettsposten milde gestimmt war, suchte eifrig des Prinzen Zustimmung.

Das Gespräch war für den 12. November 1804 festgesetzt, und als der Tag sich näherte, zeigte der Prinz alle Zeichen eines Mannes, der entschlossen war, seine Freunde zu verraten. Es gab gut besuchte Diskussionen bei Brooks's und in Devonshire House, wie man den launischen Prinzen am besten davon abhalten könne, die Koalition im Stich zu lassen. Die Whigs fürchteten, daß er in Pitts offene Arme laufen würde, wenn sie ihm zu sehr zusetzten, aber sie gaben Georgiana die Erlaubnis, privat mit ihm zu sprechen. In einem freimütigen Brief stellte sie klar, daß »sie ihn um so mehr umwerben, je mehr er an Macht gewinnt, und daß er deshalb aufpassen sollte, sich zu sehr verpflichtet zu fühlen dafür, daß sie ihm die Macht geben, wenn sie tatsächlich diese ihm vielleicht nicht mehr länger vorenthalten können.«[8] Es gelang ihr auch, den Prinzen zu überzeugen, sich mit ihr zu treffen, und nach einigen intensiven Sitzungen zum Zwecke der Gegenpropaganda in Devonshire House hatte sie ihn überredet, die Aussöhnung von ihren politischen Implikationen freizuhalten.

Aber am 11. November jedoch schickte der Prinz Georgiana eine Nachricht und bat sie, ihn zu treffen, bevor er nach Kew fahre. Sie fand ihn »in Eile und aufgeregt« und spürte, daß er zwischen seinem Machtwillen und dem Wunsch, sich seinen Freunden gegenüber loyal zu verhalten, hin- und hergerissen war. Jemand von ihrer Seite mußte Pitts Versprechungen entgegenwirken, und sie wußte, es klänge wenig überzeugend, wenn es von ihr käme. Sie dachte rasch nach und sandte nach Fox, der in Woburn war. London bebte vor Aufregung, daß irgend etwas

Bedeutendes passieren würde. Der *Morning Herald* berichtete: »Gestern kehrte Mr. Fox um 5 Uhr aus Woburn in die Stadt zurück. Er ist allein gekommen, und es hieß, daß nach ihm geschickt worden war.«[9] Thomas Grenville war in Devonshire House und hielt seine Kollegen über die Entwicklungen auf dem laufenden. »Ich habe tatsächlich F[ox] gesehen, als er gerade aus seiner Kutsche stieg«, kritzelte er in einem Billet an Georgianas Bruder. »Aber als der P[rinz] unmittelbar darauf erschien, zog ich mich zurück, der Prinz sah mich jedoch gerade kurz genug, um mich anzuhalten und mir zu sagen, daß F. mir alles wiederholen würde, was beschlossen werde.«[10] Zusammen schworen Georgiana und Fox den Prinzen darauf ein, was er dem König sagen solle und warteten dann aufgeregt auf seine Rückkehr.

Die Unterredung war ein Desaster für Pitt. Vater und Sohn gaben sich Mühe, höflich zu sein, aber da der König fast ununterbrochen sprach und den Antworten des Prinzen kaum zuhörte, konnte von Versöhnung kaum die Rede sein. Der Prinz kehrte wesentlich gefestigter nach London zurück, und Georgiana konnte ihren Bruder George informieren, daß »er *in der Tat* allen Vorgängen Einhalt geboten hat, obwohl er noch einen schriftlichen Vorschlag über Prinzessin Charlotte erwartet. Er ließ Mr. Pitt durch Lord Moira wissen, daß er nicht in Verhandlungen eintreten könne, die nicht all seine Freunde einschlössen. Obwohl er jederzeit bereit sei für Verhandlungen, wenn diese teilnähmen.«[11] Pitt war erstaunt und bestürzt, als er entdeckte, daß sein Plan in der letzten Sekunde fehlgeschlagen war. Um die Sache noch schlimmer zu machen, war es zu einem Mißverständnis über Prinzessin Charlotte gekommen. Der König glaubte fälschlicherweise, daß der Prinz sein Einverständnis gegeben habe, daß sie in Windsor aufgezogen würde. Der Prinz war außer sich, als er davon hörte und beschuldigte Pitt, die Sache verdorben zu haben.

Fox jubelte. Aufgrund seiner und Georgianas Intervention war der Prinz standhaft geblieben. Er teilte Grey mit: »Die Opposition *scheint* jetzt wieder das (endlich), was sie vor der Flucht des Herzogs von Portland und den anderen widrigen Umstände zu jener Zeit war.«[12] Er beendete seinen Brief mit den Worten »Sie werden erfreut sein, zu hören, daß der Herzog von Devonshire sich großzügig und hilfreich in der Schuldenangelegenheit der Herzogin zeigt.« Die Kombination von Belästigungen durch ihre Gläubiger und Bitten ihrer Freunde hatten Georgiana gezwungen, ihrem Ehemann alles zu gestehen. »Befreie

Dich, Liebste, ich beschwöre Dich«, schrieb Bess, während Georgiana wegen ihrer Entscheidung in Aufregung war. »Es ist besser, daß die Dinge so [schlecht] sind, wie sie sind, als daß Du weiter herumlavierst wie bisher, überall sagst, ich habe Angst und traue mich nicht und dadurch die Leute zur Verzweiflung bringst – Du mußt nur einen Schritt tun und dem lieben Ca alles sagen ... und diese Fesseln [abschütteln], die wirklich das beste Herz und die beste Seele, mit der ein menschliches Wesen gesegnet sein kann, nutzlos werden lassen und Dir Dein Glück versagen.«[13] In einem anderen Brief versuchte sie, mit Georgianas Schuldgefühlen zu spielen. »Wenn Du wüßtest, wie schrecklich es für mich ist, Ca manchmal sagen zu hören, daß ich Dir nicht genügend Einhalt gebiete, daß ich alles weiß und Dich in Schranken halten sollte, und dies, da ich weiß, wie wenig ich weiß, und wie unmöglich es ist, Dinge zu verhindern, und wieviel glücklicher ich wäre, wenn ich sie verhindern könnte.«[14] Bess' Bitten wurden von Fox wiederholt, der fürchtete, daß sie selbst dann noch über die Höhe der Summe lügen würde, wenn sie sich dem Herzog anvertraute, »und dann neue Schulden, wieder Geld leihen, und eine neue Serie von Kummer und Elend.«[15] Robert Adair versuchte, ihr Angst einzujagen, damit sie endlich aufrichtig wäre: »Mach Deine Rechnung auf, ich wiederhole es, es geht jetzt um alles ... Nicht nur ich spreche jetzt zu Dir, es ist Dein Schicksal, Deine Ruhe, Dein Glück, es ist jeder lebende Freund, den Du hast. Es ist unser gemeinsamer und immer betrauerter Freund, der nicht mehr ist [James Hare], der Dich aus dem Grab anfleht, dieser Sache ein für alle Mal ein Ende zu machen, die Dir diese endlose Angst und Unruhe verursacht hat.«[16]

Georgiana wußte, daß ihre Freunde recht hatten. Sie war erschöpft und hatte nicht länger die Energie, ihre Gläubiger abzuwehren. Es würde sie erdrücken, so vertraute sie dem Prinzen an, wenn ihre Kinder jemals die Wahrheit über sie erführen, und sie sprach von der »ständigen Angst und Demütigung, daß man für den Mangel an Vorsicht und dafür, in schlechte Hände gelangt zu sein, beschuldigt wird, und doch immer fühlt, daß Flucht unmöglich ist, und daneben die ständige und unablässige und Furcht vor großer Bestürzung und Aufregung und Zittern vor der Vorstellung, den peinlichsten Konversationen ausgesetzt zu sein«.[17] Allerdings hatte Georgiana Glück, daß Bess und Harriet ihr zur Seite standen, genau wie nach der großen Konfrontation vor dreizehn Jahren. Harriet wartete nervös auf den Moment:

Ca weiß alles, außer der Summe. Er sah ernst und erregt aus, aber antwortete nichts. Ich bin furchtbar ängstlich, denn ich glaube, es ist
mehr als reine Erleichterung, sondern wirklich eine Sache auf Leben
und Tod. Sie hat die ganze Zeit gebraucht, um Mut zu finden, und er
hat es bis zu einem gewissen Maße vermutet und ist der Sache doch
aus dem Weg gegangen ... Ich bin sicher, er wird es in die Hände von
F[arrar] und A[ltman] legen lassen und dafür sorgen, daß [der Verwal-
ter] Heaton nichts damit zu tun hat, daß alles erledigt wird und sie
wieder zu Gesundheit und Frieden und *Ehre* kommt, die jetzt wirklich
aufs äußerste verletzt ist.[18]

Der Herzog hatte eine Summe von 5.000 oder 6.000 Pfund erwartet,
nicht die 50.000, die Georgiana ihm endlich offenbarte. Bess sprang sofort als Puffer zwischen beide, aber ihre Befürchtungen erwiesen sich als
übertrieben. Der Herzog schrie nicht, auch drohte er nicht mit der Trennung von Georgiana; im Augenblick der Wahrheit sah er in ihr keine
Lügnerin und Betrügerin, sondern eine tragische Figur auf der Suche
nach Beistand. »Es war nie etwas so engelsgleich wie das Verhalten des
Herzogs von Devonshire«, schrieb Bess in ihrer süßlichen Art an ihren
Sohn Augustus Foster. »Die vielen Gespräche, die ich mit ihm über das
Thema hatte, haben mich, obwohl sie mich zeitweise nervös machten,
jetzt glücklicher gemacht und, wenn möglich, meine Bewunderung für
ihn und meine Zuneigung noch verstärkt. Ich bin mir jetzt sicher, daß sie
Dinge dieser Art in der Zukunft vermeiden wird, und obwohl die Summe
riesig ist, bin ich überzeugt, daß alles gut enden wird.«[19] Georgiana war
nicht ganz so zuversichtlich wie Bess, denn sie fürchtete, daß sich Heaton
einmischen werde, »was, das weiß ich, alles beenden wird. Ich hoffe aber,
[der Herzog] läßt sich überzeugen, es wird Zeit brauchen und unglücklicherweise erlaubt der Zustand der Schulden keinen Aufschub.«[20]

Der Herzog brauchte so lange, einen Entschluß zu fassen, daß sie in
der Zwischenzeit noch einmal 800 Pfund vom Prinzen leihen musste.
Aber die schließlich getroffene Regelung war mehr als großzügig. Sie
zog Georgianas Bedürfnisse wie auch ihre Unfähigkeit, mit Geld umzugehen, gleichermaßen in Betracht. Ihr Einkommen wurde auf 2.000
Pfund pro Jahr verdoppelt, aber weitere 1.000 wurden den Herren Farrar und Altman anvertraut, die damit beauftragt sein würden, ihre Schulden zu liquidieren. Ihre Gläubiger würden in Raten bezahlt werden, und
zum Zeitpunkt von Harts Volljährigkeit wären die Beschränkungen aus
dem Testament des vierten Herzogs gegen die Aufnahme einer Grund-

schuld auf die Cavendish-Ländereien erloschen. Damit könnte der Rest von Georgianas Schulden in einer einzigen Summe beglichen werden. Der Herzog sorgte sogar dafür, daß sich die Herren Farrar und Altman um ihre besonderen Ausgaben wie ihre Loge im Opernhaus und die Wohltätigkeitsverpflichtungen kümmerten. »Ich werde nie wieder Last mit dem Geld haben«, schrieb Georgiana jubelnd an Little G. »Ich habe die Erschütterung, die stattgefunden hat, vor Dir verborgen und bin sehr glücklich und dem gesegneten Urheber meines Glücks dankbar.[21]

Wo Georgianas Finanzen im Spiel waren, waren die Angelegenheiten jedoch nie einfach, und obwohl sie eine so umfassende Beichte abgelegt hatte, wie ihr möglich war, gab es immer noch eine Menge Schulden, die sie vergessen hatte oder von denen sie gehofft hatte, daß sie sich erledigt hatten. Als die Nachricht durchsickerte, daß der Herzog von Devonshire die Schulden der Herzogin begleichen würde, traten buchstäblich Hunderte von Gläubigern mit weiteren Forderungen auf. Einige davon waren echt, aber andere waren Betrügereien, und Georgiana selbst hatte Schwierigkeiten, zwischen beiden zu unterscheiden. Sechs Monate nach ihrer Beichte im Juli 1805 war Harriet entmutigt über den Mangel an Fortschritt: »Ich werde verrückt, wenn ich jeden Tag von einer neuen Forderung an meine Schwester höre, deren Angelegenheiten in meine Hände gelegt gehören, weil ich die einzige Person bin, der sie vollkommen vertraut. Und K. [der Herzog] *sagt*, daß er so eine hohe Meinung von meiner *Integrität* hat, daß er mir alles anvertraut und nicht nach den Namen oder Umständen fragt, wenn ich ihm mein Wort gebe, daß keine neuen Schulden aufkommen werden. Aber Du kannst Dir nicht vorstellen, wie beunruhigend dies alles ist.«[22] Das ganze Jahr über liefen immer weitere Forderungen ein und beraubten Georgiana der Erleichterung, die sie aufgrund ihres Muts eigentlich verdient gehabt hätte. Ein Freund kommentierte traurig: »Die arme Herzogin von D. hat eine schwere Entzündung gehabt in ihrem *schlechten* Auge, und es geht ihr weiterhin sehr schlecht. Ich fürchte, daß das völlige Durcheinander ihrer Angelegenheiten, das vor allem durch ihre eigene Unklugheit hervorgerufen wurde, der wirkliche Grund für ihre gegenwärtige Krankheit ist.«[23]

Kurz nach ihrer Beichte litt Georgiana wieder unter entsetzlichen Schmerzen aufgrund eines weiteren Nierensteins. Nächtelang blieb der gesamte Haushalt wach, bis es vorüber war. Nach diesem unangenehmen Erlebnis und angesichts der mißlichen Lage mit den Gläubigern entwickelte Georgiana einen makaberen Sinn für Humor, der sich in einem kurzen Gedicht niederschlug.

> *Enquiries at Devonshire House*
> Is she sick; or at Chiswick; in or gone out
> is she shamming a headache or giving a rout
> She's been ill –
> Twas a stone – but she's now in good trim
> A stone! You amaze me – more likely a whim,
> But was is its substance? A feather or lead!
> Is it soft as her heart or as light as her head
> Is it gall cries a foe –is it gold cries a Dun
> – alas the poor Duchess of either has none
> But smile on the errors she tries to disown
> And perhaps it will prove the philosophers' stone.*

Georgiana versuchte, nicht länger ihren Schulden nachzuhängen und kehrte zur Politik zurück, sobald sie genesen war. Ihre Einsicht in die komplizierte Parteipolitik machte sie unentbehrlich. Fox bat sie, mit ihm zusammenzuarbeiten, und sie wurde einer seiner wichtigsten »whips«, Einpeitscher. Die Whigs waren im Oberhaus schwach; Georgiana organisierte einen Rekrutierungsversuch kurz vor der Eröffnung des Parlaments und drängte die Unterstützer, sich einschreiben zu lassen (kein Peer darf im Oberhaus eine Stimme abgeben, wenn er diese Absicht nicht am Anfang jeden neuen Jahres kundtut). Genau diese Art unterschied Splittergruppen von Parteien und Amateure von Professionellen.

---

* *Nachforschungen im Devonshire House*
Ist sie krank; oder in Chiswick; zu Hause oder ausgegangen
Heuchelt sie Kopfweh oder schmeißt sie ein Fest
Sie war krank –
Es war ein Stein – aber jetzt ist sie wohl
Ein Stein! Wie soll ich's glauben – wohl eher eine Laune,
Wie war er? Feder oder Blei!
Ist er weich wie ihr Herz oder leicht wie ihr Kopf
Ist es Galle, ruft der Feind – ist es Gold, ruft der Gläubiger
Doch die arme Herzogin hat weder das eine noch das andere
Nur ein Lächeln für die Fehler, die sie ableugnet,
Und am Ende ist es vielleicht der Stein des Weisen.

Georgiana und Fox waren entschlossen, nichts dem Zufall zu überlassen.[24] »Bitte geben Sie jedem, den Sie sehen, den Eindruck, daß wir die Sitzungsperiode tatkräftig angehen«, hatte er im Januar befohlen.[25] Wenn es darum ging, unentschiedene Wähler zu gewinnen, war Georgiana unermüdlich, Krankheit hin oder her, und sie war bereit, wie etwa im Fall der Debatte über den Sklavenhandel im März, einige der trägeren Mitglieder mit ihrer eigenen Kutsche abzuholen und zum Parlament zu fahren.[26]

Obwohl es Pitt gelungen war, Addington (der eine Peerwürde als Viscount Sidmouth angenommen hatte) und seine Anhänger zu überreden, sich der Regierung anzuschließen, konnte auch dessen Unterstützung kein ausreichendes Gegengewicht zur Koalition bilden. Die Regierung stand vor dem Zusammenbrechen. Am 10. Februar 1805 hatte die Kommission für Marineangelegenheiten ihren zehnten Bericht veröffentlicht, der strafbare Handlungen des gegenwärtigen Ersten Lord der Admiralität, Henry Dundas (kürzlich zum Viscount Melville erhoben), vorbrachte. Der Bericht behauptete, daß Melville als Schatzminister für die Marine wissentlich gebilligt habe, daß öffentliche Fonds von Mitgliedern seines Stabs unterschlagen worden waren. Melville war Pitts ältester und bester Freund, seine wichtigste Stütze im Kabinett und der Mann, der die gesamten schottischen Patronate kontrollierte und bei jeder Wahl die schottischen Parlamentsmitglieder lieferte: Er war Herz und Seele von Pitts Ministerium. Die Opposition roch den Sieg. Am 9. April drängten sich die Parlamentsmitglieder im überfüllten Unterhaus, um zu debattieren, ob gegen Melville Klage erhoben werden sollte. Pitt hielt eine der schlechtesten Reden seines Lebens, während Parlamentsmitglied nach Parlamentsmitglied, angeführt von Fox und Thomas Grenville, aufstand, um Dundas anzuklagen. Die Debatte dauerte bis fünf Uhr nachmittags, als die erschöpften Mitglieder endlich der Abstimmung zustimmten. Das Resultat widersetzte sich allerdings der Erwartung: Die Abstimmung war unentschieden, 216 zu 216. Es war jetzt Sache des Sprechers, Charles Abbot, zu entscheiden. Augenzeugen zufolge saß er zehn Minuten in seinem Stuhl, geradeaus vor sich hin starrend, alle Farbe aus dem Gesicht weichend. Das Haus war totenstill. Dann erhob er sich und gab seine Stimme zugunsten der Ankläger. Die Mitglieder der Opposition sprangen jubelnd auf, während Pitt in Tränen ausbrach und seine Freunde ihm aus dem Plenarsaal helfen mußten.

Zwei Monate später trat Sidmouth zurück und brachte damit die Regierung zu Fall: Seine Erfahrung hatte ihn gelehrt, ein sterbendes Kabinett zu erkennen.

Die Opposition fuhr fort, die Regierung zu quälen. Der Prinz schrieb Georgiana vertraulich am 1. Mai: »Das beste Einverständnis und Harmonie, und auch Festigkeit bestehen zwischen *allen* unseren politischen Freunden.« Ein paar Wochen später gab Georgiana zusammen mit Lavinia zu Ehren der Koalition einen Ball. Trotz ihrer langen Rivalität benahm sich Lavinia zum ersten und letzten Mal während ihrer Bekanntschaft großzügig und lud Georgiana ein, die Honneurs zu machen. Nachdem die Reste des »alten berühmten Champagnerweins« ausgetrunken waren, führte Georgiana »den Prinzen und seine Gefolgschaft, die aus meinem Bruder, unserer ganzen Familie, Lady Stafford etc., insgesamt sechsundzwanzig, bestand, die private Hintertreppe aus dem Musikraum, wo wir uns trafen, hinunter, und wir gelangten ohne die Massen herein. Innerhalb kürzester Zeit war es der gediegenste und großartigste Ball, den ich in den letzten Jahren überhaupt erlebt habe.« Dies war auch Georgianas letzter und zugleich ihr öffentlichster Triumph: 340 Gäste sahen ihr zu, wie sie den Prinzen zu seinem Platz geleitete und dann zu ihrem eigenen am Kopfende der Tafel glitt. Alle Anwesenden erkannten den Symbolgehalt ihrer Handlungen. Georgiana selbst vertraute ihrer Mutter an: »Ich weiß nicht, ob ich mich je mehr geschmeichelt gefühlt habe, als in jenem Augenblick, als ich die Honneurs machte, und mir jeder sagte, ich sehe aus, als gehörte ich zu den Schicksalsgöttinnen.«[27]

Es gab viele, die gute Gründe hatten, die Verbindung zwischen dem Devonshire House und dem Prinzen lieber gebrochen zu sehen. Mrs. Fitzherbert war eine der giftigsten Feindinnen der Koalition, zum Teil wegen ihres Hasses auf Fox, aber hauptsächlich wegen ihrer Eifersucht auf Georgiana. Sie hatte beobachtet, wie Georgianas Einfluß gewachsen war, während ihr eigener sich verringerte, als der Prinz die Gesellschaft von Lady Hertford anziehender fand. Im November 1805 war sie eine verbitterte Frau, die bei jedem, der zuhören wollte, ihre Unzufriedenheit äußerte. Zum Tee bei Mrs. Creevey überraschte und erfreute sie eines Tages ihre Gastgeberin mit einer Haßtirade gegen Georgiana. Sie erklärte, daß der Prinz jetzt »alles« über sie wisse, vor allem wie Geld durch Versprechungen gemacht wird, von ihm nicht autorisiert, für den Fall, daß er die Macht erlangt; daß er weiß, wie seine Person in verschiedene Geschäfte dieses Hauses einbezogen wird, und daß er dort nur hingeht aus Motiven des Mitleids und aus alter Freundschaft, wenn er gebeten wird. Kurz, er sagt Mrs. F. alles, was er sieht und hört, zeigt ihr all die Briefe und Mitteilungen der Herzogin, und sie sagt, sie wisse, daß die Herzogin sie hasse...²⁸

Nur der letzte Teil war sicher wahr.

Georgiana schenkte Mrs. Fitzherbert keine Beachtung; sie war von ihrer Familie und Freunden umgeben und befaßte sich glücklich und zufrieden zusammen mit Lady Melbourne und den Lambs mit Liebhaberaufführungen. Zu ihrer Erleichterung ärgerte sich Harryo nicht mehr über ihren Cousin Duncannon. Der Grund hierfür war allerdings, daß er inzwischen sowohl sie als auch Lady Elizabeth Villiers fallengelassen hatte. Harryo reagierte gleichgültig, als sie von seiner Verlobung mit Lady Maria Fane erfuhr und schrieb in einem Brief an Little G.: »Man hört mehr über ihre Möbel als über ihre Liebe, mehr über ihr Heim als über sie selbst, und alles ist so komfortabel, reinlich und uninteressant, daß sie mir fast ganz aus dem Gedächtnis entfallen waren, bevor Du mich an sie erinnert hast.«²⁹ Georgiana war auch erfreut, eine deutliche Verbesserung im Verhalten des sechzehnjährigen Hart ihr gegenüber zu spüren. Er hatte begonnen, auf ihre Annäherungsangebote mit kleinen Schritten seinerseits zu antworten. Die Veränderung war nach Caroline Ponsonbys plötzlicher Verlobung mit William Lamb, dem späteren Viscount Melbourne eingetreten.* Hart war so verzweifelt über die Nachricht, daß Georgiana Dr. Farquhar bat, ihm ein Beruhigungsmittel zu geben. Es sickerte durch, daß er Caroline heimlich liebte und geplant hatte, sie zu heiraten, wenn er volljährig würde. Wie es ihr auch bei Harryo gelungen war, schaffte es Georgiana, sich durch Harts Reserviertheit zu kämp-

---

* Georgiana fand sich mit der Nachricht ab: »Es war mir schon lange klar, wie sehr sie William Lamb liebte, aber bis vor kurzem hat sie es unterdrückt«, teilte sie Lady Spencer mit. »Ich glaube wirklich – auch der Herzog – daß jeglicher Einhalt zu Verrücktheit oder Tod führen würde.« Harriet verbarg ihre Enttäuschung Leveson Gower nicht: »Das Schicksal meiner armen Caroline entscheidet sich anscheinend für immer«, schrieb sie. Die Beziehungen zwischen Harriet und Lady Melbourne hatten sich abgekühlt, und sie zweifelte, ob William in der Lage sein würde, Caroline angemessen zu behandeln.

fen und ihn zu trösten. Als er sich wieder zu seinem Tutor aufs Land begab, begannen sie eine Korrespondenz, die später einige seiner kostbarsten Erinnerungen an sie enthalten sollte. Sie unterhielten sich und tauschten Klatsch, Gedanken und Nachrichten aus, als ob sie immer schon Freunde gewesen wären. Georgiana war endlich in der Lage, ihre politischen Aktivitäten mit ihm zu teilen und begann, ihm die Verehrung für das Denken und Handeln der Whigs einzuimpfen, die auch schon Little G. ergriffen hatte. Als sich die neue parlamentarische Sitzungsperiode näherte, schrieb Georgiana ihre Briefe im Stil eines Journals und enthüllte Hart »die heimliche Geschichte der Zeiten«. »Obwohl Du Dich jetzt noch nicht um Politik kümmerst, muß ich Dir sagen, was passiert ist...« begann der erste Brief.[30]

Die Kämpfer standen Mitte Januar auf ihren Plätzen bereit. Pitt hatte der Erfolg bei der Schlacht von Trafalgar am 21. Oktober sehr viel Auftrieb gegeben, obwohl der Tod von Admiral Nelson zu beklagen gewesen war. Aber Napoleons Flotte war zerstört worden und damit auch sein Ehrgeiz, eine Invasion in England zu wagen. Sechs Wochen später schlug Pitts Hochstimmung jedoch in Verzweiflung um. Napoleon gewann wieder die Oberhand, als er die österreichische Armee am 2. Dezember 1805 in der Schlacht von Austerlitz schlug. Sein Sieg zerstörte die Dritte Koalition, auf die sich zuvor Rußland, Preußen, Österreich, Schweden und England geeinigt hatten. Pitts Diplomatie lag in Trümmern; die politische Zukunft der Regierung sah düster aus.

Dennoch leitete die Herzogin von Gordon die heimische Offensive ein, indem sie politische Gesellschaften gab, die zeitlich mit Georgianas Oppositionspartys zusammenfielen. »Die Herzogin von Gordon hat ein großes Abendessen, zu dem sie mich nicht eingeladen hat«, schrieb Georgiana an Hart. »Das wird mein Abendessen sehr ausdünnen.«[31] Aber die Auseinandersetzung kam ein paar Tage später jäh zum Stillstand. Pitt brach zu Hause zusammen. Er war schon seit einiger Zeit krank gewesen, und die Leute hatten Bemerkungen über seinen eingesunkenen Körper und sein graues Gesicht gemacht: Der Port, so lange eine Stütze, war dabei, ihn zu vergiften. Er starb am 23. Januar 1806 im Alter von sechsundvierzig Jahren, nachdem er genau fünfundzwanzig Jahre im Unterhaus gesessen hatte.[32] Berichten zufolge hatte er, kurz bevor er das Bewußtsein verlor, ausgerufen: »Oh, mein Land! Wie lasse ich mein Land zurück!«

Die Pitt-Hegemonie war vorüber. Fox formulierte seinen Unglauben angesichts der Nachricht, »als ob etwas in der Welt fehlen würde – eine Lücke, ein Riß, der nicht gefüllt werden kann.«[33] Georgiana teilte diese Gefühle Hart mit. Sie hatte über zwanzig Jahre ihres Lebens damit verbracht, einen Mann zu bekämpfen, der »einen immensen Raum im Universum gefüllt hatte«.[34] Kaum ein Tag war vergangen, ohne daß Pitts Name erwähnt worden wäre. Er hatte ihre Leben in solch einem Ausmaß geformt, daß die Whigs für eine kurze Zeit in Verlegenheit waren. Georgiana faßte den orthodoxen Blick der Whigs auf Pitts Karriere für Hart zusammen:

> Mr. Pitts Fehler als Engländer und Staatsmann war, daß er gegen die Verfassung auf seinen Platz kam und sich hielt, indem er die Macht der Krone ausübte. Als Staatsmann stach er vor allem als Finanzier hervor. Im Krieg war er ein schlechter Führer, nicht aus mangelndem Vermögen, sondern weil er zu sehr unfähigen Individuen vertraute. Aber seine Eloquenz war so groß, daß er nahezu jedes Desaster in das vollkommene Gegenteil ummünzen konnte. Seine Wahl der Worte war perfekt, seine Stimme wunderschön, und seine Art, Fragen beiseite zu schieben, wenn ihm danach war, und die Faszination, die er auf Menschen ausübte, waren außergewöhnlich.[35]

Der König suchte nach Alternativen zur Fox-Grenville-Koalition, aber niemand war erpicht auf die Aufgabe. Er mußte sich auf das Schlimmste gefaßt machen und schickte nach Lord Grenville, um ihn aufzufordern, ein Ministerium zu benennen. Die Regierung wurde rasch das »Ministerium aller Talente« tituliert, denn Fox und Grenville luden Addington (jetzt Sidmouth) ein, sich ihnen anzuschließen. Die neue Regierung war die am breitesten angelegte, umfassendste in der gesamten Regierungszeit von Georg III. Nach der anfänglichen Euphorie gab es allerdings eine häßliche Rauferei um Posten. Georgiana war erschreckt: »Ich bin verzweifelt und todmüde«, erzählte sie Hart. »Mr. Fox hat keine Schwierigkeit mit den größten Ämtern des Staates, aber jetzt da er zu den niedrigeren kommt, wird es unvorstellbar. Ich habe ihn, und nicht nur ich, gequält, ohne seine Lage zu kennen, aber das werde ich nie wieder tun...«[36] »Ich kann das nicht ausstehen, unmöglich«, beklagte sich Fox bei Thomas Grenville. Er fand, daß die Grenvilles zu sehr nach Ämtern gierten.[37] Es war ein unglücklicher und wenig versprechender Anfang. Irgendwann wurde bestimmt, daß Lord Grenville Premiermini-

ster werden sollte, Fox Außenminister, George Spencer Innenminister,
Charles Grey Marineminister und Sheridan Schatzminister für die
Marine, eine im Hinblick auf seine frühere Antipathie zur Koalition ge-
neröse Position.

Klugerweise blieb Georgiana im Hintergrund, bis sich die Regierung
formiert hatte, aber sofort, nachdem die Minister in ihr Amt eingeführt
worden waren, erschien sie wieder auf der Bildfläche, um die Feiern zu
organisieren. »Gestern abend hatten wir eine wunderbare Zusammen-
kunft des neuen Ministeriums«, informierte sie Hart. »Wir trafen uns in
meinem Raum, gingen dann durch die Halle in den Mittelraum, um
dann im Speisezimmer das Abendessen einzunehmen. Der Prinz saß
noch lange bei uns, bis Mr. Fox (der in der Perücke recht gut aussieht)
beinahe neben mir einschlief.«[38] Ganz im Geist von Versöhnung und
Kooperation gab sie ein Abendessen für die scheidenden Minister und
ihre Ehefrauen und erzählte Hart: »Die Herzogin von Gordon kam und
war sehr gnädig, es war eine Versöhnungsgeste von mir, sie einzuladen.«
Nichts sei amüsanter, als der Anblick der Herzogin »wie sie Mr. Fox den
Hof machte. Sie lud ihn und Mrs. Fox für morgen abend zu einer Gesellschaft ein.« Sie sprach sogar eine Einladung an Georgiana aus, aber diese war zu sehr mit anderen Feierlichkeiten beschäftigt, um annehmen zu
können. Jede Nacht gab sich die Londoner Gesellschaft in Devonshire
House die Tür in die Hand, um den neugesalbten Führern die Ehre zu
erweisen. Einige waren voller Respekt, andere verdrossen, und einige
machten so offensichtliche Versuche, sich einzuschmeicheln (etwa die
Herzogin von Gordon), daß sie sich der Lächerlichkeit preisgaben.[39]
»Ich glaube, die Herzogin von Gordon hat sich mit mir versöhnt, denn«,
so schrieb Georgiana an Hart, »sie hat uns alle zu einem Ball am 6. eingeladen. Ich habe gehört, daß sie mich ›den Kopf der Regierung‹
nennt.«[40] Zwanzig Jahre früher hatte Fanny Burney Georgiana den
»Kopf der öffentlichen Opposition« genannt; dieser neue Titel erfüllte
sie mit weitaus größerer Befriedigung: »Wir, die Regierung«, triumphierte sie. Sie scherzte mit Little G., »Wir sind alle Staatsmänner und
Staatsfrauen und sind fade und wichtig geworden.«[41]

Am 9. März, inmitten des Trubels all der Abendeinladungen, Bälle,
Versammlungen und Vorstellungen bei Hof, nahm sich Georgiana ein
paar Stunden, um einen langen und ernsten Brief an Hart zu schreiben.
Vielleicht hatte sie eine Art Vorahnung, was passieren würde, oder viel-

leicht hielt sie auch am Höhepunkt ihres Strebens inne, um ihr Leben zu würdigen.

Ich fühle und fürchte, daß ich meiner Lust, Dir zu schreiben, zu viel Spielraum lasse, aber in der Tat hat nie eine Mutter ihren Sohn so sehr geliebt wie ich Dich. Ich lebe in Dir weiter. Ich bete Deine Schwestern an, aber in Dir sehe ich vielleicht deutlicher als in ihnen, wie meine Jugend war. Gott gebe Dir, daß Du all die Leidenschaft und Freude der Jugend erlebst, ohne all diesen Verrücktheiten unterworfen zu sein, die meine Einführung in die Welt mitbestimmten ... Du wirst denselben Versuchungen ausgesetzt sein, aber Du hast Urteilskraft und Verstand, um Dich dagegen zu schützen ...
Ich hoffe zu erleben, daß Du nicht nur glücklich wirst, sondern daß Du auch für andere Ursache ihres Glücks bist, daß Du Dein fürstliches Vermögen dafür verwendest, Gutes zu tun, und das Talent und die *Macht, zu gefallen,* die Dir die Natur geschenkt hat, nutzt, um den Namen Cavendish noch über die Ehre, die er bis jetzt erworben hat, zu erheben. Gott segne Dich, liebster, liebster Hart. Wenn es Dich nicht langweilt, hätte ich manchmal den Wunsch, Dir eine Geschichte Deines Hauses zu schicken, von der Zeit Elisabeths [I.] bis heute, um Dir zu zeigen, wozu Du gehörst. Aber glaube mir, liebster Hart, wenn ich Dir sage, daß ich erwarte, daß Du sie alle übertriffst. Alle, außer Deinen lieben, lieben Vater. Er ist ein höchst ungewöhnlich begabter Geist, und er ist von einer Rechtschaffenheit, mit der sich wenige brüsten können. Mr. Fox und die besten Männer unserer Zeit achten sein Urteil und seinen Menschenverstand hoch. Lieber Hart, verbanne die Trägheit und füge ein bißchen Lebhaftigkeit diesem Charakter Deines lieben Vaters hinzu, und Du wirst ihn wiederbringen mit dem einzigen, was ihm fehlte – *die Kraft, müßige Angewohnheiten zu besiegen und die Tugenden, die seine Freunde an ihm schätzen, zum Nutzen seines Landes zu gebrauchen.*[42]

Wenige Tage später wurde Georgiana krank, es hatte den Anschein einer Gelbsucht. Als Lady Spencer von ihr eine Bitte um 100 Pfund erhielt, vermutete sie, daß »ihre Krankheit sich den alten und hoffnungslosen Geschichten mit den Geldschwierigkeiten verdankt«. Ihre Tochter wurde tatsächlich von einem neuen Gläubiger belästigt, aber die Krankheit war echt. Anfangs dachten die Ärzte, es handele sich wieder um einen Nierenstein, und ein paar Tage lang schien sie neue Kräfte zu sammeln. Es ging ihr sogar gut genug, daß sie ihrer Mutter schrieb, die Gelbsucht »verschwinde«. Aber am 22. März verschlechterte sich ihr Zustand rapide. Harriet zog ins Devonshire House und saß die ganze Nacht bei ihr, während sie unaufhörlich an Schüttelfrost litt. Am 25. März schrieb Bess in ihr Tagebuch: »Heute ein besserer Tag – der Fieberanfall heute morgen leichter, aber in furchterregenden Intervallen, den Rest des Tages ging es der Herzogin jedoch besser.«[43] Sie beklagte sich, daß »Massen kommen, um sich nach ihr zu erkundigen«. Die Leute schienen zu fühlen, daß Georgianas Krankheit dieses Mal sehr ernsthaft war. Fox kam und fand Georgianas vier Ärzte viel zu zuversichtlich. Er teilte Leveson Gower mit: »Die Ärzte glauben, es gibt keine Gefahr, aber die, die sie lieben, können nicht aufatmen, bis das Fieber endgültig gewichen ist.«[44] Lady Spencer war hin- und hergerissen, ob sie in St. Albans bleiben oder in die Stadt kommen sollte. Sie entschied, daß Georgiana genug Leute um sich hatte, die sich um sie kümmerten, mit Bess und Harriet und auch ihren drei Kindern in Reichweite (zufällig war Little G. mit Morpeth in der Stadt, weil sie im achten Monat schwanger war). Aber Harriets Briefe überredeten sie, doch zu kommen. Am 26. erlitt Georgiana einen Anfall, der achteinhalb Stunden anhielt. Die Ärzte schoren ihr den Kopf und verabreichten ihr Zugpflaster auf die Haut, die keine Linderung brachten, sondern die Schmerzen nur verstärkten. Die Ärzte wußten es nicht, aber sie hatte einen Abszeß an der Leber; es gab nichts, was sie für sie hätten tun können, außer ihre Schmerzen zu lindern, und das mißlang ihnen gründlich.

Am 27. wußte jeder in Devonshire House, daß Georgiana sterben würde. Die Familie, alle Freunde und Dienstboten warteten auf ihr Ende. Die Menge außerhalb der Tore wurde immer größer. Der Herzog schrieb Selina am 29. März: »Wenn das Schlimmste passieren sollte, hoffe ich, wirst Du so gut sein, erst einmal in Devonshire House zu bleiben, denn ich werde nicht in der Lage sein, mich um irgend jemanden zu kümmern oder Trost zu empfangen oder zu spenden.«[45] Georgiana versuchte zu sprechen, und später schrieb Harriet von der »Qual, zusehen zu müssen, wie sie sich abmühte zu sprechen, zuzuhören mit quälender Aufmerksamkeit, aber da waren nur unartikulierte Laute, die man unmöglich verstehen konnte, und die Schmerzen zu sehen, die es ihr verursachte«.[46] Den Tag über wurden die Anfälle noch schlimmer und ihre Schmerzen brannten sich denen, die die letzten Stunden miterlebten, für immer ins Gedächtnis ein. »Ich habe alles mit angesehen«, schrieb Harriet, »habe sie durch all ihre Kämpfe festgehalten, habe sie verfallen sehen, und seitdem habe ich immer wieder und wieder ihre kalten Lippen

geküßt und ihren leblosen Körper an mein Herz gedrückt – und doch
bin ich am Leben.«[47]

Georgiana starb um 3.30 Uhr am 30. März 1806. Der Herzog, Bess,
Harriet, Lady Spencer und Little G. waren bei ihr »bis kurz vor dem Ende«, und es hieß, sie seien »ganz wahnsinnig« gewesen. »Der Herzog
war tief betroffen«, schrieb ein Freund an Leveson Gower, der in diplomatischer Mission in St. Petersburg weilte. »Und hat mehr Gefühl gezeigt, als jemand für möglich gehalten hätte. Tatsächlich ist jeder einzelne in der Familie in einem fürchterlich elenden Zustand. Oh Gott, welch
einen Verlust haben sie alle zu betrauern – alle, die sie kannten, weinen
um sie ...«[48] Tausende von Londonern, von denen sich viele an Georgianas Straßenkampagnen für Fox 1784 erinnerten, strömten nach Piccadilly, um ihr Mitgefühl zu bezeugen. Die Freunde kamen ins Devonshire House, um ihre Trauer mit der Familie zu teilen. Fox saß auf einem
Sofa, die Tränen rollten seine Wangen hinunter. Harriet schrieb Leveson Gower später, daß sie nichts hätte tun können, um den Whig-Führer
zu trösten: »Ich war so bestürzt, daß ich nicht einmal mit ihm sprechen
konnte.«[49] Der Prinz war wie betäubt: »Die vollkommenste und wohler-
zogenste Frau in England ist nicht mehr«, sagte er. Sowohl Harriet als
auch Bess schrieben beredt und ausführlich über ihre Trauer, aber von
den Gedanken von Lady Spencer und den Kindern ist nichts überliefert.
Nichts außer einem kleinen Streifen Papier. Er enthält eine Nachricht
von Little G.:

> Oh meine geliebte, meine angebetete dahingeschiedene Mutter, bist
> Du wirklich für immer von mir gegangen? – Soll ich nie mehr Deinen
> engelsgleichen Ausdruck sehen oder diese gesegnete Stimme hören –
> Du, die ich mit solcher Zärtlichkeit liebte, Du, die Du die ... beste aller
> Mütter warst, ADIEU. Ich wollte Veilchen über ihr Totenbett streuen,
> wie sie ihre Süße über mein Leben gestreut hat, aber sie haben mich
> nicht gelassen.[50]

Epilog

Nicht weniger als 33 Jahre hat man sie [die Herzogin von Devonshire] als Spiegel und Muster der Mode betrachtet, und inmitten der Ehrerbietung, die ihr gezollt wurde, bewegte sie sich mit einer Einfachheit, die bewies, daß sie sich des Charmes, der die Welt für sie einnahm, gar nicht bewußt war.

MORNING CHRONICLE, *31. MÄRZ 1806*

Am Mittwochmorgen wurden die sterblichen Überreste der Herzogin von Devonshire mit großem Begräbnis- pomp in der Familiengruft in der St. Stephen's Kirche in Derby zu Grabe gelassen. 3 Meilen von Derby entfernt empfingen der gesamte Landadel und die Pächter des Herzogs, die dort leben, den Leichenwagen und begleiteten die sterblichen Überreste zur Stätte des Begräbnisses.

THE TIMES, *10. APRIL 1806*

Allein die Erinnerung bleibt, und Bedauern, nie endendes Bedau- ern«, schrieb Bess sechs Wochen nach Georgianas Tod an ihren Sohn Augustus Foster. »Bedauern, dem nur die engelsgleichen, unver- gleichlichen Qualitäten meiner Herzensfreundin an Rang gleichkom- men, meiner lieben, geliebten, angebeteten Freundin ... Ich bin dankbar und sollte dankbar sein für den Freund, der mir erhalten geblieben ist, und für solche liebevollen Söhne, aber sie war die einzige Freundin, die ich je hatte ...«[1]

Ohne Georgiana war Bess allein und ohne Schutz. Am Tag nach ihrem Tod schrieb sie in ihr Tagebuch, »wir sind eine Familie von Leiden- den.«[2] Aber sie war nicht Teil der Familie und obwohl sie von »wir« und

»unser Verlust« sprach, hatte sie doch Angst, daß Georgianas Kinder und Lady Spencer darauf bestehen würden, daß sie Devonshire House verließ. Georgiana lag fünf Tage unter den Blicken einer nicht enden wollenden Reihe von Trauernden aufgebahrt. Am 5. April wurde der Deckel festgehämmert und der Sarg aus der Großen Halle weggebracht. »Ich bin nicht mehr ruhig«, schrieb Bess in ihr Tagebuch, »ich werde nicht mehr getröstet. Ich kann meine eigenen Gefühle nicht beschreiben.« Ein paar Stunden später kritzelte sie:

> Wir haben den Sarg vorbeiziehen sehen – wir haben den tiefen Ton des Leichenwagens gehört – wir haben die lange Prozession den Hof verlassen und aus den Toren von Devonshire House ziehen sehen ... Es ist vollbracht. Es ist vorbei. Und wir haben kaum geweint. Unbewußt knieten wir nieder, als er vorüberfuhr.
> Ich werde nie Hartingtons Blick und Gestalt vergessen, als ich ihn in der Großen Halle sah, als ob er dort auf seine arme Mutter wartete, und dann auf den Stufen, bekleidet, ohne Hut, seine unschuldige, interessierte Haltung und seine Blicke bis zuletzt auf den Sarg gerichtet, als er langsam die Stufen hinuntergetragen wurde, dann auf den Leichenwagen, als er hineingeschoben wurde. Er schien nicht zu weinen, aber seine ganze Seele schien aufgesogen zu werden von dem, was vor sich ging.
> Der Morgen hatte gerade erst zu dämmern begonnen – alles erwachte zu Licht und Leben, außer ihr – die sie unser Licht und Leben gewesen war.
> Lady Bessborough und ich eilten auf mein Zimmer zurück – unsere Mädchen brachten uns etwas für die Nacht und wir trennten uns für die Nacht, aber kaum um zu schlafen, sondern um nachzudenken und uns zu fragen, wie wir hatten aushalten können, was wir miterlebt hatten.[3]

Der Herzog blieb in seinem Zimmer, außer in einer Nacht, als er, wie Bess behauptete, »hysterisch wurde. Ich blieb lange auf, sehr lange bei ihm. Dann ging ich schwankend zu meinem Zimmer – als ich dort ankam, sah ich, daß er mir in seiner Angst gefolgt war.«[4]

Die Familie verließ Devonshire House, nachdem Georgianas Sarg weggebracht worden war; die Kinder und der Herzog gingen nach Chiswick, Bess zusammen mit Harriet nach Roehampton. In ihrem Tagebuch schrieb Bess, daß sie ein »interessantes Gespräch« mit Little G. und Harryo gehabt habe. Georgianas Kinder waren sich nicht einig, wie sie sie behandeln sollten. Hart schrieb Little G. nach einer ergebnislosen

Diskussion: »Vielleicht hast Du heute mehr verstanden, als ich sagen wollte über die Person, über die wir gesprochen haben. Ich denke nur, da sie verunglimpft worden ist, sollte man ein bißchen acht geben und Unterschiede machen, jetzt da ihre Feinde mehr reden würden. Wenn sie das tut, werde ich die erste sein, die ihr Respekt und Anerkennung zollt.«[5]

Georgiana hatte vorausgesehen, daß ihr Tod Bess' Situation in Devonshire House gefährden würde, von Clifford und Caroline St. Jules ganz zu schweigen. Um ihre Freundin zu beschützen, hatte sie Bess zur alleinigen Verwahrerin ihrer Papiere gemacht und so sichergestellt, daß Bess für die Familie unentbehrlich bliebe – zumindest eine Zeitlang. »Lady Elizabeth hat, weißt du, die Aufsicht über alle Papiere und Briefe, die ihr anvertraut wurden – es war *ihr* besonderer Wunsch«, schrieb Little G. bestürzt ihrer Schwiegermutter, Lady Carlisle. Georgiana hatte Tausende von Briefen hinterlassen: Es würde Wochen, wenn nicht Monate dauern, sie durchzusehen, und Bess hatte absolut freie Hand, darüber zu bestimmen, was mit ihnen geschehen sollte. Die Bedeutung von Georgianas Geschenk entging ihr nicht, ebensowenig ließ es die Familie im Zweifel über Georgianas Wünsche Bess betreffend. Vielleicht zum ersten Mal seit Beginn ihrer Bekanntschaft unternahm Bess einen besonderen Versuch, auf Lady Spencer Rücksicht zu nehmen, und hielt sich damit zurück, ihren letzten Sieg ganz auszukosten. Am 8. Mai schickte sie Lady Spencer eine Locke von Georgianas Haar, eingeschlagen in ein Stück Papier, auf dem stand: »Gnädige Frau, das beigefügte Papier ist der einzige Gegenstand, den anzunehmen ich Sie bitten *kann*.« Lady Spencers Antwort ist nicht überliefert.

Es gibt keinen Zweifel, daß Bess Georgianas Papiere nach eigenem Gutdünken geordnet hat. Sie wählte aus und bewahrte oder vernichtete Briefe, so daß das Überlieferte Georgianas Reputation abträglich war und ihrer eigenen nutzte. Sie handelte nicht in bewußter Untreue zu Georgiana; sie war einfach nicht in der Lage, anders zu handeln. Ihre Trauer war echt. Im Juli schrieb sie an Augustus, der sich in Amerika aufhielt: Sie fühle sich wie betäubt, obwohl Dr. Farquhar ihr gesagt habe, das sei »nach einem schrecklichen Schock immer so«. »Sie ist mir so gegenwärtig«, fuhr sie fort, »und ich bin so beständig mit ihr beschäftigt, daß ich mich fühle, als würde sie sich nur auf einer Reise befinden und ich ertappe mich, wie ich sage ›Das werde ich ihr erzählen.‹«[6] Georgiana war der »ständige Zauber meines Lebens. Sie verdoppelte jede Freude, schmälerte jeden Kummer. Ihre Gesellschaft war von einer Anziehungskraft, die ich bei keinem anderen Wesen kennengelernt habe. Ihre Liebe zu mir überstieg wirklich die ›Liebe einer Frau‹«[7] Aber nun, da Georgiana gegangen war, gab es keinen weiteren Hinderungsgrund für Bess, ihren Platz einzunehmen.

Die Ereignisse verdrängten den Wunsch der Kinder, Bess möge Devonshire House verlassen. Zuerst kam Clifford von der Navy zurück, dann wurde Hart krank, und Bess bot an, ihn zu pflegen. Der Herzog fand selbstverständlich ohnehin, daß er ohne die Pflege von Bess nicht auskommen könne. Dann bekam Charles Fox im August ein Ödem, und sein Zustand wurde so bedenklich, daß der Herzog ihm Chiswick House als Zufluchtsort anbot. Bess kümmerte sich um alle Dienstbotenangelegenheiten und übernahm es selbst, in der Öffentlichkeit Bulletins über seinen Gesundheitszustand abzugeben. »Sie ist ein widerwärtiges Biest«, tobte Lavinia, die wütend war über die Art, wie Bess die Hauptrolle übernommen hatte.[8] Bess war unter den Anwesenden, als Fox am 13. September 1806 starb, genau sechs Monate nach Georgianas Tod. (»Es hat nichts zu sagen, meine liebste, liebste Liz« waren seine letzten Worte, die er an seine Frau richtete.) Sie war auch bei Fox' Beerdigung dabei und saß neben Georgianas Kindern, während der Herzog seine Pflicht als einer der acht Sargträger erfüllte. Das Kabinett und über einhundert Parlamentsmitglieder folgten dem Sarg von St. James's zur Westminster Abbey. Tausende säumten die Straßen, und anders als bei Pitts Begräbnis verhielt sich die Menge ruhig und gesittet.[9] Vier Monate später entließ der König die Koalition, nachdem sie versucht hatte, irischen Katholiken das Recht zuzusprechen, in der Armee Offiziersränge zu bekleiden. Die Whigs bildeten erst wieder eine Regierung, als Grey 1830 Premierminister wurde.

Bess blieb nach Fox' Tod in Devonshire House. Ihr Verhalten änderte sich nach und nach, als ob Georgiana ihr nicht nur all ihre Papiere, sondern auch ihre Position hinterlassen hätte. Im November unterrichtete Harryo Little G. davon, daß Bess schamlos »den Ton angibt, wenn Lord M. und du nicht da seid.«[10] Es verärgerte sie auch, wie kleinlich Bess sich an Selina rächte, »indem sie sie zwingt, etwas zu sagen, um dann darüber zu streiten.« Am schlimmsten war, daß sie mit ansehen mußte, wie Bess den Platz ihrer Mutter einnahm: Von Rechts wegen hätte

Harryo am Kopf der Tafel sitzen müssen. »Lady E. F. ist sehr unliebens-
würdig, wenn sie an meiner Stelle die Honneurs macht«, schrieb sie
Little G., »was aus vielen Gründen für mich sehr schmerzhaft ist.«[11]
Harryo fürchtete eine Konfrontation mit Bess. Caroline, Harriets
Tochter, hatte hingegen keine Hemmungen, sie mit Bemerkungen an-
zustacheln, wann immer sich die Gelegenheit bot. Laut Harryos Brief
vom 19. November

> begann Caroline gestern abend, bevor die Bessboroughs und wir alle
> uns zusammengefunden hatten, einen Brief von Madame de Mainte-
> non *laut* vorzulesen, in dem sie sich wegen ihres Verhaltens Louis ge-
> genüber entschuldigt und sagt: »Si je ne vais dans sa chambre, à qui
> pourrait il confier ses secrets.«* oder entsprechende Worte, und sie
> beschrieb auch in kurzen Szenen, was wir so oft erleben. Das führte zu
> allen möglichen Fragen an Lady E., ob Madame de Maintenon sich
> richtig verhalte, ob sie ehrgeizig sei oder nur großzügige Opfer bringe
> etc. Ich bilde mir ein, daß Lady E. verlegen war.[12]

Bess war durch Caroline jedenfalls nicht so in Verlegenheit gebracht
worden, daß sie ihr Verhalten geändert hätte. Sheridan, der sie immer
hatte durchschauen können, erzählte Leuten, »daß Bess sich ihm gegenüber beklagt habe, weil ›sie es als ihre ernste Pflicht verspürte, die
Herzogin von Devonshire zu sein.‹«[13] Sie leugnete die Geschichte indigniert; seine Kommentare machten sie aber vorsichtiger. Ein Jahr später fühlte sich Little G. verpflichtet, Hart zu schreiben mit der Bitte,
nicht wegen Bess' Anwesenheit seinen Vater zu meiden. »Sie benimmt
sich besser, als ich erwartet hatte, und nimmt sich nicht so viel heraus,
wie ich befürchtet hatte, obwohl immer noch viel zuviel, aber das muß an
der Situation liegen, die sie für sich selbst gewählt hat ... Ich spüre ihr
Verhalten und hasse es genauso wie Du, aber ich wünschte, Du würdest
dich ihr gegenüber und im Zusammenhang mit ihr so verhalten wie
Harryo, nämlich ihr keinerlei Handhabe gegen Dich zu geben oder irgendeinen Grund, sich meinem Vater gegenüber zu beklagen.«[14]

Die einzige Person, die sich auf Bess' Seite stellte, war Harriet. Aber
selbst sie hoffte, daß Bess nicht versuchen würde, den Herzog zu heiraten, um auch noch Georgianas Platz als Herzogin von Devonshire ein-

---

* Wenn ich nicht in sein Zimmer gehe, wem könnte er dann seine Geheimnisse anvertrauen?

zunehmen. »Obwohl wir kein Recht haben, das zu erwarten«, gab sie zu. Georgianas Tod hatte Harriet ins Mark getroffen: »Keiner weiß, G.«, teilte sie Leveson Gower mit, »nicht einmal Du, wie sehr ich leide.« Eines Nachts blieb sie lange auf und las Georgianas Briefe. Die schmerzhafte Erinnerung an ihre Stimme ließ Harriet erkennen, daß »es lange, lange dauern wird, bevor diese Wunde heilt ... Ich erkenne dieses Unglück als Strafe für mich und als Erlösung [für Georgiana]. Die letzten elenden Jahre ihres Lebens und ihr qualvoller Tod waren, so hoffe und vertraue ich, ihre Wiedergutmachung und vollständige Buße für *ihre* Fehler ... Aber während ich die Gerechtigkeit des Schlages anerkenne, der mich umbringt, gehe ich unter seiner Härte zu Boden.«[15] Am schlimmsten war ihr der Gedanke daran, daß die letzten Jahre ihrer Schwester durch Hecca Sheridan's Bekenntnis verdüstert worden waren, Grey sei ihr Liebhaber gewesen.[16]

Schamerfüllt besuchte Grey Harriet am 19. August 1807. »Ich konnte nicht umhin, ihm bittere Vorwürfe wegen seines, wie ich finde, von Anfang bis Ende abscheulichen Verhaltens zu machen«, schrieb Harriet nach dem Gespräch. »Ich habe nie solche Heftigkeit erlebt. Er schlug sich vor den Kopf, verfluchte sich mit tausend harschen Worten, weinte und warf sich mir zu Füßen. Es war unmöglich, hiervon nicht aufgewühlt zu sein ...« Sie machte sich Vorwürfe, daß sie sich von Greys Verhalten hatte täuschen lassen. »Ich habe jemanden zu sehr bewundert, der, was immer er unter Männern ist, sich unter den Frauen alles andere als ehrenhaft verhalten hat, sie fürwahr in der Gesellschaft niedrig einstuft.« Harriet war fast bereit, ihm zu vergeben, aber er verdarb seine tränenreiche Entschuldigung, indem er ihre Knie umfaßte, »und als ich am wenigsten damit rechnete, schloß er mich in die Arme«, und versuchte sie zu küssen. »Ich schäme mich dafür für ihn und für mich selbst. Ich kann es nicht erklären: War es der Unwille über meine gerechtfertigte Ablehnung seines Verhaltens ihr gegenüber, und warum hat er ihn auf so merkwürdige Weise gezeigt? Es kann nicht sein, daß ein Mann von gewöhnlichem Anstand nicht wissen sollte ...«[17]

Zwei Jahre nachdem Harriet erfahren hatte, wie Grey Georgiana betrogen hatte, hörte sie noch weitere beunruhigende Neuigkeiten. Im Herbst 1809 verkündeten Bess und der Herzog ihre Verlobung. Harriet bemühte sich ernsthaft, ihr zu vergeben, und teilte Leveson Gower mit:

Ich mag Bess wirklich, und glaube, daß sie mehr gute und großzügige Eigenschaften hat, als man ihr zugesteht, aber sie hat das schlechteste Urteilsvermögen, das ich je bei jemandem kennengelernt habe. Und ich beginne zu glauben, daß sie mehr *calcul* hat und mehr Macht, ihre Wünsche und Absichten zu bündeln, als ich vorher geglaubt habe. Zu all dem habe ich hier einen unangenehmen Brief von meiner Mutter, die durch irgend etwas, das W. Spencer gesagt hat, aufgeschreckt worden ist, und sie kommt jetzt in die Stadt, um sich mit meinem Bruder über einen Plan zu beraten, dem unsere ganze Familie folgen soll in dem Fall, daß ein solches Ereignis stattgefunden hat, und wir uns dazu erklären müssen. Wenn meine Mutter sich auf sich allein verlassen würde, würde sie wie ich über das trauern, was unsere Erinnerungen an früher so schmerzhaft wiederaufleben läßt, aber mehr nicht. Aber ich kenne die Meinung meines Bruders, die beeinflußt wird von Lady Spencer und auch Lady Morpeth, und sie scheint anzukündigen, daß dann jegliche Verbindung zwischen Devonshire House und uns gekappt werden und Harriet ihren Vater verlassen soll. Das mißbillige ich zutiefst. Ja, lieber G., ich werde allein gegen meine ganze Familie und *ihre* [Georgianas] Kinder stehen, weil ich ein Ereignis befürworte, das mir weiß Gott mehr weh tut als jedes andere, das ich mir vorstellen kann, und Partei ergreife gegen sie und gegen die Erinnerung an das Liebste auf Erden ...«[18]

Der Herzog informierte die Kinder und Lady Spencer von der Hochzeit erst ein paar Tage, nachdem das Ereignis stattgefunden hatte. »Ich möchte nicht, daß Sie, meine liebe Lady Spencer, diesen Brief beantworten«, schrieb er am 17. Oktober 1809, »denn es muß Ihnen unangenehm sein, es zu tun, und ich werde auf andere Weise wissen, ob Sie mein Verhalten billigen oder mißbilligen.«[19] Hart schrieb ein kaltes Glückwunschschreiben an seinen Vater, in dem Bess nicht erwähnt wurde, und einen erhitzten Brief voller Vorwürfe an seine Cousine Caroline Lamb: »Erst wenn ich es sehe, kann ich glauben, daß die Frau diese Dreistigkeit haben könnte, uns diesen immer so heiligen Namen wegzunehmen, der von nun an so vergiftet werden wird.«[20] Harryo wußte nicht, wie sie es aushalten würde, mit Bess als Stiefmutter in Devonshire House zu leben. Zu ihrem Glück bemühte sich in diesem Augenblick ein Freier um ihre Hand. Harryo hatte ihn schon seit geraumer Zeit geliebt, aber die Verbindung war dennoch überraschend – der Freier war Granville Leveson Gower, der Liebhaber ihrer Tante Harriet und Vater ihrer beiden unehelichen Kinder. Er war sechsunddreißig und wollte endlich eine rechtmäßige Familie gründen. Harriet hatte akzeptiert, daß sie ihn nicht halten konnte, und hatte ihm ihr Einverständnis gegeben, um Harryo zu werben. Ihre Liebe zu ihm war gleichwohl nicht geringer geworden, und seine Heirat mit ihrer Nichte bereitete ihr große Qual. »Ich muß niederschreiben, was ich niemandem zu sagen wage«, schrieb sie 1812. »Ich habe diese Sprache [der Liebe] gehört oder gesprochen, und siebzehn Jahre davon liebte ich bis zur Besessenheit den einzigen Mann, von dem ich sie zu hören wünschte, der Mann, der mich vielleicht von allen, die mir ihre Liebe erklärt haben, am wenigsten geliebt hat – obwohl ich einst dachte, es verhielte sich anders.«[21]

Der Herzog zeigte deutlich, welche Tochter er bevorzugte – die uneheliche Caroline oder die eheliche Harryo –, als er die Mitgiften festlegte. 1809, als Caroline St. Jules George Lamb heiratete, den jüngeren Bruder des späteren Lord Melbourne, gab ihnen der Herzog 30.000 Pfund. Wenige Monate später, als Harryo Leveson Gower heiratete, gab er ihnen nur 10.000 Pfund. Bess machte keine Anstalten, die Unfairness des Herzogs zu korrigieren.

Obwohl Bess endlich Georgianas Titel übernommen hatte, besaß sie nie deren Popularität oder ihren Einfluß, und die Cavendishs und Spencers verhielten sich nie mehr als höflich zu ihr. Kurz nach der Hochzeit schrieb sie Lady Spencer einen unterwürfigen Brief mit der Bitte um eine Besuchserlaubnis, wurde aber abgewiesen. »Es ist überflüssig zu erwähnen, daß viele bittere Gedanken aufkommen werden, wenn wir uns treffen, und das läßt mich wünschen, es würde noch nicht so weit kommen«, erwiderte Lady Spencer am 9. Dezember 1809. »Aber glaube mir, wenn ich Dir versichere, daß der letzte Teil Deines Lebens glücklicher sein möge – viel glücklicher, als der frühere gewesen ist.«[22] Acht Monate später gab sie ihre Gefühle Harriet gegenüber ehrlicher zu erkennen: »Gebe, daß diese verdammte Frau all das Unheil, das sie gestiftet hat, fühlen und bereuen möge, bevor es zu spät ist, und unter anderem daß Du, meine liebe Harriet, nicht mehr von ihr getäuscht wirst.«

Bess mag in der Tat einiges von dem »Unheil«, das sie gestiftet hatte, bereut haben, denn der Herzog gab ihr einen Geschmack davon, was Georgiana so viele Jahre erlebt hatte. Kurz vor ihrer Hochzeit befreundeten sich er und Bess mit einer Mrs. Spencer, einer jungen Frau, die den größten Teil ihres Lebens in Deutschland verbracht hatte, bevor sie William Spencer heiratete, einen mittellosen Lebemann von der Churchill-Seite der Familie Spencer. Bemerkenswerterweise – bedenkt man, daß schon zwei Spencers eine Rolle im Leben des Herzogs gespielt hatten – nahm das Paar sie als neue Gefährtin auf. Da sie keine nennenswerten Mittel besaß und nur wenige Verwandte in England hatte, war die Witwe für jedes Zeichen von Freundschaft äußerst dankbar. Sie stand den Devonshires schon bald so nahe, daß sie eine der wenigen Zeuginnen ihrer Hochzeit war. Aber später bemerkte Harryo, daß man den Zweispänner ihres Vaters jeden Tag vor Mrs. Spencers Tür gesehen habe, »manchmal bis nach 8.« »Kann die Herzogin das mögen?« fragte sie. »Besonders nachdem sie Mrs. S. zu ihrem Werkzeug gemacht hat und sich damit von ihr abhängig.«[23]

Der Herzog lebte nicht lange genug, als daß Mrs. Spencer eine ernsthafte Bedrohung für Bess hätte werden können. Er starb am 29. Juli 1811. Bess hingegen war nicht bereit, auf die Früchte ihrer Kampagne zu verzichten. Sie verlangte von Hart Geld und Juwelen und bestand sogar darauf, daß der Herzog einen geheimen Zusatz zum Testament geschrieben habe, in dem ihr Chiswick auf Lebenszeit vermacht wurde. Um ihre Forderungen zu unterstützen, verkündete Bess die wahre Vaterschaft von Caroline und Clifford – ein schockierender Akt in der Gesellschaft des achtzehnten Jahrhunderts – und bestand darauf, daß Clifford das Recht habe, das Cavendish-Wappen zu tragen. Zwischen ihr und den Cavendishs gab es häßliche Streitereien, die zu ihrer größten Verlegenheit auf irgendeinem Weg an die Öffentlichkeit drangen. Schließlich, am Ende des Jahres, bestach Hart Bess mit einer großzügigen einmaligen Abfindung für sie und seine zwei Halbgeschwister, »innerhalb einer Woche« abzureisen. Bess zog aus Chiswick aus und ließ ein kleines Haus in Richmond bauen. Sie teilte ihre Zeit zwischen dort und London auf, wo sie, auf Förmlichkeit bedacht, als Elizabeth, Herzogin von Devonshire Gesellschaften gab. Aber sie war rastlos und unzufrieden mit ihrem neuen Leben. Nach fünf Jahren respektgebietender Witwenschaft packte sie ihre Habseligkeiten und zog nach Rom. Ein alter Bekannter Georgianas, Sir William Gell, besuchte sie dort:

> Es gibt zum Beispiel Augenblicke, in denen der Zauber ihres Aussehens und ihres Verhaltens fasziniert und man sie mögen muß, trotz allem, was über ihren Charakter gesagt worden ist. Ihr Zimmer ist voller

Bücher, und die Literatur ist nun der Lebensinhalt, für den sie sich interessiert oder vorgibt zu interessieren. Ich glaube, sie ist an dem Punkt angekommen, an dem kein Amüsement der Welt einen mehr reizen kann; sie hat das Vergnügen in allen Ausführungen gekostet; sie hat es bis zur Neige ausgetrunken, und der Bodensatz ist bitter. Wenn es noch irgendeine Quelle der Anteilnahme für sie gibt, dann ist es der Kardinal.[24]

Der Kardinal Consalvi war Bess' letzte große Liebe. »Kein Mädchen von fünfzehn Jahren hat je eine romantischere Leidenschaft für ihren Liebhaber gezeigt als diese distinguierte, aber auch antiquierte Dame für den Kardinal«, schrieb Sir William. Der Kardinal hatte die undankbare Aufgabe eines Staatssekretärs des Papstes. Er teilte Bess' Interesse an klassischer Architektur und Antiquitäten und half ihr, ihre eigene Ausgrabungsstätte auf dem Forum Romanum zu planen. »Diese Hexe von Endor die Herzogin von Devon«, schrieb Lady Spencer, kurz bevor sie am 18. März 1814 starb, »richtet nun ein anderes Unheil an, als das, was sie ihr ganzes Leben angerichtet hat, indem sie nun behauptet, für das allgemeine Wohl auf dem Forum zu graben.«[25]

Bess machte Italien zu ihrem ständigen Zuhause, obwohl sie England manchmal besuchte und schließlich ihren früheren Einfluß auf Hart zurückgewann, sehr zum Verdruß von Little G. und Harryo. Sie starb in Rom am 30. März 1824, auf den Tag genau achtzehn Jahre nach Georgianas Tod. Ein Medaillon mit einer der rotgoldenen Locken ihrer Freundin und ein Haarband von Georgiana lagen neben ihrem Bett. Hart war bis zum Ende an Bess' Seite, und überraschenderweise auch Georgianas Tochter Eliza Courtney, jetzige Mrs. Ellice.[26] Später sorgte Hart dafür, daß Bess' sterbliche Überreste nach England gebracht wurden. Er ließ sie neben Harriet, die drei Jahre vorher, 1821, gestorben war, und neben Georgiana und dem Herzog bestatten.

Georgianas Töchter hegten gemischte Gefühle, als sie die Nachricht von Bess' Tod hörten. »Es hat uns sehr schockiert, sie hatte so viel Lebensfreude, und ich fühle mich so unglücklich und ängstlich wegen der armen Mrs. Lamb [Caroline St. Jules]«, schrieb Harryo. »Es bringt einem auch vergangenen Zeiten wieder in Erinnerung, und viele angespannte und unbeschreibliche Gefühle. Dies ist ein bitterer Kelch, liebste Schwester.«[27] Die acht Kinder, die zu Georgiana und Bess gehörten: Hart, Little G., Harryo, Eliza Courtney, Caroline St. Jules, (Augustus)

Clifford und Frederick und Augustus Foster standen ihr ganzes Leben lang auf gutem Fuße miteinander. Bess' Caroline hatte das Glück, mit Georgianas Kindern ein enges Verhältnis zu pflegen, das die Umstände Eliza Courtney verwehrten. Auf der anderen Seite war Carolines Heirat mit George Lamb ein tragischer Fehler – die Ehe wurde nie vollzogen –, während Eliza mit Robert Ellicc außergewöhnlich glücklich wurde. Harryo machte sich Gedanken über ihren Halbbruder und ihre Stiefbrüder.

> Clifford und die *beiden* Fosters sind hier, aber es geht sehr gut [schrieb sie am 30. Oktober 1812]. Clifford hat sich im Aussehen sehr verbessert, aber im Gespräch ist er nichts, und sein ständiges nervöses kleines Lachen läßt selbst sein Schweigen weniger schlecht erscheinen als das einer anderen Person. Ich bin sehr freundlich, aber »etwas niedergeschlagen wegen Langeweile«. Er beherrscht die Kunst der Konversation überhaupt nicht, und nun, da er die Vertraulichkeit und das Kindischsein der früheren Jahre hinter sich gelassen hat, ist nichts an ihre Stelle getreten. F. Foster in ausgelassener Stimmung und ausgesprochen amüsant. A. Foster eher besser als früher.[28]

Hart nahm seine Pflichten als Familienoberhaupt sehr ernst. Er kümmerte sich um alle Interessen seiner Geschwister. Seine erste Handlung als sechster Herzog war, Harryos Mitgift von 10.000 auf 30.000 Pfund anzuheben. Er bezahlte auch Thomas Coutts einen Teil der Summe, die immer noch von Georgianas Schulden ausstand. Besonders Clifford profitierte von Harts Hilfe: Durch seinen Einfluß erhielt er eine Anstellung als Gentleman Usher of the Black Rod (als oberster Beamter des Oberhauses) und wurde später zum Baronet gemacht. Frederick Foster, der sich als Landedelmann niedergelassen hatte, und Augustus, der 1835 für seine Dienste als Diplomat zum Ritter geschlagen wurde, waren regelmäßige Besucher auf Chatsworth. Georgianas zwei legitime Töchter erreichten nie die Berühmtheit ihrer Mutter, oder suchten sie gar nicht erst, obwohl Harryo und Leveson Gower mit großem Erfolg fast siebzehn Jahre lang der Britischen Botschaft in Paris vorstanden.

Hart erfüllte Georgianas Erwartungen nicht. Seine Taubheit hinderte ihn daran, in die Politik einzutreten oder bei den Whigs eine bedeutende Rolle zu spielen. Er heiratete nie und starb 1858 kinderlos im Alter von achtundsechzig Jahren, was bedeutete, daß der Titel seitwärts auf

seinen zweiten Cousin William Cavendish überging. Zu Lebzeiten zeigte Hart viele von Georgianas Charakterzügen. Er war ein ernsthafter
Sammler von Mineralien, ein enthusiastischer Modernisierer, der Hun-
derttausende von Pfund im Jahr für die Veränderung und Verbesserung
von Chatsworth und Devonshire House ausgab, und ein bekannt
großzügiger Gastgeber. Hart genoß nicht nur die schwesterliche Bewunderung von Harryo und Little G., er war auch ein beliebtes Mitglied der
Gesellschaft. Als Georgiana ihm geschrieben hatte: »Ich sehe in Dir vielleicht mehr als in ihnen [den Mädchen], wie meine Jugend war«, mag sie
auf einen Zug Harts angespielt haben, der erst im Erwachsenenalter zutage trat. Er ahmte ihr Leben nach, indem er leidenschaftliche Freundschaften zu seinem eigenen Geschlecht pflegte. Ihn verband eine lebenslange Zuneigung zu dem Gärtner und Architekten Joseph Paxton, der
mit seiner Frau in einem Haus auf dem Chatsworth-Anwesen lebte. Ihre
Verbindung provozierte Kommentare, rief aber keinen Skandal hervor,
und Hart führte ein zufriedenes, wenn auch nicht sehr bemerkenswertes
Leben.

*

Georgianas Nachruf im *Gentleman's Magazine* war typisch für die Pres-
seartikel, die nach ihrem Tod erschienen. Er lobte ihre Leidenschaft,
ihren Geist, ihre Intelligenz und nannte dies »Qualitäten ... einer seltenen, erhabenen Art.« Aber es war Louis Dutens, der in seinen Erinnerungen Georgianas Einfluß auf ihre Generation am besten beschrieb.
»Ohne jede Absicht wurde sie die Anführerin des *ton*. Sie änderte die
Zeiten und erfand die Moden. Jeder versuchte sie zu imitieren, nicht nur
in England, sogar in Paris. Jedermann erkundigte sich, was [Georgiana]
tat, wie sie sich kleidete, begierig, in derselben Art zu handeln und sich
zu kleiden. Sie hatte eine ungewöhnliche Würde in ihrem Auftreten eher
als in ihrer Figur, und sie schien immer vollkommen aus dem Eindruck
des Augenblicks heraus zu handeln.«[29]
Genauso wenig jedoch wie ein Maler sie während ihres Lebens wirklich porträtieren konnte, hat je ein Nachruf die wahre Komplexität ihres
Charakters darstellen können. Georgiana war vor allem eine Frau der
Paradoxe. Sie vertraute einmal, kurz vor der Regentschaftskrise 1788,
Alexandre Calonne an: »Ich habe Dir mein Herz geöffnet und Du hast

gesehen, daß es trotz all meiner Heiterkeit sehr oft gequält ist.«[30] In ähn-
lichem Ton schrieb sie 1778 an Mary Graham und 1799, einundzwanzig
Jahre später, an Sir Philip Francis. Ihr ganzes Erwachsenenleben lang
versuchte Georgiana, die Widersprüche in sich zu versöhnen. Sie war eine anerkannte Schönheit, von ihrem Ehemann aber nicht geschätzt, eine
populäre Anführerin des *ton*, die seine Scheinheiligkeit durchschaute,
und eine Frau, die die Leute liebten, die sich aber ihrer Fähigkeit, Liebe
zu gewinnen, so unsicher war, daß sie von der zweifelhaften Zuneigung
Lady Elizabeth Fosters abhängig wurde. Sie leistete großzügige Beiträge
zu guten Zwecken, bestahl aber ihre Freunde, sie war eine Schriftstellerin, die nie unter ihrem eigenen Namen veröffentlichte, eine hingebungsvolle Mutter, die ein Kind opferte, um die anderen drei zu retten,
eine Berühmtheit und Kunstmäzenin in einer Zeit, in der verheiratete
Frauen keine Rechtsfähigkeit hatten, eine Politikerin ohne Stimmrecht
und eine raffinierte Taktikerin eine Generation vor der Entwicklung
professioneller Parteipolitik.

Georgiana gebührt die Anerkennung dafür, daß sie als eine der ersten politische Aussagen für die Massenkommunikation aufbereitete.
Sie kreierte Images und verstand die Notwendigkeit von Public Rela-
tions, und sie war geschickt bei der Handhabung politischer Symbole
und der Verbreitung von Parteipropaganda. Das Zweiparteiensystem
entwickelte sich im späten achtzehnten Jahrhundert gerade erst, und
Splittergruppen dominierten noch das Bild, mit all ihren Problemen
von Disziplin und der Abhängigkeit von Persönlichkeiten. Trotzdem
gelang es Georgiana, ein Gefühl der Parteizugehörigkeit unter den
Fox-Whigs zu schaffen, und sie machte aus dem Devonshire House
den Ort, an dem während kritischer Zeiten wie der Westminster-Wahl
und der Regentschaftskrise die Fäden zusammenliefen. Sie war gleichzeitig eine öffentliche Gallionsfigur für die Whigs und eine wirkungs-
volle Politikerin innerhalb der Partei. Die Führer der verschiedenen
Fraktionen folgten ihren Aufrufen, suchten ihren Rat, beauftragten sie
mit Verhandlungen und verließen sich darauf, daß sie die Moral der
Parteianhänger aufrechterhielt.

Mit ihrer Hingabe für die Sache der Whigs und den Erfolg von Fox
(in ihrer Vorstellung beide nicht voneinander lösbar), erzielte Georgiana
eine Reihe von politischen Siegen im Verlauf ihrer – so kann man mit
Fug und Recht sagen – dreißigjährigen Karriere. Als erstes benutzte sie

ihre beträchtliche Überzeugungskraft, den Prinzen davon abzubringen, 1783 die Fox-North-Koalition zu sprengen. Im darauffolgenden Jahr rettete sie Fox mit ihrer mutigen Kampagne in der Westminster-Wahl vor der Wahlniederlage. In den folgenden wilden Jahre vor und nach der Regentschaftskrise von 1789 gelang es Georgiana, der Partei neue Mitglieder zu gewinnen und den Austritten Einhalt zu gebieten. Noch wichtiger war, daß sie 1805 die Koalition beisammenhielt, als sie wiederum den Prinzen überredete, die Whigs nicht im Stich zu lassen. Es war ihre Beharrlichkeit, die den Schwung für das »Ministerium aller Talente« 1806 aufrechterhielt. Keine andere Frau – und tatsächlich nur wenige Männer – erreichten so viel Einfluß, wie ihn Georgiana zu Lebzeiten genoß.

Georgiana war natürlich keineswegs allein bei der Erfüllung ihrer Pflichten als Politikergattin. Ihre Karriere ist ein Beispiel dafür, wie weit Aristokratinnen Zugang zur Politik gewährt wurde, als Politik noch Familiensache war. Von Lady Melbourne, Mrs. Crewe und Lady Salisbury zum Beispiel erwartete man, daß sie »arbeiteten«, das heißt in der lokalen Öffentlichkeit als Prominente auftraten. Sie halfen ihren männlichen Verwandten im Wahlkampf, und benutzten familiäre und soziale Bindungen, um deren Karriere zu befördern. Während der Parlamentsperiode präsidierten sie über die Salons, organisierten politische Dinner, und boten den verschiedenen Gruppierungen Gelegenheit, miteinander zu verkehren. Sie waren die Überbringer von Nachrichten und schufen Möglichkeiten für Treffen und informelle Bündnisse. Sie waren nicht weniger parteilich als die Männer, manchmal sogar mehr: während der Regentschaftskrise strichen die Fox- und Pitt-Gastgeberinnen die jeweilige Opposition von ihren Gästelisten.

Im Gegensatz dazu wurde den aristokratischen Damen des neunzehnten Jahrhunderts wesentlich weniger Zugang zur Politik gewährt. Als die Stimmung des Volkes gegen die »Lässigkeiten« des achtzehnten Jahrhunderts ausschlug, warf man den Frauen vor, in männlichen Bereichen wie Politik und Geschäft viel zu aktiv gewesen zu sein, und ermutigte sie, sich mit häuslichen Angelegenheiten zufriedenzugeben. Weiblichkeit wurde mit der Beschäftigung mit Heim, Familie und Religion identifiziert, während Männlichkeit stärker mit dem Arbeitsplatz, Politik und Macht gleichgesetzt wurde.[31] Die Thronbesteigung von Königin Viktoria 1837 hatte einen weiteren dämpfenden Effekt auf die Teilnahme von

Frauen am öffentlichen Leben, genau wie die Professionalisierung der Parteipolitik. Die Beteiligung der Mittelschicht, die zunehmende Beherrschung der Wählerschaft durch zentralistisch organisierte Parteien und die Wandlung der Politik von einem Dienst an der Öffentlichkeit zu einer Berufskarriere, all das trug zum Ausschluß von Frauen bei. Sie wurden nie ganz entfernt, wie die Leben von Lady Palmerston, Prinzessin Lieven, der Frau des russischen Botschafters in London 1812, und Lady Waldegrave deutlich machen, aber den Frauen des neunzehnten Jahrhunderts war dasselbe Maß an politischer Mitarbeit, das ihre Vorgängerinnen erreicht hatten, versagt.

Ironischerweise sind Georgianas politische Erfolge, ganz zu schweigen von den Aktivitäten ihrer weiblichen Zeitgenossen, durch die Starrheit moderner akademischer Methoden eher verdunkelt worden. Die meisten politischen Historiker verfolgen in der Regel einen konservativen Ansatz und ignorieren die Rolle der Frauen *tout court*. Die meisten feministischen Historikerinnen konzentrieren sich auf »die typischen Frauenbeschäftigungen« und ignorieren daher die Welt der hohen Politik. Die marxistische Geschichtsforschung, eng verbunden mit der feministischen Geschichtsforschung, konzentriert sich auf die Leben von vielen – der Mittel- und Arbeiterklassen – auf Kosten der wenigen – der Aristokratie. Ergebnis ist das theoretische Modell, das die Frauengeschichte die letzten drei Jahrzehnte beherrscht hat, das sogenannte »Modell der separaten Sphären«, eine Kreuzung aus Klassen- und Geschlechtertheorie. Es argumentiert, daß die Frauen in abgeschlossenen Gesellschaften gelebt haben, ohne Autonomie und ohne Richtung, wenig mehr als passive Opfer der Launen der Männer, die das soziale und institutionelle Leben beherrschten.[32] Das Modell streicht auch die »Schwesternschaft« von Frauen heraus, ihr andersartiges Denken und Empfinden, und ihr Leiden sowohl unter dem Kapitalismus wie unter dem Patriarchat.

Dieser Ansatz leugnet Relevanz und Signifikanz der Erfahrungen einer Herzogin von Devonshire oder einer Herzogin von Gordon. Dennoch ist Georgianas Leben repräsentativ für einen bedeutenden Teil der Gesellschaft des achtzehnten Jahrhunderts. Die Beziehungen zwischen Männern und Frauen waren robust, vielschichtig – und widersprüchlich. Weder die öffentlichen und privaten noch die sozialen und politischen Sphären existierten als getrennte Einheiten. Sie verschwammen ineinander und schufen oft subtile und nuancierte Unterscheidungen. Eher als anomal zu sein, zeigt Georgianas politische Karriere die Durchlässigkeit, die das Verhältnis zwischen den Geschlechtern charakterisierte. Die Neigung von weiblichen Historikern, die hohe Politik zu ignorieren, und die der politischen Historiker, Frauen zu ignorieren, hat zu einem gründlichen Mißverstehen einer der in den Geschlechterbeziehungen ausgeglichensten Perioden der britischen Geschichte geführt.

Ein geeigneteres Modell für das achtzehnte Jahrhundert wäre eines von ineinandergreifenden Sphären, das die Flexibilität sozialer Konventionen der Ära anerkennt: Das Leben der Frauen spiegelte die wechselnden Muster der Gesellschaft und war gleichermaßen dem Druck, verursacht durch Klassenzugehörigkeit, Ort, Ökonomie und Alter, ausgesetzt.[34] Die wahrgenommene »richtige Rolle« der Frau war eine vieldebattierte Frage, die zu Unstimmigkeiten zwischen Familienmitgliedern führte, sowohl innerhalb der Aristokratie als auch in der Gesellschaft als ganzer. Georgiana selbst haderte mit sich, ob sie die Grenzen ihrer Rolle überschritt. Andererseits erforschte sie bis an ihr Lebensende weiter diese Grenzen. Sie war damit nicht allein. Linda Colleys Studie zur Teilnahme von Frauen an Politik und Gesellschaft am Ende des Jahrhunderts führte sie zu der Erkenntnis, daß diese weitaus aktiver waren, als die Literatur uns bisher glauben machen wollte. Die lautstarken Kritiker, die Frauen auf ihre häusliche Rolle beschränkt sehen wollten, kämpften ein Nachhutgefecht gegen die große Anzahl, die sich schon außerhalb der häuslichen Sphäre befand.[35]

Bei verschiedenen Gelegenheiten hatte Georgiana Zutritt zu wirklicher Macht und traf auf Männer, die wollten, daß sie diese nutzte. Bei anderen Gelegenheiten wurde sie auf gemeinsame Anstiftung von ihren männlichen und weiblichen Zeitgenossen an der Mitwirkung gehindert.[36]

Das Muster ihrer Freundschaften war ähnlich komplex. Georgiana hatte enge und vertrauensvolle Beziehungen mit Vertretern beider Geschlechter. Obwohl es nicht angebracht wäre, die Vorstellungen des zwanzigsten Jahrhunderts über homo- oder heterosexuelles Verhalten auf Georgianas Beziehung zu Mary Graham oder Lady Elizabeth Foster anzuwenden – es gibt keine schlüssigen Beweise –, wenn tatsächlich Georgiana und Bess ein Liebespaar waren, dann würde dies nur bestätigen, daß die Sexualität des achtzehnten Jahrhunderts nicht weniger einschließlich war als ihr modernes Gegenstück.

Historiker haben begonnen, die Idee in Frage zu stellen, daß im achtzehnten Jahrhundert Frauen und Männer in streng getrennten Sphären lebten.[37] Georgianas politische Karriere ist ein überzeugendes Beispiel dafür, daß dieser Blick der Realität des Lebens im achtzehnten Jahrhundert widerspricht und dessen Reichtum und Vielseitigkeit ignoriert. Ihre Geschichte ist genauso Teil der Geschichte der Männer und der weiteren Welt wie der der Frauen. Sie ist bemerkenswert als erfolgreiche Politikerin, deren Aktionen oft genug Ereignisse von nationaler Reichweite waren; bemerkenswert auch, weil sie einen hohen Bekanntheitsgrad erreichte trotz der Tatsache, daß sie eine Frau in einer die Männer begünstigenden Welt; und bemerkenswert schließlich, weil sie diese Erfolge erreichte, während sie persönlich litt bei ihrer Suche nach Selbstverwirklichung.

Lange nachdem sich die Whig-Partei zerstreut hat und Devonshire House zerstört wurde, fasziniert Georgiana noch immer aufgrund ihrer zielstrebigen Entschlossenheit, die Heldin ihrer eigenen Geschichte zu sein. »Ich war nur ein Jahr älter als du, als ich in den Strudel der Zerstreuungen geriet – eine Herzogin und eine Schönheit«, schrieb Georgiana an Hart, drei Wochen, bevor sie starb, »doch ... was immer ich gesehen habe, hat nicht die Prinzipien meiner Gottergebenheit schwächen können oder mich meiner Liebe zur Tugend und meiner bescheidenen Wünsche zu tun, was richtig ist, beraubt.«[38]

Dank

Im Verlauf mehrjähriger Recherche häufen sich unvermeidlich die Verpflichtungen, Einzelpersonen und Institutionen Dank auszusprechen. Ich danke den Eigentümern folgender Manuskriptsammlungen herzlich für die Erlaubnis, in ihr Material Einblick zu nehmen: Seiner Gnaden dem Herzog von Devonshire, der Drummonds Bank, dem Ehrenwerten Simon Howard, Herrn Hugh Seymour und dem Grafen Spencer.

Auf den Reisen anläßlich meiner Recherche fand ich bei folgenden Personen Unterkunft, ihnen danke ich für ihre Gastfreundschaft: Herrn und Frau Piers Paul Read, Celia und Tom Read, Bernard und Marie Scrope, und Sir Simon und Cosima Townley.

Landauf und landab begegneten mir stets interessierte und hilfsbereite Bibliothekare und Archivare. Zahllose Menschen gaben Sachkenntnisse an mich weiter, insbesondere Ian McIver von der National Library of Scotland, der mich auf die Briefe von Mary Graham aufmerksam machte. Außerdem möchte ich Peter Day danken, dem Bibliotheksleiter auf Chatsworth, Dr. R. C. E. Hayes von der Royal Commission on Historical Manuscripts, und den Angestellten im Lesesaal der Manuskriptsammlung der British Library. Die British Library, das Bodleian Conservation Department, New Scotland Yard und das Computerzentrum der Oxford University bemühten sich nach Kräften, mir beim Entziffern der geschwärzten Briefpassagen behilflich zu sein. Die Tatsache, daß all unsere Bemühungen erfolglos blieben, schmälert meine Dankbarkeit für die Zeit und Mühe, die sie diesem Problem bereitwillig gewidmet haben, gegenüber allen vier Institutionen keineswegs.

In den vergangenen sechs Jahren ist mir außerordentlich viel Hilfe zuteil geworden. Während ich an der amerikanischen Ausgabe arbeitete, lernte ich viele nette Menschen kennen. Ich möchte Jonathan Barton für seine unablässige gute Laune und Ermutigung danken, und Marisol Arguetta, Anthea Craigmyle, Caroline Dameny, Alice Lucas-Tooth, Lizzie Pitman, Jessica Pulay und Hugh Smith.

Ich fühle mich außerdem folgenden Lesern für ihre Anmerkungen und Kritikpunkte verpflichtet: Elaine Chalus, Jemima Fishwick, Jonathan Foreman, Stephen Howard, Anthony Lejeune, Andrew Roberts, Justin Shaw, Fredric Smoler, Philip Watson und ganz besonders meinem Supervisor, Dr. Leslie Mitchell, der mich mit seinem Eifer für die Whigs inspiriert hat.

Ich hätte mich auf *Georgiana* nicht eingelassen, wenn meine Agentin, Alexandra Pringle, nicht gewesen wäre, und hätte die Arbeit ohne meinen Lektor Michael Fishwick nicht beendet. Die Dankbarkeit und Bewunderung, die ich für beide empfinde, kann ich kaum in Worte fassen. Sie waren geduldig, großzügig, und haben mich inspiriert und unterstützt. Sie haben in mehrfacher Hinsicht viel zu dem Buch beigetragen und, zusammen mit Rebecca Lloyd und Sophie Nelson, die hingebungsvoll und unermüdlich redigierten, dabei geholfen, *Georgiana* zu vollenden.

Die amerikanische Ausgabe von *Georgiana* wäre ohne die engagierte und harte Arbeit von Susanna Porter und Kate Niedzwecki nicht zustande gekommen. Ihr Vorstellungsvermögen hat mir geholfen, ein Buch zu schaffen, das für sich allein steht, ohne Verweis auf seinen britischen Verwandten.

Ich möchte auch meinen Eltern, Eve und Michael Williams-Jones, für ihre grenzenlose und großzügige Unterstützung danken. Vier Jahre sind eine lange Zeit, in der sie mit unermüdlichem Interesse zuhörten, während ich wieder und wieder von *Georgiana* erzählte. Ich schulde ihnen wesentlich mehr, als ich je zurückgeben kann, und bin viel dankbarer, als mein Verhalten ihnen gegenüber manchmal zeigte. Zum Schluß möchte ich mich bei meinem Bruder Jonny bedanken, meinem Seelenverwandten, besten Freund und Verbündeten, der mir mit Rat und Tat stets zur Seite stand, Tag und Nacht. Ich hoffe, ich habe seine Geduld verdient.

Ich widme dieses Buch meinem Vater, Carl Foreman, mit dem sicheren Wissen, daß auch wir heute Freunde wären, wenn er noch leben würde.

Anmerkungen

Kapitel 1 – Debütantin: 1757–1774

[1] Carlisle MSS J18/20/95 Georgiana von Devonshire (GD) an Lady Georgiana Morphet, Aug. 1799.

[2] L. Dutens, *Memoirs of a Traveller in Retirement*, London 1806, IV, S. 209.

[3] Spencer MSS in Altorph: Mrs. Spencer an Thea Cowper, 30. Sept. 1758.

[4] Chatsworth MSS (im weiteren Chatsworth) 22: GD an Lady Spencer (LS), 23. Sept. 1774.

[5] E. S. de Beer, Hrsg., *The Diary of John Evelyn*, Oxford 1959, S. 886.

[6] Joseph Friedman, *Spencer House: The Chronicle of a Great London Mansion*, London 1993, S. 194.

[7] D. Douglas, Hrsg.,*The Letters and Journals of Lady Mary Coke*, Edinburgh 1889–96, I, S. 96.

[8] Brian Connell, *Portrait of a Whig Peer*, London 1957, S. 46–47.

[9] BL Althorp MSS (im weiteren Althorp) F122: Miss Georgiana Poyntz an Miss Thea Cowper, 1754.

[10] Lady Llanover, Hrsg., *The Autobiography and Correspondence of Mary Granville, Mrs. Delany*, London 1861–2, IV, S. 186.

[11] Joseph Friedman: *Spencer House*, S. 55.

[12] Brian Masters, *Georgiana, Duchess of Devonshire*, London 1981, S. 4.

[13] A. Aspinall und Lord Bessborough, Hrsg., *Lady Bessborough and Her Family Circle*, London 1940, S. 23.

[14] Ebenda, S. 27.

[15] BL Althorp F40: LS an den ersten Grafen Spencer, 26. Okt. 1769.

[16] BL Althorp F37: LS an GD, 17. Juli 1768.

[17] Lawrence Stone, *The Family, Sex and Marriage in England 1500–1800*, London 1979, S. 276.

[18] BL Althorp F183: Haushaltsbücher von Althorp.

[19] Chatsworth 7: Lord Althorp an GD, 14. Apr. 1773.

[20] BL Althorp F40: GD an den ersten Grafen und die Gräfin Spencer, 16. März 1764.

[21] W. T. Whiteley, *Artists and Their Friends in England 1700–1799*, London 1928, II, S. 397.

[22] Connell, *Portrait of a Whig Peer*, S. 51.

[23] Spencer MSS in Althorp House: Tagebuch von Mrs. Poyntz, 27. Aug. 1763.

[24] Ebenda, 30. Juni 1764.

[25] Ebenda, 10. Juli 1764.

[26] BL Althorp F122: LS an Thea Cowper, Juli 1764.

[27] BL Althorp F122: LS an Thea Cowper, 7. Dez. 1765.

[28] BL Althorp F40: GD an LS, 29. Febr. 1766. Man beachte die Gleichsetzung im folgenden Satz: »Bettys Kind ist tot. Aber es geht ihr sehr gut meine Oma fuhr heute morgen nach Wimbledon zu meinen Schwestern Harriet und Charlotte, denen es sehr gut geht.« Kinder, die von einer Neuankunft überrascht werden, beschäftigen sich häufig in der Phantasie mit deren Beseitigung. Die Tatsache, daß Georgiana Bettys Tod mit dem Wohlbefinden ihrer Schwestern verknüpft, läßt ahnen, welche Richtung ihre Gedanken einschlugen.

[29] Chatsworth C.2014: Lady Spencers Tagebuch.
[30] BL Althorp F122: LS an Thea Cowper, 21. Nov. 1766.
[31] SNRA Douglas-Home MSS TD95/54: Lady Mary Cokes Tagebuch, 8. Aug. 1787.
[32] Aspinall und Lord Bessborough, *Lady Bessborough*, S. 23.
[33] Ebenda, S. 20.
[34] Althorp F37: LS an GD, 30. Juli 1769.
[35] Ebenda.
[36] BL Althorp F42: LS an Mrs. Howe, 29. Nov. 1769.
[37] BL Althorp F122: LS an Thea Cowper, 29. Nov. 1771.
[38] Chatsworth 9: E. Carter an die Ehrenwerte Mrs. Howe, 14. Okt. 1773.
[39] Evelyn Farr, *Before the Deluge, Parisian Society in the Reign of Ludwig XVI.*, London 1994, S. 73.
[40] Henry Wheatley, *The Historical and Posthumous Memoirs of Sir Nathaniel Wraxall*, London 1884, II, S. 344.
[41] Sir George Leveson Gower und Iris Palmer, Hrsg., *Harry-O: The Letters of Lady Harriet Cavendish*, London 1940, S. 249.
[42] Wheatley: *Historical and Posthumous Memoirs*, I, S. 113–14.
[43] Lady Llanover, *Mary Granville, Mrs. Delany*, III, S. 584.
[44] *Morning Herald and Daily Advertiser*, Samstag, 30. März 1782.
[45] Chatsworth 36: Der erste Graf Spencer an GD, 26. Okt. 1774.
[46] Chatsworth 13: Miss Georgiana Shipley an GD, 22. Febr. 1773.
[47] Chatsworth 12: LS an Mrs. Henry, 31. Jan. 1774.
[48] Randolph E. Trumbach, *The Rise of the Egalitarian Family*, New York 1978, S. 97
[49] Chatsworth 12: LS an Mrs. Henry, 15. Mai 1774.
[50] Chatsworth 11: LS an GD, 26. Nov. 1773.
[51] Chatsworth 10: LS an GD, 21. Nov. 1773.
[52] Elizabeth und Florence Anson, Hrsg., *Mary Hamilton at Court and at Home*, London 1925, S. 27.
[53] Lady Llanover, *Mary Granville, Mrs. Delany*, IV, S. 587.
[54] BL Althorp F183: Rechnungen und Abrechnungen von 1774.
[55] Lady Llanover, *Mary Granville, Mrs. Delany*, IV, S. 593–94.
[56] Charlotte Spencers Korrespondenz ist nicht erhalten geblieben, und es gibt nur spärliche Informationen über sie.

Kapitel 2 – Favoritin der Mode: 1774–1776

[1] Georgianas Schmuck war ein Geschenk des Herzogs. Allein die Ohrringe, die jeweils aus einem großen hängenden Diamanten bestanden, hatten 3.994 Pfund gekostet, und die Zeitungen spekulierten, daß das komplette Ensemble mehr als 10.000 Pfund wert war.
[2] SNRA Douglas-Home MSS TD95/54: Tagebuch der Lady Mary Coke, 23. Juni 1774.
[3] André Parreaux, Übersetzung von Carola Congreve, *Daily Life in England in the Reign of George III*, London 1969, S. 45.
[4] Andrew C. Bruyn, *The Torrington Diaries*, London 1935, I, S. 37.
[5] Mark Girouard, *Life in the English Country House*, London 1978, S. 194.
[6] Althorp House MSS: Tagebuch von Mrs. Poyntz, 26. Juli 1764.
[7] Chatsworth 20: LS an GD, 22. Sept. 1774
[8] Chatsworth 21: GD an LS, 23. Sept. 1774

9 Chatsworth 23: LS an GD, 25. Sept. 1774.
10 Chatsworth 28: GD an LS, 9.–15. Okt. 1774.
11 Chatsworth 43: GD an LS, 6.–11. Nov. 1774.
12 Chatsworth 648: GD an LS, 22. Sept. 1774.
13 F. O'Gorman, *The Rise of Party in England. The Rockingham Whigs 1760–1782*, London 1975, S. 429.
14 Chatsworth 28: GD an LS, 9. Okt. 1774.
15 Chatsworth 32: GD an LS, 16. Okt. 1774.
16 Chatsworth, Curr's Liste, 86/Compartment I: Ben Granger an Unbekannt, 3. Nov. 1774. Außerdem F. O'Gorman: *Voters, Patrons and Parties: The Unreformed Electorate of Hanoverian England, 1734–1832*, Oxford 1989, S. 61.
17 Chatsworth 29: LS an GD, 11.–14. Okt. 1774
18 Chatsworth 27: LS an GD, 9. Okt. 1774.
19 Chatsworth 49: GD an LS, 24. Nov. 1774.
20 Chatsworth 37: LS an GD, 27. Okt. 1774.
21 Ebenda.
22 Chatsworth 58: GD an LS, 11. Dez. 1774.
23 Johann Wilhelm von Archenholtz, *A View of the British Constitution and of the Manners and Customs of the People of England*, London 1794, I, S. 119.
24 Parreaux, *Daily Life*, S. 83.
25 James Ralph, *A Critical Review of the Public Buildings, Statues, and Ornaments in about London and Westminster*, London 1971, S. 184.
26 Hugh Stokes, *The Devonshire House Circle*, London 1917, S. 22.
27 *Covent Garden Magazine*, 4, 14, 1752.
28 J. Timbs, *Clubs and Club Life in London*, London 1872, S. 88.
29 Lady Llandover, Hrsg., *The Autobiography and Correspondence of Mary Granville, Mrs. Delany*, London 1861–1862, II, S. 98.
30 In: W. S. Lewis, *Horace Walpole's Correspondence*, New Haven, Conn. 1937–1980, XXXII, S. 232: Horace Walpole an Lady Ossory, 1. Febr. 1775.
31 William LeFanu, Hrsg., *Betsy Sheridan's Journal*, Oxford 1986, S. 143, Nr. 49, 3. –6. Jan. 1789.
32 SNRA Douglas-Home MSS TD95/54: Tagebuch von Lady Mary Coke, 15. Juli 1774.
33 BL Add. MSS 48218, ff.40–40d: Anne Robinson an Frederick Robinson, 4. Apr. 1775.
34 SNRA Douglas-Home MSS TD95/54: Tagebuch von Lady Mary Coke, 9. Juni 1776.
35 Chatsworth 65: LS an GD, 22. Apr. 1775.
36 Lady Llandover, *Mary Granville, Mrs. Delany*, II, S. 114.
37 Chatsworth 65: LS an GD, 22. Apr. 1775.
38 Chatsworth 66: LS an GD, 8. Mai 1775.
39 BL Althorp F123: Lady Clermont an LS, 12. März 1775.
40 Chatsworth 63: LS an GD, 8. Mai 1775.
41 *Morning Post*, 7. Apr. 1775.
42 Ebenda.
43 Lord Malmesbury, *The Diaries and Correspondence of Lord Malmesbury*, London 1844, I, S. 299. Mrs. Harris schrieb ihrem Sohn in Berlin, daß eine ihrer Freundinnen versucht hatte, ihre Federn bei einem ortsansässigen Händler zu kaufen, der »sie benachrichtigen ließ, er habe all seine Pferde ausgeschickt, die er in ein paar Tagen zurückerwarte. Und dann hoffe er, den Wünschen ihrer Ladyschaft nachkommen zu können.«
44 A. Ribeiro, *Dress and Morality*, London 1986, S. 106.
45 *London Chronicle*, 41, 29. Apr. – 1. Mai 1777.

[46] *Morning Post*, Mittwoch, 24. Mai 1775.

[47] *Morning Post*, Dienstag, 25. Apr. 1775.

[48] Olivier Bernier, *Imperial Mother, Royal Daughter: The Correspondence of Marie Antoinette and Maria Theresa*, London 1986, S. 171.

[49] Chatsworth 80: LS an GD, 9.–15. Aug. 1775.

[50] Ian Dunlop, *Marie Antoinette*, London 1993, S. 149.

[51] Chatsworth 93: GD an LS, 10. Sept. 1775.

[52] BL Althorp F125: Miss Lloyd an LS, 30. Okt. 1775.

[53] Iris Palmer, *The Face Without a Frown*, London 1944, S. 28.

[54] *Morning Post*, Montag, 11. März 1776.

[55] *Morning Post*, Freitag, 12. Apr. 1776.

[56] John Ashton, *The History of Gambling in England*, London 1871, S. 54.

[57] BL Althorp F123: Lady Clermont an LS, Juli 1776.

[58] Chatsworth 163: LS an GD, 1. Nov. 1776.

Kapitel 3 – Im Strudel der Zerstreuungen: 1776–1778

[1] Chatsworth 156: GD an LS, 2.–11. Okt. 1776. Der Brief ist auf französisch geschrieben.

[2] Chatsworth 219: LS an GD, 5. Aug. 1778.

[3] Leslie Mitchell, *Charles James Fox*, Oxford 1992, S. 96.

[4] Georgiana selbst war kein Snob. Als Monsieur Tessier, der gefeierte französische Schauspieler, England besuchte, weigerte sich die Herzogin von Manchester, mit ihm zu sprechen, weil er für seinen Lebensunterhalt arbeite. Ihr Benehmen entsetzte Georgiana, weshalb sie bei Almack's mit ihm tanzte.

[5] Chatsworth 582: GD an LS, 12. Jan. 1784. Brian Masters, *Georgiana, Duchess of Devonshire*, London 1981, S. 65.

[6] BL Add. MSS 51705, f. 54, Lord Pelham an Lady Webster, 4. Dez. 1791.

[7] W. Sichel, *Sheridan*, London 1909, I, S. 167.

[8] Der Biograph Thomas Moore, ein Freund von Sheridan, erinnert sich, wie sehr Sheridan angebliche Rivalen haßte: »Burke haßte und beneidete S. am meisten (sie haßten sich wirklich). – Da beide Iren waren – beide Abenteurer – besaßen sie jeden erdenklichen Grund, sich zu hassen.« Wilfried S. Dowden, Hrsg., *The Memoirs of Thomas Moore*, London 1983, I, S. 161.

[9] Nat. Lib. Scot. Lynedoch MSS 3624, f. 276: GD an Mary Graham, etwa 1778.

[10] Chatsworth 184: GD an LS, 27. Aug.–2. Sept. 1777.

[11] Christopher Hibbert, *George IV, Prince of Wales*, London 1972, I, S. 131.

[12] Francis Bickley, Hrsg., *The Diaries of Sylvester Douglas, Lord Glenbervie*, London 1928, II, S. 23.

[13] BL Add. MSS 45911, f. 10: GD an Lady Melbourne, etwa 1780–87.

[14] BL Add. MSS 45548, f. 1: GD an Lady Melbourne, nach 1785.

[15] Chatsworth 310: GD an LS, 6. Aug. 1780.

[16] *Morning Post*, Montag, 30. Dez. 1776.

[17] Der schwerste Vorwurf, den man gegen sie erhob, war das schlechte Beispiel, das sie der übrigen Gesellschaft mit ihrer Leichtfertigkeit gab. Es ist unwahrscheinlich, daß Pamphlete ihrer Aufmerksamkeit entgangen sind, die Titel wie »Ein Brief an Ihre Gnaden die Herzogin von Devonshire« und »Die Kuh der Herzogin von Devonshire. Ein Gedicht« trugen. Letzteres pries ihre Großzügigkeit, indem der Autor eine Begebenheit schilderte, bei der ihr eine magere und hungrige Kuh auf einem Feld auffiel. Da sie annahm, daß der Besitzer in Armut lebte, ließ sie ihn ausfindig machen und schenkte ihm Geld. Unverzüg-

lich tauchte eine ironische Antwort unter dem Titel »Ein heldenhaftes Epistel an den Edlen Autoren von ›Die Kuh der Herzogin von Devonshire‹« auf, in der um Informationen über weitere Beispiele von Georgianas Güte neben ihrem weichen Herz für Kühe gebeten wurde. Neue Titel erschienen fast monatlich, aber in Wahrheit war die ganze Kontroverse erfunden. Es handelte sich um eine kommerzielle Unternehmung von William Combe, einem schuldengeplagten Liederjan, der aus Georgianas Berühmtheit Profit zu schlagen hoffte. Der fünfunddreißigjährige Autor, dem man wegen seiner Extravaganzen den Spitznamen »Graf Combe« verpaßt hatte, lebte davon, Reisen und Historien für Buchhändler zu übersetzen, bis er auf die Idee kam, Papierkriege über Berühmtheiten zu erfinden. Im Jahr zuvor hatte er sich eines beachtlichen Erfolgs mit seiner Satire auf Lord Irnham, »Der Teufelskerl«, erfreut. Georgiana war nur eines unter vielen Opfern in einer Serie erfundener Briefe über führende Persönlichkeiten der Gesellschaft. Irgendwann hatte die Öffentlichkeit genug von den Polemiken, die er ausheckte, und Combe verfaßte Werbeschriften für die Regierung.

[18] Hugh Stokes, *The Devonshire House Circle*, London 1917, S. 140.

[19] Chatsworth 178: GD an LS, 6. Aug. 1777.

[20] Chatsworth 146: GD an LS, 21.–30. Sept. 1776.

[21] Chatsworth 641: LS an GD, 26. Aug. 1784.

[22] Lady Ilchester und Lord Stavordale, *The Life and Letters of Lady Sarah Lennox*, London 1901, II, S. 261.

[23] BL Althorp F125: Lady Clermont an LS, 16. Okt. 1777.

[24] Chatsworth 199: GD an LS, 21. Okt. 1777.

[25] Nat. Lib. Scot. Lynedoch MSS 3624, f. 277: GD an Mary Graham, um 1778. Teilweise auf französisch geschrieben.

[26] Chatsworth 202: LS an GD, 12. Apr. 1778.

[27] Nat. Lib. Scot. Lynedoch MSS 3590, f. 227R: GD an Mary Graham, um 1778. Teilweise auf französisch geschrieben.

[28] BL Add. MSS 45548, f. 14: GD an Lady Melbourne, undatiert.

[29] Nat. Lib. Scot. Lynedoch MSS 3624, f. 275: GD an Mary Graham, etwa 1778. Teilweise auf französisch geschrieben.

[30] Ebenda.

[31] Nat. Lib. Scot. Lynedoch MSS 3590, f. 227R, GD an Mary Graham, etwa 1778. Teilweise auf französisch geschrieben.

[32] Richard Brinsley Sheridan, *The School for Scandal*, in Eric S. Rump, Hrsg., *The School for Scandal and other Plays*, London 1988, S. 217, 2. Akt, Szene ii.

[33] Lord Bessborough, Hrsg., *Georgiana, Duchess of Devonshire*, London 1955, S. 35.

[34] Lord Herbert, *Henry, Elizabeth and George (The Pembroke Papers)*, London 1939, S. 298: Lady Pembroke an Lord Herbert, 20. Okt. 1779.

[35] Claude Manceron, trans. Nancy Amphoux, *The Age of the French Revolution: Toward the Brink*, New York 1983, IV, S. 94.

[36] Masters, *Georgiana*, S. 68. Lady Louisa Stuart schrieb an Lady Caroline Dawson: »Wir lesen beide das gleiche Buch, und es versorgte uns mit reichlich Gesprächsstoff; es war La Nouvelle Héloïse, welches mich bezaubert, vielleicht mehr als es sollte, obwohl ich nicht glaube, daß das so schlimm sein kann ... Ich glaube allerdings, daß es Menschen gefährlich werden kann, deren Leidenschaften jenen gleichen, die er darin beschreibt. Aber ich habe mit Liebe nichts zu schaffen, weshalb ich davor sicher bin, und ich halte es, von einigen Absurditäten abgesehen, für das interessanteste Buch, das ich in meinem Leben je gelesen habe.«

[37] Chatsworth 126: Lady Jersey an GD, 1. Aug. 1776.

[38] In heutigem Geld annähernd 8,5 Millionen Pfund. Lord Holland verletzte das Verhalten seines Sohnes zutiefst, aber er schaffte es nicht, ihm Vorhaltungen zu machen: »Charles darf niemals erfahen, wie außerordentlich betrübt ich bin«, flehte er.

[39] John Ashton, *The History of Gambling in England*, London 1871, S. 75.

[40] Fox brachte sogar einige seiner Freunde an den Rand des Ruins, als er sie überredete, ihm Sicherheiten in Form von Anleihen an Geldverleiher zu zahlen. Der Graf von Carlisle kam einmal mit einem Sechstel seines Einkommens für die Zinsen auf Fox' Schulden auf. Leslie Mitchell, Charles James Fox, Oxford 1991, S. 102.

[41] Zeitgenössische Schriften zeigen, daß es sich um eine ganz eigentümliche Bekleidung handelte: »Die Spieler zogen zu Beginn ihre bestickten Kleider aus und warfen sich grobe Wollmäntel über oder sie wendeten ihre Mäntel, weil das Glück bringen sollte. Sie legten Lederteile an (wie sie die Lakaien tragen, wenn sie Messer reinigen), um ihre Spitzenmanschetten zu schonen, ihre Augen vor dem Licht zu schützen und Locken zu bewahren usw. Sie trugen hohe Strohhüte mit breiten Krempen, die mit Blumen und Bändern geschmückt waren, [und] Masken, um ihre Gefühle zu verbergen, wenn sie Quinze spielten.« J. Timbs, *Clubs and Club Life in London*, London 1872, S. 72.

[42] *Oxford Magazine*, Juni 1770.

[43] Chatsworth 180: GD an LS, 12.–19. Aug. 1777.

[44] Chatsworth 179: GD an LS, 9. Aug. 1777.

[45] J. W. Derry, *Charles James Fox*, New York 1972, S. 46–47.

[46] Leslie Mitchell, *Charles James Fox*, Oxford 1992, S. 32.

[47] BL Add. MSS 40763, f. 250: GD an Sir Philip Francis, 29. Nov. 1798.

[48] Chatsworth 206: GD an LS, 18. Apr. 1778.

[49] Colonel George Hanger, ein ehemaliger Liebhaber von Lady Melbourne, behauptete 1801 in seinen Memoiren, mehrere Damen des Devonshire House Circle seien der gleichen Erpressung zum Opfer gefallen.

[50] Die Umstände haben sehr viel Ähnlichkeit mit dem Selbstmord des Ehemannes von Mrs. Damer im Jahre 1775.

[51] Folgende Notiz erschien am 26. Nov. 1778 im *London Chronicle*: »Am kommenden Dienstag wird in zwei Bänden ›The Sylph: Ein Roman‹ erscheinen. Preis: 5s Broschur, 6s gebunden. Gedruckt für T. Lowndes in der Fleet Street, wo außerdem ›Evelina, ein Roman‹, soeben in 5 Bänden veröffentlicht, zum Preis von 7s, 6d geheftet erhältlich ist.« *Evelina oder die Geschichte vom Eintritt einer jungen Dame in die Welt* wurde im Jan. zunächst anonym veröffentlicht und erwies sich auf der Stelle als Erfolg. Der Tumult um den unbekannten Autor war so groß, daß die Jungautorin sich gezwungen sah, aus der Verborgenheit hervorzutreten und sich als Fanney Burney erkennen zu geben. Sie war mit sechsundzwanzig noch immer unverheiratet und ein wenig scheu, aber Mrs. Thrale, die Ihren Vater, Charles Burney kannte, hatte sie innerhalb weniger Monate allen wichtigen Persönlichkeiten der Literaturszene vorgestellt. Thomas Lowndes, Fannys Verleger, war über die Verkäufe so erfreut, daß er *The Sylph* absichtlich so bewarb, daß es wie eines ihrer Werke erscheinen mußte. Dieser kleine kommerzielle Trick erzürnte die Burneys, und Charles Burney untersagte Lowndes, weiterzumachen. Sie ärgerten sich nicht nur über die Werbemethoden, sondern fürchteten zu Recht, *The Sylph* könnte Fannys Ruf schädigen. Im Unterschied zu *Evelina* handelt es sich bei *The Sylph* weniger um einen Roman, als vielmehr um ein Exposé der verdorbenen Sitten innerhalb des *ton*.

[52] Chatsworth 32: GD an LS, 16.–22. Okt. 1774.

[53] K. Balderston, Hrsg., *Thraliana, The Diary of Mrs. Hester Lynch Thrale (Later Mrs. Piozzi)*, *1776–1809*, Oxford 1951, I, S. 363, 20. Jan. 1779.

Kapitel 4 – Eine populäre Patriotin: 1778–1781

1 *London Chronicle*, 23, 4.–6. Juni 1778.
2 Ebenda., 13.–16. Juni 1778.
3 BL Anthorp G287: GD an Lord Althorp, 4. Mai 1778.
4 Chatsworth 212: GD an LS, 6.–12. Mai 1778.
5 *Morning Post*, Samstag, 18. Juli 1788.
6 Ebenda, Mittwoch, 23. Sept. 1778.
7 BL Anthorp F123: Lady Clermont an LS, etwa Aug. 1778.
8 Chatsworth 182: GD an LS, 21. Aug. 1777.
9 BL Althorp F123: Lady Clermont an LS, etwa Aug. 1778.
10 Chatsworth 218: LS an GD, 30. Juli 1778.
11 Chatsworth 223: LS an GD, 20. Aug. 1778.
12 Reginald Blunt, *Mrs Montagu*, Edinburgh 1923, II, S. 58.
13 BL Althorp F8: Lord Althorp an LS, 20. Okt. 1778.
14 Chatsworth 235: GD an LS, 4. Nov. 1778.
15 Chatsworth 248: GD an LS 12.–14. Okt. 1779.
16 Chatsworth 233: GD an LS, 26. Okt. 1778.
17 SNRA Douglas-Home MSS TD95/54: Tagebuch der Lady Mary Coke, 28. Juni 1778.
18 Ebenda, 17. Dez. 1778.
19 Duke of Argyll, Hrsg., *Intimate Society Letters of the Eighteenth Century*, London 1910, I, S. 267: Lady Sarah Lennox an Lady Sarah O'Brien, Febr. 1779.
20 SNRA Douglas-Home MSS TD95/54: Tagebuch der Lady Mary Coke, 3. Dez. 1778.
21 Chatsworth 236: GD an LS, 4. Dez. 1778.
22 Chatsworth 237: LS an GD, 5. Dez. 1778.
23 SNRA Douglas-Home MSS TD95/54: Tagebuch der Lady Mary Coke, 11. Dez. 1780.
24 Chatsworth 237: LS an GD, 5. Dez. 1778.
25 *Morning Herald and Daily Advertiser*, 15. Sept. 1779.
26 Ebenda, 30. Sept. 1779: »Der heldenhafte Einsatz des Kommandanten Garner der Schaluppe Fly bei seinem letzten Gefecht mit den beiden französischen Küstenwachbooten kann nicht genug gerühmt werden. Nachdem er seine gesamte Munition verschossen hatte, befahl er, ein Boot zu Wasser zu lassen, in dem er zum Postschiff hinüberruderte, um Nachschub heranzuschaffen, und erschien an Deck auf einer Seite überströmt mit dem Blut jenes tapferen Offiziers, seines Kapitäns, Mr. Armourer, der in seiner unmittelbaren Nähe getötet wurde. Lord Spencer, der sich nun an ihn wandte, erklärte, er habe auf das nachdrücklichste Zeugnis seiner Tapferkeit abgelegt, und bat ihn daher, ›nicht länger mit einer derart überlegenen Streitmacht zu kämpfen und dabei den Verlust seines Schiffes und der Mannschaft zu riskieren, denn es sei ganz und gar unwesentlich, ob die Herzogin von Devonshire, Lady Spencer und er selbst nach Frankreich verschleppt würden oder nicht‹. – ›Für Ihre Lordschaft mag das ganz und gar unwesentlich sein‹, antwortete der tapfere Garner, ›aber für mich ist es von äußerster Bedeutung, und deshalb wird man ihr Schiff nicht kapern, solange ich am Leben bin, bei G.–!‹«
27 Chatsworth 244: GD an LS, 1.–3. Okt. 1779.
28 Chatsworth 246: GD an LS, 6.–10. Okt. 1779.
29 Chatsworth 253: GD an LS, 21. Okt. 1779.
30 BL Althorp F121: Lord Frederick Cavendish an LS, 11. Nov. 1779.
31 Chatsworth 248: GD an LS, 12.–14 Okt. 1779.
32 Chatsworth 252: LS an GD, Okt. 1779.
33 PRO 30/29/4/7, f. 74: Miss R. Lloyd an Lady Stafford, 8. Juli 1780.

[34] *Morning Herald and Daily Advertiser*, 16. Apr. 1781.

[35] Chatsworth 287: GD an LS, 9. Mai 1780.

[36] Chatsworth 284: LS an GD, 1. Mai 1780.

[37] Chatsworth 281: LS an GD, 26. Apr. 1780.

[38] Chatsworth 287: GD an LS, 9. Mai 1780.

[39] BL Althorp GF9: Lord Althorp an LS, 10. Apr. 1780.

[40] BL Althorp G287: GD an Lord Althorp, 9. Mai 1780.

[41] *Morning Herald and Daily Advertiser*, 21. März 1781.

[42] PRO 30/29/4/7, f. 77: Miss R. Lloyd an Lady Stafford, 7. Sept. 1780.

[43] Chatsworth 321: Lady Harriet Spencer an Miss Shipley, etwa Okt. 1780.

[44] Ebenda.

[45] PRO 30/29/4/7, f. 76: Miss R. Lloyd an Lady Stafford, 24. Aug. 1780.

[46] Chatsworth 306: GD an LS, 28. Juli 1780.

[47] BL Althorp F125: Miss Lloyd an LS, 30. Okt. 1775.

[48] Chatsworth 269: Edmund Burke an GD, 17. März 1780. Die Aufregung um die Rede des Herzogs kränkte jene, die der Reichtum der Cavendishs unbeeindruckt ließ. Mrs. Thrale schrieb in ihr Tagebuch: »Was sie für ein Aufhebens davon machen, was der Herzog von Devonshire sagt, man könnte glauben, es ginge um Balaams Hintern.« Aus: K. Balderston, Hrsg., *Thraliana, The Diary of Mrs. Hester Lynch Thrale (Later Mrs. Piozzi), 1776–1809*, Oxford 1951, VI, S. 434: 26. März 1780.

[49] Chatsworth 279: GD an LS, 24. Apr. 1780.

[50] Chatsworth 280: GD an LS, 25. Apr. 1780.

[51] Chatsworth 287: GD an LS, 9. Mai 1780.

[52] F. O'Gorman, *The Rise of Party in England*, London 1975, S. 420.

[53] Ebenda.

[54] Henry Wheatley, *The Historical and Posthumous Memoirs of Sir Nathaniel Wraxall*, London 1884, V, S. 371.

[55] Die Beziehung paßt zu den Schemata im Liebesleben des Prinzen. Die erste Frau, in die er sich verliebte, war eine Bedienstete seiner Schwester, Mary Hamilton, Enkelin des Herzogs von Hamilton. Wie alle Frauen, zu denen er sich je hingezogen fühlte, war sie etliche Jahre älter als er. Sie ahnte nichts von seiner Leidenschaft, bis er sie täglich mit Briefen bombardierte. Die ziemlich schüchterne und aufrichtige Dreiundzwanzigjährige war schockiert über die zügellosen Phantasien ihres ungewollten Freiers – er liebte sie »über alles menschlich Vorstellbare hinaus.« Er schickte ihr eine Locke seines Haares und bat, sie möge ihm in dem beigefügten Medaillon eine von ihren Haaren zurücksenden. Nachdem sie die Wucht seiner extremen Gefühle einige Wochen ertragen hatte, gelang es ihr, ihn von der Aussichtslosigkeit seines Anliegens zu überzeugen, und er ließ sich überreden, sie künftig als »Freundin und Schwester« zu betrachten. Er selbst nannte sich ihren liebsten Bruder, suchte in allen Angelegenheiten ihren Rat, insbesondere in Bekleidungsfragen, und ging sogar so weit, ihr die Schnittmuster seines Schneiders zu schicken. Seine Aufmerksamkeit brach sofort ab, als er Perdita kennenlernte, und sie sprachen kaum noch miteinander. Der Modellcharakter dieser frühen Beziehung erklärt die spätere Vernarrtheit des Prinzen in Georgiana.

[56] Chatsworth 401.1: Lady Melbourne an GD, etwa Juni 1782. Lady Melbourne gelang es, die Beziehung fast zwei Jahre lang am Leben zu halten, und brachte 1784 seinen Sohn, George, zur Welt. In den Zeitungen tauchten eigentlich erst dann Kommentare auf, als sie 1783 mit Georgiana zusammen dem Prinzen half, Carlton House aufzumöbeln. Der *Morning Herald* nutzte die Gelegenheit für folgende zweideutige Anmerkung: »Die Neuerungen in Carlton House ... von Lady Melbourne derzeit in die Wege geleitet, orientie-

ren sich an den meisten *Erektionen* dieses Anwesens.« Lady Melbourne profitierte in vielerlei Hinsicht von der Liaison, nicht zuletzt indem ihr Ehemann den Posten des Königlichen Kammerherrn erhielt.

57 Chatsworth 297: GD an LS, 5. Juni 1780.
58 Chatsworth 289: GD an LS, 7. Juni 1780.
59 Chatsworth 303: GD an LS, 9. Juni 1780.
60 Chatsworth 296: GD an LS, 30. Mai 1780.
61 R. B. Sheridan an GD, 19. Sept. 1780, in: C. Price, Hrsg., *The Letters of Richard Brinsley Sheridan*, Oxford 1966, I, S. 135.

Kapitel 5 – Einführung in die Politik: 1781–1782

1 *Morning Herald and Daily Advertiser*, 19. Jan. 1781.
2 Carlisle MSS J14/1/558: William Fawkener an Lord Carlisle, 2. März 1781.
3 BL Althorp F123: Lady Clermont an LS, 8. Juni 1780.
4 Chatsworth 329: LS an GD, 14. Febr. 1781.
5 Chatsworth 323: GD an LS, 21. Dez. 1780.
6 Chatsworth 371: LS an GD, 4. Okt. 1781.
7 Chatsworth 325: GD an LS, 12. Febr. 1781.
8 *Morning Herald and Daily Advertiser*, 21. März 1781
9 Ebenda, 24. März 1781.
10 Chichester R. O. Lord Bessborough MSS 231: Dorothy, Herzogin von Portland an Lord Duncannon, 1. Apr. 1781.
11 Ebenda, 3. Apr. 1781.
12 Das patriarchalische Recht, eine Ehefrau »zu disziplinieren und zu züchtigen«, stand außer Frage. Jeden Zweifel zerstreute ein Gerichtsbeschluß aus dem Jahre 1782. Der Richter hatte in einem Fall entschieden, daß ein Ehemann, wenn er gute Gründe hatte, seine Frau rechtmäßig schlagen durfte, so lange der Stock nicht dicker als sein Daumen war. Lawrence Stone, Road to Divorce, Oxford 1990, S. 201.
13 Chatsworth 261: LS an GD, 17. Nov. 1779.
14 Chatsworth 369: LS an GD, 29. Sept. 1781.
15 Carlisle MSS J/14/1/267: George Selwyn an Lord Carlisle, 28. Mai 1781.
16 Colonel George Hanger, *The Life, Adventures and Opinions of Colonel George Hanger*, London 1801, II, S. 126.
17 S. Rogers, *Recollections of the Table Talk of Samuel Rogers*, London 1856, S. 190.
18 SNRA Douglas-Home MSS TD95/54: Tagebuch der Lady Mary Coke, 17.–22. Juni 1781.
19 *Morning Herald and Daily Advertiser*, 11. Juni 1781.
20 Chatsworth 362: GD an LS, 3.–12. Sept. 1781.
21 N. Mckendrick, J. Brewer und J. H. Plumb, Hrsg., *The Birth of a Consumer Society*, London 1982, S. 112.
22 Ebenda. Georgianas Popularität erfüllte in vieler Hinsicht einen Zweck. In regelmäßigen Abständen widmeten ihr Schriftsteller ihre Bücher, in der Hoffnung, daß ihre Werke damit in Mode kamen. Sie hatte nicht das Herz, solche Dedikationen abzulehnen, auch wenn die Werke manchmal scheußlich waren. »Tausend Dank für Mr. Garricks sehr hübsche Verse«, schrieb Mrs. Montagu voller Entsetzen über den Unsinn, der gelegentlich mit Georgiana in Verbindung gebracht wurde. »Ich war erfreut, daß man der Herzogin von Devonshire etwas anträgt, dessen Witz und Harmlosigkeit sie für die Nüchternheit und Langweiligkeit einiger Prosatexte entschädigt, die man Ihrer Gnaden bereits ange-

tragen hat.« Mrs. Montagu an Mrs. Vesey, 1. Juni 1777. In: Reginald Blunt, *Mrs. Monta-gu*, Edinburgh 1923, II, S. 18.

[23] *Morning Herald and Daily Advertiser*, 3. Dez. 1781.

[24] P. G. Thomas, *Lord North*, London 1976, S. 111.

[25] Carlisle MSS J14/1/337: George Selwyn an Lord Carlisle, März 1782.

[26] Ebenda, 22. März 1782.

[27] *Morning Herald and Daily Advertiser*, 30. März 1782.

[28] Carlisle MSS J14/1/345: George Selwyn an Lord Carlisle, 21. März 1782.

[29] Nathaniel Wraxall, *Posthumous and Historical Memoirs of My Own Time*, London 1904, II, S. 196.

[30] Basil Cozens-Hardy, Hrsg., *The Diary of Silas Neville*, 1767–1788, Oxford 1950, S. 29.

[31] *London Chronicle*, 2.–4. Apr. 1782.

[32] *Morning Herald and Daily Advertiser*, 21. Mai 1782.

[33] Chatsworth 387: LS an GD, 22. Mai 1782.

[34] Carlisle MSS J14/1/570: James Hare an Lord Carlisle, 11. Febr. 1782.

[35] Chatsworth 433: Annecdotes concerning His Royal Highness the Prince of Wales, Sept. 1782.

Kapitel 6 – Der Neuling: 1782–1783

[1] *The Morning Herald and Daily Advertiser* berichtete in jenem Monat irrtümlicherweise, Georgiana sei schwanger, aber in ihren Briefen ist von keiner Schwangerschaft die Rede. Lady Mary Coke hatte im Nov. gehört, sie wäre schwanger, und die Zeitungen deuteten im Jan. darauf hin. Möglicherweise erlitt Georgiana vor dem Frühjahr eine Fehlgeburt; wäre sie schwanger gewesen, hätte man ihr verboten, sich mit Charles Fox am Wahlkampf zu beteiligen.

[2] Chatsworth 390: GD an LS, 22.–24. Mai 1782.

[3] Chatsworth 393: GD an LS, 1. Juni 1782.

[4] Chatsworth 397: GD an LS, 8. Juni 1782.

[5] Dorothy Stuart, *Dearest Bess*, London 1955, S. 2.

[6] Erst als man Frederick Hervey den Bischofssitz von Derry anbot, bekam die Familie ihr erstes Heim auf Dauer. Nachdem sich der neue Bischof einmal eingerichtet hatte, ließ er seinen unkonventionellen Neigungen freien Lauf. Er stellte lieber irische statt englische Geistliche ein, und, wie man von einem Anhänger Voltaires erwarten würde, er verachtete religiöse Fanatiker. Auf seine Verpflichtungen verwendete er jedoch so wenig Zeit wie möglich. Eine seiner liebsten Beschäftigungen bestand darin, arglose Opfer mit Tricks zu demütigen. Einmal lud er die fettesten Geistlichen ein, die er kannte, und nachdem er ein reichhaltiges Dinner an sie verfüttert hatte, rief er einen Wettstreit aus: Ein Rennen durch seinen Park, bei dem auf den Gewinner eine gerade freigewordene und schmucke Pfründe wartete. Er stellte die stöhnenden und schlotternden Geistlichen draußen auf und ließ sie in einen Sumpf rennen, wo sie im triefenden Morast beinahe ertranken. Nach reichlich Geschrei und Umherirren in der Dunkelheit gelang es ihnen, wieder festen Boden unter die Füße zu bekommen, und sie kehrten naß und verdreckt zum Haus zurück. Dort warteten ihre Pferde vor der verschlossenen Haustür. Mit jenem Betragen bestätigte der Bischof, daß er ein echter Hervey war.

[7] Chatsworth 532.4: Lady Elizabeth Forster [im weiteren Bess] an GD, etwa Sept. 1782.

[8] Brian Fothergill, *The Mitred Earl*, London 1988, S. 47.

[9] Ebenda, S. 84.

[10] Caroline Grosvenor, *The First Lady Wharncliffe and Her Family*, London 1927, I, S. 9–10.

[11] Ebenda.

[12] Bezahlte Gesellschafterin war die einzige anerkannte Beschäftigung, die Damen der Oberschicht offenstand. Häufig handelte es sich um eine arme, entfernte Verwandte, die kein regelmäßiges Einkommen bekam, aber Brot und Unterkunft, und gelegentlich ein paar abgelegte Sachen. Sie aß mit der Familie am Tisch, wo man von ihr erwartete, sich amüsant oder still zu verhalten, je nachdem, was die Situation erforderte, zu holen, zu tragen, zuzuhören und ganz allgemein alle ermüdenden Aufgaben zu übernehmen. Außenstehende wurden wegen ihrer Persönlichkeit und der Bereitschaft, gefällig zu sein, eingestellt; bezahlte Gesellschafterinnen waren demnach Kriecher.

[13] Bess an Augustus Foster, etwa 1804, in: Vere Foster, *The Two Duchesses*, Bath 1974, S. 199–200.

[14] Chatsworth 397: GD an LS, 8. Juni 1782.

[15] Chatsworth 1565: James Hare an GD, 27. Jan. 1801.

[16] Chatsworth 396: LS an GD, 7. Juni 1782.

[17] Chatsworth 398: GD an LS, 10. Juni 1782.

[18] Chatsworth 413: GD an LS, 15.–19. Juni 1782.

[19] Chatsworth 435: GD an LS, 30. Sept. 1782.

[20] Ebenda.

[21] Chatsworth 440: GD an LS, 11.–18. Okt. 1782.

[22] Chatsworth 446: GD an LS, 22. Okt. 1782.

[23] Chatsworth 443: LS an GD, 19. Okt. 1782.

[24] Chatsworth 440: GD an LS, 11.–18. Okt. 1782.

[25] Chatsworth 454: GD an LS, 29. Okt. 1782.

[26] Chatsworth 457: GD an LS, 5. Nov. 1782.

[27] Chatsworth 1332: LS an Selina Trimmer, 9. Nov. 1796.

[28] Chatsworth 403: LS an GD, 28. Juni 1782.

[29] Chatsworth 459: LS an GD, 9. Nov. 1782.

[30] Chatsworth 460: GD an LS, 12. Nov. 1782.

[31] BL Althorp F37: LS an Lady Harriet Duncannon, 16. Nov. 1782.

[32] Chatsworth 426: GD an LS, 1. Dez. 1782.

[33] Chatsworth 472: LS an GD, 8. Dez. 1782.

[34] BL Althorp F37: LS an Lady Harriet Duncannon, 9. Jan. 1783.

[35] Chatsworth 472: LS an GD, 8. Dez. 1782.

[36] Chatsworth 466: LS an GD, 3. Dez. 1782.

[37] BL Althorp F37: LS an Lady Harriet Duncannon, 16. Jan. 1783.

[38] Chatsworth 476: GD an LS, 24. Dez. 1782.

[39] Chatsworth 482: GD an Bess, 25. Jan. 1783.

Kapitel 7 – Eine instabile Koalition: 1783

[1] Chatsworth 475: GD an LS, 23. Dez. 1782.

[2] J. Ehrman, The Younger Pitt, London 1969–96, I, S. 100.

[3] Chatsworth 492: GD an Bess, etwa Febr. 1783.

[4] Ebenda.

[5] Chatsworth 492.1: GD an Bess, etwa Febr. 1783.

[6] Chatsworth 490: GD an Bess, 5. Apr. 1783.

[7] Ebenda.

[8] BL Althorp G287: GD an Lord Althorp, Apr. 1783.

[9] Ebenda.

[10] SNRA Douglas-Home MSS TD95/54: Tagebuch der Lady Mary Coke, 28. Mai 1783.
[11] Ian Dunlop, *Marie-Antoinette*, London 1993, S. 155.
[12] Chatsworth 495: GD an LS, 8. Mai 1783.
[13] *London Chronicle*, 27. Mai 1783.
[14] SNRA Douglas-Home MSS TD95/54: Tagebuch der Lady Mary Coke, 28. Mai 1783.
[15] Chatsworth 507.1: Bess an GD, etwa Juni 1783.
[16] Chatsworth 508: GD an Bess, 20. Juni 1783.
[17] Leslie Mitchell, *Charles James Fox*, Oxford 1992, S. 62.
[18] GD an den Prinzen von Wales, etwa 17. Juni 1783, in: A. Aspinall, *The Correspondence of George, Prince of Wales, 1770–1812*, London 1964, I, Nr. 91.

Kapitel 8 – Eine Geburt und ein Tod: 1783–1784

[1] Brian Masters, *Georgiana, Duchess of Devonshire*, London 1981, S. 103.
[2] Dr. Amanda Vickerys Studie über Elizabeth Shackleton, die zur Oberschicht der Landbevölkerung gehörte und in einem kleinen Tal in Lancashire lebte, zeigt, daß jene unter anderem Georgianas Entwürfe faszinierend (und gelegentlich scheußlich) fand. Nie würde sie auf die Idee kommen, sich »einen Küchengarten aus Wachs ins Haar zu stecken«, etwas weniger Auffälliges als der »Porträthut« entsprach eher ihrem Stil. Aus: Women and the World of Goods: a Lancashire consumer and her possessions, 1751–1781. In: John Brewer and Roy Porter, Hrsg., *Consumption and the World of Goods*, London 1993, S. 274–304.
[3] SNRA Douglas-Home MSS TD95/54: Tagebuch der Lady Mary Coke, 12. Juli 1783.
[4] Chatsworth 508.1: GD an Bess, Juli 1783.
[5] Chatsworth 512: GD an Bess, Juli 1783.
[6] *Morning Post*, 16. Juli 1783.
[7] Über 700 Jahre lang hatten Frauen Ammen angestellt, und erst seit kurzem wurde die Praktik von Gesellschaftskommentatoren in Frage gestellt. Schon wegen der tiefen Decolletées war vom Stillen abzuraten. Ein ansehnlicher Brustansatz war ebenso wichtig wie reine Haut und gesundes Haar. Sobald sie die Schwangerschaft hinter sich hatten, wandten Frauen ausgefeilte Techniken an, um den Milchfluß zu stoppen und ihre Brüste zu verkleinern. Eine Rezeptur bestand darin, Zupflinnen um die Brustwarzen zu legen, nach einer anderen Hasenfell, das mit speziellen Tinkturen getränkt war. Die verschiedenen Methoden verursachten Infektionen und Entzündungen, und viele Frauen litten anschließend unter Tumoren. Die Mediziner glaubten, daß die Milch einer Frau umgewandeltes Blut sei, wodurch ihre Eigenschaften und Krankheiten auf das Kind übertragen werden könnten. Infolgedessen mußten Ammen äußerst präzise Voraussetzungen erfüllen. Eine ganze Liste verbannte Frauen als mögliche Ammen: Rothaarige oder Frauen mit Sommersprossen oder Schönheitsfehlern waren zum Beispiel automatisch disqualifiziert. Körpergröße und Intelligenz zählte ebenfalls zu den wichtigen Kriterien. An erster Stelle stand eine Frau Anfang zwanzig mit reiner Haut, blauen Augen, braunen Haaren und guten Anlagen.
[8] Chatsworth 516: GD an LS, 6. Aug. 1783.
[9] Chatsworth 529: GD an LS, 1.–16. Sept. 1783.
[10] Chatsworth 507.1: Bess an GD, etwa Juni 1783.
[11] Chatsworth 511: Bess an GD, 20. Juli 1783.
[12] Ebenda.
[13] Chatsworth 513: Der fünfte Herzog von Devonshire an Bess, 29. Juli 1783.
[14] Chatsworth 507.1: Bess an GD, etwa Juni 1783.
[15] Chatsworth 532.2: GD an Bess, etwa Sept. 1783.
[16] Lady Bristol an Bess, 7. Febr. 1783, in: Vere Foster, *The Two Duchesses*, Bath 1974, S. 88.

[17] Chatsworth 519: GD an Bess, 19. Aug. 1783.

[18] Ebenda.

[19] Chatsworth 530: Bess an GD, 8. Sept. 1783.

[20] Ein früher Schuldschein von Georgiana an einen Geldverleiher findet im Tagebuch von Lady Charlotte Bury Erwähnung: »18. Dez. 1779. Ich versichere hiermit Mr. D–ll, der mir zweitausendsechshundert und fünfzig Pfund geliehen hat, alle drei Monate zweihundert und fünfzig Pfund an den üblichen Quartalstagen zu zahlen ... mit einem Zinssatz von fünf Prozent und fünf Prozent Versicherung auf mein Leben im Jahr, bis Hauptschuld, Zinsen und Versicherung vollends bezahlt sind.« Der fragliche Verleiher fügte hinzu: »Meine Zustimmung beinhaltet, daß ich, falls die Herzogin mir keine zweihundert und fünfzig Pfund im Vierteljahr zahlt, den Herzog von D. mit dieser Transaktion bekannt machen werde ... Da ich ihr das Geld geliehen habe, um sie von ihren Spielschulden zu befreien, unter dem ernsthaften Versprechen, daß sie in Zukunft nicht mehr spielt.« In: A. Francis Stewart, Hrsg., *The Diary of a Lady-in-Waiting by Charlotte Bury*, London 1908.

[21] SNRA Douglas-Home MSS TD95/54: Tagebuch der Lady Mary Coke, 30. Mai 1783.

[22] *Morning Herald and Daily Advertiser*, 30. Sept. 1783.

[23] Chatsworth 542: GD an LS, 7. Okt. 1783.

[24] Horace Walpole an Lady Ossory, 23. Juli 1783, in: W. S. Lewis, *Horace Walpole's Correspondence*, New Haven, Conn. 1937–80, XXXIII, S. 408.

[25] Chatsworth 533: GD an LS, 15. Sept. 1783.

[26] »The Ladies Church Yard«, 23. Sept. 1783, in: M. D. George, *Catalogue of Poltitical and Personal Satires Preserved in the Department of Prints and Drawings in the British Museum*, London 1947, VIII, C. 6263.

[27] Chatsworth 533: GD an LS, 15. Sept. 1783.

[28] Chatsworth 538: LS an GD, 28. Sept. 1783.

[29] Chatsworth 534: GD an LS, 17. Sept. 1783.

[30] Chatsworth 549: GD an LS, 21. Okt. 1783.

[31] Chatsworth 547: GD an Bess, 18. Okt. 1783.

[32] Chatsworth 508: GD an Bess, 20. Juni 1783.

[33] Henry Wheatley, *The Historical and Posthumous Memoirs of Sir Nathaniel Wraxall*, London 1884, I, S. 10.

[34] BL Althorp F40: Lady Spencers Tagebuch, 1. und 2. Nov. 1783.

[35] BL Althorp G287: GD an LS, 6. Nov. 1783.

[36] Chatsworth 573: GD an Bess, 3. Jan. 1784.

[37] Ebenda.

[38] Chatsworth 576: GD an Bess, 6. Jan. 1784.

[39] Chatsworth 569.1: Der fünfte Herzog von Devonshire an Bess, etwa Dez. 1783.

[40] Chatsworth 603: Bess an GD, Febr. 1784.

[41] Evelyn Farr, *Marie Antoinette and Count Fersen*, London 1995, S. 41.

[42] Chatsworth 604: Bess an GD, Febr. 1784.

[43] Chatsworth 749: GD an Bess, 3. Juli 1786.

[44] Chatsworth 603: Bess an GD, Febr. 1784.

[45] BL Althorp F123: Lady Clermont an LS, 26. Febr. 1784.

[46] Chatsworth 595: GD an LS, 5. Febr. 1784.

[47] Chatsworth 607: GD an Bess, 8. März 1784.

[48] Chatsworth 591: GD an LS, 21. Jan. 1784.

[49] Chatsworth 610: GD an LS, etwa Apr. 1784.

[50] Chatsworth 598: GD an LS, 8. Febr. 1784.

[51] Chatsworth 582: GD an LS, 12. Jan. 1784.

Kapitel 9 – Wahlen in Westminster: 1784

[1] BL Althorp F121: Lord Frederick Cavendish an LS und GD, Dez. 1783.

[2] Chatsworth 575: GD an Bess, 3. Jan. 1784.

[3] Sir Gilbert Elliot an Sir James Harris, 10. März 1784, in: Lord Malmesbury, *The Diaries and Correspondence of Lord Malmesbury.*

[4] Chatsworth 598: GD an LS, 7. Febr. 1784.

[5] Chatsworth 573: GD an Bess, 3. Jan. 1784.

[6] Chatsworth 608: GD an LS, 17. März 1784.

[7] Chatsworth 609: GD an LS, 20. März 1784.

[8] »The Coalition Party Beating Up for Recruits«, etwa März 1784, in: M. D. George, *Catalogue of Personal and Political Satires,* London 1935–54, VIII, C. 6484.

[9] J. Ehrman, *The Younger Pitt,* London 1969–96, I, S. 141.

[10] PRO 30/8/103, f. 93: Georg III. an William Pitt, 13. Apr. 1784.

[11] F. O'Gorman, *Voters, Patrons and Parties,* Oxford 1989, S. 129.

[12] Hugh Stokes, *The Devonshire House Circle,* London 1917, S. 205.

[13] *London Chronicle,* 30. März–1. Apr. 1784.

[14] Henry Wheately, *The Historical and Posthumous Memoirs of Sir Nathaniel Wraxall,* London 1884, III, S. 346.

[15] Stokes, *Devonshire House Circle,* S. 203.

[16] PRO 30/8/21, ff. 183–84: Mrs Boscawen an Lady Chatham, 12. Apr. 1784.

[17] Chatsworth 610.3: GD an LS, etwa Anfang Apr. 1784.

[18] Graf Temple Nugent an den Herzog von Rutland, 12. Apr. 1784, in: HMC XIV Report, Part I, Rutland MSS, Appendix, S. 87–88.

[19] Chatsworth 610.1: GD an LS, etwa Anfang Apr. 1784.

[20] Brian Connell, *Portrait of a Whig Peer,* London 1957, S. 155.

[21] Chatsworth 36: Der erste Graf Spencer an GD, 26. Okt. 1774.

[22] A. Aspinall, *Politics and the Press, c. 1780–1850,* London 1949, S. 67.

[23] BL Althorp G276: LS an den zweiten Grafen Spencer, 11. Apr. 1784.

[24] BL Althorp F38: LS an Lady Duncannon, 13. Apr. 1784.

[25] Reginald Blunt, *Mrs. Montagu,* Edinburgh 1923, II, S. 169: etwa Apr. 1784.

[26] Florence and Elizabeth Anson, *Mary Hamilton, Afterwards Mrs. John Dickenson, at Court and at Home,* London 1925, 27. Apr. 1784.

[27] Chatsworth 611: Herzogin von Portland an GD, 13. Apr. 1784.

[28] Chatsworth 612: Herzog von Portland an GD, 14. Apr. 1784.

[29] BL Althorp F121: Lord John Cavendish an LS, 14. Apr. 1784.

[30] BL Althorp G287: GD an den zweiten Grafen Spencer, 23. Apr. 1784.

[31] Chatsworth 638: LS an GD, 14. Aug. 1784.

[32] *Morning Herald and Daily Advertiser,* 15. Apr. 1784.

[33] »The Apotheosis of the Duchess«, 25. Mai 1784, in: George, *Catalogue,* VIII, C. 6597.

[34] *Morning Post,* 19. Apr. 1784.

[35] *Morning Herald and Daily Advertiser,* 21. Apr. 1784.

[36] J. Hartley, Hrsg., *History of the Westminster Election,* London 1784, S. 494.

[37] Ebenda, S. 254.

[38] *Morning Herald and Daily Advertiser,* 28. Apr. 1784.

[39] Ebenda, 1. Mai 1784.

[40] BL Althorp G289: Lavinia, Lady Spencer, an den zweiten Herzog Spencer, 24. Apr. 1784.

[41] Chatsworth 615: LS an GD, 15. Mai 1784.

[42] Leslie Mitchell, *Charles James Fox and the Disintegration of the Whig Party,* Oxford 1971, S. 95.

[43] HMC XIV Report, Teil I, Rutland MSS, Appendix, S. 88: Daniel Pultney an den Herzog von Rutland, 6. Mai 1784.

[44] *London Chronicle*, 15.–18. Mai 1784.

[45] Joyce Hemlow und Althea Douglas, Hrsg.,*The Journals and Letters of Fanny Burney, Madame d'Arblay*, Oxford 1972–84, I, S. 61.

[46] Siehe Linda Colley, *Britons, Forging the Nation 1707–1837*, London 1992, S. 244.

[47] Lady Bessborough an Lord Granville Leveson Gower (im weiteren LGLG), 5. März 1799, in: Lady Granville, Hrsg., *The Private Correspondence of Lord Granville Leveson Gower*, London 1916, I, S. 243.

Kapitel 10 – Opposition: 1784–1786

[1] Chatsworth 620: GD an LS, 16. Juni 1784.

[2] Ebenda.

[3] Chatsworth 614: GD an Bess, 27. Juni 1784.

[4] BL Althorp F123: Lady Clermont an LS, 4. Aug. 1784.

[5] PRO 30/8/21, f. 189: Mrs. Boscawen an Lady Chatham, 29. Mai 1784.

[6] »Seine Hoheit ist heftig hinter der Witwe Fitzherbert her & ich glaube, er wird Erfolg haben«, schrieb Lady Milbank an Wentworth Noel am 10. März 1784, in: Malcolm Elwin, *The Noels and the Milbanks*, London 1967, S. 233.

[7] Lord Bessborough, *Georgiana, Duchess of Devonshire*, London 1955, S. 87.

[8] BL Althorp F123: Lady Clermont an LS, 4. Aug. 1784.

[9] Chatsworth 641: LS an GD, 26. Aug. 1784.

[10] BL Althorp F38: LS an Lady Duncannnon, 27. Sept. 1784.

[11] Chatsworth 645: GD an LS, 4.–10. Sept. 1784.

[12] Chatsworth 643: GD an LS, 28. Aug. – 4. Sept. 1784.

[13] BL Althorp F12: Der zweite Graf Spencer an LS, 27. Sept. 1784.

[14] BL Althorp F125: Miss Lloyd an LS, 29. Sept. 1784.

[15] Chatsworth 651: GD an LS, 26. Sept. 1784.

[16] Chatsworth 653: GD an LS, 12. Okt. 1784.

[17] BL Althorp G276: LS an den zweiten Grafen Spencer, 22. Nov. 1784.

[18] BL Althorp G289: Lavinia, Lady Spencer an den zweiten Grafen Spencer, 2. Dez. 1784.

[19] Chatsworth 584: Bess an GD, 17. Jan. 1784.

[20] Ebenda.

[21] Chatsworth 667.1: Bess an GD, Febr. 1785.

[22] Chatsworth 679: GD an Bess, Juni 1785.

[23] Ebenda.

[24] SNRA Douglas-Home MSS TD95/54: Tagebuch der Lady Mary Coke, 21. Mai 1785.

[25] Bath Public Library ALB. 2289: Elizabeth Sheridan an Mehitabel Patrick Canning, 11. Juli 1785.

[26] Chatsworth 673: LS an GD, 6. Mai 1785.

[27] Chatsworth 677: GD an LS, 7. Juni 1785.

[28] SNRA Douglas-Home MSS TD 95/54: Tagebuch der Lady Mary Coke, 8. Sept. 1785.

[29] Lady Caroline Ponsonby wurde die berüchtigte Lady Caroline Lamb. Sie heiratete den zweiten Sohn von Lady Melbourne, William Lamb, der später der zweite Graf Melbourne wurde. Ihr Talent als Romanschriftstellerin überschatten heute ihre Liebesbeziehung zu Lord Byron und die Tatsache, daß sie anschließend wahnsinnig wurde.

[30] Ebenda, 18. Nov. 1785.

[31] Dorothy Stuart, *Dearest Bess*, London 1955, S. 28, 10. Juli 1785.

[32] Es handelt sich um eine der wenigen Passagen, die dem Stift des Zensors anscheinend entgangen sind. In mittleren Jahren schrieb Bess ihre ganze Tagebuchsammlung im Hinblick auf eine Veröffentlichung neu. Außerdem hat ihr Sohn Augustus Auszüge aus den Tagebüchern seiner Mutter herausgegeben. Was erhalten ist, entspricht nicht unbedingt dem, was sie ursprünglich geschrieben oder gedacht hatte. In der Hauptsache enthält das Opus eine Selbstrechtfertigung für den Diebstahl des Ehemanns ihrer besten Freundin, und zu diesem Zweck wurden ihre anderen Liebhaber entweder komplett ausgelöscht oder ihre Existenz beschönigt. Dennoch mögen das Entsetzen und der Kummer während ihrer mühevollen Erfahrung real gewesen sein.

[33] Chatsworth 678: Bess an GD, 21. Juni 1785.

[34] Chatsworth 681: Der fünfte Herzog von Devonshire an Bess, 11. Aug. 1785.

[35] Chatsworth 682: Der fünfte Herzog von Devonshire an Bess, 29. Aug. 1785.

[36] Stuart, *Dearest Bess*, S. 33.

[37] Ebenda, S. 35.

[38] Chatsworth 744: Der fünfte Herzog von Devonshire an Bess, 16. Mai 1786.

[39] Lord Bessborough, *Georgiana*, S. 103.

[40] BL Add. MSS 37843, f. 5: Edmund Burke an William Windham, 14. Okt. 1784.

[41] *Morning Herald and Daily Advertiser*, 1. Dez. 1784.

[42] Thomas Campbell, *The Life of Mrs. Siddons*, London 1832, I, S. 89.

[43] Georgianas Mäzenatentum hatte eigentlich immer einen sozialen und damit politischen Hintergrund. Am 14. Juni 1784 verkündete der *Morning Herald and Daily Advertiser*, daß der Prinz von Wales und Georgiana »eine Subskription für den Bau eines neuen Theaters am Grosvenor Square ins Leben gerufen haben ... Es wird den Namen ›Prince of Wales Theatre‹ tragen. Von Mr. Harris für moderne Leute erbaut, wird es auch einige Ballsäle und Apartments wie in Raneleigh und Vauxhall enthalten.«

[44] SNRA Douglas-Home MSS D95/54: Tagebuch der Lady Mary Coke, 12. Sept. 1787.

[45] Ebenda, 28. Okt. 1785.

[46] A. Ribeiro, *The Dress Worn at Masquerades in England, 1730–1790, and it's Relation to Fancy Dress in Portraiture*, London 1984, S. 131.

[47] Chatsworth 639: GD an LS, 14.–18. Aug. 1784.

[48] A. Ribeiro, *Dress in Eighteenth-Century Europe, 1715–1789*, London 1984, S. 155.

[49] *Morning Herald and Daily Advertiser*, 19. Jan. 1785.

[50] Ebenda, 22. Apr. 1785.

[51] Hätte Georgiana nichts weiter als ihre raffinierten Entwürfe geleistet, hätte sie sich vermutlich in der Modewelt behauptet, ohne so beliebt zu werden, wie Lady Jersey oder Lady Melbourne. Aber es war der Eifer, mit dem sie öffentliche Verpflichtungen einging, wofür sie geliebt wurde. Ihr Name tauchte auf jeder Subskriptionsliste auf, ob für Waisen, neue Theater oder öffentliche Versammlungssäle. Trotzdem nutzten die Leute ihre Großzügigkeit oft aus. In jenem Jahr erlebte auch die Karriere von Miss George einen ähnlichen Aufwind, obwohl die *Morning Post* verächtlich angemerkt hatte: »Die Herzogin von Devonshire hielt sich in der ihr eigenen Art, Gefühle nicht zu verbergen, mit ihrem Applaus sehr zurück.« *Morning Post*, 5. Aug. 1786. Die Kritik sollte weniger Miss George angreifen, sondern die Kommerzialisierung von Georgianas Reputation. Ihre Unfähigkeit, Bitten um Unterstützung abzulehnen, machte das Mäzenatentum zur Farce. 1788 klagte der *Morning Herald*: Mit Bedauern beobachten wir, daß der Name der Herzogin von Devonshire scheußlichen Schriften vorangestellt wird, womit die Erlaubnis der Widmung Ihrer Gnaden ausgenutzt wird. Als Beweis mögen die verachtenswerten Ergüsse von Mrs. Hill angeführt werden.« (10. Apr. 1788.) Die Zeitung wußte nicht, daß Georgiana einen ermüdenden Kampf mit dem Drucker, Mr. Thompson, ausgefochten hatte, um

ihn davon abzuhalten, daß er das Buch von Mrs. Hill mit einem Porträt und einem Wid-
mungsschreiben auflockerte.

52 GD an den Prinzen von Wales, etwa Dez. 1785, in: Lord Bessborough, *Georgiana*, S. 88.
53 Der Prinz von Wales an Fox, 11. Dez. 1785, in: Lord John Russell, *Memorials and Corre-
    spondence of Charles James Fox*, London 1853–7, II, S. 283–84.
54 Chatsworth 717: GD an LS, 7. Febr. 1786.
55 Christopher Hibbert, *George IV, Prince of Wales*, London 1972, S. 59.
56 SNRA Douglas-Home MSS TD 95/54: Tagebuch der Lady Mary Coke, 19. Jan. 1785.
57 Chatsworth 753: Lady Melbourne an GD, 24. Juli 1786.
58 Herzogin von Portland an Lady Louisa Ponsonby, Febr. 1782, in: Borthwick Institute
    Hickleton MSS A1.2.7, f. 9.
59 Die Ehrenwerte Mrs. Damer an Mary Berry, 20. Juni 1791, in: Lewis Melville, Hrsg., *The
    Berry Papers*, London 1914, S. 39.
60 BL Althorp G287: GD an den zweiten Grafen Spencer und Lady Spencer, 6. Juli 1786.
61 BL Althorp F14: Der zweite Graf Spencer an LS, 6. Juli 1786.
62 BL Althorp G290: Lavinia, Lady Spencer an den zweiten Grafen Spencer, 11. Aug. 1786.
63 BL Althorp F13: Der zweite Graf Spencer an LS, 14. Dez. 1785.
64 Chatsworth 692: Bess an GD, 10. Dez. 1785.
65 Stuart, *Dearest Bess*, S. 24.
66 Chatsworth 744: Bess an GD, 7. Juni 1786.
67 Stuart, *Dearest Bess*, S. 37.
68 *Morning Post*, 4. Aug. 1786.
69 Lord John Cavendish an Louisa Ponsonby, etwa 12. Dez. 1784, in: Borthwick Institute
    Hickleton MSS A1.2.6, f. 9.
70 *Morning Post*, 1. Sept. 1786.
71 BL Althorp G278: LS an den zweiten Grafen Spencer, 23. Sept. 1786.
72 BL Althorp G278: LS an den zweiten Grafen Spencer, 12. Okt. 1786.
73 Chatsworth 759: GD an LS, 15. Okt. 1786.
74 Stuart, *Dearest Bess*, S. 38.
75 Ebenda.
76 Chichester RO Bessborough MSS 268: LS an Lady Duncannon, 31. Okt. 1786.
77 BL Althorp F14: Der zweite Graf Spencer an LS, 29. Okt. 1786.
78 BL Althorp G278: LS an den zweiten Grafen Spencer, 2. Nov. 1786.
79 BL Althorp G278: LS an den zweiten Grafen Spencer, 31. Okt. 1786.
80 Ebenda.
81 Chatsworth 762: GD an LS, 19.–25. Okt. 1786.
82 BL Althorp G278: LS an den zweiten Grafen Spencer, 29. Dez. 1786.
83 BL Althorp F14: Der zweite Grafen Spencer an LS, 31. Dez. 1786.

Kapitel 11 – Königin Bess: 1787

1 Chatsworth 766: GD an LS, 5. Nov. 1786.
2 Chatsworth 772: GD an LS, 15. Nov. 1786.
3 Chatsworth 792: GD an LS, 11. Jan. 1787.
4 Chatsworth 791: GD an LS, 7. Jan. 1787.
5 Chatsworth 796: GD an LS, 25. Jan. 1787.
6 Chatsworth 853: Sir Richard Arkwright an GD, 21. Jan. 1788.
7 Chatsworth 802.1: GD an Thomas Coutts, 12. März 1787.
8 Chatsworth 782.1: GD an Thomas Coutts, etwa 1787.

[9] Er versuchte noch einen zweiten Bankrottfall an sich zu ziehen. Charles James Fox konnte sein Glück kaum glauben, als er folgendes Anschreiben erhielt: »Möglicherweise werden Sie über meinen Brief lachen, aber ich verspüre den Drang, Ihnen zu schreiben und das Angebot zu unterbreiten, falls Sie Verbindlichkeiten oder Schulden haben, Ihnen Geld zu leihen, um sie abzuzahlen, vorausgesetzt, es würde Ihnen gefallen, *mir* verpflichtet zu sein – und daß eine Summe, wie ich sie entbehren kann, Sie, wie ich *hoffe*, aus weniger großzügigen Händen befreien würde ...« Thomas Coutts an Charles Fox, 30. Juli 1787. Fox akzeptierte mit Freuden ein Darlehen über 5.000 Pfund, woraufhin Coutts notierte, daß die Rückzahlung »nicht zu beschleunigen ist und keine Zinsen berechnet werden.« Leslie Mitchell, *Charles James Fox*, Oxford 1992.

[10] Chatsworth 819: GD an LS, 3. Juli 1787.

[11] Chatsworth 814: Thomas Coutts an GD, 23. Mai 1787.

[12] Chatsworth 816: GD an Thomas Coutts, 24. Mai 1787.

[13] Chatsworth 814: Thomas Coutts an GD, 23. Mai 1787.

[14] Chatsworth 800: LS an den fünften Herzog von Devonshire, 28. Febr. 1787.

[15] Chatsworth 816: GD an Thomas Coutts, 24. Mai 1787.

[16] BL Althorpe F15: Der zweite Graf Spencer an LS, 5. Febr. 1787.

[17] BL Althorpe G278: LS an den zweiten Grafen Spencer, 7. Febr. 1787.

[18] HMC Rutland MSS, S. 388: Daniel Pultney an den Herzog von Rutland, 7. Mai 1787.

[19] Ebenda, S. 395: Daniel Pultney an den Herzog von Rutland, 3. Juli 1787.

[20] Chatsworth, Georgiana, Duchess of Devonshire Misc.: GD an Bess, etwa Febr. 1787.

[21] Stuart, *Dearest Bess*, London 1955, S. 40.

[22] Chatsworth 811: GD an LS, 10. Mai 1787.

[23] Rowlandson zeichnete im Nov. eine Karikatur der Whigs in der Kirche, auf der Fox in einem Büßerhemd in der Ecke stand, weil er sonntags Karten gespielt hatte, und Georgiana vergeblich versuchte, die schlafenden Politiker auf der Empore zu wecken. M. D. George, Catalogue of Political and Personal Satires, London 1935–54, IX, C. 7182: Reformation – Or the Wonderful Effects of a Proclamation«, 5. Nov. 1787.

[24] HMC Rutland MSS, S. 386: Daniel Pultney an den Herzog von Rutland, 6. Febr. 1787.

[25] Ebenda.

[26] Dorsets gesamte Korrespondenz mit Georgiana ist im vergangenen Jahrhundert zensiert worden; all seine Liebesbezeugungen sind von unbekannter Hand unkenntlich gemacht worden. Die meisten Briefe wurden zerstört, und erhalten geblieben sind in der Mehrzahl nur bearbeitete Abschriften. »Meine ewig geliebte Herzogin« ist eine der wenigen Zeilen, die man unter den schwarzen Strichen des Zensors schwach erkennen kann. Chatsworth 833: Herzog von Dorset an GD, 19. Okt. 1787.

[27] W. S. Lewis, *Horace Walpole's Correspondence*, New Haven, Conn. 1944, XXV, S. 486.

[28] Chatsworth 796: GD an LS, 25. Jan. 1787.

[29] BL Add. MSS 45911, f. 10: GD an Lady Melbourne, etwa 1787–88.

Kapitel 12 – Ménage à trois: 1788

[1] BL Althorp G278: LS an den zweiten Grafen Spencer, 3. Okt. 1787

[2] PRO 30/29/4/7, f. 65: Lady Augusta Murray an Lady Stafford, ca. 6. Sept. 1787. Teilweise auf französisch geschrieben.

[3] Dorothy Stuart, *Dearest Bess*, London 1955, S. 25

[4] Ebenda, S. 40

[5] BL Althorp G279: LS an den zweiten Grafen Spencer, 27. Mai 1788.

[6] Chatsworth 854: GD an LS, 2. Febr. 1788.

[7] BL Althorp G278: LS an den zweiten Grafen Spencer, 9. Aug. 1787.

[8] Chatsworth 828: GD an Lady Spencer, 20. Aug. 1787.

[9] Stuart, *Dearest Bess*, S. 41: ca. Febr. 1788.

[10] Ebenda, S. 44.

[11] Ebenda.

[12] Chatsworth 856: Der fünfte Herzog von Devonshire an LS, 7. Febr. 1788.

[13] BL Althorp G279: LS an den zweiten Grafen Spencer, 27. Mai 1788.

[14] Chatsworth 861A: GD an Bess, 25. Febr. 1788.

[15] Lewis Melville, Hrsg., *The Berry Papers*, London 1914, S. 63. Mrs. Damer an Mary Berry, 15. Aug. 1791.

[16] Chatsworth 871: Herzog von Dorset an GD, 12. Juni 1788.

[17] BL Add. MSS 45548, f. 2: GD an Lady Melbourne, Fragment, ca. Sommer 1788. Dorset verließ Paris 1789, weshalb der Brief nicht eher geschrieben sein kann, und die Bemerkung, »ich schicke die Kinder morgen zu C.« macht die Annahme, daß es sich um 1788 handelt, glaubhaft.

[18] Lady Minto, *Life and Letters of Sir Gilbert Elliot, First Earl of Minto, 1751–1806*, London 1874, I, S. 180: Sir Gilbert Elliot an Lady Elliot, 22. Febr. 1787.

[19] E. A. Smith, *Lord Grey, 1764–1845*, Oxford 1990, S. 135.

[20] Chatsworth 861A: GD an Bess, 25. Febr. 1788.

[21] Chatsworth 920.1: Bess an GD, ca. Febr. 1788.

[22] Chatsworth 890: GD an Lady Spencer, 29. Juli 1788.

[23] BL Althorp G290: Lavinia, Lady Spencer an den zweiten Grafen Spencer, 28. Juli 1788.

[24] PRO 30/29/4/7, f. 94: Miss Lloyd an Lady Stafford, 3. Aug. 1788.

[25] Stuart, *Dearest Bess*, S. 43.

[26] BL Althorp G278: LS an den zweiten Grafen Spencer, 12. Febr. 1787.

[27] Chatsworth 891: LS an GD, 8. Aug. 1788.

[28] Chatsworth 953: GD an LS, 12. Mai 1789.

[29] Herzog von Argyll, *Intimate Society Letters of the Eighteenth Century*, London 1910, S. 314–317.

[30] Chatsworth 902: GD an LS, 15. Sept. 1788.

Kapitel 13 – Die Regentschaftskrise: 1788–1789

[1] T. More: *Memoirs of R. B. Sheridan*, London 1817, II, S. 26. Unter Historikern wird die Krankheit des Königs allgemein als seltene Erbkrankheit mit dem Namen Porphyrie gehandelt, von der die Stuarts betroffen waren. Sie wurde durch die Ururgroßmutter von Georg III., die Kurfürstin Sophie, an das Haus Hannover weitervererbt. Wer an Porphyrie erkrankt, leidet unter verfärbtem Urin, Bauchschmerzen, Halluzinationen, Hysterie, Paranoia und Stammeln. Die Mediziner des achtzehnten Jahrhunderts hätten aufgrund all dieser medizinischen Symptome schlicht Wahnsinn diagnostiziert.

[2] *Morning Post*, 31. Okt. 1788.

[3] Leslie Mitchell, *Charles James Fox*, London 1992, S. 80.

[4] Für Hintergrundinformationen siehe John Derry, *The Regency Crisis and the Whigs, 1788–89*, Cambridge 1963. Ebenso Leslie Mitchell, *Charles James Fox and the Disintegration of the Whig Party*; J. Ehrman, *The Younger Pitt*, I, und Christopher Hibbert, *George IV, Prince of Wales*, I.

[5] Chatsworth 921: J. Craufurd an GD, ca. 7. Nov. 1788.

[6] Lady Minto, *The Life and Letters of Sir Gilbert Elliot, First Earl of Minto, 1751–1806*, London 1874, I, S. 312: Sir Gilbert Elliot an Lady Elliot, 21. Mai 1789.

[7] Chatsworth 936: Tagebuch 1788–89.

[8] W. Sichel, *Sheridan*, London 1909, ii, S. 249: Sheridan an Harriet, ca. 1788.

[9] Chatsworth 937: LS an GD, 10. Dez. 1788.

[10] Beim Vergleich zwischen Fox' und Pitts Stil erinnerte sich der Chronist Joseph Farington: »Mr. Pitt sprach immer in gleichbleibendem Ausdruck. Er mußte nie zurückschwenken, um sich selbst zu korrigieren, sondern schritt unbeirrt im Fluß seines Vortrags fort. Im Gegensatz dazu sprang Mr. Fox *vorwärts und zurück*, niemals zufrieden mit seiner ersten Formulierung. Er formulierte neu. Der *Unterton* von Mr. Fox' Stimme war angenehm, fast musikalisch, aber wenn er seiner Rede Kraft und Energie verleihen wollte, hob er die Stimme, und sie wurde quietschig und unangenehm ... Mr. Fox hatte gelegentlich geniale Eingebungen weit über die von Mr. Pitt hinaus ..., aber Mr. Pitt hatte die Oberhand.« J. Greig, The Farington Diary (London 1922), 25. Juni 1806.

[11] Herzog von Buckingham und Chandos, Hrsg., *Memoirs of the Court and Cabinets of George III*, London 1853–1855, II, S. 56.

[12] Ebenda, II, S. 64: Grenville an Buckingham, 17. Dez. 1788.

[13] SNRA Douglas-Home MSS TD95/54: Tagebuch der Lady Mary Coke, 29. Juni und 18. Juli 1787.

[14] J. Ehrmann, *The Younger Pitt*, London 1969–96, I, S. 583.

[15] *Morning Herald*, 6. Juli 1787.

[16] Henry Wheatley, *The Historical and Posthumous Memoirs of Nathaniel Wraxall*, London 1884, III, S. 267.

[17] Chatsworth 936: Tagebuch

[18] BL Althorp F29: Lavinia, Lady Spencer an den zweiten Grafen Spencer, 13. Dez. 1788.

[19] Lady Granville, Hrsg., *The Private Correspondence of Lord Granville Leveson Gower*, London 1916. Lady Stafford an LGLG, 12. Febr. 1789.

[20] PRO Hampshire Malmesbury MSS 9M73/150: GD an Lord Malmesbury, vermutlich 1789.

[21] Lady Granville, *Lord Granville Leveson Gower*, I, S. 15: Lady Stafford an LGLG, 20. Febr. 1789.

[22] William LeFanu, Hrsg., *Betsy Sheridan's Journal*, Oxford 1986, S. 153, Nr. 54: 2.–3. März 1789.

[23] Lady Minto, *Sir Gilbert Elliot*, I, S. 323–24.

[24] BL Althorp F16: Der zweite Graf Spencer an LS, 26 März 1789.

[25] A. Aspinall und Lord Bessborough, Hrsg., *Lady Bessborough and Her Family Circle*, London 1949, S. 48: Lady Duncannon an LS, 26. März 1789.

[26] Ebenda.

[27] Ebenda, S. 49: 30. März 1789.

[28] R., Brimley Johnson, *The Letters of Lady Louisa Stuart*, London 1926, S. 98.

[29] Lady Minto, *Sir Gilbert Elliot*, I, S. 300.

[30] *The Times*, 24. Apr. 1789.

[31] Lady Granville: *Lord Granville Leveson Gower*, I, S. 13–14: Lady Stafford an LGLG, 12. Febr. 1789

[32] C. Ross, Hrsg., *Correspondence of Charles, First Marquis of Cornwallis*, London 1859, I, S. 406–7: Lord Sydney an Cornwallis, 21. Febr. 1789.

[33] Zitiert in Leslie Mitchell: *Charles James Fox and the Disintegration of the Whig Party*, Oxford 1971, S. 140: Lord Palmerston an Lady Palmerston, 26. Dez. 1788.

[34] Durham Univ. Lib. Grey MSS, box 70: Lord George Cavendish an Mrs. Ponsonby, 25. Dez. 1788.

[35] Beispielsweise Leslie Mitchell, *Charles James Fox*, Oxford 1992, S. 85.

[36] Chatsworth 936: Tagebuch.

Kapitel 14 – Der aufkommende Sturm: 1789–1790

[1] Im März scheint Georgiana so verzweifelt gewesen zu sein, daß sie kurzfristig erwog, Selbstmord zu begehen. In Schloß Howard befindet sich eine Notiz vom 18. März 1789, die lautet: »Liebe Georgiana, ich verlasse Dich, und gebe Dir das einzige wertvolle Geschenk, das sich in meiner Macht befindet, geschrieben mit meinem Blut: Mein Segen. Möge Gott Dich, mein liebes Kind, segnen. Deine Dich liebende Mutter, G. Devonshire. Trage diese beigelegte Kette als Erinnerung an meine Liebe.« Carlisle MSS J18/20: GD an Lady Georgiana Cavendish, 18. März 1789.

[2] Lord Bessborough, *Georgiana, Duchess of Devonshire* (London 1955), S. 143: Thomas Coutts an GD, 2. Apr. 1789.

[3] William Galley, dem ein Wettbüro und ein Lotteriegeschäft gehörten, war einer derjenigen, die ein Vermögen verdienten, als Georgiana alles versuchte, um Bargeld aufzutreiben. »Ich bin entschlossen, dem Herzog nie wieder zur Last zu fallen und nie mehr zu borgen«, hatte sie ihm 1789 geschrieben. Sie hatte Galley statt dessen eine Leibrente angeboten: »daß es allein auf mich zurückfalle, wenn ich dagegen verstoße... meine Schulden bei Ihnen: £ 1.000, der Überschuß unbezahlt, £ 500 die Zinsen – machen Sie insgesamt £ 3.000 daraus, indem Sie mir noch £ 1.500 leihen, und ich werde Ihnen die Versicherung geben, Ihnen, solange ich lebe, jedes Jahr £ 500 zu bezahlen, als Leibrente. Sie brauchen keine Täuschung zu fürchten, denn um alles in der Welt will ich nicht, daß der Herzog davon erfährt. Tun Sie dies für mich, gnädiger Herr, ich flehe Sie an, und die Zahlungen kommen regelmäßig und vierteljährlich.« Walpole Library Devonshire MSS: GD an William Galley, ca. Winter 1789.

[4] O. Browning, Hrsg., *Despatches from Paris*, 1784–90 (Camden Third Series 1909–10), II, S. 217.

[5] Chatsworth 961: GD an LS, Dienstag, 25. Juni 1789.

[6] Peter Burley, Hrsg., *Witness to the Revolution: British and American Despatches from France 1788–1794*, London 1989, 52 f.

[7] Chatsworth 961: GD an LS, Freitag, 26. Juni 1789.

[8] PRO 30/29/5/3, f. 41: Lady Sutherland an Lady Stafford, 14. Juli 1789.

[9] Burley, *Witness*, S. 53.

[10] Chatsworth 961: GD an LS, 8.–22. Juni 1789.

[11] Ebenda.

[12] Chatsworth 963: GD an LS, 29. Juni–1. Juli 1789.

[13] Chatsworth 962: GD an LS, 27. Juni 1789.

[14] Chatsworth 963: GD an LS, 29. Juni–1. Juli 1789.

[15] BL Althorp G287: GD an den zweiten Graf Spencer, 5. Juli 1789.

[16] Chatsworth 964: GD an LS, 5. Juli 1789.

[17] A. Aspinall und Lord Bessborough, Hrsg., *Lady Bessborough and Her Family Circle*, London 1949, S. 55: GD an Harriet, ca. Juni-Juli 1789 (fälschlicherweise datiert auf Okt.).

[18] PRO 30/29/5/3, f. 39: Lady Sutherland an Lady Stafford, 12. Juli 1789.

[19] Chatsworth 972: GD an LS, 18. Juli 1789.

[20] Chatsworth 966: GD an LS, 14. Juli 1789.

[21] Chatsworth 993: James Hare an Bess, 15. Sept. 1789.

[22] Chatsworth 993: James Hare an Bess, 15. Sept. 1789.

[23] Chatsworth 991: James Hare an GD, 8. Sept. 1789.

[24] Lord Bessborough, *Georgiana*, S. 158: Coutts an GD, 9. Sept. 1789.

[25] Chatsworth 998: James Hare an GD, 9. Okt. 1789.

[26] Chatsworth 995: GD an LS, 25. Sept. 1789.

[27] Chatsworth 994: GD an Coutts, 23. Sept. 1789.

[28] Chatsworth 1010: GD an LS, 8. Nov. 1789.

[29] Chatsworth 1018: GD an Calonne, 19. Nov. 1789. Auf französisch.

[30] BL Add. MSS 45548, f. 4: GD und Bess an Lady Melbourne, 24. Dez. 1789.

[31] Chichester RO Bessborough MSS: Harriets Tagebuch, 19. März 1789.

[32] William LeFanu, Hrsg., Betsy Sheridans Journal (Oxford 1986), Nr. 60: S. 167: 14. und 15. Juni 1790.

[33] Bath Reference Library Sheridan MSS ALB. 2304: Elizabeth Sheridan an Mrs. Mehitabel Canning, 5. Febr. 1790.

[34] Chatsworth 1051: Herzog von Dorset an GD, 17. März 1790.

[35] Chatsworth 1022: Memorandum, 25. Nov. 1789. Die Anleihe bei Denne andererseits quälte Georgiana, denn sie »verstieß gegen einen Schwur, in dem ich meine Wünsche für die Rettung meiner Kinder und des Herzogs und Lady Eliz' gelobte, nicht mehr irgendein Papier zu unterzeichnen, Geld *gegen Zinsen* zu leihen.« Sie schrieb sich selbst ein Memorandum, um zu erklären, warum sie ihr Versprechen gebrochen hatte. Aber ihre Entschuldigungen erwiesen sich als fast unverständlich aufgrund ihrer Umschiffung der Wahrheit. Es war eine heimliche Beichte, und dennoch log sie noch über die wahre Summe, die sie sich geliehen hatte, indem sie sie um die Hälfte kürzte.

[36] Walpole Library Devonshire MSS: GD an William Galley, 9. März [1790].

[37] A. Aspinall, Hrsg., *The Correspondence of George, Prince of Wales 1770–1812* (London 1964), II, Nr. 465: GD an den Prinzen von Wales, 22. Juli 1789.

[38] Chatsworth 1029: GD an LS, 21. Dez. 1789.

[39] Chatsworth 1036: Fünfter Herzog von Devonshire an Bess, 22. Jan. 1790.

[40] Chatsworth 1052.1: GD an den fünften Herzog von Devonshire, ca. März 1790.

[41] Aspinall, George, *Prince of Wales*, II, Nr. 508: GD an den Prinzen von Wales, ca. Mai 1790.

[42] Chatsworth 991: James Hare an GD, 8. Sept. 1789. Das war die Art überängstlicher Fürsorge, die James Hare wütend machte. Er warnte Georgiana oft davor, sich zu viele Bedienstete aufzuladen. »Ich finde, es ist ein großer Nachteil für Kinder, fünf Kindermädchen und Diener zu haben, die sich um sie kümmern, ihre Eltern nur ganz selten zu sehen und das unter einer Art Zwang, der sie davon abhält, sich natürlich zu benehmen und so unterhaltsam zu sein, wie sie unter anderen Umständen wären. Es vermittelt ihnen auch zu früh die Angewohnheit, sich zu verstellen, die sie ohne Hilfe noch früh genug erlernt hätten.«

[43] Chatsworth 1041: GD an LS, 18. Febr. 1790.

[44] Chatsworth 1044: GD an LS, 23. Febr. 1790.

[45] Croft war ein erfolgreicher Arzt, bis er Prinzessin Charlotte bei ihren Wehen im Nov. 1817 beistand. Sie starb nach zweitägigen Wehen unter Qualen, und man machte ihn für ihren Tod verantwortlich. Croft war so untröstlich nach diesem Vorfall, daß er Selbstmord beging.

[46] Chatsworth 1030: GD an LS, 21. Dez. 1790.

[47] Reginald Blunt, Hrsg., *Mrs. Montagu* (Edinburgh 1923), II, S. 245: Lord Erskine an Mrs. Montagu, 6. Juni 1790.

[48] BL Althorp F17: zweiter Graf Spencer an LS, 7. Mai 1790.

[49] BL Althorp G280: LS an den zweiten Grafen Spencer, 20. Mai 1790.

[50] Chatsworth 1054.1: Journal of Anne Scafe, Mai 1790.

[51] Chatsworth 1065.1: Lord George Cavendish an GD, 9. Juni 1790. Viele Jahre später kamen die Gerüchte um Hartingtons Geburt wieder an die Oberfläche. Lord George glaubte eine absurde Geschichte, die behauptete, beide Frauen seien schwanger gewesen, aber Bess habe den Jungen geboren, während Georgianas Kind entweder totgeboren oder ein Mädchen gewesen sei. Sie hätten die Babys ausgetauscht und Hartington sei ungesetzlicherweise als ihr rechtmäßiger Erbe aufgezogen worden. Lord George erwog nach dem

Tod seines Bruders, die Herzogwürde gerichtlich zu erkämpfen, bis er Ann Scafes Tagebuch las und ihren Bericht als unwiderlegbare Tatsache akzeptierte.

[52] BL Althorp G281: LS an den zweiten Grafen Spencer, 19. Juni 1790.

[53] Chatsworth 1056: GD an LS, 11. Aug. 1790.

[54] Dorothy Stuart, *Dearest Bess* (London 1955), S. 53.

[55] PRO 30/29/5/3, f. 56: Lady Sutherland an Lady Stafford, ca. Aug. 1790. Auf französisch.

[56] Ebenda, S. 55: Lady Sutherland an Lady Stafford, ca. Juli 1790.

[57] Ebenda, S. 56: Lady Sutherland an Lady Stafford, ca. Aug. 1790.

Kapitel 15 – Enthüllung: 1790–1791

[1] Chatsworth: Tagebuch von Elizabeth Foster, 25. Nov. 1790.

[2] W. S. Lewis, Hrsg., *Horace Walpole's Correspondence* (New Haven, Conn. 1937–80), XI, S. 263: Walpole an Mary Berry, 12. Mai 1791.

[3] Chatsworth 936: GD Regencykrise Tagebuch, Einführung.

[4] Chatsworth 971: anonymer, undatierter Brief an GD, »1789« fälschlicherweise in anderer Handschrift hinzugefügt; mit ziemlicher Sicherheit verfaßt von Lafayette im Juli 1791.

[5] Chatsworth 1072: Herzog von Dorset an GD, 1. Nov. 1790.

[6] Chatsworth 1086: Herzog von Dorset an GD, 30. Juni 1791.

[7] BRBL Yale University: Herzog von Dorset an GD, Aug. 1791.

[8] Chatsworth 1062: GD an LS, 9. Sept. 1790.

[9] Ebenda.

[10] Chatsworth 1064: GD an LS, 10. Sept. 1790.

[11] Chatsworth 1063: LS an GD, 10.Sept. 1790.

[12] Chatsworth 1075: GD an LS, 12. Nov. 1790.

[13] TSNRA Douglas-Home MSS TD95/54: Tagebuch von Lady Mary Coke, 27. Febr. 1791.

[14] Ebenda.

[15] Vere Birdwood, Hrsg., *So Dearly Beloved, So Much Admired: The Letters of Lady Chatham* (London 1994), S. 217: Mrs. Trevor an Lady Hester, 7. März 1791.

[16] BL Althorp G291: Lavinia, Lady Spencer an den zweiten Graf Spencer, Mai 1789.

[17] Chatsworth 1078.1: GD an Coutts, ca. März 1791.

[18] Lewis Melville, Hrsg., *The Berry Papers* (London 1914), S. 39: Hon. Mrs Damer an Marry Berry, 20. Juni 1791.

[19] Henry Wheatley, *The Historical and Posthumous Memoirs of Nathaniel Wraxall* (London 1884), I, S. 50.

[20] Chatsworth 1099.1: GD an Coutts, ca. März 1791.

[21] *Morning Post*, 11. Juli 1791.

[22] Chatsworth 1095: GD an Coutts, 17. Juli 1791.

[23] Joyce Hemlow und Althea Douglas, Hrsg., *The Journals and Letters of Fanny Burney* (Madame d'Arblay) (Oxford 1972–84), I, S. 38: 31. Aug. 1791.

[24] Ebenda.

[25] Ebenda, I, S. 41: 31. Aug. 1791.

[26] Ebenda, I, S. 61 und 49.

[27] Ebenda, I, S. 49: 31. Aug. 1791.

[28] Lady Granville, *The Private Correspondence of Lord Granville Leveson Gower* (London 1916), I, S. 117: Lady Bessborough an LGLG, 6. Okt. 1795.

[29] BL Add. MSS 45548, f. 79: Bess an Lady Melbourne, ca. Mai 1791.

[30] C. Price, Hrsg., *The Letters of Richard Brinsley Sheridan* (Oxford 1966), I, S.225–26: Sheridan an GD, ca. 20. Juli 1791.

[31] BL Add. MSS 45548, f. 15: Bess an Lady Melbourne, ca. Mai 1791.
[32] BL Althorp F17: Zweiter Graf Spencer an LS, 10. Juni 1791.
[33] Chatsworth 1098: GD an Coutts, 17. Juli 1791.
[34] BL Add. MSS 45911, f. 15: Lady Duncannon an Lady Melbourne, ca. Okt. 1791.
[35] BL Add. MSS 45548, f. 36: Lady Duncannon an Lady Melbourne, ca. Okt. 1791.
[36] BL Add. MSS 45911, f. 18: GD an Lady Melbourne, 15. Okt. 1791.
[37] Ebenda.
[38] BL Add. MSS 45548, f. 44: Lady Duncannon an Lady Melbourne, ca. Okt. 1791.
[39] BL Add. MSS 45911, f. 15: Lady Duncannon an Lady Melbourne, ca. Okt. 1791.
[40] Ebenda, f. 22: Bess an Lady Melbourne, 23. Okt. 1791.
[41] BL Add. MSS 45548, f. 42: Lady Duncannon an Lady Melbourne, ca. Okt. 1791.
[42] Ebenda, f. 44: Lady Duncannon an Lady Melbourne, ca. Okt. 1791.
[43] Ebenda.
[44] BL Add. MSS 45911, f. 20: GD an Lady Melbourne, 24. Okt. 1791.
[45] BL Add. MSS45548, f. 40: Lady Duncanoon an Lady Melbourne, ca. Okt. 1791.
[46] BL Add. MSS 45911, f. 25: GD an Lady Melbourne, 20. Nov. 1791.

Kapitel 16 – Exil: 1791–1793

[1] Chatsworth 1115: GD an den Marquis von Hartington, ca. 27. Jan. 1792.
[2] Carlisle MSS J18/20: GD an Lady Georgiana Cavendish, ca. Febr. 1792.
[3] Papers of Hugh Seymour, Esq.: »Verses copied by Lady Charlotte Cholomondeley in her common place book, circa 1816«, GD zugeschrieben.
[4] Francis Bickley, *The Diaries of Sylvester Douglas, Lord Glenbervie* (London 1928), I, S. 70: 5. Sept. 1796.
[5] NRO 324/L.8/42: Mrs. Creevey an Mr. Creevey, ca. 1805.
[6] Papers of Hugh Seymour, Esq.: GD an Eliza Courtney, ca. 1804.
[7] Ebenda: GD an Liza Courtney, ca. 1804.
[8] Ebenda, ca. 1803–1804.
[9] Ebenda.
[10] Carlisle MSS J18/20/95: Fragment, GD an Lady Georgiana Cavendish, ca. 1798.
[11] Lady Georgiana Cavendish an Selina Trimmer, 1. Apr. 1799.
[12] Lady Granville, Hrsg., *The Private Correspondence of Lord Granville Leveson Gower* (London 1916), II, S. 320: Lady Bessborough an LGLG, 22. Aug. 1808.
[13] Henry Broughton, *Recollection of a Long Life* (London 1865), I, S. 92.
[14] Papers of Hugh Seymour, Esq.: Tagebuch von Eliza Ellice, 28. Febr. 1828.
[15] BL Add. MSS 45548, f. 48: Lady Duncannon an Lady Melbourne, 11. Dez. 1791.
[16] Ebenda, f. 35: GD an Lady Melbourne, 16. Febr. 1792.
[17] BL Add. MSS 45911, f. 28: Lady Duncannon an Lady Melbourne, 28. Febr. 1792.
[18] PRO 30/29/5/4, f. 13: Lady Sutherland an Lady Stafford, 29. März 1792.
[19] BL Add. MSS 45548, f. 50: Lady Duncannon an Lady Melbourne, 29. Dez. 1791.
[20] BL Add. MSS 45911, f. 32: Lady Duncannon an Lady Melbourne, 24. März 1792.
[21] Ebenda, f. 34: Lady Duncannon an Lady Melbourne, 15. Apr. 1792.
[22] Carlisle MSS J18/20: GD an Lady Georgiana Cavendish, 20. Mai 1792.
[23] Carlisle MSS J18/21/97: Selina Trimmer an GD, 4. Nov. 1791 und ca. Nov./Dez. 1791.
[24] BL Althorp F71: LS an Mrs. Howe, 7. Dez. 1791.
[25] E. M. Graham, *The Beautiful Mrs. Graham* (London 1927), S. 282.
[26] Lynedoch MSS, 3594, S. 261–64: GD an Thomas Graham, 17. Juli [1792].

27 Chatsworth 1176: GD an LS, 9. Sept. 1793.
28 C. Price, Hrsg., *The Letters of Richard Brinsley Sheridan* (Oxford 1966), I, S. 241: Sheridan an Lady Duncannon, 10. Aug. 1792.
29 Chatsworth 1130: Herzog von Dorset an GD, 10. Aug. 1792.
30 A. Aspinall, Hrsg., *The Correspondence of George, Prince of Wales 1770–1812* (London 1964), II, Nr. 696: Der Prinz von Wales an GD, 26. Sept. 1792.
31 BL Add. MSS 51705, f. 115: Henry Pelham an Lady Webster, 16. [Apr.] 1792.
32 BL Althorp MSS F72: LS an Mrs. Howe, 4. Mai 1792.
33 BL Add. MSS 33,129, f. 88: Henry Pelham an Graf Chichester, 19. Sept. 1792.
34 Brian Connell, *Portrait of a Whig Peer* (London 1957), S. 285: Lady Palmerston an Benjamin Mee, 26. Mai 1793.
35 Carlisle MSS J18/20: GD an Lady Georgiana Cavendish, 7. Aug. 1792.
36 Carlisle MSS J18/20: GD an Lady Georgiana Cavendish, 30. Sept. 1792.
37 A. Aspinall und Lord Bessborough, Hrsg., *Lady Bessborough and Her Family Circle*, S. 74: LS an Lady Duncannon, ca. Dez. 1792.
38 Broadlands MSS, BR11/18/7: Mary Mee an Benjamin Mee, 6. Sept. 1792.
39 Connell, *Portrait*, S. 268: Lady Palmerston an Benjamin Mee, 7. Sept. 1792.
40 Ebenda, S. 269: 10. Sept. 1792.
41 BL Althorp F72: LS an Mrs. Howe, 6. Okt. 1792.
42 Carlisle MSS J18/20: GD an Lady Georgiana Cavendish, 30. Nov. 1792.
43 BL Althorp F72: LS an Mrs. Howe, 1. Juni 1792.
44 Chatsworth 1131: Lady Sutherland an GD, 31. Aug. 1792.
45 Chatsworth 1191: GD an Coutts, 31. Okt. 1793.
46 Chatsworth 1192: GD an LS, 1. Nov. 1793.
47 Chatsworth 1152: Lady Sutherland an GD, 24. März 1892.
48 Suffolk RO, Hervey, MSS, Acc. 941/56/93: Lord Hervey an GD, 7. März 1793.
49 Chatsworth 1147.1: James Hare an GD, ca. Ende 1792.
50 Roger Hudson, Hrsg., *The Grand Tour 1572–1796* (London 1993), S. 187–88.
51 Aspinall und Lord Bessborough, *Lady Bessborough*, S. 85: Lord Bessborough an Lady Bessborough, 10. Mai 1793 und 14. Mai 1793.
52 Carlisle MSS J18/20: GD an Lady Georgiana Cavendish, 18. Mai 1793.
53 Connell, *Portrait*, S. 385: Lady Palmerston an Benjamin Mee, 26. Mai 1793.
54 Chatsworth 1174: GD an LS, 9. Sept. 1793.
55 Ebenda.
56 Chatsworth 1179: GD an LS, 16.–18. Sept. 1793.
57 Ebenda.

Kapitel 17 – Rückkehr: 1794–1796

1 Chatsworth 1180: GD an LS, 18. Sept. 1793.
2 Chatsworth 1183: GD an LS, 23. Sept. 1793.
3 Charlotte scheint seelisch beeinträchtigt gewesen zu sein.
4 Chatsworth 1183: GD an LS, 23. Sept. 1793.
5 BL Althorp F40: Lady Georgiana Cavendish an LS, 26. Apr. 1795. Sie schrieb, daß sie zu jung und unwürdig sei, um über ihre Treue zu sprechen. Aber »indem ich versuche, meinen Glauben an Gott zu stärken, kann ich nicht hoffen, durch diese Gedanken besser zu werden – möge ich eine feste beherrschte Hingabe erreichen – möge sie meine Handlungen bestimmen und mir helfen, meine Fehler zu korrigieren.«
6 Chatsworth 1185: GD an LS; 30. Sept. 1793.

[7] Lady Granville, Hrsg., *The Private Correspondence of Lord Granville Leveson Gower* (London 1916), I, S. 82: Lady Stafford an LGLG, 16. Febr. 1794.

[8] BL Add. MSS 51927, ff. 108–9: Tagebuch von Lady Holland, Dez. 1793.

[9] Chatsworth 1297: GD an LS, 11. Juli 1795.

[10] *Morning Post*, 1. Okt. 1793.

[11] Chatsworth 1188: LS an GD, 19. Okt. 1793.

[12] Royal Society: Tagebuch von Sir Charles Blagden, März-Apr. 1793 *passim*.

[13] Unter den Exemplaren war »Porphyr. Dieses Exemplar war vom höchsten Punkt des St. Gotthard am 2. Aug. 1793 gebrochen und von Generalleutnant Graf Rumford ihrer Gnaden der Herzogin von Devonshire in Bern am 21. Aug. 1793 übergeben worden.« Zitiert in Michel P. Cooper für die Russell Society, »Notes on the Mineral Collections of Georgiana Cavendish, Duchess of Devonshire, and the Sixth Duke of Devonshire at Chatsworth House, Derbyshire«. Cooper hebt den systematischen Charakter der Sammlung sowie ihre bemerkenswerte Größe hervor.

[14] PRO 30/29/5/5, f. 49: Lady Sutherland an Lady Suffolk, 23. Okt. 1793.

[15] Chatsworth 1147: James Hare an GD, ca. 1793.

[16] BL Althorp G287: GD an den zweiten Grafen Spencer, 14. Nov. 1793.

[17] Chatsworth 1186: LS an GD, 11. Okt. 1793.

[18] Chatsworth 1189: GD an LS, 22. Okt. 1793.

[19] Chatsworth 1192: GD an LS, 1. Nov. 1893.

[20] BL Althorp G291: Lavinia, Lady Spencer, an den zweiten Grafen Spencer, empf. 28. Febr. 1794.

[21] BL Althorp G287: GD an den zweiten Grafen Spencer, empf. 16. Juli 1794.

[22] Lady Granville, *Lord Granville Leveson Gower*, I, S. 359: Lady Bessborough an LGLG, 21. Sept. 1802/ BL Add. MSS 45911, f. 44: GD an Lady Melbourne, ca. Jan.-März 1795/LS an GD, 8. Jan. 1796/James Greig, *The Farington Diary* (London 1922–28).

[23] R. Adair, *A Sketch of the Character of the Late Duke of Devonshire* (London 1811), S. 13.

[24] BL Althorp G287: GD an den zweiten Grafen Spencer, 28. Aug. 1794. George erwiderte, daß er alles in seiner Macht Stehende tun würde, aber »es ist nicht sehr leicht, sich persönlich in so eine Sache einzumischen, da alles, was man sagt und tut, in einer Situation wie dieser, in der ich mich hier befinde, zum Gegenstand von Spekulation und Eifersucht wird, und da es unmöglich für mich ist, etwas zu sagen oder zu tun, das irgendwie die Regierung mit einschließt, ohne dafür ausdrücklich von ihr autorisiert worden zu sein.« Der zweite Graf Spencer an GD, 28. Aug. 1794. Lady Hollands Tagebuch enthüllt, daß Georgiana weiter insistierte, nicht entmutigt von Georges pessimistischer Antwort: »Lord M[almesbury?] denkt, seine Versuche, La Fayettes Freilassung zu erwirken, werden ohne Erfolg sein; *er hat keine wie auch immer gearteten Anweisungen vom Ministerium* und alles muß durch seinen Einfluß allein geschehen. Die Hzgn. von Devon überließ das Maß ihm, sie hatte zwar vor, selbst an die Kaiserin von Rußland zu schreiben, um sie um ihren Einfluß im Sinne des armen Gefangenen zu bitten – aber alles [unlesbar] war fruchtlos.« Tagebuch von Lady Holland, datiert Dez. 1793 [1794].

[25] Es bestand jedoch eine beträchtliche Scheinheiligkeit, was die Rolle der Frau anging. Weibliche Beteiligung an irgendeiner Aktivität außerhalb der häuslichen Sphäre war zufällig und nicht voraussagbar; bei der Bestimmung eines Frauenlebens waren der Charakter und die Umstände oft wichtiger als die soziale Konvention. Die Witwenschaft konnte eine Frau dazu zwingen, die Beschäftigung ihres Mannes zu übernehmen, zum Beispiel eine Druckerei zu führen oder einen Laden zu besitzen, während Ehelosigkeit eigene Schwierigkeiten, aber auch eigene Möglichkeiten mit sich brachte. Die Künste und die Erziehung boten Frauen die meisten Möglichkeiten, wie die Karrieren von Mary Woll-

stonecraft, der Theaterschriftstellerin Elisabeth Inchbald und der Moralistin Hannah Moore illustrieren. Obwohl die meisten Traktate und Pamphlete über die Rolle der Frau für Passivität und Zartheit plädierten und die Frauen ständig an ihren untergeordneten Status erinnerten, waren sie, in der Hauptsache, doch beschreibende Werke dessen, wie Frauen sein *sollten*. Siehe H. Barker und E. Chalus (Hg.), *Gender in Eighteenth Century England: roles, representation and responsibilities* (London 1996), worin die acht Autoren gegen separate Sphären argumentieren und damit implizit gegen die Erkenntnis, die Geschichte der Frau sei eine separate Disziplin. In der Vergangenheit haben Historiker den Standpunkt vertreten, Männer und Frauen lebten in zunehmend streng getrennten Sphären, kontrolliert und abgetrennt durch Funktion und Geschlecht. In neuerer Zeit hat sich die These gewendet zugunsten der Idionsynkrasie, der Integration und des Pluralismus, mit größerer Abhängigkeit von individuellen Fallgeschichten als von theoretischen Modellen.

26   SNRA Douglas-Home MSS TD95/54: Tagebuch von Lady Mary Coke, 17. Aug. 1782.

27   L. Werkmeister, *A Newspaper History of England 1792–1793* (Lincoln, Nebraska, 1967), S. 426–27: 22. Nov. 1793.

28   J. Parkes und H. Merivale, Hrsg., *The Memoirs of Sir Philip Francis* (London 1867), II, S. 400.

29   Mary Hays, *Appeal to the Men of Great Britain in Behalf of Women* (London 1798); Catherine Macauly, *Letters on Education* (London 1790).

30   Chatsworth 1210: GD an LS, 1. Febr. 1794. Harriet teilte Georgianas Ansicht, daß es zwischen Männern und Frauen unwiderrufliche Grenzen gebe. Sie verteidigte ihr Recht, ihre politische Meinung kundzutun, gab aber zu, daß »nichts lächerlicher sein kann als ein weiblicher Politiker«. Lady Granville, *Lord Granville Leveson Gower*, I, S. 102.

31   BL Add. MSS 33272, ff. 133–34: Sir Charles Blagden an Sir Joseph Banks, 22. Aug. 1794. Am 8. Sept. 1794 schrieb Sir Charles Blagden, daß Georgiana drei Männer empfohlen habe: B. Watson, Barker und French. Barker war mit ziemlicher Sicherheit der Wissenschaftler Thomas Barker (1722–1809). B. Watson war White Watson (1760–1835), ein Mineralienhändler und Pionier der Geologie von Derbyshire, der Georgianas Sammlung 1799 und wieder 1804 katalogisierte.

32   BL Althorp G282: LS an den zweiten Grafen Spencer, 25. Sept. 1794.

33   BL Althorp G287: GD an den zweiten Grafen Spencer, 1. Juni 1795.

34   Granville Leveson Gower kam aus komplizierten Familienverhältnissen. Seine Mutter, Lady Stafford, war die dritte Ehefrau von Lord Gower (später Marquis von Stafford). Sein Halbbruder, Lord Gowers älterer Sohn, wurde Marquis und auch Graf von Sutherland, als er Elisabeth, Gräfin von Sutherland, heiratetet, *suo jure*. Er wurde später der erste Herzog von Sutherland.

35   Lady Granville, *Lord Granville Leveson Gower*, I, S. 91: Lady Duncannon an LGLG, 1. Juni 1794. – Leveson Gowers Mutter, Lady Stafford, war entsetzt bei dem Gedanken, daß ihr Sohn Harriets Liebhaber werden könnte. Sie warnte ihn, vor »dieser Art Frauen ..., wenn sie erst einmal Macht über den Verstand eines jungen Mannes haben, dann denkt er, was sie fühlt und ist das, was sie wünscht, das er für sie ist. Alle Schmeichelei, die sie mit Kunstfertigkeit handhabt, erscheinen ihm ihre echten, ungeschminkten Gedanken zu sein ... Lady Granville, *Lord Granville Leveson Gower*, I, S. 82–83, Lady Stafford an LGLG, 16. Febr. 1794.

36   BL Add. MSS 45911, f. 40: Bess an Lady Melbourne, 8. Jan. 1795.

37   Ebenda, f. 44: GD an Lady Melbourne, [Jan./Feb. 1795].

38   Chatsworth 1286: GD an LS, 14. Apr. 1795.

39   BL Althorp G287: GD an den zweiten Grafen Spencer, 5. Febr. 1795.

40   *Bon Ton Magazine*, Nr. 56, Okt. 1795.

[41] PRO 313/744: Lady Stafford an Lady Harriet Douglas, 30. Okt. 1795.
[42] Ebenda, Donnerstag, ca. Nov. 1795.
[43] Chatsworth 1334: LS an GD, 12. Apr. 1795.
[44] BL Add. MSS 45911, f. 44: GD an Lady Melbourne [Jan./Febr. 1795].
[45] Chatsworth 1386: LS an GD, 8. Jan. 1796.
[46] BL Althorp G287: GD an den zweiten Grafen Spencer, 17. Juni 1796.

Kapitel 18 – Intermezzo: 1796

[1] Chatsworth 1211: LS an GD, 2. Jan. 1796.
[2] Die modernen medizinischen Meinungen über den Grund der Erkrankung gehen auseinander. Arthur Calder-Marshall vermutet: »unilateraler Exophtalmus endokrinen Ursprungs« oder vielleicht »orbitale Zellulitis«. Arthur Calder-Marshall, *The Two Duchesses* (London 1978), S. 179.
[3] Lady Granville, Hrsg., *The Private Correspondence of Lord Granville Leveson Gower* (London 1916), I, S. 126: Lady Bessborough an LGLG [Aug. 1796].
[4] Chatsworth 1358: LS an Selina Trimmer, 4. Aug. 1796.
[5] Lady Granville, *Lord Granville Leveson Gower,* I, S. 127: Lady Bessborough an LGLG [Aug.-Sptember 1796].
[6] Carlisle MSS J18/37: Bess an Lady Georgiana Cavendish, Mittwoch [Aug. 1796].
[7] PRO 30/29/6/2, f. 17: Lady Elisabeth Monck an LGLG, 10. Dez. 1796.
[8] Carlisle MSS J18/20/96: GD an Lady Georgiana Cavendish, ca. frühes 1797.
[9] Chatsworth 1387: LS an Selina Trimmer, 8. Jan. 1797.
[10] Lady Sutherland an Lady Stafford, ca. Nov. 1796.
[11] Vere Foster, *The Two Duchesses* (Bath 1974), S. 130: GD an Frederick Foster, 18. Nov. 1796.
[12] Chatsworth 1379: GD an LS, 17. Dez. 1796
[13] Foster, *The Two Duchesses,* S. 131: »An Lady Elizabeth Foster, von Georgiana, Herzogin von Devonshire, als sie befürchtete, ihr Augenlicht zu verlieren – 1796.«
[14] BL Add. MSS 51960: Lady Crewe an Caroline Fox, Apr. 1797.

Kapitel 19 – Isolation: 1796–1799

[1] Lady Granville, Hrsg., *The Private Correspondence of Lord Granville Leveson Gower* (London 1916), I, S. 141–42: Lady Bessborough an LGLG [Dez. 1796].
[2] Carlisle MSS J18/20: GD an Lady Georgiana Cavendish, [20.] Dez. 1796.
[3] Chatsworth 1391: GD an LS, 3. Febr. 1797.
[4] Chatsworth 1396: Bess an GD, 2. März 1797.
[5] Carlisle MSS J18/20: GD an Lady Georgiana Cavendish, Dez. 1796
[6] Chatsworth 1392: GD an Lady Jones, 11. Febr. 1797.
[7] Chatsworth 1375: GD an Coutts, 19. Okt. 1796.
[8] Ebenda.
[9] Chatsworth 1383: GD an LS, 22. Dez. 1796.
[10] Chatsworth 1401: GD an LS, 12. Mai 1797. Georgianas Gewohnheit, gewisse Schulden zu ignorieren, war nicht zu korrigieren. Zum Beispiel schuldete sie Calonne, der in Italien schmachtete, immer noch £ 1.160. Er war fast bankrott, gezwungen, seine Juwelen und Uhren zu verkaufen, während er mit schwindender Hoffnung darauf wartete, sein Geld zurückzubekommen.
[11] Carlisle MSS J18/20: GD an Lady Georgiana Cavendish, Dez. 1796.

[12] BL Althorp G287: GD an den zweiten Grafen Spencer, 17. Mai 1797. George war nicht frei von Zweifeln an seinen Fähigkeiten bis zu Nelsons berühmtem Sieg über Napoleon in der Schlacht von Abukir im Aug. 1798.

[13] J. Parkes und H. Merivale, Hrsg., *The Memoirs of Sir Philip Francis* (London 1867), II, S. 309: GD an Sir Philip Francis, 29. Nov. 1798.

[14] BL Althorp G287: GD an den zweiten Grafen Spencer, 24. März 1797. Sie schrieb:»Was das Thema Irland angeht, wünsche ich bei Gott, wie ich immer tue, *wenn wir uneins sind*, Du mögest recht haben – und meine ganze Seele ist bei Dir mit guten Wünschen. Aber die Zeit lehrt eine schreckliche Lektion und um Gottes Willen lb. Bruder unternimm keine ungestümen Schritte ohne nachzudenken. Ich bin entfernt davon, Energie und starke Maßnahmen nicht gutzuheißen, ich halte sie für nötig, aber warum sollten sie nicht durch gleichzeitige Freundlichkeit gegenüber den Katholiken verstärkt werden? Die sie sicher verdienten und die Hände der Regierung in hohem Maße stärken würden.«

[15] BL Althorp G287: GD an den zweiten Grafen Spencer, 13. Mai 1797.

[16] Chatsworth 1421: LS an Selina Trimmer, 30. Dez. 1797.

[17] Chatsworth 1400: GD an Selina Trimmer, 2. Apr. 1797.

[18] Borthwick Institute Hickleton MSS, A1, 4, 11, 9, f. 2: GD an Mary Grey, ca. 1798.

[19] Ebenda.

[20] Chatsworth 1439: GD an LS, 16. Juni 1798.

[21] Chatsworth 1438.1: GD an LS, 12. Juni 1798.

[22] Ebenda.

[23] Chatsworth 1439: GD an LS, 16. Juni 1798.

[24] Bess' Eifersucht über Georgianas Erfolg beim Herzog spiegelt sich in der Art wider, wie sie das Ereignis in ihrem Tagebuch beschreibt. Nach ihrem Bericht war *sie* es, die ihren Einfluß bei ihm geltend machte; Georgiana spielt nur eine Nebenrolle als ängstliche Zuschauerin während der gespannten Beratungen. Der Wahrheitsgehalt von Bess' Beschreibung muß vor dem Hintergrund ihrer Beziehung zum Herzog von Richmond und der Tatsache, daß man annahm, sie seien kurz davor zu heiraten, bewertet werden.

[25] Lady Granville, *Lord Granville Leveson Gower*, I, S. 218: Harriet an LGLG, [Aug.] 1798. Harriet erwiderte Leveson Gower, daß Politik ihnen im Blut liege:»Denn trotz all meines Ungestüms in der Politik und dem vielen Reden über dieses Thema, stimme ich vollkommen mit Ihnen überein, daß keine Frau das Recht hat, sich weiter in dieses oder ein anderes ernsthaftes Geschäft zu mischen, als ihre Meinung zu geben ... Sie werden sagen, daß ich die Doktrin, die ich predige, nicht ausübe, und ich gestehe dies, was das Reden angeht, denn seit meiner Kindheit bin ich daran gewöhnt, daß Politik der ständige Gegenstand der Konversation ist.« George mußte sich von Georgiana dasselbe Argument anhören.

[26] Chatsworth 1445: General Frederick St.John an GD, 3. Sept. 1798.

[27] Lord Bessborough, *Georgiana Duchess of Devonshire* (London 1955), S 229: GD an LS, 8. Okt. 1798.

[28] Chatsworth 1435: GD an LS, 5. Juni 1798.

[29] Chatsworth 1453.1: Mrs. Louisa Ponsonby an Louisa O'Calaghan, 23. Nov. 1798. – Die ehrgeizige Lady Holland verfaßte eine völlig entgegengesetzte Beschreibung von Georgiana. Sie verabscheute sie und ebenso die Macht von Devonshire House als eines der größten Hindernisse, Holland House als Hauptsitz der Whig-Partei zu etablieren. Ihre Äußerung ist daher vielleicht aus diesem Geist zu verstehen.»Ihre Figur ist korpulent«, »ihr Gesicht schief, ein Auge fehlt, und ihr Hals ist immens. Wie vergänglich der Besitz der Schönheit doch ist.« Earl of Ilchester, *Journal of Elizabeth, Lady Holland* (London 1908), p. 244 (Apr. 1799).

[30] Chatsworth 1448: Sir Philip Francis an Lady Francis, 18. Sept. 1798.
[31] Parkes und Merivale, Sir Philip Francis, II, S. 311: Sir Philip Francis an GD, 3. Dez. 1798.
[32] Ebenda.
[33] Ebenda, II, S. 310: GD an Sir Philip Francis, 29. Nov. 1798, teilweise auf französisch geschrieben.
[34] Ebenda, II, S. 312: Sir Philip Francis an GD, 3. Dez. 1798.
[35] Chatsworth 1466: GD an LS, 13. Apr. 1799.
[36] Borthwick Institute Hickleton MSS, A1, 4, 11, 9, f. 2: GD an Mary Grey, ca. 1798.
[37] Carlisle MSS J18/20/95: GD an Lady Georgiana Cavendish, ca. 1798–99.
[38] Ebenda.
[39] Sir George Leveson Gower und Iris Palmer, Hrsg., *The Letters of Lady Harriet Cavendish* (London 1940), S. 329–30: Lady Harriet Cavendis an den Marquis von Hartington, 14. Okt. 1809.
[40] Leveson Gower und Palmer, *Harry-O*, S. 4: Lady Caroline Ponsonby an Lady Georgina Cavendish, 31. Okt. 1796.
[41] Carlisle MSS J18/20/95: GD an Lady Georgiana Cavendish, ca. 1799.
[42] Lady Granville, *Lord Granville Leveson Gower*, I, S. 194–95: Lady Bessborough an LGLG [16.–18. Febr. 1798].
[43] BL Add. MSS 51928, f. 74: Tagebuch von Lady Holland, 26. März 1799.
[44] Carlisle MSS J18/28/95: GD an Lady Georgiana Cavendish, ca. 1799.
[45] BL Althorp F21: Zweiter Graf Spencer an LS, 4. Apr. 1799.
[46] BL Althorp G287: LS an den zweiten Grafen Spencer, 30. März 1799.
[47] BL Althorp G287: LS an den zweiten Grafen Spencer, 4. Apr. 1799.
[48] Chatsworth 1460: GD an LS, 21. Febr. 1799.
[49] Chatsworth Misc.: Blue Notebook, Tagebuchfragment.
[50] Lady Granville, *Lord Granville Leveson Gower*, I, S. 245: Lady Bessborough an LGLG, Samstag [1799].
[51] Linda Kelly, *Richard Brinsley Sheridan: A Life* (London 1997), S. 229.
[52] W. Sichel, *Sheridan* (London 1909), II, S. 276–77.
[53] Chatsworth Misc. *Memorandums of the Face of the Country in Switzerland*, zugeschrieben Georgiana, Herzogin von Devonshire, 1799, gedruckt von Cooper und Graham. Ein Exemplar des Buches steht in der John Rylands Bibliothek in Manchester. Das Herzstück der Bibliothek gründet auf der Akquisition der Bibliothek von Georgianas Bruder, die zur Zeit seines Todes eine der größten Privatbibliotheken in Europa war.
[54] *Morning Herald*, 27. Mai 1799.
[55] Ebenda, 17. Sept. 1799.
[56] Chatsworth 1492: GD an LS, 13. Okt. 1799.
[57] Sie enthüllte einmal in einem Brief an George die Kriegslisten, die sie angewandt hatte, um ihm zu helfen: »Ich werde Dir einen Brief von unserem Agenten in Irland senden, wenn ich ihn stehlen kann, denn der Herzog findet es absurd, wenn ich Dich damit belästige.« BL Althorp G287: GD an den zweiten Grafen Spencer, empf. 27. Sept. 1797.
[58] BL Add. MSS 40763, f. 250: GD an Sir Philip Francis, 29. Nov. 1798.

Kapitel 20 – Georgiana Redux: 1800–1801

[1] Chatsworth 1501: Fünfter Herzog von Bedford an GD, 8. Jan. 1800.
[2] Chatsworth 1601: LS an GD, 21. Aug. 1801.
[3] BL Althorp G282: LS an den zweiten Grafen Spencer, 11. Febr. 1800.

4 Chatsworth 1505: GD an LS, 22. Jan. 1800.

5 Chatsworth 1421: LS an Selina Trimmer, 30. Dez. 1797.

6 Chatsworth 1600: LS an Selina Trimmer, 20. Aug. 1801.

7 BL Althorp G287: GD an den zweiten Graf Spencer, empf. 28. Apr. 1800.

8 Lady Granville, Hrsg., *The Private Correspondence of Lord Granville Leveson Gower* (London 1916), I, S. 332: Lady Bessborough an LGLG [Febr. 1802]. Die »Canterbury Tales« sind nicht die von Chaucer, sondern von Harriet Lee, Romanautorin und Dramatikerin (1757–1851). Graf Siegendorf war ein Charakter in »Kruitzner«, einer der »Tales«. Das Stück ist inzwischen verlorengegangen und es gibt keine Möglichkeit, das Geheimnis, das es umgibt, zu lüften. 1822 existierte es noch, als Little G., jetzt Lady Morpeth, ein Exemplar an eine Freundin schickte, aber 1899 waren alle Manuskripte verloren oder zerstört. So gab es keine Möglichkeit, die Behauptung von Georgianas Enkelsohn Frederick Leveson Gower zu beweisen, daß Byrons *Werner* plagiiert sei, und zwar von Georgianas *Siegendorf.* Er behauptete:»Meine Schwester, Lady Georgiana Fullerton, erzählte mir vor vielen Jahren, daß dies der Fall sei. Ihre Behauptung war, daß die Herzogin das Gedicht geschrieben und ihrer Nichte, Lady Caroline Ponsonby, gegeben habe, und daß diese es einige Jahre später an Lord Byron übergeben habe, der es in der Folge unter seinem eignen Namen veröffentlichte.« Zitiert nach Hugh Stokes, *The Devonshire House Circle* (London 1917). Wenn diese Geschichte irgendeinen Wahrheitsgehalt hat, so ist es wahrscheinlicher, daß Byron Georgianas Stück gesehen hatte und davon inspiriert wurde, *Werner* zu schreiben.

9 BL Althop F124: Lady Clermont an LS, 22. Mai 1800.

10 Egerton Castle, *The Jerningham Letters 1780–1843* (London 1896), I, S. 178–79: Lady Jerningham an Charlotte Bedingfeld, 24. Mai 1800.

11 Ebenda, I, S. 187: Lady Jerningam an Charlotte Bedingfeld, 12. Juni 1800.

12 Chatsworth 1533: GD an LS, 6. Nov. 1800.

13 Chatsworth 1519: GD an LS, 2. Juni 1800.

14 Chatsworth 1521: GD an LS, 14. Juni 1800.

15 Castler, *The Jerningham Letters*, I, S. 192–93: Lady Jerningham an Charlotte Bedingfeld, Juli 1800.

16 BL Add. MSS 45548, f. 33: GD an Lady Melbourne, ca. 1800–1801.

17 Ebenda.

18 Lady Granville, *Lord Granville Leveson Gower,* I, S. 318: Lady Bessborough an LGLG, 6. Jan. 1802.

19 Chatsworth 1525: James Hare an GD, 11. Sept. 1800.

20 Chatsworth 1539: GD an LS, 19. Dez. 1800.

21 BL Althorp G282: LS an den zweiten Grafen Spencer, 23. Dez. 1800.

22 Chatsworth: Sixth Duke Series, 2512.

23 Chatsworth 1550: Prinz von Wales an GD, 25. Dez. 1800.

24 Chatsworth 1564: GD an LS, 14. Jan. 1801.

25 Carlisle MSS J18/37: Bess an Lady Morpeth, 21. März 1801.

26 Chatsworth 1554: GD an den Herzog von Richmond, ca. 30. Dez. 1800.

27 Chatsworth 1562: Bess an den Herzog von Richmond, 12. Jan. 1801.

28 Chatsworth 1567: Bess an den Herzog von Richmond, 29. Jan. 1801.

29 Chatsworth 1569: James Hare an GD, 27. Jan. 1801.

30 BL Add. MSS 47569, f. 111: Charles Fox an Robert Adair, ca. 1801.

31 J. Ehrman, *The Younger Pitt* (London 1969–96), III, S. 503: John Ehrmans letzter Band seiner gelehrten Biographie bietet m. E. die gründlichste und überzeugendste Erklärung für seinen Rücktritt.

32 Ebenda, I, S. 127.

Kapitel 21 – Frieden: 1801–1802

1. Chatsworth V1611C: GDs Tagebuch, 7. Febr. 1801.
2. Chatsworth 1305: GD an LS, 2. Sept. 1795.
3. Chatsworth 1581: GD an LS, 19. Febr. 1801. Georgianas erste Sorge war, all ihren Freunden zu empfehlen, nicht in der Regierung zu bleiben, denn sie könnten von denen, die gingen, als Verräter betrachtet werden und ebenso von denen, die neu kamen, da sie zu der alten Garde gehörten. In diesem Sinne schrieb sie an Lord Hervey und Henry Pelham und drängte sie, kein wie auch immer geartetes Angebot von Addington anzunehmen. »Mein persönlicher Grund«, sagte sie Pelham, »ist daß keiner außer mir vielleicht wagen würde, Ihnen das Ausmaß von Verachtung und Zorn zu beschreiben, mit dem die, die bleiben, behandelt werden, nicht nur durch die Opposition, sondern auch von allen Freunden der Regierung. Sie wissen, wie viel ich von allen Seiten sehe. ...« BL Add. MSS 33, 107, f. 12: GD an Thomas Pelham, ca. Febr. 1801. Pelham nahm ihren Rat nicht an, und Georgianas Voraussagung erwies sich als richtig. Er wurde von der neuen Administration nie akzeptiert und später unter undurchsichtigen Umständen fallengelassen.
4. BL Add. MSS 33, 107, f. 12: GD an Thomas Pelham, ca. Febr. 1801.
5. Zum Beispiel ging Georgiana bei den Whigs im Namen des Prinzen auf Stimmenfang, als er das Parlament bat, ihm die Rückstände seines Einkommens vom Herzogtum Cornwall zu sichern. Lady Granville, Hrsg., *The Private Correspondence of Lord Granville Leveson Gower* (London 1916), I, S. 332: Lady Bessborough an LGLG, Febr. [1802].
6. Es ist natürlich unmöglich, genau zu sein, wenn alle Beweise zerstört worden sind. Aber ein Brief von Mrs. Sheridan an Granville Leveson Gower enthüllt, daß »sie sich bis zum letzten Moment geliebt glaubte« und daß Georgiana und Grey sich angeblich an dritten Orten trafen, obwohl zweifelhaft bleibt, wie oft und wann. PRO 30/29/6/2, f. 63: Mrs. Sheridan an LGLG, ca. Aug. 1807.
7. Die Freundschaft zwischen den beiden Frauen hatte sich mit der Zeit nicht geändert: Lady Melbourne benahm sich Georgiana gegenüber immer noch wie eine rechthaberische ältere Schwester, und Georgiana hatte immer ein wenig Angst vor ihr und bemühte sich, ihre Anerkennung zu finden. Der *London Chronicle* schrieb am 5. Okt. 1802: Lady Melbourne »ist, natürlich, bei allen Devonshire-Parties zugegen.« Im Gegensatz dazu lehnte Harriet jetzt Lady Melbourne als langweilige Besserwisserin ab und nannte sie »Der Dorn«.
8. BL Add. MSS 45548, f. 24: GD an Lady Melbourne, ca. 1801–1802.
9. PRO 30/29/6/2, f. 63: Mrs. Sheridan an LGLG, ca. Aug. 1807.
10. Harriet besuchte Howick 1808 und beklagte sich: »Es ist kaum möglich, sich mal einen Moment mit Ld Grey zu unterhalten, denn entweder [Mary] (aus dem Gedanken heraus, vermute ich, daß ich eine Freundin von Hecca bin) – oder Mr. Bennet, der hier ist, und dessen Kopf immer stört, wo zwei Leute sich unterhalten – macht alle Konversation so allgemein, daß man sich nicht getraut, etwas zu sagen, das nicht von dem ganzen Raum besprochen werden kann.« Lady Granville, *Lord Granville Leveson Gower*, II, S. 320: Lady Bessborough an LGLG, 22. Aug. [1808].
11. Carlisle MSS J18/20/96: GD an Lady Georgiana Morpeth, ca. 1801.
12. Lady Granville, *Lord Granville Leveson Gower*, I, S. 306: Lady Bessborough an LGLG, ca. Ende 1801.

Kapitel 22 – Machtkämpfe: 1802–1803

1. BL Add. MSS 45548, f. 81: Bess an Lady Melbourne, 26. Okt. 1801.
2. Ebenda, f. 83: Bess an Lady Melbourne, 31. Okt. 1801.

3 Ebenda, f. 85: Bess an Lady Melbourne, 20. Febr. 1802.
4 *Morning Herald*, 15. Apr. 1802.
5 Chatsworth 1645: GD an LS, 1. Sept. 1802.
6 Claire Tomalin in *The Times Literary Supplement*, 2. Dez. 1994.
7 Chatsworth 1602: GD an LS, 31. Aug. 1801.
8 BL Add. MSS 45548, f. 24: GD an Lady Melbourne, ca. 1801–1802.
9 *Morning Herald*, 14. Juli 1801.
10 BL Althorp G283: LS an den zweiten Grafen Spencer, 3. Febr. 1802.
11 Chatsworth 1606: Fünfter Herzog von Bedford an GD, 22. Okt. 1801.
12 BL Add. MSS 45548, f. 24: GD an Lady Melbourne, ca. 1801/2.
13 Chatsworth 1609: GD an Dr. Francis Randolph [25. Dez. 1801].
14 BL Add. MSS 45548, f. 28: GD an Lady Melbourne, ca. Febr./März 1802.
15 Chatsworth 1622: GD an LS, 8. März 1802.
16 *London Chronicle*, 16.–18. März 1802.
17 BL Add. MSS 45548, f. 85: Bess an Lady Melbourne, 20. Febr. 1802.
18 A. Aspinall, *Mrs Jordan and Her Family: Unpublished Correspondence of Mrs. Jordan and the Duke of Clarence* (London 1951), S. 50: [3. Sept.] 1802. Mrs. Jordan schrieb: »Als die Herzogin von Devonshire schicken ließ, um zu fragen, wie lange ich bleibe, hielt ich es für angemessen, sie wissen zu lassen, daß ich Freitagabend auftrete, woraufhin sie mir einen außergewöhnlich freundlichen Brief schickte, hocherfreut über die Aufmerksamkeit, und wünschte, daß ich die beiden Theaterlogen behalte, und, wenn ihr Name von Nutzen sei, anzugeben, dies geschehe auf ihren Wunsch. Dem Herzog geht es sehr schlecht, aber wenn möglich, wird er an dem Abend kommen; wenn nicht, wird sie ihn bei dieser Gelegenheit alleine lassen, obwohl sie eigentlich nirgendwo hingeht. War das nicht nett?«
19 *London Chronicle*, 5.–8. Juni 1802.
20 Chatsworth 1750: LS an GD, 13. Dez. 1803.
21 Lady Granville, Hrsg., *The Private Correspondence of Lord Granville Leveson Gower* (London 1916), II, S. 17: Lady Bessborough an LGLG, 14. Febr. [1805].
22 Ebenda, S. 351: Lady Bessborough an LGLG, 23. Aug. [1802].
23 S. Rogers, *Recollection of the Table Talk of Samuel Rogers* (London 1856), S. 191.
24 *Morning Herald*, 21. Juli 1802
25 Chatsworth 1637: GD an LS, 21. Juli 1802. Sir Francis Burdett und George Byng gewannen die Wahl, aber Burdett verlor später, 1804, nach einem Einspruch seinen Sitz wieder.
26 Chatsworth 1655: GD an Bess, Okt. 1802.
27 Lady Granville, *Lord Granville Leveson Gower*, I, S. 344: Lady Bessborough an LGLG [Juli 1802].
28 Carlisle MSS J18/20/95: GD an Lady Georgiana Morpeth, 7. Febr. 1803.
29 Chatsworth 1690: GD an Bess, [26. Dez.] 1802.
30 Chatsworth 1668: Bess an GD, 15. Nov. 1802.
31 Mrs. Damer teilte Mary Berry mit, daß die gesamte Information, die sie über Frankreich weitergab, von Georgiana stamme, die in Kontakt mit »jedermann« zu sein scheine. Lewis Melville, *The Berry Papers* (London 1914), S. 283: Mrs. Damer an Mary Berry, 12. Juni 1803.
32 BL Add. MSS 47569, f. 111: Charles Fox an William Smith, ca. 1801.
33 Mabel, Gräfin von Airlie, *In Whig Society* (London 1921), S. 59: GD an Lady Melbourne, 24. Nov. 1802.
34 Chatsworth 1707: Bess an GD, 16. Jan. 1803.
35 A. D. Harvey, *Britain in the Early Nineteenth Century* (London 1978), S. 135.

Kapitel 23 – Die Doyenne der Whigs: 1803–1804

[1] Sir George Leveson Gower und Iris Palmer, Hrsg., *Harry-O: The Letters of Lady Harriet Cavendish* (London 1940), S. 79: Lady Harriet Cavendish an Lady Georgiana Morpeth, 19. Nov. 1803.

[2] In seinen Memoiren beschrieb Colonel Greville, sie besitze »sehr viel Geist, Humor, starke Gefühle, Enthusiasmus, Feinfühligkeit, Kultiviertheit, guten Geschmack, *naïveté*, die knapp an Hingabe vorbeigeht, und *bonhomie*, die sich auf alle um sie herum bezieht«. Lytton Strachey und Roger Fulford, Hrsg., *The Greville Memoires* (London 1938), S. 63.

[3] A. Aspinall und Lord Bessborough, Hrsg.: *Lady Bessborough and Her Family Circle* (London 1949), S. 125–26.

[4] Chatsworth 433: Anecdotes Concerning HRH the Prince of Wales, Sept. 1782.

[5] BL Add. MSS 47565, f. 224: Fox an Robert Adair, ca. Juni 1803. – Pitt drückte sich ebenfalls unverblümt über den Prinzen aus: »Ich fürchte, man kann sich nicht besonders auf irgendeine Sprache, die er spricht, verlassen.« Philip Ziegler, *Addington* (London 1965), S. 209.

[6] BL Althorp G287: GD an den zweiten Grafen Spencer, 8. Juli 1803.

[7] Lady Granville, Hrsg., *The Private Correspondence of Lord Granville Leveson Gower* (London 1916), I, S. 427: Lady Bessborough an LGLG, 17. Aug. 1803.

[8] Ebenda, I, S. 437: Lady Bessborough an LGLG, [ca. Okt. 1803].

[9] PRO 30/29/6/7, f. 5: GD an Fox, [1803].

[10] BL Althorp G283: LS an den zweiten Grafen Spencer, 15. Sept. 1803.

[11] Lady Granville, *Lord Granville Leveson Gower*, I, S. 433: Lady Bessborough an LGLG, 15. Sept. 1803.

[12] *Morning Herald*, 11. Okt. 1803.

[13] Chatsworth 1741: Fox an GD, 20. Okt. 1803.

[14] Aspinall, George, *Prince of Wales*, IV, Nr. 1862: GD an den Prinzen von Wales, [Nov. 1803].

[15] BL Add. MSS 51454, f. 115: GD an Richard Fitzpatrick, [Jan. 1804].

[16] Chatsworth 1755: Richard Fitzpatrick an GD, 25. Jan. 1804.

[17] Chatsworth 1758: GD an LS, 27. Febr. 1804.

[18] Chatsworth 1761: GD an LS, [13.] März 1804.

[19] Thomas Moore erinnert sich in seinem Tagebuch: »Sheridan war so eifersüchtig auf Mr. Fox und zeigte es auf so vielfältige Weise, daß es zwischen ihnen eine große Kälte schuf. Er beneidete ihn besonders darum, Mitglied von Westminster zu sein, und 1802 hatte er ihn fast überredet, sich vom Parlament zurückzuziehen, damit er selbst ihm in dieser Ehre folgen konnte.« Wilfred S. Darden, *Journal of Thomas Moore* (London 1983) I, S.61.

[20] Lady Granville, *Lord Granville Leveson Gower*, I, S. 451–52: Lady Bessborough an LGLG, [März 1804].

[21] BL Add. MSS 47565, f. 125: Fox an Grey, 18. Apr. 1804.

[22] J. J. Sack, *The Grenvillites* 1801–1829 (Chicago 1979), S. 79.

Kapitel 24 – »Das Ministerium aller Talente«: 1804–1806

[1] Carlisle MSS J18/20/96: GD an Lady Georgiana Morpeth, [Sept. 1804].

[2] Viele Jahre später schrieb Harryo über: »mein[en] Wunsch, das Richtige zu tun und wirklich nach meinen Ideen zu handeln«, und fährt mit einem der wenigen Hinweise auf ihre Mutter fort über ihren Wunsch, »mich ihrer würdig zu erweisen«. Sir George Leveson Gower und Iris Palmer, Hrsg., *Harry-O: The Letters of Lady Harriet Cavendish* (London 1940), S. 282: Lady Harriet Cavendish an Lady Georgiana Morpeth, [1808].

[3]   Carlisle MSS J18/21/99: Lady Georgiana Morpeth an GD, [Sept. 1804].

[4]   Leveson Gower und Palmer, *Harry-O*, S. 108: Lady Harriet Cavendish an GD, Okt. 1804.

[5]   Ebenda, S. 107–8: Lady Harriet Cavendish an GD, Okt. 1804

[6]   Chatsworth 1332: GD an den fünften Herzog von Devonshire, [1801].

[7]   Chatsworth 1782: GD an LS, 9. Okt. 1804.

[8]   Durham Univ. Lib., Grey MSS, Box 11: GD an Grey, 10. Nov. 1804.

[9]   *Morning Herald*, 13. Nov. 1804.

[10] BL Althorp G55: Thomas Grenville an den zweiten Grafen Spencer, 13. Nov. 1804.

[11] BL Althorp G287: GD an den zweiten Grafen Spencer, 21. Nov. 1804.

[12] BL Add. MSS 47565, f. 134: Fox an Grey, 17. Dez. 1804.

[13] Chatsworth 1787: Bess an GD, 1. Nov. 1804.

[14] Chatsworth 1834: Bess an GD, [1805].

[15] Chatsworth 1789: Fox an GD, 11. Dez. 1804.

[16] Lord Bessborough, *Georgiana, Duchess of Devonshire* (London 1955), S. 270: Sir Robert Adair an GD [1804].

[17] A. Aspinall, *The Correspondence of George, Prince of Wales 1770–1812* (London 1964), V, Nr. 2287: GD an den Prinzen von Wales [1804].

[18] Lady Granville, *The Private Correspondence of Lord Granville Leveson Gower* (London 1916), I, S. 472: Lady Bessborough an LGLG, Nov. 1804.

[19] Vera Foster, *The Two Duchesses* (Bath 1974), S. 191: Lady Elizabeth Foster an Augustus Foster, 5. Dez. 1804.

[20] Chatsworth, Letters between the Prince of Wales and GD, Nr. 54, [1804].

[21] Carlisle MSS J18/20/96: GD an Lady Georgiana Morpeth, [Jan. 1805].

[22] Lady Granville, *Lord Granville Leveson Gower*, II, S. 92: Lady Bessborough an LGLG, 12. [Juli 1805].

[23] PRO 30/29/9/1, f. 70: Lord Boringdon an LGLG, 10. Juli 1805.

[24] Durham Univ. Lib.; Grey MSS, Box 11: GD an Grey, 10. Nov. 1804.

[25] Chatsworth 1792: Fox an GD, 7. Jan. 1805.

[26] »Bitte alle, mit denen du sprechen kannst, herunterzukommen oder wir sind beim Sklavenhandel verloren. Morpeth, Ossulton, Lord A. H., Lord H. Geringfügig oder nicht, bitte, bitte sende jeden, den du siehst«, bat Fox. Foster, *The Two Duchesses*, S. 263: Fox an GD, [31. Apr.] 1805. Georgiana sagte im Scherz, daß sie, indem sie seinen Befehlen gehorchte, »aus Patriotismus die beste Szene des Young Roscius in Frederick verpaßt« habe. Lady Granville, *Lord Granville Leveson Gower*, II, S. 34, GD an LGLG, 1. März [1805]. Young Roscius war ein jugendlicher Theaterschauspieler namens William Henry West, dessen Auftritte in *Hamlet* und *Richard III.* im Alter von dreizehn ganz London mehrere Spielzeiten lang entzückte. Pitt vertagte das Unterhaus sogar früher, so daß die Mitglieder *Hamlet* sehen konnten. Georgiana war unter denen, die seinen Ruhm verbreiteten, und lud ihn sogar zum Dinner ins Devonshire House ein.

[27] Chatsworth 1811: GD an LS, 30. Mai 1805.

[28] Northumberland R. O. Creevey MSS, 324/L8/42: Mrs. Creevey an Mr. Creevey, Nov. 1805.

[29] Leveson Gower und Palmer, *Harry-O*: Lady Harriet Cavendish an Lady Georgiana Morpeth, 11. Okt. 1805.

[30] Chatsworth 1843: GD an den Marquis von Hartington, 18.–20. Jan. 1806.

[31] Chatsworth 1841: GD an den Marquis von Hartington, 19. Jan. 1806.

[32] J. Ehrman, *The Younger Pitt* (London 1969–96), III, S. 829.

[33] Lady Granville, *Lord Granville Leveson Gower*, II, S. 162–63: Lady Bessborough an LGLG, 23. Jan. 1806.

[34] Chatsworth 1845: GD an den Marquis von Hartington, 23. Jan. 1806.

[35] Ebenda.

[36] Chatsworth 1853: GD an den Marquis von Hartington, 7. Febr. 1806.

[37] BL Add. MSS 41856, ff. 196–205: Fox an Thomas Grenville, Jan. 1806.

[38] Chatsworth 1854: GD an den Marquis von Hartington, 12. Febr. 1806.

[39] Es amüsierte die Whigs sehr, daß die Herzogin von Gordon ihnen förmlich nachrannte. Als sie bei einer Party den Herzog von Bedford erkannte, lief sie auf ihn zu, wobei sie in der Eile über die eigenen Schuhe stolperte und hinfiel. Chatsworth 1863, GD an Marquis Hartington, 26. Febr. 1806

[40] Chatsworth 1863: GD an den Marquis von Hartington, 26. Febr. 1806.

[41] Carlisle MSS J18/20/95: GD an Lady Georgiana Morpeth, ca. Febr. 1806.

[42] Chatsworth 1873: GD an den Marquis von Hartington, 9. März 1806.

[43] Dorothy Stuart, *Dearest Bess* (London 1955), S. 141, 25. März 1806.

[44] Lady Granville, *Lord Granville Leveson Gower*, II, S. 185: Fox an LGLG, 25. März 1806.

[45] Chatsworth 1887: Fünfter Herzog von Devonshire an Selina Trimmer, 29. März 1806.

[46] Lady Granville, *Lord Granville Leveson Gower*, II, S. 210: Lady Bessborough an LGLG, 14. Sept. 1806.

[47] Ebenda, II, S. 185: Lady Bessborough an LGLG, [31. März ? 1806].

[48] PRO 30/29/6/2, f. 22: Lady E. Monck an LGLG, 31. März 1806.

[49] Lady Granville, *Lord Granville Leveson Gower*, II, S. 187: Lady Bessborough an LGLG, 15. Apr. [1806].

[50] Carlisle MSS J18/20/96: Lady Georgiana Morpeth, ca. 1806. »strew« und »strewed« könnte auch »shew« und »shewed« heißen; die Schrift ist undeutlich.

Epilog

[1] Vere Foster, *The Two Duchesses* (Bath 1974), S. 280–81: Lady Elizabeth Foster an Augustus Foster, 18. Mai 1806.

[2] Dorothy Stuart, *Dearest Bess* (London 1955), S. 142.

[3] Ebenda.

[4] Ebenda.

[5] Lord Bessborough, *Georgiana, Duchess of Devonshire* (London 1955), S. 283.

[6] Foster, *The Two Duchesses*, S. 287–91: Lady Elizabeth Foster an Augustus Foster, 3. Juli 1806.

[7] Ebenda, S. 286: Lady Elizabeth Foster an Augustus Foster, 3. Juli 1806.

[8] BL Althorp G294: Lavinia, Lady Spencer, an den zweiten Grafen Spencer, empf. 12. Sept. 1806.

[9] Leslie Mitchell, *Charles James Fox* (Oxford 1992), S.239.

[10] Sir George Leveson Gower und Iris Palmer, Hrsg., *Harry-O: The Letters of Lady Harriet Cavendish* (London 1940), S. 166: Lady Harriet Cavendish an Lady Georgiana Morpeth, 19. Nov. 1806.

[11] Ebenda, S. 170: Lady Harriet Cavendish an Lady Georgiana Morpeth, 22. Nov. 1806.

[12] Ebenda, S. 166: Lady Harriet Cavendish an Lady Georgiana Morpeth, 19. Nov. 1806.

[13] Stuart, *Dearest Bess*, S. 149.

[14] Lord Bessborough, *Georgiana*, S. 283: Lady Georgiana Morpeth an den Marquis von Hartington, 26. Nov. 1807.

[15] Lady Granville, Hrsg., *The Private Correspondence of Lord Granville Leveson Gower*, II, S. 230: Lady Bessborough an LGLG, 4. Dez. 1806.

[16] Hecca Sheridan behauptete, Sheridan sieben Jahre lang treu gewesen zu sein, daß er sie aber mit seiner Liebe zu Harriet quälte. Sie begann ihrerseits 1802 eine Affäre mit Grey. Mrs. Sheridan schrieb Leveson Gower einen langen Brief voller Selbstrechtfertigung, in dem sie zugab, auf Georgiana eifersüchtig gewesen zu sein, aber daß sie nicht die Absicht gehabt habe, Harriet gegenüber die Wahrheit zu enthüllen. Es war Harriets Bemerkung, »bis zum letzten Moment glaubte [Georgiana] sich [von Grey] geliebt«, die Hecca provoziert habe. »Sie wurde gemacht in einem Moment des Verlassenseins & als ich auch verwundet war durch das Bekenntnis, daß alles vorbei sei. Das immense Vertrauen, das [Grey] in mich hatte, war mein größter Trost ... Lady B. versicherte in ihrer ersten Entrüstung so stark, wie sie jetzt alles tut, daß er die Angewohnheit gehabt habe, sie an dritten Orten zu treffen, daß sie es beweisen könne [...]« PRO 30/29/6/2, f. 63: Mrs. Sheridan an LGLG, [Aug. 1807?].

[17] Lady Granville, *Lord Granville Leveson Gower*, II, S. 274–75: Lady Bessborough an LGLG, 19. Aug. [1807].

[18] Ebenda, II, S. 345: Lady Bessborough an LGLG, Montag [Aug. 1809].

[19] Stuart, *Dearest Bess*, S. 169: der fünfte Herzog von Devonshire an LS, 17. Okt. 1809.

[20] A. Aspinall und Lord Bessborough, Hrsg., *Lady Bessborough and Her Familiy Circle* (London 1940), S. 194: Marquis von Hartington an Lady Caroline Lamb, 11. Okt. 1809.

[21] Lady Granville, *Lord Granville Leveson Gower*, II, S. 434: Notiz von Lady Bessborough, Apr. 1812: Harryo wurde eifersüchtig und verdächtigte Harriet – als die frühere Geliebte ihres Mannes – und wollte ihre Tante nicht sehen, außer wenn sie dazu gezwungen wurde. Dennoch adoptierte sie Harriets zwei Kinder von ihm, Hariette Stewart und George Stewart. Sie liebte sie abgöttisch, was hart gewesen sein muß für Harriet, die kaum eins von den Kindern zu sehen bekam.

[22] BL Althorp, f. 40: LS an Lady Elizabeth Foster, 9. Dez. 1809.

[23] Betty Askwith, Piety and Wit: *A Biography of Harriet, Countess Granville* (London 1982), S. 74.

[24] A. Francis Steuart, *Diary of a Lady-in-Waiting* (London 1908), II, S. 18: Sir William Gell an Lady Charlotte Bury, Juli 1815.

[25] Stuart, *Dearest Bess*, S. 214.

[26] Brian Masters, Georgiana, Duchess of Devonshire (London 1981), S. 293.

[27] Virginia Surtees, *A Second Self: The Letters of Harriet Granville 1810–1845* (London 1990), S. 182: Lady Harriet Leveson Gower an Lady Georgiana Morpeth, Sonntag [11. Apr. 1824].

[28] Ebenda, S. 53: Lady Harriet Leveson Gower an Lady Georgiana Morpeth, Freitag [30. Okt. 1812].

[29] L. Dutens, *Memoirs of a Traveller in Retirement* (London 1806), IV, S. 209.

[30] Lord Bessborough, *Georgiana, Duchess of Devonshire*, S. 134: GD an M. de Calonne, Lundi [Sept. 1788].

[31] E. Chalus und H. Barker, Hrsg., *Gender in Eighteenth-Century England* (London 1997), S. 19.

[32] Zum Beispiel Richard Leppert, *Music and Image: Domesticity, Ideology and Socio-Cultural Formation in Eighteenth-Century England* (Cambridge 1988). Letters stellt fest: »Weibliche Personen, alt und jung gleichermaßen, lebten ihre Leben aus innerhalb der metaphorischen oder wörtlich zu verstehenden Grenzen der häuslichen Wände.« (S. 29)

[33] Zum Beispiel Sally Alexander, »Feminist History«, *History Workshop Journal*, 1 (1976).

[34] Siehe die Einleitung in H. Barker und E. Chalus, Hrsg., *Gender in Eighteenth Century England*.

[35] Linda Colley, Britons: *Forging a Nation* (Yale 1992), S. 241ff.

[36] Frauen waren sehr vorsichtig, nicht zu interessiert an Politik zu erscheinen, damit sie nicht als lächerlich angesehen wurden. Lady Stafford schrieb im Jan. 1805 an eine Freundin: »Du siehst, ich schreibe Dir über alles, was passiert, wie ich mit Dir sprechen würde, aber anderen gegenüber bin ich reservierter und stiller, weil ich es für unziemlich für ein weibliches Wesen halte, sich in Politik einzumischen.« Sutherland MSS DB13/744: Lady Stafford an Lady Harriet Douglas, 16. Jan. 1805.

[37] Sie argumentieren, daß es veraltet und widersprüchlich sei. Zum Beispiel Amanda Vickery, »Golden Age to separate spheres? A review of the categories and chronology of English women's history«, *Historical Journal* 36, 2 (1993). Siehe auch Ann-Louise Shapiro, Hrsg., *Feminists Revision History* (New Brunswick, NJ 1994)

[38] Chatsworth 1873.9: GD an den Marquis von Hartington, 9. März 1806.

Literatur- und Quellenverzeichnis

I. Manuskripte

BATH PUBLIC LIBRARY
Canning MSS. Correspondence of Elizabeth Ann Sheridan

BIRMINGHAM UNIVERSITY LIBRARY
Stafford MSS. Papers and Correspondence of Susanna Leveson Gower

BORTHWICK INSTITUTE
Hickleton MSS. Papers and Correspondence of Ponsonby family

BODLEIAN LIBRARY, OXFORD
C. A. Clayton, »The Political Career of Richard Brinsley Sheridan« (Oxford D. Phil 1992)
V. E. Chancellor, »The Ministry of All the Talents« (Oxford D. Phil. 1978)
A. I. M. Duncan, »A Study of the Life and Public Career of Frederick Howard, Fifth Earl of Carlisle« (Oxford D. Phil 1981)
Burdett-Coutts MSS. Papers and Correspondence of Thomas Coutts
Lovelace Byron MSS. Papers and Correspondence of Noel family
Misc. English Letters MSS. Correspondence of Richard Brinsley Sheridan
Montagu MSS. Correspondence of Georgiana, Duchess of Devonshire
North MSS. Papers and Correspondence of Sylvester Douglas, Lord Glenbervie

BRITISH LIBRARY
Adair MSS, Add. MSS 47565, 51609–10. Papers and Correspondence of Robert Adair
Althorp MSS, unfol. Papers and Correspondence of Spencer family
Auckland MSS, Add. MSS 34412–57. Papers and Correspondence of William Eden, first Baron Auckland
Georgiana Duchess of Devonshire MSS, ST 755, Eg. 32137, 33107, 37282, 37308, 37916, 40763, 10763, 48252, 48412–13, 46916, 60484
Gibbon MSS, Add. MSS 34886. Correspondence of Edward Gibbon
Foster MSS, Add. MSS 41579. Journal of Lady Elizabeth Foster
Holland House and Fox MSS, Add. MSS 41851–9, 47559–601, 51454–960
Francis MSS, Add. MSS 40763. Correspondence of Sir Philip Francis
Grenville MSS, Add. MSS 58880–85, 60487, Correspondence of Thomas Grenville and William Grenville, first Baron Grenville
Melbourne MSS, Add. MSS 45550, 45546–9, 45911. Papers and Correspondence of Elizabeth, Lady Melbourne
Pelham MSS, Add. MSS 33100–112, 33629–31, 53269–31, 33126–30, 33100–105, 33108, 33112, 33117, 64813. Correspondence of the second Earl of Chichester
Sheridan MSS, Add. 35118, 58274–7, 6341
Windham MSS, Add. MSS 37843–5, 37847–8, 37873, 37909

CASTLE HOWARD, YORKSHIRE
Carlisle MSS. Papers and Correspondence of the fifth Earl of Carlisle and Georgiana, Lady Carlisle

CHATSWORTH, DERBYSHIRE
Chatsworth MSS. Correspondence of fifth Duke of Devonshire, Georgiana, Duchess of Devonshire, and Lady Elizabeth Foster

W. L. CLEMENTS LIBRARY, ANN ARBOR, MICH.
Correspondence of Comte Perregeaux
Correspondence of Lord John Russell

DURHAM UNIVERSITY LIBRARY
Gey MSS. Papers and Correspondence of Charles, second Earl Grey

EDINBURGH, NATIONAL LIBRARY OF SCOTLAND
Edinburgh, Nat. Lib. of Scotland, Elliot Murray Kynynmound MSS. Papers of Sir Gilbert Elliot
Edinburgh, Nat. Lib. of Scotland, Leveson Gower MSS. Papers of Elizabeth, Duchess of Sutherland
Edinburgh, Nat. Lib. of Scotland, Minto MSS. Papers of Sir Hugh Elliot

EDINBURGH, NATIONAL REGISTRY OF ARCHIVES
Edinburgh, SNRA, Douglas-Home MSS, diary of Lady Mary Coke

CENTRE FOR KENTISH STUDIES
North MSS. Papers and Correspondence of Sylvester Douglas, Lord Glenbervie
Sackville MSS. Papers and Correspondence of third Duke of Dorset

NORTHERN IRELAND RECORD OFFICE
Blackwood MSS. Papers and Correspondence of Richard Brinsley Sheridan and Elizabeth Sheridan
Foster MSS. Papers and Correspondence of Lady Elizabeth Foster

NORTHUMBERLAND RECORD OFFICE
Creevey MSS. Papers and Correspondence of Thomas Creevey

NOTTINGHAM UNIVERSITY LIBRARY
Nottingham Univ. Lib., Portland MSS. Papers and Correspondence of the third Duke of Portland.

PUBLIC RECORD OFFICE, LONDON
Calonne MSS. Papers and Correspondence of Charles Alexandre de Calonne
Chatham MSS. Papers and Correspondence of William Pitt
Granville MSS. Papers and Correspondence of Leveson Gower family

ROYAL SOCIETY
Blagden MSS. Papers of Sir Charles Blagden

SOUTHAMPTON UNIVERSITY LIBRARY
Broadlands MSS. Papers and Correspondence of Palmerston family

SUFFOLK RECORD OFFICE
Hervey MSS. Papers and Correspondence of Hervey family

EAST SUSSEX RECORD OFFICE
Holroyd MSS. Correspondence of Earl of Sheffield.

WEST SUSSEX RECORD OFFICE
Bessborough MSS. Papers and Correspondence of Bessborough family

YALE UNIVERSITY, BEINECKE RARE BOOK LIBRARY
Osborn MSS. Correspondence of Earl of Bessborough

II. Gedruckte Quellen

A. Primärliteratur

1. HISTORICAL MANUSCRIPTS COMMISSION
V   Report *Manuscripts of the Duke of Sutherland*
X   Report *Manuscripts of the Marquess of Abergavenny*
XIII Report *Manuscripts of J. B. Fortescue, Esq.*
XIV Report *Manuscripts of the Duke of Rutland*
XV Report *Manuscripts of the Earl of Carlisle*
XVI Report *Manuscripts of the Marquess of Lothian*
XX Report *Manuscripts of Reginald Rawdon Hastings, Esq.*

2. ZEITUNGEN UND ZEITSCHRIFTEN
Bon Ton Magazine
Covent Garden Magazine
Gentleman's Magazine
London Chronicle
Morning chronicle
Morning Herald and Daily Advertiser
Morning Post
The Times

3. BÜCHER
Adair, R., *A Sketch of the Character of the Late Duke of Devonshire* (London 1811)
Mabell, Countess of Airlie, *In Wigh Society, 1775–1818* (London 1921)
Earl of Albemarle, *Memoirs of the Marquis Rockingham and His Contemporaries* (London 1852)
– *Fifty Years of my Life* (London 1876)
[Almon, John,] *Biographical, Literary, and Political Anecdotes of several of the most eminent Persons of the Present Age* (London 1797)
Angelo's Pic Nic or, Table Talk, including numerous recollections of Public Characters (London 1834)

Anson, Florence and Elizabeth, *Mary Hamilton, Afterwards Mrs John Dickenson, at Court and at Home, from Letters and Diaries, 1756–1816* (London 1925)

Archenholtz, Johann von, *A View of the Britsh Constitution and of the Manners and Customs of the People of England* (London 1797)

Duke of Argyll, *Intimate Society Letters of the Eighteenth Century* (London 1910)

Aspinall, A., *The Later Correspondence of George III* (Cambridge 1971)

– *The Correspondence of George, Prince of Wales 1770–1812* (London 1964)

– *Mrs Jordan and Her Family: Unpublished Correspondence of Mrs Jordan and the Duke of Clarence* (London 1951)

Aspinall, A., and Lord Bessborough, *Lady Bessborough and Her Family Circle* (London 1940)

Aspinall, A., and Smith, E. A., *English Historical Documents 1783–1832* (London 1959), XI

Balderston, K., *Thraliana, The Diary of Mrs Hester Lynch Thrale (Later Mrs Piozzi), 1776–1809* (Oxford 1951)

Baring, Mrs. Henry, *The Diary of the Right Hon. William Windham, 1784–1819* (London 1866)

Barrington, Jonah, *Personal Sketches of His Own Times* (London 1827)

Bernier, Olivier, *Imperial Mother, Royal Daughter: The Correspondence of Marie Antoinette and Maria Theresa* (London 1986)

Lord Bessborough, *Georgiana, Duchess of Devonshire* (London 1955)

Bickley, Francis, *The Diaries of Sylvester Douglas, Lord Glenbervie* (London 1928)

Birdwood, Vere, *So Dearly Beloved, So Much Admired: The Letters of Lady Chatham* (London 1994)

Bishop of Bath and Wells, *Journals and Correspondence of Lord Auckland* (London 1861–2)

Bladon, F. M. *The Diaries of Colonel the Honourable Robert Fulke Greville* (London 1930)

Blunt, Reginald, *Mrs Montagu* (Edinburgh 1923)

Brimley Johnson, R., *The Letters of Lady Louisa Stuart* (London 1926)

Broadley, A. M., and Melville, L., *The Beautiful Lady Craven* (London 1914)

Brougham, Henry, *Historical Sketches of Statesmen who Flourished in the time of George III* (London 1839–43)

Broughton, Henry, *Recollections of a Long Life* (London 1865)

Broughton, Mrs. Vernon, *Court and Private Life in the Time of Queen Charlotte: being the Journals of Mrs Papendiek, Assistant Keeper of the Wardrobe and Reader to Her Majesty* (London 1887)

Browning, O., *Despatches from Paris, 1784–90* (Camden Third Series, 1909–10)

Bruyn, Andrew C., *The Torrington Diaries* (London 1935)

Duke of Buckingham and Chandos, *Memoirs of the Court and Cabinets of George III, from Original Family Documents* (London 1853–5)

Burley, Peter, *Witness to the Revolution: British and American Despatches from France 1788–94* (London 1989)

Campbell, Thomas, *The Life of Mrs Siddons* (London 1832)

Castle, Egerton, *The Jerningham Letters, 1780–1843* (London 1896)

Cave, K., *The Diary of Joseph Farington* (London 1982–4)

Colburn, Henry, *The Private Correspondence of David Garrick* (London 1835)

Lord Colchester, *The Diary and Correspondence of Charles Abbot, Lord Colchester* (London 1861)

Coleridge, E. H., *The Life of Thomas Coutts, Banker* (London 1920)

Connell, Brian, *Portrait of a Whig Peer, Compiled from the Papers of the Second Viscount Palmerston, 1739–1832* (London 1957)

Copeland, T., *The Correspondence of Edmund Burke* (Cambridge 1961–3)

Cozens-Hardy, Basil, *The Diary of Silas Neville, 1762–1788* (Oxford 1950)

de Beer, E. S., *The Diary of John Evelyn* (Oxford 1959)

Defoe, Daniel, *A Tour Through England and Wales* (London 1928)

Douglas, D., *The Letters and Journals of Lady Mary Coke* (Edinburgh 1889–96)

Dowden, Wilfred, *The Journal of Thomas Moore* (London 1983)

Dutens, L., *Memoirs of a Traveller in Retirement* (London 1806)

Edgecombe, Richard, *The Diary of Frances, Lady Shelley, 1787–1813* (London 1913)

Fitzgerald, B., *Correspondence of Emily, Duchess of Leinster* (Dublin 1957)

Fortescue, J., *The Correspondence of King George the Third from 1760 to December 1783* (London 1973)

Foster, Vere, *The Two Duchesses* (Bath 1974)

George, M. D., *Catalogue of Political and Personal Satires Preserved in the Department of Prints and Drawings in the British Museum* (London 1935–54)

Ginter, Donald E., *Whig Organization in the General Election of 1790: Selections from the Blair Adam Papers* (Los Angeles 1967)

Gironard, Mark, *Das feine Leben auf dem Lande* (Frankfurt am Main 1989)

Gore, John, *The Creevey Papers* (London 1963)

Graham, E. M., *The Beautiful Mrs Graham* (London 1927)

Lady Granville, *The Private Correspondence of Lord Granville Leveson Gower* (London 1916)

Grieg, James, *The Farington Diary, by Joseph Farington* (London 1922–8)

Hanger, Colonel George, *The Life, Adventure and Opinions of Colonel George Hanger* (London 1801)

Harcourt, L. V., *The Diaries and Correspondence of George Rose* (London 1860)

Hartley, J., *History of the Westminster Election* (London 1784)

Hemlow, Joyce, and Douglas, Althea, *The Journals and Letters of Fanny Burney (Madame d'Arblay)* (Oxford 1972–84)

Lord Herbert, *Henry, Elizabeth and George (The Pembroke Papers)* (London 1939)

Lord Holland, *Memoirs of the Whig Party* (London 1852–4)

– *Further Memoirs of the Whig Party* (London 1905)

Home, J. A., *The Letters of Lady Louisa Stuart* (Edinburgh 1899)

Hufton, Olwen, *Frauenleben* (Frankfurt am Main 1998)

Lady Ilchester and Lord Stavordale, *The Life and Letters of Lady Sarah Lennox* (London 1901)

Earl of Ilchester, *The Journal of Elizabeth, Lady Holland* (London 1908)

Jennings, Louis J., *The Croker Papers* (London 1885)

Jesse, J. H., *George Selwyn and his Contemporaries* (London 1843–4)

Jupp, P., *The Letter Journal of George Canning, 1793–95* (London 1991)

Langdale, Charles, *Memoirs of Mrs Fitzherbert* (London 1920)

LeFanu, William, *Betsy Sheridan's Journal* (Oxford 1986)

Leighton, Rachel, *Correspondence of Charlotte Grenville* (London 1920)

Leslie, Shane, *The Letters of Mrs Fitzherbert and Connected Papers* (London 1940)

Leveson Gower, Sir George, and Palmer, Iris, *Harry-O: The Letters of Lady Harriet Cavendish* (London 1940)

Lewis, Theresa, *Extracts from the Journal of Miss Berry From the Year 1783–1852* (London 1865)

Lewis, W., *Notes by Lady Louisa Stuart on George Selwyn and his Contemporaries by John Heaneage Jesse* (New York 1928)

Lewis, W. S., *Horace Walpole's Correspondence* (New Haven, Conn. 1937–80)

Lincoln, Anthony and McEwen, Robert, *Lord Eldon's Anecdote Book* (London 1960)

Lady Llanover, *The Autobiography and Correspondence of Mary Granville, Mrs Delany* (London 1861–2)

Malcolm, J. P., *Anecdotes of the Manners and Customs of London* (London 1808)

Lord Malmesbury, *The Diaries and Correspondence of Lord Malmesbury* (London 1844)

Mavor, Elizabeth, *Die Ladies von Llangollen* (Göttingen 1994)

Maxwell, the Rt Hon. Sir Herbert, *The Creevey Papers* (London 1912)

Melville, Lewis, *The Berry Papers* (London 1914)

Lady Minto, *The Life and Letters of Sir Gilbert Elliot, First Earl of Minto, 1751–1806* (London 1874)

More, T., *Memoirs of R. B. Sheridan* (London 1817)

Norton, J. E., *The Letters of Edward Gibbon* (London 1956)

Parkes, J., and Merivale, H., *The Memoirs of Sir Philip Francis* (London 1867)

Powis, Jonathan, *Der Adel* (Paderborn 1986)

Price, C., *The Letters of Richard Brinsley Sheridan* (Oxford 1966)

Ralph, James, *A Critical Review of the Public Buildings, Statues, and Ornaments in and about London and Westminster* (rep. London 1971)

Raymond, Janice G., *Frauenfreundschaft: Philosophie der Zuneigung* (München 1987)

Rogers, S., *Recollections of the Table-Talk of Samuel Rogers* (London 1856)

Roscoe, E. S., and Clergue, H., *Letters and Life of George Selwyn* (London 1899)

Ross, C., *Correspondence of Charles, First Marquis Cornwallis* (London 1859)

Lord John Russell, *Memorials and Correspondence of Charles James Fox* (London 1853–57)

– *The Memoirs, Journal, and Correspondence of Thomas Moore* (London 1853–6)

Stewart, A. Francis, *The Diary of a Lady-in-Waiting by Lady Charlotte Bury* (London 1908)

– *The Last Journals of Horace Walpole* (London 1910)

Surr, T. S., *A Winter in London* (London 1806)

Surtees, Virginia, *A Second Self: The Letters of Harriet Granville, 1810–1845* (London 1990)

Tillyard, Stella, *Aristokratinnen* (Berlin 1996)

Walpole, Horace, *Memoirs of the Reign of George III* (London 1894)

Wheatley, Henry, *The Historical and Posthumous Memoirs of Sir Nathaniel Wraxall* (London 1884)

Wraxall, Nathaniel, *Posthumous and Historical Memoirs of My Own Time* (London 1904)

Wright, J., *The Speeches of the Right Honourable Charles James Fox* (London 1815)

4. FLUGSCHRIFTEN UND PAMPHLETE

Anon., *History of the Westminster Election* (London 1784)

Anon., [Combe, William,] *A Letter to Her Grace the Duchess of Devonshire* (London 1777)

– *A Second Letter to Her Grace the Duchess of Devonshire* (London 1777)

– *The Duchess of Devonshire's Cow; a Poem* (London 1777)

– *An Heroic Epistle to the Noble Author of the Duchess of Devonshire's Cow, a Poem* (London 1777)

– *The Duke of Devonshire's Bull to the Duchess of Devonshire's Cow: a Poetical Epistle* (London 1777)

– *A Letter to Her Grace the Duchess of D. Answered cursorily, by Democritus* (London 1777)

Piggott, Charles, *The Female Jockey Club* (London 1794)

– *The Whig Club* (London 1792)

B. Sekundärliteratur

1. BÜCHER

Arnold, Walter, *The Life and Death of the Sublime Society of Beefsteaks* (London 1817)

Ashton, John, *The History of Gambling in England* (London 1871)

Askwith, Betty, *Piety and Wit: Biography of Harriet, Countess Granville, 1785–1862* (London 1982)

Aspinall, A., *Politics and the Press, c. 1780–1850* (London 1949)

Ayling, S., *A Portrait of Sheridan* (London 1985)

Barker, H., und Chalus, E., *Gender in Eighteenth Century England: roles, representations and responsibilities* (London 1997)

Barnes, D., *George III and William Pitt* (London 1939)

Battiscombe, Georgiana, *The Spencers of Althorp* (London 1984)

Bayne Powell, R. *The English Child in the Eighteenth Century* (London 1939)

Biddulph, Violet, *The Three Ladies Waldegrave* (London 1938)

Black, J., *The English Press in the Eighteenth Century* (Beckenham 1987)

Bleackely, Horace, *Ladies Fair and Frail, Sketches of the Demi-monde during the Eighteenth Century* (London 1926)

– *The Beautiful Duchess* (London 1927)

Bolt, Christine, *The Women's Movements in the United States and Britain from the 1790s to the 1920s* (Amherst, Mass. 1993)

Borer, Mary Cathcart, *An Illustrated Guide to London in 1800* (London 1988)

Boucé, P., *Sexuality in Eigtheenth Century Britain* (Manchester 1982)

Boucé, P., und Porter, Roy, *Sexual Underworlds of the Enlightenment* (Manchester 1987)

Bovill, E. W., *English Country Life, 1780–1830* (London 1962)

Brewer, John, und Porter, Roy, *Consumption and the World of Goods* (London 1993)

Brooke, J., *King George III* (London 1972)

Browne, Alice, *The Eighteenth Century Feminist Mind* (London 1987)

Buck, A., *Dress in Eighteenth Century England* (London 1979)

Cannon, J. A., *Aristocratic Century: The peerage of Eighteenth Century England* (Cambridge 1984)

– *The Fox-North Coalition: Crisis of the Constitution* (Cambridge 1969)

– *The Whig Ascendancy: Colloquies on Hanoverian England* (London 1981)

Cecil, Lord David, *The Young Melbourne* (London 1939)

Chaloner, W. H., und Richardson, R. C., *Bibliography of British Economic and Social History* (Manchester 1984)

Christie, I. R., *Myth and Reality in Late-Eighteenth Century British Politics and other Papers* (London 1970)

– *The End of North's Ministry, 1780–1782* (London 1958)

– *Wilkes, Wyvill and Reform* (London 1962)

Colley, Linda. *Britons, Forging the Nation 1707–1837* (London 1992)

Cunnington, C. W. und P., *Handbook of English Costume in the Eighteenth Century* (London 1972)

Davidoff, L., *The Best Circles* (London 1986)

Davidoff, L., und Hall, C., *Family Fortunes: Men and Women of the English Middle Class, 1780–1850* (London 1992)

Davis, I. M., *The Harlot and the Statesman* (London 1986)

Derry, J. W., *The Regency Crisis and the Whigs, 1788–1789* (Cambridge 1963)

– *Charles James Fox* (New York 1972)

– *Charles, Earl Grey* (Oxford 1992)

Deborah, Duchess of Devonshire, *The House: A Portrait of Chatsworth* (London 1982)

Dickinson, H. T., *Liberty and Property: Political Ideology in Eighteenth Century Britain* (London 1977)

Duffy, M., *The English Satirical Print, 1600–1832* (Cambridge 1986)

Dunlop, Ian, *Marie-Antoinette* (London 1993)

Ehrman, J., *The Younger Pitt* (London 1969–96)

Elwin, Malcolm, *The Noels and the Milbanks* (London 1967)

Farr, Evelyn, *Before the Deluge, Parisian Society in the Reign of Louis XVI* (London 1994)

Foster, Elizabeth, *Children of the Mist* (London 1960)

Fothergil, Brian, *The Mitred Earl* (London 1988)

Fraser, Flora, *Beloved Emma* (London 1986)

Friedman, Joseph, *Spencer House: The Chronicle of a Great London Mansion* (London 1993)

Fritz, Paul, und Morton, Richard, *Women in the Eighteenth Century and Other Essays* (Toronto 1976)

George, M. D.; *English Political Caricature to 1702: A Study of Opinion and Propaganda* (Oxford 1959)

– *Hogarth to Cruickshank: Social Change in Graphic Satire* (London 1967)

– *Johnson's England* (Oxford 1933)

– *London Life in the Eighteenth Century* (London 1992)

Girouard, Mark, *Life in the English Country House* (London 1978)

Griffiths, Arthur, *Clubs and Clubmen* (London 1907)

Grosvernor, Caroline, *The First Lady Wharncliffe and Her Family* (London 1927)

Harvey, A. D., *Britain in the Early Nineteenth Century* (London 1978)

Hibbert, Christopher, *George IV, Prince of Wales (1972)*

– *The French Revolution* (London 1982)

Hill, Bridget, *Women, Work, and Sexual Politics in Eighteenth Century England* (London 1989)

– *Eighteenth Century Women, An Anthology* (London 1978)

Hinde, W., *George Canning* (London 1973)

Hudson, Roger, *The Grand Tour 1592–1796* (London 1993)

Hufton, Olwen, *The Prospect Before Her* (London 1995)

Jarret, Derek, *The Begetters of Revolution* (London 1973)

Jesse, J. H., *Selwyn and His Contemporaries* (London 1843–1844)

Jones, L. C., *The Clubs of the Georgian Rakes* (New York 1942)

Jones, Vivien, *Women in the Eigtheenth Century: Constructions of Femininity* (London 1990)

Jupp, P., *Lord Grenville* (Oxford 1985)

Kanner, Barbara, *The Women of England* (Hamden, Conn. 1979)

Kelly, Linda, *Richard Brinsley Sheridan, A Life* (London 1997)

Langford, Paul, *A Polite and Commercial People: England 1727–1783* (Oxford 1989)

Lees-Milne, James, *The Bachelor Duke* (London 1991)

Leppert, Richard, *Music and Image: Domesticity, Ideology and Socio-Cultural Formation in Eighteenth-century England* (Cambridge 1988)

Lewis, J. S., *In the Family Way. Childbirth in the British Aristocracy, 1760–1860* (London 1988)

Lonsdale, Roger, *Eighteenth Century Woman Poets* (Oxford 1989)

Lumis, Trevor, und Marsh, Jan. *The Woman's Domain. Women and the English Country House* (London 1990)

Macfarlane, A., *Marriage and Love in England* (Oxford 1986)

Manceron, Claude, trans. Amphoux, Nancy, *The Age of the French Revolution: Toward the Brink* (New York 1983)

Marshall, Arthur Calder, *The Two Duchesses* (London 1978)

Masters, Brian, *Georgiana, Duchess of Devonshire* (London 1981)

Mavor, E., *The Ladies of Llangollen* (New York 1981)

Mckendrick, N., Brewer, J., and Plumb, J. H., *The Birth of Consumer Society: The Commercialisation of 18th Century England* (London 1982)

Mingay, G., *English Landed Society in Eighteenth Century Society* (London 1963)

Mitchell, Leslie, *Charles James Fox and the Disintegration of the Whig Party* (Oxford 1971)

– *Holland House* (London 1980)

– *Charles James Fox* (Oxford 1992)

Mullan, John, *Sentiment and Sociability. The Language of Feeling in the Eighteenth Century* (London 1988)

Myers, Sylvia, *The Blue Stocking Circle: Women, Friendship and the Life of the Mind in Eighteenth Century England* (London 1990)

Norris, J., *Shelburne and Reform* (London 1963)

O'Dowd, Mary, und Wichert, Sabine, *Chattel, Servant or Citizen* (Belfast 1995)

O'Gorman, F., *The Whig Party and the French Revolution* (London 1967)

– *The Rise of Party in England. The Rockingham Whigs 1760–1782* (London 1975)

– *Voters, patrons and Parties: The Unreformed Electorate of Hanoverian England, 1734–1832* (Oxford 1989)

Olphin, H. K., *George Tierney* (London 1934)

Olson, A., *The Radical Duke* (Oxford 1961)

Outhwaite, R. B., *Marriage and Society: Studies in the Social History of Marriage* (London 1981)

Palmer, Iris, *The Face Without a Frown* (London 1944)

Pares, Richard, *George III and the Politicians* (London 1953)

Parreaux, André, *Daily Life in England in the Reign of George III* (London 1969)

Pearson, John, *Stags and Serpents. The Story of the House of Cavendish and the Duke of Devonshire* (London 1983)

Powis, J., *Aristocracy* (Oxford 1984)

Raymond, J., *A Passion for Friends: Toward a Philosophy of Female Affection* (Boston 1986)

Ribeiro, A., *A Visual History of Costume: The Eighteenth Century* (London 1983)

– *Dress in Eighteenth-Century Europe, 1715–1789* (London 1984)

– *The Dress Worn at Masquerades in England, 1730–1790, and its Relation to Fancy Dress in Portraiture* (London 1984)

– *Dress and Morality* (London 1986)

Rodgers, Katharine, *Feminism in the Eighteenth Century* (London 1990)

Roth, W., *The London Pleasure Gardens of the Eighteenth Century* (London 1986)

Rudé, G., *Hanoverian London 1714–1808* (London 1971)

Sack, J. J., *The Grenvillites 1801–1829, Party Politics and Factionalism in the Age of Pitt and Liverpool* (Chicago 1979)

Shapiro, Ann-Louise, ed., *Feminists Revision History* (New Brunswick, NJ, 1994)

Sichel, W., *Sheridan* (London 1909)

Smith, E. A., *Whig Principles and Party Politics* (Manchester 1975)

– *Lord Grey, 1764–1845* (Oxford 1990)
Steinmetz, Andrew, *The Gaming Table: Its Votaries and Victims* (London 1870)
Stokes, Hugh, *The Devonshire House Circle* (London 1917)
Stone, Lawrence, *Broken Lives: Separation and Divorce in England 1660–1857* (Oxford 1993)
– *The Family, Sex and Marriage in England 1500–1800* (London 1979)
– *Road to Divorce: England 1530–1987* (Oxford 1990)
Stone, Lawrence und Fawtier, Jeanne C., *An Open Elite?* (Oxford 1984)
Stuart, Dorothy, *Dearest Bess* (London 1955)
Sykes, Chistopher Simon, *Private Palaces: Life in the Great London Houses* (London 1985)
Thomas, P. G., *Lord North* (London 1976)
Thorne, R. G., *The House of Commons* (London 1986)
Tillyard, Stella, *Aristocrats* (London 1994)
Timbs, J., *Clubs and Club Life in London* (London 1872)
Tomalin, Claire, *Mrs Jordan's Profession* (London 1995)
Trumbach, Randolph E., *The Rise of the Egalitarian Family* (New York 1978)
Wardroper, John, *Kings, Lords and Wicked Libellers* (London 1973)
Werkmeister, L., *The London Daily Press, 1772–1792* (Lincoln, Nebraska 1963)
Whiteley, W. T., *Artists and Their Friends in England 1700–1799* (London 1928)
Wilkins, W. H., *Mrs Fitzherbert and George IV* (London 1905)
Ziegler, Philip, *Addington* (London 1965)

2. ARTIKEL
Alexander, Sally, »Feminist History«, *History Workshop Journal*, 1 (1976)
Berkeley, Eliza, »Singular Tale of Love in High Life«, *Gentleman's Magazine*, 66 (August 1796)
Boucé, Paul Gabriel, »Aspects of Sexual Tolerance and Intolerance in Eighteenth Century England«, *British Journal for Eighteenth Century Studies*, 3 (Herbst 1980)
Butterfield, H., »Charles James Fox and the Whig Opposition in 1792«, *Cambridge Historical Journal*, 9 (1949)
Clay, Christopher, »Marriage, Inheritance, and the Rise of Large Estates in England, 1660–1835«, *Economic History Review*, 2nd ser., 38 (1968)
Deutsch, Phyllis, »Moral Trespass in Georgian London: Gaming, Gender, and Electoral Politics in the Age of George III«, *Historical Journal*, 39, 3 (1996)
Dinwiddy, J. R., »Charles James Fox and the People«, *History*, 55 (1970)
George, E., »Fox's Martyrs: The General Election of 1784«, *Transactions of the Royal Historical Society*, 21 (1937)
Laprade, W. T., »William Pitt and the Westminster Election«, *American Historical Review*, 23 (1912)
Plumb, J. H., »The new world of children in eighteenth century England«, *Past and Present*, 67 (Mai 1975)
Vickery, Amanda, »Golden age to separate spheres? A review of the categories and chronology of English women's history«, *Historical Journal*, 36, 2 (1993)

Bildnachweis

Die Abbildungen drucken wir mit freundlicher Genehmigung der folgenden Personen und Institutionen:

British Museum: 17, 42, 56, 57

Castle Howard Collection, Foto Courtauld Institute of Art: 22, 23, 25, 27, 29, 31, 33, 51, 52, 53

Devonshire Collection, Chatsworth. By Permission of the Duke of Devonshire and the Chatsworth Settlement Trustees: Frontispiz, 6, 7, 8, 9, 13, 16; Foto Courtauld Institute of Art: 44

Lord Egremont, Foto Courtauld Institute of Art: 46, 47

Viscount Hampden, Foto Courtauld Institute of Art: 24, 32

Hardwick Hall, The Devonshire Collection [The National Trust], Foto Courtauld Institute of Art: 30

Leeds Museum & Galleries [Temple Newsam House], Foto Courtauld Institute of Art: 41

London Metropolitan Archives: 18, 19, 20, 21, 54

National Gallery of Ireland: 14

National Gallery of Scotland: 10

National Portrait Gallery, London: 35, 37, 45, 50

Private Collection: Courtesy of Spink and Son: 28

Private Collection, Foto Courtauld Institute of Art: 34, 36, 39, 43, 48

RCHME, © Crown Copyright: 55

Earl Spencer: 1, 2, 3, 4, 5, 15, 49

Earl Spencer, Foto Courtauld Institute of Art: 40

Sutherland Trust, Foto Courtauld Institute of Art: 38

Trustees of the Wallace Collection: 11, 12, 26

Register